Simon Gonser
Der Kapitalismus entdeckt das Volk

Schriftenreihe
der Vierteljahrshefte
für Zeitgeschichte
Band 108

Im Auftrag des
Instituts für Zeitgeschichte München – Berlin
herausgegeben von
Helmut Altrichter   Horst Möller
Andreas Wirsching

Redaktion:
Johannes Hürter und Thomas Raithel

Simon Gonser

Der Kapitalismus entdeckt das Volk

Wie die deutschen Großbanken
in den 1950er und 1960er Jahren
zu ihrer privaten Kundschaft kamen

DE GRUYTER
OLDENBOURG

Bibliografische Information der Deutschen Nationalbibliothek
Die Deutsche Nationalbibliothek verzeichnet diese Publikation in der Deutschen Nationalbibliografie;
detaillierte bibliografische Daten sind im Internet über http://dnb.dnb.de abrufbar.

Library of Congress Cataloging-in-Publication Data
A CIP catalog record for this book has been applied for at the Library of Congress.

© 2014 Oldenbourg Wissenschaftsverlag GmbH
Rosenheimer Straße 143, 81671 München, Deutschland
www.degruyter.com
Ein Unternehmen von De Gruyter

Umschlagabbildung: Deutsche Bank, Filiale Mannheim, Außenstelle Waldhof, Kundenschalter 2
(um 1960); Deutsche Bank AG, Historisches Institut

Gedruckt in Deutschland
Dieses Papier ist alterungsbeständig nach DIN/ISO 9706

ISBN   978-3-486-76462-8
eISBN   978-3-11-034525-4
ISSN   0506-9408

Inhalt

Vorwort VII

Einleitung 1

I. **Kapitalismus ohne Volk – Bankgewerbe und Privatkundschaft vor 1950** 17
1. Erste Kontakte zwischen Finanzbranche und Privatpersonen 17
2. Historische Vorläufer des Großbanken-Privatkundengeschäfts 25

II. **Ungeplanter Aufbruch ins Massengeschäft – Die Großbanken in den 1950er Jahren** 43
1. Wirtschaftsboom, Prosperität und Konsum als Grundlagen des Wandels . 43
2. Vom Sparbuch zum Kleinkredit – Auftakt im Privatkundengeschäft 59
   Ausgangspunkt Spargeschäft 62
   Investmentfonds und Volksaktien 68
   Expansion in der Fläche 77
   Lohn- und Gehaltskonten und der bargeldlose Zahlungsverkehr 84
   Überraschungserfolg Kleinkreditgeschäft 94
   Animositäten, Werbung und Wettbewerb 108

III. **Ausbau und Systematisierung der neuen Sparten – Die Großbanken in den 1960er Jahren** 121
1. Anhaltendes Wirtschaftswachstum und Durchbruch der Konsum-
   gesellschaft als Triebfedern der Großbanken 121
2. Produktexpansion und Neustrukturierung des Privatkundengeschäfts . . . 130
   Neue Wege im Spargeschäft 131
   Investmentfonds und Volksaktien 142
   Stürmisches Wachstum der Filialnetze 150
   Lohn- und Gehaltskonten, Gebühren und der bargeldlose
   Zahlungsverkehr 159
   Kleinkredite und Anschaffungsdarlehen 174
   Reorganisation, Werbung und Wettbewerb 182

IV. **Historische Einordnung und Ausblick** 203
1. Ergebnisse 203
2. Entwicklung des Großbanken-Privatkundengeschäfts nach 1970 213

Abbildungen 217

Abkürzungen 223

Quellen und Literatur 225

Personenregister 239

Vorwort

„Es ist leichter über Geld zu schreiben, als es zu verdienen, und diejenigen, die es verdienen, spotten daher viel über die, welche nur darüber schreiben können", soll Voltaire einmal gesagt haben. An Doktoranden der Bankgeschichte wird er bei diesem Ausspruch wohl kaum gedacht haben. Aus meiner inzwischen mehrjährigen Forschungserfahrung in diesem Bereich kann ich dem welschen Philosophen jedenfalls nur schwerlich beipflichten: So leicht war es in den vergangenen sechs Jahren nun doch nicht, über das liebe Geld zu schreiben. Umso wichtiger waren mir daher die Unterstützung und der Beistand vieler kleiner und großer Helferlein, denen ich an dieser Stelle meinen herzlichsten Dank aussprechen will. Denn nur mit ihrer Hilfe ist es mir gelungen, die vielen Mosaiksteinchen des Großbanken-Privatkundengeschäfts zu einem großen Ganzen zusammenzusetzen, so dass die vorliegende Arbeit im Sommersemester 2012 schließlich von der Philosophischen Fakultät der Albert-Ludwigs-Universität Freiburg im Breisgau als Dissertation angenommen wurde.

An erster Stelle gilt mein Dank meinem Doktorvater Prof. Dr. Dr. Franz-Josef Brüggemeier, der sich von Anfang an für das Thema begeisterte, mir viel Freiheit bei Aufbau und Inhalt der Arbeit ließ und mich vorbildlich betreute. Eine große Hilfe waren mir zudem die Mitglieder seines Doktorandenkolloquiums sowie seines Lehrstuhls in Freiburg. Pars pro toto seien hier Dr. Peter Kramper und Dr. Peter Itzen genannt. Ermutigung und geballte bankhistorische Kompetenz fand ich akademischerseits zudem stets bei PD Dr. Johannes Bähr, der mir viele wertvolle Anregungen mit auf den Arbeitsweg gab.

Die vorliegende Arbeit wäre niemals zustande gekommen ohne die Unterstützung der Stiftung Bildung und Wissenschaft, deren Stipendiat ich in den Jahren 2010/11 war, sowie der Commerzbank AG in Frankfurt am Main. Während der Forschungsphase war ich von 2007 bis 2011 als Doktorand im Historischen Archiv der Bank angestellt. Beruf und notwendige wissenschaftliche Distanz schließen sich meiner Meinung aber nicht aus. Zu besonderem Dank bin ich dem Leiter des Archivs, Dr. Detlef Krause, verpflichtet. Er war es, der das reizvolle Thema seinerzeit in meinem Vorstellungsgespräch spontan vorschlug. In seinem Team, das zwischenzeitlich auch die Mitarbeiter des Historischen Archivs der übernommenen Dresdner Bank umfasst, konnte ich drei Jahre lang wertvolle archivische Arbeitskenntnisse sammeln und gleichzeitig unter geradezu optimalen Bedingungen meinen Forschungen nachgehen. Mein herzlicher Dank gilt in diesem Zusammenhang auch Dr. Andreas Graul und Dr. Katrin Lege, die mich in jeder nur erdenklichen Weise als Kollegen, Archivbenutzer und Freund unterstützten und mir zudem bei den Korrekturdurchgängen halfen.

Vorbildlicher Benutzerservice widerfuhr mir außerdem im Bundesarchiv in Koblenz, im Historischen Archiv der Deutschen Bank sowie beim Institut für bankhistorische Forschung in Frankfurt am Main.

Großen Dank schulde ich schließlich meinen eifrigsten Korrekturlesern, Julia Gonser-Baumann und Dr. Ralf Meindl, sowie dem Institut für Zeitgeschichte in München, das meine Dissertation in seiner Schriftenreihe der Vierteljahreshefte für Zeitgeschichte publiziert. Namentlich bedanke ich mich in diesem Zusammenhang bei Prof. Dr. Thomas

Raithel und Angelika Reizle, die mich bei der Überarbeitung der Dissertation für den Druck betreuten. Beim Oldenbourg Verlag hatte Frau Gabriele Jaroschka stets ein offenes Ohr für meine Anliegen.

Kaum in Worte zu fassen ist schließlich der Dank, den ich meinen Eltern und Freunden für die jahrelange Begleitung und Unterstützung meiner Arbeit auszusprechen habe. Eine willkommene und dennoch immer anregende Arbeitsunterbrechung waren beispielsweise die höchst unterhaltsamen Nachmittage im Tailfinger Café Lenau mit Dr. Peter Lang oder diverse Streifzüge durch die Offenbacher Gastronomie mit Philipp Haenle. Den größten Dank schulde ich aber meiner Freundin Julia Klenk, mit deren Beistand und niemals endender Unterstützung ich alle Zwischentiefs meistern und die Hochgefühle des Doktorandenlebens genießen konnte und der in Liebe diese Arbeit gewidmet sei.

Eppingen, im Juni 2013   Simon Gonser

Einleitung

Banker haben immer einen Plan. Sie wissen genau, was wann zu tun ist, und können damit selbst aus ungünstigen Situationen noch Profit schlagen. Diese volkstümliche Sichtweise auf das Kreditgewerbe und seine Protagonisten äußerte im 18. Jahrhundert bereits der französische Philosoph und Schriftsteller Voltaire, als er auf überspitzte Weise anregte, einem aus dem Fenster springenden Schweizer Bankier hinterherzuspringen; es gäbe dabei bestimmt etwas zu verdienen. Damit suggerierte Voltaire aber auch, dass Führungskräfte von Banken immer mit Kalkül agieren und in langfristigen Strategien denken. Doch entspricht diese weitverbreitete Vorstellung den Tatsachen?

Es ist heute eine Selbstverständlichkeit für eine Privatperson, Kunde bei der Commerzbank, bei der Deutschen Bank oder (bis 2009) bei der Dresdner Bank (gewesen) zu sein. Doch dem war nicht immer so: Bis in die zweite Hälfte des 20. Jahrhunderts existierten zwischen der Bevölkerung und dem privaten Bankgewerbe, zu dem auch die drei erwähnten, so genannten Großbanken gehören, keine geschäftlichen Kontakte. Lediglich wenige vermögende Einzelpersonen zählten zu ihrer Kundschaft, die sich ansonsten aus Wirtschaftsunternehmen und staatlichen Institutionen zusammensetzte. Der einfache Arbeiter und Angestellte als „Otto Normalverbraucher" oder als „kleiner Mann von der Straße" – ein Begriff, der insbesondere durch Hans Falladas populären Roman „Kleiner Mann, was nun?" in den frühen 1930er Jahren geprägt wurde – hatte einen äußerst geringen Bedarf an Bankdienstleistungen. Um seine Belange kümmerten sich die Sparkassen. Demzufolge hatte er wenige Kenntnisse von den privaten Kreditinstituten und dachte dementsprechend über sie. Noch 1959 äußerte ein Schlossermeister in einer Umfrage:

> „Banken sind schon etwas Besseres – sie kommen nur für die gehobenen Gesellschaftskreise in Frage."[1]

Damit traf er die Meinung vieler in der Bevölkerung. Umgekehrt empfanden Bankangestellte eine solche Kundschaft als unzumutbar; Industrie und Handel waren ihre Welt. Die Kreditinstitute sahen sich als finanzwirtschaftliche Aushängeschilder des westdeutschen Kapitalismus.

Doch nicht einmal 15 Jahre später zählten die drei Großbanken fast zehn Millionen Privatpersonen zu ihrem Kundenkreis. Was war geschehen? Mitnichten hatte das „Wirtschaftswunder" so viele Bundesbürger zu Millionären und damit zu vermögenden Privatkunden gemacht. Es hatte jedoch eine Entwicklung in Gang gesetzt, in deren Verlauf die drei Kreditinstitute begannen, sich verstärkt um diejenigen Bevölkerungskreise zu bemühen, für die sie sich lange Zeit nicht interessiert hatten.

Die vorliegende Arbeit will die Ursachen dieses Umbruchs erforschen: Wie verlief die vorhergehende Entwicklung des Verhältnisses zwischen Privatpersonen und dem Kreditgewerbe? Warum kam es zu Veränderungen? Agierten die drei Großbanken gezielt und anhand einer durchdachten, langfristigen Strategie? Welche äußeren Einflüsse müssen

---

[1] HADB, G.I.P. (Hrsg.): Der neue Bankkunde, S. 42.

beachtet werden? Welche Rolle spielte das Wettbewerbsumfeld? In welchen größeren historischen Zusammenhängen sind diese Prozesse zu verorten?

Ähnliche Fragen stellten bereits zeitgenössische Beobachter, die in den 1950er und 1960er Jahren die Großbanken-Offensive im Privatkundengeschäft miterlebt hatten. Dabei stand insbesondere die Überlegung im Raum, ob die Institute tatsächlich einen Plan verfolgt hatten und sich der Tragweite ihres Handelns bewusst gewesen waren.[2] Die Großbanken selbst glorifizierten in den Jahrzehnten nach 1970 ihr damaliges Vorgehen in Publikationen und auf öffentlichen Veranstaltungen (wie beispielsweise ihren Hauptversammlungen). Sie versuchten, eine bis zu ihren Gründungen im 19. Jahrhundert zurückreichende Traditionslinie zu konstruieren, die ihr vermeintliches Bemühen um den „kleinen Mann" dokumentieren sollte. Bei dieser Argumentation verwiesen sie auf die Depositenkassen und das Spargeschäft. Auch Eckart van Hooven, ein ehemaliger Vorstand der Deutschen Bank, interpretierte 1998 den Einstieg der Großbanken in das Privatkundengeschäft als eine erfolgreiche Wahrnehmung der Marktchancen und als Umsetzung einer Vision. Die Institute hätten damals die „Zeichen der Zeit" erkannt. Gleichzeitig terminierte er, ebenso wie viele andere großbankennahe Publizisten und Historiker, den Einstieg auf den 2. Mai 1959, und damit auf den Tag, als die Großbanken den Kleinkredit einführten.[3] Folgerichtig feierte die Deutsche Bank im Mai 2009 das Jubiläum „50 Jahre Privatkundengeschäft" und suggerierte damit der Öffentlichkeit, der Start dieses Geschäftsbereichs sei das Ergebnis stringenter, langfristiger Überlegungen gewesen und der Einstieg ins Privatkundengeschäft ließe sich auf ein exaktes Datum festlegen.

Für Marketing- und Werbemaßnahmen mag diese griffige terminliche Vereinfachung vielleicht zulässig sein. Aus wissenschaftlicher Perspektive erscheint sie dagegen zweifelhaft, da sie die Entwicklung des Privatkundengeschäfts auf einen einzigen Themenaspekt reduziert. Zudem wird in den erwähnten Publikationen und Selbstäußerungen das eigene Vorgehen nicht in den historischen Kontext eingeordnet. Größere wirtschaftliche und gesellschaftliche Zusammenhänge, die die damaligen Vorgänge erklären könnten, werden ebenso wenig erwähnt wie etwaige Veränderungen der Rahmenbedingungen. Vielmehr, so scheint es, werden das gegenwärtige geschäftspolitische Denken und Handeln sowie das Umfeld auf die damalige Zeit übertragen. Ein Bankvorstand des 21. Jahrhunderts kann sich vermutlich nur schwer vorstellen, ohne wohlüberlegte und abgewogene Strategie, ohne Planungen, Vorbereitungen und Analysen in einen vollständig neuen Geschäftsbereich einzusteigen. Dieses gedankliche Missverständnis gilt es in dieser Arbeit aufzuklären.

Die bankhistorische Literatur bietet ebenfalls kaum Erklärungen, warum die Großbanken das Privatkundengeschäft in den 1950er und 1960er Jahren forcierten. Explizite Untersuchungen liegen nicht vor. In den Überblicksdarstellungen findet das Thema allenfalls am Rande Erwähnung und wird zumeist recht allgemein mit brancheninternen Entwicklungen begründet. Die gewaltigen wirtschaftlichen und gesellschaftlichen Umbrüche, die sich in diesem Zeitraum in der Bundesrepublik entwickelten, finden dagegen wenig

---

[2] Beispielsweise bei Schlöter: 20 Jahre Konsumentenkredit, S. 14.
[3] Büschgen: Deutsche Bank, S. 770. Frost: Die Deutsche Bank und ihr Privatkundengeschäft, S. 12ff. Hooven: Anstöße und Zielsetzungen, S. 3 u. S. 19. Pohl/Raab-Rebentisch: Deutsche Bank in Hamburg. Zum Depositen- und Spargeschäft der Großbanken siehe Kapitel I.2., zur Einführung der Kleinkredite siehe Kapitel II.2.

Beachtung. Gerade ältere bankhistorische Arbeiten leiden bisweilen unter einem einge-
engten Blickwinkel, der kaum über die Institutionen selbst hinausreicht.

Da somit weder von Seiten der Geschichtswissenschaft noch aus dem Großbanken-Um-
feld befriedigende Erklärungsversuche geboten werden, nimmt sich die vorliegende Arbeit des Themas an. Basierend auf den Primärquellen aus den Historischen Archiven der
Großbanken richtet sie ihr Augenmerk vor allem auf zwei Punkte: Erstens soll die Frage
nach einer möglichen Strategie der Institute geklärt und die These überprüft werden, ob
der Einstieg in das Privatkundengeschäft nicht vielmehr als langfristiger Prozess gesehen
werden muss, über dessen Ablauf sich die Großbanken nicht unbedingt bewusst waren.
Ihre Annäherung an die Bevölkerung wäre demnach eher ein evolutionärer als ein revo-
lutionärer Vorgang. Zweitens sollen über die Branchenperspektive hinaus das wirtschaftliche, politische und gesellschaftliche Umfeld stärker beachtet werden, als dies bislang in
der bankhistorischen Forschung üblich war. Der Wirtschaftsboom der 1950er und 1960er
Jahre veränderte die Bundesrepublik Deutschland in vielerlei Hinsicht grundlegend und
wirkte sich daher auch auf die Kreditwirtschaft und die Großbanken aus. Ob diese allerdings die sich ihnen bietenden Potenziale erkannten und nutzten, muss ebenfalls geklärt
werden. Schließlich ergibt sich aus diesen Punkten die zentrale Frage: Wie stellen sich die
Anfänge des Großbanken-Privatkundengeschäfts in den 1950er und 1960er Jahren aus
Sicht ihrer eigenen Quellen dar, und wie lässt sich das Handeln der Institute nachvoll-
ziehen, wenn es im Zusammenhang mit den sich verändernden Rahmenbedingungen
betrachtet wird?

Mit der Beantwortung dieser Frage kann die Arbeit eine wichtige Lücke in der bankhistorischen Forschung schließen und einen fächerübergreifenden Beitrag zur bundesdeutschen Geschichte der 1950er und 1960er Jahre leisten: Indem sie die Modernisierungs-
und Liberalisierungsprozesse der Wirtschaftswunderjahre aus Sicht der Kreditwirtschaft
deutet, den Beitrag der Branche zur sich herausbildenden Konsumgesellschaft aufzeigt
sowie die Entwicklung des Verhältnisses zwischen dem Kreditgewerbe und seinen Privatkunden darstellt. Angesichts der jüngsten Finanz- und Wirtschaftskrise könnte vor allem
der letztgenannte Punkt auch für zukünftige Entwicklungen im Kreditwesen für die gesamte Branche von Interesse sein.

Bevor näher auf das Konzept der vorliegenden Untersuchung eingegangen wird, sind
zunächst einmal die Begrifflichkeiten „Großbank" und „Privatkundengeschäft" näher zu
bestimmen.

Was sind Großbanken? Ganz allgemein werden mit diesem Sammelbegriff die größten
privatrechtlichen Kreditinstitute eines Landes bezeichnet, denen durch ihre Unterneh-
mensgröße eine besondere Bedeutung für die Wirtschaft zukommt. Üblicherweise bilden
die Bilanzsumme, das Geschäftsvolumen, die Anzahl der Mitarbeiter oder der Filialen
sowie die Größe der Aktiva und der jährlichen Gewinne Kennziffern zur Quantifizierung.
Diese Daten sagen aber noch nichts über die tatsächliche „Macht", die Marktanteile oder
den Abstand der Großbanken zu den übrigen Kreditinstituten aus. Der Begriff und seine
Definitionen sind letztlich willkürlich, so dass sich bisweilen Abgrenzungsprobleme erge-
ben. Beispielsweise könnten je nach Betrachtungsweise auch die Girozentralen und Landesbanken der Sparkassen, die genossenschaftlichen Zentralinstitute, die frühere Bank
für Gemeinwirtschaft (BfG) oder die ehemaligen bayerischen Regionalbanken zu den
Großbanken gezählt werden. Allerdings hatten die genannten Institute zumindest vor
1945 keine große Rolle in der deutschen Wirtschaft gespielt. Sie hatten ihren Sitz nicht
im früheren Finanzzentrum Berlin gehabt und waren nach dem Zweiten Weltkrieg weit

weniger bekannt als die Commerzbank, die Deutsche Bank und die Dresdner Bank. Diese drei „Flaggschiffe des deutschen Bankensystems"[4] waren in den 1950er und 1960er Jahren die einzigen Großbanken in der Bundesrepublik: Zwar hatte es im Kaiserreich und in der Weimarer Republik viele weitere Großbanken gegeben, doch nach der Bankenkrise von 1931 und dem Ende des Zweiten Weltkriegs blieben lediglich diese drei Institute bestehen, die in den folgenden fünf Jahrzehnten die bundesdeutsche Kreditwirtschaft und das Großbanken-Bild in der Öffentlichkeit prägten. Ab Mitte der 1990er Jahre veränderte sich die Zusammensetzung erneut. Gegenwärtig umfasst die Gruppe neben der Commerzbank und der Deutschen Bank auch die Postbank und die Hypovereinsbank, während die Dresdner Bank seit ihrer Übernahme durch die Commerzbank im Jahre 2009 nicht mehr existiert.

Im deutschen Bankensystem gehören die Großbanken als Aktiengesellschaften zusammen mit den Privatbankhäusern, den Regionalbanken und den Niederlassungen ausländischer Banken zur Gruppe der privatrechtlichen Kreditbanken. Die gesamte Institutsgruppe konkurriert dabei sowohl untereinander als auch mit den anderen universalen Geschäftsbanken wie dem öffentlich-rechtlichen Sparkassensektor und den genossenschaftlich organisierten Volks- und Raiffeisenbanken mit ihren jeweiligen Zentralinstituten. Diese drei Institutsgruppen bilden das für die bundesdeutsche Kreditwirtschaft typische „Drei-Säulen-Modell", das durch Spezialbanken (wie beispielsweise Hypothekenbanken), Banken mit Sonderaufgaben sowie Finanzgesellschaften ohne Geschäftsbankenstatus (z. B. Bausparkassen) ergänzt wird.

Wie jedes andere Kreditinstitut hat eine Großbank zunächst einmal die Funktion, überschüssiges Kapital einzusammeln und gegen Zinsen anzulegen, dieses Kapital wiederum als verzinste Kredite auszugeben und von der dazwischen liegenden Zinsspanne zu profitieren. Diese als Passiv- und Aktivgeschäft bezeichneten Geschäftszweige sind ihre Grundpfeiler. Großbanken sind zudem Universalbanken: Ohne auf einen Bereich spezialisiert zu sein, bieten sie alle Bankdienstleistungen außer der Pfandbrief- und Notenausgabe an. Auf der Basis von Eigenkapital und Einlagen gewähren sie vor allem kurzfristige Kredite, vermitteln im Zahlungsverkehr und handeln mit Wertpapieren und Devisen. Seit den 1950er/1960er Jahren sind die Großbanken außerdem im Privatkundengeschäft tätig.

Was ist das Privatkundengeschäft? Damit bezeichnen Kreditinstitute denjenigen Geschäftsbereich, der sich mit Privatpersonen befasst. Er setzt sich aus mehreren Produktsparten zusammen, die allesamt auf den beiden Grundfunktionen der Kreditinstitute, dem Verwahren von Geld und der Vergabe von Krediten, beruhen. Zum Privatkundengeschäft zählen Spar- und Anlagekonten, verschiedene Kreditangebote, Wertpapierdepots, Girokonten und der dazugehörige bargeldlose Zahlungsverkehr sowie diverse kleinere Dienstleistungen. Wie noch zu zeigen sein wird, begann die Genese dieser einzelnen Sparten im 19. Jahrhundert. Während eines langen Zeitraums entwickelten sie sich weiter und differenzierten sich insbesondere seit Mitte des 20. Jahrhunderts deutlich.

Das Gegenstück zu den Privatkunden bildet die Kundschaft aus Wirtschaftsunternehmen und anderen Institutionen. Bis in die Mitte des 20. Jahrhunderts bediente allerdings keine Institutsgruppe beide Kundenzirkel, so dass diese begriffliche und organisatorische Auftrennung nicht notwendig war. Ab den 1950er Jahren, als sich in der Kreditbranche die Kundenkreise zunehmend überschnitten und das standardisierte Geschäft mit Privat-

---

[4] Wolf: Nachkriegsentwicklung, S. 114.

personen zunahm, bürgerte sich zunächst die Bezeichnung Massenkundengeschäft oder kurz Massengeschäft ein. Obwohl die Kreditinstitute damit nur intern die Privatkunden von der Firmenkundschaft unterschieden, wurde der Ausdruck auch in der Öffentlichkeit gebräuchlich. Ihm wird in der vorliegenden Arbeit daher der Vorzug gegeben. Zumindest die Großbanken empfanden den Begriff in der zweiten Hälfte der 1960er Jahre aber zunehmend als negativ und bezeichneten den Geschäftsbereich stattdessen als Mengengeschäft. In den frühen 1970er Jahren setzte sich schließlich der Ausdruck Privatkundengeschäft durch, der bis in die Gegenwart auch in der Öffentlichkeit benutzt wird. In der Kreditbranche wird seit den 1990er Jahren dagegen meist vom Retail Banking gesprochen. Darin werden alle standardisierten Bankdienstleistungen zusammengefasst, die für Privatpersonen, aber auch für Selbständige, Gewerbebetriebe, Händler und kleine Firmen gedacht sind. Die organisatorischen Entsprechungen bilden das Firmenkundengeschäft sowie das individuelle Private Banking und Wealth Management für vermögende Privatkunden.

Die Akteure und der Zeitrahmen der Arbeit sind damit genannt: Die Untersuchung konzentriert sich gemäß den oben erwähnten Erläuterungen auf die drei Großbanken Commerzbank, Deutsche Bank sowie Dresdner Bank und umfasst im Wesentlichen die 1950er und 1960er Jahre. In diesem Zeitraum erlebte das massenhafte Privatkundengeschäft der drei Institute – parallel zum deutschen „Wirtschaftswunder" – seinen Durchbruch. Mit dem Beginn der 1970er Jahre endete dieser Prozess in vielerlei Hinsicht: Der wirtschaftliche Rahmen veränderte sich spätestens 1973 mit dem Ölpreisschock grundlegend. Der Boom war vorbei und das Ende der Wachstumseuphorie erreicht. Diese „Bruchstelle der Moderne"[5] bedeutete auch für die Großbanken um 1970 eine Zäsur in ihren Entwicklungen: Die gesamte Branche wurde nun liberaler und wettbewerbsorientierter, die drei Institute modernisierten Organisation, Bürotechnik und Werbeauftritte, begannen sich verstärkt dem internationalen Geschäft zu widmen und sich zu Finanzkonzernen zu entwickeln. Auch in der Öffentlichkeit wurden diese Einschnitte sichtbar: mit neuen Logos und gewaltigen Hochhäusern als Zentralen in Frankfurt am Main sowie bei den großen Feierlichkeiten anlässlich der 100-jährigen Jubiläen der Institute in den Jahren 1970/72.

Beim Blick auf die Geschichte der Großbanken wird schnell klar, dass diese eine relativ homogene Gruppe bilden, die in der Literatur häufig gemeinsam abgehandelt wird. Dies ist berechtigt, denn sieht man einmal von gewissen Größenunterschieden im 19. und frühen 20. Jahrhundert ab, als etwa die Bilanzsumme der Commerzbank im Vergleich zu denjenigen der Platzhirsche Deutsche Bank und Dresdner Bank noch nahezu unbedeutend erschien, so weisen die drei Großbanken nahezu gleichförmige historische Entwicklungen auf. Dies gilt insbesondere für die Zeit nach der Bankenkrise von 1931, als sich Größenverhältnisse, Marktanteile und Rangfolge nicht mehr änderten, wie sich beispielsweise an der Entwicklung der Geschäftsvolumina oder der Dividenden erkennen lässt. Auch die Öffentlichkeit nahm das Großbanken-Trio aufgrund ähnlicher Erscheinungsbilder, übereinstimmender Dienstleistungsangebote und Kundenstrukturen als Einheit wahr. Die Großbanken orientierten sich zudem ständig aneinander, da sie als gleichartige Unternehmen weitgehend identische Geschäftsbereiche bedienten und sich auf ähnlichen Niveaus bewegten. Trotz aller Konkurrenz gab es im Laufe der Jahrzehnte somit keine

---

[5] Fürst: Bonner Republik, S. 228.

größeren Abweichungen. Der Wettbewerb zwischen ihnen, den privaten Kreditbanken und den übrigen Institutsgruppen erlaubte keinen großen Spielraum für individuelles Verhalten oder Alleingänge. Dies gilt insbesondere für die Entwicklung ihrer Privatkundenbereiche. Hier gingen die drei Institute sogar oftmals gemeinsam vor und sprachen sich ab.

Es ist daher aussagekräftiger, die Großbanken en bloc zu betrachten und mit anderen Institutsgruppen zu vergleichen, anstatt die eher geringen Differenzen zwischen ihnen zu suchen. Explizite Vergleiche zwischen den Instituten beim Einstieg in das Privatkundengeschäft lassen sich aufgrund der Quellenlage (siehe unten) ohnehin kaum anstellen. Umgekehrt muss aus demselben Grund in einigen Fällen aus dem Verhalten einer Großbank induktiv auf die anderen beiden geschlossen werden. Wichtiger ist es daher, die Gruppe und die Entwicklung ihres Privatkundengeschäfts fortlaufend mit den wichtigsten Konkurrenten in diesem Bereich zu vergleichen, also insbesondere mit den Sparkassen.

Zwei Einschränkungen müssen bei diesem Vorgehen aber gemacht werden: Erstens lässt sich das Thema aufgrund der Quellenlage kaum an einzelnen Personen, wie beispielsweise den Vorstandsmitgliedern, festmachen. Bei der vorliegenden Arbeit stehen daher die Großbanken als korporative Akteure im Mittelpunkt. Einerseits lassen die vorliegenden Aktenbestände einen Rückschluss auf die handelnden Figuren meist nicht zu. Damit sind Entscheidungsprozesse innerhalb der Institute nicht immer vollständig nachvollziehbar. Andererseits ist dies aber auch auf die Organisation der Großbanken zurückzuführen: Das Massengeschäft war vor 1970 kein eigenständiger Geschäftsbereich, sondern bestand aus den bereits erwähnten verschiedenen Sparten. Die einzelnen Vorstände interessierten sich lediglich für diejenigen Bereiche, für die sie verantwortlich zeichneten. Den Privatkunden in seiner Gesamtheit sah dagegen kaum eine Führungskraft. Zudem sind umfangreiche Nachlässe von Vorständen – mit Ausnahme des Jürgen-Ponto-Bestandes bei der Dresdner Bank – nicht vorhanden. Treibende Kräfte des Privatkundengeschäfts lassen sich bei den Großbanken daher nur schemenhaft erkennen. Ohnehin war die Zeit der großen Patriarchen im deutschen Bankgewerbe nach 1945 endgültig vorbei. Selbst ein Hermann Josef Abs von der Deutschen Bank agierte nun nicht mehr so unumschränkt wie weiland ein Eugen Gutmann oder Carl Fürstenberg im 19. und frühen 20. Jahrhundert.[6]

Zweitens ist ein Vergleich des Großbanken-Privatkundengeschäfts mit der Entwicklung in anderen Staaten aufgrund struktureller Differenzen kaum möglich. Das Thema der vorliegenden Arbeit steht in engem Zusammenhang mit der Herausbildung des kreditwirtschaftlichen Gefüges in Deutschland und der Einbindung der Großbanken in dieses System. Die Unterschiede zu den Branchenstrukturen in anderen Ländern sind aber teilweise erheblich. In Deutschland dominiert das Universalbankenmodell mit den bereits erwähnten drei Säulen. Die Genossenschaftsbanken und insbesondere die öffentlichrechtlichen Sparkassen erzielen hier weitaus größere Marktanteile als anderswo auf der Welt. Dagegen war beispielsweise die Kreditbranche in den USA in den 1950er und 1960er Jahren noch zweigeteilt: Hier waren Geschäftsbanken und Investmentbanken seit dem Glass-Steagall Banking Act von 1933 getrennt. Kreditinstitute, die im Wertpapiergeschäft tätig waren, durften keine Einlagen annehmen und umgekehrt. Außerdem war es – ganz im Gegensatz zu Deutschland – den Banken lediglich erlaubt, in ihrem Heimat-

---

[6] Ziegler: Bauherr, S. 99.

staat Filialen zu unterhalten. In neun Bundesstaaten waren Zweigstellen sogar vollständig verboten.[7] In einigen europäischen Ländern nahm das Privatkundengeschäft in den 1950er und 1960er Jahren zwar ebenfalls an Umfang und Bedeutung zu, doch nicht immer waren alle Institutsgruppen an dieser Entwicklung beteiligt. Gerade private Banken überließen in manchen Staaten diesen Bereich (teilweise bis in die Gegenwart) vielfach den Sparkassen, den Genossenschaftsbanken oder auch der Post.[8] Eine internationale Vergleichsstudie zur historischen Entwicklung des Privatkundengeschäfts, die bislang noch aussteht, würde letztlich über den Umfang dieser Studie hinausgehen.

Wichtiger erscheint es dagegen, die nationalen Rahmenbedingungen in Wirtschaft, Politik und Gesellschaft zu beachten. Der Zugriff auf das Thema erfolgt daher mittels einer unternehmenshistorischen Theorie, die in der Bankgeschichte bislang noch unüblich ist, die sich hierfür aber in besonderer Weise eignet. Im Mittelpunkt steht dabei Hartmut Berghoffs Konzept der „Unternehmensgeschichte als Gesellschaftsgeschichte" aus dem Jahr 2006. Berghoff entwickelt seine Theorie anhand der Geschichte des schwäbischen Musikinstrumentenherstellers Hohner aus Trossingen. An der bisherigen unternehmenshistorischen Forschung bemängelt er, dass sich die Autoren auf einzelne Faktoren innerhalb eines Unternehmens beschränken und – bildlich gesprochen – das Werksgelände nicht verlassen. Berghoff veranschaulicht die Entwicklung der Firma Hohner stattdessen mit einem neuen Ansatz. Er stellt die überregionalen Außenbeziehungen des Unternehmens, also die ökonomischen, politischen, sozialen und kulturellen Rahmenbedingungen sowie den Absatzmarkt, und die lokalen Faktoren am Standort Trossingen getrennt voneinander dar und untersucht die gegenseitige Beeinflussung dieser beiden Bereiche.[9] Berghoff bezieht sich dabei auf die gesellschaftshistorischen Grundsatzüberlegungen Hans-Ulrich Wehlers. Dessen makrohistorischer, multidimensionaler Ansatz folgt dem Gedanken, dass sich die Entwicklung einer Gesellschaft nur dann erklären lässt, wenn die historischen Dimensionen der vier Basiskategorien Wirtschaft, Politik, Kultur und Sozialstruktur systematisch aufeinander bezogen werden. Mit dieser Synthese tritt Wehler der zunehmenden Fragmentierung der Geschichtswissenschaft entgegen und definiert Gesellschaftsgeschichte neu. Berghoff modifiziert dieses Modell für die Unternehmensgeschichte, indem er einerseits anstelle des Nationalstaats den lokalen Standort als Bezugspunkt seiner Analyse und damit einen mikrohistorischen Zugang zur Gesellschaftsgeschichte wählt. Andererseits berücksichtigt er aber auch die genannten Rahmenbedingungen als zweiten, gleichberechtigten Faktor der Unternehmensentwicklung.[10] Zusammenfassend erklärt Berghoff, dass Unternehmensgeschichte immer von der Gesellschaftsgeschichte abhängt und sich in der Regel nicht von ihr trennen lässt. Beide Bereiche beeinflussen sich gegenseitig, auch wenn diese Wechselwirkungen nicht immer nachweisbar sind. Um die Entwicklung eines Unternehmens umfassend darstellen zu können, ist es somit unerlässlich, die Rahmenbedingungen und deren Wandel zu beachten.

Diese Prämissen lassen sich auch auf die Finanzbranche übertragen. Gerade Kreditinstitute nehmen als „Hilfsgewerbe" der übrigen Wirtschaft eine Sonderstellung ein und

---

[7] HADrB, 114664.MS, Industriekurier vom 20.12.1962, Artikel „Amerikanische Filialbanken in Deutschland". Born: Geld und Banken, S.518.
[8] Ahrens/Wixforth (Hrsg.): Strukturwandel und Internationalisierung im Bankwesen seit den 1950er Jahren. Frazer/Vittas: Privatkundengeschäft im internationalen Vergleich, S.111.
[9] Berghoff: Hohner, S.13ff.
[10] Ebenda, S.16. Wehler: Deutsche Gesellschaftsgeschichte, Bd.1, S.6–12 u. S.29f. Pierenkemper: Unternehmensgeschichtsschreibung, S.20f.

sind mehr als alle anderen Branchen von der Entwicklung der Rahmenbedingungen abhängig. Ihre „Artenbildung" mit neuen Banktypen, Geschäftszweigen und Dienstleistungen ist und war immer eine Reaktion auf Veränderungen in der makroökonomischen
und regulatorischen Umwelt der Akteure.[11] Dies zeigt sich bereits an der Entstehungsgeschichte der verschiedenen Segmente des Finanzwesens: So spielte beispielsweise bei
der Gründung von Sparkassen und Versicherungsgesellschaften im 19. Jahrhundert nicht
nur Profitdenken eine Rolle, sondern vielmehr ein soziales Fürsorgemotiv als Reaktion auf
bestehende gesellschaftliche Probleme. Auch Genossenschaftsbanken, private Geschäftsbanken, Teilzahlungsbanken und Bausparkassen entsprangen allesamt bestimmten wirtschaftlichen und gesellschaftlichen Konstellationen der jeweiligen Zeit (siehe Kap. I.1.).
Für das Großbanken-Privatkundengeschäft gilt dies in besonderer Weise, da ihm eine
Scharnierfunktion zwischen Kreditinstituten und Gesellschaft in Form von privaten Kunden zukommt. Eine gesonderte Beachtung der Rahmenbedingungen im weitesten Sinne
sollte daher Element jeder bankhistorischen Arbeit sein.

Doch stattdessen dominierte in der bank- und finanzhistorischen Forschung lange Zeit
(und teilweise bis in die Gegenwart) eine eingeschränkte Sichtweise, die allein die Institutionen im Blick hatte. So beklagt etwa der britische Wirtschaftshistoriker Niall Ferguson,
dass in der Finanzgeschichte zumeist ein Bankstammbaum im Mittelpunkt stehe, in dem
sich zahlreiche kleine Unternehmen im Laufe der Zeit vereinen. Es fehle dagegen an
einer Sichtweise, die stattdessen die finanzielle Evolution als einen gemeinsamen Stamm
aller Banken betrachte, aus dem allmählich in regelmäßigen Abständen neue Zweige aus-
treiben.[12] Bislang wurde die Entwicklung solcher neuer Teilbereiche des Finanzwesens
aber nur selten geschildert. Dafür herrschten in der Bankgeschichte vor allem Jubiläumsschriften vor. Diese widmen sich naturgemäß ausschließlich einem einzelnen Kreditinstitut, beziehen sich stark auf die handelnden Personen und lassen es bisweilen an kritischer
Distanz und an wissenschaftlichem Anspruch fehlen. Geschäftspolitik wurde darin meist
weitgehend isoliert von ihren Rahmenbedingungen betrachtet, insbesondere von gesellschaftlichen Veränderungen. Stattdessen dominierten rein ökonomische Kriterien wie
Kapital, Gewinne und Renditen. Lediglich in der sparkassenhistorischen Forschung berücksichtigten einzelne Autoren – wohl nicht zuletzt wegen der einstmals sozialen Ausrichtung der öffentlich-rechtlichen Kreditinstitute und deren Nähe zur Bevölkerung –
den Einfluss externer Faktoren stärker. Richard Domes begründete hier bereits 1930 eine
gewisse Traditionslinie innerhalb der Sparkassengeschichte.[13] Auch Josef Wysocki und
Günter Ashauer gingen in ihren Abhandlungen 1980 und 1991 über die reine Institutio-
nengeschichte der Sparkassen hinaus und bezogen neben ökonomischen auch politische
und soziale Aspekte mit ein.[14]

Für das vorliegende Thema bedarf das Berghoff-Modell allerdings einiger Modifikatio-
nen:

Erstens wird anstelle eines singulären Unternehmens, das an einem einzigen Standort
tätig ist, mit den drei bundesweit agierenden Großbanken eine Teilbranche untersucht,
die im gesamten Land Filialen unterhält. Lokale Faktoren können daher nicht berücksichtigt werden. Umso stärker soll daher auf die Rahmenbedingungen auf nationaler

---

[11] Ferguson: Aufstieg des Geldes, S. 313ff.
[12] Berghoff: Hohner, S. 15f. Ferguson: Aufstieg des Geldes, S. 312.
[13] Domes: Sparkassenwandlungen.
[14] Wysocki: Untersuchungen. Ashauer: Von der Ersparungscasse zur Sparkassen-Finanzgruppe.

Ebene eingegangen werden, insbesondere auf die Entwicklung der Konsumgesellschaft in der jungen Bundesrepublik.

Aufgrund fehlender lokaler Verknüpfungen ist es zweitens schwieriger, gegenseitige Beeinflussungen zwischen den Kreditinstituten und ihrer Außenwelt nachzuweisen. Zumindest mit einigen Produkten und Dienstleistungen des Massengeschäfts trugen die Großbanken höchstwahrscheinlich zum Entstehen der bundesdeutschen Konsumgesellschaft bei, während sich umgekehrt neue Verhaltensmuster der Bevölkerung auch auf die Geschäftsentwicklung einiger Sparten auswirkten. Allerdings finden sich für derlei Entwicklungen keine Nachweise in ausreichendem Umfang.

Schließlich lässt sich drittens Berghoffs Modell nicht ohne Weiteres zu einer „Bankgeschichte als Gesellschaftsgeschichte" umformen, da sich die Finanzbranche in einigen Punkten von der übrigen Wirtschaft unterscheidet. Finanzprodukte sind beispielsweise wesentlich abstrakter als Massenkonsumartikel vom Schlage einer Hohner-Mundharmonika oder eines VW-Käfers. Zudem wird das Kreditgewerbe weitaus stärker vom Staat reguliert als andere Branchen.

Die vorliegende Arbeit verfolgt daher eine eigene Variante des Konzepts „Unternehmensgeschichte als Gesellschaftsgeschichte". Interne und externe Faktoren lassen sich aufgrund der Quellenlage (siehe unten) nicht in dem strikten Maße trennen, wie dies Berghoff tut. Mit dem vorliegenden Material können etwa Entscheidungsprozesse innerhalb der Großbanken kaum nachgezeichnet werden, da keine Persönlichkeiten im Vordergrund der Entwicklung standen. Ferner ist aus den Akten mehr über die Institute als über die Privatkunden und deren Zusammensetzung zu erfahren. So lassen sich etwa für die Zeit vor 1950 keine und für die folgenden beiden Jahrzehnte nur sporadische Angaben über die Sozialstruktur der Großbankenkundschaft machen. Zentrale Akteure sind vielmehr die Großbanken. Dennoch verfolgt die Arbeit einen sozial- und punktuell auch kulturhistorischen Ansatz. Mit dieser stärkeren Betonung der Rahmenbedingungen liegt sie somit auch außerhalb der klassischen Unternehmens- und Bankgeschichte. Anstatt die Großbanken in rein ökonomischen Zusammenhängen zu betrachten, werden auch die politischen, gesellschaftlichen und kulturellen Dimensionen des Privatkundengeschäfts berücksichtigt. Nur so lassen sich die Vielschichtigkeit und Multidimensionalität der Ursachen betrachten, welche die Entwicklung eines Unternehmens beeinflussen. Letztlich mag der Ansatz mit dieser Konzeption einen Beitrag zur Öffnung der Bankgeschichte hin zu einer kulturhistorisch geprägten Wirtschaftsgeschichte liefern.

Um dieses Ziel zu erreichen, stützt sich die Arbeit im Wesentlichen auf Bestände der Historischen Archive von Commerzbank, Deutscher Bank und Dresdner Bank[15] und stellt das Thema somit in erster Linie aus dem Blickwinkel dieser Institute dar. In den Archiven bietet sich aber – wie bereits mehrfach angedeutet – allenfalls eine befriedigende Quellenlage. Dies ist vor allem auf die dezentralen Strukturen der Großbanken zurückzuführen, die bis zum Ende der 1960er Jahre mit jeweils drei gleichberechtigten Hauptverwaltungen in Hamburg, Düsseldorf und Frankfurt am Main agierten (siehe Kap. III.2.). Grundsätzlich schwierig ist dabei die Tatsache, dass in den Akten aus dem Betrachtungszeitraum fast keine Angaben zum gesamten Privatkundengeschäft, sondern lediglich zu

---

[15] Infolge der Übernahme der Dresdner Bank durch die Commerzbank bildet das Historische Archiv der Dresdner Bank seit 2012 einen eigenen Bestand im Historischen Archiv der Commerzbank (Signatur HAC, 500). Für die vorliegende Arbeit werden die alten Signaturen der Dresdner Bank benutzt.

einzelnen Sparten zu finden sind. Auch die Geschäftsberichte und Jahresbilanzen weisen den Bereich nicht gesondert aus. So werden etwa bei den Spareinlagen, die einen wichtigen Indikator für das Massengeschäft darstellen, weder der tatsächliche Anteil der Privatkunden noch die Durchschnittsbeträge oder die Größenstrukturen genannt. Selbst die exakte Anzahl der Sparkonten oder der privaten Kunden lässt sich nur selten herauslesen. Dahinter steckt einerseits offenbar eine grundsätzliche Zurückhaltung der Großbanken bei der Veröffentlichung von Geschäftszahlen, die bereits die zeitgenössische Presse oftmals kritisierte. Andererseits spielt das Privatkundengeschäft im Betrachtungszeitraum noch keine große Rolle für das Gesamtgeschäft. Die Protokolle von Aufsichtsrats- und Vorstandssitzungen, die beispielsweise von der Commerzbank in großer Zahl vorliegen, erwähnen das Massengeschäft bis zum Beginn der 1960er Jahre nur selten.

Durchgängige Bestände zu den Massengeschäftssparten sind ebenso wenig vorhanden wie Nachlässe der zuständigen Vorstandsmitglieder. Für die Arbeit muss daher in zeitaufwändiger Weise auf große Mengen an Einzelakten verschiedenster Abteilungen, Hierarchieebenen und Zeitabschnitte, zum Filialnetzausbau, zur Öffentlichkeitsarbeit und zur Werbung zurückgegriffen werden. Interessante interne Auseinandersetzungen über das Massengeschäft finden sich zudem in Niederschriften von Filialleitersitzungen. Überlieferungsbedingt steht bei allen diesen Akten mehr Material aus den 1960er Jahren zur Verfügung als aus den 1950er Jahren. Vor allem für die letzten Jahre des Betrachtungszeitraums lassen sich infolge der Zentralisierung der Großbanken in Frankfurt am Main außerordentlich umfangreiche Informationen zum Thema finden.

Negativ macht sich zudem die Grundsatzlinie des Historischen Archivs der Deutschen Bank bemerkbar, nach der Unterlagen lediglich aus der Zeit vor 1945 für Benutzer zugänglich sind. Ausnahmsweise standen für die vorliegende Arbeit Werbematerialien, interne Darstellungen zur Entwicklung des Massengeschäfts sowie Akten zu den Anfängen des Kleinkredits in Hamburg zur Verfügung. Infolge der im Betrachtungszeitraum recht engen Zusammenarbeit der Institute beim Privatkundengeschäft und der intensiven gegenseitigen Beobachtung finden sich aber auch in den Historischen Archiven von Commerzbank und Dresdner Bank in ausreichendem Maße Angaben über die dritte Großbank. Als Ergänzung liegt zudem seit 2009 eine von der Deutschen Bank veröffentlichte solide, ausführliche Monografie zur Geschichte ihres Privatkundengeschäfts vor, die bisweilen aber einen etwas unkritischen Standpunkt einnimmt.[16]

Eine nicht zu vernachlässigende Abrundung erfährt die Arbeit schließlich durch Unterlagen aus anderen Institutionen. Dadurch lässt sich zumindest ansatzweise eine Perspektive einnehmen, die über diejenige der drei Großbanken hinausgeht. Dazu zählen etwa die Bestände des Bundesarchivs. Im Schriftverkehr der Bundesministerien für Wirtschaft und Finanzen mit der Deutschen Bundesbank, dem Bundesaufsichtsamt für das Kreditwesen und den Spitzenverbänden der Kreditwirtschaft tauchen die Großbanken und ihr Privatkundengeschäft nur selten auf. Die Akten verdeutlichen aber politische Positionen zu einzelnen Teilbereichen des Massengeschäfts und geben die Stimmung im Finanzwesen sowie die dort vorherrschenden Probleme im Betrachtungszeitraum wieder. Wichtige Ergänzungen zum Thema bieten das Historische Archiv der Deutschen Bundesbank mit umfangreichem Zahlenmaterial und Statistiken sowie zeitgenössische Publikationen aus den Bankbetriebs- und Wirtschaftswissenschaften, wo sich in den 1960er und 1970er Jah-

---

[16] Frost: Die Deutsche Bank und ihr Privatkundengeschäft.

ren zahlreiche Autoren mit den Umbrüchen im Kreditgewerbe beschäftigten. Schließlich werden auch Zeitschriften- und Zeitungsartikel zum Thema Massengeschäft aus dem Betrachtungszeitraum berücksichtigt, um wenigstens in Ansätzen den Blickwinkel der privaten Bankkundschaft einzunehmen.

Ergänzend zu den genannten Quellen stützt sich die Arbeit auf Ergebnisse der historischen Forschung. Dies gilt insbesondere für die Darstellung der Rahmenbedingungen, die im Wesentlichen auf Sekundärliteratur aufbaut. Aufgrund des breiten Ansatzes beschränkt sich der Zugriff nicht allein auf die Bankgeschichte, sondern berücksichtigt auch andere historische Teildisziplinen, deren Forschungsstände im Folgenden kurz umrissen werden. Darüber hinaus greift die Arbeit vereinzelt auch auf wirtschaftswissenschaftliche, soziologische und politologische Untersuchungen zurück.

Die allgemeine Wirtschaftsgeschichte hat infolge der internationalen Finanzkrise des Jahres 2009 in den vergangenen Jahren innerhalb der Geschichtswissenschaft und in der Öffentlichkeit deutlich an Bedeutung gewonnen.[17] Doch obwohl Wirtschaftsgeschichte letztlich der „Kern aller Geschichte" ist, wie Golo Mann einmal bemerkte, spielten ökonomische Aspekte lange Zeit nur eine Nebenrolle in der historischen Forschung. Das lag vor allem an der zunehmenden abstrakten Reduktion auf Modelle in den Wirtschaftswissenschaften, die sich auch auf die Wirtschaftsgeschichte auswirkte. Komplexe, interaktive Erklärungsansätze, die auch soziale, kulturelle und politische Faktoren berücksichtigten, spielten kaum eine Rolle. Mit dieser „Enthistorisierung der Ökonomie" ging umgekehrt auch eine „Entökonomisierung der Geschichtswissenschaft" einher. Während mit dem „cultural turn" immer neue historische Themenfelder entstanden, wurden die wirtschaftlich-materiellen Grundlagen in der historischen Forschung zunehmend ausgeblendet.[18]

Vor diesem Hintergrund entwickelte sich auch die eng mit der Wirtschaftsgeschichte verbundene Unternehmensgeschichte nur langsam. Sie hat ihre Ursprünge im 19. Jahrhundert, als sich mit der Industrialisierung allmählich ein Interesse für die Vergangenheit von Firmen und deren Gründern zu entwickeln begann. Lange Zeit war die Unternehmensgeschichte allerdings eine biografie- und jubiläumslastige, wenig wissenschaftliche Firmen- und Unternehmergeschichte geblieben. Erst seit den 1970er Jahren veränderte sich mit der zunehmenden Bedeutung anonymer Kapitalgesellschaften die Ausrichtung. Neue Methoden und Theoretisierungen setzten sich seitdem ebenso durch wie die neue, heute gebräuchliche Bezeichnung „Unternehmensgeschichte". Auch wirtschafts- und kulturwissenschaftliche Ansätze hielten Einzug, wie beispielsweise die in den letzten Jahren vielgehandelte Neue Institutionenökonomie. Statt Statistiken und Bilanzen anzuhäufen, beachteten die Autoren nun häufiger Bereiche außerhalb der Produktionssphäre wie Werbung, Marketing oder Soziales und erforschten ganze Branchen anstelle einzelner Unternehmen. Seit den 1990er Jahren, als eine öffentliche Debatte um die Entschädigung von Zwangsarbeitern aufkam, erlebte die unternehmenshistorische Aufarbeitung der NS-Zeit einen regelrechten Boom in Quantität und Qualität.[19] Infolgedessen erhielt die gesamte Disziplin deutlichen Auftrieb. Gerade in jüngster Zeit entstanden viele her-

---

[17] Beispielsweise Plumpe: Wirtschaftskrisen.
[18] Berghoff/Vogel (Hrsg.): Wirtschaftsgeschichte, S. 9 ff.
[19] Fridenson: Business History and History, S. 21 ff. Krause: Commerz- und Disconto-Bank, S. 16 ff. Zur Entwicklung der Unternehmensgeschichte siehe Erker: A New Business History; Jaeger: Unternehmensgeschichte; Pierenkemper: „Moderne" Unternehmensgeschichte. Zur Neuen Institutionenökonomik in der Unternehmensgeschichte siehe Hesse/Kleinschmidt/Lauschke (Hrsg.): Kulturalismus.

vorragende Einführungen in die Unternehmensgeschichte wie beispielsweise die Arbeiten von Gerold Ambrosius, Hartmut Berghoff, Toni Pierenkemper, Dietmar Petzina oder Werner Plumpe.[20] Einen internationalen Überblick bietet seit 2008 zudem das Oxford Handbook of Business History.[21]

Eine ähnliche Entwicklung durchlief die Bankgeschichte. Als Zweig der Wirtschafts- und Unternehmensgeschichte beschäftigt sie sich mit dem Kreditwesen sowie seinen Institutionen und ist, ähnlich der Geldgeschichte, eine relativ junge Teildisziplin. Die bankhistorische Forschung konnte sich erst in den 1950er Jahren etablieren, als sie sich zunehmend wissenschaftlichen Standards verpflichtete. Anstelle reiner Festschriften für Kreditinstitute entstanden nun auch erstmals theoretisch fundierte Werke und bankhistorische Gesamtdarstellungen.[22] Bis heute wird die Bankgeschichte innerhalb der Zeitgeschichte und der allgemeinen Geschichte aber kaum wahrgenommen. So spielt die Kreditwirtschaft etwa in den großen wirtschaftshistorischen Überblicksdarstellungen, wie beispielsweise der „Deutschen Wirtschaftsgeschichte seit 1945" von Werner Abelshauser, keine Rolle und wird auch nicht erwähnt. Einen etwas größeren Stellenwert nimmt die Bankgeschichte in den angelsächsischen Ländern ein. Das bereits erwähnte Oxford Handbook of Business History weist ein Kapitel „Banking and Finance" auf, das die Beziehungen zwischen der Wirtschaft und dem Kreditgewerbe sowie die unterschiedlichen Branchenstrukturen in den Industrieländern darstellt.[23]

Trotz ihres Nischendaseins gilt die Bankgeschichte, verglichen mit anderen Branchen, als gut erforscht. Generell konzentrierte sich die bankhistorische Forschung lange Zeit auf einige Standardthemen wie Industriefinanzierung, Entwicklung des Universalbankensystems, Konzentrationsprozesse in der Branche, die vermeintliche Macht der Banken, diverse Bankenkrisen, die Geschichte lokaler Finanzplätze oder Biografien von Privatbankiers und Bankern. Öffentlichkeitswirksam waren dabei insbesondere Publikationen über spektakulärere Geschäfte und Projekte oder schillernde Persönlichkeiten, die sich seit den Medici in der Branche zuhauf tummelten.[24] Darüber hinaus existieren viele ausgezeichnete Einführungen in die Historie des Finanzwesens wie beispielsweise von Niall Ferguson, Michael North, Richard Tilly oder Eckhard Wandel.[25] Obwohl auf dem Stand von 1976, bietet auch das Standardwerk von Karl Erich Born zumindest für die Zeit vor 1945 nach wie vor einen hervorragenden Überblick über die deutsche und die internationale Bankgeschichte.[26] Zeitlich umfassender ist schließlich das Anfang der 1980er Jahre erschienene mehrbändige Standardwerk „Deutsche Bankengeschichte".[27]

Einen besonderen Schub erfuhr die bankhistorische Forschung in den 1990er Jahren und zu Beginn des 21. Jahrhunderts, als sich die Öffentlichkeit verstärkt für die Rolle der Kreditinstitute im Nationalsozialismus zu interessieren begann. Vor allem die drei Groß-

[20] Ambrosius/Petzina/Plumpe (Hrsg.): Moderne Wirtschaftsgeschichte. Berghoff: Moderne Unternehmensgeschichte. Pierenkemper: Unternehmensgeschichte. Eine Einführung.
[21] Jones/Zeitlin (Hrsg.): The Oxford Handbook of Business History.
[22] Born: Geld und Banken, S. 586.
[23] Lescure: Banking and Finance.
[24] Beispielsweise Gall: Bankier. Pohl: Von Stambul nach Bagdad.
[25] Ferguson: Aufstieg des Geldes. North: Kommunikation, Handel, Geld und Banken. Tilly: Geld und Kredit. Tilly: Geld und Kredit in der Wirtschaftsgeschichte. Wandel: Banken und Versicherungen.
[26] Born: Geld und Banken.
[27] Aschoff (Hrsg.): Deutsche Bankengeschichte.

banken initiierten in dieser Zeit groß angelegte Forschungsprojekte.[28] Allmählich scheint diese Welle aber abzuflauen. Stattdessen mehren sich gegenwärtig Darstellungen über Bankenkrisen.[29] Während die erste Hälfte des 20. Jahrhunderts bankhistorisch damit recht ausführlich aufgearbeitet ist, existieren für die Jahre nach 1945 allerdings noch große Lücken. Lassen sich zur Bankenpolitik der Alliierten oder zum Wiederaufbau und -zusammenschluss der Großbanken noch einige Publikationen finden, so bricht die Forschung ab Mitte der 1950er Jahre mehr oder weniger ab.[30] Für die Zeit der Bundesrepublik finden sich lediglich Branchendarstellungen wie beispielsweise die Arbeit von Hans Pohl.[31] Dagegen mangelt es an Arbeiten über einzelne Banken oder Institutsgruppen in den 1960er und 1970er Jahren, was nicht zuletzt auf die bisweilen ungünstige Quellenlage oder auf die reservierte Haltung der Kreditinstitute zurückzuführen ist.[32] Im Vergleich zur NS-Zeit besteht hier unzweifelhaft großer Nachholbedarf.

Angesichts dieser Forschungslage überrascht es nicht, dass lediglich Teilaspekte des Großbanken-Einstiegs in das Privatkundengeschäft in der bankhistorischen Literatur erwähnt oder aufgegriffen werden, ohne das Thema jedoch umfassend zu erarbeiten. So bieten die Autoren der bereits erwähnten „Deutschen Bankengeschichte" keine nähere Erklärung und verweisen lediglich auf die seit 1960 verstärkt einsetzende bargeldlose Lohn- und Gehaltszahlung sowie auf das recht allgemeine Bestreben der Großbanken, neue Einlagen zu gewinnen.[33] Ähnliche Sichtweisen finden sich in der sparkassenhistorischen Forschung. Jürgen Mura vermutet hinter dem steigenden Interesse der Großbanken an der Bevölkerung die Suche nach neuen Refinanzierungsquellen.[34] Eckard Wandel dagegen nennt in seiner Einführung den zunehmenden bargeldlosen Zahlungsverkehr und die wachsende Konkurrenz zwischen den Großbanken und den Sparkassen und Kreditgenossenschaften als Gründe für den Einstieg.[35] Selbst die Ergebnisse eines Symposiums des Instituts für bankhistorische Forschung, das 1987 ausschließlich dem Thema „Privatkunden in der Kreditwirtschaft" gewidmet war, erweisen sich im Hinblick auf die gewählte Fragestellung als wenig erhellend. Die Referenten der Veranstaltung legten ebenfalls den Start des Kleinkredits am 2. Mai 1959 als Beginn des Großbanken-Einstiegs fest und betrachteten infolgedessen das Datum für die gesamte Branche als Trennungsstrich in der Entwicklung des Privatkundengeschäfts.[36] Einen eher beschränkten Nutzen haben zudem die Jubiläumsschriften der Großbanken, bei denen die Autoren meist aus dem eigenen Hause kamen und sich dementsprechend loyal verhielten. Dennoch sind sie aufgrund ihrer Informationsfülle unverzichtbar. Erstaunlicherweise stellen aber selbst diese Schriften das Privatkundengeschäft nur knapp dar.[37] Gleichfalls mit Vorsicht sind Veröffentlichungen von zeitgenössischen Mitarbeitern der Großbanken zu genießen. Bei-

---

[28] Henke (Hrsg.): Dresdner Bank im Dritten Reich. Herbst/Weihe (Hrsg.): Commerzbank und die Juden. James: Deutsche Bank im Dritten Reich.
[29] Bähr/Rudolph: Finanzkrisen.
[30] Ahrens: Dresdner Bank 1945–1957. Horstmann: Die Alliierten und die deutschen Großbanken.
[31] Pohl (Hrsg.): Geschichte der deutschen Kreditwirtschaft seit 1945.
[32] Wixforth: Einleitung. Strukturwandel und Internationalisierung, S. 6.
[33] Pohl: Entwicklung des privaten Bankwesens nach 1945, S. 239.
[34] Mura: Zur Geschichte des Konsumentenkredits.
[35] Wandel: Banken und Versicherungen, S. 41.
[36] Institut für Bankhistorische Forschung (Hrsg.): Der Privatkunde.
[37] Commerzbank (Hrsg.): 100 Jahre Commerzbank. Commerzbank (Hrsg.): Dienstleister im Wandel. Gall u. a.: Deutsche Bank 1870–1995. Hunscha/Müller: Aus der Geschichte der Dresdner Bank. Meyen: 120 Jahre Dresdner Bank. Seidenzahl: 100 Jahre Deutsche Bank.

spielsweise rückt der bereits erwähnte, langjährige Privatkundenvorstand der Deutschen Bank, Eckart van Hooven, in seinen Memoiren eigene Leistungen massiv in den Vordergrund und überschätzt dabei deren Auswirkungen. So behauptet er, die von ihm Ende der 1950er Jahre mitentwickelten Kleinkredite für Privatkunden seien „die eigentliche Ursache für das später so oft gepriesene Wirtschaftswunder" gewesen.[38]

Im Gegensatz zur Bankgeschichte sind die 1950er und 1960er Jahre in anderen historischen Teildisziplinen, die für die vorliegende Arbeit von Bedeutung sind, wesentlich besser erforscht. Die politische Zeitgeschichte wurde bereits seit den 1980er Jahren aufgearbeitet. In den großen Überblicksdarstellungen von Manfred Görtemaker, Heinrich August Winkler oder Edgar Wolfrum sucht man Entwicklungen im Finanzwesen oder die zunehmende Nutzung von Bankdienstleistungen durch die Bundesbürger aber vergebens.[39] Weitaus erfreulicher ist die Situation dagegen bei den sozial- und gesellschaftshistorisch orientierten Publikationen, die in den vergangenen Jahrzehnten entstanden sind. Zu nennen sind hier insbesondere die Monografien von Arne Andersen, Axel Schildt oder Michael Wildt. Diese Autoren berücksichtigen auch konsumhistorische Prozesse und gehen dabei zumindest ansatzweise auf finanzielle Aspekte ein.[40] Leider trifft dies nicht auf alle Publikationen zu. So erwähnt Nepomuk Gasteiger in seiner Dissertation über die Entwicklung von Konsum, Werbung und Verbrauchergewohnheiten in Deutschland weder die Kleinkredite der Großbanken noch die Auswirkungen von Konsumentenkrediten.[41] Ähnlich ist die Lage bei Christian Kleinschmidts und Wolfgang Königs Monografien über die Geschichte der Konsumgesellschaft. Die Autoren gehen dabei nicht oder nur kurz darauf ein, wie Verbraucher ihren Konsum mit Krediten finanzieren.[42] Dennoch ist gerade die Konsumgeschichte vermutlich diejenige Teildisziplin der Geschichtswissenschaft, die sich in den letzten Jahren am stärksten als Schnittstelle zwischen Wirtschaft und Kultur herauskristallisiert hat.[43]

Der Aufbau der Arbeit gestaltet sich wie folgt: Bevor auf das Privatkundengeschäft der Großbanken in den 1950er und 1960er Jahren eingegangen wird, gilt es zunächst einmal dessen Vorläufer im weitesten Sinne zu untersuchen. Dazu soll einerseits in einer kurzen Tour d'Horizon dargestellt werden, wie sich das Bankwesen, finanzielle Dienstleistungsangebote und die Finanzbedürfnisse der Bevölkerung im Laufe der Jahrhunderte ausbildeten. Im Mittelpunkt stehen dabei die zentralen, ursprünglichen Produkte des Massengeschäfts: Das Ausleihen und die Anlage von Geld. Andererseits wird die Geschichte der Großbanken von ihren Gründungen im 19. Jahrhundert bis zum Ende des Zweiten Weltkriegs und zur Währungsreform 1948 skizziert. Dabei soll vor allem auf die Entwicklung gewisser Vorläufer des Privatkundenbereichs wie das Depositengeschäft und das Spargeschäft eingegangen werden. Diese Abrisse sind notwendig, um zu zeigen, wie weit insbesondere die privaten Banken (und damit auch die Großbanken) und die Bevölkerung ursprünglich voneinander entfernt und jahrhundertelang nicht aufeinander angewiesen waren und warum folglich ihr „Aufeinandertreffen" in den 1950er und 1960er Jahren so betrachtenswert ist.

---

[38] Hooven: Meistbegünstigt, S. 49.
[39] Görtemaker: Geschichte der Bundesrepublik. Winkler: Der lange Weg. Wolfrum: Bundesrepublik.
[40] Andersen: Traum. Schildt: Moderne Zeiten. Wildt: Vom kleinen Wohlstand.
[41] Gasteiger: Konsument.
[42] Kleinschmidt: Konsumgesellschaft. König: Kleine Geschichte der Konsumgesellschaft.
[43] Berghoff/Vogel (Hrsg.): Wirtschaftsgeschichte, S. 13 ff.

Dieser Prozess, der den Kern der Arbeit bildet, wird in den Hauptkapiteln untersucht. Die Unterteilung nach Jahrzehnten dient dabei lediglich als strukturelle Hilfskonstruktion. Tatsächlich ging die Aufnahme des Massengeschäfts durch die Großbanken im Laufe der 1950er Jahre nahtlos in eine Ausbauphase der neuen Geschäftssparten in den 1960er Jahren über. Eine eindeutige Zäsur dieser Entwicklung um 1960 lässt sich dabei kaum ausmachen. Beiden Hauptkapiteln ist jeweils eine kurze Darstellung der Rahmenbedingungen vorangestellt. Dabei geht es um die Frage, wie sich die wirtschaftlichen, politischen, gesellschaftlichen und brancheninternen Faktoren im jeweiligen Jahrzehnt veränderten. Aus diesen Vorbedingungen und Ausgangslagen heraus erklärt sich das Vorgehen der Großbanken beim Aufbau des Massengeschäfts. Im Kapitel über die 1950er Jahre wird dieser Zusammenhang durch einen Exkurs über die öffentliche Diskussion um den Konsumentenkredit in der Bundesrepublik verdeutlicht. An die Schilderung der Rahmenbedingungen schließt sich in den Hauptkapiteln die Entwicklung des Massengeschäfts bei den Großbanken im jeweiligen Jahrzehnt an, die entlang der einzelnen Sparten abgehandelt wird. Dabei wird auch auf den Ausbau der Filialnetze eingegangen, welche die infrastrukturelle Basis des Privatkundengeschäfts darstellen. Abschließend werden im letzten Kapitel zunächst die Ergebnisse präsentiert und in größere historische Zusammenhänge eingeordnet. Zum Ende der Arbeit verbindet schließlich ein Ausblick das Thema mit der Gegenwart, indem die weitere Entwicklung des Großbanken-Privatkundengeschäfts seit den 1970er Jahren in groben Zügen gezeichnet wird.

I. Kapitalismus ohne Volk – Bankgewerbe und Privat- kundschaft vor 1950

1. Erste Kontakte zwischen Finanzbranche und Privatpersonen

Bankgeschäfte und Bankdienstleistungen sind wesentlich älter als der eigentliche Berufs-stand des Bankiers oder die Unternehmensform der Bank. Um 5000 v. Chr. lösten erste Formen von Zahlungsmitteln (Muscheln, Pfeilspitzen, Getreide etc.) den einfachen Tauschhandel ab. Damit entstand eine Möglichkeit, den Wert von Gütern zu bestimmen, zu vergleichen und unabhängig vom Gegenstand aufzubewahren. In den mesopotami-schen Kulturen entwickelten sich in den folgenden Jahrhunderten erste Formen von Finanzdienstleistungen. Öffentliche und religiöse Einrichtungen verwahrten Wertgegen-stände, vermittelten Zahlungen und vergaben Darlehen.[1] Geldmünzen aus geprägtem Edelmetall, die im 7. Jahrhundert v. Chr. in Kleinasien erfunden wurden, erleichterten diese Vorformen von Bankgeschäften erheblich. Bald entwickelten sich verschiedene Münzsysteme und der Beruf des Geldwechslers entstand. Im Römischen Reich gab es den „argentarius", der verschiedene Geldsorten an- und verkaufte, aufbewahrte sowie Darle-hen gegen Unterpfand gewährte. Insgesamt betrachtet waren die „Banken des Altertums" aber lediglich Zentralstellen, bei denen die Bevölkerung Gelder aufbewahren und Mün-zen wechseln konnte. Die Hauptaufgabe moderner Banken, die Vermittlung des Zah-lungs- und Kreditverkehrs, war hier noch unterentwickelt bzw. nicht vorhanden.[2]

Die antiken Vorläufer des Bankwesens gerieten in Europa mit dem Untergang des Römischen Reichs zunehmend in Vergessenheit. Erst gegen Ende des Mittelalters wurden Geld und Kredit in den wirtschaftlich aufstrebenden Städten vermehrt zu einem bestim-menden Faktor. In Oberitalien entwickelte sich ab dem 13. Jahrhundert aus der Tätigkeit der Kaufleute das moderne Bankwesen. Der Tisch (italienisch banca) der lokalen Geld-wechsler und -verleiher war dabei namensgebend.[3] Unter Einsatz des eigenen Kapitals spezialisierten sich Fernhandelskaufleute zunehmend auf finanzielle Dienstleistungen und erfanden immer neue Formen für Geld- und Warengeschäfte wie den Wechsel oder laufende Konten (conto corrente). Bekannte Beispiele solcher Kaufleutebankiers waren die Medici in Florenz oder die Augsburger Familie Fugger.[4] Ab dem 16. Jahrhundert ent-wickelten sich die Unternehmen der Kaufleutebankiers allmählich zu reinen Banken. Mischformen wie die Merchant Banker in den großen Städten Englands und Nord-deutschlands blieben zwar bis ins 20. Jahrhundert hinein verbreitet. Das Tätigkeitsfeld weitete sich aber zunehmend aus und erforderte Spezialisten. Der bargeldlose Zahlungs-verkehr (giro) zwischen den Banken breitete sich schnell in Europa aus. Kaufleute bezahl-ten nun in banco statt mit Bargeld und auch deren Forderungen und Schulden wurden

---

[1] Ferguson: Aufstieg des Geldes, S. 30 f. Krasensky: Kurzgefaßte Bankgeschichte, S. 7 ff.
[2] Hintner: Geld-, Bank- und Börsenwesen, S. 99 f. Krasensky: Kurzgefaßte Bankgeschichte, S. 12 ff.
[3] Ferguson: Aufstieg des Geldes, S. 31 f. u. S. 41. North: Kleine Geschichte des Geldes, S. 29 ff. Sturm: Privatkredit im frühneuzeitlichen Hannover, S. 28. Tilly: Geld und Kredit, S. 281.
[4] Felloni: Kredit und Banken in Italien, S. 14. Krasensky: Kurzgefaßte Bankgeschichte, S. 7 ff. Kurz-rock: Das westdeutsche Bankwesen, S. 33. North: Kleine Geschichte des Geldes, S. 29 ff. u. S. 569 ff. North: Kommunikation, Handel, Geld und Banken, S. 32.

miteinander verrechnet. Im 17. Jahrhundert begannen die Bankiers Staatsanleihen zu vertreiben, mit Wertpapieren der ersten Aktiengesellschaften zu handeln und Banknoten als Bargeld in Umlauf zu bringen.[5]

Auch in Deutschland entwickelten sich durch Einwanderer aus den Niederlanden und Italien seit dem Ende des 16. Jahrhunderts die Handelsstädte Nürnberg, Hamburg, Köln und Frankfurt zu führenden Bankplätzen. In Süddeutschland begann nach dem Ende des Dreißigjährigen Kriegs der Aufstieg eines neuen Bankiertypus: Jüdische Geldverleiher und Händler wie etwa Mayer Amschel Rothschild oder Joseph Süß Oppenheimer wurden zu Hoffaktoren der absolutistischen Landesherren, denen sie Staatshaushalt, Heer und Hofhaltung finanzierten.[6] Da sie von den Zünften ausgeschlossen waren und nicht unter das kanonische Zinsverbot fielen, waren Juden seit dem Mittelalter über die Pfandleihe geradezu in das Bankgewerbe hineingedrängt worden.[7] Viele Hoffaktoreien sammelten große Mengen an Eigenkapital an und firmierten später als Privatbankhäuser. Zu deren wichtigsten Aufgaben gehörte die Ausgabe von Staatsanleihen.[8] Namhafte Privatbankiers waren in Frankfurt am Main Bethmann, Metzler und Rothschild, in Köln Herstatt, Schaaffhausen, J. H. Stein, und Salomon Oppenheim, in Hamburg Berenberg, Merck und Warburg sowie in Berlin Bleichröder, Delbrück, Mendelssohn und Schickler. In der ersten Hälfte des 19. Jahrhunderts betätigten sich die Privatbankhäuser allmählich auch im Außenhandel und finanzierten die aufkommenden Industrieunternehmen.[9] Doch letztlich büßten die Hoffaktoren-Privatbankiers mit der Industrialisierung und den weitreichenden Umwälzungen ihre führende Rolle im Kreditgewerbe ein. In der langen Traditionslinie des privaten Bankgewerbes seit der Renaissance folgten ihnen ab Mitte des 19. Jahrhunderts die Aktienbanken und damit letztlich auch die Großbanken.[10]

Die Entstehungsgeschichte des Bankwesens aus dem Handel heraus erklärt aber auch, warum von der frühen Neuzeit bis ins 19. Jahrhundert hinein keine geschäftlichen Verbindungen zur Bevölkerung bestehen konnten: Die Tätigkeiten der Banken und Bankiers waren allein auf die Bedürfnisse der Wirtschaft ausgerichtet. Dies galt sowohl für die großen Bankhäuser, die Darlehen an Großkaufleute, Fürsten, Adlige und die Städte vergaben, als auch für kleine Geldverleiher, die lokal Kredite für Händler, Handwerker und wohlhabende Bauern anboten. Die große Mehrheit der Bevölkerung regelte ihre finanziellen Bedürfnisse dagegen ohne das Kreditgewerbe in unorganisierter Form. Die meisten Menschen lebten in Formen der Subsistenzwirtschaft und wiesen lediglich einen gelegentlichen und äußerst bescheidenen Bedarf an Bargeld und kleinen Verbrauchskrediten auf.[11] Die Nachfrage konnte größtenteils durch gegenseitiges Leihen und Verleihen befriedigt werden.[12] In den mitteleuropäischen Städten boten zudem jüdische, lombardi-

---

[5] Ferguson: Aufstieg des Geldes, S. 45 ff. Kuske: Entstehung der Kreditwirtschaft, S. 51. North: Kommunikation, Handel, Geld und Banken, S. 33 ff.
[6] North: Kommunikation, Handel, Geld und Banken, S. 36 u. S. 40 ff.
[7] Ferguson: Aufstieg des Geldes, S. 34. Kuske: Entstehung der Kreditwirtschaft, S. 50. North: Kleine Geschichte des Geldes, S. 62. Sturm: Privatkredit im frühneuzeitlichen Hannover, S. 129 f.
[8] North: Kleine Geschichte des Geldes, S. 139 f. Zur Geschichte der Privatbankiers siehe Wandel: Banken und Versicherungen.
[9] Meyen: 120 Jahre Dresdner Bank, S. 19. North: Kommunikation, Handel, Geld und Banken, S. 42 ff.
[10] Pierenkemper: Wirtschaftsgeschichte, S. 106. Pohl: Konzentration im deutschen Bankwesen, S. 31. Wandel: Banken und Versicherungen, S. 2.
[11] Kuske: Entstehung der Kreditwirtschaft, S. 62 ff. North: Kleine Geschichte des Geldes, S. 56.
[12] Pierenkemper: Wirtschaftsgeschichte, S. 102. Sturm: Privatkredit im frühneuzeitlichen Hannover, S. 16.

sche sowie französische Geldverleiher kleine Kredite an; ab dem 15. Jahrhundert zunehmend in Form von Pfandleihen.[13] Auch zahlreiche Handwerker und Kleinhändler vergaben im Nebenerwerb Darlehen.[14] Pfandkredite wurden insbesondere in Zeiten von Krieg, Hunger und persönlicher Not wie Krankheit, Alter und Arbeitslosigkeit in Anspruch genommen.[15] Um die Bevölkerung vor überzogenen Zinsforderungen zu schützen, richteten die Kirche oder die Kommunen öffentliche Pfandleihhäuser ein. 1463 gründete der Franziskanerorden in Perugia das erste Leihhaus „Monte di Pietà". Bald folgten in den oberitalienischen Städten ähnliche Einrichtungen, die sich durch Spenden, Stiftungen und Zuwendungen finanzierten.[16] Die Idee der öffentlichen Pfandleihhäuser verbreitete sich später auch in Deutschland. So entstand die erste städtische Leihanstalt 1650 in Hamburg.[17]

Im Gegensatz zum städtischen Pfandleihwesen herrschte in ländlichen Gebieten die Kreditvergabe in sehr einfachen Formen vor. Geld- und Naturaldarlehen wurden von Klöstern, weltlichen und geistlichen Grundherren gewährt. In der Landwirtschaft hatte sich seit dem Spätmittelalter der Rentenkauf (auch als Zins- oder Gültkauf bezeichnet) zur vorherrschenden Kreditform entwickelt. Dabei erhielt ein Bauer ein Darlehen, wenn er sich zur Zahlung einer jährlichen Rente von seinem Ernteertrag verpflichtete.[18] Sowohl im ländlichen als auch im städtischen Kleinhandel wurden zudem Kredite auf Kerbholz üblich. Dabei ritzten Gläubiger und Schuldner eine Kerbe auf zwei aneinander gelegte Holzstäbe und verfügten so über ein Kreditdokument, das sie später abrechnen konnten.[19] Handwerker, Krämer und Gastwirte gewährten daneben einen meist zinslosen Zahlungsaufschub bis zum Wochen- oder Monatsende, das so genannte Anschreiben.[20] Diese Kreditform hielt sich, neben der Pfandleihe, bis ins 21. Jahrhundert hinein.

Auch ohne die Zwischenschaltung des Kreditgewerbes existierten also seit dem Mittelalter und der frühen Neuzeit einige finanztechnische Möglichkeiten für die Bevölkerung. Kredite waren zwar kaum organisiert, doch Schulden machen war ein selbstverständlicher Vorgang in einer kapitalarmen und krisengeprägten Zeit.[21] Ein rudimentärer Zahlungsverkehr bestand in Deutschland seit dem 17. Jahrhundert: Die Post übermittelte Bargeld in Briefen und Paketen, ab 1848 auch bargeldlose Wertbriefe.[22] Schwieriger war es dagegen, Geldüberschüsse aufzubewahren und anzulegen. Bankiers nahmen nur größere Summen an, die für sich selbst anlagefähig waren.[23] Die überwiegende Mehrheit der

---

[13] Kuske: Entstehung der Kreditwirtschaft, S. 68. North: Kleine Geschichte des Geldes, S. 62f.

[14] North: Kleine Geschichte des Geldes, S. 63.

[15] Beier/Jacob: Konsumentenkredit, S. 23. Wee: Forschungen zur Geschichte des privaten Kredits, S. 217.

[16] Ashauer: Betrachtung des „Privatkunden", S. 11. Felloni: Kredit und Banken in Italien, S. 23. North: Kleine Geschichte des Geldes, S. 64.

[17] Born: Geld und Banken, S. 200. Wysocki: Untersuchungen, S. 16.

[18] Felloni: Kredit und Banken in Italien, S. 10.

[19] North: Kleine Geschichte des Geldes, S. 66. North: Kommunikation, Handel, Geld und Banken, S. 37ff.

[20] Reis: Konsum, Kredit und Überschuldung, S. 103.

[21] Kuske: Entstehung der Kreditwirtschaft, S. 53, S. 59, S. 75 u. S. 137. Sturm: Privatkredit im frühneuzeitlichen Hannover, S. 16 u. S. 281f.

[22] Deutsches Postmuseum: Das Milliardending, S. 17ff. Zur Geschichte der Bankdienstleistungen der Post siehe Hahn: Geschichte der Postbankdienste; Hahn: Postbank; Schneider/Schubert: Bankdienste der Post.

[23] Lippik: Entstehung des Sparkassenwesens, S. 12f.

Bevölkerung verwahrte daher Geldmünzen zu Hause in Spardosen und -strümpfen oder vergrub sie im Boden.[24]

Erst im 17. Jahrhundert entstand in mehreren europäischen Ländern die Idee, kleinste Beträge der unteren Einkommensschichten bei einer Institution auf einem Konto zu sammeln und verzinst anzulegen. Dieses Prinzip knüpfte an die Tätigkeit der italienischen Montes Pietatis und an die mittelalterliche Armenfürsorge an. Der Sparkassengedanke setzte allerdings auf Vorsorge und Eigenleistung in guten Zeiten, um nicht erst in Notlagen Hilfe gewähren zu müssen.[25] In Deutschland gründeten gemäß dieser sozialpolitischen Idee einige Städte und Landesherren zu Beginn des 18. Jahrhunderts Witwen- und Waisenkassen.[26] In Hamburg initiierte eine Gruppe wohlhabender Bürger 1778 die „Ersparungs-Casse der Allgemeinen Versorgungs-Anstalt" als erste deutsche Sparkasse.[27] Diese Gründung fand um die Wende des 18./19. Jahrhunderts schnell weitere Nachahmer in Deutschland. Bis zum Ersten Weltkrieg entstanden so über 3100 Sparkassen.[28] Begünstigt durch die kommunale Selbstverwaltung im Zuge der Preußischen Reformen und durch die Sparkassenreglements der einzelnen deutschen Länder setzte sich schließlich die öffentliche Trägerschaft durch.[29] Städte, Gemeinden und Kreise gewährleisteten die Sicherheit der Geldanlage (Gewährträgerhaftung). Damit waren die Sparkassen für alle Einkommens- und Gesellschaftsschichten gleichermaßen attraktiv. Große Teile der Bevölkerung wurden allerdings erst in der zweiten Hälfte des 19. Jahrhunderts in nennenswertem Umfang sparfähig. Nun erst bildete sich mit der immer größer werdenden Gruppe der Angestellten und Arbeiter der Kern der Sparkassenkunden heraus. Gemäß ihren Satzungen verfolgten die Sparkassen das Gemeinnützigkeitsprinzip und stellten eine Grundversorgung mit Finanzdienstleistungen sicher.[30] Hieraus entwickelte sich zunehmend das historische Selbstverständnis, die „Bank für Jedermann" zu sein und die Bevölkerung zu Sparsamkeit, Sittlichkeit und Vorsorge zu erziehen. Gepaart mit bürgerlichen Moralvorstellungen setzte sich in der Öffentlichkeit so auch allmählich eine ablehnende Haltung gegenüber Schulden durch.[31]

Bis zum Ende des Ersten Weltkriegs entwickelten sich die Sparkassen immer mehr zu vollwertigen Geschäftsbanken mit eigenem Konzept. Ihre umfangreichen Spareinlagen nutzten sie vor allem dazu, um relativ sichere Geschäfte wie Hypothekendarlehen und Kommunalkredite zu finanzieren und damit die Sparzinsen der Einleger zu erwirtschaften.[32] Das Reichsscheckgesetz von 1908 verlieh ihnen die passive Scheckfähigkeit und

---

[24] Deutsches Postmuseum: Das Milliardending, S. 16.
[25] Ashauer: Betrachtung des „Privatkunden", S. 12. Born: Geld und Banken, S. 201. Lippik: Entstehung des Sparkassenwesens, S. 14. Zur Geschichte der Sparkassen in Deutschland siehe Born: Geld und Banken; Wandel: Banken und Versicherungen.
[26] Born: Geld und Banken, S. 61. Lippik: Entstehung des Sparkassenwesens, S. 13ff.
[27] Lippik: Entstehung des Sparkassenwesens, S. 18. Wehber: Die historischen Archive der Sparkassen, S. 185. Wysocki: Spareinlage, S. 17. Wysocki: Untersuchungen, S. 20.
[28] Deutsche Bundesbank (Hrsg.): Deutsches Geld- und Bankwesen, S. 63. Pohl: Konzentration im deutschen Bankwesen, S. 272. Pohl: Von der Spar-Casse zum Kreditinstitut, S. 915.
[29] Born: Geld und Banken, S. 205. Pohl: Konzentration im deutschen Bankwesen, S. 43.
[30] Hardach: Entstehung des Drei-Säulen-Modells, S. 32. Lippik: Entstehung des Sparkassenwesens, S. 95 u. S. 117f. Pohl: Konzentration im deutschen Bankwesen, S. 275. Pohl: Von der Spar-Casse zum Kreditinstitut, S. 916. Wysocki: Spareinlage, S. 25. Wysocki: Untersuchungen, S. 9f.
[31] Lippik: Entstehung des Sparkassenwesens, S. 117f. Wandel: Banken und Versicherungen, S. 8.
[32] Pohl: Von der Spar-Casse zum Kreditinstitut, S. 916ff. Lippik: Entstehung des Sparkassenwesens, S. 117f. Wysocki: Untersuchungen, S. 128.

damit die Möglichkeit, ein Gironetz für den bargeldlosen Zahlungsverkehr aufzubauen.[33] Ab 1915 betrieben die Sparkassen auch das Wertpapiergeschäft.[34] Zur Abrundung ihrer Organisation gründeten sie schließlich regionale Girozentralen und Landesbanken, die als zentrale Verrechnungsstellen und Liquiditätsreserven fungierten, sowie ein nationales Zentralinstitut und den Dachverband DSGV (Deutscher Sparkassen- und Giroverband).[35]

Mit den Sparkassen existierte erstmals eine Finanzinstitution, die sich um die finanziellen Bedürfnisse der Bevölkerung kümmerte. Dies galt allerdings nur für die Aufbewahrung und die Anlage von Geld. Bis in das 20. Jahrhundert hinein war es für die überwiegende Mehrheit der Deutschen nach wie vor schwierig, Kredite in organisierter Form zu erhalten. Weder Banken noch Sparkassen vergaben Kredite an einfache Privatpersonen. Borgkauf und Pfandleihe waren zwar nach wie vor üblich, stießen aber immer mehr an ihre Grenzen. Das Anschreiben basierte auf den engen sozialen Kontakten der ländlichen und städtischen Gesellschaftssysteme. Infolge der tiefgreifenden wirtschaftlichen und sozialen Veränderungen des 19. Jahrhunderts gestalteten sich die Beziehungen zwischen Käufer und Verkäufer zunehmend anonymer. Insbesondere galt dies für neue Handelsformen wie das Warenhaus, die Ladenkette und das Versandgeschäft. Bei größeren Anschaffungen, wie beispielsweise von Möbeln, Fahrrädern und Nähmaschinen, überstieg es zudem die Finanzkraft vieler Einzelhändler, wenn ihre Kunden anschreiben ließen.[36] So ist es nicht erstaunlich, dass der Impuls zu einem organisierten Kredit für Konsumausgaben von Seiten des Handels ausging. Aber auch Industrieunternehmen suchten neue Möglichkeiten zur Absatzsteigerung im Bereich der Konsumgüter.[37]

In den Vereinigten Staaten hatte sich bereits um 1900 eine ausgeprägte Form der Konsumgesellschaft entwickelt. Viele US-Bürger erlebten eine allmähliche Steigerung des Wohlstands, eine zunehmende Mobilität und vielfältige technische Neuerungen, die ihre Lebensführung, ihre Gewohnheiten und die Gestaltung des Alltags veränderten.[38] Dies zeigte sich insbesondere am Bedeutungszuwachs des privaten Verbrauchs. Um auch im höherwertigen Konsumgüterbereich größere Mengen verkaufen zu können, bot der New Yorker Nähmaschinenhersteller Singer die Abzahlung auf Raten an.[39] Das war an sich keine neue Idee. Auch der Borgkauf wurde häufig in Teilbeträgen zurückgezahlt. Die Teilzahlungsmethode, wie der neue Kredit bald genannt wurde, war allerdings eine organisierte Zahlungsabwicklung mit festgelegten Zinsen, Raten und Laufzeiten.[40] Dieses Prinzip erwies sich schnell als äußerst erfolgreich. Viele andere Branchen und einige Geschäftsbanken ahmten es alsbald nach. Insbesondere die US-amerikanische Automobilindustrie verhalf dem Teilzahlungskredit zum Durchbruch.[41]

---

[33] Born: Geld und Banken, S. 208. North: Kleine Geschichte des Geldes, S. 173. Pohl: Konzentration im deutschen Bankwesen, S. 273. Wandel: Banken und Versicherungen, S. 13.
[34] Born: Geld und Banken, S. 466. Pohl: Konzentration im deutschen Bankwesen, S. 304. Pohl: Institute der Sparkassenorganisation als Wettbewerber, S. 1161.
[35] Pohl: Sparkassen, S. 34, S. 64 u. S. 82. Wandel: Banken und Versicherungen, S. 46.
[36] König: Geschichte der Konsumgesellschaft, S. 407. König: Kleine Geschichte der Konsumgesellschaft, S. 45 f. Zimmermann: Kundenkreditbank, S. 11 f.
[37] Zimmermann: Kundenkreditbank, S. 11 f.
[38] Kleinschmidt: Konsumgesellschaft, S. 14. Reis: Konsum, Kredit und Überschuldung, S. 3 u. S. 104 ff. Zur Geschichte des Konsums siehe König: Geschichte der Konsumgesellschaft.
[39] Kurzrock: Das westdeutsche Bankwesen, S. 58.
[40] König: Geschichte der Konsumgesellschaft, S. 407. König: Kleine Geschichte der Konsumgesellschaft, S. 45 f. Zimmermann: Kundenkreditbank, S. 11 f.
[41] Kurzrock: Das westdeutsche Bankwesen, S. 58. Zimmermann: Kundenkreditbank, S. 13 ff.

In Deutschland wurde die Teilzahlung in den 1920er Jahren gebräuchlich, als sich die Tendenz zur Konsumgesellschaft erstmals – wenn auch nur für wenige Jahre – andeutete.[42] Singer bot die neue Abzahlungsmethode nun ebenfalls im Deutschen Reich an. Die deutschen Nähmaschinenhersteller sahen sich daher gezwungen, zum Verkauf auf Raten überzugehen. Andere Branchen folgten. Nach der Inflation von 1923, als die Bevölkerung unter mangelnder Kaufkraft litt, stieg die Nachfrage nach Teilzahlungskrediten stark an. Vor allem Fahrräder, Automobile und Elektrogeräte, aber auch Hausrat und Bekleidung wurden per Teilzahlung erstanden.[43] Die Automobilhersteller gründeten eigene Absatzfinanzierungsgesellschaften. Kleinen und mittleren Einzelhändlern, aber auch Warenhäusern fehlten dagegen zunehmend die finanziellen Mittel, um Ratenzahlungen anbieten zu können. Von den Geschäftsbanken erhielten sie mangels Bonität kaum Kredite. Auf lokaler Ebene begannen daher viele Händler, in Eigenregie Finanzierungsinstitute zu etablieren.[44] So gründete der Königsberger Kaufmann Walter Kaminsky zusammen mit 20 weiteren Einzelhändlern 1926 die Kunden-Kredit-Bank GmbH (KKB) als erste deutsche Teilzahlungsbank. Die Bank vergab Kredite in Höhe von 50 bis 2000 Reichsmark (RM) direkt an Privatpersonen, die in Form einer Zahlungsanweisung ausgegeben wurden. Damit konnten die Kunden in bestimmten Geschäften einkaufen und den Kaufbetrag in monatlichen Raten zurückzahlen. Als Sicherheit verlangte die KKB lediglich den Nachweis über regelmäßiges Einkommen oder über eigenen Wohnraum.[45]

Das Geschäftsmodell der KKB war schnell erfolgreich. Bereits im ersten Jahr vergab das Unternehmen Kredite in Höhe von 400 000 RM.[46] In vielen deutschen Großstädten entstanden daraufhin ähnliche Einrichtungen.[47] In den folgenden Jahren vereinheitlichten die Teilzahlungsinstitute ihre Systeme und entwickelten eine ABC-Unterteilung: Beim A-Geschäft (auch Anweisungsgeschäft oder Königsberger Verfahren) beantragte der Kunde einen Kredit unmittelbar bei der Teilzahlungsbank. Er erhielt dann eine Zahlungsanweisung, die er beim Verkäufer vorlegte. Allerdings musste dazu das Geschäft eine Kooperation mit der Bank abgeschlossen haben. Der Kunde konnte also nicht überall einkaufen. Beim B-Geschäft (oder Händlergeschäft) stellte der Händler den Kreditantrag bei der Bank, wenn der Kunde im Geschäft eine Teilzahlung wünschte. Der Käufer musste dann eine Anzahlung beim Verkäufer leisten. Die Rückzahlung der Restsumme erfolgte in Raten direkt an die Bank. Das C-Geschäft oder Wechselgeschäft funktionierte ähnlich wie das B-Geschäft, basierte allerdings auf einem Wechsel und wurde vor allem bei größeren Beträgen wie etwa für Kraftfahrzeuge und Maschinen genutzt.[48] Zur weiteren Absicherung aller Geschäfte gründeten viele Teilzahlungsbanken, Abzahlungsgesellschaften und Einzelhandelsverbände lokale Auskunftsstellen, in denen Informationen über die Bonität

---

[42] Heßler: Visionen des Überflusses, S. 460ff. Reis: Konsum, Kredit und Überschuldung, S. 3 u. S. 104ff.

[43] Ashauer: Betrachtung des „Privatkunden", S. 17. Beier/Jacob: Konsumentenkredit, S. 31. Ellerbrock: Konsumentenkredit und „Soziale Marktwirtschaft", S. 114. Sowie Zimmermann: Kundenkreditbank, S. 13ff.

[44] Beier/Jacob: Konsumentenkredit, S. 163. Kurzrock: Das westdeutsche Bankwesen, S. 58. Reis: Konsum, Kredit und Überschuldung, S. 104ff. Zimmermann: Kundenkreditbank, S. 13ff.

[45] Ellerbrock: Konsumentenkredit und „Soziale Marktwirtschaft", S. 115. Zimmermann: Kundenkreditbank, S. 16ff. u. S. 128f. Zur Geschichte der Kundenkreditbank KKB und zu Walter Kaminsky (1899–1974) siehe Zimmermann: Kundenkreditbank.

[46] Zimmermann: Kundenkreditbank, S. 20.

[47] Reis: Konsum, Kredit und Überschuldung, S. 104ff. Zimmermann: Kundenkreditbank, S. 24ff.

[48] Stücker: Konsum auf Kredit, S. 66.

von Kreditnehmern gesammelt wurden. So entstand 1927 in Berlin die Schutzgemein-
schaft für allgemeine Kreditsicherung (Schufa) als Gründung der Berliner Elektrizitäts-
werke AG, deren Modell alsbald reichsweit nachgeahmt wurde.[49]

Der Erfolg der Teilzahlungsmethode blieb in der Öffentlichkeit nicht unbeachtet und
löste Ende der 1920er Jahre eine Debatte über den Konsum auf Kredit aus. Vertreter der
Industrie- und Handelskammern, Wirtschaftswissenschaftler, aber auch Banken und
Sparkassen lehnten den so genannten Konsumentenkredit aus volkswirtschaftlichen, wäh-
rungs- und sozialpolitischen Gründen ab.[50] Kredit, so die damals gängige wissenschaftliche
Lehre, musste unbedingt produktiv eingesetzt werden. Zudem galten private Haushalte –
abgesehen vielleicht bei hypothekengesicherten Baudarlehen – nicht als kreditwürdig.[51]
Selbst in progressiven Kreisen des Kreditgewerbes wurden die „Beschaffungsdarlehen" daher noch Jahrzehnte später äußerst kritisch gesehen (siehe Kap. II.).[52] Viele Einzelhändler, die ein Teilzahlungsinstitut gründen wollten, bekamen diese Haltung deutlich zu spüren. Das Eigenkapital mussten sie häufig selbst aufbringen. Das etablierte Kreditgewerbe
wollte ihre Projekte nicht unterstützen.[53] Entgegen aller Unkenrufe erwiesen sich einfache Arbeiter und Angestellte allerdings als zuverlässige Kreditnehmer: Die Ausfallquote
der Teilzahlungskredite bei der KKB betrug weniger als ein Prozent. Der Großteil der
Ratenkäufer sparte in den 1920er Jahren sogar weiterhin und längerfristig gedachte Sparguthaben blieben unangetastet. Ihre Schulden zahlten sie aus dem laufenden Einkommen ab.[54]

In öffentlichen Umfragen lehnte die Bevölkerung den Teilzahlungskredit aber ebenfalls mehrheitlich ab.[55] Im Alltag dagegen nahmen es die Deutschen nicht ganz so genau
mit den bürgerlichen Moralvorstellungen. Die Erfahrungen der Hyperinflation und der
Währungsumstellung hatten im Laufe der 1920er Jahre ganz allmählich einen Meinungs-
umschwung bewirkt. Einzelne Unternehmen der Konsumgüterindustrie instrumentali-
sierten sogar die Angst vor der Kaufkraftentwertung. So warb ein Automobilhersteller
1929 mit der Behauptung, Sparen sei zwecklos, Kaufen hingegen schütze vor der Inflation.[56] Auch die Teilzahlungsinstitute entstanden letztlich vor dem Hintergrund dieser
neuen Haltung. Mit der Weltwirtschaftskrise endeten allerdings die Erfolgsphase des Teilzahlungskredits und die öffentliche Debatte vorerst.[57] Das Teilzahlungsgeschäft verzeich-
nete nun nur noch geringe Zuwächse. Das nationalsozialistische Regime war zwar gegen
den Konsum auf Kredit, verschaffte den Teilzahlungsbanken 1934 im Reichsgesetz über
das Kreditwesen (KWG) aber immerhin die rechtliche Anerkennung als Kreditinstitute.[58]

Bankhistorisch betrachtet, waren die Pionierleistungen der Teilzahlungsbanken in den
1920er Jahren wegweisend für die weitere Entwicklung des Privatkundengeschäfts im
Kreditgewerbe. Jedermann konnte nun erstmals ohne besondere Sicherheiten von einer

---

[49] Ashauer: Entwicklung des Konsumentenkredits, S. 66. Zimmermann: Kundenkreditbank, S. 20.
[50] Ashauer: Betrachtung des „Privatkunden", S. 18. Zimmermann: Kundenkreditbank, S. 22.
[51] Ashauer: Entwicklung des Konsumentenkredits, S. 66.
[52] Ellerbrock: Konsumentenkredit und „Soziale Marktwirtschaft", S. 115.
[53] Zimmermann: Kundenkreditbank, S. 16ff.
[54] Ashauer: Entwicklung des Konsumentenkredits, S. 66ff. Ellerbrock: Konsumentenkredit und „Soziale Marktwirtschaft", S. 115. Zimmermann: Kundenkreditbank, S. 21.
[55] Ashauer: Entwicklung des Konsumentenkredits, S. 65.
[56] Pohl: Sparkassen, S. 138.
[57] Ashauer: Entwicklung des Konsumentenkredits, S. 66ff. Zimmermann: Kundenkreditbank, S. 24ff.
[58] Beier/Jacob: Konsumentenkredit, S. 163.

Bank einen Kredit für Konsumzwecke erhalten.[59] Die KKB war vermutlich die erste deutsche Bank, die nur an Privatpersonen Kredite vergab, und damit auch das erste ausschließliche Privatkunden-Institut. Der Teilzahlungskredit blieb zwar in seinem Nutzen vorerst noch beschränkt und war zudem an das gekaufte Objekt gebunden, dennoch sind hier die Wurzeln des modernen Konsumentenkredits in Deutschland zu finden.[60] In einem größeren Rahmen betrachtet, besteht zudem ein enger Zusammenhang zwischen dem Aufkommen der Teilzahlungsbanken, den Konsumentenkrediten und der fortschreitenden Marktintegration von Konsumgütern in den 1920er Jahren.[61] Auch wenn der frei verfügbare Anteil der Einkommen bei großen Teilen der Bevölkerung noch relativ niedrig war, wurde in diesen Jahren das Massenkonsumverhalten der späteren Wirtschaftswunderzeit kurzzeitig vorweggenommen. Die Weltwirtschaftskrise beendete diese Ansätze, bevor sie sich richtig durchsetzen konnten.[62]

Bis weit ins 20. Jahrhundert hinein bestanden also zwischen der überwiegenden Mehrheit der Gesellschaft und den privaten Banken in Deutschland keine geschäftlichen Beziehungen. Die Bevölkerung benötigte zwar finanzielle Dienstleistungen, doch ließen sich diese Bedürfnisse jahrhundertelang in unorganisierter Form ohne Kreditinstitute befriedigen. Erst die Sparkassen und Teilzahlungsbanken schufen im 19. und frühen 20. Jahrhundert Anlage- und Kreditmöglichkeiten und legten damit den Grundstein für ein massenhaftes Privatkundengeschäft im Kreditgewerbe.

Private Banken mit ihrer jahrhundertealten Tradition sahen – entgegen bisweilen in der bankhistorischen Literatur postulierten Meinungen – in der einfachen Bevölkerung, aber auch in Handwerkern, Gewerbetreibenden und Bauern keine potenziellen Kunden. Diese Gruppen blieben in finanziellen Fragen sich selbst oder den kleinen Geldverleihern überlassen. Ab dem 19. Jahrhundert entwickelten sich daher für diese bankmäßig vernachlässigten Teile der Gesellschaft eigene Finanzinstitute: die Sparkassen, die Teilzahlungsbanken sowie ab 1850/1864 die genossenschaftlich organisierten Volksbanken und Raiffeisenbanken.[63] Damit entstand eine Arbeitsteilung im Kreditgewerbe, die noch bis weit ins 20. Jahrhundert hinein Bestand hatte: Private Bankhäuser beherrschten die Finanzierung der Wirtschaft sowie das Geschäft mit den Wertpapieren. Die Sparkassen hatten eine Monopolstellung bei den Spareinlagen und beim langfristigen Realkredit. Die Genossenschaftsbanken vergaben Kredite an den gewerblichen und landwirtschaftlichen Mittelstand. Schließlich versorgten die Teilzahlungsbanken Privatpersonen mit kleinen Konsumentenkrediten. Wettbewerb untereinander fand dabei praktisch nicht statt. Das bedeutete aber auch, dass keine Institutsgruppe eine Vollversorgung mit Bankdienstleistungen für Privatpersonen anbot. Die privaten Banken thronten „in gottähnlicher Unnahbarkeit" über dem „kleinen Mann", wie es L. Eschwege 1908 in der Zeitschrift *Die Bank* formulierte.[64] Selbst die Sparkassen und Teilzahlungsbanken als selbsternannte „Banken

---

[59] Küppers: Marketing bei Kreditinstituten, S. 69. Kurzrock: Das westdeutsche Bankwesen, S. 58. Zimmermann: Kundenkreditbank, S. 16ff.

[60] Ellerbrock: Konsumentenkredit und „Soziale Marktwirtschaft", S. 114.

[61] Ebenda.

[62] Kleinschmidt: Konsumgesellschaft, S. 14. Schäfers: Sozialstruktur und sozialer Wandel, S. 35.

[63] Hardach: Entstehung des Drei-Säulen-Modells, S. 14 u. S. 23. North: Kleine Geschichte des Geldes, S. 172. Pohl: Von der Spar-Casse zum Kreditinstitut, S. 18f. u. S. 916ff. Wysocki: Untersuchungen, S. 128. Zur Geschichte des genossenschaftlichen Bankwesens in Deutschland siehe Born: Geld und Banken; Wandel: Banken und Versicherungen.

[64] Zitiert nach: Hardach: Entstehung des Drei-Säulen-Modells, S. 31.

des kleinen Mannes" deckten nur Teilbereiche ab. Diese Situation änderte sich vorerst nicht. Auch die Großbanken, deren Geschichte als jüngste Institutsgruppe erst im Kaiserreich begann, streckten in den ersten Jahrzehnten ihres Bestehens ihre Fühler nicht in Richtung der privaten Haushalte aus.

2. Historische Vorläufer des Großbanken-Privatkundengeschäfts

Ab den 1840er Jahren breiteten sich in zunehmendem Maße die Eisenbahn und damit zusammenhängend die Schwerindustrie in Deutschland aus. Anfangs waren viele Privatbankiers noch in der Lage gewesen, diese Entwicklung zu finanzieren. Doch die steigende Größe der Unternehmen und ihr gewaltiger Kreditbedarf überstiegen allmählich die Kapitalkraft der bestehenden Banken.[65] Die neue Rechtsform der Aktiengesellschaft, die sich nun in der Wirtschaft durchsetzte, wurde daher auch in der Kreditbranche angewandt. Privatbankiers gründeten – teilweise in Zusammenarbeit mit Merchant Bankern oder Großkaufleuten – große Aktienbanken, die ein bis zu zehnmal größeres Eigenkapital besaßen als einzelne Bankiers. Damit verfügten die neuen Institute sowohl über eine verbreiterte Haftungsgrundlage als auch über mehr Vertrauen in der Öffentlichkeit. Bei den Privatbankhäusern waren Erfolg oder Misserfolg dagegen oftmals nur von einer Person abhängig gewesen. Nicht zuletzt konnten die Aktienbanken durch ihre Größe Risiken intern besser ausgleichen.[66]

Die erste deutsche Geschäftsbank in Form einer Aktiengesellschaft war der 1848 nach englischen Vorbildern gegründete Schaaffhausen'sche Bankverein in Köln. Ihm folgte eine erste Gründungswelle, die bis Mitte der 1860er Jahre andauerte (Disconto-Gesellschaft Berlin 1851, Bank für Handel und Industrie Darmstadt 1853, Mitteldeutsche Creditbank Meiningen und Berliner Handels-Gesellschaft 1856).[67] Nach der Novelle des preußischen Aktienrechts, in der 1870 die Konzessionspflicht für Aktiengesellschaften abgeschafft wurde, entwickelte sich in den Jahren bis 1873 eine zweite Gründungsphase mit über 100 neuen Aktienbanken. Viele dieser neuen Institute überstanden die darauf folgende Gründerkrise allerdings nicht.[68]

In den nachfolgenden Jahrzehnten drängten die Aktienbanken die Privatbankiers immer mehr zurück.[69] Der Wettbewerbsvorteil der neuen Institute lag vor allem darin, dass in der gesamten Branche sie alleine in sämtlichen Zweigen des Bankgeschäfts tätig waren. Sie vergaben Kredite an Handel und Industrie, emittierten und handelten mit Wertpapieren, waren im Kontokorrent- und Diskontgeschäft tätig und nahmen ab 1870 zunehmend auch Einlagen an, mit denen sie Kredite refinanzierten. Kurz: Sie waren die einzigen Uni-

---

[65] Pierenkemper: Wirtschaftsgeschichte, S. 76f. u. S. 107. Tilly: Geld und Kredit, S. 285. Wandel: Banken und Versicherungen, S. 2.
[66] Born: Geld und Banken, S. 122f. Kurzrock: Das westdeutsche Bankwesen, S. 34f. Muthesius: Leistungsfähige deutsche Banken, S. 16f. Meyen: 120 Jahre Dresdner Bank, S. 52f. North: Kleine Geschichte des Geldes, S. 165ff. Wandel: Banken und Versicherungen, S. 9.
[67] Kurzrock: Das westdeutsche Bankwesen, S. 35. Meyen: 120 Jahre Dresdner Bank, S. 19. Pohl: Konzentration im deutschen Bankwesen, S. 44ff. Wandel: Banken und Versicherungen, S. 3.
[68] Hardach: Entstehung des Drei-Säulen-Modells, S. 14. Kurzrock: Das westdeutsche Bankwesen, S. 42. Pohl: Konzentration im deutschen Bankwesen, S. 97ff. Wandel: Banken und Versicherungen, S. 9.
[69] North: Kleine Geschichte des Geldes, S. 170ff.

versalbanken im Kaiserreich.[70] Zudem bauten sie teilweise Filialnetze auf und konnten so auch überregional tätig werden. Die größten Aktienbanken konzentrierten sich am wichtigsten deutschen Finanzplatz in Berlin. Aufgrund ihrer dominierenden Marktstellung wurde diese Gruppe – in Abgrenzung zu den Regionalbanken der Provinz – als Berliner Großbanken bezeichnet. Die Statistik der Reichsbank zählte bis in die 1920er Jahre hinein bis zu neun Kreditinstitute zu den Großbanken. Dazu gehörten unter anderem die Commerz- und Disconto-Bank, die Deutsche Bank und die Dresdner Bank, die in der zweiten Gründungswelle entstanden waren und die sich als einzige Großbanken bis in die Zeit der Bundesrepublik hinein behaupten konnten.[71]

Die Deutsche Bank wurde am 22. Januar 1870 in Berlin gegründet. Die Initiatoren beabsichtigten, mit dem neuen Institut den Überseehandel insbesondere im internationalen Rahmen zu finanzieren und die deutschen Kaufleute unabhängig vom Finanzplatz London zu machen.[72] Vier Wochen später, am 26. Februar 1870, rief in Hamburg eine Gruppe aus Privatbankiers, Merchant Bankern, Kaufleuten und Reedern die Commerz- und Disconto-Bank ins Leben. Ihr Ziel war es, den hanseatischen Handel und den deutschen Außenhandel finanziell zu unterstützen. Die Namenswahl nahm Bezug auf den Güter- und Warenverkehr (lateinisch commercium) und spiegelte die Zielsetzung der Bank wider.[73] In ihren ersten Jahrzehnten entwickelte sich das Institut zudem zu einer Bank für das mittelständische Gewerbe und betätigte sich – wie auch die Deutsche Bank – zunehmend im Industriegeschäft.[74] Am 12. November 1872 wurde schließlich in Dresden die 1771 aus einer Hoffaktorei entstandene sächsische Privatbank Michael Kaskel in eine Aktiengesellschaft umgewandelt: Die Dresdner Bank war geboren. Ihr Ziel war es zunächst, ein regionales Institut für Sachsen – damals eines der am weitesten industrialisierten Länder Europas – mit allen Zweigen des Bank- und Kommissionsgeschäfts zu sein. Die Dresdner Bank agierte aber schnell deutschlandweit und engagierte sich vor allem in der Großindustrie.[75]

In der Phase der deutschen Hochindustrialisierung bis zum Ersten Weltkrieg profitierten die drei Banken ungemein von der wirtschaftlichen Entwicklung. Waren sie während des Gründerbooms noch im Gründungs- und Emissionsgeschäft sehr aktiv gewesen, rückten diese Tätigkeiten nun in den Hintergrund. Sie entwickelten sich zu Universalbanken, die Kredite an Unternehmen vergaben, das Kontokorrent- und Wechselgeschäft betrieben sowie den Börsen- und Außenhandel beherrschten. Damit gelangten sie zunehmend in eine zentrale Rolle in der Finanzierung der deutschen Wirtschaft und engagierten sich auch in großen Projekten, wie etwa die Deutsche Bank beim Bau der Bagdadbahn (1903–

---

[70] Born: Geld und Banken, S. 157. Buchheim: Deutsche Finanzmetropole, S. 135. Ferguson: Aufstieg des Geldes, S. 52. Hardach: Entstehung des Drei-Säulen-Modells, S. 31. Kurzrock: Das westdeutsche Bankwesen, S. 35. Meyen: 120 Jahre Dresdner Bank, S. 19. Muthesius: Leistungsfähige deutsche Banken, S. 17. North: Kleine Geschichte des Geldes, S. 170ff.
[71] Born: Vom Beginn des Ersten Weltkriegs bis zum Ende der Weimarer Republik, S. 73. Born: Geld und Banken, S. 122f., S. 324 u. S. 462. Deutsche Bundesbank (Hrsg.): Deutsches Geld- und Bankwesen, S. 57f. Pierenkemper: Wirtschaftsgeschichte, S. 107. Pohl: Konzentration im deutschen Bankwesen, S. 202 u. S. 277. Wandel: Das deutsche Bankwesen im Dritten Reich, S. 175.
[72] Gall u. a.: Deutsche Bank 1870–1914, S. 4. Pohl: Konzentration im deutschen Bankwesen, S. 109ff.
[73] Kurzrock: Aus der Geschichte der Commerzbank, S. 39. Muthesius: Leistungsfähige deutsche Banken, S. 19. Pohl: Konzentration im deutschen Bankwesen, S. 109ff.
[74] Kurzrock: Aus der Geschichte der Commerzbank, S. 141.
[75] Meyen: 120 Jahre Dresdner Bank, S. 21. Pohl: Konzentration im deutschen Bankwesen, S. 109ff. Wixforth: Geschichte der Dresdner Bank, S. 117f.

1924).[76] Ihre Geschäftsvolumina und ihr Eigenkapital vergrößerten sich dadurch kontinuierlich. Die Deutsche Bank wuchs schnell zu einem der größten Kreditinstitute des Kaiserreichs heran. Die Dresdner Bank sowie die Commerz- und Disconto-Bank rückten hingegen erst später in den Kreis der Großbanken auf, als sie ihre Hauptsitze nach Berlin verlegten (1884/1905).[77] Gleichzeitig breiteten sich die drei Institute immer mehr in Deutschland aus, indem sie Filialen eröffneten, sich an Regionalbanken und Privatbankhäusern beteiligten oder mit diesen fusionierten. Um 1907 besaßen sie zusammen ein Netz von über 200 Bankstellen, das sich über die Industriegebiete und Handelsplätze des Reiches erstreckte.[78] Diese Entwicklung war Teil einer Expansions- und Konzentrationswelle im privaten Kreditgewerbe, die bis weit ins 20. Jahrhundert hinein andauerte. Allein die Deutsche Bank und die Dresdner Bank übernahmen zwischen 1870 und 1914 jeweils mehr als 40 Kreditinstitute.[79]

Als Produkte der Industrialisierung wiesen die Großbanken vorerst keine Ansatzpunkte für ein Privatkundengeschäft auf. Durch die Geschäftsverbindungen mit den Industrie- und Handelsunternehmen erhielten sie aber erste Privatpersonen als Kunden. Die Institute regelten – ganz in der Tradition der Privatbankiers – auch die privaten Bankangelegenheiten von Firmeninhabern und Führungskräften. Insbesondere verwahrten sie Wertpapiere und verwalteten Vermögen. Die Grenzen zwischen privaten und geschäftlichen Bankdienstleistungen waren dabei fließend. Daneben gab es vereinzelt auch vermögende Privatkunden. Sie entstammten dem Adel und Großbürgertum und waren beispielsweise hohe Offiziere, Professoren oder Rentiers. So war der erste nachweisbare Privatkunde der Deutschen Bank aus dem Jahr 1879, Otto Michaelis, Direktor im Reichskanzleramt.[80] Auch beim Kauf von Privatbankhäusern übernahmen die Großbanken häufig Privatkunden aus den Kundenstämmen. Darunter befanden sich bisweilen alteingesessene wohlhabende Familien.[81]

Insgesamt lassen sich über die Strukturen der Privatkundschaft vor 1945 keine konkreten Angaben machen. Wenn die Anzahl aller Konten der Dresdner Bank 1896 lediglich knapp 19 000 betrug, so können darunter nur vereinzelt Privatkunden gewesen sein.[82] Dass diese zudem recht vermögend gewesen sein müssen, legt der Durchschnittsbetrag auf privaten Konten der Deutschen Bank nahe, der sich 1908 auf circa 5000 Mark belief.[83] Die Großbanken betrieben also in bescheidenem Umfang ein individuelles Privatkundengeschäft mit vermögenden Personen, das sich aus heutiger Sicht am ehesten mit den heutigen Bereichen Private Banking oder Wealth Management vergleichen lässt. Erst Mitte

---

[76] Hansen: Stürmische Zeiten, S. 32. Kurzrock: Aus der Geschichte der Commerzbank, S. 48ff. Meyen: 120 Jahre Dresdner Bank, S. 34ff. Pohl: Konzentration im deutschen Bankwesen, S. 176 u. S. 275. Wandel: Banken und Versicherungen, S. 12. Zum Bagdadbahn-Projekt der Deutschen Bank siehe Gall u. a.: Deutsche Bank 1870–1914. Sowie Pohl: Von Stambul nach Bagdad.
[77] Born: Geld und Banken, S. 122f. Pierenkemper: Wirtschaftsgeschichte, S. 107. Hansen: Stürmische Zeiten, S. 33. Krause: Zeitreise, S. 25. Meyen: 120 Jahre Dresdner Bank, S. 30ff. u. S. 47. Pohl: Konzentration im deutschen Bankwesen, S. 117.
[78] Filialen und Depositenkassen 1907: Commerz- und Disconto-Bank 55, Deutsche Bank 83, Dresdner Bank 74 (Pohl: Konzentration im deutschen Bankwesen, S. 281).
[79] Born: Geld und Banken, S. 123f. Krasensky: Kurzgefaßte Bankgeschichte, S. 63.
[80] Frost: Die Deutsche Bank und ihr Privatkundengeschäft, S. 17ff.
[81] HAC, N26/31, Nachlass Herbert Wolf, Schreiben von Hans-Josef Hecking, Hannover, vom 10. 01. 1994. HAC, S6/Marburg, Schreiben von Ludwig Kolb, Hannover, an die Direktion der Commerz- und Credit-Bank, Frankfurt a. M., vom 03. 09. 1958, S. 2.
[82] Jüdell: Dresdner Bank, S. 138.
[83] Wixforth: Expansionsstrategien, S. 103.

der 1920er Jahre nahm dieser Geschäftszweig zumindest bei der Deutschen Bank eine solche Größenordnung ein, dass das Institut in der Berliner Zentrale und in den größeren Filialen eigene Abteilungen für Privatkunden einrichtete.[84]

Für die Großbanken waren vermögende Privatpersonen nicht zuletzt deshalb interessant, weil deren Wertpapieranlagen die dominierende Form der Geldvermögensbildung im Kaiserreich darstellten. Die Sparkassenidee breitete sich zwar im 19. Jahrhundert erfolgreich in Deutschland aus, spielte aber absolut betrachtet noch keine große Rolle. Während im Deutschen Reich 1908 Spareinlagen in Höhe von 15 Mrd. Mark bestanden, belief sich der Wertpapierumlauf auf 53 Mrd. Mark.[85] Dieser Umstand mag auch erklären, warum sich die Großbanken nicht für das Spargeschäft und damit auch nicht für die finanziellen Belange des Großteils der Bevölkerung interessierten. Das Geschäft mit Wertpapieren war – ebenso wie die Kreditvergabe an Handel und Industrie – schlichtweg umfangreicher und lukrativer.[86] Die steigende Nachfrage nach Finanzdienstleistungen aus den bestehenden Kundenkreisen bot den Großbanken bis in die 1920er Jahre hinein ausreichende Expansionsmöglichkeiten. Und auch bei der Kapitalbeschaffung waren sie nicht auf die Bevölkerungsmehrheit angewiesen.

Die Commerz- und Disconto-Bank, die Deutsche Bank sowie die Dresdner Bank vergrößerten ihren Einzugsbereich aber nicht nur, indem sie andere Banken übernahmen, sondern auch indem sie eigene Filialen und so genannte Depositenkassen in den Großstädten errichteten. Depositenkassen waren Nebenstellen mit beschränkten Vollmachten, die nicht alle Bankdienstleistungen anboten. Ihre Hauptaufgabe war es, Depositen sowie Sicht- und Termineinlagen zu sammeln, um den Großbanken eine weitere Refinanzierungsquelle über das Eigenkapital hinaus zu verschaffen. Depositen waren zeitweise nicht benötigte Gelder aus betrieblichen Überschüssen (z. B. Kassenreserven und Rücklagen) oder aus Kapitaleinkommen, die Kunden bei den Banken verzinst anlegten, um sie später ertrag- und risikoreicher zu platzieren. In der Regel waren Depositen kurz- und mittelfristige Anlagen, über die auch per Scheck verfügt werden konnte. Sie entsprachen damit ungefähr den heutigen Tagesgeldkonten.[87]

Als erstes Kreditinstitut in Deutschland führte die Deutsche Bank das Depositengeschäft ein. Ab Juli 1870 nahm sie auf Betreiben des Vorstands Georg von Siemens nach dem Vorbild englischer Banken Depositen mit verschiedenen Kündigungsfristen von einem Tag bis zu drei Monaten gegen eine Verzinsung von 2 bis 3,5 % an.[88] Ihre erste Depositenkasse entstand 1876 in Berlin. Bis zur Jahrhundertwende folgten andere Aktienbanken der Idee aber nur zögerlich, so etwa die Dresdner Bank 1889 und die Commerz- und Disconto-Bank 1899. In der Reichshauptstadt existierten 1895 insgesamt erst 22 Depositenkassen.[89] Einen Aufschwung erlebte das Depositengeschäft der Großbanken ab der

---

[84] Frost: Die Deutsche Bank und ihr Privatkundengeschäft, S. 17 u. S. 276.
[85] Ehrlicher: Einlagengeschäft, S. 42.
[86] Bähr: Dresdner Bank, S. 223.
[87] Ehlen: Filialgroßbanken, S. 4. Hintner: Geld-, Bank- und Börsenwesen, S. 341ff. Pohl: Sparkassen, S. 39 u. S. 44. Riesser: Die deutschen Großbanken, S. 166ff.
[88] HADB, SG 8/16, Wirtschaftliche Mitteilungen der Deutschen Bank, Nr. 3, Juli 1960, Artikel „Die Großbanken und der ‚kleine Mann'". HADB, Geschäftsbericht der Deutschen Bank 1870. Frost: Die Deutsche Bank und ihr Privatkundengeschäft, S. 22. Pohl: Konzentration im deutschen Bankwesen, S. 112. Riesser: Die deutschen Großbanken, S. 166.
[89] Pohl: Konzentration im deutschen Bankwesen, S. 194. Riesser: Die deutschen Großbanken, S. 166f. u. S. 181. Wysocki: Untersuchungen, S. 180f.

zweiten Hälfte der 1890er Jahre. Die Institute erweiterten in diesen Jahren den Tätigkeitsbereich der Kassen, die nun fast alle Bankdienstleistungen anboten.[90] Die Depositenzweigstellen erwiesen sich als ideale Stützpunkte, um ein bankinternes Zahlungsverkehrsnetz mit Kontokorrentkonten und Scheckverkehr aufzubauen.[91] Zudem nahmen die Industriekredite einen immer größeren Umfang an, der mit Einlagen gegenfinanziert werden musste. In den folgenden Jahrzehnten vergrößerten daher die Großbanken ihre Depositenkassen-Netze stark. Vor Beginn des Ersten Weltkriegs verfügte die Commerz- und Disconto-Bank über 54 Depositenkassen, die Deutsche Bank über 73 und die Dresdner Bank über 57.[92] Im Deutschen Reich gab es 1914 insgesamt über 400 Depositenkassen, die sich vor allem in Berlin (254) und in Großstädten wie Hamburg, Frankfurt am Main, Dresden oder Bremen befanden.[93]

Die bankhistorische Literatur und die Großbanken selbst sahen das Depositengeschäft rückblickend häufig als Vorläufer des Spargeschäfts oder gar des gesamten Privatkundengeschäfts.[94] Belege für diese These fanden sich etwa bei der Deutschen Bank, die 1876 im Zusammenhang mit dem Aufbau des Einlagengeschäfts erstmals private Kunden erwähnte.[95] Doch bei genauerer Betrachtung wird deutlich, dass Depositenkassen eher für Unternehmer, mittelständische Händler und Gewerbetreibende sowie für Freiberufler und Vermögende gedacht waren. Kurzfristige Depositen waren für die Bevölkerung keinesfalls eine Alternative zur langfristigen Sparanlage als Vorsorgemaßnahme. Die Großbanken verlangten hohe Mindesteinlagen (Deutsche Bank 1876: 100 Taler[96]), während bei den Sparkassen damals häufig noch Höchstbeträge üblich waren.[97] Das Depositengeschäft der Großbanken war also keineswegs als Massenprodukt gegen die Sparkassen gerichtet. Das private Kreditgewerbe hatte kein Interesse am „Geld des kleinen Mannes" und war auch nicht darauf angewiesen.[98] So ließ etwa die Berliner Stempelvereinigung, der Interessenverband der privaten Banken, 1916 verlauten, die Kundenkreise der Sparkassen seien „als eigene Bankenkundschaft nicht begehrenswert".[99] Beide Institutsgruppen bedienten also grundsätzlich unterschiedliche Klientel.

Das Depositen- und das Spargeschäft standen nicht im Wettstreit miteinander. Das lag unter anderem auch an der geringen räumlichen Ausdehnung der Großbanken im Deutschen Reich, die sich auf Großstädte und industrielle Ballungszentren beschränkte. Lediglich hier dürften die Sparkassen das Depositengeschäft der Großbanken ansatzweise als Konkurrenz empfunden haben. So waren vor 1914 die Spareinlagen der Berliner Sparkas-

---

[90] Frost: Die Deutsche Bank und ihr Privatkundengeschäft, S. 24f.

[91] Hintner: Geld-, Bank- und Börsenwesen, S. 84.

[92] Meyen: 120 Jahre Dresdner Bank, S. 45 u. S. 58.

[93] Büschgen: Die Großbanken, S. 146. Wysocki: Untersuchungen, S. 180f.

[94] BArch, B 102/84318, Christ und Welt vom 18.10.1968, Artikel „Kleiner Mann" als großer Kunde". HADB, SG 8/16, Wirtschaftliche Mitteilungen der Deutschen Bank, Nr. 3, Juli 1960, Artikel „Die Großbanken und der ‚kleine Mann'". Pohl/Raab-Rebentisch: Deutsche Bank in Hamburg, S. 43.

[95] Frost: Die Deutsche Bank und ihr Privatkundengeschäft, S. 276. Riesser: Die deutschen Großbanken, S. 166.

[96] Obwohl es nach 1871 keine Talerprägungen mehr gab, war die Währung weiter im Umlauf. Ein Taler hatte einen Wert von 3 Mark.

[97] HAC, 1/276, Bericht der Commerzbank, Zentrale Berlin, an die Interalliierte Kommission vom 18.07.1945. Buchheim: Deutsche Finanzmetropole, S. 135f. Kurzrock: Aus der Geschichte der Commerzbank, S. 60. Pohl: Konzentration im deutschen Bankwesen, S. 275. Pohl: Institute der Sparkassenorganisation als Wettbewerber, S. 1159. Riesser: Die deutschen Großbanken, S. 169.

[98] Wysocki: Spareinlage, S. 30.

[99] Buchheim: Deutsche Finanzmetropole, S. 136. Zitiert nach: Pohl: Sparkassen, S. 92.

sen gemessen an der Einwohnerzahl Berlins relativ gering im Vergleich zu anderen Großstädten. Die dichten Depositenkassennetze der privaten Banken in der Reichshauptstadt
erklären vermutlich diese Auffälligkeit.[100] Absolut gesehen, spielten die Depositengelder
allerdings eher eine bescheidene Rolle in der deutschen Kreditwirtschaft. Den 15 Mrd.
Mark Spareinlagen, über welche die Sparkassen Ende 1909 verfügten, standen lediglich
3 Mrd. Mark Depositeneinlagen aller übrigen Kreditinstitute gegenüber.[101]

Insgesamt können die Depositenkassen der Großbanken daher weder als Massengeschäft noch als Mittel gesehen werden, um gezielt Privatpersonen als Kunden zu akquirieren. Ein speziell auf diesen Kundenkreis ausgerichtetes Produkt existierte bei den
Großbanken bis gegen Ende der 1920er Jahre nicht. Erst in der Zeit nach dem Ende des
Ersten Weltkriegs, die für die gesamte deutsche Kreditwirtschaft eine Phase des Umbruchs
darstellte, veränderte sich diese Konstellation.[102] Die politische Situation war instabil, die
Wirtschaft lag am Boden und die kriegsbedingte Geldentwertung weitete sich zu einer
bedrohlichen Ausnahmesituation aus. Während der Hyperinflation 1923 wurde es beinahe
unmöglich, einen regulären Bankbetrieb aufrechtzuerhalten.[103] Infolge dieser schwieri-
gen Lage wurde der Wettbewerb in der Branche im Laufe der 1920er Jahre härter.

Von dieser Situation waren vor allem Privatbankhäuser und kleine Regionalbanken be-
troffen. Von deren Schwächung in der Inflationszeit konnten die Großbanken profitieren,
indem sie zahlreiche Institute übernahmen und so ihr Filialnetz in der Provinz weiter
ausbauten. Allein die Commerz- und Disconto-Bank erwarb in den Jahren 1917 bis 1923
40 Banken. Höhepunkt dieser Expansionsphase war 1920 die Fusion mit der Mitteldeutschen Privat-Bank aus Magdeburg. Damit konnte das Institut mit einem Schlag sowohl
sein Eigenkapital von 115 auf 200 Mio. Mark nahezu verdoppeln und die Zahl der Geschäftsstellen von knapp 100 auf 284 annähernd verdreifachen. Es firmierte fortan als
Commerz- und Privat-Bank.[104] Doch auch die Lage der Großbanken war alles andere als
gut. Sie hatten bereits während des Kriegs große Verluste im Auslandsgeschäft erlitten,
das Wertpapiergeschäft war zurückgegangen, und durch Inflation und Währungsreform
waren ihre Eigenkapitalbasis und der Bestand an langfristigen Einlagen zurückgegangen.[105] Als die Kreditnachfrage nach 1923 wieder anzog, konnte diese von den Großbanken daher nur schwer befriedigt werden. Unter großem Risiko nutzten sie kurzfristige
Kredite aus dem Ausland zur Gegenfinanzierung, da es in der gesamten deutschen Volkswirtschaft an Kapital mangelte.[106] Die Großbanken waren folglich dringend auf langfristige Einlagen angewiesen.

---

[100] Buchheim: Deutsche Finanzmetropole, S. 135.
[101] Riesser: Die deutschen Großbanken, S. 172f.
[102] Zur Inflationszeit in den 1920er Jahren siehe Wixforth: Die Banken und der Kollaps der Mark.
[103] Kurzrock: Aus der Geschichte der Commerzbank, S. 62. Kurzrock: Das westdeutsche Bankwesen,
S. 35. Zur Situation der Großbanken in der frühen Weimarer Republik siehe Lampe: Bankbetrieb in
Krieg und Inflation.
[104] Born: Vom Beginn des Ersten Weltkriegs bis zum Ende der Weimarer Republik, S. 154. Krause:
Jüdische Traditionslinien, S. 35ff. Krause: Zeitreise, S. 39f. Pohl: Konzentration im deutschen Bankwesen, S. 323. Wandel: Banken und Versicherungen, S. 27.
[105] BArch, B 136/7361, Wettbewerbssituation im Kreditwesen, Bd. 5–6, Bericht der Bundesregierung
über die Untersuchung der Wettbewerbsverschiebungen im Kreditgewerbe und über eine Einlagensicherung, Kabinettsvorlage vom 25.10.1968, S. 38. Meyen: 120 Jahre Dresdner Bank, S. 70ff. Pohl:
Konzentration im deutschen Bankwesen, S. 304.
[106] Bähr: Deutsche Bankenkrise 1931, S. 32ff. u. S. 46ff. Kurzrock: Aus der Geschichte der Commerzbank, S. 64. Meyen: 120 Jahre Dresdner Bank, S. 75. Pohl: Konzentration im deutschen Bankwesen,
S. 298.

Aus dieser Situation heraus entstand in der zweiten Hälfte der 1920er Jahre im privaten Kreditgewerbe offenbar die Idee, das Spargeschäft aufzunehmen. In Ergänzung zum Depositengeschäft konnten die Banken durch Spareinlagen auch kleinere Beträge von bislang fremden Kundenkreisen langfristig an sich ziehen. Die Umstände für einen solchen Schritt schienen günstig zu sein: Seit dem Ende des Ersten Weltkriegs hatte der Anteil kleiner und mittlerer Sparer an der Kapitalbildung in Deutschland stark zugenommen. Die Gruppe lohnabhängiger Erwerbspersonen, die den Kern der Sparer darstellte, wurde zudem immer größer.[107] Diese Veränderungen wurden auch von den Großbanken wahrgenommen. Laut dem Geschäftsbericht der Deutschen Bank von 1929 war es

„[...] primäre Aufgabe der Banken, die Kreditbedürfnisse der Wirtschaft zu befriedigen, und es ist daher nicht nur ihr Recht, sondern ihre Pflicht, die im Lande verfügbaren Gelder für diesen Zweck heranzuziehen. Sie können unter den heutigen Verhältnissen in Deutschland an einer so ergiebigen Geldquelle, wie es das kleine Sparkapital ist, nicht vorübergehen."[108]

Auch andere Teile der Finanzwirtschaft „entdeckten" in den 1920er Jahren das Potenzial der Arbeitnehmerhaushalte. Neben den bereits erwähnten Teilzahlungsbanken entstanden Gewerkschaftsbanken für die Arbeiterschaft, aber auch Beamtenbanken und Bausparkassen.[109]

Entscheidend für den Einstieg der Großbanken in das Spargeschäft wurden jedoch letztlich wettbewerbspolitische Gründe. Auch die Sparkassen litten unter der wirtschaftlichen Situation: Inflation und Währungsreform hatten die Spareinlagen entwertet; weite Teile der Bevölkerung hatten ihre Vorsorgepolster verloren und ihr Vertrauen in die Sparkassen war geschwunden. In dieser Krisensituation erweiterten die Sparkassen das Angebot an Bankdienstleistungen. Sie engagierten sich nun zunehmend im kurzfristigen Kreditgeschäft, bauten den Handel mit Wertpapieren aus und betätigten sich erstmals auch im Industrie- und Auslandsgeschäft. Zudem verfügten sie mit der Deutschen Girozentrale seit 1918 über einen Zugang zum Geld- und Kapitalmarkt.[110] Damit näherten sich die Sparkassen den Geschäftsbereichen der privaten Banken an und forderten diese auf ihren ureigensten Gebieten heraus.

Die Sparkassen- und Bankenverbände trugen diesen brancheninternen Konflikt spätestens seit dem 6. Bankiertag 1925 auch in der Öffentlichkeit aus. In den folgenden Jahren gab es heftige Auseinandersetzungen mit zahlreichen Stellungnahmen und Streitschriften. Der Centralverband des Bank- und Bankiergewerbes fürchtete um das lukrative Mittelstands- und Wertpapiergeschäft seiner Mitglieder, attestierte den Sparkassen mangelnde Kompetenz in diesen, ihnen wesensfremden Bereichen und beschwerte sich über ihre wettbewerbsverzerrenden steuerlichen Privilegien. Der DSGV warf den Großbanken dagegen vor, sie würden durch ihre Filialexpansion die Provinz aussaugen, sich ausschließlich

[107] Pohl: Sparkassen, S. 108ff.
[108] HADB, Geschäftsbericht der Deutschen Bank 1929.
[109] Ashauer: Betrachtung des „Privatkunden", S. 17. Ashauer: Entwicklung der Sparkassenorganisation, S. 280. Born: Vom Beginn des Ersten Weltkriegs bis zum Ende der Weimarer Republik, S. 73 u. S. 95. Pohl: Sparkassen, S. 108. Wandel: Banken und Versicherungen, S. 34. Zur Geschichte des Bausparens siehe Müller: Bausparen in Deutschland.
[110] Born: Geld und Banken, S. 456ff. Ehlen: Filialgroßbanken, S. 84. Pohl: Konzentration im deutschen Bankwesen, S. 304. Pohl: Institute der Sparkassenorganisation als Wettbewerber, S. 1161. Wandel: Banken und Versicherungen, S. 30.

auf die Großindustrie konzentrieren und den Mittelstand vernachlässigen.[111] Beide Institutsgruppen waren überzeugt, dass die andere Seite das ursprüngliche Geschäftsgebiet verließe und sich unzulässigerweise in den eigenen, angestammten Bereich einmische. Um diesen Konflikt zu lösen, verhandelten die Spitzenverbände parallel zur öffentlichen Kontroverse über eine vertragliche Arbeitsteilung im Bankengewerbe, mit der die Vorkriegsverhältnisse wiederhergestellt werden sollten. Die Eskalation konnte dadurch aber nicht aufgehalten werden. Als 1926 ein Gutachten des Reichsfinanzhofs die neuen Geschäftsbereiche der Sparkassen bestätigte, gingen die privaten Banken in die Offensive. Die Berliner Stempelvereinigung empfahl ihren Mitgliedern, Ende Oktober 1927 zum III. Weltspartag[112] das Spargeschäft einzuführen.[113] In der Folgezeit kamen viele private Kreditinstitute dieser Aufforderung nach. Damit waren die Verhandlungen zwischen den Spitzenverbänden gescheitert. Abschließend konnten sich die Institutsgruppen immerhin im Mai 1928 auf ein Wettbewerbsabkommen einigen, in dem der Status quo der deutschen Kreditwirtschaft festgehalten wurde.[114]

Die Commerz- und Privat-Bank sowie die Dresdner Bank führten 1928 das Spargeschäft zu gleichen Konditionen wie bei den Sparkassen ein. Die Mindesteinlage betrug eine Reichsmark.[115] Die Protokolle des Aufsichtsrats der Commerz- und Privat-Bank vermerkten im Oktober 1928 erstmals 8800 Sparkonten mit Einlagen in Höhe von 6,7 Mio. RM. Der neue Geschäftsbereich wurde bei beiden Instituten offenbar ohne besondere Werbemaßnahmen und eher stillschweigend eingeführt.[116] Zu Beginn des Jahres 1929 bot schließlich auch die Deutsche Bank Sparkonten an. Um dem neuen Geschäftsbereich die nötige Basis zu verschaffen, versuchte das Institut in ländlichen Gebieten mit rund 50 kleinen Agenturen (z. B. in Gemischtwarenläden) Spareinlagen heranzuziehen. Das Vorhaben scheiterte allerdings nach wenigen Jahren. Die Stellung der Sparkassen in der Provinz blieb vorläufig unangreifbar. Die Großbanken betrieben das Spargeschäft daher in den folgenden Jahrzehnten lediglich in den städtischen Ballungsgebieten, wo mit den Depositenkassen bereits die infrastrukturelle Grundlage vorhanden war.[117]

Rückblickend betrachtet, war der Startzeitpunkt des Spargeschäfts ohnehin äußerst ungünstig gewählt. Das Deutsche Reich und die Bevölkerung litten unter der Weltwirtschaftskrise, immer mehr Menschen wurden arbeitslos und die politische Lage erwies sich

[111] Born: Geld und Banken, S. 467. Hardach: Entstehung des Drei-Säulen-Modells, S. 17. Meyen: 120 Jahre Dresdner Bank, S. 98. Pohl: Sparkassen, S. 35, S. 92ff. u. S. 125. Pohl: Institute der Sparkassenorganisation als Wettbewerber, S. 1162f. Wysocki: Die „bankmäßige" Entwicklung, S. 43f.
[112] Der Weltspartag (International Saving Day) war 1924 auf dem 1. Internationalen Sparkassenkongress in Mailand beschlossen worden. Mit diesem Aktionstag, der seitdem jährlich in der letzten Oktoberwoche stattfindet, soll der Spargedanke weltweit propagiert werden. Die Großbanken maßen dem Weltspartag aufgrund seiner Herkunft aus dem Sparkassensektor jahrzehntelang keine Bedeutung bei.
[113] Ashauer: Entwicklung der Sparkassenorganisation, S. 283. Ehlen: Filialgroßbanken, S. 25. Büschgen: Großbanken, S. 87. Frost: Die Deutsche Bank und ihr Privatkundengeschäft, S. 28. Pohl: Institute der Sparkassenorganisation als Wettbewerber, S. 1162f.
[114] HAC, N26/2, Nachlass Herbert Wolf, Aufsatzskizze von Walter Lippens: „Fragen der Werbung im westdeutschen Bankgewerbe", März 1959. Ehlen: Filialgroßbanken, S. 78. Kolbeck: Zur Entwicklung der Bankenaufsicht, S. 1001. Pohl: Sparkassen, S. 92ff. Wysocki: Die „bankmäßige" Entwicklung, S. 43f. Zum Kreditwesengesetz (KWG) von 1934 siehe Jessen (Hrsg.): Reichsgesetz über das Kreditwesen.
[115] Born: Geld und Banken, S. 467. Meyen: 120 Jahre Dresdner Bank, S. 98.
[116] HAC, S3/A2, Protokoll der Aufsichtsratssitzung der Commerz- und Privatbank, Oktober 1928.
[117] Ehlen: Filialgroßbanken, S. 78. Frost: Die Deutsche Bank und ihr Privatkundengeschäft, S. 30ff.

als zunehmend instabil. Die Großbanken sahen sich vermehrt der nationalsozialistischen und kommunistischen Propaganda ausgesetzt, die gegen den „internationalen Kapitalismus" wetterten. Schließlich erschütterte 1931 die Bankenkrise das Vertrauen der Bevölkerung in die Finanzbranche gewaltig. Insbesondere die Dresdner Bank geriet dabei in erhebliche Schwierigkeiten und musste, ebenso wie die Commerz- und Privat-Bank, vorübergehend vom Staat übernommen werden. Selbst die Sparkassen litten zeitweise darunter, dass große Teile der Bevölkerung ihre Ersparnisse lieber zu Hause horteten.[118]

Nachdem die Weltwirtschafts- und die Bankenkrise allmählich überstanden waren, entwickelte sich das Spargeschäft der Großbanken in den 1930er Jahren und während des Zweiten Weltkriegs besser. 1944 erreichten ihre Spareinlagen zusammen eine Höhe von 5,2 Mrd. RM.[119] Allein bei der Commerz- und Privat-Bank, die ab 1940 nur noch als Commerzbank firmierte, wuchsen die Spareinlagen von 1928 bis 1944 von 6,7 Mio. RM auf über 1 Mrd. RM an.[120] Die zunehmende Bedeutung des Spargeschäfts zeigte sich auch am Anteil der Spareinlagen an den Bilanzsummen der Großbanken. Dieser stieg bis Ende 1936 auf 7% und während des Zweiten Weltkriegs durch den Kaufkraftüberhang in der Bevölkerung bzw. durch kriegswirtschaftliche Kapitallenkungsmaßnahmen weiter auf 18% (Ende 1942).[121] Im Vergleich zwischen den einzelnen Instituten entwickelte sich das Spargeschäft dabei ohne nennenswerte Unterschiede. Dies war vor allem auf die eng gesetzten Rahmenbedingungen der nationalsozialistischen Wirtschaftspolitik zurückzuführen. Eine Vielzahl staatlicher Regulierungen schränkte den Spielraum der Kreditinstitute im „Dritten Reich" ein. Die Erfahrungen der letzten Bankenkrise flossen ebenso in das KWG von 1934 wie in die Zins- und Wettbewerbsverordnung von 1936 ein. Der Staat gab nun die Zinsen für die Branche vor, und der Konkurrenzkampf erlahmte. Immerhin definierte das KWG das Spargeschäft erstmals rechtlich und schrieb spezifische Auflagen für die Kreditinstitute vor. So mussten Spareinlagen längerfristig angelegt, von den Kontokorrenteinlagen getrennt gehalten und in den Bilanzen gesondert ausgewiesen werden.[122]

Insgesamt profitierten die Großbanken allerdings vom wirtschaftspolitischen Kurs der Nationalsozialisten. So stieg im Kreditgeschäft die Nachfrage von Seiten der Rüstungsunternehmen immer weiter an. Und auch beim Spargeschäft führte das NS-Regime den Großbanken indirekt neue Privatkunden zu: Im System der staatlichen Kriegsfinanzierung waren Spareinlagen von fundamentaler Bedeutung, um Kaufkraftüberhänge abzuschöpfen und große Mengen von Staatspapieren „geräuschlos" unterzubringen.[123] Der Bevölkerung blieb angesichts festgesetzter Preise, rationierter Güter und mangelnder Konsummöglichkeiten kaum eine andere Wahl, als ihr Geld auf Sparbüchern anzulegen. Die Kreditinstitute investierten diese Einlagen mangels anderer Anlagemöglichkeiten –

---

[118] Bähr: Deutsche Bankenkrise 1931, S. 23f. u. S. 29. Frost: Die Deutsche Bank und ihr Privatkundengeschäft, S. 30ff. Mann: Deutsche Geschichte, S. 776. Wysocki: Spareinlage, S. 25. Zur Geschichte der deutschen Bankenkrise von 1931 siehe Bähr: Deutsche Bankenkrise 1931; Born: Geld und Banken.
[119] Bähr: Dresdner Bank, S. 226.
[120] HAC, Geschäftsbericht der Commerzbank 1944.
[121] Bähr: Dresdner Bank, S. 223f. Deutsche Bundesbank (Hrsg.): Deutsches Geld- und Bankwesen, S. 123. Pohl: Konzentration im deutschen Bankwesen, S. 396.
[122] HAC, 400/8, Seminarordner „Spargeschäft", Januar 1969. HAC, 402/285, Mantelvertrag, Zinsabkommen und Wettbewerbsabkommen (Stand Mai 1941). HAC, N26/2, Nachlass Herbert Wolf, Aufsatzskizze „Information stets mit Priorität" in der Zeitschrift Die Bank, o.J. Bähr: Dresdner Bank, S. 175 u. S. 222. Meyen: 120 Jahre Dresdner Bank, S. 111.
[123] Ashauer: Entwicklung der Sparkassenorganisation, S. 293. Bähr: Dresdner Bank, S. 222. Meyen: 120 Jahre Dresdner Bank, S. 105.

das Auslands- und das Börsengeschäft wurden zunehmend eingeschränkt – in Reichstiteln. Vor diesem rüstungswirtschaftlichen Hintergrund machten die Nationalsozialisten Sparen zum Teil ihrer Ideologie und propagierten es in der Öffentlichkeit. Dabei konnten sie auf die moralische Sparerziehung der Sparkassen aufbauen. Um auch kleinste Geldbeträge in Spareinlagen umzuwandeln, bedienten sie sich vieler Kleinsparformen, die bereits im 19. Jahrhundert entstanden waren und die sie nun zu Massenaktionen umgestalteten.[124]

Auch die Großbanken warben für diese zahlreichen Sondersparformen. Dazu zählten Heimsparbüchsen, Sparmarken, Sparkassetten und Sparautomaten für den privaten Bereich sowie Fabrik- und Werkssparkassen im Arbeitsumfeld. Mitte der 1930er Jahre initiierte das NS-Regime fast jährlich eine neue Sparaktion (1934 KdF-Reisesparen, 1935 Olympia-Sparen, 1936 Schulsparen, 1937 HJ-Sparen, 1938 KdF-Wagen-Sparen). 1941 folgte schließlich das Eiserne Sparen für Arbeiter und Angestellte, das mit Zins- und Steuervorteilen zum Sparen auf den „Endsieg" lockte.[125] Diese Maßnahmen waren vor allem als Anreize für Erstsparer konzipiert, die noch kein Sparkonto bei einem Kreditinstitut besaßen.[126] Wie viele private Kunden die Großbanken dadurch tatsächlich gewannen, lässt sich allerdings nicht bestimmen. In den meisten Fällen eröffneten die Sparer ihre Konten wohl eher bei den Sparkassen. Das „Heimsparwesen" mit seinen kleinen Geldbeträgen und den hohen Personal- und Verwaltungskosten war ohnehin nicht wirtschaftlich für die Kreditinstitute.[127] Die Dresdner Bank versprach sich immerhin einen großen Werbeeffekt durch die Verbreitung der Heimsparbüchsen.[128]

Wesentlich stärker profitierten dagegen die Sparkassen als Hauptträger des Spargeschäfts in Deutschland von der nationalsozialistischen Propagierung des Sparens. Sie galten als die Banken der kleinen Leute und entsprachen damit viel mehr der NS-Ideologie als die privaten Banken.[129] Die Sparkassen besaßen deshalb eine mächtige Lobby unter den Gauwirtschaftsberatern und konnten daher auch in den 1930er Jahren ungestört in der Öffentlichkeit gegen das Spargeschäft der Großbanken wettern, obwohl diese kaum eine nennenswerte Konkurrenz darstellten. Der Spareinlagen-Marktanteil der Großbanken betrug 1937 rund 3%, während die Sparkassen mit fast 78% dominierten.[130] In diesem Geschäftsbereich spielten die Großbanken „[…] nur eine verhältnismäßig bescheidene Rolle", wie der Centralverband des Deutschen Bank- und Bankiergewerbes 1938 einräumte.[131] Auch absolut betrachtet, entwickelte sich das Spargeschäft der Groß-

---

[124] Ashauer: Betrachtung des „Privatkunden", S. 15 u. S. 20. Bähr: Dresdner Bank, S. 224. Kurzrock: Aus der Geschichte der Commerzbank, S. 73. Meyen: 120 Jahre Dresdner Bank, S. 105. Pohl: Sparkassen, S. 176ff. Steinberg: Deutsche Bank, S. 23f. Zimmermann: Die veröffentlichten Bilanzen der Commerzbank, S. 76.

[125] Verordnung zur Lenkung der Kaufkraft vom 30. 10. 1941. Vgl. Ashauer: Entwicklung der Sparkassenorganisation, S. 292ff. Bähr: Dresdner Bank, S. 187 u. S. 224ff. Frost: Die Deutsche Bank und ihr Privatkundengeschäft, S. 32f. und S. 276. Meyen: 120 Jahre Dresdner Bank, S. 111. Wandel: Das deutsche Bankwesen im Dritten Reich, S. 188.

[126] Bähr: Dresdner Bank, S. 231. Pohl: Konzentration im deutschen Bankwesen, S. 405.

[127] Pohl: Sparkassen, S. 108ff.

[128] Bähr: Dresdner Bank, S. 231.

[129] Steinberg: Deutsche Bank, S. 23f. Bähr: Dresdner Bank, S. 222. Bähr: DIT, S. 7. Ashauer: Betrachtung des „Privatkunden", S. 18.

[130] Bähr: Dresdner Bank, S. 226f. Pohl: Sparkassen, S. 176ff.

[131] Wirtschaftsgruppe Privates Bankgewerbe. Centralverband des Deutschen Bank- und Bankiergewerbes (Hrsg.): Arbeitsbericht 1937–1938, Berlin 1938, S. 99.

banken auf niedrigem Niveau (siehe Abb. 1): Sowohl die Genossenschaftsbanken mit 6,4 Mrd. RM Spareinlagen als auch die Postsparkassen (7,4 Mrd. RM), die es erst seit dem „Anschluss" Österreichs 1938 in Deutschland gab, verfügten am Ende des „Dritten Reichs" über höhere Spareinlagen als die Großbanken mit 5,2 Mrd. RM. Weiterhin dominiert wurde der Markt jedoch von den Sparkassen, die ihre Spareinlagen von 1929 bis 1944 von 9,3 Mrd. RM auf über 80 Mrd. RM vermehrten.[132]

Von 1928/29 bis 1945 konnten sich die Großbanken zwar einen gewissen Marktanteil erarbeiten, nahmen damit aber keine ähnlich herausragende Stellung wie beim Kredit- oder Wertpapiergeschäft ein. Verglichen mit den Sparkassen, war ihr Spargeschäft weder flächenmäßig ein Massengeschäft, noch erreichte es alle Gesellschaftsschichten. Die Filialnetze der Großbanken deckten bis 1945 nur Teile des Deutschen Reichs ab, vor allem die industriellen Ballungsgebiete. In ländlichen Regionen – das hatte der erfolglose Versuch der Deutschen Bank gezeigt – wollte die Bevölkerung nicht bei einer Großbank sparen. Die traditionelle Bindung an die Sparkassen war hier sehr eng. Hinzu kamen Schwellenängste, zumal das Image der Großbanken seit der Bankenkrise angeschlagen war.[133]

Die Sparkundschaft der Großbanken setzte sich dagegen aus Angehörigen der mittleren und höheren Einkommensklassen zusammen. Dafür sprechen die vergleichsweise hohen Durchschnittsbeträge auf den Sparkonten. So lagen diese Mitte der 1930er Jahre sowohl bei der Commerz- und Privat-Bank als auch bei der Dresdner Bank deutlich über 1000 RM.[134] Bei den Sparkassen betrug der Anlagebetrag im Mittel dagegen nur knapp 390 RM.[135] Zudem war die Anzahl der Großbanken-Sparkunden relativ klein. Die rund 96 000 Sparkonten der Commerz- und Privat-Bank nahmen sich 1934 geradezu bescheiden aus neben den 33 Mio. Sparkonten der Sparkassen, die theoretisch jeden zweiten Einwohner des Deutschen Reichs zum Kunden hatten.[136] Zudem befanden sich unter den Sparkonten der Großbanken viele Konten von Unternehmen, Selbständigen und öffentlichen Institutionen.[137] Die tatsächliche Anzahl der Privatkunden lag also deutlich niedriger.

Dabei darf aber nicht vergessen werden, dass die Großbanken zwischen 1928/29 und 1945 deutlich mehr Privatkunden gewannen als in den Jahrzehnten zuvor. Die Dresdner Bank verdoppelte von 1934 bis 1943 – auch durch das Spargeschäft – ihre Gesamtkundenzahl von 450 000 auf über eine Million.[138] Die Deutsche Bank hatte bei Kriegsende schätzungsweise 250 000 Privatkunden.[139] Darunter befanden sich vermutlich nur wenige Kleinsparer, doch mit dem Spargeschäft hatten die Großbanken ihre Privatkundschaft über die Gruppe der Vermögenden hinaus erstmals ansatzweise nach „unten" erweitert.

---

[132] Deutsche Bundesbank (Hrsg.): Deutsches Geld- und Bankwesen, S. 120. Deutsches Postmuseum: Das Milliardending, S. 17ff. u. S. 46. Statistisches Bundesamt (Hrsg.): Bevölkerung und Wirtschaft, S. 74ff., S. 102, S. 112 u. S. 142.
[133] Born: Geld und Banken, S. 466.
[134] HAC, Geschäftsberichte der Commerz- und Privat-Bank 1934 u. 1935. HADrB, 107875, Zeitungsausschnittsammlung der Volkswirtschaftlichen Abteilung 1932–1956. Bähr: Dresdner Bank, S. 224.
[135] Statistisches Bundesamt (Hrsg.): Bevölkerung und Wirtschaft. Kaiserliches Statistisches Reichsamt (Hrsg.): Statistisches Jahrbuch für das Deutsche Reich 1936, S. 304.
[136] HAC, Geschäftsbericht der Commerz- und Privat-Bank 1934. Kaiserliches Statistisches Reichsamt (Hrsg.): Statistisches Jahrbuch für das Deutsche Reich 1936, S. 5. Das Deutsche Reich hatte 1936 66 Millionen Einwohner.
[137] HAC, 400/8, Seminarordner „Spargeschäft", Januar 1969. Meyen: 120 Jahre Dresdner Bank, S. 111.
[138] Bähr: Dresdner Bank, S. 175f.
[139] Frost: Die Deutsche Bank und ihr Privatkundengeschäft, S. 33.

In Großstädten wie Berlin oder Hamburg, wo die Institute über dichte Bankstellennetze verfügten, setzte sich die private Kundschaft offenbar aus allen Gesellschaftsschichten zusammen. So berichtete ein Kassierer der Dresdner Bank-Depositenkasse Hamburg-Reeperbahn 1938/39 beispielsweise von Matrosen und Prostituierten als Sparkunden an die Zentrale.[140] Ob die Großbanken diese gesellschaftlichen Gruppen allerdings erreichen wollten, ist fraglich. So riet die Dresdner Bank ihren Filialen im März 1939 von besonderen Bemühungen um Kleinsparer ab. Diese sollten sie zwar nicht abweisen, aber Sparer aus mittleren und höheren Einkommensschichten bevorzugen, da diese höhere Profite und weitere Geschäftsmöglichkeiten versprachen.[141]

Die Verbreiterung der Privatkundschaft war nicht das Ergebnis einer gezielten Strategie, sondern vielmehr Mittel zum Zweck. Für die Großbanken war die Aufnahme des Spargeschäfts notwendig, um ihre Hauptaufgabe – die Kreditversorgung der Wirtschaft – auch in Zeiten des Kapitalmangels weiterhin erfüllen zu können. Dass damit den „vordringenden" Sparkassen auch wettbewerbspolitisch entgegengetreten werden konnte und diese ihre Monopolstellung bei den Spareinlagen verloren, war ein angenehmer Nebeneffekt für die Großbanken.[142] Ganz allmählich und zunächst auf sehr bescheidenem Niveau begann somit ab den 1930er Jahren in der deutschen Kreditbranche ein Wettbewerb um private Kunden, der sich auch in der Werbung widerspiegelte.

Vor dem Ersten Weltkrieg hatte sich das private Kreditgewerbe noch recht zurückhaltend mit vermeintlich unseriöser „Reklame" und „Propaganda" gegeben. Die Institute hatten sich auf vereinzelte, unauffällige Zeitungsanzeigen und Broschüren beschränkt. Das traditionelle Publikum der Großbanken war mit Bankgeschäften vertraut und wurde auf persönlichem Wege durch Gespräche und Kontakte als Kunde gewonnen. In den 1920er Jahren veränderten sich in der deutschen Wirtschaft mit zunehmender Bedeutung des privaten Konsums die Werbemethoden, nicht zuletzt durch amerikanische Einflüsse. Als gegen Ende des Jahrzehnts der Wettbewerb in der Kreditbranche härter wurde, nahm auch hier die Werbung an Quantität und Qualität zu. In den 1930er Jahren hielt diese Entwicklung trotz der nationalsozialistischen Reglementierung der Wirtschaftswerbung an. Die Wettbewerbsverordnung des Reichskommissars für das Kreditgewerbe schränkte 1936 die Werbemöglichkeiten der Kreditinstitute deutlich ein und untersagte beispielsweise vergleichende, aufdringliche oder diffamierende Werbung.[143] Die Kreditinstitute konnten aber nicht auf Werbung verzichten, da es nach Inflation und Bankenkrise darauf ankam, das Misstrauen in der Bevölkerung zu überwinden und den staatlich propagierten Kleinsparbemühungen gerecht zu werden.

Auch bei den Großbanken gab das Spargeschäft den Impuls, die Werbung allmählich auszuweiten und zu professionalisieren. Ein speziell auf private Kunden ausgerichtetes und standardisiertes Massenprodukt wie das Sparbuch benötigte massive Werbeunterstüt-

---

[140] Meyen: 120 Jahre Dresdner Bank, S. 112.
[141] Bähr: Dresdner Bank, S. 223f.
[142] Ebenda, S. 227. Frost: Die Deutsche Bank und ihr Privatkundengeschäft, S. 28.
[143] HAC, N26/2, Nachlass Herbert Wolf, Aufsatzskizze „Information stets mit Priorität" in der Zeitschrift Die Bank, o. J.; Aufsatzskizze von Walter Lippens, „Fragen der Werbung im westdeutschen Bankgewerbe", März 1959. Bähr: Dresdner Bank, S. 228. Gerke: Werbung und Image, S. 13. Pohl: Sparkassen, S. 108ff. Zur Werbepolitik und Wirtschaftswerbung im Nationalsozialismus siehe Berghoff: Von der „Reklame" zur Verbrauchslenkung; Rücker: Wirtschaftswerbung; Westphal: Werbung im Dritten Reich.

zung.[144] Die Institute bedienten sich zunehmend neuer Methoden und Werbeformen: Sie versuchten, ihre Werbung verständlicher zu gestalten, um bankfremde Bevölkerungskreise zu erreichen. So versah etwa die Dresdner Bank in den 1930er Jahren ihre Filialen mit Werberichtlinien und wies darauf hin, Sparwerbung auch für „kaufmännisch ungeschulte Volksgenossen" verständlich zu formulieren.[145] Zunächst versuchten die Großbanken vor allem, den eigenen Namen bekannter zu machen. Dieser sollte durch häufige Präsentation in das allgemeine Bewusstsein eindringen. Um sich von konkurrierenden Instituten abzuheben, warben die Großbanken häufig unter Hinweis auf das eigene Gründungsjahr oder die Höhe des Eigenkapitals. Ihr Namensschriftzug war in den 1930er Jahren nun auch auf öffentlichen Verkehrsmitteln, in Kinos oder auf den Portotariftabellen in den Reichspostämtern zu finden. Die Commerz- und Privat-Bank warb auf Brandmauern und entlang von Eisenbahnstrecken mit großflächigen Plakaten für sich.[146] Gleichzeitig gestalteten die Institute erstmals einen ansatzweise einheitlichen Auftritt mit prägnanten Firmenzeichen.[147] Doch auch die eigentliche Produktwerbung entwickelte sich schrittweise vorwärts. „Spare bei uns" wurde zur ersten und lange Zeit auch einzigen Werbebotschaft der Großbanken.

Das erste bekannte Motiv für Sparkonten war im Januar 1929 ein Plakat der Deutschen Bank: Unter dem Titel „Sparen heißt Säen. Sparkonten eröffnet die Deutsche Bank" war ein Bauer abgebildet, der Geldmünzen in Ackerfurchen warf. Für das Selbstverständnis eines vornehmlichen Industrie- und Handelsfinanziers, wie es die Deutsche Bank war, bedeutete diese Darstellung eine deutliche Veränderung.[148] Daran anknüpfend, warb sie im November 1929 in der Broschüre „Was Ihnen die Deutsche Bank und Disconto-Gesellschaft zu bieten vermag" für weitere Dienstleistungen für private Kunden über das Sparen hinaus. Die Publikation nannte darin den bargeldlosen Zahlungsverkehr (Schecks, Wechsel, Überweisungen im In- und Ausland), Kapitalanlagen (Pfandbriefe, Aktien), Wertpapierdepots, Schließfächer, Reisezahlungsmittel, Sparbücher und Depositen. Diese Aufzählung zeigt, dass sich die Bank damit eher an vermögende Privatpersonen und Selbständige richtete. Arbeiter und Angestellte fühlten sich vermutlich von Formulierungen und Begriffen wie „Geschäftsfreunde", „wenn Sie auf Reisen sind" oder „Import- und Exportgeschäfte" ebenso wenig angesprochen wie von Dienstleistungen wie „Beschaffung von Wirtschaftsinformationen über die heimische und internationale Wirtschaftslage" oder „Aufbewahrung von Juwelen".[149] Die Deutsche Bank hatte diese Werbebroschüre offenbar auch zur Imagepflege vorgesehen, da das Institut nach der spektakulären Fusion mit der Disconto-Gesellschaft im Oktober 1929 in der Öffentlichkeit als überdimensionale „Mammutbank" verspottet wurde.[150] Auch in anderen Werbeschriften des Spargeschäfts wand-

---

[144] HAC, N26/2, Nachlass Herbert Wolf, Aufsatz „Öffentlichkeitsarbeit. Von vornehmer Zurückhaltung zu aggressiver Klarheit", in: Zeitschrift für das gesamte Kreditwesen 17 (1996), S. 8. Bähr: Dresdner Bank, S. 228.
[145] Propaganda-Mitteilungen der Dresdner Bank, Juni 1937. Zitiert nach: Bähr: Dresdner Bank, S. 224ff.
[146] HAC, N26/2, Nachlass Herbert Wolf, Aufsatzskizze „Information stets mit Priorität" in der Zeitschrift Die Bank, o.J. Krause: Commerz- und Disconto-Bank, S. 286f.
[147] Bähr: Dresdner Bank, S. 230.
[148] HADB, Monatshefte für die Beamten der Deutschen Bank, Januar 1929, S. 12.
[149] HADB, Deutsche Bank und Disconto-Gesellschaft (Hrsg.): Was Ihnen die Deutsche Bank und Disconto-Gesellschaft zu bieten vermag.
[150] Frost: Die Deutsche Bank und ihr Privatkundengeschäft, S. 30.

ten sich die Großbanken nicht nur an Privatpersonen, sondern auch an Handwerksmeister, Kaufleute, Geschäftsleute, Betriebsführer und Bauern.

Im Laufe der 1930er Jahre näherte sich die Sparwerbung der Großbanken deutlich dem Stil der NS-Propaganda an. So bezeichnete die Werbebroschüre „Ein sparsames Volk …" der Commerz- und Privat-Bank aus der Mitte des Jahrzehnts das Sparen als „Dienst an der Volksgemeinschaft".[151] Die Großbanken stellten sich damit als Teil dieser Volksgemeinschaft dar, für die sie tatsächlich aber nur geringe Geschäftsinteressen hegten.[152] Die Rhetorik der Zeit nachahmend, setzten die Institute zudem auf moralische Appelle, die der Sparkassenreklame zum Verwechseln ähnlich klangen. Sparen wurde als Schutz vor den „Wechselfällen des Lebens", als Altersvorsorge und als Zukunftssicherung für den Sparer und seine Familie gepriesen. Anschaulich illustrierte dies die Publikation „Brücke zum Wohlstand" der Dresdner Bank aus den frühen 1940er Jahren. Das Motiv stellte den Weg des Sparers über die drei Brückenpfeiler Heimsparbüchse, Banksparbuch und Wertpapieranlage zum Eigenheim plakativ dar. Die „Brücke zum Wohlstand" war 1942 außerdem Teil eines Werbefilms der Dresdner Bank – einem der frühesten der deutschen Kreditbranche.[153] Die erwähnten Werbemotive als Momentaufnahmen zeugen davon, wie das exklusive Private Banking für einzelne Vermögende allmählich in das Spargeschäft mit einer erweiterten Privatkundschaft überging. Sie zeigen zudem das Potenzial an Bankdienstleistungen, das Privatpersonen vor 1945 zumindest theoretisch zur Verfügung stand.

Anspruch und Wirklichkeit der Großbanken-Sparwerbung klafften letztlich aber deutlich auseinander. Den Großbanken war zudem der Zusammenhang ihres wachsenden Spargeschäfts mit der NS-Sparideologie sowie mit der „geräuschlosen" Aufrüstung und Kriegsfinanzierung durchaus bewusst. Der Staat betrog die Sparer offensichtlich um ihre Einlagen. Die Staatsverschuldung stieg bis 1945 auf immense 800 Mrd. RM. Nach der absehbaren Niederlage Deutschlands im Zweiten Weltkrieg musste die Währung früher oder später verfallen. Damit würden auch die Spareinlagen wertlos werden. Konkrete Planungen für die „Zeit danach" gab es bei den Großbanken offenbar nicht. Nach außen hin setzten die Institute weiter auf den „Endsieg" und warben für das Eiserne Sparen. Intern spekulierten dagegen einzelne Vorstandsmitglieder bereits über die Nachkriegszeit. Der Verlust vieler Sparkunden drohte. Die Großbanken würden jedoch für die Finanzierung des Wiederaufbaus Einlagen in großem Umfange benötigen. Daher forderte beispielsweise der Dresdner Bank-Vorstand Alfred Busch im November 1944, die während des Kriegs gewonnenen Sparkunden unbedingt zu halten, da sie ein wichtiges Potenzial für die Zukunft darstellten. Dazu sollten ihnen weitere Produkte wie Anleihen, Renten und Altersvorsorgeprodukte angeboten werden. Aus den „gezwungenen" Kriegssparern sollten Vollkunden der Nachkriegszeit werden, um die zukünftige Entwicklung sicherzustellen.[154] Hier finden sich – während das „Dritte Reich" seinem Untergang entgegenging – möglicherweise zum ersten Mal strategische Gedanken über das Geschäft mit Privatpersonen.

Mit dem Ende des Zweiten Weltkriegs verdrängten grundlegendere Probleme solche Überlegungen schnell. Die Großbanken bangten nun vielmehr um ihr Überleben als

---

[151] HAC, 1/682.
[152] Frost: Die Deutsche Bank und ihr Privatkundengeschäft, S. 32f.
[153] Bähr: Dresdner Bank, S. 223. Frost: Die Deutsche Bank und ihr Privatkundengeschäft, S. 234ff.
[154] Bähr: Dresdner Bank, S. 196 u. S. 224ff. Kurzrock: Aus der Geschichte der Commerzbank, S. 80.

Unternehmen.[155] Viele Filialen wurden im Luftkrieg zerstört.[156] Nach Kriegsende legten die Besatzungsmächte die Berliner Zentralen vorübergehend still. Die Sowjetarmee schloss zudem die Filialen in ihrer Besatzungszone und enteignete sie.[157] Dadurch verloren die Institute große Teile ihres Filialnetzes. Insbesondere bei der Commerzbank, die im mitteldeutschen Raum stark vertreten gewesen war, schrumpfte die Anzahl der Geschäftsstellen von 358 bei Kriegsbeginn auf 98 im Jahr 1948.[158] Die Pläne der Alliierten sahen vor, die Großbanken zu zerschlagen, da ihnen zu viel wirtschaftliche Macht beigemessen wurde und sie als Stütze der NS-Aufrüstung galten. 1947/48 teilten sie die Großbanken in den westlichen Besatzungszonen daher in 30 voneinander unabhängige Nachfolgeinstitute auf (siehe Abb. 2). Die Geschäftsgebiete dieser Banken entsprachen flächenmäßig den neu geschaffenen Ländern. Von den Alliierten eingesetzte Verwalter führten die Institute, die keinen klar definierten Rechtsstatus besaßen und die die Namen der früheren Großbanken nicht verwenden durften. Parallel dazu blieben die Hauptverwaltungen in Berlin bestehen, um die drei alten Institute abzuwickeln. Die jeweiligen Nachfolgebanken der Großbanken vereinbarten allerdings einen intensiven Austausch untereinander. Die neuen Institute wollten zusammenhalten, um den programmatischen Anspruch auf den früheren Großbankenstatus aufrechtzuerhalten. Auch in der Werbung nahmen sie weiterhin Bezug darauf.[159]

Die Nachfolgeinstitute führten das Geschäft mit der Privatkundschaft wie vor 1945 weiter. Die Spareinlagen gingen zunächst zurück, da vor allem Eiserne Sparkonten aufgelöst wurden. Viele Sparer blieben dennoch als Kunden erhalten, zumal das Geld auf den Konten ohnehin kaum noch einen Wert hatte und unangetastet blieb.[160] Einen tieferen Einschnitt bedeuteten dagegen die Währungsreform und ihre Folgen. Mit der Einführung der Deutschen Mark in den westlichen Besatzungszonen am 20. Juni 1948 verloren alle Sparer große Teile ihres Vermögens. Sie erhielten für je 100 RM Sparguthaben nur 6,50 DM, während Löhne, Gehälter, Renten, Pensionen und Mieten im Verhältnis 1:10 umgetauscht wurden.[161] In vielen Fällen unterschritten Konten nun die Mindesteinlage von 1 DM und wurden aufgelöst. So halbierte sich etwa bei der Münchener Filiale der Bayerischen Disconto-Bank, dem bayerischen Nachfolgeinstitut der Commerzbank, die Anzahl der Sparkunden.[162] Härter traf es die Sparkassen. Sie verloren nach der Reform zwei Drittel ihrer 30 Mio. Sparkonten. Die Spareinlagen aller westdeutschen Kreditinstitute sanken nach der Währungsumstellung auf einen historischen Tiefpunkt von rund 1 Mrd. DM.[163]

---

[155] Zum Kriegsende und zur unmittelbaren Nachkriegszeit bei den Großbanken siehe Ahrens: Dresdner Bank 1945–1957; Horstmann: Die Alliierten und die deutschen Großbanken; Pohl: Konzentration im deutschen Bankwesen; Krause: Die Filialen und Angestellten; Krause: Zeitreise.

[156] Meyen: 120 Jahre Dresdner Bank, S. 137.

[157] Hansen: Stürmische Zeiten, S. 34.

[158] HAC, 303/33, Hansa-Bank, Organisationsangelegenheiten 1948–1951. HAC, N26/25, Nachlass Herbert Wolf, Protokoll der Aufsichtsratssitzung vom 02.10.1959. Meyen: 120 Jahre Dresdner Bank, S. 137 ff.

[159] Ahrens: Dresdner Bank 1945–1957, S. 1. Kurzrock: Aus der Geschichte der Commerzbank, S. 76 ff. Meyen: 120 Jahre Dresdner Bank, S. 166 f. Scholtyseck: Wiedervereinigung der deutschen Großbanken, S. 137. Wandel: Banken und Versicherungen, S. 40. Wolf: Nachkriegsentwicklung, S. 22 ff.

[160] Ahrens: Dresdner Bank 1945–1957, S. 187. Bähr: Dresdner Bank, S. 224.

[161] Born: Geld und Banken, S. 553. Görtemaker: Geschichte der Bundesrepublik, S. 70. Schröter: Von der Teilung zur Wiedervereinigung, S. 362.

[162] HAC, S3/E63, Chronik der Filiale München.

[163] Ashauer: Betrachtung des „Privatkunden", S. 21. Muthesius: Leistungsfähige deutsche Banken, S. 34.

Die Großbankennachfolger hatten diesen gravierenden Rückgang erwartet. Ihre Liquidität war – zumindest vorübergehend – bedroht. Daher versuchten die Institute, mit der Reform private Sparkunden zu gewinnen. Wer Reichsmark-Bargeldbestände oder Postsparguthaben in Deutsche Mark umtauschen wollte, musste diese auf ein Konto einzahlen und zur Umstellung anmelden. Die Institute spekulierten dabei auf Personen, die zuvor kein Sparkonto besessen hatten. Diese galt es zum Umtausch in die eigenen Filialen zu locken und später als Sparkunden zu halten.[164] Der Verwalter der Mitteldeutschen Creditbank, des hessischen Nachfolgeinstituts der Commerzbank, Ludwig Florian, betonte in einer Filialleiterbesprechung im Juni 1948 die Wichtigkeit dieser Bemühungen:

> „Auf diese Weise wollen wir auch Dienst am Kunden üben und die einmalige Chance benutzen, um im weitesten Umfange Kundenwerbung zu betreiben. Hinsichtlich der Liquiditätsfrage wird für die Zukunft sehr viel davon abhängen, daß wir aus dieser einmaligen Aktion recht viele Dauerkunden bekommen, um nach und nach trotz des Schocks wieder zu einer Kapitalbildung zu gelangen."[165]

Unterstützende Werbemaßnahmen führten die Institute allerdings nicht durch. Ob sie durch die Währungsreform daher tatsächlich neue Privatkunden in nennenswerter Zahl gewinnen konnten, ist fraglich. Ohnehin war dies nicht das Hauptziel der Bemühungen. Vielmehr wollten sie ihre Liquidität für die kommende Zeit erhalten und verbessern. Letztlich profitierten die Großbankennachfolger allerdings in großem Maße von der Währungsreform und dem zeitgleich eingeführten marktwirtschaftlichen Ordnungsrahmen. Die Grundvoraussetzungen für funktionsfähige Geld- und Kapitalmärkte waren nun gegeben, die Inflation beseitigt und die Rolle der Banken im Wirtschaftskreislauf aufgewertet.[166] Darauf aufbauend, entwickelte sich in den folgenden Jahrzehnten ein bislang ungeahntes Wirtschaftswachstum in Deutschland. Damit begann für die Großbankennachfolger eine neue Ära, in der sie weit mehr als zuvor ihren Kundenkreis mit Privatpersonen erweiterten.

Zusammenfassend lässt sich festhalten, dass die deutschen Großbanken als Kinder der Industrialisierung im 19. Jahrhundert entstanden. Seit ihren Gründungen waren sie eng mit Industrie und Handel verbunden. Dies erklärt die größtmögliche Distanz zwischen den Instituten und der Bevölkerung. Und dennoch begann bereits im Gründungsjahrzehnt der Großbanken die lange Entstehungsgeschichte ihres Privatkundengeschäfts. Privatpersonen gehörten schon immer zu ihren Kundenkreisen. Zunächst betreuten sie aber nur einzelne, vermögende Kunden. Ab 1928/29 vergrößerte sich durch das Spargeschäft ganz allmählich die Privatkundschaft von Commerzbank, Deutscher Bank und Dresdner Bank.

Hinter dieser Entwicklung lässt sich jedoch keine umfassende Strategie erkennen. Als treibende Kräfte wirkten vielmehr der Kapitalbedarf der Großbanken und die langsam zunehmende volkswirtschaftliche Bedeutung der Bevölkerung bei der Kapitalbildung. Nur mit kontinuierlich zufließenden Einlagen konnten die Institute dauerhaft Bankgeschäfte aller Art mit der stetig wachsenden Wirtschaft tätigen. Dieser Prozess erhielt durch die Inflation und den Kapitalmangel nach dem Ersten Weltkrieg einen zusätzlichen Impuls. Rückblickend betrachtet, bedeutete die Einführung des Sparbuchs Ende der 1920er

---

[164] HAC, 306/15, Mitteldeutsche Creditbank, Währungsreform Vorbereitungen. Deutsches Postmuseum: Das Milliardending, S. 61.
[165] HAC, 306/15, Mitteldeutsche Creditbank, Währungsreform Vorbereitungen.
[166] Beckers: Gründung und erste Jahre der Deka, S. 242.

Jahre den ersten Schritt zum Privatkundengeschäft. Die Großbanken boten damit der Bevölkerung – wenigstens im Passivgeschäft – erstmals ein speziell auf sie ausgerichtetes Produkt an. Da die Großbanken mit dem Sparbuch keine Innovation bieten konnten, sondern lediglich ein seit langem etabliertes Produkt imitierten, entwickelte sich ihr Spargeschäft allerdings nur auf niedrigem Niveau erfolgreich. Auch wenn die Privatkundschaft seit dem Ende der 1920er Jahre – insbesondere in den Großstädten – allmählich mittlere und untere Einkommensgruppen umfasste, so war es doch kein Massengeschäft. Der Kleinsparer blieb außerhalb der Wahrnehmung, der vermögende Privatkunde und die Firmenkundschaft dominierten weiterhin.[167] Die Institute standen der überwiegenden Mehrheit der Bevölkerung immer noch uninteressiert gegenüber, da hier kein profitables Geschäft zu erwarten war.

Die Großbanken nahmen das Spargeschäft in einer Phase auf, als der Wettbewerb in der deutschen Kreditbranche an Intensität zunahm. Durch diesen Schritt der privaten Banken wurde die Konkurrenz weiter verstärkt. Die Geschäftstätigkeiten der verschiedenen Institutsgruppen begannen sich langsam anzugleichen. Diese Entwicklung spiegelte sich auch in den jeweiligen Niederlassungen vor Ort wider: Die Großbanken richteten Schalter für das Spargeschäft ein, während die Sparkassen aus den Rathäusern in eigene „Bankgebäude" umzogen. Vergleicht man das Vordringen der einzelnen Institutsgruppen in die traditionellen Geschäftsbereiche der Konkurrenz, so zeigt sich, dass die Sparkassen insgesamt erfolgreicher agierten als die Großbanken. Während diese 1928/29 gemessen an der Bilanzsumme noch an erster Stelle der deutschen Kreditwirtschaft standen, verloren sie die Spitzenposition bis 1940 an die Sparkassen (inkl. Landesbanken und Girozentralen). Der Wettbewerb in der Branche nahm sich – verglichen mit den folgenden Jahrzehnten – allerdings noch recht bescheiden aus. Im Großen und Ganzen blieben die gesellschaftlichen und räumlichen Wirkungsbereiche zwischen den Institutsgruppen getrennt.[168]

Die Bevölkerung wurde durch diese Entwicklungen im Kreditgewerbe nur geringfügig besser mit Finanzdienstleistungen versorgt. Die Teilzahlungsbanken waren erst im Aufbau begriffen und arbeiteten nur in wenigen Großstädten. Somit stellte das Sparbuch das einzige Produkt für Privatpersonen bei den Kreditinstituten dar. Unselbständige Arbeitnehmer konnten ohne materielle Sicherheiten oder beleihbaren Besitz kaum einen Kredit von einer Bank oder Sparkasse erhalten. Am ehesten noch gelang dies bei der Finanzierung von Wohnraum. Insbesondere im privaten Kreditgewerbe galt die Mehrheit der Bevölkerung aber nicht als kreditwürdig.[169] Die Diskussion um den Teilzahlungskredit in den 1920er Jahren zeigt zudem, dass die anderen Institutsgruppen ebenfalls Vorbehalte gegen Konsumentenkredite hatten. Erst die wirtschaftlichen, politischen und gesellschaftlichen Veränderungen in den 1950er Jahren bewirkten ein Umdenken in der Branche, das schließlich auch bei den Großbanken zum breiten Einstieg in das Geschäft mit der privaten Kundschaft führte.

---

[167] Frost: Die Deutsche Bank und ihr Privatkundengeschäft, S. 27.
[168] Deutsche Bundesbank (Hrsg.): Deutsches Geld- und Bankwesen, S. 121. Könneker: Wettbewerb in der Sicht der Notenbanken, S. 13. Meyen: 120 Jahre Dresdner Bank, S. 98. Pohl: Institute der Sparkassenorganisation als Wettbewerber, S. 1162f.
[169] Pohl: Sparkassen, S. 127ff.

II. Ungeplanter Aufbruch ins Massengeschäft – Die Groß-banken in den 1950er Jahren

1. Wirtschaftsboom, Prosperität und Konsum als Grundlagen des Wandels

In den ersten acht Jahrzehnten ihres Bestehens hatten sich die deutschen Großbanken gegenüber dem Großteil der Bevölkerung eher desinteressiert gezeigt und nur einen relativ kleinen Privatkundenstamm aufgebaut. Diese Einstellung begann sich im Laufe der 1950er Jahre ganz allmählich zu verändern. Die Ursachen dafür lassen sich in mehreren Entwicklungen und Prozessen ausmachen, die in tiefgreifender Weise die junge Bundesrepublik im ersten Jahrzehnt ihres Bestehens prägten. Dieser Wandel der Rahmenbedingungen in Wirtschaft, Politik und Gesellschaft wird im Folgenden kurz unter der Prämisse umrissen, welche Chancen und Möglichkeiten sich daraus (zumindest potenziell) für die Geschäftätigkeit der Großbanken im Privatkundenbereich ergaben.

Ganz allgemein ist zunächst einmal die äußerst günstige wirtschaftliche Entwicklung in den 1950er Jahren zu nennen, die die Grundlage für nahezu alle weiteren Veränderungen und damit auch für die Annäherung von Großbanken und Bevölkerung bildete. Die Basis für das starke westdeutsche Wirtschaftswachstum war 1948 mit der Währungsreform und der neuen liberalen Ordnungspolitik der sozialen Marktwirtschaft gelegt worden. Dank zahlreicher Investitionen in den Kriegsjahren verfügten die Betriebe über einen relativ modernen Produktionsapparat, der in den Westzonen nur wenig zerstört oder durch Reparationen in Mitleidenschaft gezogen worden war. Güter und Rohstoffe wurden nun zunehmend wieder verfügbar und ein hohes Arbeitskräftepotenzial war vorhanden. Nachdem sich die wirtschaftliche Lage stabilisiert hatte, brachten die Reformen des Jahres 1948 eine verlässliche Grundlage für den Wirtschaftsaustausch. Mit der Aufhebung staatlich festgesetzter Preise und Bewirtschaftungsvorschriften begann die deutsche Wirtschaft ab Anfang 1949 allmählich aufzublühen. Die in den Jahren zuvor durch NS-Zwangswirtschaft und Krieg aufgestaute Nachfrage nach Konsum- und Produktionsgütern konnte nun zu Marktpreisen bedient werden. Aus dem kontrollierten Verkäufermarkt entwickelte sich ein marktwirtschaftlicher Käufermarkt, dem es allerdings noch an Stabilität fehlte.[1]

Bereits Ende 1949 erreichte das gesamte Produktionsniveau wieder Vorkriegswerte und stieg in den folgenden Jahren unvermindert an. Spätestens während des Korea-Kriegs und dem plötzlichen Nachfrageboom nach Investitionsgütern gelang in der Bundesrepublik 1950 der Durchbruch zur Mengenkonjunktur, die von der Auslandsnachfrage sowie von einem entfesselten Nachholbedarf in der Wirtschaft getragen wurde. Allmählich entstand auch von privater Seite eine stabile Massennachfrage nach Konsumgütern.[2] Bis Mitte der 1950er Jahre entwickelte sich daraus ein regelrechter Wirtschaftsboom in einer

---

[1] Borchardt: Grundriss der deutschen Wirtschaftsgeschichte, S. 72. Horvath: Teilzahlungskredite, S. 19f. Hohmann (Hrsg.): Ludwig Erhard, S. 494. Fürst: Bonner Republik, S. 41ff. Schröter: Von der Teilung zur Wiedervereinigung, S. 364. Wehler: Deutsche Gesellschaftsgeschichte, Bd. 5, S. 3 u. S. 15. Winkler: Der lange Weg, S. 129.
[2] Ambrosius: Wirtschaftlicher Strukturwandel, S. 113. Ambrosius/Kaelble: Folgen des Booms, S. 14. Borchardt: Grundriss der deutschen Wirtschaftsgeschichte, S. 72. Fürst: Bonner Republik, S. 44. Görtemaker: Geschichte der Bundesrepublik, S. 70ff. Hardach: Rückkehr zum Weltmarkt, S. 80. Ahrens:

bislang ungeahnten Dynamik.[3] Diese Entwicklung war gekennzeichnet von außergewöhnlich hohen Wachstumsraten. Zeitgenossen und spätere Generationen mystifizierten sie häufig als „Wirtschaftswunder".[4] In diesem Jahrzehnt wuchs die Wirtschaft jährlich mit durchschnittlich 8% und das Bruttosozialprodukt verdoppelte sich.[5]

Dieses „Wunder" ist auch insofern erstaunlich, da es sich vor dem Hintergrund eines anhaltenden Kapitalmangels ereignete. Die Währungsreform hatte Einlagen und Anlagen aller Art größtenteils entwertet. Die wirtschaftlichen und geldpolitischen Erfolge der folgenden Jahre gingen somit zunächst am Kapitalmarkt vorbei. Obwohl die Einlagen und Ersparnisse allmählich wieder anstiegen, blieb der Kapitalmangel ein grundsätzliches Problem bis gegen Ende des Jahrzehnts.

Das anhaltende Wirtschaftswachstum trugen in erster Linie Industrieunternehmen. Dieser Sektor expandierte stark und beschäftigte Mitte der 1950er Jahre fast die Hälfte aller Arbeitskräfte in der Bundesrepublik. Der Anteil der Selbständigen und in der Landwirtschaft Beschäftigten ging gleichzeitig zurück, auch aufgrund der besseren Verdienstmöglichkeiten im produzierenden Gewerbe.[6] Die Nachfrage nach Arbeitskräften war enorm: Von 1950 bis 1960 fiel die Arbeitslosenquote von fast 12% auf 1,3%. In der Bundesrepublik herrschte Vollbeschäftigung.[7] Dadurch konnten auch Millionen von Flüchtlingen und Vertriebenen wirtschaftlich und gesellschaftlich schnell integriert werden. Diese stellten ein riesiges, gut qualifiziertes Arbeitskräftepotenzial dar und trugen somit zum anhaltenden Wachstum der Wirtschaft bei.[8] Der zunehmende Mangel an Arbeitskräften, verstärkt durch verkürzte Regelarbeitszeiten, führte ab Mitte der 1950er Jahre zu überproportional steigenden Löhnen und Gehältern sowie zu einem hohen Maß an Beschäftigungssicherheit.[9] Das durchschnittliche monatliche Bruttoeinkommen eines unselbständigen Arbeitnehmers stieg in den 1950er Jahren von 274 DM auf über 500 DM.[10] Sinkende Preise im Einzelhandel und eine niedrige Inflation sorgten zudem für geringe Lebenshaltungskosten.[11] Der wachsende Wohlstand gerade von Arbeitern und Angestell-

---

Dresdner Bank 1945–1957, S. 222. Schröter: Von der Teilung zur Wiedervereinigung, S. 364. Wehler: Deutsche Gesellschaftsgeschichte, Bd. 5, S. 54. Winkler: Der lange Weg, S. 160.

[3] Schildt/Sywottek: „Wiederaufbau" und „Modernisierung", S. 21.

[4] Zu den verschiedenen Positionen in der Debatte um die Ursachen und Wirkungen des „Wirtschaftswunders" vgl. insbesondere: Abelshauser: Wirtschaftsgeschichte der Bundesrepublik Deutschland. Buchheim: Die Wiedereingliederung Westdeutschlands. Henning: Das industrialisierte Deutschland. Lindlar: Das missverstandene Wirtschaftswunder. Schildt: Moderne Zeiten, S. 44. Schröter: Von der Teilung zur Wiedervereinigung, S. 365.

[5] Borchardt: Grundriss der deutschen Wirtschaftsgeschichte, S. 71. Feldenkirchen: Deutsche Wirtschaft, S. 30. Fürst: Bonner Republik, S. 52.

[6] Ambrosius: Wirtschaftlicher Strukturwandel, S. 107f. Feldenkirchen: Deutsche Wirtschaft, S. 33. Hardach: Rückkehr zum Weltmarkt, S. 81. Görtemaker: Geschichte der Bundesrepublik, S. 102. Schildt: Moderne Zeiten, S. 59. Winkler: Der lange Weg, S. 160. Wolfrum: Bundesrepublik, S. 193.

[7] Feldenkirchen: Deutsche Wirtschaft, S. 29. Görtemaker: Geschichte der Bundesrepublik, S. 103. Hardach: Rückkehr zum Weltmarkt, S. 80. Erhard: Wohlstand für alle, S. 80. Schäfers: Sozialstruktur und sozialer Wandel, S. 232. Wolf: Nachkriegsentwicklung, S. 35.

[8] Statistisches Jahrbuch für die Bundesrepublik 1953, S. 30ff. Fürst: Bonner Republik, S. 49ff. Geißler: Sozialstruktur Deutschlands, S. 50 u. S. 69. Wehler: Deutsche Gesellschaftsgeschichte, Bd. 5, S. 36 u. S. 52. Wolf: Nachkriegsentwicklung, S. 34.

[9] Statistisches Jahrbuch für die Bundesrepublik 1960, S. 549.

[10] Feldenkirchen: Deutsche Wirtschaft, S. 39. Statistisches Bundesamt (Hrsg.): Bevölkerung und Wirtschaft, S. 263.

[11] Görtemaker: Geschichte der Bundesrepublik, S. 75. Wolf: Nachkriegsentwicklung, S. 35.

ten war kennzeichnend für die 1950er Jahre. Damit nahm auch die volkswirtschaftliche Bedeutung dieser Gruppen zu.[12]

Doch nicht nur die wirtschaftlichen Rahmenbedingungen veränderten sich. Auch in der Politik gab es grundlegende Weichenstellungen, welche die Aufnahme des breiten Privatkundengeschäfts durch die Großbanken entscheidend beeinflussten: Einerseits förderte der Staat mit dem Ausbau der Sozialgesetzgebung die Vermögensbildung für Arbeitnehmer, die damit allmählich von der Sphäre der Finanzwirtschaft erfasst wurden. Andererseits begann in den 1950er Jahren die schrittweise Liberalisierung der deutschen Finanzwirtschaft.

Der Wirtschaftsboom erweiterte die finanziellen Spielräume von der Bundesregierung bis hin zu den Kommunen und machte somit den Wohlfahrtsstaat möglich.[13] Das erklärte Ziel von Bundeswirtschaftsminister Ludwig Erhard war es, die soziale Komponente der Marktwirtschaft auszugestalten: Die reinen Marktmechanismen reichten seiner Meinung nach nicht aus, um Einkommen und Vermögen gerecht zu verteilen. Hier müsse der Staat eingreifen und die Sozialpolitik institutionell wie materiell erweitern. Sozialleistungen hätten bis dahin nur eine ergänzende Funktion für Notzeiten gehabt. Nun, so Erhard, solle der wachsende materielle Wohlstand auf alle Gruppen der Gesellschaft verteilt werden.[14] Als Teil dieses Konzepts förderte der Staat die Vermögensbildung für Arbeitnehmer und verfolgte zugleich das Ziel, den Kapitalmarkt zu beleben. Die staatlich geförderten Anlagen sollten die Ersparnisse der Bevölkerung mobilisieren und in den Wirtschaftskreislauf führen. Sozial- und gesellschaftspolitische Ziele kongruierten hier mit wirtschaftspolitischen Zielen.[15]

Der Ausbau der sozialen Marktwirtschaft wirkte sich – direkt wie indirekt – auch auf die Kreditbranche aus. Hier ist beispielsweise die Rentenreform von 1957 zu nennen. Darin wurde das Kapitaldeckungsprinzip der Bismarck'schen Rentenversicherung aufgegeben und stattdessen die Rentenhöhe an die Einkommenshöhe gekoppelt. Die Renten wuchsen nun dynamisch mit der Wirtschaft und dem allgemeinen Lohnniveau. Gleichzeitig weitete die Reform den anspruchsberechtigten Personenkreis aus. Die bisherige Zuschussrente entwickelte sich zur Existenzrente, und Altersarmut blieb so nicht länger ein Massenphänomen. Im ersten Jahr stieg die durchschnittliche Rentenhöhe von Arbeitern und Angestellten um über 60%. Die Rentenreform wurde zum vermutlich wichtigsten Faktor der gesellschaftlichen Modernisierung der 1950er Jahre.[16] Arbeitnehmern und Rentnern stand – zumindest theoretisch – mehr Geld für Konsum- und Anlagezwecke zur Ver-

---

[12] Ambrosius: Wirtschaftlicher Strukturwandel, S. 107f. Feldenkirchen: Deutsche Wirtschaft, S. 33. Hardach: Rückkehr zum Weltmarkt, S. 81. Görtemaker: Geschichte der Bundesrepublik, S. 102. Schildt: Moderne Zeiten, S. 59. Winkler: Der lange Weg, S. 160. Wolfrum: Bundesrepublik, S. 193.

[13] Ambrosius/Kaelble: Folgen des Booms, S. 19. u. S. 29. Wolfrum: Bundesrepublik, S. 129.

[14] Abelshauser: Deutsche Wirtschaftsgeschichte, S. 193. Fürst: Bonner Republik, S. 45. Görtemaker: Geschichte der Bundesrepublik, S. 105. Bähr: DIT, S. 8. Neumann/Schaper: Sozialordnung der BRD, S. 34. Schröter: Von der Teilung zur Wiedervereinigung, S. 372. Winkler: Der lange Weg, S. 127 u. S. 221. Wolfrum: Bundesrepublik, S. 116.

[15] Kurzrock: Aus der Geschichte der Commerzbank, S. 85.

[16] HADrB, 108170, Wirtschaftsberichte der Dresdner Bank, Nr. 3, Oktober 1970, S. 7. Abelshauser: Deutsche Wirtschaftsgeschichte, S. 194ff. Borchardt: Grundriss der deutschen Wirtschaftsgeschichte, S. 75. Fürst: Bonner Republik, S. 111ff. Schäfers: Sozialstruktur und sozialer Wandel, S. 224. Sywottek: Wege in die 50er Jahre, S. 33. Wehler: Deutsche Gesellschaftsgeschichte, Bd. 5, S. 75 u. S. 262. Winkler: Der lange Weg, S. 183. Wolf: Vom Großbankengesetz bis zur „Normalisierung", S. 114. Wolfrum: Bundesrepublik, S. 136ff.

fügung. In der Kreditbranche wurde das Potenzial der Rentner als Kundengruppe allerdings nicht erkannt. Zusammen mit allen anderen Wirtschaftsverbänden lehnten die Spitzenverbände der Kredit- und Versicherungswirtschaft die Rentenreform ab. Sie befürchteten, mit der „neuen" Rente würden die Deutschen weniger sparen und die private Vermögensbildung zurückgehen. Sie gründeten daher bereits 1956 im Vorfeld der Rentenreform die „Gemeinschaft zum Schutz der deutschen Sparer".[17]

Indirekt bedeutsam für das Spargeschäft der Kreditinstitute waren zudem die Lastenausgleichsgesetze von 1949/1952 und die Altsparerentschädigung von 1953. Diese regelten die Abgeltung von materiellen Schäden und Verlusten, die durch Krieg und Vertreibung entstanden waren. Gleichzeitig sollten sie die Folgen der Währungsreform mildern, bei der Sparer gegenüber den Sachwerteanlegern benachteiligt worden waren. Allein im Rahmen des Lastenausgleichsgesetzes verteilte der Staat in den folgenden 25 Jahren über 114 Mrd. DM an rund ein Drittel aller Bundesbürger und stellte damit zumindest teilweise das Vertrauen der Öffentlichkeit in das Sparen wieder her.[18]

Einen direkten Nutzen zogen die Kreditinstitute aus der sozialpolitisch intendierten Vermögenspolitik. Um Arbeitnehmer beim Aufbau eines Vermögens zu unterstützen, förderte die Bundesregierung in den 1950er Jahren insbesondere das Kontensparen. Seit 1949 waren Sparbeträge, die für mindestens zehn, später nur noch für drei Jahre, fest angelegt waren, bis zu einer bestimmten Höhe bei der Steuererklärung absetzbar. In der Praxis bevorzugte diese Regelung vor allem Besserverdienende, da große Teile der Bevölkerung noch keine größeren Geldsummen sparen konnten. Vermögenspolitisch erwies sich das steuerbegünstigte Sparen nur teilweise als erfolgreich. Ende 1953 förderte der Staat erst 12% aller Spareinlagen durch Steuerbegünstigungen. Im Mai 1959 beschlossen Bundesregierung und Bundestag daher, das prämienbegünstigte Sparen einzuführen. Spargelder, die für fünf Jahre fest angelegt wurden, erhielten nach Ablauf der Frist einen Bonus von 20% der Sparsumme.[19] Damit sollten vor allem Bezieher kleiner und mittlerer Einkommen, die nur geringe Beträge beiseitelegen konnten, zum Sparen animiert werden.[20]

Über das Kontensparen hinaus versuchte die Bundesregierung, Wertpapiere in den unteren Bevölkerungsschichten als Anlageform populär zu machen und vermögenspolitisch zu fördern. Aktienbesitz in Arbeitnehmerkreisen war – im Gegensatz zu den angelsächsischen Ländern – in jenen Jahren in Deutschland noch äußerst ungewöhnlich. Zu Beginn der 1950er Jahre befürwortete Ludwig Erhard die Idee, Arbeitnehmer mittels Investment-

---

[17] Wehber: Fritz Butschkau, S. 42ff. Wehler: Deutsche Gesellschaftsgeschichte, Bd. 5, S. 75. Wolf: Vom Großbankengesetz bis zur „Normalisierung", S. 114.

[18] Borchardt: Grundriss der deutschen Wirtschaftsgeschichte, S. 75. Hohmann (Hrsg.): Ludwig Erhard, S. 496. Wehler: Deutsche Gesellschaftsgeschichte, Bd. 5, S. 16 u. S. 74. Wolfrum: Bundesrepublik, S. 134.

[19] BArch, B 102/52731, Sparförderung und Vermögensbildung, Bd. 1. BArch, B 126/7247, Allgemeine Grundsatzfragen für Währung, Geld und Kredit. – Währung, Allgemeines, Bd. 6. Abelshauser: Deutsche Wirtschaftsgeschichte, S. 351. Frost: Die Deutsche Bank und ihr Privatkundengeschäft, S. 276. BArch, B 102/28953, Förderung des Investmentsparens, Handelsblatt vom 24.04.1957, Artikel „Prämien für das Sparen?". HAC, 400/3, Rundschreiben Nr. 14 des Commerzbank-Bankvereins, Düsseldorf, an die Leitung der Geschäftsstellen vom 12.11.1956. Hohmann (Hrsg.): Ludwig Erhard, S. 497. Schulz: Sparkassen, S. 289. Wolf: Vom Großbankengesetz bis zur „Normalisierung", S. 119. Zur Vermögenspolitik der CDU in den 1950er Jahren siehe Dietrich: Eigentum für jeden.

[20] BArch, B 126/7247, Allgemeine Grundsatzfragen für Währung, Geld und Kredit. – Währung, Allgemeines, Bd. 6.

fondsanteilen relativ risikolos und ohne weitere Mitspracherechte an Unternehmen zu beteiligen. Im April 1953 brachte die CDU einen Gesetzentwurf im Bundestag ein, um das Investmentsparen auf eine rechtliche Grundlage zu stellen. Nach langen Debatten – die SPD und die Gewerkschaften hatten eine unmittelbare Beteiligung von Arbeitnehmern an Unternehmen verlangt – verabschiedete der Bundestag im April 1957 das Gesetz über Kapitalanlagegesellschaften. Ab 1959 konnten Fondsanteile auch mit staatlichen Prämien gefördert werden.

Ende der 1950er Jahre unternahm die Bundesregierung einen weiteren Versuch, die soziale Vermögenspolitik mit der Popularisierung der Aktie zu verknüpfen. Staatseigene Unternehmen – in erster Linie das Volkswagenwerk in Wolfsburg – sollten privatisiert und Arbeitnehmer mit den so genannten Volksaktien direkt und dauerhaft daran beteiligt werden. Erhard und die CDU ahmten dabei das Vorbild Österreich nach, wo der Staat Anfang 1957 Aktien der Österreichischen Länderbank und der Creditanstalt-Bankverein höchst erfolgreich unter die Bevölkerung gebracht hatte.[21] Im März 1959 setzte die Bundesregierung die Volksaktienidee erstmals in die Tat um und gab Aktien der Preußischen Bergwerks- und Hütten AG (Preußag) aus.[22] Ludwig Erhard hoffte, zukünftig bei allen Emissionen einen Teil der Aktien für die Belegschaften und für „Jedermann" abzweigen zu können.[23]

Parallel zu diesen sozial- und gesellschaftspolitischen Maßnahmen begann ein allmählicher Deregulierungs- und Liberalisierungsprozess im Kreditwesen. Zu Beginn der 1950er Jahre erwies sich die alliierte Zerschlagung der Großbanken in regionale Nachfolgeinstitute zunehmend als ungünstig. Die kleinen, kapitalschwachen Banken konnten ihren kreditwirtschaftlichen Aufgaben in der wachsenden westdeutschen Wirtschaft kaum gerecht werden, insbesondere im deutschen Außenhandel. Nach zweijährigen Beratungen fanden die Alliierte Bankenkommission, das Bundeswirtschafts- und Bundesfinanzministerium sowie die Bank deutscher Länder gemeinsam mit den ehemaligen Großbanken mit dem „Gesetz über den Niederlassungsbereich von Kreditinstituten" (Großbankengesetz) vom 29. März 1952 eine Kompromisslösung: Die Institute waren fortan nur noch in jeweils drei größere Banken in Nord-, West- und Süddeutschland aufgeteilt (siehe Abb. 2).[24] Das „Gesetz zur Aufhebung der Beschränkung des Niederlassungsbereichs von Kreditinstituten" (2. Großbankengesetz) ermöglichte es den Nachfolgeinstituten 1957 schließlich, mittels Ausgründungen die alten Vorkriegs-Großbanken wieder vollständig und bundesweit entstehen zu lassen. In West-Berlin gründeten sie Tochterinstitute.[25] Diese Gesetze schufen

---

[21] BArch, B 102/28953, Förderung des Investmentsparens, Handelsblatt vom 24. 04. 1957, Artikel „Prämien für das Sparen?"; Die Zeit vom 21. 02. 1957, Artikel „Volksaktien'-Schlager in Österreich".

[22] HADrB, 1779–2002, Schreiben von K. H. A. Friedmann an den Aufsichtsratsvorsitzenden der Dresdner Bank Carl Goetz vom 19. 10. 1959, Anlage „Zur Problematik der sogenannten Volksaktie". Abelshauser: Deutsche Wirtschaftsgeschichte, S. 350. Bähr: DIT, S. 8. Schäfers: Sozialstruktur und sozialer Wandel, S. 180. Wehler: Deutsche Gesellschaftsgeschichte, Bd. 5, S. 16.

[23] BArch, B 102/28953, Förderung des Investmentsparens, Ergebnisvermerk vom 28. 06. 1957 über eine Besprechung im BMWi am 25. 06. 1957. Bundesverband (Hrsg.): Verhandlungen des IX. Deutschen Bankiertages, S. 18.

[24] Feldenkirchen: Deutsche Wirtschaft, S. 105. Kurzrock: Aus der Geschichte der Commerzbank, S. 82. Meyen: 120 Jahre Dresdner Bank, S. 154. Tilly: Geld und Kredit in der Wirtschaftsgeschichte, S. 203. Wolf: Nachkriegsentwicklung, S. 25.

[25] HAC, 400/861, Die Welt vom 31. 03. 1958, Artikel „Das unvollendete Bankentrio" von Rudolf Herlt. Wandel: Banken und Versicherungen, S. 40.

überhaupt erst die Voraussetzung für die Commerzbank, die Deutsche Bank und die Dresdner Bank, ein breites Privatkundengeschäft aufzubauen.

In weiten Teilen blieb der Wettbewerb in der Kreditbranche bis in die 1960er Jahre hinein allerdings noch stark reguliert. Das Kreditwesengesetz von 1934 behielt in der Bundesrepublik ebenso seine Gültigkeit wie die Anordnungen des Reichskommissars für das Kreditwesen, das Wettbewerbsabkommen von 1928 sowie die daran anknüpfenden Zins- und Wettbewerbsabkommen von 1936. Bei den Zinskonditionen fand daher so gut wie kein Wettbewerb statt. Der Zentrale Kreditausschuss der Spitzenverbände der Kreditwirtschaft (ZKA) legte die Haben- und Sollzinsen sowie die Kreditprovisionen fest und ließ sie von den Bankaufsichtsbehörden für allgemein gültig erklären. Die Abkommen schränkten zudem die Werbetätigkeit ein. Unzulässig waren aufdringliche und vergleichende Werbung, Hinweise auf Zinssätze außerhalb der Schalterräume oder die Werbung mit kostenlosen Leistungen.[26] Zudem bestanden weitere Abmachungen zwischen den Spitzenverbänden der Kreditwirtschaft sowie unter den privaten Kreditbanken, die in erster Linie die Werbeaktivitäten betrafen.

Die wirtschaftlichen und politischen Entwicklungen der 1950er Jahre blieben indes nicht ohne Auswirkung auf die soziale und gesellschaftliche Situation in der Bundesrepublik. Auch hier gab es vielerlei Prozesse, die sich auf die Großbanken-Expansion im Privatkundenbereich auswirkten. So hatten beispielsweise Millionen von Flüchtlingen, Vertriebenen und Kriegsheimkehrern die demografische Struktur Deutschlands verändert. Diese mussten trotz Mangel an Arbeit, Nahrung und Wohnraum integriert werden, was letztlich nur mit Hilfe des schnellen wirtschaftlichen Aufschwungs und der steigenden Prosperität möglich war.[27] Allmählich begann sich durch die wachsenden Einkommen und veränderten Lebensweisen die innere Schichtung der Gesellschaft zu verändern. Zunehmend ersetzten neue Orientierungen und Verhaltensmuster tradierte Normen und Werte, konfessionelle Grenzen verwischten, Deklassierungs- und Nivellierungsprozesse bahnten sich an. Eine moderne Industriegesellschaft entstand, in der vor allem die große Schicht der unselbständigen Arbeitnehmer Auftrieb erhielt.[28]

Für diese Gruppe bedeuteten die 1950er Jahre das Ende der traditionellen Enge, der Unsicherheit und der Mühsal in ihrer Lebensführung. Vollbeschäftigung, Arbeitszeitverkürzung, steigende Einkommen sowie sozialpolitische Maßnahmen gaben den vormals eher ungenügend abgesicherten unteren Schichten nicht nur soziale Sicherheit und mehr Aufstiegsmöglichkeiten, ihnen standen auch mehr Zeit und Geld zur freien Verfügung. Arbeiter und Angestellte glichen ihren Lebensstandard, ihre Alltagsgewohnheiten, ihren Konsum und ihre Freizeitgestaltung nun zunehmend höheren Schichten an; sie rückten mit ihren Einkommen allmählich in den Bereich des Mittelstandes und „verbürgerlichten" dabei zusehends. Überkommene schichten- und klassengebundene Lebens-

---

[26] HAC, 402/285, Mantelvertrag, Zinsabkommen und Wettbewerbsabkommen (Stand Mai 1941). Kolbeck: Zur Entwicklung der Bankenaufsicht, S. 1002.
[27] Ambrosius: Wirtschaftlicher Strukturwandel, S. 107f. Feldenkirchen: Deutsche Wirtschaft, S. 33. Hardach: Rückkehr zum Weltmarkt, S. 81. Görtemaker: Geschichte der Bundesrepublik, S. 101f. Schildt: Moderne Zeiten, S. 59. Wehler: Deutsche Gesellschaftsgeschichte, Bd. 5, S. 35f. Winkler: Der lange Weg, S. 160. Wolfrum: Bundesrepublik, S. 193.
[28] Görtemaker: Geschichte der Bundesrepublik, S. 101f. Schäfers: Sozialstruktur und sozialer Wandel, S. 32. Zur Gesellschaftsgeschichte der Bundesrepublik in den 1950er Jahren siehe insbesondere Herbert (Hrsg.): Wandlungsprozesse in Westdeutschland sowie Schildt/Sywottek (Hrsg.): Modernisierung im Wiederaufbau.

stile und Traditionen schwächten sich damit ab.[29] Die weiterhin bestehenden sozialen Differenzierungen in Bildung, Beruf und Einkommen wurden einerseits geringer, andererseits durch neue Kriterien wie die Qualität der Kleidung, die Lage und Ausstattung der Wohnung, den Besitz oder Nichtbesitz eines Autos oder die Möglichkeit zu Reisen ergänzt.[30] Vom zunehmenden Massenwohlstand profitierten alle Schichten gleichermaßen, so dass hier von einem „Fahrstuhleffekt" (Ulrich Beck) gesprochen wird. Die Sozialstruktur Westdeutschlands veränderte sich somit nicht durch Umverteilung, sondern das Gesamtniveau wurde – mit Beibehaltung der bestehenden Unterschiede – angehoben.[31] Zunehmende Mobilität sowie eine wachsende Bedeutung standardisierter Freizeit- und Konsumtätigkeiten in allen Gesellschaftsschichten prägten den Übergang zur Massenkonsumgesellschaft im letzten Drittel der 1950er Jahre.[32]

In vielen Bereichen dienten dabei die USA als Vorbild. Eine zunehmende Amerikanisierung zeigte sich in der Wirtschaft, in der Kultur, aber auch beim Konsum und im Umgang mit Geld.[33] Auch die Kreditwirtschaft ließ sich bei der Entwicklung neuer Bankdienstleistungen – insbesondere im Privatkundengeschäft – in den 1950er Jahren vom angelsächsischen Raum inspirieren.[34] Die Vorstandskreise der Großbanken erwarteten geradezu, dass sich viele Bankprodukte, die in Amerika üblich waren, langfristig auch in Deutschland durchsetzen würden.[35] Die Vorbildfunktion der USA zeigte sich vor allem bei den Konsumentenkrediten, die nun verstärkt in Westdeutschland aufkamen. Diese waren nicht zuletzt eine Folge der veränderten Spar- und Konsumgewohnheiten der Bundesbürger, die wiederum eine Reaktion auf den wirtschaftlichen Aufschwung und den soziostrukturellen Wandel der Gesellschaft darstellten. Letztlich begann damit ein langfristiges Umdenken in breiten Gesellschaftsschichten im Umgang mit Geld und Finanzdienstleistungen.[36]

Zwar waren Sparvermögen durch die Währungsreform von 1948 stark abgewertet worden und viele Bürger hatten ihre gesamten Ersparnisse verloren. Doch trotz kurzfristiger Geldknappheit der neuen Währung entwickelte sich hieraus kein langfristiger Vertrauens-

---

[29] Görtemaker: Geschichte der Bundesrepublik, S. 105. Abelshauser: Deutsche Wirtschaftsgeschichte, S. 327 ff. Geißler: Sozialstruktur Deutschlands, S. 231 u. S. 403. Schäfers: Sozialstruktur und sozialer Wandel, S. 33. Winkler: Der lange Weg, S. 160. Wolfrum: Bundesrepublik, S. 196. Zur Entproletarisierung der Arbeiter siehe Mooser: Arbeiterleben in Deutschland.

[30] Geißler: Sozialstruktur Deutschlands, S. 233. Görtemaker: Geschichte der Bundesrepublik, S. 105–108. Schäfers: Sozialstruktur und sozialer Wandel, S. 243. Sywottek: Wege in die 50er Jahre, S. 18. Wildt: Privater Konsum, S. 276 ff. Winkler: Der lange Weg, S. 161. Wolfrum: Bundesrepublik, S. 193 f.

[31] Beck: Risikogesellschaft. Petrak/Petzina/Plumpe (Hrsg.): Adenauers Welt, S. 60 f. Schäfers: Sozialstruktur und sozialer Wandel, S. 255. Schildt/Sywottek: „Wiederaufbau" und „Modernisierung", S. 27. Wildt: Privater Konsum, S. 288.

[32] Petrak/Petzina/Plumpe (Hrsg.): Adenauers Welt, S. 63. Allgemein zur Konsumgesellschaft der 1950er Jahre in der Bundesrepublik siehe Wildt: Vom kleinen Wohlstand sowie Wildt: Am Beginn der „Konsumgesellschaft".

[33] Abelshauser: Deutsche Wirtschaftsgeschichte, S. 336. König: Kleine Geschichte der Konsumgesellschaft, S. 45 ff. Grazia: Amerikanisierung, S. 116 f. Schildt: Moderne Zeiten, S. 398 ff. Schildt: Sozialgeschichte der BRD, S. 97. Schröter: Von der Teilung zur Wiedervereinigung, S. 366.

[34] HADrB, 117997.MS, Volkswirtschaftliche Abteilung der Dresdner Bank. HADrB, 108655, Bericht über meinen Aufenthalt in den USA. Besonderheiten des amerikanischen Bankwesens. Von Dr. Heinz Brandt, Dresdner Bank AG, Frankfurt a. M. 1958. Fränkische Presse vom 18. 03. 1959.

[35] HAC, 400/155, Protokoll der Geschäftsstellenleiter-Konferenz des Geschäftsbereichs Süd vom 16. 12. 1958.

[36] Andersen: Traum, S. 195.

verlust in das Sparen. Die Bundesbürger sparten dank einer nun stabilen Währung auch nach 1948 weiter.[37] Bis gegen Ende der 1950er Jahre mussten allerdings insbesondere Arbeitnehmerhaushalte den größten Teil des monatlichen Budgets für den lebensnotwendigen Bedarf ausgeben und konnten kaum Geld für Ersparnisse zurücklegen. Zu Beginn des Jahrzehnts konnten es sich nur Bezieher höherer Einkommen leisten zu sparen, während die Masse der Bevölkerung knapp über die Runden kam. Trotz allmählich steigender Einkommen entwickelte sich die Spartätigkeit der Bevölkerung daher insgesamt nur langsam.[38]

In absoluten Zahlen wuchs die jährliche Ersparnisbildung der privaten Haushalte in den 1950er Jahren von 2,1 Mrd. DM auf 16,1 Mrd. DM.[39] Die Sparquote, also der Anteil des Gesparten am verfügbaren Einkommen der privaten Haushalte, stieg von 1950 bis 1960 von 3,2% auf 8,5%.[40] Bereits Zeitgenossen sprachen – analog zum „Wirtschaftswunder" – von einem deutschen „Sparwunder".[41] Vor allem in der zweiten Hälfte des Jahrzehnts beschleunigte sich parallel zur Wirtschaftskonjunktur das Wachstum der Spareinlagen. Immer größere Teile der Bevölkerung konnten nun etwas auf die Seite legen. Damit nahm auch die volkswirtschaftliche Bedeutung der privaten Haushalte weiter zu. Ihr Anteil an der gesamtwirtschaftlichen Ersparnisbildung verdoppelte sich von 1950 bis 1960 von 15% auf 30%, während Unternehmen und öffentliche Institutionen immer weniger sparten.[42] Auch hier begann sich also die zunehmende Dominanz der Arbeitnehmer bemerkbar zu machen.[43]

Die Motivation der Sparer hatte sich allerdings gewandelt. Nach den Erfahrungen aus zwei Weltkriegen, Inflationen und Währungsreformen, aber auch angesichts der steigenden Konsummöglichkeiten war eine langfristige Anlage für Notzeiten immer weniger gefragt. Aus dem Vorsorgesparen des 19. Jahrhunderts wurde ein Zwecksparen für langlebige Konsumgüter wie Elektrogeräte, ein Auto oder das Eigenheim.[44] Damit änderte sich auch der Umgang mit Spargeld. Während Sparer früher Geld zu Hause sammelten und ein- bis zweimal im Jahr einzahlten, steigerte sich die Anzahl der Umsätze eines durchschnittlichen Sparbuchs nach 1945 erheblich.[45]

Sparen stand allerdings zunehmend in Konkurrenz zum Konsum. Als die privaten Haushalte in der zweiten Hälfte der 1950er Jahre allmählich mehr Geld zur disponiblen Verfügung hatten, wuchs die tatsächliche Sparleistung nicht in gleichem Maße wie die theoretische Sparfähigkeit. Gegen Ende des Jahrzehnts gaben die Bundesbürger mehr Geld für Konsumartikel als für Ansparungen aus.[46]

---

[37] Born: Geld und Banken, S. 554. Schulz: Sparkassen, S. 271. Görtemaker: Geschichte der Bundesrepublik, S. 70.
[38] Reckendrees: Konsummuster im Wandel, S. 59. Fürst: Bonner Republik, S. 25. Ellerbrock: Konsumentenkredit und „Soziale Marktwirtschaft", S. 115.
[39] Deutsche Bundesbank (Hrsg.): Deutsches Geld- und Bankwesen, S. 356.
[40] Statistisches Bundesamt (Hrsg.): Bevölkerung und Wirtschaft, S. 268.
[41] Belvederesi/Thomes: Gesellschaftlicher Wandel, S. 32. Feldenkirchen: Deutsche Wirtschaft, S. 35. Wildt: Vom kleinen Wohlstand, S. 65. Kurzrock: Aus der Geschichte der Commerzbank, S. 134.
[42] Ahrens: Dresdner Bank 1945–1957, S. 263.
[43] Hooven: Wandlungen im Bankgeschäft, S. 311. Schildt/Sywottek: „Wiederaufbau" und „Modernisierung", S. 26.
[44] Beckers: Gründung und erste Jahre der Deka, S. 243.
[45] Wysocki: Untersuchungen, S. 128.
[46] Schulz: Sparkassen, S. 288ff. Wildt: Vom kleinen Wohlstand, S. 65. Ahrens: Dresdner Bank 1945–1957, S. 263.

Die Währungsumstellung hatte auch beim Konsum zunächst einen tiefen Einschnitt in das Leben der Bevölkerung bedeutet. Die ausgegebenen 60 DM Kopfprämie reichten nur wenige Tage. Gleichzeitig mit der schlagartigen Geldknappheit füllten sich allerdings auch die Schaufenster der Geschäfte wieder und lockten mit seit langem nicht mehr erhältlichen Produkten.[47] In der Bevölkerung herrschte ein kriegsbedingter Nachholbedarf, der sich zunächst allerdings auf die Wiederbeschaffung der notwendigsten Dinge des alltäglichen Bedarfs beschränkte. Dazu zählten Nahrungsmittel, Kleidung, Haushaltsgegenstände aller Art sowie Wohnraum. In den folgenden Jahren entspannte sich die finanzielle Lage. Die meisten Konsumenten verfügten zu Beginn der 1950er Jahre zwar weder über eine große Kaufkraft noch über Sparreserven, hatten aber großen Bedarf an Konsumgütern. Erst im Laufe des Jahrzehnts konnten sie dank steigender Einkommen allmählich ihre unmittelbarsten Konsumbedürfnisse befriedigen. Die private Nachfrage entwickelte sich damit zu einem immer wichtigeren Element des Wirtschaftskreislaufs.[48]

Die frei verfügbaren Einkommen der privaten Haushalte verdreifachten sich in den 1950er Jahren von 65 Mrd. DM auf 189 Mrd. DM ebenso wie die Konsumausgaben von 67,5 Mrd. DM auf 171,8 Mrd. DM.[49] Gleichzeitig sank der Anteil des lebensnotwendigen Verbrauchs von über 70% auf 61% ab, während der frei verfügbare Anteil entsprechend anstieg. Den Bundesbürgern stand also mehr Geld für Konsum und Anlagezwecke zur Verfügung.[50] Diese Zahlen lassen allerdings nicht erkennen, dass Einkommen und Verbrauchsausgaben bis zur Mitte des Jahrzehnts nur langsam anstiegen. Die Verbesserung des Lebensstandards setzte zeitverzögert in den verschiedenen Gesellschaftsschichten ein.[51] In den unteren Einkommensgruppen, die die Bevölkerungsmehrheit darstellten, blieben lebensnotwendige Ausgaben für Lebensmittel, Kleidung und Miete bis Ende der 1950er Jahre die größten Ausgabenposten. Noch 1959 gab der statistische Musterhaushalt jährlich mehr Geld für Butter aus als für einen PKW.[52] Höhere Angestellten- und Beamtenfamilien waren dagegen bereits in der Lage, den größer werdenden, frei verfügbaren Anteil ihrer Einkommen für Möbel, technische Haushaltsgeräte, Unterhaltung, Freizeit und Kraftfahrzeuge auszugeben oder anzusparen.[53]

Dennoch bemerkten gegen Ende der 1950er Jahre auch die Arbeitnehmerhaushalte die ersten Anklänge der Konsumgesellschaft im Alltag und erlebten zumindest den „kleinen Wohlstand" (Michael Wildt).[54] In der zweiten Hälfte des Jahrzehnts, als der elastische Anteil der Haushaltsbudgets allmählich größer wurde, erreichte der private Konsum wieder das Vorkriegsniveau. Die Zeit des Not- und Nachholbedarfs war vorbei. Nun stiegen auch in breiten Bevölkerungskreisen die Konsumwünsche und -möglichkeiten.[55] Auch

---

[47] Petrak/Petzina/Plumpe (Hrsg.): Adenauers Welt, S. 68.

[48] Ambrosius: Wirtschaftlicher Strukturwandel, S. 113. Andersen: Traum, S. 195. Feldenkirchen: Deutsche Wirtschaft, S. 35. Horvath: Teilzahlungskredite, S. 19f.

[49] Statistisches Bundesamt (Hrsg.): Bevölkerung und Wirtschaft, S. 268. Ahrens: Dresdner Bank 1945–1957, S. 263.

[50] Abelshauser: Deutsche Wirtschaftsgeschichte, S. 328. Sauer: Wettbewerbsposition, S. 24. Wehler: Deutsche Gesellschaftsgeschichte, Bd. 5, S. 78.

[51] Feldenkirchen: Deutsche Wirtschaft, S. 34.

[52] König: Geschichte der Konsumgesellschaft, S. 126. Reckendrees: Konsummuster im Wandel, S. 30. Wildt: Privater Konsum, S. 277. Wildt: Vom kleinen Wohlstand, S. 27ff. u. S. 75f.

[53] Kleinschmidt: Konsumgesellschaft, S. 140.

[54] Reckendrees: Konsummuster im Wandel, S. 59. Wildt: Privater Konsum, S. 276.

[55] Ellerbrock: Konsumentenkredit und „Soziale Marktwirtschaft", S. 112ff. Wildt: Vom kleinen Wohlstand, S. 75f. Wildt: Privater Konsum, S. 280.

wenn der Großteil des Einkommens immer noch für Lebensmittel ausgegeben werden musste, änderte sich zumindest deren qualitative Zusammensetzung. Aus dem lebensnotwendigen Verbrauch wurde allmählich ein individueller Konsum in engen Grenzen. Die Bundesbürger interessierten sich nun zunehmend für Güter des gehobenen Bedarfs, die zu Beginn der 1950er Jahre noch ein unerschwinglicher Luxus gewesen waren. Dazu zählten insbesondere Möbel und elektrische Haushaltsgeräte wie Kühlschränke, Waschmaschinen, Staubsauger und Fernseher, deren Anschaffungskosten deutlich gesunken waren. Insbesondere der Kühlschrank wurde zum zentralen Konsumgut des Jahrzehnts.[56] Der Konsum verlagerte sich von notwendigen Gebrauchsgütern zu immer höherwertigeren Wirtschaftsgütern. Konsumgüter wandelten sich dadurch vom Luxusgegenstand zum täglichen Bedarfsgut und setzten sich allmählich auch bei der einfachen Bevölkerung durch.[57]

Die im Entstehen begriffene westdeutsche Konsumgesellschaft der 1950er Jahre war in Anspruch und Wirklichkeit allerdings gespalten. Die Konsumbereitschaft war – bedingt durch den aufgestauten Bedarf nach Krieg und unmittelbarer Nachkriegszeit – sehr hoch; mit zunehmendem Warenangebot stiegen die Konsumwünsche weiter an. Die steigenden Einkommen reichten beim Großteil der Bevölkerung trotz gewisser Ansparungen aber noch nicht aus, um sich die erwünschten Güter anschaffen zu können.[58] Auch wenn Schulden in der Öffentlichkeit weiterhin verpönt waren, so standen viele Familien vor der Entscheidung, ihren Konsum durch Ansparen oder per Kredit zu finanzieren.[59] So entwickelte sich in den 1950er Jahren ein großer Bedarf an Konsumentenkrediten. Deren zunehmende Verbreitung in den 1950er Jahren lässt sich als kumuliertes Phänomen der erwähnten wirtschaftlichen und gesellschaftlichen Entwicklungen und Prozesse erklären, welche die Bundesrepublik in diesen Jahren prägten. Da sich in diesem Bereich Bevölkerung und Bankbranche nun auch erheblich näherkamen, verdient die Entwicklung der Konsumentenkredite eine genauere Betrachtung.

Zu Beginn der 1950er Jahre lösten zunehmende Meldungen über Lohnpfändungen verschuldeter Arbeitnehmer in Presse und Rundfunk eine große öffentliche Debatte um den Konsum auf Kredit aus, die an die Diskussion um das Teilzahlungsgeschäft in den späten 1920er Jahren anknüpfte, quantitativ und qualitativ allerdings auf einem höheren Niveau geführt wurde.[60] In zahlreichen Publikationen, Zeitschriften- und Presseartikeln sowie öffentlichen Stellungnahmen thematisierten nun Politiker, Wirtschaftswissenschaftler, Handelsverbände, Unternehmen, Kirchen und Gewerkschaften den Sinn und Nutzen des Konsums auf Kredit. Selbstredend vermochte sich auch die Kreditbranche diesem Disput nicht zu entziehen. In ihm spiegelte sich die wachsende Bedeutung des Privatkundengeschäfts in den 1950er Jahren wider.

Die Teilzahlungsbanken, deren zunehmender Erfolg die Debatte mit ausgelöst hatte, verstanden sich naturgemäß als stärkste Befürworter des Konsumentenkredits.[61] Diese

---

[56] Wildt: Vom kleinen Wohlstand, S. 124f. Görtemaker: Geschichte der Bundesrepublik, S. 55. Kleinschmidt: Konsumgesellschaft, S. 138. Schildt: Moderne Zeiten, S. 102. Wehler: Deutsche Gesellschaftsgeschichte, Bd. 5, S. 78. Wildt: Privater Konsum, S. 277.
[57] Abelshauser: Deutsche Wirtschaftsgeschichte, S. 337. Schildt: Moderne Zeiten, S. 106. Horvath: Teilzahlungskredite, S. 50. Schildt/Sywottek: „Wiederaufbau" und „Modernisierung", S. 27. Sywottek: Wege in die 50er Jahre, S. 18.
[58] Schulz: Sparkassen, S. 310f.
[59] Andersen: Traum, S. 195.
[60] Stücker: (Dis-)Kreditierter Konsum, S. 215.
[61] Zimmermann: Kundenkreditbank, S. 83–90. Beispielsweise Nöll von der Nahmer, Robert: Wie ist unter volkswirtschaftlichen Gesichtspunkten der Teilzahlungskredit zu beurteilen? Gutachten.

Institute erlebten in den 1950er Jahren einen ungeahnten Boom, der den Aufstieg dieser Kreditform und den Durchbruch der Konsumgesellschaft widerspiegelte. Die Teilzahlungsbanken profitierten dabei insbesondere zu Beginn des Jahrzehnts von der Tatenlosigkeit der übrigen Kreditbranche. Beim örtlichen Einzelhändler war es zwar nach wie vor möglich, anschreiben zu lassen, doch bei größeren Anschaffungen stieß dieses System schnell an seine Grenzen. Auch bei den Sparkassen war es für Privatpersonen schwierig, einen Konsumentenkredit zu erhalten: Die Institute verlangten Sicherungsübereignungen der finanzierten Gegenstände, Anzahlungen, Bürgschaften oder Einkommensabtretungen. Insbesondere für Konsumenten aus den unteren Schichten waren die Teilzahlungsbanken somit häufig die einzige Anlaufstelle, um einen Kredit zu erhalten. Diese vergaben Konsumentenkredite überwiegend blanko und mit geringen Anzahlungen, ließen sich ihr größeres Ausfallrisiko aber mit höheren Zinsen vergüten.[62]

Mit der steigenden Nachfrage nach Konsumentenkrediten im Gefolge der Währungsreform 1948 eröffneten noch im selben Jahr die ersten 14 Teilzahlungsbanken in mehreren westdeutschen Großstädten. Diese Institute knüpften teilweise an Vorkriegstraditionen an (z. B. die KKB), waren teilweise aber auch Neugründungen. Bei den Eröffnungen kam es mitunter zu großem Andrang und langen Menschenschlangen vor den Schaltern. In den folgenden Jahren entwickelte sich das Geschäft der Teilzahlungsbanken erfolgreich weiter. Die Anzahl der Institute erreichte 1962 den Höchststand mit 242 Banken. Dementsprechend wuchs auch das Geschäftsvolumen in den 1950er Jahren von 264 Mio. DM auf 3,7 Mrd. DM.[63] Die Kunden finanzierten mit ihren Krediten – parallel zur westdeutschen Konsumentwicklung – zunächst vor allem Bekleidung und Heimtextilien, ab Mitte der 1950er Jahre dann auch höherwertige Konsumgüter wie Möbel und Kraftfahrzeuge.[64]

Die Teilzahlungsbanken konnten sich bei ihrer Geschäftstätigkeit auf viele politische Befürworter des Konsumentenkredits berufen. Insbesondere Ludwig Erhard tat sich hier hervor, der häufig auf die zunehmende Bedeutung des privaten Konsums für den wirtschaftlichen Aufschwung hinwies.[65] Mit ängstlicher Sparsamkeit konnte dies nach seiner Überzeugung nicht erreicht werden. Er appellierte daher an die Bundesbürger, den Ratenkauf als ihnen zustehendes Wohlstandsrecht ohne Gewissensbisse zu nutzen.[66] Seine Überzeugungen versuchte Erhard zudem auch der Kreditwirtschaft näherzubringen, die sich mit dem Thema Teilzahlungskredit bislang aus grundsätzlichen (Sparkassen) oder geschäftspolitischen Gründen (private Banken) noch nicht auseinandergesetzt hatte. Auf dem Sparkassentag 1954 in Bonn rief Erhard zum „Mut zum Konsum" auf und erläuterte den Sparkassenvertretern, dass das Ratenkaufsystem nicht unbedingt „fluchwürdig" sei. Konsumentenkredite und Sparen ließen sich seiner Meinung nach durchaus miteinander vereinbaren:

---

[62] HADB, SG 8/16, Frankfurter Rundschau vom 15.05.1951, Artikel „Teilzahlungskredite werden populär". Hauser: Schwert mit zwei Schneiden, S. 24.

[63] Beier/Jacob: Konsumentenkredit, S. 163. Deutsche Bundesbank (Hrsg.): Deutsches Geld- und Bankwesen, S. 188f. u. S. 254.

[64] HADB, SG 8/16, Frankfurter Rundschau vom 15.05.1951, Artikel „Teilzahlungskredite werden populär". Zeitschrift für das gesamte Kreditwesen 17 (1958), Artikel „Der ‚Teilzahlungsbarkredit'", S. 740. König: Geschichte der Konsumgesellschaft, S. 408. Horvath: Teilzahlungskredite, S. 20ff. Zimmermann: Kundenkreditbank, S. 57.

[65] Erhard: Wohlstand für alle, S. 226. Görtemaker: Geschichte der Bundesrepublik, S. 64.

[66] Ellerbrock: Konsumentenkredit und „Soziale Marktwirtschaft", S. 120f. Erhard: Wohlstand für alle, S. 222. Horvath: Teilzahlungskredite, S. 49. Wildt: Vom kleinen Wohlstand, S. 28f.

„Wo viel verbraucht wird, wird auch viel gespart! Das mag vom Einzelnen her gesehen ein Widerspruch sein; für die Volkswirtschaft ist es fast so etwas wie der Weisheit letzter Schluß!"[67]

Auch die privaten Banken rief Erhard wenige Jahre später dazu auf, den Konsumentenkredit in ihr Portfolio aufzunehmen (siehe Kap. II.2.). Inwieweit seine Appelle tatsächlich den Konsum auf Kredit beeinflusst haben, lässt sich kaum beurteilen. Es ist allerdings davon auszugehen, dass die Worte des populären „Vaters des Wirtschaftswunders" durchaus in der Öffentlichkeit wahrgenommen wurden.[68]

Große Teile der Politik und der Wirtschaft standen ohnehin hinter den Konsumentenkrediten, da in ihnen ein positiver Beitrag zum Wirtschaftsboom gesehen wurde.[69] Daher hatten auch die meisten Wirtschaftsverbände und Handelskammern, die Bankenaufsichten der Bundesländer sowie die Bank deutscher Länder den Aufbau der Teilzahlungsbanken nach 1948 wohlwollend unterstützt.[70] Diese Kreise wiesen ebenso wie viele Wirtschaftswissenschaftler und vereinzelte Vertreter der Kreditbranche häufig auf die Situation in den Vereinigten Staaten hin. Dort hatte die Bevölkerung bereits in den 1920er Jahren bis zu 90% aller langlebigen Konsumgüter auf Kredit gekauft, insbesondere Automobile. Ratenzahlungen und Verbraucherkredite waren dort selbstverständlich geworden; es galt als geschickte Strategie, im Vertrauen auf die Zukunft schon in der Gegenwart am Wohlstand teilzuhaben.[71] Westdeutsche Publikationen aus den 1950er Jahren verwiesen auf die daraus entstandenen volkswirtschaftlichen Vorteile, auf die veränderten Nachfragestrukturen und auf den gesteigerten Profit der Konsumgüterindustrie.[72] Zu einem ähnlichen Ergebnis kam 1956 eine Studiengruppe des Bundestags, die sich auf einer Reise durch die USA mit der dortigen Teilzahlungsfinanzierung vertraut gemacht hatte. Der Abschlussbericht betonte den positiven Beitrag des Konsumentenkredits zur wirtschaftlichen Entwicklung und zur Hebung des Lebensstandards.[73]

Die Gegner des Konsumentenkredits bildeten eine heterogene Gruppe mit Vertretern aus Wirtschaft, Wissenschaft, Politik und anderen Teilen der Gesellschaft. Auch Kirchen, Gewerkschaften und selbst manche Konsumentenvereine waren grundsätzlich der Meinung, dass private Haushalte kein „Recht auf Verschuldung" hätten.[74] Die Gegner begründeten diese Haltung sowohl mit volkwirtschaftlichen Argumenten als auch mit moralischen Bedenken.[75] In den Reihen der Bundesregierung war es vor allem Bundesfinanzminister Franz Etzel, der den Konsumentenkredit im Hinblick auf den Kapitalmangel eher kritisch sah und sich stattdessen für eine breite Sparförderung aussprach.[76]

---

[67] Zitiert nach: Ellerbrock: Konsumentenkredit und „Soziale Marktwirtschaft", S. 122. Ashauer: Entwicklung des Konsumentenkredits, S. 69.

[68] Görtemaker: Geschichte der Bundesrepublik, S. 159. Ellerbrock: Konsumentenkredit und „Soziale Marktwirtschaft", S. 120 f.

[69] Petrak/Petzina/Plumpe (Hrsg.): Adenauers Welt, S. 270 f. Belvederesi/Thomes: Gesellschaftlicher Wandel, S. 26.

[70] HADB, SG 8/16, Frankfurter Neue Presse vom 06.08.1949, Artikel „Kundenkredit setzt sich durch".

[71] Wirtschafts- und Finanzzeitung, Frankfurt a. M., Nr. 27 vom 08.07.1948. König: Kleine Geschichte der Konsumgesellschaft, S. 45 ff. Grazia: Amerikanisierung, S. 116 f.

[72] Beispielhaft: Bankhaus Neuvians, Reuschel & Co. (Hrsg.): Teilzahlungskredit. Haltmeyer: Verbraucherkredit. Ockel: Zur volkswirtschaftlichen Problematik des Teilzahlungskredites. [ohne Autor]: Teilzahlungsfinanzierung in USA.

[73] HADB, SG 8/16, Material zum Kleinkredit PKK. Horvath: Teilzahlungskredite, S. 37 ff.

[74] Ellerbrock: Konsumentenkredit und „Soziale Marktwirtschaft", S. 115.

[75] Wildt: Vom kleinen Wohlstand, S. 7.

[76] BArch, B 102/52731, Sparförderung und Vermögensbildung, Bd. 1, Börsen-Zeitung, Jahresschlussnummer 1957, Beilage, Artikel „Sparförderung tut not" von Franz Etzel.

Selbst in der Konsumgüterindustrie positionierten sich einzelne Unternehmen, wie beispielsweise die Bekleidungskette C&A Brenninkmeyer, gegen den Kauf auf Raten. Kurios mutete dabei die C&A-Anzeigenkampagne vom Herbst 1952 an, in der die Werbefigur des „Ratenschrecks", ein dickbäuchiges, hässliches Wesen mit Plattfüßen, breitem Mund und lüsternen Augen, am Weihnachtsfest erschien und hohnlachend die Raten einforderte. Als vorbildliches Gegenstück zum „Ratenschreck" kreierte C&A später die Werbefigur „Herr Ratenfrei".[77] 1953 war das Unternehmen Brenninkmeyer auch Teil einer Gruppe von Konsumentenkreditgegnern, die einen „Arbeitskreis für Absatzfragen" gründeten. Diese Vereinigung, die von Handels- und Industrieunternehmen sowie von Einzelpersonen, wie z. B. dem Wirtschaftswissenschaftler und Vordenker der sozialen Marktwirtschaft Wilhelm Röpke,[78] getragen wurde, wandte sich mit einer eigenen Schriftenreihe an die Öffentlichkeit.[79] Darin postulierten die Verfasser ihre moralischen und gesellschaftspolitischen Vorstellungen, die sich an einem christlich-konservativen Lebensbild orientierten. Konsum auf Kredit war damit nicht vereinbar. Vielmehr drohten bei dessen Ausbreitung volkswirtschaftliche Schäden und eine Nation von Schuldnern.[80]

Besonders kontrovers diskutierten Wirtschaftswissenschaftler mit einer Vielzahl von Publikationen über den Konsumentenkredit.[81] Hier stand die grundsätzliche Frage zur Debatte, ob Konsumdarlehen als Konsumtivkredite oder eher als Investitionskredite zu bewerten waren.[82] Beispielhaft für die traditionelle Bewertung unterschied Otto Hintner 1951 in seinem bankbetriebswirtschaftlichen Standardwerk volkswirtschaftlich gute und schlechte Kredite:

> „Produktionskredit nennt man den Kredit, der für schöpferische Arbeit (zu Produktion und Erwerb) gewährt wird, Konsumtionskredit das Darlehen, das vom Schuldner für persönliche Bedürfnisse verbraucht, verzehrt wird. […] Konsumtiver Kredit stellt einen Kapitalverzehr dar; produktiver Kredit dient der Erzeugung."[83]

Andere Wirtschaftswissenschaftler, darunter Ludwig Erhard, beriefen sich dagegen auf Überlegungen des britischen Ökonomen John M. Keynes (1883–1946), nach denen privater Verbrauch ebenso volkswirtschaftlich sinnvoll sein konnte wie Produktion oder Investition. Konsumentenkredite konnten demnach die Wirtschaft durch wachsende Nachfrage stimulieren. Vor dem Hintergrund des Kapitalmangels der 1950er Jahre sahen die meisten Wirtschaftswissenschaftler den Konsumentenkredit aber eher kritisch.[84] Als ausnehmend radikaler Gegner positionierte sich der bereits erwähnte Nationalökonom Wilhelm

---

[77] Zimmermann: Kundenkreditbank, S. 84.
[78] Wilhelm Röpke (1899–1966), Wirtschaftswissenschaftler und Kultursoziologe, Mitgestalter der sozialen Marktwirtschaft in Deutschland nach 1945, Kritiker der Konsumgesellschaft, vor allem in seinem Spätwerk „Jenseits von Angebot und Nachfrage", Zürich 1958. Peukert: Röpke, S. 734f.
[79] Beispielsweise Lutz: Konsumentenkredit.
[80] Horvath: Teilzahlungskredite, S. 33ff.
[81] Beispielhaft: Gestrich: Kredit und Sparen. Lisowsky: Probleme des Konsumkredits. Meyer: Zur volkswirtschaftlichen Problematik der Konsumfinanzierung. Nierschlag: Warenkredit. Reuschel: Der organisierte Teilzahlungskredit. Schimanski: Zur Theorie des Konsumentenkredits. Ungerer: Arten des Personalkredits. Ungerer: Personalkredit.
[82] Reis: Konsum, Kredit und Überschuldung, S. 19ff.
[83] Hintner: Geld-, Bank- und Börsenwesen, S. 370.
[84] Beckers: Gründung und erste Jahre der Deka, S. 242f. Beier/Jacob: Konsumentenkredit, S. 22ff. u. S. 235. Ellerbrock: Konsumentenkredit und „Soziale Marktwirtschaft", S. 120f. Erhard: Wohlstand für alle, S. 222. Fürst: Bonner Republik, S. 45. Horvath: Teilzahlungskredite, S. 49. Wildt: Vom kleinen Wohlstand, S. 28f.

Röpke, der im Rahmen einer generellen kulturkonservativen Kritik an Kommerz und Konsum geradezu einen moralischen Feldzug gegen die „Ausartungen des Borgkaufs" startete.[85] Röpke argumentierte dabei nicht nur volkswirtschaftlich, sondern versuchte den Trend zum Verbraucherkredit auch sozialpsychologisch zu erklären, indem er an die gesellschaftlichen Erfahrungen aus Krieg und Nachkriegszeit erinnerte. In teilweise aggressivem Tonfall verteufelte Röpke Kreditnehmer mitunter gar als

> „[...] unordentlich, leichtfertig und zigeunerhaft und mit dem Makel des auf Kosten der übrigen Schmarotzenden, des Lebensuntüchtigen und Verantwortungslosen behaftet".[86]

Die überwiegend ablehnende Haltung des Konsumentenkredits in den Wirtschaftswissenschaften fand sich auch im Kreditgewerbe wieder. Schuldenmachen gestanden die Kreditinstitute den privaten Haushalten lediglich beim Wohnungsbau zu.[87] Insbesondere die Sparkassen taten sich mit dem Thema schwer. In öffentlichen Stellungnahmen wehrten sie sich vehement gegen den Konsumentenkredit. Die Borgwirtschaft stellte das genaue Gegenteil ihrer Sparsamkeitsphilosophie dar.[88] In zahlreichen Artikeln in den Fachzeitschriften der Sparkassenorganisation wetterten die Verfasser gegen den Ratenkauf als „Feind des Spargedankens" und – ganz im Stile Wilhelm Röpkes – als „Rauschgift der jungen Generation", während sie das Sparen in seiner ethischen und volkswirtschaftlichen Bedeutung glorifizierten.[89] Diese Haltung prägte auch die Werbung der Sparkassen in den 1950er Jahren, die mit dem Slogan „Erst Sparen – Dann kaufen" warb.[90]

Gleichzeitig konnten die Sparkassen aber nicht übersehen, dass ihre Stammkundschaft zunehmend nach Konsumentenkrediten verlangte und sich teilweise den Teilzahlungsbanken zuwandte. Trotz ihrer vehementen Ablehnung reagierten die Sparkassen zu Beginn der 1950er Jahre zunächst vorsichtig auf die zunehmende Nachfrage. Einzelne Sparkassen führten so genannte Möbel-Sparhilfen ein, bei denen der Kunde einen großen Teil der Kaufsumme zunächst ansparen musste und dann einen Kredit zum Möbelkauf erhielt.[91] Die Hoffnung der Sparkassen, hierbei würde es sich lediglich um ein vorübergehendes, durch den Notstand vieler Familien bedingtes Geschäft handeln, erwies sich allerdings als falsch. Die Nachfrage nach Konsumentenkrediten hielt unvermindert an.[92] Da die Sparkassen aus Satzungsgründen keine verbandseigene Teilzahlungsbank gründen bzw. sich an einer bestehenden beteiligen konnten, führten sie im Oktober 1952 den einheitlichen Kaufkredit für Privatpersonen ein. Bei diesem Ratenkredit, der sich eng an die Konditionen der Teilzahlungsbanken anlehnte, musste der Kunde rund ein Drittel des Kaufpreises anzahlen, den finanzierten Gegenstand als Sicherung der Sparkasse übereig-

---

[85] So der Titel eines Aufsatzes in der Zeitschrift Sparkasse 1953. Belvederesi/Thomes: Gesellschaftlicher Wandel, S. 26. Stücker: (Dis-)Kreditierter Konsum, S. 215. Siehe auch Röpke: Borgkauf.
[86] Zitiert nach: Belvederesi/Thomes: Gesellschaftlicher Wandel, S. 26.
[87] Ashauer: Betrachtung des „Privatkunden", S. 18.
[88] Andersen: Traum, S. 198. Belvederesi: Selbstwahrnehmung und Werbestrategien, S. 173f.
[89] Zitiert nach: Ellerbrock: Konsumentenkredit und „Soziale Marktwirtschaft", S. 120 u. S. 122ff. Ashauer: Betrachtung des „Privatkunden", S. 18.
[90] Belvederesi/Thomes: Gesellschaftlicher Wandel, S. 20. Belvederesi: Selbstwahrnehmung und Werbestrategien, S. 184. Ellerbrock: Konsumentenkredit und „Soziale Marktwirtschaft", S. 108.
[91] BArch, B 102/52731, Sparförderung und Vermögensbildung, Bd. 1, Sparkasse 22 (1957), Artikel „Fünf Jahre Kaufkredit-Richtlinien", S. 349. HADB, SG 8/16, Frankfurter Neue Presse vom 06.08. 1949, Artikel „Kundenkredit setzt sich durch". Horvath: Teilzahlungskredite, S. 21ff. Ellerbrock: Konsumentenkredit und „Soziale Marktwirtschaft", S. 116.
[92] Zimmermann: Kundenkreditbank, S. 119.

nen sowie sein monatliches Arbeitseinkommen nachweisen. Daraufhin stellte das Institut einen Kaufscheck aus (A-Verfahren) oder nahm eine Direktgutschrift auf das Konto des Verkäufers vor (B-Verfahren). Der Konsument konnte so lediglich bei bestimmten Einzelhändlern einkaufen, die einen Vertrag mit den Sparkassen abgeschlossen hatten.[93]

Der Kaufkredit bedeute einerseits eine „kleine Revolution im Gedankengut der Sparkassen",[94] andererseits gerieten diese nun in einen Zwiespalt. Das Geschäft mit dem Kaufkredit lief mit dem zunehmenden Konsum der Bundesbürger im Laufe der 1950er Jahre immer besser. Bereits nach wenigen Jahren vergaben die Sparkassen mehr Konsumentenkredite als die Teilzahlungsbanken, ohne dass dabei ihr Spargeschäft Schaden genommen hätte.[95] In der Öffentlichkeit hielt der DSGV allerdings an seiner Kritik fest.[96] Daher versuchten die Sparkassen zunächst noch, den Kaufkredit als Produkt ihres moralisch-erzieherischen Auftrages zu bewerben: Durch den Kaufkredit sollte der Schuldner von heute zum Sparer von morgen umerzogen und gleichzeitig vor Kreditwucher geschützt werden.[97] Erst gegen Ende der 1950er Jahre, als der Wettbewerb im Konsumentenkreditbereich allmählich zunahm, wurde der Kaufkredit offensiv beworben.[98]

Obschon frei von moralischen Zwängen der Sparkassen, taten sich auch die übrigen Gruppen des Kreditgewerbes schwer mit dem Thema. Hans Kurzrock vom Düsseldorfer Bankverein Westdeutschland (Commerzbank-Gruppe) erkannte 1952 zwar durchaus, dass der Konsumentenkredit die Umsätze der US-Wirtschaft außerordentlich belebt hatte. Er hielt Teilzahlungsdarlehen allerdings für Geschäfte,

> „[…] die sich nach herkömmlicher Auffassung nicht in den Geschäftskreis der allgemeinen Kreditbanken einfügen".[99]

Trotz ihrer Ablehnung versuchten allerdings viele Institute im Laufe der 1950er Jahre von der verstärkten Nachfrage zu profitieren, indem sie eigene Teilzahlungsbanken aufbauten.[100] Höhepunkt der Entwicklung war das Jahr 1959, als die privaten Geschäftsbanken unter Führung der drei Großbanken mit dem Kleinkredit einen vereinfachten Barkredit für Privatpersonen einführten (siehe Kap. II.2.).

Auch in der westdeutschen Bevölkerung widersprachen sich in den 1950er Jahren beim Konsum auf Kredit öffentliche Meinung und alltägliche Praxis. In Umfragen sprach sich

---

[93] Andersen: Traum, S. 199f. BArch, B 102/52731, Sparförderung und Vermögensbildung, Bd. 1, Sparkasse 22 (1957), Artikel „Fünf Jahre Kaufkredit-Richtlinien", S. 349. Ellerbrock: Konsumentenkredit und „Soziale Marktwirtschaft", S. 116f. Stücker: Konsum auf Kredit, S. 66f.

[94] Hauser: Schwert mit zwei Schneiden, S. 23.

[95] BArch, B 102/52731, Sparförderung und Vermögensbildung, Bd. 1, Sparkasse 22 (1957), Artikel „Fünf Jahre Kaufkredit-Richtlinien", S. 349. Sparkasse 18 (1959), Artikel „Kredit für den Konsumenten", S. 315ff. Ashauer: Entwicklung des Konsumentenkredits, S. 70.

[96] Ellerbrock: Konsumentenkredit und „Soziale Marktwirtschaft", S. 124f. Zimmermann: Kundenkreditbank, S. 84.

[97] BArch, B 102/52731, Sparförderung und Vermögensbildung, Bd. 1, Sparkasse 22 (1957), Artikel „Vom Sparkassenstandpunkt. Für und wider den Kaufkredit", S. 352. Andersen: Traum, S. 200. Ellerbrock: Konsumentenkredit und „Soziale Marktwirtschaft", S. 116ff. Reis: Konsum, Kredit und Überschuldung, S. 107.

[98] HADB, SG 8/16, Handelsblatt vom 01./02. 05. 1959, Artikel „800 neue Kleinkreditkassen. Der neue Geschäftszweig der Großbanken". HADB, ZA 30/2, Frankfurter Rundschau vom 07. 11. 1958, Artikel „Ein Privatmann muß sich hundert Mark leihen können". Belvederesi/Thomes: Gesellschaftlicher Wandel, S. 27.

[99] HAC, N17/5, Vortrag von Hans Kurzrock, Bankverein Westdeutschland, Düsseldorf, 1952.

[100] Ashauer: Betrachtung des „Privatkunden", S. 18.

die Mehrheit der Bundesbürger – vermutlich mehr aus gesellschaftlichen Zwängen denn aus innerer Überzeugung – regelmäßig gegen den Ratenkauf aus, während Konsumentenkredite gleichzeitig immer populärer wurden. Hatten 1952 erst 22% aller privaten Haushalte Waren auf Raten gekauft, stieg deren Anteil bis 1955 auf 33% und pendelte sich in der zweiten Hälfte des Jahrzehnts bei etwa einem Viertel der Bevölkerung ein.[101] Das Volumen der Kredite erreichte 1960 fast fünf Milliarden DM bei einer durchschnittlichen Kreditsumme von 769 DM. [102] Die Ausbreitung folgte dabei der Konsumentwicklung: Zu Beginn der 1950er Jahre nutzten die Bundesbürger Ratenkredite noch als eine Überbrückungshilfe, um notwendige Anschaffungen wie Bekleidung, Schuhe und Textilien zu finanzieren. In der zweiten Hälfte des Jahrzehnts konnten solche Konsumgüter aus den laufenden Einnahmen heraus bezahlt werden.[103] Konsumentenkredite benötigten sie nun für größere Ausgaben wie Einrichtungsgegenstände, elektrische Haushaltsgeräte und vor allem Kraftfahrzeuge. Ein durchschnittlicher Privathaushalt, der gegen Ende der 1950er Jahre mit weniger als 1000 DM monatlich auskommen musste, konnte sich trotz steigenden Einkommens etwa einen Kühlschrank (500 DM), einen Fernseher (1000 DM) oder gar eine Waschmaschine (2000 DM) nur mittels eines Darlehens leisten.[104] Schätzungen gehen davon aus, dass in den 1950er Jahren über 50% aller langlebigen Konsumgüter über einen Kredit finanziert wurden.[105]

Vor allem untere und mittlere Schichten der Bevölkerung bedienten sich des Konsumentenkredits. Umfragen und Statistiken einzelner Teilzahlungsbanken ergaben, dass weit über 50% aller Ratenzahler Arbeiter waren. Rund ein Viertel bis ein Drittel waren Angestellte, der Rest bestand aus Beamten und Selbständigen. Die Zusammensetzung der Konsumentenkreditnehmer gab somit in etwa die soziale Struktur der Gesellschaft wieder. Ratenkauf war zudem ein Phänomen der großen Städte. Bewohner von ländlichen Gebieten nahmen die Kredite kaum in Anspruch.[106] Diese Auffälligkeit lässt sich vermutlich durch die geringere Anzahl von Bankfilialen im ländlichen Raum, durch geringere Konsummöglichkeiten und -ansprüche sowie durch unorganisierte Kreditmöglichkeiten, die sich aus den engen sozialen Netzwerken der dörflichen Gemeinschaften ergaben, erklären. Insgesamt nahm der unorganisierte Kredit (z.B. das Anschreiben beim Einzelhändler) im Laufe der 1950er Jahre aber immer mehr ab und die organisierte Form entsprechend zu. Nachdem die Kreditbranche eher zögerlich auf die starke Nachfrage reagiert hatte, wurde das Angebot an Konsumentenkrediten bis zum Ende des Jahrzehnts allmählich größer.[107] Die Verbraucher profitierten nun vom stärkeren Konkurrenzkampf zwi-

---

[101] Andersen: Traum, S. 196. König: Geschichte der Konsumgesellschaft, S. 408. Schildt/Sywottek: „Wiederaufbau" und „Modernisierung", S. 126. Wildt: Vom kleinen Wohlstand, S. 66. Horvath: Teilzahlungskredite, S. 47.

[102] Belvederesi/Thomes: Gesellschaftlicher Wandel, S. 26. Horvath: Teilzahlungskredite, S. 47ff. Kleinschmidt: Konsumgesellschaft, S. 138. Reis: Konsum, Kredit und Überschuldung, S. 270. Stücker: Konsum auf Kredit, S. 87. Wildt: Vom kleinen Wohlstand, S. 27ff. u. S. 124f.

[103] Andersen: Traum, S. 203.

[104] Der Spiegel vom 08. 04. 1960, Artikel „GEFA hielt Umsatz". Wildt: Vom kleinen Wohlstand, S. 27ff. u. S. 124f. Stücker: Konsum auf Kredit, S. 87. Kleinschmidt: Konsumgesellschaft, S. 138. Horvath: Teilzahlungskredite, S. 47ff.

[105] Schulz: Sparkassen, S. 310f.

[106] Andersen: Traum, S. 199. Horvath: Teilzahlungskredite, S. 22ff. Ellerbrock: Konsumentenkredit und „Soziale Marktwirtschaft", S. 116. König: Geschichte der Konsumgesellschaft, S. 408. Wildt: Vom kleinen Wohlstand, S. 63f. Petrak/Petzina/Plumpe (Hrsg.): Adenauers Welt, S. 272f.

[107] Andersen: Traum, S. 205. Horvath: Teilzahlungskredite, S. 42ff.

schen den Instituten, von standardisierten Kreditformen und dem zunehmend größeren Zweigstellennetz.[108]

Große Teile der Bevölkerung konnten mit den Ratenkrediten am Wirtschaftsaufschwung und an der Konsumgesellschaft teilnehmen. Viele Konsumgüter wurden so schneller vom Luxusgegenstand zum täglichen Bedarfsgut.[109] Umfragen aus den 1950er Jahren zeigten, dass ohne Konsumentenkredite auf viele Anschaffungen verzichtet worden wäre.[110] Allerdings kaufte die überwiegende Mehrheit der Arbeiter und Angestellten nur dann auf Kredit, wenn eine bestimmte Notwendigkeit vorlag. Davor wogen sie alle Finanzierungsmöglichkeiten sorgfältig ab und vermieden so leichtfertige, unüberlegte Käufe.[111] Dies erklärt die äußerst geringe Ausfallquote der Kredite.

Als sich der Konsumentenkredit gegen Ende der 1950er Jahre in der Bundesrepublik auf breiter Front durchgesetzt und seinen volkswirtschaftlichen Nutzen bewiesen hatte, verebbte auch die Diskussion darüber. Entgegen allen Befürchtungen und Bedenken wurde er allmählich zur üblichen Praxis, der sich selbst die Sparkassen und Banken nicht entzogen.[112] Bis weit in die 1950er Jahre hinein waren die geldwirtschaftlichen Bedürfnisse der meisten privaten Haushalte noch relativ gering geblieben. Ersparnisse wurden auf einem Sparbuch angelegt, die Kreditnachfrage konzentrierte sich auf den Wohnungsbau. Der aufblühende Konsumentenkredit schlug der Kreditbranche nun aber eine Brücke zu vielen potenziellen neuen Kunden. Die wirtschaftliche und gesellschaftliche Bedeutung der unselbständigen Arbeitnehmer war in den 1950er Jahren enorm gestiegen und wurde nun auch von den privaten Banken allmählich wahrgenommen.

2. Vom Sparbuch zum Kleinkredit – Auftakt im Privatkundengeschäft

Der grundlegende Wandel der Rahmenbedingungen blieb nicht ohne Folgen für die Geschäftstätigkeit der Großbanken. Dabei stellt sich allerdings die Frage, ob sie diese Veränderungen überhaupt registrierten und die langfristigen Folgen und Möglichkeiten, die sich daraus für die Kreditbranche ergaben, erkannten. Verfügten die Großbanken über eine durchdachte Strategie, mit der sie den Einstieg in ein massenhaftes Privatkundengeschäft betrieben? Oder reagierten sie eher spontan auf regulatorische Veränderungen und drängende aktuelle Probleme wie den Kapitalmangel?

Zu Beginn der 1950er Jahre befanden sich die Großbanken in einer unvorteilhaften Situation: Die 30 Nachfolgeinstitute hatten mit der Währungsreform erhebliche Einlagenverluste erlitten. Ihre Altgeldguthaben waren erloschen und die Verbindlichkeiten des untergegangenen Deutschen Reichs waren nicht mehr verwendbar, da sie 1948 nicht auf D-Mark umgestellt worden waren. Die Bilanzen waren dadurch unausgeglichen und in ihren Volumina zudem erheblich zurückgegangen. Nach der Währungsumstellung konnten die Großbankennachfolger zwar wieder in vollem Umfang ihrer Tätigkeit als Kreditgeber und Einlagennehmer nachkommen, die kleinen regionalen Institute waren teilweise

---

[108] Stücker: Konsum auf Kredit, S. 66 f.
[109] Andersen: Traum, S. 196. Horvath: Teilzahlungskredite, S. 50 f.
[110] Wildt: Vom kleinen Wohlstand, S. 63 f. Schulz: Sparkassen, S. 310 f.
[111] Petrak/Petzina/Plumpe (Hrsg.): Adenauers Welt, S. 272 f.
[112] Zeitschrift für das gesamte Kreditwesen 10 (1959), Artikel „Die Mode des ‚Kleinkredits'", S. 8 ff. Ebenda 12 (1959), Artikel „Diskussion über den ‚Kleinkredit'", S. 15. Ebenda 23 (1959), Artikel „Zweckgebundener oder zweckungebundener Konsumentenkredit", S. 9.

jedoch kaum überlebensfähig. So trug etwa bei der Dresdner Bank-Gruppe 1950 die Bankanstalt für Württemberg-Hohenzollern nur zu 0,5% der addierten Bilanzsumme aller Nachfolgeinstitute bei und verfügte über keinerlei Zweigstellen. Die Verluste dieser kleinen Nachfolgebanken mussten die Großbankengruppen solidarisch übernehmen.[113] Zudem waren die Commerzbank und die Deutsche Bank nicht in allen elf deutschen Bundesländern vertreten.[114]

1952 entspannte das bereits erwähnte erste Großbankengesetz die Situation. Die Zahl der Regionalbanken reduzierte sich auf drei Institute je Großbank, die nun in Hamburg (für den Bereich Norddeutschland), Düsseldorf (Westdeutschland) und Frankfurt am Main (Süddeutschland) ihre Sitze hatten und wieder als Aktiengesellschaften firmierten. Das zweite Großbankengesetz von 1956 gab den drei Großbanken die Möglichkeit, sich wieder zu einheitlichen Unternehmen zusammenzuschließen (siehe Abb. 2).[115] Dabei verzichteten sie allerdings auf eine vollständige organisatorische Rezentralisierung an einem Standort. In Hamburg, Düsseldorf und Frankfurt am Main setzten die Hauptverwaltungen ihre Tätigkeiten unverändert fort. Die Vorstände der Großbanken arbeiteten räumlich verteilt an den drei Standorten und agierten dabei mit ihren Teilbereichen bis Ende der 1960er Jahre relativ unabhängig voneinander. Im Gesamtvorstand jeder Großbank, der nur wenige Male im Jahr zusammenkam, waren daher alle Ressorts dreifach mit Vorstandsmitgliedern besetzt. Auch in der darunter angesiedelten Hierarchieebene konnten die so genannten Kopfstellen-Filialen wiederum recht eigenständig in ihren Bereichen operieren.[116] Diese Situation machte sich teilweise auch beim Aufbau des Massengeschäfts bemerkbar. Dennoch profitierten die Großbanken dank ihrer wiederhergestellten Geschlossenheit nun wesentlich besser vom Wirtschaftsboom und der große Nachfrage nach Bankdienstleistungen. Insbesondere im Außenhandel machten die Institute in den 1950er Jahren durch den boomenden Export glänzende Geschäfte. Die Rezentralisierung schuf langfristig nicht zuletzt die Basis für ein breiteres Privatkundengeschäft.[117]

Nach 1948 vergab die Kreditbranche zunächst vor allem Kredite mit geringer Laufzeit zum Wiederaufbau der Wirtschaft, die mit kurzfristigen Sicht- und Termineinlagen sowie durch Bankengelder gegenfinanziert wurden. Doch ab 1953/54 stagnierte die Nachfrage der Wirtschaft nach solchen Darlehen und war bei den Großbanken teilweise sogar rückläufig. Durch einen regelrechten Investitionsboom in den Unternehmen stieg dagegen in der gesamten Branche die Summe der längerfristigen Kredite (Laufzeit über vier Jahre) massiv an und war bis gegen Ende der 1950er Jahre doppelt so hoch wie die der kurzfristigen Ausleihungen. Diese Entwicklung begünstigte vor allem die Sparkassen, während die Großbanken mit ihrer traditionell starken Stellung im kurzfristigen Kreditgeschäft und ihrem relativ hohen Anteil an Sicht- und Termineinlagen davon nicht profitieren konnten. Von allen Krediten an Nichtbanken, die die Großbanken Mitte 1958 vergaben, waren 82% kurzfristig. Insgesamt trug das Kerngeschäft der Großbanken, d. h. die Ver-

---

[113] Ahrens: Dresdner Bank 1945–1957, S. 224f. Wolf: Das Fundament wird gelegt, S. 23.
[114] Pohl: Konzentration im deutschen Bankwesen, S. 437.
[115] Ahrens: Dresdner Bank 1945–1957, S. 1. Kurzrock: Aus der Geschichte der Commerzbank, S. 83. Scholtyseck: Wiedervereinigung der deutschen Großbanken, S. 137ff.
[116] HAC, 400/861, Die Welt vom 31.03.1958, Artikel „Das unvollendete Bankentrio" von Rudolf Herlt. Meyen: 120 Jahre Dresdner Bank, S. 170f. Pohl/Raab-Rebentisch: Deutsche Bank in Hamburg, S. 127. Wolf: Das Fundament wird gelegt, S. 14ff.
[117] Ahrens: Dresdner Bank 1945–1957, S. 1. Kurzrock: Aus der Geschichte der Commerzbank, S. 86, S. 128 u. S. 143. Wolf: Das Fundament wird gelegt, S. 27.

gabe von Krediten, nur noch zu einem Drittel zu den Bilanzsummen bei und erreichte damit einen historischen Tiefstand.[118] Da ihnen langfristige Einlagen zur stabilen Refinanzierung nicht in ausreichendem Maße zur Verfügung standen, konnten die Institute die Kreditwünsche der Unternehmen nach langfristigen Ausleihungen allmählich nicht mehr befriedigen.[119] Sie arbeiteten hier teilweise mit beachtlichem Risiko hinsichtlich ihrer Liquidität. Dennoch blieben ihre Einnahmen insgesamt gering.[120] Die *Zeitschrift für das gesamte Kreditwesen* resümierte 1959:

> „Den Banken geht es heute wie einem Gastwirt, der statt von seinem Restaurant (nämlich dem Kreditgeschäft) von der Kegelbahn (dem Dienstleistungsgeschäft) lebt."[121]

Tatsächlich entwickelten sich die Dienstleistungsaktivitäten der Großbanken (Zahlungsverkehr im In- und Ausland, Emissions- und Platzierungsgeschäft, Wertpapierhandel) nach dem Zweiten Weltkrieg zunehmend stärker als das Aktiv- und Passivgeschäft.[122] Der Kapitalmangel der 1950er Jahre äußerte sich bei den Großbanken in fehlenden längerfristigen Kundeneinlagen. Ohne Sparkunden machte sich das westdeutsche „Sparwunder" nur zögerlich bei ihnen bemerkbar. Die Unternehmen finanzierten sich durch ihre hohen Gewinne lieber selbst oder durch die Ausgabe von Aktien und Industrieanleihen, während sie gleichzeitig ihre Sichtguthaben reduzierten.[123] Hier liegt einer der zentralen Gründe, warum die Großbanken in der Folgezeit ihr Spargeschäft massiv forcierten und sich damit auch dem Privatkundengeschäft zuwandten.

Es sollte noch bis zur Mitte der 1950er Jahre dauern, bis die Großbanken die Nachwirkungen des Kriegs und seiner Folgen überwunden hatten. Infolge der Währungsreform mussten Konten umgestellt und Wertpapierdepots bereinigt werden. Parallel dazu erfolgte der räumliche und personelle Wiederaufbau.[124] Erst nachdem diese Nachwehen bewältigt waren, konnte an eine neue Geschäftspolitik gedacht werden. Darin mag eine weitere Erklärung dafür zu finden sein, dass sich das massenhafte Privatkundengeschäft der Großbanken erst gegen Ende des Jahrzehnts entwickelte. Nach Herbert Wolf bildeten die „Drillingsschwestern" Sparbuch, Kleinkredit und Bankkonto das Fundament des Privat-

---

[118] BArch, B 136/7361, Wettbewerbssituation im Kreditwesen, Bd. 5–6, Bericht der Bundesregierung über die Untersuchung der Wettbewerbsverschiebungen im Kreditgewerbe und über eine Einlagensicherung, Kabinettsvorlage vom 25.10.1968, S. 26. HAC, 400/345, Rede von Hanns Deuß vor den Commerzbank-Landesbeiräten vom 11.11.1966. HADrB, 108172, Wirtschaftsberichte der Dresdner Bank, Nr. 10/11, Oktober/November 1958, Artikel „Entwicklungstendenzen des Bankkredits", S. 6f. HADrB, 108175, Wirtschaftsberichte der Dresdner Bank, Nr. 12, Dezember 1958, Artikel „Liquide Wirtschaft – liquide Banken", S. 5. HAC, 400/673, Bericht der Volkswirtschaftlichen Abteilung, Nr. 34 vom 30.04.1959, Die Großbanken-Abschlüsse 1958.
[119] Kurzrock: Aus der Geschichte der Commerzbank, S. 81.
[120] Meyen: 120 Jahre Dresdner Bank, S. 210.
[121] Zeitschrift für das gesamte Kreditwesen 1 (1959), Artikel „Blick hinter die Rentabilitätsfassade" von Walter Hofmann. Siehe auch HAC, 400/111, Handelsblatt vom 22.04.1959, Artikel „3,7 Milliarden DM – und wohin damit?".
[122] Wolf: Nachkriegsentwicklung, S. 46.
[123] HAC, N26, Nachlass Herbert Wolf, Manuskript „Bundesrepublik Deutschland. Entwicklung der Kreditwirtschaft seit 1945. Märkte und Institutionen", o.J., S. 5. HADrB, Wirtschaftsberichte der Dresdner Bank, Nr. 3/4, März/April 1972, Artikel „Die Deutsche Wirtschaft 1872–1972", S. 10. Büschgen: Deutsche Bank, S. 771. Ellerbrock: Konsumentenkredit und „Soziale Marktwirtschaft", S. 109. Wehler: Deutsche Gesellschaftsgeschichte, Bd. 5, S. 52. Wixforth: Expansionsstrategien, S. 98. Wolf: Das Fundament wird gelegt, S. 22.
[124] Hunscha/Müller: Aus der Geschichte der Dresdner Bank, S. 51.

kundengeschäfts der Großbanken und trieben es voran.[125] Doch zwei dieser Schwestern entstanden erst gegen Ende der 1950er Jahre. In diesem Jahrzehnt legten die Großbanken daher lediglich die Grundlagen für ein umfassendes Massengeschäft, dessen Ausgangsprodukt das Sparbuch war.

„Das Zauberbüchlein für die Erfüllung Ihrer Wünsche". Ausgangspunkt Spargeschäft

Zu Beginn der 1950er Jahre boten die Großbanken bereits seit zwei Jahrzehnten das Sparbuch an. Seitdem hatte es allerdings keine herausragende Rolle in ihrem Gesamtgeschäft eingenommen. Der Anteil der Spareinlagen an Geschäftsvolumen betrug 1950 lediglich 5% und damit weniger als Mitte der 1930er Jahre. Die Institute befanden sich – wie die gesamte Kreditbranche – in einer ähnlichen Situation wie in den 1920er Jahren: Krieg und Inflation hatten die Sparguthaben in großem Stil entwertet und die Bevölkerung hatte – zumindest vorübergehend – das Vertrauen in die Anlage sowie ihre Sparfähigkeit verloren. Bei den privaten Kreditinstituten bestand allerdings ein großer Bedarf an längerfristigen Einlagen, um das Kreditgeschäft mit den Unternehmen wieder auf- und dauerhaft ausbauen zu können. Nicht zuletzt hatten die Erfahrungen aus der Bankenkrise von 1931 gezeigt, dass Spargelder auch in Krisenzeiten ein relativ sicheres Kapitalfundament für ein Institut darstellen. Viele der Großbanken-Vorstände hatten die Krise noch miterlebt und waren sich der Wichtigkeit einer umfangreichen Liquiditätsreserve bewusst.[126] Im Unterschied zu den 1920er Jahren entwickelte sich die wirtschaftliche Situation nach 1948 allerdings wesentlich stabiler. Vom dauerhaften Wirtschaftsaufschwung begann auch die Bevölkerung in steigendem Maße zu profitieren. Die Vorzeichen für einen Ausbau des Spargeschäfts standen daher deutlich günstiger als zwei Jahrzehnte zuvor.

Die Vorstände der Großbanken waren sich durchaus der Notwendigkeit, möglichst viele Spareinlagen für das Kreditgeschäft heranzuziehen, bewusst. Die Düsseldorfer Rhein-Ruhr-Bank (Dresdner Bank) forderte in einem Rundschreiben die Filialen im November 1952 dazu auf, dass alle Mitarbeiter vom Lehrling bis zum Direktor jede sich bietende Gelegenheit wahrnehmen sollten, neue Sparkunden zu werben. Für dadurch gewonnene Spareinlagen gewährte die Bank ihren Angestellten Akquisitionsprämien. Bei der Commerzbank waren solche Mitarbeiteranreize dagegen eher erfolglos.[127] In den Sitzungen der Vorstände, der Aufsichtsräte und Geschäftsstellenleiter diskutierten die Führungskräfte der Großbanken zudem diverse Möglichkeiten, die Spareinlagen weiter zu steigern und neue Sparkunden „mit aller Energie" zu gewinnen. Vorstand Ernst Rieche von der Frankfurter Commerz- und Credit-Bank gab seinen Filialleitern die Parole aus: „Meine Herren […], erst mal die rechte Seite […]."[128]

---

[125] Wolf: Aufbau des Privatkundengeschäfts, S. 427.

[126] HAC/HADB/HADrB, Geschäftsberichte der Commerzbank, Deutschen Bank und Dresdner Bank 1950. Ahrens: Dresdner Bank 1945–1957, S. 263.

[127] HAC, 312/222, Protokoll der Filialleitertagung des Geschäftsbereichs Süd vom 10.03.1960. Ahrens: Dresdner Bank 1945–1957, S. 262f.

[128] HAC, 312/58, Protokoll der Geschäftsstellenleiter-Besprechung vom 03.03.1958, S. 21. HAC, 312/222, Protokoll der Filialleitertagung des Geschäftsbereichs Süd vom 10.03.1960. HAC, 400/3, Rundschreiben Nr. 14 des Commerzbank-Bankvereins, Düsseldorf, an die Geschäftsstellen vom 12.11.1956. HAC, S3/A2, Protokoll der Aufsichtsratssitzung der Commerz- und Disconto-Bank,

In der Tat waren die Umstände zu Beginn der 1950er Jahre ungünstig: Nach der Währungsreform war das Spargeschäft der Großbanken vorübergehend deutlich zurückgegangen. Der Anteil der Spareinlagen an der Bilanzsumme, der 1942 noch rund 18% betragen hatte, lag 1952 nur noch bei 5%. In manchen Filialen hatte sich der Sparkontenbestand halbiert.[129] Von diesem eher bescheidenen Niveau ausgehend, entwickelte sich die Sparte in den 1950er Jahren geradezu phänomenal. Die 30 Nachfolgeinstitute der Großbanken verfügten 1950 zusammen gerade einmal über Spareinlagen in Höhe von 252 Mio. DM. Nachdem sie in der zweiten Hälfte des Jahrzehnts den Stand vor der Währungsreform erreicht hatten, umfasste 1960 der Spareinlagenbestand der drei rezentralisierten Großbanken 4,8 Mrd. DM (siehe Abb. 3). Die Deutsche Bank rühmte sich in jenen Jahren gar erstmals, mit 1,9 Mrd. DM die größte deutsche „Sparkasse" zu sein.[130] Die Spareinlagen wuchsen wesentlich schneller als der Gesamteinlagenbestand, der sich von 1952 bis 1957 um rund 180% vermehrte, während die Spareinlagen um fast 530% zunahmen. Damit steigerte sich auch ihr Anteil an der Bilanzsumme kontinuierlich (siehe Abb. 4).[131] Die Ursachen dieser Entwicklung gilt es im Folgenden näher zu betrachten.

Zu Beginn der 1950er Jahre setzte sich die eher übersichtliche Sparkundschaft der Großbanken neben Privatpersonen zu großen Teilen aus Unternehmen, Selbständigen sowie öffentlichen Institutionen und Körperschaften zusammen. Solange weite Teile der Bevölkerung bis in die späten 1950er Jahre nur bedingt sparfähig waren, trugen diese Kundengruppen das Spareinlagenwachstum. Gerade Wirtschaftsunternehmen waren vielfach liquide, benötigten kaum Kredite und konnten daher sparen. Zudem profitierten die Institute von ihrer besonderen Privatkundenstruktur. Angehörige der Mittel- und Oberschicht verfügten über entsprechende Einkommen, konnten größere Summen sparen und profitierten stärker von der staatlichen Sparförderung. Bei den steuerbegünstigten Spareinlagen hatten die Großbanken 1952 mit 277 Mio. DM daher einen weitaus höheren Marktanteil (29%), als ihr Gesamtspargeschäft (Marktanteil 1951 knapp 15%) im Vergleich zu den Sparkassen (45% bzw. 69%) vermuten ließ. Zwei Drittel ihrer Spareinlagen waren in den frühen 1950er Jahren steuerbegünstigt.[132] In diesen Jahren erwies sich das Fehlen breiter Bevölkerungsschichten als Sparkunden für die Großbanken sogar als Vorteil, zumindest vorübergehend bis Mitte der 1950er Jahre. Ein Großteil der Bundesbürger war in diesem Zeitraum noch nicht sparfähig. Die Spareinlagen der Großbanken wuchsen, wenn auch von einem niedrigen Niveau ausgehend, dank Unternehmen, öffentlicher Einrichtungen und wohlhabender Privatpersonen bereits kräftig und schneller als bei den Sparkassen.[133] Auch der durchschnittliche Betrag auf ihren Sparkonten war

Hamburg, vom 13.11.1957. Ernst Rieche (1908–1987), 1952–1958 Vorstand der Commerz- und Credit-Bank AG, 1958–1973 Vorstand der Commerzbank AG.

[129] HAC, S3/E63, Chronik der Filiale München.

[130] HAC, 400/673, Bericht der Volkswirtschaftlichen Abteilung, Nr. 26 vom 05.04.1960, Jahresabschluss der Deutschen Bank 1959. Deutsche Bundesbank (Hrsg.): Deutsches Geld- und Bankwesen, S. 166f. Ahrens: Dresdner Bank 1945–1957, S. 258.

[131] Ahrens: Dresdner Bank 1945–1957, S. 261f.

[132] BArch, B 102/52731, Sparförderung und Vermögensbildung, Bd. 1. BArch, B 136/7361, Wettbewerbssituation im Kreditwesen, Bd. 5–6, Bericht der Bundesregierung über die Untersuchung der Wettbewerbsverschiebungen im Kreditgewerbe und über eine Einlagensicherung, Kabinettsvorlage vom 25.10.1968, S. 25. HAC, N26/37, Nachlass Herbert Wolf, Schreiben von Hans-Josef Hecking vom Juni/Juli 1991 sowie vom 29.12.1992. Ahrens: Dresdner Bank 1945–1957, S. 264. Pohl: Institute der Sparkassenorganisation als Wettbewerber, S. 1184. Schulz: Sparkassen, S. 271.

[133] Ahrens: Dresdner Bank 1945–1957, S. 264.

durch diese Kundenstruktur wesentlich höher. Er stieg in den 1950er Jahren von 431 DM auf 2831 DM, bei den Sparkassen dagegen von 178 DM auf 1159 DM an.[134] Etwa die Hälfte aller bundesdeutschen Sparkonten wies 1959 weniger als 100 DM Guthaben auf.[135]

Gegen Ende des Jahrzehnts änderte sich die Struktur der Sparkunden allmählich. Der Anteil der privaten Sparkonteninhaber stieg deutlich an. 1960 stammten über 80% der Spareinlagen von Privatpersonen.[136] Mit den kontinuierlich wachsenden Einkommen wurden nun große Teile der Bevölkerung sparfähig. Das jährlich neu gebildete Geldvermögen der Privathaushalte war bis Mitte der 1950er Jahre nur langsam gewachsen, anschließend kurzfristig zurückgegangen und ab 1957 sprunghaft angestiegen. Fast die Hälfte dieser Summe legten die Bundesbürger auf Sparkonten an.[137] Auch die Großbanken profitierten von dieser Entwicklung. Immer mehr Kunden eröffneten nun Konten bei ihnen (Commerzbank 1959 plus 25%), setzten dabei aber vergleichsweise wenig um (plus 13%).[138] Der hohe Durchschnittsbetrag auf den Sparkonten ging dadurch zwar nicht zurück, doch die Verteilung änderte sich offenbar. So wiesen etwa 1957 bei der Hamburger Commerz- und Disconto-Bank fast die Hälfte aller Konten Sparsummen von unter 300 DM aus.[139]

Die Nachzahlungen der Rentenreform von 1957 sowie die deutlich verkürzten Sperrfristen beim steuerbegünstigten Sparen wirkten sich ebenfalls vorteilhaft auf das Spargeschäft der Großbanken aus.[140] Auch das Sparprämiengesetz von 1959, das die Bezieher kleinerer Einkommen begünstigte, verstärkte den Trend zum Kleinsparer. Die Großbanken erachteten die Prämien als zusätzlichen Sparanreiz zwar als „nicht mehr notwendig" (Commerzbank) und hätten viel lieber am steuerbegünstigten Sparen festgehalten.[141] Letztlich profitierten sie aber dennoch vom prämienbegünstigten Sparen: Sie erhielten für fünf Jahre festangelegte Spareinlagen von den Kunden, während der Staat den attraktiven Bonus bezahlte.[142] Auch nach der Einführung der neuen Sparform blieb das Wachstum der Großbankenspareinlagen deutlich über dem Durchschnitt der Branche (1959 32%/23%).[143]

Flankiert von den staatlichen Sparförderungsmaßnahmen, warben die Großbanken gegen Ende der 1950er Jahre nun auch verstärkt in der Öffentlichkeit für ihr Spargeschäft.

---

[134] Sauer: Wettbewerbsposition, S. 86.

[135] Der Spiegel vom 18.02.1959, Artikel „Bonbon des Jahrhunderts".

[136] Deutsche Bundesbank (Hrsg.): Deutsches Geld- und Bankwesen, S. 226.

[137] HADB, ZA 30/1, Hamburger Abendblatt vom 28.03.1959, Artikel „Rekord der privaten Vermögensbildung".

[138] HAC, 400/864, Handelsblatt vom 10.03.1960, Artikel „Die Commerzbank mit betontem Expansionswillen"; FAZ vom 11.03.1960, Artikel „Die Commerzbank hat ihre Geschäftsbasis erweitert". HADrB, 117996.MS, Wiesbadener Kurier vom 30.04.1958, Artikel „Dresdner Bank im Dienste der Wirtschaft". HAC, 400/673, FAZ vom 11.03.1960, Artikel „Blick durch die Wirtschaft".

[139] HAC, 311/54, Schreiben der Commerz- und Disconto-Bank Hamburg, Organisations-Abteilung, an die Geschäftsstellen vom 19.09.1958.

[140] HADB, ZA 30/1, Hamburger Abendblatt vom 28.03.1959, Artikel „Rekord der privaten Vermögensbildung".

[141] HAC, 400/673, Bericht der Volkswirtschaftlichen Abteilung, Nr. 25 vom 04.04.1960, Bilanzvergleich der drei Großbanken; Ausarbeitung der Volkswirtschaftlichen Abteilung von „Auf der Pressekonferenz vom 13.04.1959 (Vorstellung des Geschäftsberichts der Commerzbank 1958) zu erwartende Fragen". HAC, 400/864, Deutsche Zeitung vom 10.03.1960, Artikel „Reich gesegneter Abschluß der Commerzbank".

[142] Bundesverband (Hrsg.): Verhandlungen des IX. Deutschen Bankiertages, S. 31.

[143] HAC, 400/864, Wochendienst des Instituts für Bilanzanalysen, Gruppe 19, Banken, Nr. 10 vom 31.03.1960, Artikel „Commerzbank AG".

Damit zeichnete sich ansatzweise erstmals eine konsequente, auf Privatpersonen ausgerichtete Produktwerbung ab. Bis in die zweite Hälfte des Jahrzehnts waren die Werbebemühungen für das Spargeschäft wenig kreativ geblieben. Die Wettbewerbs- und Zinsabkommen zwangen zur Zurückhaltung. Weder auf Prospekten noch im Schaufenster durften Zinssätze genannt werden.[144] Die Institute verließen sich vielmehr auf Methoden des Firmenkundengeschäfts, insbesondere auf die persönliche Ansprache potenzieller Kunden über bestehende Geschäftskontakte. Spareinlagen von Unternehmen spielten lange Zeit eine große Rolle im Passivgeschäft der Großbanken und mussten entsprechend akquiriert werden. Doch auch Privatpersonen sollten auf diesem Wege geworben werden. Der Vorstand des Commerzbank-Bankvereins (Düsseldorf) wandte sich beispielsweise mehrfach an die Filialleiter mit der Bitte, die Belegschaft von Firmenkunden als Sparkunden zu werben. Dazu sollten die Geschäftsleitungen ihren Arbeitern und Angestellten mit der monatlichen Lohn- und Gehaltszahlung Faltprospekte der Bank überreichen oder die Lohntüten mit Sparwerbung bedrucken.[145]

Nur langsam weiteten die Großbanken im Laufe der 1950er Jahre ihre Sparwerbung aus. Vereinzelte Filialen orientierten sich an der Konkurrenz vor Ort und versuchten, am Schulsparen[146] teilzunehmen. Kinder sollten früh als Sparer gewonnen werden, um sie langfristig als Kunden zu halten. Um keinen Wettbewerb zwischen den einzelnen Instituten aufkommen zu lassen, begrenzte eine Regelung zwischen den Spitzenverbänden der Kreditbranche allerdings das Schulsparen auf eine Bank oder Sparkasse je Schule. In den meisten Fällen entschieden sich die Schulleiter naheliegenderweise für die örtlichen Sparkassen. Die Filialen der Großbanken konnten sich daher nur in wenigen Fällen beim Schulsparen etablieren.[147] Andere Sparinnovationen der Konkurrenz, wie z. B. das Gewinn-/Prämiensparen, lehnten sie dagegen rigoros ab. Diese Sparform führten 1952 Genossenschaftsbanken und Sparkassen ein. Dabei zahlten die Kunden einen festen monatlichen Sparbetrag und einen zusätzlichen Spieleinsatz (bei den Sparkassen 8 DM plus 1 DM) auf ihr Sparkonto ein. Die Gewinnprämien wurden monatlich verlost. Das Gewinn-/Prämiensparen war in den 1950er Jahren nur mäßig erfolgreich, blieb aber bis in die Gegenwart in verschiedenen Formen bei den Sparkassen und Genossenschaftsbanken bestehen.[148] Für die eher konservativ denkenden Großbanken ziemte sich ein solch glücksspielartiges Produkt dagegen nicht. Direktor Rössler von der Zentrale der Frankfurter Commerz- und Credit-Bank bezeichnete im Kreise der Filialleiter im März 1958 das Produkt als „Varietéveranstaltung".[149]

---

[144] HAC, N26/37, Nachlass Herbert Wolf, Notiz über ein Gespräch mit Willi Lucht am 27.06.1990.

[145] HAC, 312/58, Protokoll der Geschäftsstellenleiter-Besprechung vom 03.03.1958, S.56ff. HAC, 400/3, Rundschreiben Nr.14 des Commerzbank-Bankvereins, Düsseldorf, an die Leitung der Geschäftsstellen vom 12.11.1956. HAC, N26/37, Nachlass Herbert Wolf, Transkription der Tonbandaufnahme des Gesprächs von Herbert Wolf mit Wilhelm Schaele, Bielefeld, am 01.07.1994.

[146] Das Schulsparen war ursprünglich ein (kurzlebiges) Experiment der Sparkassen in den 1880er Jahren gewesen, um Kinder frühzeitig zur Sparsamkeit zu erziehen. Der Verwaltungsaufwand war allerdings für die Pfennigeinlagen der Schüler viel zu hoch. In den 1950er Jahren versuchten Sparkassen, Genossenschaftsbanken, private Banken und die Postsparkasse erneut, das Schulsparen einzuführen. Möglicherweise spielte dabei der große Erfolg des Schulsparens in den USA eine Rolle. HADrB, 114664.MS, Industriekurier vom 20.12.1962, Artikel „Amerikanische Filialbanken in Deutschland".

[147] Lippik: Entstehung des Sparkassenwesens, S.118.

[148] BArch, B 102/52731, Sparförderung und Vermögensbildung, Bd.1.

[149] HAC, 312/58, Protokoll der Geschäftsstellenleiter-Besprechung vom 03.03.1958, S.39ff.

In der zweiten Hälfte der 1950er Jahre sprachen sich allerdings viele Geschäftsstellenleiter dafür aus, die unpersönlichen Werbemaßnahmen für das Spargeschäft auszuweiten, um ein breiteres Publikum zu erreichen. Sie forderten – unter heftigen Diskussionen in den Filialleiterbesprechungen – beispielsweise Diapositivwerbung in den Kinos. Teilweise begannen die Großbanken nun tatsächlich damit, Privatpersonen mit Postwurfsendungen, Zeitungs- und Zeitschriftenbeilagen sowie mit Prospektauslagen an den Schaltern über das Sparen und dessen staatliche Förderungsmöglichkeiten zu informieren. Eine ähnliche Richtung schlug auch der Bundesverband des privaten Bankgewerbes ein. Er initiierte Informations- und Kulturfilme über das Sparen, die unter anderem an Schulen vorgeführt werden sollten. Den Zuschauern sollte gezeigt werden, dass Sparen nicht allein bei den Sparkassen, sondern auch bei den privaten Banken möglich war.[150]

Den Bemühungen der Großbankenzentralen, das Spargeschäft zu fördern und besser zu bewerben, stand bisweilen in den Filialen ein geringes Interesse gegenüber den privaten Kleinsparern entgegen. Nicht alle Bankangestellten erkannten die Notwendigkeit, Spareinlagen mit aller Intensität heranzuziehen. Gerade langgediente Mitarbeiter verfügten offenbar über ein ausgeprägtes Standesbewusstsein und verhielten sich gegenüber Arbeitern und Angestellten abweisend.[151] Ein Bericht des späteren Commerzbank-Filialleiters von Hannover, Hans-Josef Hecking, über seine Zeit in der Filiale Hamm Mitte der 1950er Jahre spiegelt die damaligen Umstände gut wider:

> „Privatkundschaft hatten wir kaum. Ich erinnere mich, und dies ist wohl ein Schlüsselerlebnis, wie der alte, sehr tüchtige Kassierer – oder auch Innenchef und anderes mehr – Herr Hess, am Schalter mit einem Mann sprach, einem Handwerker aus der Nachbarschaft, wie ich später hörte, und dieser etwas betröbbelt [sic] wieder wegging. Ich fragte Herrn Hess, was denn gewesen sei. Die Antwort: ‚Der wollte mit 5000 Mark bei uns ein Sparkonto eröffnen. Ich hab' ihm gesagt, wir wären nix für ihn. Er sollte zur Sparkasse gehen.' Solche Kunden wie er, die wären bei uns nicht gut aufgehoben. Der Mann war sichtlich niedergeschlagen, aber Herr Hess meinte, er bringe uns ja nur Arbeit, und was sollten wir schließlich mit 5000 DM Sparguthaben? Immer die Zinsen rechnen und in der Bilanz vortragen; wenn's mehr wäre, dann vielleicht. Das war die Einstellung gegenüber der Privatkundschaft."[152]

Die Spareinlagenbestände der Großbanken wuchsen trotz dieser teilweise mangelnden Privatkundenorientierung dennoch bis zum Ende der 1950er Jahre in beschleunigtem Maße an. Dazu trug auch die Ausdehnung des Filialnetzes im Bundesgebiet bei, die die Institute ab 1958 intensivierten. Bei der Eröffnung neuer Filialen und Zweigstellen stand für die Großbanken in erster Linie die Ausweitung des Spargeschäfts im Vordergrund (siehe unten).[153]

Der stetig wachsende Zufluss an Spareinlagen machte die Großbanken in den 1950er Jahren zunehmend liquider. Gegen Ende des Jahrzehnts stagnierte allerdings, wie bereits erwähnt, das kurzfristige Kreditgeschäft.[154] Den kräftigen Zuwachs der (längerfristigen)

---

[150] Ebenda, S. 39 ff. u. S. 56 ff.

[151] HAC, N 26/37, Nachlass Herbert Wolf, Schreiben von Hans-Josef Hecking vom Juni/Juli 1991. Hooven: Meistbegünstigt, S. 44.

[152] HAC, N 26/37, Nachlass Herbert Wolf, Schreiben von Hans-Josef Hecking vom Juni/Juli 1991.

[153] HAC, 400/673, Rede von Hanns Deuß, Volkswirtschaftliche Abteilung, zum Abschluss des Geschäftsjahrs 1959. HADB, SG 8/16, Material zum Kleinkredit PKK, Protokoll vom 07.05.1956 über die 47. Besprechung der Kreditorenwerbung am 19.04.1956.

[154] BArch, B 136/7361, Wettbewerbssituation im Kreditwesen, Bd. 5–6, Bericht der Bundesregierung über die Untersuchung der Wettbewerbsverschiebungen im Kreditgewerbe und über eine Einlagensicherung, Kabinettsvorlage vom 25.10.1968, S. 38. HAC, 400/111, Handelsblatt vom 22.04.1959,

Spareinlagen konnten sie somit nicht mehr im Aktivgeschäft unterbringen und mussten ihn in Geldmarkt- und Wertpapiere investieren. Die Wirtschaftspresse titulierte sie 1959 gar als „unfreiwillige Kapitalsammelstellen" und war geradezu erstaunt ob der gewaltigen Spareinlagen, die allmählich die Milliardengrenze überschritten.[155] Dennoch bemühten sich die Großbanken trotz dieser „Geldschwemme", das Spargeschäft auch weiterhin auszubauen. Die Vorstände ahnten offenbar, dass Spareinlagen zukünftig eine wesentlich größere Rolle in der Kreditbranche spielen würden: Mit den steigenden Masseneinkommen veränderte sich die Kapitalbildung in Westdeutschland. Insbesondere die Großbanken mussten sich mit Spargeldern eine solide, dauerhafte Einlagenbasis mit geringer Fluktuation schaffen, um die stetig zunehmende Nachfrage nach mittel- und längerfristigen Investitionskrediten befriedigen zu können. Spareinlagen konnten zudem die höher verzinsten, mittelfristigen Termineinlagen ersetzen und somit die Zinsspanne verbreitern.[156]

Trotz der milliardenschweren Einlagen war das Spargeschäft der Großbanken gegen Ende der 1950er Jahre noch kein bestimmendes Element ihrer Geschäftstätigkeit. Die Zeitschrift *Der Volkswirt* konstatierte 1959, dass das Kontensparen im Gegensatz zu Wertpapieranlagen nach wie vor kein typisches Produkt sei, das die Großbanken ihren Anlegern empfehlen würden.[157] Verglichen mit der übrigen Kreditbranche wuchs ihr Spareinlagenbestand in den 1950er Jahren aber überdurchschnittlich stark an. Bei der Commerzbank verdoppelte er sich allein in den drei Jahren von 1957 bis 1959.[158] Doch sowohl in Relation zu den eigenen Bilanzsummen, wo der Anteil 1960 17% betrug, als auch im absoluten Vergleich mit der Konkurrenz waren die Spareinlagen der Großbanken nach wie vor unbedeutend: Sie rangierten 1960 mit 4,8 Mrd. DM deutlich hinter den Sparkassen (33,7 Mrd. DM) und den Genossenschaftsbanken (7,5 Mrd. DM; siehe Abb. 5). Die Marktan-

---

Artikel „3,7 Milliarden DM – und wohin damit?". HAC, 400/863, Wochendienst des Instituts für Bilanzanalysen, Gruppe 19, Banken, Nr. 10 vom 31. 03. 1960, Rede von Vorstand Hanns Deuß auf der Commerzbank-Hauptversammlung vom 07. 04. 1960. HADB, SG 8/16, Material zum Kleinkredit PKK, Protokoll vom 07. 05. 1956 über die 47. Besprechung der Kreditorenwerbung am 19. 04. 1956. HADrB, 117996.MS, Börsen-Zeitung vom 29. 03. 1958. HADrB, 117997.MS, FAZ vom 10. 04. 1959, Artikel „Blick durch die Wirtschaft". Hooven: Wandlungen im Bankgeschäft, S. 311f.

[155] HAC, 400/673, Bericht der Volkswirtschaftlichen Abteilung, Nr. 34 vom 30. 04. 1959, Die Großbanken-Abschlüsse 1958. HADrB, 117997.MS, Der Volkswirt 16 (1959), Artikel „Dresdner Bank im Kapitalmarktboom".

[156] HAC, 312/58, Protokoll der Geschäftsstellenleiter-Besprechung vom 03. 03. 1958, S. 21. HAC, 400/111, Bericht der Volkswirtschaftlichen Abteilung, Nr. 35 vom 05. 05. 1959, Presseecho zur Hauptversammlung der Commerzbank 1958; Deutsche Zeitung vom 18. 04. 1959, Artikel „Ertragszuwachs bei der Commerzbank". HAC, 400/111, Handelsblatt vom 22. 04. 1959, Artikel „3,7 Milliarden DM – und wohin damit?"; Börsen-Zeitung vom 27. 10. 1959, Artikel „Lebhafte Debatte bei Commerzbank". HAC, 400/155, Protokoll der Geschäftsstellenleiter-Konferenz des Geschäftsbereichs Süd vom 16. 12. 1958. HAC, 400/673, FAZ vom 11. 03. 1960, Artikel „Blick durch die Wirtschaft". HAC, 400/863, Wochendienst des Instituts für Bilanzanalysen, Gruppe 19, Banken, Nr. 16 vom 15. 05. 1959, Rede von Vorstand Hanns Deuß auf der Commerzbank-Hauptversammlung vom 04. 05. 1959. HADrB, 117996.MS, Wiesbadener Kurier vom 29. 03. 1958; Rede von Vorstand Hans Rinn auf der Hauptversammlung der Dresdner Bank vom 25. 04. 1958. HADrB, 117997.MS, Handelsblatt vom 10. 04. 1959; Der Kurier vom 11. 04. 1959; Zeitschrift für das gesamte Kreditwesen vom 15. 04. 1959, Bilanzen und Prospekte, Geschäftsbericht der Dresdner Bank 1958; Wochendienst des Instituts für Bilanzanalysen, Nr. 14/15 vom 30. 04. 1959, Artikel „Dresdner Bank AG". Kurzrock: Aus der Geschichte der Commerzbank, S. 84.

[157] HADrB, 117997.MS, Der Volkswirt 16 (1959), Artikel „Dresdner Bank im Kapitalmarktboom".

[158] HAC, 400/111, Industriekurier vom 09. 04. 1960, Artikel „Dr. Deuß: Mindestreserven verzinsen!".

teile im Spargeschäft veränderten sich in den 1950er Jahren kaum. Die privaten Kreditbanken (inklusive der Großbanken) fielen sogar hinter die genossenschaftlichen Kreditinstitute zurück.[159]

Erst gegen Ende des Jahrzehnts entwickelte sich das Spargeschäft bei den Großbanken allmählich zu einem echten Massengeschäft. In dem Maße, in dem die Spareinlagen zur Grundlage des Gesamtgeschäfts wurden, nahm auch die Bedeutung der Privatpersonen als Sparkunden zu. Die Großbanken beabsichtigten dabei allerdings zu keinem Zeitpunkt eine strategische Ausweitung ihrer Kundengruppen. Vielmehr wollten sie das traditionelle Kreditgeschäft mit den Unternehmen mittels einer leistungsfähigen Kapitalbasis erhalten und ausbauen.[160] Von diesem Gedanken gingen alle Bemühungen und Werbeanstrengungen im Spargeschäft aus. Ob die Spareinlagen von privaten Haushalten, Unternehmen oder öffentlichen Institutionen stammten, war letztlich zweitrangig. Erst mit der zunehmenden volkswirtschaftlichen Bedeutung der Kleinsparer rückte das Augenmerk der Großbanken Ende der 1950er Jahre allmählich in deren Richtung.

„Kleiner Mann wird Aktionär". Investmentfonds und Volksaktien

Die Grundidee der Investmentgesellschaft kam erstmals im 18. Jahrhundert in den Niederlanden auf (Fonds „Endragt Maakt Magt" 1774) und wurde im 19. Jahrhundert auch in Belgien und in der Schweiz aufgegriffen. Eine Trust-Gesellschaft nahm dabei verschiedene Wertpapiere in einen Fonds auf und verkaufte ihn aufgestückelt in viele kleine Anteile an interessierte Anleger. Dieses System streute einerseits das Risiko breiter und machte Aktienbesitz auch für unerfahrene Anleger attraktiv. Andererseits konnten sich durch die niedrigen Beträge auch weniger Vermögende Wertpapiere leisten.[161] Ab den 1870er Jahren setzte sich der Investmentgedanke in Großbritannien und im frühen 20. Jahrhundert in den Vereinigten Staaten, den Niederlanden und der Schweiz durch.

In Deutschland wurden in den 1920er Jahren erste Investmentgesellschaften gegründet, die aber im Zuge der Weltwirtschaftskrise bald in Konkurs gingen.[162] Nach der Währungsreform 1948 griffen bayerische Regional- und einige Privatbanken die Idee erneut auf. Mit der ADIG (Allgemeine Deutsche Investment GmbH, München) gelang im November 1949 die erste Gründung einer dauerhaften Investmentgesellschaft in Deutschland. Das Unternehmen stieß in der Kreditbranche zunächst auf große Bedenken und Ablehnung. Einerseits existierte noch keine rechtliche Grundlage für Investmentgesellschaften. Anderseits verhießen die gegenwärtige Kapitallage, die steuerlichen Bestimmungen und die Situation an den Börsen keine guten Erfolgschancen. Der Wertpapierhandel in jenen Jahren war weitgehend ein Bankenmarkt. Der gesamte westdeutsche Börsenbereich funktionierte zudem nur eingeschränkt. Dividenden durften nicht ausge-

---

[159] HAC, 400/864, FAZ vom 11.03.1960, Artikel „Die Commerzbank hat ihre Geschäftsbasis erweitert". HAC/HADB/HADrB, Geschäftsberichte der Commerzbank, Deutschen Bank und Dresdner Bank 1960. Deutsche Bundesbank (Hrsg.): Deutsches Geld- und Bankwesen, S. 166 ff. Pohl: Institute der Sparkassenorganisation als Wettbewerber, S. 1184. Rudolph: Differenzierung und Diversifizierung, S. 52. Statistisches Bundesamt (Hrsg.): Bevölkerung und Wirtschaft, S. 212.
[160] Sattler: Ernst Matthiensen, S. 137.
[161] Bähr: DIT, S. 4. Beckers: Gründung und erste Jahre der Deka, S. 234. Müller: DWS, S. 30. Sattler: „Investmentsparen", S. 36.
[162] Bähr: DIT, S. 4 ff. Müller: DWS, S. 31. Sattler: „Investmentsparen", S. 37.

schüttet werden und die Wertpapierbereinigung hatte gerade erst begonnen.[163] Nicht zuletzt hatten große Teile der Bevölkerung einen großen Konsumnachholbedarf, waren kaum sparfähig und daher nicht an Fondsanteilen interessiert, zumal die Wertpapieranlage durch zwei Weltkriege und Inflationen ihre einstmals dominierende Stellung in Deutschland längst eingebüßt hatte. Die große, sozial und wirtschaftlich aufstrebende Gruppe der Arbeitnehmer bevorzugte das risikoärmere Kontensparen, das einen Vermögensaufbau mit kleineren Beträgen erlaubte.[164]

Tatsächlich blieb die ADIG mit ihren 1950 aufgelegten Fonds Fondra und Fondrak in den Anfangsjahren nur mäßig erfolgreich. Die Gesellschafterbanken der ADIG benötigten beinahe ein Jahr, um die Fondsanteile zu platzieren.[165] Verglichen mit dem Kontensparen war das Investmentsparen noch nicht nennenswert. Ende 1950 betrug das Fondsvermögen insgesamt erst 2 Mio. DM. Nachahmer fand die Gesellschaft daher nicht. Die Gründung der ADIG weckte allerdings in der Öffentlichkeit Interesse. Insbesondere Politiker entdeckten das Investmentsparen nun als geeignetes Mittel, um die Vermögensbildung bei Arbeitnehmern auch über das Kontensparen hinaus zu fördern und diese an den Unternehmen zu beteiligen.[166] Da das steuerbegünstigte Sparen nicht die erhoffte Wirkung gezeigt hatte, befürwortete die Bundesregierung die Popularisierung der Aktie. Bundeskanzler Konrad Adenauer sprach sich 1951 für die Schaffung von Investmenttrusts unter sozialpolitischen Gesichtspunkten aus. Auch der volkswirtschaftliche Nutzen war nicht zu unterschätzen, da selbst kleine Summen so zur Wiederbelebung des Kapitalmarkts beitragen konnten.[167] Unter diesem Aspekt wünschten auch Industrieunternehmen die Ausweitung des Investmentmodells.[168]

Als sich in der ersten Hälfte der 1950er Jahre die Aktienmärkte infolge des hohen Wirtschaftswachstums belebten, zeigten auch die Großbanken allmählich Interesse für das Wertpapiersparen. 1951 beteiligten sich mit der Merkur Bank (Hannover) und dem Bankverein Westdeutschland (Düsseldorf) zwei Nachfolgeinstitute der Commerzbank an der ADIG. Auch bei den anderen Großbanken entstanden nun erste Pläne für eigene Investmentgesellschaften. Einzelne Vorstände wie Franz Heinrich Ulrich (Norddeutsche Bank, Hamburg), Ernst Matthiensen (Rhein-Main-Bank, Frankfurt am Main) oder Paul Lichtenberg (Bankverein Westdeutschland) befürworteten gegen die Vorbehalte ihrer Kollegen ein Engagement in diesem Bereich.[169] Sie hofften erstens, damit den Wert-

---

[163] FAZ vom 21.11.1964, Artikel „Fünfzehn Jahre Investment-Sparen in Deutschland". Bähr: DIT, S. 7. Beckers: Gründung und erste Jahre der Deka, S. 247. Sattler: Ernst Matthiensen, S. 155. Sattler: „Investmentsparen", S. 38.

[164] Ehrlicher: Einlagengeschäft, S. 43.

[165] FAZ vom 21.11.1964, Artikel „Fünfzehn Jahre Investment-Sparen in Deutschland".

[166] Beckers: Gründung und erste Jahre der Deka, S. 249. Deutsche Bundesbank (Hrsg.): Deutsches Geld- und Bankwesen, S. 308. Sattler: Ernst Matthiensen, S. 155.

[167] HAC, 312/58, Protokoll der Geschäftsstellenleiter-Besprechung vom 03.03.1958, S. 23. Kurzrock: Aus der Geschichte der Commerzbank, S. 81.

[168] BArch, B 102/28953, Förderung des Investmentsparens, Handelsblatt vom 24.04.1957, Artikel „Prämien für das Sparen?". BArch, B 136/2326, Vermögensbildung, Kapitalzinsfragen, Sparförderung. Eingaben aus der Bevölkerung. Bähr: DIT, S. 8.

[169] Müller: DWS, S. 12ff. Franz Heinrich Ulrich (1910–1987), 1952 Vorstand der Norddeutschen Bank, 1957 Vorstand der Deutschen Bank, 1967–1976 Vorstandssprecher der Deutschen Bank. Paul Lichtenberg (1911–1995), 1958 Vorstand des Commerzbank-Bankvereins, 1958–1976 Vorstand der Commerzbank, 1976–1980 und 1981–1988 Aufsichtsratsvorsitzender der Commerzbank. Zur Biografie von Ernst Matthiensen siehe: Sattler: Ernst Matthiensen.

papierhandel wiederzubeleben. Diese einstmals stolze und hochprofitable Domäne der Großbanken lag in vielen Filialen seit Kriegsende am Boden. Wenn die immer stärker steigenden Spareinlagen langfristig in Fondsanteile ungeschichtet werden würden, könnten Kontensparer zu Wertpapierbesitzern werden. Das Investmentsparen sahen sie dabei als Zwischenstadium an.[170] Zweitens stellten Investmentfonds eine neue Kapitalquelle dar. Die Institute würden von der einträglichen Vermittlung kleinerer Anlagesummen, die mittels eines Fonds in Unternehmen angelegt wurden, in vielerlei Hinsicht profitieren. Drittens erkannten die Befürworter, dass das gesamte Volkseinkommen zunehmend aus den Einkommen aus unselbständiger Arbeit generiert wurde. Das Investmentgeschäft konnte aus dieser Entwicklung einen Nutzen ziehen und gleichzeitig traditionelle Kundenkreise der Sparkassen abwerben.[171] Matthiensen oder Lichtenberg waren allerdings keine Vordenker eines umfassenden, spartenübergreifenden Privatkundengeschäfts. Als Experten für das Effektengeschäft und den Kapitalmarkt war die Popularisierung des Wertpapiers ihr Ziel, und nicht der Aufbau einer neuen Kundengruppe aus einfachen Arbeitnehmern. Darin unterschieden sie sich nicht von den Gegnern des Vorhabens. Hugo Zinßer von der Frankfurter Rhein-Main-Bank (Dresdner Bank) wies etwa darauf hin, dass die privaten Haushalte noch längst nicht wohlhabend genug seien. Investmenttrusts könnten daher kaum erfolgreich arbeiten. Hermann Josef Abs (Deutsche Bank-Gruppe), der zeitlebens ein Bedenkenträger gegenüber der Privatkundschaft war, verwies auf die mangelnde Erfahrung der Kleinanleger mit Wertpapieren, die seiner Meinung nach kaum Interesse an Investmentzertifikaten haben dürften.[172]

Die ungeklärte Rechtslage verhinderte vorerst weitere Schritte.[173] Dennoch blieben die Großbanken in den folgenden Jahren nicht untätig. Ulrich und Matthiensen setzten sich in den Vorständen durch und versuchten nun, auf die Politik einzuwirken. Infolgedessen stimmte etwa die Deutsche Bank-Gruppe den ersten Gesetzesentwurf über das Investmentsparen, der teilweise auf ADIG-Geschäftsregularien basierte und den die CDU-Fraktion im April 1953 in den Bundestag einbrachte, mit der Partei ab. Den überarbeiteten Entwurf von 1955 initiierte ein Mitglied des Aufsichtsrats der Dresdner Bank-Gruppe mit. Als sich die Rechtslösung immer weiter verzögerte, preschten die Großbanken schließlich vor und setzten den Bundestag durch Fakten unter Zugzwang.[174] Im Dezember 1955 gründeten die Nachfolger der Dresdner Bank in Frankfurt am Main die Deutsche Investment-Trust Gesellschaft für Wertpapieranlagen mbH (DIT). Dieser Vorgang löste in der Branche eine Welle weiterer Gründungen aus: So folgte im Januar 1956 der Genossenschaftssektor mit der Union Investment GmbH. Im Mai startete unter Federführung der Deutschen Bank-Gruppe die Deutsche Gesellschaft für Wertpapiersparen mbH (DWS) und im August schließlich die Deutsche Kapitalanlagegesellschaft mbH (Deka) der Sparkassen. Jede dieser Gesellschaften legte eigene Fonds auf, die sich unterschiedlich zusammensetzten (deutsche, europäische oder überseeische Aktien, Rentenwerte etc.).[175]

---

[170] HAC, 400/673, Rede von Hanns Deuß, Volkswirtschaftliche Abteilung, zum Jahresabschluss 1958.
[171] Bähr: DIT, S. 7. Müller: DWS, S. 14. Sattler: „Investmentsparen", S. 35 ff. Sattler: Ernst Matthiensen, S. 137 u. S. 154 ff. Krause: Paul Lichtenberg, S. 241 ff.
[172] Sattler: Ernst Matthiensen, S. 141 u. S. 253 ff.
[173] Müller: DWS, S. 19.
[174] Bähr: DIT, S. 9 u. S. 15. Müller: DWS, S. 19 ff. u. S. 45 ff. Sattler: Ernst Matthiensen, S. 156.
[175] Sattler: Ernst Matthiensen, S. 159. Zur Geschichte des DIT siehe Bähr: DIT. Zur Geschichte der Union Investment siehe Baehring: Union Investment. Zur Geschichte der DWS siehe Müller: DWS. Zur Geschichte der Deka siehe Beckers: Gründung und erste Jahre der Deka.

Diese vorzeitige Gründungswelle erklärt sich einerseits daraus, dass grundlegende Details des Gesetzes bereits bekannt waren. So war etwa zum Schutz der Anleger eine strikte Trennung zwischen Investmentgesellschaft und Depotbank vorgeschrieben. Diese Regelung entsprach dem angelsächsischen Trennbankensystem. Die Kreditinstitute wählten daher die Form eigenständiger Tochterunternehmen anstelle integrierter Abteilungen in den Zentralen.[176] Die Großbanken übernahmen allerdings viele Aufgaben und Tätigkeiten für ihre Investmentgesellschaften, insbesondere den Vertrieb der Fondsanteile über ihre Filialen. In den Aufsichtsratsgremien führten zudem die Vorstände der Großbanken Regie. Je nach Höhe der Beteiligung agierten die Gesellschaften aber dennoch relativ unabhängig.[177]

Andererseits zeichnete sich Mitte der 1950er Jahre ab, dass große Teile der Bevölkerung durch steigende Einkommen zunehmend sparfähiger werden würden. Davon profitierte auch die Investmentanlageform: Die Fonds der ADIG entwickelten sich nun deutlich besser und umfassten 1955/56 rund 30 Mio. DM.[178] Nach dem Vorpreschen der Kreditinstitute verabschiedete der Bundestag im April 1957 schließlich das Gesetz über die Kapitalanlagegesellschaften und schob die rechtliche Grundlage des Investmentgeschäfts hinterher. Die Presse sprach daraufhin scherzhaft vom „Gesetz für Zwergkapitalisten".[179]

In den ersten Jahren entwickelte sich das Investmentgeschäft sehr erfreulich für die Großbanken, zumal die Hausse an den Börsen anhielt. Das Anlagevermögen der Gesellschaften vermehrte sich monatlich um mehrere Millionen DM. Das Bundeswirtschaftsministerium (BMWi) bemängelte allerdings den geringen sozialpolitischen Erfolg. Größtenteils kauften die Investmentkunden ihre Fondsanteile mit aufgelösten Spareinlagen. Der Kundenkreis setzte sich zudem nur zu einem geringen Anteil aus einfachen Arbeitnehmern – dem Zielpublikum der staatlich geförderten Vermögensbildung – zusammen. Arbeiter kauften fast überhaupt keine Investmentanteile.[180] Auch die Presse hatte kaum auf die Einführung des Investmentsparens reagiert.

Ludwig Erhard traf sich daher 1957 mehrfach mit Vertretern der Fondsgesellschaften und der Kreditinstitute, um über die Ausweitung des Investmentsparens zu beraten. Die Großbanken standen Erhards Ideen durchaus offen gegenüber. Franz Heinrich Ulrich von der Deutschen Bank/DWS formulierte den Zweck folgendermaßen: „Das anzustrebende Ziel ist der Kleinkapitalist."[181] Auf den Treffen erkannten die Beteiligten allerdings das grundsätzliche Problem, dass sich große Teile der Bevölkerung nicht mit Wertpapieren

---

[176] Franke: Deutsche Finanzmarktregulierung, S. 82.

[177] Anteil der Commerzbank an der ADIG 20% (1951). Anteil der Deutschen Bank an der DWS 30%, Anteil der Dresdner Bank am DIT 100%. FAZ vom 21.11.1964, Artikel „Fünfzehn Jahre Investment-Sparen in Deutschland". Bähr: DIT, S. 13ff. Müller: DWS, S. 123, S. 179 u. S. 197ff.

[178] BArch, B 102/28953, Förderung des Investmentsparens, Schreiben des Leiters des BMWi, Abteilung VI, Dürre, an den Staatssekretär im BMWi vom 31.07.1957. Sattler: Ernst Matthiensen, S. 156.

[179] Deutsche Zeitung vom 19.12.1956, Artikel „Ein Gesetz für Zwergkapitalisten". Bähr: DIT, S. 9. Sattler: Ernst Matthiensen, S. 155f. Sattler: „Investmentsparen", S. 38ff.

[180] BArch, B 102/28953, Förderung des Investmentsparens, Schreiben des Leiters der BMWi, Abteilung VI, Dürre, an den Staatssekretär im BMWi vom 31.07.1957. Hamburger Abendblatt vom 23.01.1960, Artikel „Siegeszug des Investmentsparens". Müller: DWS, S. 66. Sattler: Ernst Matthiensen, S. 156ff. Vierhub: Neue Wettbewerbsformen, S. 19.

[181] B 102/28953, Förderung des Investmentsparens, Vermerk vom 30.08.1957 über das Ergebnis der Sitzung des Bundeswirtschaftsministers mit Vertretern der Investmentgesellschaften am 22.08.1957. HADrB, 117996.MS, Börsen-Zeitung vom 26.04.1958. HADrB, 117997.MS, Der Volkswirt 16 (1959), Artikel „Dresdner Bank im Kapitalmarktboom". Müller: DWS, S. 66.

auskannten und deren Besitz ablehnten. Es würde Jahre dauern und intensiver Werbung bedürfen, um diese Bundesbürger aufzuklären und das Investmentsparen populärer zu machen. Das Protokoll einer Sitzung im Ministerium konstatierte: „Es ist tatsächlich außerordentlich schwierig, an die einzelnen Arbeitnehmer heranzukommen."[182]

Vertreter des BMWi schlugen die Gründung einer Investmentwerbegesellschaft oder zumindest eine gemeinsame Werbung der Fondsgesellschaften vor. Bemühungen dieser Art blieben allerdings erfolglos. Das Ministerium ließ daher im April 1959 von der Ufa Werbefilm in Düsseldorf einen „Film über das Wesen der Aktie und Investmentzertifikate" drehen, der auch in den Kinos gezeigt werden sollte.[183] Zudem bemühte sich die Bundesregierung, das Investmentsparen attraktiver zu gestalten. Mit dem Sparprämiengesetz von 1959 konnten auch langjährig angelegte Fondsanteile einen Bonus von 20% erhalten.

Auch die Großbanken und ihre Investmentgesellschaften bemühten sich um Aufklärung. Vordenker wie Ernst Matthiensen verstanden dies auch als soziale Aufgabe und versuchten, mit vielen Veröffentlichungen dem Kleinsparer die Scheu vor dem Wertpapier zu nehmen.[184] Die DWS inserierte ihre so genannte Bunte Seite in der Boulevardzeitung *Hamburger Abendblatt*. Dort wurden ganz allgemein Fragen zum Investmentsparen beantwortet.[185] Durch ihre Eigenständigkeit konnten die Investmentgesellschaften bei der Werbung und beim Marketing insgesamt freier agieren. Für sie galt das Wettbewerbsabkommen der Kreditbranche nicht. Als junge Unternehmen konnten sie von Anfang an einen eigenen, zeitgemäßen Werbeauftritt gestalten, der potenzielle Kunden gezielt ansprach und sich in Masse und Stil an der Konsumgüterreklame orientierte. Ihre Werbe- und Marketingmaßnahmen wirkten auf die Angestellten der Großbanken allerdings eher befremdlich.[186]

Mit diesen Methoden nahmen die Investmentgesellschaften eine Vorreiterrolle bei der Werbung der Großbanken ein, indem sie etwa Privatpersonen aller Schichten direkt ansprachen. Der DIT und die ADIG warben beispielsweise mit den Durchschnittsbürgern „Herr Neumann", „Frau Müller" und der „Familie Meier". Auch auf die Zielgruppen Arbeitnehmer oder Frauen gingen sie mit Inseraten in Betriebszeitungen oder Modezeitschriften direkt ein.[187] Die Gesellschaften versprachen den Kunden darin eine unmittelbare Beteiligung am volkswirtschaftlichen Produktivvermögen und die Teilhabe am „Wirtschaftswunder". Dazu verwiesen sie häufig auf die Vorbildsituation in den USA, wo große Teile der Bevölkerung ganz selbstverständlich mit Investmentanteilen an Unternehmen beteiligt waren.[188] Der DIT gestaltete seine Werbung zudem mit Karikaturen und humorvollen Elementen des Zeichners Gerhard Brinkmann, während die ADIG bereits seit Mitte der 1950er Jahre mehrfarbige Prospekte und einen Werbefilm einsetzte.[189]

---

[182] BArch, B 102/28953, Förderung des Investmentsparens, Schreiben des Leiters des BMWi, Abteilung VI, Dürre, an den Staatssekretär im BMWi vom 31.07.1957 über eine Besprechung vom 25.06.1957; Vermerk vom 30.08.1957 über das Ergebnis der Sitzung des Bundeswirtschaftsministers mit Vertretern der Investmentgesellschaften am 22.08.1957. Müller: DWS, S.67f. Vierhub: Neue Wettbewerbsformen, S.19.

[183] BArch, B 102/28953, Förderung des Investmentsparens.

[184] Sattler: Ernst Matthiensen, S.159ff.

[185] Bähr: DIT, S.22. Müller: DWS, S.67. Sattler: „Investmentsparen", S.42.

[186] Krause: Paul Lichtenberg, S.248.

[187] Bähr: DIT, S.22. Müller: DWS, S.67. Sattler: „Investmentsparen", S.42.

[188] HAC, [ohne Signatur] Werbeprospekt ADIG „Was machen wir mit unserem Geld?", o.J.; Werbeprospekt ADIG „Meiers haben ganz schön daran verdient", 1959. Bähr: DIT, S.17. Sattler: „Investmentsparen", S.35. Sattler: Ernst Matthiensen, S.165f.

[189] Kretschmer: Gerhard Brinkmann, S.19f. Müller: DWS, S.26 u. S.226.

Die attraktive Werbung für Investmentanteile konnte allerdings nicht darüber hinweg-
täuschen, dass die Verkaufspreise verhältnismäßig hoch waren. Viele interessierte Kleinsparer mussten ernüchtert feststellen, dass Anteilsscheine mindestens 100 DM kosteten
und damit kaum erschwinglich waren. Der Fondak-Fonds der ADIG hatte 1956 bereits einen Ausgabepreis von fast 300 DM erreicht. Ende der 1950er Jahre stückelten die Gesellschaften daher vielfach ihre Fonds und senkten so den Ausgabepreis vorübergehend.[190]
Ausschlaggebend dafür waren weniger sozialpolitische Ambitionen als vielmehr eine weniger arbeitsintensive Verwaltung. In den Besprechungen im BMWi fand die Höhe der Aus-
gabepreise jedoch keine Erwähnung.

Ungeachtet des sozialpolitischen Misserfolges entwickelte sich das Geschäft der Investmentgesellschaften erfolgreich. Von 1950 bis 1960 stieg das gesamte Fondsvermögen in
der Bundesrepublik von 2 Mio. DM auf 3,1 Mrd. DM an. Ende 1959 existierten 14 Fonds
mit 17,3 Mio. Anteilen.[191] Nun, als immer größere Teile der westdeutschen Bevölkerung
vom Wirtschaftsboom profitierten, nahm die Nachfrage zu. Die Investmentgesellschaften
reagierten darauf und legten neue, diversifiziertere Fonds auf, die vermehrt ausländische
Aktien beinhalteten oder die vollständig thesaurierend arbeiteten. Letztere schütteten die
Erträge nicht mehr aus, sondern legten sie wieder in den Fonds an. Aufgrund einer Ge-
setzeslücke waren die thesaurierenden Fonds steuerlich begünstigt und damit bis zur
Novelle des Kapitalanlagegesetzes 1960 kurzfristig äußerst erfolgreich.[192]

Besonders die Investmentgesellschaften der Großbanken erarbeiteten sich bis zum
Ende des Jahrzehnts beachtliche Marktanteile, die weit über denen im Spargeschäft
lagen. Sie profitierten dabei auch von der starken Zurückhaltung der Sparkassen. Diese
hatten mit der Deka eher widerwillig eine eigene Investmentgesellschaft gegründet, um
keine Kunden an die Konkurrenz zu verlieren. Grundsätzlich sahen sie Fondsanteile als
Konkurrenz zu den Sparbüchern und setzten keine Werbung dafür ein.[193]

Die ablehnende Haltung der Sparkassen entsprang dem Zweifel, ob untere Bevölkerungsschichten für das Investmentsparen gewonnen werden könnten.[194] Tatsächlich spielten Fondsanteile – verglichen mit anderen Formen der Vermögensanlage – Ende der
1950er Jahre nur eine äußerst bescheidene Rolle. Das Volumen von Lebensversicherungen war sechsmal so groß, von Spareinlagen gar zwanzigmal. Bis Mitte 1960 gab es schätzungsweise nur 600 000 Investmentsparer in Westdeutschland.[195] Systematische Erhebun-
gen über deren Zusammensetzung existierten allerdings nicht.[196] Das BMWi und die
Großbanken interessierten sich zwar für die soziale Struktur, kamen in ihren Untersuchungen aber zu recht unterschiedlichen Ergebnissen. Der Anteil der unselbständigen
Arbeitnehmer – der sozialpolitisch avisierten Zielgruppe – schwankte erheblich zwischen
21% (Union Investment 1960) und 40% (DIT 1960 und Bericht der Bundesregierung

---

[190] HAC, [ohne Signatur] Werbeprospekt ADIG „Meiers haben ganz schön daran verdient", 1959.
Hamburger Abendblatt vom 14.04.1956, Artikel „Kleiner Mann wird Aktionär". Müller: DWS, S. 69ff.
[191] Hamburger Abendblatt vom 23.01.1960, Artikel „Siegeszug des Investmentsparens". Deutsche
Bundesbank (Hrsg.): Deutsches Geld- und Bankwesen, S. 308. Sattler: „Investmentsparen", S. 47ff.
[192] Meyen: 120 Jahre Dresdner Bank, S. 250. Müller: DWS, S. 82ff. u. S. 253.
[193] Beckers: Gründung und erste Jahre der Deka, S. 265ff. Belvederesi/Thomes: Gesellschaftlicher
Wandel, S. 29. Sattler: „Investmentsparen", S. 44.
[194] Beckers: Gründung und erste Jahre der Deka, S. 255.
[195] BArch, B 102/28953, Förderung des Investmentsparens, Der Tagesspiegel vom 24.07.1960. Hooven: Wandlungen im Bankgeschäft, S. 312. Sattler: Ernst Matthiesen, S. 255.
[196] Sattler: „Investmentsparen", S. 45f.

1960). Auch die Anteile der Hausfrauen divergierten ähnlich (12% bis 25%).[197] Diese Differenzen erklären sich vermutlich durch unterschiedliche Erhebungskriterien und unzureichend dokumentierte Angaben über die Investmentkunden. Bankinterne Analysen der Dresdner Bank zeigten außerdem, dass Käufer von DIT-Fondsanteilen größtenteils über Erfahrungen im Wertpapierbereich verfügten und eher dem vermögenden Teil der Bevölkerung zuzuordnen waren. Bei der ADIG waren die am stärksten vertretenen Berufsgruppen Rechtsanwälte, Notare, Steuerberater und Steuerprüfer.[198] Die Bundesregierung kam in ihrem Bericht vom März 1960 daher zu dem Ergebnis, dass dem Investmentsparen kein Erfolg im Sinne der sozialpolitisch motivierten Vermögenspolitik beschieden sei. Fondsanteile dienten vielmehr Kreisen mit gehobenem Einkommen zur steuerbegünstigten und risikoarmen Abrundung ihrer Wertpapieranlagen.[199] Die große Gruppe der Lohn- und Gehaltsempfänger wurde dagegen nicht erreicht. Diese Bürger bevorzugten weiterhin das Sparbuch und hielten Investmentfonds eher für ein exotisches Produkt.[200]

Somit war der Investmentbereich der Großbanken in den 1950er Jahren kein massenhaftes Privatkundengeschäft. Die Institute spielten hier zwar unbestritten eine Vorreiterrolle. Ihr Engagement erklärt sich jedoch aus den Bestrebungen heraus, den Kapitalmarkt und den Wertpapierhandel wiederzubeleben. Das Investmentsparen war bereits nach wenigen Jahren ein durchaus erfolgreiches Privatkundenprodukt mit einer regen Nachfrage. Die von den Großbanken erhoffte Abwanderung der Kleinsparer von den Sparkassen zu den Investmentgesellschaften blieb allerdings aus.

Im Zusammenhang mit den Bestrebungen, Wertpapierbesitz in der Bevölkerung zu popularisieren, ist nicht zuletzt auch die Ausgabe so genannter Volksaktien zu nennen. Vor der Bundestagswahl 1957 drängte die CDU darauf, Arbeitnehmer in stärkerem Maße und mit größeren Mitspracherechten als bislang am Produktionseigentum zu beteiligen. Staatseigene Unternehmen sollten dazu privatisiert und in Form von Volksaktien an die Belegschaft und die Bevölkerung ausgegeben werden.[201] Erste Vorbesprechungen dazu fanden 1958 im BMWi statt, zu denen auch Vertreter der Investmentgesellschaften eingeladen waren. Nach Ansicht Ludwig Erhards waren die privaten Geschäftsbanken mitverantwortlich für die konzentrierten Eigentumsverhältnisse in der deutschen Wirtschaft. Daher forderte er sie auf, tatkräftig an einer breiten Streuung der Industriebeteiligungen mitzuwirken.[202]

In der Kreditbranche stießen die Volksaktien-Pläne Erhards zunächst auf wenig Zustimmung. Die Sparkassen hatten grundsätzliche Einwände: Riskante Wertpapieranlagen ließen sich mit ihren Satzungen und ihrem moralischen Auftrag zur Sparerziehung nicht vereinbaren.[203] Die privaten Geschäftsbanken wünschten zwar, Effekten in der Bevölke-

[197] BArch, B 102/28953, Förderung des Investmentsparens, Der Tagesspiegel vom 24.07.1960. Sattler: Ernst Matthiensen, S. 255. Bähr: DIT, S. 28. Müller: DWS, S. 60.
[198] Bähr: DIT, S. 23 u. S. 28. Sattler: Ernst Matthiensen, S. 165f.
[199] BArch, B 102/28953, Förderung des Investmentsparens. Bähr: DIT, S. 29.
[200] Bähr: DIT, S. 23 u. S. 28. Sattler: Ernst Matthiensen, S. 165f.
[201] HADrB, 1779–2002, Schreiben von K. H. A. Friedmann an den Aufsichtsratsvorsitzenden der Dresdner Bank Carl Goetz vom 19.10.1959, Anlage „Zur Problematik der sogenannten Volksaktie". Bähr: DIT, S. 8.
[202] BArch, B 102/23405, Geschäftsberichte und Einzelfragen des Bundesverbandes des privaten Bankgewerbes, Bd. 1, Schreiben von Dr. vom Hofe (BMWi) an Dr. Kleiner (BMF) vom 03.10.1958.
[203] Belvederesi/Thomes: Gesellschaftlicher Wandel, S. 29.

rung populärer zu machen. Die Volksaktie erschien ihnen dafür aber ungeeignet.[204] Für Kleinsparer waren nach Meinung der Commerzbank risikoärmere Investmentzertifikate zweckvoller.[205] Die Dresdner Bank bezeichnete die Volksaktien-Aktion intern als reine wahlkampfpolitische Maßnahme der Bundesregierung, die zudem schädlich für die Wirtschaft sei.[206] Diese Kritik zielte auf die Pläne der Bundesregierung, das Depotstimmrecht bei Volksaktien zu beschränken. Vor allem Kleinaktionäre hatten bislang auf ihre Stimmrechte verzichtet und sie treuhänderisch an ihre depotführenden Kreditinstitute übertragen. Für die Bundesregierung schränkte diese Regelung die Mitbestimmung der Arbeitnehmer zu sehr ein und musste daher revidiert werden. Die privaten Geschäftsbanken befürchteten dagegen, dass nun vor allem Betriebsratsmitglieder und Gewerkschaftsfunktionäre mit den Volksaktien gewaltige Stimmrechtsvollmachten ansammeln könnten.[207] Diese Gefahr bestand, da die Bevölkerung kaum mit dem Börsenwesen vertraut war. Nach einer Meinungsumfrage des Divo-Instituts im Frühjahr 1959 wussten 40% der Bundesbürger nicht, was eine Aktie ist. 80% hatten keine Vorstellung von einer Dividende.[208]

Ungeachtet dessen trieb die Bundesregierung Ende der 1950er Jahre den Volksaktienplan voran. Der Zeitpunkt schien günstig dafür: Seit Herbst 1957 erlebten die Börsen einen regelrechten Boom. Aktien waren in aller Munde. Die Bundesregierung wollte diese Euphorie nutzen. Im Frühjahr 1959 startete sie den ersten Volksaktientest mit der Preußischen Bergwerks- und Hütten AG, Hannover (Preußag), einem staatseigenen Unternehmen der prosperierenden Montanindustrie. Interessenten hatten ab Ende März 1959 drei Wochen lang die Möglichkeit, Kaufanträge für die 300 000 Preußag-Aktien im Nominalwert von 100 DM bei den Kreditinstituten abzugeben. Um dem gesellschaftspolitischen Charakter der Volksaktie gerecht zu werden, hielt die Bundesregierung den Ausgabekurs mit 145% bewusst niedrig und bevorzugte Belegschaftsmitglieder der Preußag und sozial schwächere Teile der Bevölkerung: Nur Bundesbürger, die älter als 21 Jahre waren und deren steuerpflichtiges Einkommen aus nichtselbständiger Arbeit 1958 nicht mehr als 16 000 DM betragen hatte, konnten Volksaktien erwerben. Jedem Käufer standen maximal vier Anteile im Nennwert von insgesamt 400 DM zu.[209] Hermann Josef Abs von der Deutschen Bank kommentierte diese Bestrebungen als „unsinnige soziale Randbepflanzungen".[210] Das Verlustrisiko erwähnte die Bundesregierung – wenn überhaupt – nur ganz am Rande. Vorsichtshalber verpflichtete Bundesschatzminister Hermann Lindrath das Konsortium der 50 Kreditinstitute zu Stützungsaktionen bei eventuellen Kursstürzen der Preußag-Aktie.[211]

---

[204] BArch, B 102/23405, Frankfurter Rundschau vom 13. 10. 1958, Artikel „Aktie soll volkstümlicher werden".
[205] HAC, 400/673, Ausarbeitung der Volkswirtschaftlichen Abteilung von „Auf der Pressekonferenz am 13. 04. 1959 (Vorstellung des Geschäftsberichts 1958) zu erwartende Fragen".
[206] HADrB, 1779–2002, Schreiben von K. H. A. Friedmann an den Aufsichtsratsvorsitzenden der Dresdner Bank Carl Goetz vom 19. 10. 1959, Anlage „Zur Problematik der sogenannten Volksaktie".
[207] Zeitschrift für das gesamte Kreditwesen 24 (1958), Artikel „Die Risiken der ‚Arbeiteraktie'", S. 1024.
[208] Der Spiegel vom 18. 02. 1959, Artikel „Bonbon des Jahrhunderts".
[209] HAC, 400/1046, Kurzfassung des Verkaufsangebotes für Preußag-Aktien, März 1959. Der Spiegel vom 18. 03. 1959, Artikel „Der Gelegenheitskauf". Müller: DWS, S. 42.
[210] Der Spiegel vom 18. 02. 1959, Artikel „Bonbon des Jahrhunderts".
[211] Der Spiegel vom 18. 03. 1959, Artikel „Der Gelegenheitskauf", und vom 18. 02. 1959, Artikel „Bonbon des Jahrhunderts".

Trotz ihrer Vorbehalte beteiligten sich die Großbanken am ersten Volksaktienprojekt. Die Deutsche Bank führte sogar das Konsortium an. Hermann Josef Abs, der als Adenauer-Freund schon seit Ende 1957 an den Beratungen des Bundeskabinetts zur Privatisierung von Staatseigentum teilnahm, befürwortete die Aktion aus politischen Gründen. Das privatwirtschaftliche System sei nahe des Eisernen Vorhangs nur dann dauerhaft aufrecht-zuerhalten, wenn einige Millionen Bundesbürger als Kleinaktionäre enger mit diesem System verbunden seien.[212] Betriebswirtschaftlich hofften die Großbanken dagegen auf Provisionen in Millionenhöhe, eine Belebung ihres Wertpapiergeschäftes und auf weitere staatliche Privatisierungen.[213] Voraussetzung dafür war ein erfolgreiches Zeichnungs-ergebnis. Um dieses Ziel zu erreichen, mussten sie die Zeichnungsberechtigten aus den unteren Bevölkerungsschichten erreichen. Trotz einschränkender Absprachen innerhalb des Konsortiums – vor Beginn der Zeichnungsfrist war keine Werbung gestattet – legten sie daher bei der Volksaktienwerbung eine bislang ungewohnte Kreativität an den Tag. Einerseits warben sie wie gehabt mit Anzeigen, Broschüren und Prospekten für Betriebs-angehörige von Geschäftskunden.[214] Andererseits wandten sie aber auch neue, sparten-übergreifende Methoden an. So kreierte etwa die Commerzbank ein Angebot für ihre Spar- und Wertpapierkunden, das die Volksaktie mit dem neu eingeführten Prämienspa-ren kombinierte. Die Filialen sollten ihre besondere Aufmerksamkeit vor allem denjeni-gen Antragstellern widmen, die bislang keine Wertpapierbesitzer oder Kunden der Bank waren. Den Volksaktieninteressenten sollten zudem alternative Anlagemöglichkeiten im Wertpapierbereich sowie die übrigen Dienstleistungen empfohlen werden.[215] Nicht zu-letzt bot das Institut eine spesenfreie Führung der Kleindepots an. Commerzbank-Vor-stand Hanns Deuß nahm diese unrentable Kostenvorleistung in Kauf, um den „neuen Mittelstand" für die Zukunft als Wertpapierkunden zu gewinnen.[216]

Während der Zeichnungsfrist entwickelte sich in der Bevölkerung eine enorme Nach-frage nach Volksaktien, von denen auch die Großbankenfilialen profitierten.[217] Das Pa-pier war in der Folge weit überzeichnet, so dass die Bundesregierung weitere 530 000 Preußag-Aktien zur Verfügung stellte. Nach Abschluss der Emission im Juni 1959 waren schließlich rund 220 000 Privatpersonen als „Volksaktionäre" an 77% des Preußag-Aktien-kapitals beteiligt.[218] Die Bundesregierung und die Kreditwirtschaft werteten die Aktion als vollen Erfolg.[219]

---

[212] Der Spiegel vom 18.02.1959, Artikel „Bonbon des Jahrhunderts".

[213] HAC, 312/58, Protokoll der Geschäftsstellenleiter-Besprechung vom 03.03.1958, S. 23. HAC, 400/1046, Rundschreiben Nr. 2 der Konsortial-Abteilung Hamburg für den Geschäftsbereich Nord vom 28.02.1959.

[214] HAC, 400/1046, Rundschreiben Nr. 2 und Nr. 6 der Konsortial-Abteilung Hamburg für den Ge-schäftsbereich Nord vom 28.02.1959 und 03.04.1959.

[215] HAC, 400/1046, Rundschreiben der Organisations-Abteilung Hamburg an die Geschäftsstellen und Abteilungen des Geschäftsbereichs Nord vom 15.08.1960.

[216] HAC, 400/111, Industriekurier vom 09.04.1960, Artikel „Dr. Deuß: Mindestreserven verzinsen!". Hanns Deuß (1901–1976), 1942–1945 Vorstand der Commerzbank AG, 1952–1958 Vorstand des Bank-vereins Westdeutschland/Commerzbank-Bankverein AG, 1958–1961 Vorstand der Commerzbank AG, 1961–1976 Aufsichtsratsvorsitzender der Commerzbank AG.

[217] HAC, 400/673, Ausarbeitung der Volkswirtschaftlichen Abteilung von „Auf der Pressekonferenz am 13.04.1959 (Vorstellung des Geschäftsberichts 1958) zu erwartende Fragen". HAC, 400/1046, Rund-schreiben Nr. 6 der Konsortial-Abteilung Hamburg für den Geschäftsbereich Nord vom 03.04.1959.

[218] HAC, 400/1046, Organisations-Abteilung Hamburg, Privatisierung der Volkswagenwerk AG und Preußag-Aktien.

[219] HAC, 400/673, Rede von Hanns Deuß, Volkswirtschaftliche Abteilung, zum Jahresabschluss 1958.

Gesellschaftspolitisch verfehlte die Privatisierung allerdings ihre Ziele. Schon im Vorfeld hatte sich offenbar in der Bevölkerung die Meinung durchgesetzt, dass die Volksaktie ein spekulativer Gelegenheitskauf wäre. Die Volkswirtschaftliche Abteilung der Commerzbank in Hamburg glaubte als Hauptanreiz der Interessenten das Gefühl ausgemacht zu haben, eine Aktie unter ihrem tatsächlichen Wert kaufen zu können.[220] Lindrath hatte bereits vor der Zeichnungsfrist die Erwartungen nach unten korrigiert. Die Bundesregierung würde es schon als Erfolg ansehen, wenn nach einem Jahr die Hälfte der Volksaktien noch in Händen der Ersterwerber wäre.[221] Dieses spekulative Verhalten der Käufer lässt kaum auf erstmalige Aktionäre aus den unteren Einkommensschichten schließen.

Verglichen mit dem Investmentsparen, das von 1950 bis 1960 circa 600 000 Anleger gewonnen hatte, war die Preußag-Privatisierung mit 220 000 Aktionären innerhalb von nur drei Wochen – zumindest quantitativ – deutlich erfolgreicher, zumal der Preis einer Volksaktie mit 147,50 DM ungefähr dem Preis eines Investmentanteils entsprach.[222] Der Bevölkerung erschien das Preußag-Papier als einmalige, spekulative Anlage offenbar attraktiver als das längerfristige Wertpapiersparen.

„Die Saugnäpfe des Massengeschäfts". Expansion in der Fläche

Ein massenhaftes Privatkundengeschäft bedarf eines weitverzweigten Filialnetzes. Mit dem Ende des Zweiten Weltkriegs hatten die Großbanken allerdings viele Geschäftsstellen verloren. Auf dem Gebiet der Bundesrepublik waren sie aus historischen Gründen regional zudem recht unterschiedlich präsent. In den nord- und westdeutschen Großstädten und Ballungszentren – insbesondere in Nordrhein-Westfalen – besaßen sie ein annähernd flächendeckendes Netz. Das überwiegend agrarisch geprägte Süddeutschland war vor 1945 dagegen nur schwach von ihnen erschlossen worden. Die dortigen Nachfolginstitute der Großbanken waren vergleichsweise klein, obwohl sie für riesige Gebiete zuständig waren. Bei der Commerzbank-Gruppe befanden sich 1952 von 120 Geschäftsstellen nur 25 im Südbereich. Der Großteil davon lag in Hessen, während die Nachfolgebanken in Baden-Württemberg und Rheinland-Pfalz jeweils nur zwei Filialen umfassten.[223] Insbesondere in Bayern verfügten die Großbanken über kein Netz, sondern lediglich über vereinzelte Standorte. Dort gab es zu Beginn der 1950er Jahre zusammen gerade einmal 20 Geschäftsstellen.[224]

In Süddeutschland bestand also ein großer Nachholbedarf, zumal sich der Landesteil in den 1950er Jahren wirtschaftlich vielversprechend entwickelte.[225] Doch auch darüber hinaus gab es viele Gründe für die Großbanken, die Filialnetze zu vergrößern. Neben dem Wunsch, das Bankgeschäft ganz allgemein auszubauen, spielten teilweise auch Fir-

---

[220] HAC, 400/673, Ausarbeitung der Volkswirtschaftlichen Abteilung von „Auf der Pressekonferenz am 13.04.1959 (Vorstellung des Geschäftsberichts 1958) zu erwartende Fragen". HAC, 400/1046, Rundschreiben Nr. 6 der Konsortial-Abteilung Hamburg für den Geschäftsbereich Nord vom 03.04.1959.

[221] Der Spiegel vom 18.03.1959, Artikel „Der Gelegenheitskauf".

[222] HAC, 400/1046, Kurzfassung des Verkaufsangebotes für Preußag-Aktien, März 1959.

[223] Wolf: Das Fundament wird gelegt, S. 23.

[224] HAC/HADB/HADrB, Geschäftsberichte der Commerzbank, Deutschen Bank und Dresdner Bank 1952. Meyen: 120 Jahre Dresdner Bank, S. 155. Commerzbank (Hrsg.): 100 Jahre Commerzbank, Innenumschlag.

[225] Feldenkirchen: Deutsche Wirtschaft, S. 28.

menkunden eine Rolle. So eröffnete der Commerzbank-Bankverein die Filiale Duisburg-Hamborn 1957, um die Geschäfte mit der August-Thyssen-Hütte auszubauen.[226]

Im Laufe des Jahrzehnts wurde allerdings statt der Nähe zu Firmenkunden immer mehr die Verbreiterung der Einlagenbasis zum Hauptargument für Neueröffnungen. Die Großbanken mussten dem Kleinsparer im wahrsten Sinne des Wortes entgegenkommen.[227] Dazu rückten sie mit ihren Filialen und Zweigstellen immer näher an die Wohnorte der Bevölkerung heran.[228] Diese Entwicklung war Teil eines allgemeinen Trends im Kreditgewerbe. Die Besonderheit war allerdings, dass die Großbanken sich damit erstmals auch infrastrukturell der Privatkundschaft annäherten. Dies galt teilweise für neue Geschäftsstellen an bislang nicht erschlossenen Orten, in besonderem Maße aber für die kleinen Depositenkassen – dieser Name hielt sich ungeachtet des kompletten Leistungsangebots bis Anfang der 1960er Jahre – in den Vororten großer Städte. Prinzipiell griffen sie damit auf das frühere System der Depositenkassennetze zurück, wie sie etwa bis 1945 in Berlin existiert hatten. Allerdings entstanden die neuen Depositenkassen nicht mehr in den Innenstädten, sondern in den Vororten und Wohngebieten. Durch das Bevölkerungswachstum, die zunehmende Motorisierung und den Wunsch vieler Bundesbürger nach mehr Wohnraum expandierten die Städte mit großen Wohnsiedlungen in ihr Umland.[229] Gleichzeitig fungierten die Depositenkassen nun als Vorposten der Hauptfilialen, die der Kundschaft Zeitverluste bei der Anfahrt ersparten und der ständig wachsenden Parkplatznot in den Innenstädten entgegenwirkten.[230]

Aus bankrechtlichen Gründen konnten die Großbanken ihre Geschäftsstellennetze bis 1958 aber nur zögerlich ausweiten. Nach dem Reichsgesetz über das Kreditwesen (KWG) von 1934 hatte die Bankenaufsicht vor Neueröffnungen von Banken und deren Zweigstellen die Finanzkraft des Instituts sowie die „örtlichen und gesamtwirtschaftlichen Bedürfnisse" zu prüfen. Damit sollten – eine Erfahrung aus der Bankenkrise von 1931 – unrentable Geschäftsstellen verhindert werden.[231] Diese Regelung galt in der Bundesrepublik unverändert fort. Über die Anträge entschieden nun die Bankaufsichtsbehörden der Länder zusammen mit den Landeszentralbanken. In einem aufwändigen Verfahren mussten die Kreditinstitute die volkswirtschaftliche Notwendigkeit und Tragfähigkeit der neuen Filiale begründen, etwa durch die im geplanten Zuständigkeitsbereich bereits bestehenden Kundenverbindungen und Umsätze oder durch die Entfernung zur nächsten Filiale.[232] Die

---

[226] HAC, N26/37, Nachlass Herbert Wolf, Schreiben von Karl-Heinrich Lindner, Essen, vom 07.11. 1990.

[227] HADrB, 117996.MS, Hannoversche Rundschau vom 30.05.1958.

[228] HAC, N26/32, Nachlass Herbert Wolf, Schreiben von Wolfram Noll, Aachen, an Herbert Wolf vom 06.01.1993.

[229] Ambrosius/Kaelble: Folgen des Booms, S.30. Schäfers: Sozialstruktur und sozialer Wandel, S.277. Schildt/Sywottek: „Wiederaufbau" und „Modernisierung", S.23.

[230] HAC, 400/1262, Schreiben des Vorstands der Commerz- und Credit-Bank, Frankfurt a.M., an den Hessischen Minister für Arbeit, Wirtschaft und Verkehr, Abteilung Bankenaufsicht, Wiesbaden, vom 06.05.1957. HADrB, 117996.MS, Frankfurter Neue Presse vom 03.12.1957, Artikel „Die Bank an der Konstabler".

[231] Kreditwesengesetz (KWG) in der Fassung vom 25.09.1939, § 3 Absatz 2 a). Sparkasse 6 (1959), Artikel „Keine Bedürfnisprüfung mehr bei der Neugründung von Kreditinstituten und der Errichtung von Zweigstellen", S.123ff. Siepmann: Standortfrage bei Kreditinstituten, S.275f. Verbeck: Filialnetzpolitik, S.22.

[232] HAC, 400/155, Protokoll der Geschäftsstellenleiter-Konferenz vom 12.09.1958, S.5f. HAC, 400/1262, Schreiben des Vorstands der Commerz- und Credit-Bank, Frankfurt a.M., an den Hessi-

Behörden handhaben die so genannte Bedürfnisprüfung in den 1950er Jahren bundesweit recht rigide und bremsten so die Ausbreitung der Großbanken. Sie lehnten Anträge auf Neueröffnungen vor allem dann ab, wenn am Standort bereits eine Großbank oder mehrere andere Kreditinstitute vertreten waren. Selbst in einer Großstadt wie Augsburg verweigerten sie der Commerz- und Credit-Bank 1952 eine Filiale, obwohl diese bislang noch nicht in der Stadt vertreten gewesen war.[233] Kleinere Depositenkassen in den Vorstädten genehmigten sie dagegen häufiger. So konnte die Dresdner Bank 1958 zwar 15 neue Geschäftsstellen eröffnen, damit aber nur vier neue Orte erschließen.[234] Die Großbanken konnten die Bedürfnisprüfung bisweilen umgehen, indem sie Privatbankhäuser und kleine Aktienbanken übernahmen. Diese Methode war kostspieliger als der Aufbau eigener Geschäftsstellen, hatte aber zumindest den Vorteil, dass ein bestehender Kundenstamm am neuen Standort übernommen werden konnte.[235] Im Umkreis von Ballungsgebieten, wie z. B. im Alten Land bei Hamburg, experimentierten die Großbanken zudem mit fahrbaren Depositenkassen, die einen kostengünstigen Ersatz für feste Zweigstellen darstellten.[236]

Auch die Eigenständigkeit der großen Filialen hemmte den Filialnetzausbau. In den Hauptverwaltungen der Großbanken existierten keine Planungs- oder Koordinierungsstellen für das Filialnetz. Die Zentralen ließen den Filialen vor Ort freie Hand bei der Auswahl neuer Zweigstellenstandorte und – im Falle einer erfolgreichen Genehmigung – beim Aufbau, der Ausstattung sowie der Eröffnung. Kleinere Filialen und Depositenkassen wurden von den Filialleitern dabei mangels Checklisten und Systematik oft „[…] mehr oder weniger in Handarbeit gestrickt".[237] Der Erfolg oder Misserfolg einer neuen Bankstelle hing daher stark von der Persönlichkeit und dem Einsatz des Filialleiters ab, aber auch von Quantität und Qualität der bestehenden Kundenverbindungen, die die neue Stelle von der bisher zuständigen Filiale übernehmen konnte.[238]

Schließlich zeichnete sich ab Mitte der 1950er Jahre bei den Großbanken allmählich ein Personalproblem bei der Besetzung von neuen Geschäftsstellen ab. Ihr Bedarf an Arbeitskräften wurde zwar größer, doch nahm in Zeiten der Vollbeschäftigung das Angebot insbesondere bei den Nachwuchsführungskräften ab. Hier beschritten die Großbanken neue Wege, indem sie Akademiker aus wirtschaftsnahen Fächern umschulten. Diese konnten anschließend auch ohne absolvierte Banklehre als Filialleiter eingesetzt werden. Damit begann allmählich auch der Einzug von Akademikern in die Führungsriegen der Institute anstelle von Bankkaufleuten.[239]

---

schen Minister für Arbeit, Wirtschaft und Verkehr, Abteilung Bankenaufsicht, Wiesbaden, vom 06. 05. 1957. Siepmann: Standortfrage bei Kreditinstituten, S. 275f.

[233] HAC, 400/865, Industriekurier vom 02. 09. 1961, Artikel „Commerzbank wieder in Augsburg".

[234] HADrB, 117997.MS, Zeitschrift für das gesamte Kreditwesen vom 15. 04. 1959, Bilanzen und Prospekte, Geschäftsbericht der Dresdner Bank 1958.

[235] HAC, 400/155, Protokoll der Geschäftsstellenleiter-Konferenz vom 12. 09. 1958, S. 17f. Born: Geld und Banken, S. 124. Kurzrock: Aus der Geschichte der Commerzbank, S. 130.

[236] HADB, SG 8/16, Material zum Kleinkredit PKK, Schreiben der Norddeutschen Bank AG, Hamburg, an die Bankenaufsicht Hamburg vom 23. 06. 1956.

[237] HAC, N26/37, Nachlass Herbert Wolf, Schreiben von Karl-Heinrich Lindner, Essen, vom 07. 11. 1990.

[238] Ebenda. Kurzrock: Aus der Geschichte der Commerzbank, S. 131.

[239] HAC, N26/37, Nachlass Herbert Wolf, Schreiben von Hans-Josef Hecking vom Juni/Juli 1991. HADrB, 117996.MS, Rede von Vorstand Hans Rinn auf der Hauptversammlung der Dresdner Bank vom 25. 04. 1958.

Angesichts dieser Hemmnisse konnten die Großbanken ihre Netze nur langsam erweitern. Von 1952 bis 1958 stieg die Anzahl ihrer Geschäftsstellen um durchschnittlich 39 pro Jahr von 514 auf 788, insbesondere durch die Eröffnung kleiner Zweigstellen.[240] Die Ausweitung betraf vor allem Süddeutschland, wo etwa die Commerz- und Credit-Bank die Anzahl ihrer Niederlassungen von 24 auf 48 verdoppelte.[241] In Bayern musste sich die Commerzbank-Gruppe jedoch zurückhalten, da sie 1953 ein Freundschaftsabkommen mit der Bayerischen Hypotheken- und Wechsel-Bank geschlossen hatte.[242]

Ende der 1950er Jahre änderte sich die Situation für die Großbanken grundlegend: Am 11. Juni 1958 befand das Bundesverfassungsgericht im so genannten Apothekenurteil, dass eine Bedürfnisprüfung nicht mit dem grundgesetzlichen Recht auf freie Berufswahl vereinbar sei. Geklagt hatte allerdings kein Kreditinstitut, sondern ein Apotheker aus Erstatt. Auch das bayerische Apothekengesetz hatte bislang vor jeder Eröffnung eine solche Genehmigung verlangt.[243] Nach der Klage zweier Sparkassen und einer Teilzahlungsbank erklärte das Bundesverwaltungsgericht im Juli 1958 die Vorgabe des Verfassungsgerichts schließlich auch für juristische Personen gültig.[244] Ohne eigenes Zutun der Großbanken und zu ihrer freudigen Überraschung lösten sich damit die „Fesseln der Bedürfnisprüfung".[245] Das Urteil war der erste Schritt zur Liberalisierung des stark regulierten Kreditgewerbes und in den folgenden Jahrzehnten begann ein regelrechtes Wettrennen um die besten Standorte. Neue Geschäftsstellen mussten zwar weiterhin von den Bankaufsichtsbehörden konzessioniert werden, doch waren die Anträge nur noch Formsache.[246]

Dem raschen Ausbau der Großbanken-Filialnetze stand nun nichts mehr entgegen. Die Institute gingen dabei allerdings weiterhin recht unsystematisch und zögerlich vor. Auf den Wegfall der Bedürfnisprüfung waren sie nicht vorbereitet gewesen. So bat die Düsseldorfer Niederlassung der Dresdner Bank nach den Urteilen ihre Filialleiter um Vorschläge für neue Standorte. Diese befürworteten vor allem Vorstadt-Depositenkassen in Großstädten. Orte, in denen bereits eine Filiale einer anderen Großbank vorhanden war, hielten sie hingegen für ungeeignet. Größere Städte ohne Großbankenniederlassung seien nicht mehr vorhanden, und kleinere Städte ertragsmäßig zu riskant.[247] Diese Vorschläge waren offenbar das Resultat einer gewissen Angst vor der direkten Konkurrenz in Zeiten

---

[240] HAC/HADB/HADrB, Geschäftsberichte der Commerzbank, Deutschen Bank und Dresdner Bank 1952–1958. Angaben ohne Berliner Tochtergesellschaften, Deutsche Bank ohne Geschäftsstellen im Saarland. Meyen: 120 Jahre Dresdner Bank, S. 393.
[241] HAC, 400/111, Commerzbank, Presseausschnitte 1965. HAC, 400/155, Protokoll der Geschäftsstellenleiter-Konferenz vom 12. 09. 1958, S. 17f.
[242] HAC, N26/24, Nachlass Herbert Wolf, Protokoll der Gesamtvorstandssitzung vom 21. 01. 1960.
[243] Der Spiegel vom 24. 03. 1958, Artikel „Röber rüttelt an der deutschen Apotheke", und vom 19. 06. 1958, Artikel „Bittere Pille für die Apotheker". Zeitschrift für das gesamte Kreditwesen 2 (1959), Artikel „Das Bundesverwaltungsgericht zur Bedürfnisprüfung", S. 80f. Kolbeck: Zur Entwicklung der Bankenaufsicht, S. 1002. Schröter: Von der Teilung zur Wiedervereinigung, S. 370. Wolf: Aufbau des Privatkundengeschäfts, S. 425.
[244] Sparkasse 6 (1959), Artikel „Keine Bedürfnisprüfung mehr bei der Neugründung von Kreditinstituten und der Errichtung von Zweigstellen", S. 123ff. Zeitschrift für das gesamte Kreditwesen 2 (1959), Artikel „Das Bundesverwaltungsgericht zur Bedürfnisprüfung", S. 80f.
[245] Wolf: Aufbau des Privatkundengeschäfts, S. 425. Kurzrock: Aus der Geschichte der Commerzbank, S. 130.
[246] Siepmann: Standortfrage bei Kreditinstituten, S. 281.
[247] HADrB, [ohne Signatur] Pertinenz-Bestand, Notiz der Dresdner Bank Düsseldorf zur Erweiterung des Filialnetzes vom 10. 01. 1959. Siehe auch HAC, 400/155, Protokoll der Geschäftsstellenleiter-Konferenz vom 12. 09. 1958, S. 17f.

einer relativ wettbewerbsfreien Branche. Doch auch aus Kostengründen gaben sich die Großbanken zurückhaltend. Die umfangreichen Filialprogramme, die sie 1958/59 aufstellten, sollten daher nur das nachholen, was ihnen bislang verwehrt geblieben war. So sah der Plan der Commerzbank vom September 1958 für die Hauptverwaltungsbereiche Hamburg und Düsseldorf lediglich neue Stadtzweigstellen vor. Im Süden sollten dagegen in den kommenden Jahren sukzessive vier Depositenkassen und 22 Filialen neueröffnet werden. Allein für das Jahr 1959 stellte die Bank dazu Mittel in Höhe von über 16 Mio. DM bereit. Zudem kündigte sie das Abkommen mit der Bayerischen Hypotheken- und Wechsel-Bank, um sich auch in Bayern ausbreiten zu können.[248]

Die Großbanken begründeten die Expansion ihrer Filialnetze im Wesentlichen unverändert wie vor 1958: Sie wollten wichtige Industrieregionen erschließen, in denen sie bislang noch nicht vertreten waren.[249] Das Firmenkundengeschäft spielte teilweise eine Rolle, in Einzelfällen auch wegen der bargeldlosen Lohn- und Gehaltszahlung (siehe unten).[250] Vor allem rückte aber das Spargeschäft weiter in den Vordergrund. Zwischen den Spareinlagen, die gegen Ende der 1950er Jahre immer stärker anwuchsen, und den kleinen Zweigstellen bestand ein enger Zusammenhang, auf den die Großbankenvorstände immer wieder aufmerksam machten. Sie hatten erkannt, dass Einlagen in größerem Umfang nur dann gewonnen werden konnten, wenn sie ein engmaschiges Filialnetz aufbauten. Wenn sich eine Geschäftsstelle in der Nähe ihrer Wohnung befand, konnten einfache Arbeitnehmer leichter als Kunden gewonnen werden. Gerade die Depositenkassen eigneten sich daher besonders als „Saugstellen" für das Spargeschäft.[251] Die *Neue Ruhrzeitung* aus Essen bemerkte im September 1959, dass „[...] die Bank heute zum Geld gehen muß, wenn das Geld zu ihr kommen soll [...]".[252]

Um dieses Ziel zu erreichen, erprobten die Großbanken Ende der 1950er Jahre auch neue gestalterische und planerische Ideen. Die Geschäftsstellen sollten nun möglichst in einem einheitlichen Baustil gestaltet werden. Das Bundesgebiet teilten sie in Geschäftsstellenbereiche auf, um „tote Räume" und die Doppelansprache von Kunden durch mehrere Filialen zu vermeiden.[253] Schließlich versuchten sie, mit den neuen Niederlassungen auch außerhalb der Großstädte stärker in Konkurrenz zu den anderen Kreditinstituten zu treten. Commerzbank-Vorstand Ernst Rieche äußerte sich im September 1958

---

[248] HAC, 400/155, Protokoll der Geschäftsstellenleiter-Konferenz vom 12.09.1958, S.5f. HAC, 400/155, Protokoll der Geschäftsstellenleiter-Konferenz des Geschäftsbereichs Süd vom 16.12.1958, S.25. HAC, N26/24, Nachlass Herbert Wolf, Protokolle der Gesamtvorstandssitzungen vom 22.01.1959, 05.03.1959 und 24.06.1959.

[249] HADrB, 117997.MS, Taunus-Anzeiger vom 21.11.1959, Artikel „Dresdner-Bank-Filiale in Oberursel". HADrB, [ohne Signatur] Pertinenz-Bestand, Notiz der Dresdner Bank Düsseldorf zur Erweiterung des Filialnetzes vom 10.01.1959. HAC, 400/155, Protokoll der Geschäftsstellenleiter-Konferenz vom 12.09.1958, S.17f.

[250] HADrB, [ohne Signatur] Pertinenz-Bestand, Notiz der Dresdner Bank Düsseldorf zur Erweiterung des Filialnetzes vom 10.01.1959.

[251] HAC, 400/111, Industriekurier vom 09.04.1960, Artikel „Dr. Deuß: Mindestreserven verzinsen!". HAC, 400/673, FAZ vom 11.03.1960, Artikel „Blick durch die Wirtschaft". HAC, 400/673, Rede von Dr. Deuß zum Geschäftsjahr 1959. HAC, N26/25, Nachlass Herbert Wolf, Protokoll der Aufsichtsratssitzung vom 02.10.1959. HADrB, 117997.MS, Taunus-Anzeiger vom 21.11.1959, Artikel „Dresdner-Bank-Filiale in Oberursel".

[252] HADrB, 117997, Neue Ruhrzeitung Essen vom 12.09.1959, Artikel „Bank geht zu ihren Kunden. Dresdner Bank eröffnet Depositenkasse in Holsterhausen".

[253] HAC, N26/24, Nachlass Herbert Wolf, Protokolle der Gesamtvorstandssitzungen vom 22.01.1959 und 24.06.1959.

dahingehend, dass seine Bank sich nun „[…] richtig in dem Konkurrenzkampf tummeln" werde.[254] In vielen kleineren Orten hatten die Sparkassen und Genossenschaftsbanken bislang mehr oder weniger eine Monopolstellung innegehabt. Durch das Urteil des Verfassungsgerichts entstand hier allmählich mehr Wettbewerb.

Auch beim Filialnetzausbau in den Großstädten wagten sich die Institute an Neuerungen heran. Im Juli 1958 eröffnete die Dresdner Bank an ihrem Frankfurter Hauptgebäude als erste Großbank einen Autoschalter. Ohne ihren PKW zu verlassen, konnten hier zwei Kunden gleichzeitig das komplette Produktangebot vom Zahlungsverkehr bis hin zum Kauf von Investmentanteilen und Wertpapieren in Anspruch nehmen. Die Deutsche Bank folgte im Juli 1959 mit ihrem ersten Autoschalter in Hamburg-Hammerbrook.[255] Diese „Drive-in-Schalter" waren keine Erfindung der Großbanken gewesen.[256] Sie nahmen vielmehr einen Trend aus den USA auf. Dort waren infolge der zunehmenden Massenmotorisierung viele Service-Einrichtungen wie Autokinos, Motels, aber auch Bankschalter für PKW-Fahrer entstanden. Angesichts zunehmender Parkplatzknappheit in den Innenstädten führten die Großbanken den Autoschalter auch in Westdeutschland ein. Sie hofften, ihren Kundenverkehr damit schneller abwickeln zu können. Die Dresdner Bank plante 1959 bereits einen Ausbau ihrer Frankfurter Anlage auf die doppelte Größe sowie die Vernetzung mit Außenstellen der Bank.[257] Langfristig war den Autoschaltern allerdings kein Erfolg vergönnt. Schon in den 1960er Jahren wurden sie mangels Frequentierung zum Auslaufmodell.

Die Presse nahm die Autoschalter begeistert auf, glorifizierte sie als „Sinnbild des Fortschritts" und pries sie als „[…] eine echte progressive Tat, eine bahnbrechende Neuerung […]". Die Journalisten hofften einerseits auf eine Schrittmacherfunktion für viele weitere Dienstleistungen für PKW-Besitzer nach US-amerikanischem Vorbild auf dem Weg zur autogerechten Stadt, andererseits aber auch auf mehr Wettbewerb im Bankgewerbe.[258] Die Zeitungsartikel machten allerdings keine Angaben über das typische Nutzerprofil der Autoschalterkunden. Einen Zusammenhang mit dem allmählich wachsenden Massengeschäft stellten weder die Journalisten noch die Großbanken her. Auf den Pressefotos waren zudem ausschließlich Fahrzeuge der oberen Mittelklasse wie ein Mercedes-Benz Ponton oder ein Opel Rekord zu erkennen, die eher Geschäftsleuten zuzuordnen waren.

Neue Wege mussten die Großbanken schließlich auch im Personalbereich gehen. Durch die Filialexpansion stieg die Anzahl der Beschäftigten in den Jahren 1952 bis 1960

[254] HAC, 400/155, Protokoll der Geschäftsstellenleiter-Konferenz vom 12.09.1958, S.17f. HADrB, [ohne Signatur] Pertinenz-Bestand, Notiz der Dresdner Bank Düsseldorf zur Erweiterung des Filialnetzes vom 10.01.1959.
[255] HADB, SG 8/16, Material zum Kleinkredit PKK. Frost: Die Deutsche Bank und ihr Privatkundengeschäft, S.276.
[256] HAC/HADrB, Pressesammlungen der Volkswirtschaftlichen Abteilungen.
[257] HADrB, 117998.MS, Finanz und Wirtschaft vom 04.12.1959, Artikel „Automatisiertes Check-Fernsehen".
[258] HADrB, 117996.MS, Frankfurter Latern vom 29.08.1958, Artikel „Sinnbild des Fortschritts"; FAZ vom 30.07.1958, Artikel „Der Scheck unter der Fernsehkamera"; Frankfurter Neue Presse vom 30.07.1958, Artikel „Geld am laufenden Band"; Frankfurter Rundschau vom 30.07.1958, Artikel „Fernsehauge am Kassenschrank". Zeitschrift für das gesamte Kreditwesen 16 (1958), Artikel „Mit dem Auto an den Schalter", S.687. HADrB, 117998.MS, Frankfurter Neue Presse vom 14.11.1959, Artikel „Technik in der modernen Großbank".

von 26 500 auf fast 42 000.[259] Bei einfachen Berufen wie Buchhaltern oder Sekretärinnen versuchten die Institute, Arbeitskräfte aus anderen Branchen abzuwerben. Bei Spezialisten wie Wertpapier- und Devisenexperten, aber auch bei Innenchefs und Filialleitern drängten die Zentralen dagegen auf eine verstärkte Fluktuation von Fachkräften innerhalb der Institute. Die Zentrale und die Filialen sollten enger zusammenarbeiten, um junge, vielversprechende Mitarbeiter zu Nachwuchskräften aufzubauen. Commerzbank-Vorstand Ernst Rieche appellierte dazu an den Spürsinn seiner Filialleiter. Er forderte weniger egoistisches Denken unter den Geschäftsstellen und mehr Experimentierfreude.[260] Auch Mitarbeitern, die jünger als 20 Jahre waren, sollte durchaus einmal die Chance gegeben werden, eine neue Filiale zu leiten:

> „[...] wir werden in Zukunft auch gerade bei den neuen Filialbesetzungen es riskieren müssen, die Leute ins kalte Wasser werfen, so nun schwimm [sic]. Es geht nicht anders."[261]

Allmählich erkannten die Großbanken auch das Potenzial weiblicher Angestellter. Bislang hatte – nicht nur in der Kreditwirtschaft – die Meinung vorgeherrscht, dass die Einstellung weiblicher Lehrlinge wenig förderlich sei, da aus ihnen keine Nachwuchskräfte rekrutiert werden könnten. Mit dem steigenden Personalbedarf gegen Ende der 1950er Jahre versuchten die Großbanken allerdings, den Anteil der weiblichen Angestellten zu erhöhen. Bei der Commerzbank sollten etwa junge Mädchen bis zu ihrer Heirat als „Anlernlinge" Fachkräfte, die in neue Filialen versetzt worden waren, ersetzen und damit auch den Personaletat verbilligen.[262] Ob dieser Plan erfolgreich umgesetzt wurde, ist unklar. Weibliche Angestellte setzten sich tatsächlich erst im Laufe der 1960er Jahre quantitativ bei den Großbanken durch.

Die Filialprogramme und die neuen Methoden wirkten nur langsam. Große Geschäftsstellen an neuen Standorten benötigten große Vorbereitungen und verhältnismäßig viel Personal. Die Institute verdichteten daher in erster Linie ihre Netze in den industriellen Ballungsgebieten mit kleinen Stadtdepositenkassen oder Vorortzweigstellen, die sich nötigenfalls auch im Eilverfahren eröffnen ließen. Somit blieben auch weiterhin weiße Flecke auf den Filialnetzkarten bestehen.[263] Nach den Gerichtsurteilen 1958 erweiterten die Großbanken die Anzahl ihrer Geschäftsstellen bis zum Ende des Jahrzehnts von 788 auf 993 (siehe Abb. 6). Im Jahresdurchschnitt eröffneten sie nun 68 neue Stellen und damit doppelt so viele wie in den Jahren vor 1958. Damit bewegten sich die Institute deutlich über dem Branchendurchschnitt.[264]

Rückblickend betrachtet, schufen die Großbanken mit der Ausweitung ihrer Filialnetze in den 1950er Jahren die infrastrukturelle Voraussetzung für das spätere massenhafte Privatkundengeschäft. Dessen systematischer Aufbau war aber keineswegs beabsichtigt. Viel-

---

[259] HAC/HADB/HADrB, Geschäftsberichte der Commerzbank, Deutschen Bank und Dresdner Bank 1952–1960.
[260] HAC, 400/155, Protokoll der Geschäftsstellenleiter-Konferenz vom 12. 09. 1958, S. 5f. Büschgen: Deutsche Bank, S. 773.
[261] HAC, 400/155, Protokoll der Geschäftsstellenleiter-Konferenz vom 12. 09. 1958, S. 5f. u. S. 17f.; Protokoll der Geschäftsstellenleiter-Konferenz des Geschäftsbereichs Süd vom 16. 12. 1958, S. 25.
[262] HAC, 400/155, Protokoll der Geschäftsstellenleiter-Konferenz des Geschäftsbereichs Süd vom 16. 12. 1958, S. 25. u. S. 45ff.
[263] Wolf: Aufbau des Privatkundengeschäfts, S. 426.
[264] HAC/HADB/HADrB, Geschäftsberichte der Commerzbank, Deutschen Bank und Dresdner Bank 1958–1960. Angaben ohne Berliner Tochtergesellschaften, Deutsche Bank ohne Geschäftsstellen im Saarland. Deutsche Bundesbank (Hrsg.): Deutsches Geld- und Bankwesen, S. 253.

mehr wollten die Institute ihre Spareinlagenbestände erweitern und mussten dazu der Bevölkerung mit kleinen Vorortzweigstellen räumlich entgegenkommen. Nach dem Wegfall der Bedürfnisprüfung 1958 verstärkte sich diese Entwicklung. Das Startsignal zu Deregulierung und mehr Wettbewerb in der Kreditbranche war damit gegeben. Bei allen Institutsgruppen hatte sich ein Bedarf an neuen Geschäftsstellen aufgestaut, der nun nachgeholt wurde. Sie wetteiferten nun allmählich in der Fläche miteinander. Gleichzeitig wurden gegen Ende der 1950er Jahre große Teile der Bevölkerung zunehmend sparfähig. Insbesondere bei den Großbanken bedingten sich die rasche Ausweitung von Filialnetz und Spargeschäft nun gegenseitig.

„Wir sind kein Wohltätigkeitsinstitut". Lohn- und Gehaltskonten und der bargeldlose Zahlungsverkehr

Bereits lange vor den 1950er Jahren überwiesen die öffentlichen Verwaltungen und staatseigene Institutionen wie beispielsweise die Deutsche Reichsbahn/Bundesbahn die Gehälter bargeldlos an ihre Angestellten. Als Hausbanken dieser Einrichtungen waren die Sparkassen daher schon seit den 1920er Jahren in der bargeldlosen Lohn- und Gehaltszahlung geübt.[265] Die Privatwirtschaft und die privaten Geschäftsbanken hatten sich dafür bislang nicht interessiert. Insbesondere die Angestellten und Arbeiter in der Industrie erhielten wie im 19. Jahrhundert einmal wöchentlich die so genannte Lohntüte mit Bargeld. Die monatlichen Fixkosten wie Miete, Strom und Gas zahlten sie ebenfalls in bar. Aus Sicht der Unternehmen war diese Methode sehr aufwändig, sowohl in personeller als auch in finanzieller Hinsicht. Insbesondere in den Lohnbüros großer Firmen waren die wöchentlichen Zahlungstermine „Großkampftage" mit viel Handarbeit. Bargeld musste von der Bank geholt, abgezählt und eingetütet werden.[266] Der Wirtschaftswissenschaftler Karl Weisser konstatierte 1959:

> „Es ist erstaunlich, wie viele Unternehmen im Zeitalter der Elektronik und der Automatisierung in der Lohnabrechnung und Lohnauszahlung Verfahren anwenden, die eigentlich in die Zeit des Tagelohns gehören."[267]

In der zweiten Hälfte der 1950er Jahre bemühten sich allerdings viele Industrieunternehmen, diese umständliche Zahlungspraxis zu rationalisieren. Sie wollten Löhne und Gehälter nur noch einmal im Monat bargeldlos ausbezahlen. In den USA, aber auch in anderen Ländern hatte sich die Scheckzahlung durchgesetzt. Die Arbeitnehmer konnten ihre Lohnschecks bei Banken und im Einzelhandel einlösen. In der Bundesrepublik gab es dagegen nur bei Kreditinstituten Bargeld für Schecks, zumal dieses Zahlungsmittel hier insgesamt in der Bevölkerung kaum gebräuchlich war. Alternativ dazu konnten Löhne und Gehälter aber auch bargeldlos auf Konten von Arbeitnehmern überwiesen werden. Welche Form sich in Westdeutschland durchsetzen würde, war Ende der 1950er Jahre

---

[265] Schlombs: Productivity Machines, S. 268. Schulz: Sparkassen, S. 304ff. Weisser: Bargeldlose Lohn- und Gehaltszahlung, S. 12. Zur besseren Lesbarkeit wird für Lohn und Gehalt im Folgenden die zeitgenössische bankinterne Abkürzung LG verwendet.

[266] HADB, A 3557, Dibbern, Klaus: Bankgeschäfte mit Privaten Haushalten in Deutschland, 1999, S. 7. HADrB, 117997.MS, Hamburger Abendblatt vom 24.11.1958, Artikel „Lohnscheck verdrängt Lohntüte". Zeitschrift für das gesamte Kreditwesen 12 (1958), Artikel „Bargeldlose Lohnzahlung?", S. 156f. Andersen: Traum, S. 201. Schulz: Sparkassen, S. 304ff. Weisser: Bargeldlose Lohn- und Gehaltszahlung, S. 12ff. u. S. 75ff. Wildt: Vom kleinen Wohlstand, S. 68.

[267] Weisser: Bargeldlose Lohn- und Gehaltszahlung, S. 7.

noch offen. Beim Scheckverfahren würden eher die Hausbanken der Unternehmen deren Arbeitnehmer als Kunden gewinnen. Von der Lohnüberweisung würden dagegen eher die Sparkassen und Genossenschaftsbanken profitieren, da sich die Beschäftigten ihre Konten frei auswählen konnten. Damit bestand zudem die Möglichkeit für diese Institute, auch die Unternehmen selbst als Kunden zu gewinnen.[268]

Die Großbanken waren sich dieser Problematik offenbar nicht bewusst. Im Gegensatz zu den anderen Produkten des Massengeschäfts zeigten sie hier keine Eigeninitiative. Es waren die Unternehmen, die in der zweiten Hälfte der 1950er Jahre auf ihre Hausbanken zugingen und um Unterstützung bei der Umstellung auf die bargeldlose LG-Zahlung baten. Den Filialleitern standen jedoch keine Leitlinien oder Anweisungen der Zentrale zur Verfügung. Die Vorstände der Großbanken begegneten dem Thema zunächst äußerst ablehnend. Sie hielten die Idee, tausende von Konten für Arbeitnehmer mit niedrigen Einkommen zu führen, für abwegig. Die Arbeit und die Kosten der LG-Zahlung wollten sie keinesfalls von den Unternehmen übernehmen oder gar zu deren Lohnbüros werden. Commerzbank-Vorstand Ernst Rieche riet seinen Filialleitern daher im Dezember 1958, entsprechende Anfragen von Firmenkunden „abzuwimmeln".[269] Und auch Erich Vierhub von der Dresdner Bank stellte klar:

> „Es kann nicht Sache der Banken sein, an jedem Fabriktor eine eigene Depositenkasse einzurichten, deren Aufgabe es in der Hauptsache wäre, die den Arbeitnehmern gutgeschriebenen oder ihnen in Form von Schecks ausgehändigten Beträge möglichst sofort in Bargeld zurückzuverwandeln."[270]

Im Laufe des Jahres 1959 begannen die Großbanken allerdings, ihre Haltung aus mehreren Gründen zu revidieren. Erstens wollten sie ihre langjährigen Firmenkunden nicht verstimmen oder gar verlieren. Commerzbank-Vorstand Hanns Deuß wies darauf hin,

> „[…] daß wir uns den Wünschen unsrer Freunde aus der Industrie hinsichtlich der bargeldlosen Lohnzahlung nicht entziehen können".[271]

Wenn die Großbanken Unternehmen abwiesen, schien es nur eine Frage der Zeit, bis sich andere Kreditinstitute anbieten würden. Die Filialen sollten daher große Firmenkunden aus der Industrie unbedingt halten, indem sie ihnen ausnahmsweise LG-Konten einrichteten. Ernst Rieche befürchtete, dass die Bank in vielen Fällen keine andere Möglichkeit habe und „mit den Wölfen heulen" müsse.[272]

Zweitens erkannten die Großbanken die Möglichkeit, die Kosten der bargeldlosen LG-Zahlung durch Folgegeschäfte zu reduzieren. Franz Heinrich Ulrich von der Deutschen Bank hatte bereits 1957 die Hoffnung geäußert, über die LG-Konten auch die Bezieher kleinerer Einkommen für das Spargeschäft erschließen zu können.[273] Auch Filialleiter der

---

[268] HADrB, 118284.MS, Der Volkswirt vom 09.09.1961, Artikel „‚Festgebühr' unter der Lupe des Kartellamtes". Könneker: Wettbewerb in der Sicht der Notenbanken, S. 14. Vierhub: Neue Wettbewerbsformen, S. 20. Weisser: Bargeldlose Lohn- und Gehaltszahlung, S. 22f.

[269] HAC, 400/155, Protokoll der Geschäftsstellenleiter-Konferenz des Geschäftsbereichs Süd vom 16.12.1958, S. 40ff. Weisser: Bargeldlose Lohn- und Gehaltszahlung, S. 22f. u. S. 64ff.

[270] Vierhub: Neue Wettbewerbsformen, S. 20.

[271] HAC, 400/673, Rede von Hanns Deuß, Volkswirtschaftliche Abteilung, 1959.

[272] HAC, 400/155, Protokoll der Geschäftsstellenleiter-Konferenz des Geschäftsbereichs Süd vom 16.12.1958, S. 42f. HAC, S6/Limburg, Rundschreiben Nr. 12 der Commerzbank Frankfurt a. M., Organisations-Abteilung, an die Geschäftsstellen des Geschäftsbereichs Süd vom 14.07.1959.

[273] BArch, B 102/28953, Förderung des Investmentsparens, Vermerk vom 30.08.1957 über das Ergebnis der Sitzung des Bundeswirtschaftsministers mit Vertretern der Investmentgesellschaften am 22.08.1957. HAC, 400/1204, Protokoll und Unterlagen der Vorstandssitzung in Hamburg vom

Commerzbank äußerten sich in Geschäftsstellenleitersitzungen ähnlich. Die Kosten-deckung der Konten sollte aus „akquisitorischen Momenten" vernachlässigt werden.[274] Damit würden die Banken auch im Interesse der Volkswirtschaft handeln, wie der bereits erwähnte Wirtschaftswissenschaftler Karl Weisser meinte. Ihnen würden ganz ohne Wer-bung „von selbst Millionen neuer Kunden" und deren Spareinlagen zufließen.[275] Nicht zuletzt versprachen sich die Großbanken langfristig weitere Folgegeschäfte. LG-Konten-inhaber waren potenzielle Investment- und Effektenkunden oder konnten sich eines Tages auch für Kleinkredite, Reisezahlungsmittel und Schließfächer interessieren.[276] In diesem Zusammenhang wies die Hamburger Werbeabteilung der Dresdner Bank den Vorstand 1959 darauf hin, dass die bargeldlose LG-Zahlung insgesamt ein hervorragendes Werbe-mittel abgeben würde, um in Angestellten- und Arbeiterkreisen Fuß zu fassen.[277] Hier klang erneut – ohne dabei konkret zu werden – die langfristige Hoffnung auf ein viele Produkte umfassendes Privatkundengeschäft an. Allenfalls einzelne Visionäre ahnten die zukünftige Bedeutung der LG-Konten. So bemerkte der Nürnberger Filialleiter der Com-merzbank, Carl Otto Teewag, im Kreise seiner Kollegen im Dezember 1958:

> „Also wir drängen uns bestimmt nicht in Dinge, die mehr kosten, als sie uns einbringen. Aber gera-de bei der bargeldlosen Gehaltsüberweisung stehen wir glaube ich vor einer Weiche, die jetzt mehr oder weniger für immer gestellt wird, habe ich das Gefühl."[278]

Drittens ließ sich die Rentabilität der LG-Konten nach Meinung der Großbanken durch den gesteigerten Gebrauch von Schecks seitens der Konteninhaber verbessern. Der bar-geldlose Zahlungsverkehr verursachte deutlich weniger Kosten als der Umlauf von Bar-geld. Die Institute orientierten sich dabei an den angelsächsischen Ländern, wo Schecks auch für Privatpersonen ein übliches Zahlungsmittel waren. Die englische Midland Bank bot beispielsweise seit 1955 Personal Cheque Accounts in einfacher Form für Privatkun-den an.[279] Zudem hatten amerikanische Geschäftsbanken den Scheckverkehr durch tech-nische Rationalisierungen und organisatorische Vereinfachungen rentabler gemacht. Elektromechanische Lochkartenmaschinen, die die Großbanken Ende der 1950er zur automatisierten Datenverarbeitung im Wertpapiergeschäft beschafften, ließen sich auch im Zahlungsverkehr einsetzen.[280] Die Großbanken verfügten schließlich traditionell über

24. 06. 1959. HADB, SG 8/16, Material zum Kleinkredit PKK, Protokoll vom 07. 05. 1956 über die 47. Besprechung der Kreditorenwerbung am 19. 04. 1956.
[274] HAC, 400/155, Protokoll der Geschäftsstellenleiter-Konferenz des Geschäftsbereichs Süd vom 16. 12. 1958, S. 40 f.
[275] Weisser: Bargeldlose Lohn- und Gehaltszahlung, S. 24 f. u. S. 63 ff.
[276] HAC, 400/673, Rede von Hanns Deuß, Volkswirtschaftliche Abteilung, 1959. HAC, 400/1204, Protokoll und Unterlagen der Vorstandssitzung in Hamburg vom 24. 06. 1959. HAC, S6/Limburg, Rundschreiben Nr. 12 der Commerzbank Frankfurt a. M., Organisations-Abteilung, an die Geschäfts-stellen des Geschäftsbereichs Süd vom 14. 07. 1959. HADrB, 16955–2001.MS, Rundschreiben Nr. 15 der Dresdner Bank Frankfurt a. M. vom 27. 01. 1959. HADrB, 16956–2001.MS, Aktennotiz der Dresd-ner Bank Hamburg vom 18. 06. 1958. Hooven: Wandlungen im Bankgeschäft, S. 313 f.
[277] HAC, 400/1204, Protokoll und Unterlagen der Vorstandssitzung in Hamburg vom 24. 06. 1959. HADrB, 16956–2001.MS, Aktennotiz der Dresdner Bank Hamburg vom 18. 06. 1958.
[278] HAC, 400/155, Protokoll der Geschäftsstellenleiter-Konferenz des Geschäftsbereichs Süd vom 16. 12. 1958, S. 40 f.
[279] HADB, SG 8/16, Material zum Kleinkredit PKK, Protokoll vom 07. 05. 1956 über die 47. Bespre-chung der Kreditorenwerbung am 19. 04. 1956. Zeitschrift für das gesamte Kreditwesen 18 (1958), Artikel „Ein weiterer Midland Bank-Plan", S. 774. Green: Midland Bank, S. 54.
[280] HAC, 400/1204, Protokoll der Vorstandssitzung in Hamburg vom 24. 06. 1959. HADrB, 117997. MS, Fränkische Presse vom 18. 03. 1959. HADrB, 117998.MS, Börsen-Zeitung vom 03. 12. 1959, Artikel „Elektronen- und Magnetstreifentechnik".

große Erfahrungen im Scheckverkehr, wenn auch bislang eher im Firmenkundenbereich. Mit der Umstellung auf die bargeldlose LG-Zahlung hofften sie, auch die Zahlungsgewohnheiten der Privatkunden zu verändern und den Scheck insgesamt populärer zu machen. Ganz nebenbei wollten sie damit den befürchteten Run auf ihre Schalter von Arbeitnehmern an Zahltagen umgehen, denn Bargeldauszahlungen galt es nach Möglichkeit zu vermeiden.[281] Nicht zuletzt sprachen auch volkswirtschaftliche Gründe für einen ausgeweiteten Scheckverkehr, da auf diese Weise der Notenumlauf eingedämmt werden konnte.[282]

Viertens lag für die Großbanken – ebenfalls nach US-amerikanischem Vorbild – die Möglichkeit nahe, das Geschäft mit den LG-Konten durch Gebühren kostenneutraler zu gestalten.[283] Es erschien logisch, die Unternehmen, die natürlich am meisten von der Umstellung profitierten, an ihren Unkosten zu beteiligen.[284] Viele Firmen hatten dies im Vorfeld zugesagt, da sie sich erhebliche finanzielle Einsparungen erhofften.[285] Diese Abmachungen wurden offenbar aber nicht immer vertraglich fixiert. In der Anfangsphase der LG-Konten lagen den Großbanken-Filialen noch keine Richtlinien der Zentrale vor. Daher gestalteten sie eigenständig Gebührensätze für die Kontoführung und benutzten diese auch als Druckmittel gegen unerwünschte Konteninhaber. So führte beispielsweise die Commerzbank-Filiale in Wetzlar 1958 besonders hohe Gebühren ein, um die Soldatenkonten der örtlichen Garnison an die Sparkasse loszuwerden. Dieses Vorgehen war ganz im Sinne der Commerzbank-Vorstände, denen kleine Einlagen- und Kreditsummen generell ein Dorn im Auge waren. Kleinkunden brachten der Bank nichts ein. Ernst Rieche plädierte daher für hohe Gebühren

> „[…] auf die Gefahr hin bzw. mit dem ausdrücklichen Wunsch, daß die Kunden abgehen sollen. Das geht gar nicht anders.“

Seiner Ansicht nach waren LG-Konten etwas für Sparkassen und vor allem für Postscheckämter. Diese könnten die Dienstleistung weitaus billiger anbieten als jede Bank.[286] Seinen Filialleitern schärfte er daher im September 1958 ein:

> „Wenn Sie also jetzt hier einen Kunden haben, der bringt Ihnen das viele kleine Zeug, da müssen Sie dem sagen ‚Hör mal alter Freund, da hast Du eben per Posten soundso viel zu zahlen. Wir sind kein Wohltätigkeitsinstitut. […] wenn Du mit der Eisenbahn fährst, da musst Du ja auch bezahlen.‘ Nicht wahr, das ist ja auch eine Leistung. Wir sind ein Dienstleistungsbetrieb […].“[287]

Mitte 1959 führten die Großbanken einheitliche Gebührenordnungen für ihre LG-Konten ein. Sie forderten 1% bis 2% des monatlichen Lohns oder Gehalts. Zusätzlich berech-

---

[281] HAC, S6/Limburg, Rundschreiben Nr. 12 der Commerzbank Frankfurt a. M., Organisations-Abteilung, an die Geschäftsstellen des Geschäftsbereichs Süd vom 14. 07. 1959. Sauer: Wettbewerbsposition, S. 105. Vierhub: Neue Wettbewerbsformen, S. 20.
[282] HAC, 400/673, Rede von Hanns Deuß, Volkswirtschaftliche Abteilung, 1958.
[283] HADrB, 118284.MS, Der Volkswirt vom 09. 09. 1961, Artikel „‚Festgebühr‘ unter der Lupe des Kartellamtes“.
[284] HAC, 400/673, Rede von Hanns Deuß, Volkswirtschaftliche Abteilung, 1959.
[285] HAC, S6/Limburg, Rundschreiben Nr. 12 der Commerzbank Frankfurt a. M., Organisations-Abteilung, an die Geschäftsstellen des Geschäftsbereichs Süd vom 14. 07. 1959. HADrB, 117997.MS, Hamburger Abendblatt vom 24. 11. 1958, Artikel „Lohnscheck verdrängt Lohntüte“. Zeitschrift für das gesamte Kreditwesen 12 (1958), Artikel „Bargeldlose Lohnzahlung?“, S. 156f.
[286] HAC, 400/155, Protokoll der Geschäftsstellenleiter-Konferenz des Geschäftsbereichs Süd vom 16. 12. 1958, S. 40ff.
[287] Ebenda, S. 42f.

neten sie die einzelnen Umsatzposten nach den üblichen Konditionen der Kontokorrent-konten. Wer für die Gebühren aufkam, spielte für sie keine Rolle.[288] Ihnen kam es in erster Linie nicht darauf an, mit den LG-Konten neue Privatkunden in großem Umfang zu gewinnen. Sie versuchten sich lediglich in einer eher unfreiwillig eingeführten Geschäfts-sparte schadlos zu halten. In einem Rundschreiben der Commerzbank vom Juli 1959 hieß es:

> „Ob die entstehenden Kosten vom Kontoinhaber oder dessen Arbeitgeber oder von beiden gemeinsam getragen werden, ist für die Bank gleichgültig."[289]

Diese Gebührenpolitik konnten die Großbanken in der Praxis jedoch nicht lange aufrechterhalten (siehe Kap. III.2.). Bald schon wurde die gegenseitige Konkurrenz von Großbanken, Sparkassen und Genossenschaftsbanken zu groß. Die Filialen vor Ort mussten sich in vielen Fällen nachgiebig zeigen oder vollständig auf die Gebühren verzichten, um mit den Unternehmen im Geschäft zu bleiben. Die Hauptverwaltungen räumten ihnen daher einen gewissen Spielraum bei Verhandlungen ein. Die Filialen sollten flexibel agieren, um die Konkurrenz vor Ort zu bewältigen, Kunden zu halten und gegebenenfalls auch neue Firmenverbindungen zu gewinnen. Selbst Kostenunterdeckungen nahmen die Großbanken dabei in Kauf.[290]

Letztlich setzte sich ab etwa 1959/60 in den Großbanken die Überzeugung durch, sich bei den LG-Konten stärker zu engagieren. So ließ etwa die Dresdner Bank im April 1959 verlauten, dass „[…] man der bargeldlosen Lohnzahlung durchaus freundlich gegenübersteht".[291] Insbesondere die westdeutschen Geschäftsbereiche mit den großen, mitarbeiterstarken Unternehmenskunden aus der Schwerindustrie des Ruhrgebiets spielten dabei eine Vorreiterrolle.[292] Die Großbanken versuchten zunächst, ihr LG-Kontengeschäft über die Unternehmen aufzubauen. Sie hofften so, komplette Belegschaften als Kunden übernehmen zu können und die Kontoführungskosten gering zu halten.[293] Hinter diesem Vorgehen stand der Gedanke, eher für das Unternehmen als für den Arbeitnehmer eine Bankdienstleistung zu erbringen.

Beispielhaft dafür steht eine Absprache zwischen der Deutschen Bank in Düsseldorf und der Mannesmann AG. Zum Jahresbeginn 1958 richtete der Stahlkonzern für alle Arbeiter und Angestellten LG-Konten bei der Deutschen Bank ein. Das erleichterte den Aufwand für das Unternehmen enorm, da alle Überweisungen an dasselbe Institut gingen. Die Arbeitnehmer konnten bei Bedarf ihre Einkommen auf ein Konto bei einer anderen Bank oder Sparkasse überweisen. Zudem richtete die Deutsche Bank eine inoffizielle Zahlstelle auf dem Betriebsgelände von Mannesmann ein. Dort waren Barabhebungen möglich. Dies geschah auch im Interesse des Konzerns, der Gänge der Arbeitnehmer zu

---

[288] HAC, S6/Limburg, Rundschreiben Nr. 12 der Commerzbank Frankfurt a. M., Organisations-Abteilung, an die Geschäftsstellen des Geschäftsbereichs Süd vom 14.07.1959.
[289] Ebenda.
[290] HAC, 400/1204, Protokoll und Unterlagen der Vorstandssitzung in Hamburg vom 24.06.1959. HAC, S6/Limburg, Rundschreiben Nr. 12 der Commerzbank Frankfurt a. M., Organisations-Abteilung, an die Geschäftsstellen des Geschäftsbereichs Süd vom 14.07.1959.
[291] HADrB, 117997.MS, Industriekurier vom 11.04.1959.
[292] HAC, 400/155, Protokoll der Geschäftsstellenleiter-Konferenz des Geschäftsbereichs Süd vom 16.12.1958, S. 41. HADrB, 117997.MS, Hamburger Abendblatt vom 24.11.1958, Artikel „Lohnscheck verdrängt Lohntüte".
[293] HAC, S6/Limburg, Rundschreiben Nr. 12 der Commerzbank Frankfurt a. M., Organisations-Abteilung, an die Geschäftsstellen des Geschäftsbereichs Süd vom 14.07.1959.

Kreditinstituten während der Arbeitszeit möglichst vermeiden wollte. Um die Konten möglichst profitabel zu betreiben, verteilte die Deutsche Bank Scheckbücher, warb für Sparkonten und die Möglichkeiten des provisionsfreien bargeldlosen Zahlungsverkehrs. Das Kreditinstitut und der Konzern arbeiteten auch hierbei eng zusammen. So gewährte Mannesmann Prämien für Sparkonten, die Mitarbeiter bei der Deutschen Bank einrichteten.[294] Die Commerzbank vereinbarte mit dem Hauptquartier der Britischen Rheinarmee in Mönchengladbach im August 1959 eine ähnliche „Blockübernahme" von LG-Konten sowie eine Kasernenzahlstelle.[295] Die Großbanken errichteten in diesen Jahren einige Zweigstellen in unmittelbarer Nähe von großen industriellen Kunden, die auf die bargeldlose LG-Zahlung umstellten.[296]

Dieses Vorgehen erwies sich für die Großbanken aber schnell als recht teuer und nicht praktikabel. Mit einer Zahlstelle auf jedem Fabrikgelände eines Firmenkunden wären die Befürchtungen Erich Vierhubs wahr geworden. Löhne und Gehälter wurden auf diese Weise letztlich weiterhin bar und weder zeitlich noch örtlich dezentralisiert ausbezahlt.[297] Zudem gab es in der Kreditbranche rechtliche Bedenken. Die ausschließliche Vergabe aller Belegschaftskonten an ein einziges Institut verstieß gegen das Wettbewerbsabkommen.[298] Bankenverbände und Kreditinstitute diskutierten daher nun über die einheitliche Gestaltung der LG-Konten. Arbeitnehmer sollten zukünftig eine Bank oder Sparkassen frei wählen können. Keinesfalls sollte der bargeldlose Zahlungsverkehr dagegen zum Kundenfang missbraucht werden.[299] Bis zum Ende der 1950er Jahre beschloss die Branche aber keine einheitlichen Richtlinien mehr.

Die Wunschvorstellung der Großbanken, die Belegschaft einer Firma geschlossen zu übernehmen, ließ sich somit nicht erfüllen. Kunden für das LG-Kontengeschäft mussten im freien Wettbewerb gewonnen werden. Dazu war eine einheitliche Gestaltung der Konten innerhalb der Großbanken notwendig.[300] Von spezieller Werbung sahen sie zunächst noch ab.[301] Sie befürchteten, dass in den kommenden Jahren eine „lawinenartig anwachsende Zahl" von LG-Konten auf sie zukommen könnte. Damit würden die Aufwendungen für Personal, Technik und Räumlichkeiten weiter ansteigen und das Kosten-Nutzen-Ver-

---

[294] HADrB, 16956-2001.MS, Rundschreiben der Mannesmann AG vom 08.01.1958 zur bargeldlosen Gehalts- bzw. Ruhegeldzahlung; Schreiben des Büros des Bundesverbandes des privaten Bankgewerbes, Düsseldorf, an Dresdner Bank Düsseldorf, Organisationsabteilung, vom 13.06.1958.
[295] HAC, N26/33, Nachlass Herbert Wolf, Schreiben von Wilhelm Schaele, Bielefeld, an Herbert Wolf vom 02.06.1994. HADrB, [ohne Signatur] Sammlung Weigand, Schreiben der Dresdner Bank, Hauptverwaltung Düsseldorf, an den nordrhein-westfälischen Minister für Wirtschaft und Verkehr, Abteilung Bankenaufsicht, vom 12.08.1959.
[296] HADrB, [ohne Signatur] Pertinenz-Bestand, Notiz der Dresdner Bank Düsseldorf zur Erweiterung des Filialnetzes vom 10.01.1959.
[297] HADrB, 117998.MS, Börsen-Zeitung vom 03.12.1959, Artikel „Elektronen- und Magnetstreifentechnik". Vierhub: Neue Wettbewerbsformen, S. 20.
[298] HAC, 402/285, Mantelvertrag, Zinsabkommen und Wettbewerbsabkommen (Stand Mai 1941). HADrB, 16956-2001.MS, Aktennotiz der Dresdner Bank Hamburg vom 18.06.1958.
[299] HADrB, 16956-2001.MS, Schreiben des Büros des Bundesverbandes des privaten Bankgewerbes, Düsseldorf, an Dresdner Bank Düsseldorf, Organisationsabteilung, vom 13.06.1958; Aktennotiz der Dresdner Bank Hamburg vom 18.06.1958; Schreiben des Büros des Bundesverbandes des privaten Bankgewerbes, Hamburg, an Dresdner Bank Hamburg, Rechtsabteilung, vom 01.07.1958. Vierhub: Neue Wettbewerbsformen, S. 20.
[300] HAC, 400/1204, Protokoll und Unterlagen der Vorstandssitzung in Hamburg vom 24.06.1959.
[301] HADrB, 16955-2001.MS, Rundschreiben Nr. 29 der Dresdner Bank Düsseldorf vom 29.01.1959 zur Führung von Gehaltskonten.

hältnis immer schlechter ausfallen. Nicht zuletzt aus Rücksicht auf die Stammkunden hielten sich die Großbanken zurück. Diese könnten sich, so die Sorge der Vorstände, durch einfache LG-Konteninhaber im Schalterverkehr beeinträchtigt fühlen, verärgert sein oder langfristig sogar ausbleiben.[302] Beinahe sorgenvoll äußerten etwa die Leiter der Organisationsabteilungen der Commerzbank gegenüber dem Vorstand im Juni 1959:

> „Es liegt durchaus in der Entwicklung, daß eines schönen Tages die Stammkunden gegenüber den Lohn- und Gehaltskonten-Inhabern eine kleine Minderheit bilden."[303]

Ohne Werbung, so hofften die Großbanken, ließen sich diese Entwicklungen verlangsamen, um somit zunächst einmal mit relativ wenigen LG-Konten Erfahrungen zu sammeln.[304] Sie gestatteten ihren Filialen daher in der zweiten Jahreshälfte 1959, sich gezielt um LG-Konten zu bemühen. Alle Aktivitäten sollten allerdings unter der Prämisse stehen, die Kosten so niedrig wie möglich zu halten. Mit Rücksicht auf das Wettbewerbsabkommen sollten neue Kunden zunächst nur über die Unternehmen akquiriert werden. Die Filialen erhielten dazu spezielle Verhandlungsrichtlinien.[305] Zudem konnte auf diesem Wege erreicht werden, dass sich die Firmen an den Kosten der bargeldlosen LG-Zahlung beteiligten.

Auf Zuschüsse seitens der Unternehmen waren die Großbanken durchaus angewiesen. Ein Großteil der Arbeiter und Angestellten nutzte das LG-Konto zunächst wie bislang die Lohntüte. Am Zahltag hoben sie das gesamte Einkommen ab und verwahrten es gewohnheitsgemäß zu Hause. Der einzige Unterschied bestand darin, dass das Geld nun monatlich von einem Kreditinstitut kam und nicht mehr wöchentlich vom Lohnbüro des Arbeitgebers.[306] Auf den LG-Konten bildete sich so kein dauerhaftes Guthaben, mit dem die Banken gewinnbringend arbeiten konnten. Ohne diesen so genannten Bodensatz blieb das Geschäft nutzlos und verursachte nur Kosten.[307] Die überwiegende Mehrheit der LG-Konteninhaber hatte keine Kenntnisse und keine Erfahrung im Umgang mit einem laufenden Konto. Mit der Umstellung kamen fast alle von ihnen erstmals in Kontakt mit einer Bank.[308] Karl Weisser erkannte treffend:

> „Die Anlage eines eigenen Bankkontos stellt den Arbeiter vor [...] für ihn völlig neue Situationen. Vielfach wissen die einzelnen Arbeiter kaum, oft gar nicht, über den Geldverkehr auf einem eigenen Konto Bescheid. Ebensowenig sind ihnen der Scheckverkehr und der Umgang mit einem eige-

---

[302] HAC, 400/1204, Protokoll und Unterlagen der Vorstandssitzung in Hamburg vom 24.06.1959. HADrB, 16955-2001.MS, Rundschreiben Nr. 29 der Dresdner Bank Düsseldorf vom 29.01.1959 zur Führung von Gehaltskonten.

[303] HAC, 400/1204, Protokoll und Unterlagen der Vorstandssitzung in Hamburg vom 24.06.1959.

[304] HADrB, 16955-2001.MS, Rundschreiben Nr. 29 der Dresdner Bank Düsseldorf vom 29.01.1959 zur Führung von Gehaltskonten.

[305] HAC, 400/1204, Protokoll und Unterlagen der Vorstandssitzung in Hamburg vom 24.06.1959. HADrB, 16955-2001.MS, Rundschreiben Nr. 15 der Dresdner Bank Frankfurt a.M. vom 27.01.1959; Rundschreiben Nr. 29 der Dresdner Bank Düsseldorf vom 29.01.1959 zur Führung von Gehaltskonten.

[306] HADrB, 16955-2001.MS, Rundschreiben Nr. 15 der Dresdner Bank Frankfurt a.M. vom 27.01.1959. Schulz: Sparkassen, S. 304ff.

[307] HAC, 400/673, Rede von Hanns Deuß, Volkswirtschaftliche Abteilung, 1959; Die Welt vom 10.03.1959, Artikel „Der Effektenhandel war 1959 das große Geschäft". HADrB, 16956-2001.MS, Schreiben des Büros des Bundesverbandes des privaten Bankgewerbes, Düsseldorf, an Dresdner Bank, Organisationsabteilung, vom 13.06.1958. Sauer: Wettbewerbsposition, S. 105. Weisser: Bargeldlose Lohn- und Gehaltszahlung, S. 22f. u. S. 64ff.

[308] Hooven: Wandlungen im Bankgeschäft, S. 313f. Schulz: Sparkassen, S. 304ff.

nen Scheckheft geläufig. Alle diese Dinge im Zusammenhang mit einer gewissen Scheu vor derartigen Sachen und einer Portion Trägheit, die dem Menschen eigen ist, wenn er sich an etwas gewöhnt hat, bedeuten für viele Arbeiter eine zusätzliche Belastung und ungewollte Umstände."[309]

Das LG-Konto musste also attraktiver gemacht und die neuen privaten Kunden mussten gründlich aufgeklärt werden. Die Großbanken wiesen ihre Filialen an, die LG-Konteninhaber umfassend zu beraten und insbesondere auf die Kombinationsmöglichkeiten mit Sparbuch und bargeldlosem Zahlungsverkehr hinzuweisen.[310] Auch bei der Werbung endete nun die selbst auferlegte Zurückhaltung. Die Großbanken versuchten nun allmählich, Privatpersonen auf direktem Wege mit Broschüren und anderen Werbemitteln anzusprechen. Die gesamte Kreditbranche begann um 1960, den bargeldlosen Zahlungsverkehr verstärkt zu bewerben. Während die Sparkassen den Giroverkehr mit Überweisungen propagierten, setzten die privaten Geschäftsbanken auf die Popularisierung des Scheckverkehrs. Damit entwickelten sie einen Gegenentwurf zum Giromodell der Sparkassen. Obwohl die Bezeichnung Girokonto in Deutschland schnell gebräuchlich wurde, vermeiden die Großbanken diesen Terminus bis in die Gegenwart konsequent, um keine Nähe zu den Sparkassen zu assoziieren.

Die bislang geringe Akzeptanz des Schecks in der Bevölkerung hing – so sahen es zumindest die Großbanken – mit dessen Unsicherheit zusammen. Im Vergleich zu den angelsächsischen Ländern war die Scheckmoral in der Bundesrepublik nur gering ausgeprägt und das deutsche Scheckrecht reformbedürftig. Um ihren bargeldlosen Zahlungsverkehr auszuweiten, setzten sich die Großbanken für ein schärferes Strafrecht bei Scheckbetrug ein.[311] 1959 reichten die Bundesbürger schätzungsweise 45 000 bis 60 000 ungedeckte Schecks im Monat ein, die einen Schaden von circa 20 Mio. DM verursachten. Die Bundesministerien der Wirtschaft und der Justiz prüften zwar einen eigenen Straftatbestand des Scheckbetrugs mit wesentlich höheren Strafen einzuführen. Bis zum Ende des Jahrzehnts änderte sich allerdings nichts an den bestehenden Verhältnissen.[312] Die Großbanken und die übrigen privaten Kreditinstitute versuchten daher in Eigenregie, den Scheck sicherer zu machen und zu popularisieren. Sie führten Spezialschecks ein, mit denen die Kunden nur bestimmte Waren oder Dienstleistungen bezahlen konnten und die zusätzlich gesichert waren.[313] So beteiligten sie sich 1957 – auch im Hinblick auf den zunehmenden Tourismus und die steigende Anzahl von Geschäftsreisenden – an der Einführung des Reiseschecks in der Kreditbranche. Dieser Scheck ersetzte auf Reisen das Bargeld und den umständlichen Umtausch von Devisen. Dazu versah der Kunde in seiner Heimatfiliale alle Reiseschecks mit seiner Unterschrift. Im Ausland konnte er dann gegen eine weitere Unterschrift in einer Bank 50 DM oder 100 DM Bargeld erhalten.[314]

Im August 1959 führte die Hamburger Hauptverwaltung der Dresdner Bank einen weiteren Spezialscheck nach amerikanischem Vorbild ein. In den USA bezahlten Autofahrer schon seit vielen Jahren an den Tankstellen mit Schecks oder per Kreditkarte. Mit dem Tankscheck konnten nun auch Kunden der Dresdner Bank an rund 28 000 Tankstellen in

[309] Weisser: Bargeldlose Lohn- und Gehaltszahlung, S. 54.
[310] HADrB, 16955-2001.MS, Rundschreiben Nr. 15 der Dresdner Bank Frankfurt a. M. vom 27. 01. 1959.
[311] HAC, 400/673, Rede von Hanns Deuß, Volkswirtschaftliche Abteilung, 1958.
[312] HADrB, 117997.MS, Mannheimer Morgen vom 20. 08. 1959, Artikel „Mit dem Scheckbuch an die Tankstelle".
[313] HADrB, 117997.MS, FAZ vom 28. 08. 1959, Artikel „Der einheitliche Tankscheck".
[314] Schulz: Sparkassen, S. 313f.

Westdeutschland bargeldlos Mineralölprodukte erstehen. Zu diesem Zweck hatte das Institut mit zwölf Mineralölgesellschaften Verträge abgeschlossen. Der Tankscheck war ein spezieller Verrechnungsscheck, den die Bank aus dem Reisescheck weiterentwickelt und mit zusätzlichen Sicherungsvorkehrungen versehen hatte: Die Scheckbücher enthielten zehn Schecks, die auf 75 DM begrenzt und zweckgebunden waren. Im Scheckbuch war zudem das polizeiliche Kennzeichen des Kraftfahrzeugs vermerkt, das der Tankwart kontrollieren musste.[315]

In der Presse fand der Tankscheck ein überwältigendes Echo. Von allen Produkten, die die Großbanken in den 1950er Jahren einführten, erregte dieser neue Scheck vermutlich das meiste Aufsehen. Die große Anzahl der Zeitungsartikel mag dem öffentlichkeitswirksamen Thema Automobil geschuldet sein. 1959 erreichte die Massenmotorisierung mit 6 Mio. zugelassenen Kraftfahrzeugen einen ersten Höhepunkt.[316] Die Journalisten waren jedenfalls überzeugt, dass der Tankscheck ein „bahnbrechender Erfolg" und der gesamte Scheckverkehr in der Bevölkerung nun „hoffähig" werden würde.[317] In der Bundesrepublik, so hofften sie, würde nun eine US-amerikanische Entwicklung nachgeholt werden, an deren Ende der Scheck das Bargeld als vorherrschendes Zahlungsmittel ablösen würde.[318] Nur vereinzelte Stimmen warnten vor einem Trend, der ständig weitere Spezialschecks bis hin zum „Salatscheck" gebären würde. Auf dem Weg zum allgemein akzeptierten Scheck, so *Die Welt*, seien Spezialschecks lediglich „Pubertätserscheinungen".[319]

Das Tankscheck-Monopol der Dresdner Bank währte nur kurz. Noch am Starttag kündigte die Commerzbank eine eigene Variante an, und auch die Deutsche Bank überlegte einen Einstieg. Um einen „Tankscheck-Krieg" (*FAZ*) zu vermeiden, verhandelten die Spitzenverbände der Kreditinstitute über ein einheitliches Produkt. Ab Oktober 1959 boten schließlich alle Banken, Sparkassen und Genossenschaftsbanken den Tankscheck an.[320] Gleichzeitig vereinbarten sie, Spezialschecks oder andere Instrumente des unbaren Zahlungsverkehrs in Zukunft nur noch gemeinschaftlich einzuführen, um größere Rationalisierungseffekte zu erreichen.[321] Die Großbanken hofften, mit dem Tankscheck neue Kunden und Folgegeschäfte akquirieren zu können. Dabei nahmen sie bewusst in Kauf, dass der Tankscheck unrentabel war. Das Scheckbuch gaben sie für gerade einmal 50 Pfennig an die Kunden ab. Weitere Gebühren erhoben sie nicht. Offenbar ging es ihnen vielmehr darum, den Scheckverkehr zu bewerben.

Ein nachhaltiger Erfolg war dem Tankscheck nicht beschieden. Nach einem Jahr hatte die Dresdner Bank lediglich 75 000 Scheckhefte ausgegeben. Auch bei den anderen Kre-

---

[315] HADrB, 117997.MS, Börsen-Zeitung vom 28.07.1959, Artikel „Dienst am Kunden". Hunscha/ Müller: Aus der Geschichte der Dresdner Bank, S. 58.

[316] HADrB, 117997.MS, Börsen-Zeitung vom 28.07.1959, Artikel „Dienst am Kunden".

[317] HADrB, 117997.MS, FAZ vom 27.07.1959, Artikel „Der Tankscheck"; Westdeutsches Tagblatt vom 17.10.1959, Artikel „Kundendienst der Banken".

[318] HADrB, 117997.MS, Frankfurter Rundschau vom 25.07.1959, Artikel „Kraftstoff-Tanken ohne Bargeld in der Bundesrepublik"; Mannheimer Morgen vom 20.08.1959, Artikel „Mit dem Scheckbuch an die Tankstelle".

[319] HADrB, 117997.MS, Die Welt vom 29.08.1959, Artikel „Der Scheck in der Pubertät".

[320] HADrB, 16957-2001.MS, Entwurf von Wilhelm Götz, Dresdner Bank Frankfurt a.M., für einen Aufsatz in der Zeitschrift für das gesamte Kreditwesen vom 05.07.1960. HADrB, 117997.MS, Frankfurter Rundschau vom 15.08.1959, Artikel „Für Einheits-Tankschecks"; FAZ vom 28.08.1959, Artikel „Der einheitliche Tankscheck".

[321] HADrB, 16955-2001.MS, Sonderrundschreiben des Bundesverbandes des privaten Bankengewerbes vom 02.11.1959.

ditinstituten spielte der Tankscheck keine große Rolle. Große Teile der Bevölkerung besaßen noch keinen PKW, und Eigentümer von Automobilen zahlten an ihren Stammtank-
stellen lieber in bar. Die Tankschecknachfrage war daher stark vom Reise- und Urlaubs-
verkehr abhängig. Doch dafür eignete sich der universell einsetzbare Reisescheck
besser.[322] Ohnehin war der Tankscheck nicht für alle Bundesbürger gleichermaßen gedacht. Laut der Dresdner Bank in Hamburg sollte die Nachfrage vom „gehobenen kleinen Mann" ausgehen.[323] Zu den wenigen Stammkunden des Tankschecks wurden vielmehr Unternehmen mit großen LKW-Beständen oder mit vielen Außendienstmitarbei-
tern.[324] Die Großbanken gaben ihre Pläne, den Tankscheck zu internationalisieren bzw.
andere Spezialschecks wie beispielsweise einen Reparaturscheck herauszugeben, daher
bald auf.[325] Beim bargeldlosen Tanken setzten sich langfristig die Tankkreditkarten spezieller Gesellschaften durch.

Insgesamt spielte das Geschäft mit den LG-Konten und dem bargeldlosen Zahlungsverkehr von Privatkunden in den 1950er Jahren eine eher unbedeutende Rolle bei den
Großbanken. Diesem Bereich hatten sie sich nur äußerst widerwillig und auf Druck ihrer
Geschäftskunden angenähert. Im Vergleich zu anderen Produkten des Massengeschäfts
entwickelte sich die LG-Kontensparte allmählich, ohne fixen Startzeitpunkt und ohne
Werbung. Das große Potenzial, das langfristig hinter der neuen Kundengruppe der Arbeiter und Angestellten lag, nahmen die Großbanken dagegen kaum wahr. Vom Trend zur
bargeldlosen Gehaltszahlung profitierten vor allem die Sparkassen und die Genossenschaftsbanken. Diese verfügten über das größere Geschäftsstellennetz und den weitaus
höheren Bekanntheitsgrad in der Bevölkerung. Viele Arbeitnehmer, die bereits Kunden
bei ihnen waren, eröffneten auch ihr LG-Konto bei ihnen. Nicht zuletzt waren die Sparkassen mit der bargeldlosen LG-Zahlung bereits seit langem vertraut und standen ihr vor-
behaltlos gegenüber.[326]

Eine Untersuchung des Bundesverbandes des privaten Bankgewerbes unter Beziehern
von mittleren Einkommen kam 1959 zu dem Ergebnis, dass fast 40% der Befragten ihr
LG-Konto bei einer Sparkasse hatten. Fast 50% verfügten über kein Konto.[327] Die Bundesbürger nutzten LG-Konten und den bargeldlosen Zahlungsverkehr in den 1950er Jahren
also nur ansatzweise. Ihre Geldgewohnheiten und ihre Lebensführung hatten sich dadurch kaum verändert. Aber wer ein Bankkonto hatte, verfügte über weit mehr Sozialprestige und Ansehen als ein Sparbuchinhaber. Auch schichtenspezifische Unterschiede
zwischen Arbeitern und Angestellten wurden auf diese Weise abgebaut.[328] Ganz langsam,
in geringem Ausmaß und eher unfreiwillig trugen also auch die Großbanken mit ihren
LG-Konten dazu bei, die Bevölkerung und die Kreditbranche näher zusammenzubringen

---

[322] HADrB, 117998.MS, Industriekurier vom 01.09.1960, Artikel „Der Tankscheck hat ein kleines
Stammpublikum".
[323] HADrB, 117997.MS, Industriekurier vom 08.08.1959, Artikel „Tankschecks gut angelaufen".
[324] HADrB, 117997.MS, Die Rheinpfalz, Ludwigshafen, vom 27.10.1959, Artikel „Gute Erfahrungen
mit dem Tankscheckbuch-System".
[325] HAC, N26/24, Nachlass Herbert Wolf, Protokoll der Gesamtvorstandssitzung vom 21.01.1960.
HADrB, 117997.MS, Frankfurter Rundschau vom 25.07.1959, Artikel „Kraftstoff-Tanken ohne Bargeld in der Bundesrepublik".
[326] Born: Geld und Banken, S.582. Pohl: Institute der Sparkassenorganisation als Wettbewerber,
S.1170. Schulz: Sparkassen, S.304ff.
[327] HADB, G.I.P. (Hrsg.): Der neue Bankkunde, S.17.
[328] Zeitschrift für das gesamte Kreditwesen 15 (1959), Artikel „Bargeldlose Lohnzahlung. Vom Standpunkt der Banken", S.9ff. Weisser: Bargeldlose Lohn- und Gehaltszahlung, S.24f.

und den Umgang mit Geld in der Konsumgesellschaft zu verändern. Damit förderten sie indirekt die „Bankfähigkeit" der Arbeitnehmer. Auch die Presse sah die LG-Konten und die Spezialschecks der Großbanken als eine konsequente Fortführung des Spargeschäfts, des Investmentsparens und ihrer Bemühungen, den so genannten neuen Mittelstand als neue Kundengruppe zu gewinnen.[329] Bei den Instituten selbst setzte sich diese Ansicht dagegen erst mit dem Start der Kleinkredite endgültig durch.

„Kleinvieh macht auch Mist". Überraschungserfolg Kleinkreditgeschäft

In der bereits erwähnten Debatte um den Konsumentenkredit Mitte der 1950er Jahre hielten sich die Großbanken weitgehend zurück. Kredite an Privatpersonen zu Konsumzwecken zu vergeben lag außerhalb ihrer Betätigungsfelder und erschien zunächst als undenkbar.[330] An dieser Haltung hatte sich seit der Diskussion um den Teilzahlungskredit in den 1920er Jahren nichts geändert. In der zweiten Hälfte der 1950er Jahre erreichten die Konsumentenkredite allerdings ein beachtliches Niveau und etablierten sich zusehends in der Konsumgesellschaft. Die Bundesbürger nahmen 1955 4,2 Mio. Teilzahlungskredite in Höhe von 2 Mrd. DM in Anspruch, insbesondere aus dem Angebot der Teilzahlungsbanken und Sparkassen.[331] Diese Größenordnungen machten den Bereich nun auch für die Großbanken allmählich interessanter: Sie gründeten, kauften oder beteiligten sich daher an Teilzahlungsunternehmen. Die Deutsche Bank betätigte sich mit der Gesellschaft für Absatzfinanzierung (GEFA) indirekt im Konsumentenkreditgeschäft, die Dresdner Bank mit der Diskont- und Kredit AG und der Commerzbank-Bankverein in Düsseldorf (Commerzbank) mit der Bank für Teilzahlungskredit GmbH (BTK).[332] Diese Tochterinstitute zählten allerdings kaum einfache Arbeitnehmer zu ihren Kunden. So offerierten sie keine Zahlungsanweisungen im A-Geschäft und betrieben das B-Geschäft nur eingeschränkt. Sie finanzierten vielmehr Teilzahlungswechsel für Kraftfahrzeuge und Maschinen im C-Geschäft. Die Großbanken wollten damit verhindern, dass Kunden aus Industrie und Gewerbe an die Teilzahlungsbanken verloren gingen.[333] Sofern Privatpersonen in den Filialen Kreditanträge für Konsumzwecke stellten, konnten diese nun immerhin an die Teilzahlungstöchter verwiesen werden.[334]

Die gängige Praxis im Konsumentenkreditbereich entsprach gegen Ende der 1950er Jahre immer weniger den Wünschen der Verbraucher. Diese fühlten sich aus verschiedenen Gründen bevormundet. So waren sie als Kreditnehmer an der eigentlichen finanziellen Transaktion gar nicht beteiligt. Die Auszahlung mittels Zahlungsanweisungen oder Verkäufergutschriften umging sie. Zusätzlich blieb der gekaufte Gegenstand als Sicherheit

---

[329] HAC, 400/673, Die Welt vom 10.03.1959, Artikel „Der Effektenhandel war 1959 das große Geschäft". HADrB, 117997.MS, FAZ vom 27.07.1959, Artikel „Der Tankscheck".
[330] Horvath: Teilzahlungskredite, S. 21ff.
[331] Der Spiegel vom 13.05.1959, Artikel „Schulden ohne Pfand". Petrak/Petzina/Plumpe (Hrsg.): Adenauers Welt, S. 272f. Stücker: Konsum auf Kredit, S. 64.
[332] Ehlen: Filialgroßbanken, S. 93 u. S. 101f. Frost: Die Deutsche Bank und ihr Privatkundengeschäft, S. 276. Kurzrock: Aus der Geschichte der Commerzbank, S. 137. HAC, Wolf: Chronik, S. 490.
[333] HAC, 400/3, Rundschreiben Nr. 2 des Bankvereins Westdeutschland, Vorstand, vom 26.01.1957. HAC, 400/409, Rede von Bolko Graf von Roedern vor dem Commerzbank-Aufsichtsrat vom 10.12.1963. HADB, ZA 30/1, Konzeptpapier: Persönlicher Kleinkredit (PKK) als neuer Geschäftszweig, 24.09.1958.
[334] HADB, SG 8/16, Material zum Kleinkredit PKK, Sparkasse 18 (1959), Artikel „Kredit für den Konsumenten", S. 317.

bis zur vollständigen Abzahlung der Raten Eigentum des Kreditinstituts. Viele Teilzahlungsbanken bestanden zudem auf Bürgen oder weitere Sicherheiten und konnten während der Rückzahlung die Zinsen erhöhen. Nicht zuletzt konnten die Verbraucher ihre
Käufe lediglich in bestimmten Geschäften mit Konsumentenkrediten finanzieren. Die
Händler mussten vorher Verträge mit den Kreditinstituten abgeschlossen haben. Für ihre
Mühen verlangten sie oft „Händlerzuschläge" von bis zu einem Prozent der Kreditsumme
monatlich.[335] Bei anderen Anbietern oder bei privaten Verkäufen, beispielsweise bei gebrauchten Automobilen, war ein Teilzahlungskauf dagegen nicht möglich. Auch andere
Ausgaben wie Wohnungsreparaturen, Prozesskosten oder Umzüge ließen sich nicht auf
Kredit finanzieren. Das bestehende Angebot an Konsumentenkrediten war durch das
ABC-Geschäft schlichtweg unflexibel und umständlich.[336]

Viele Verbraucher wünschten sich Barkredite. Nicht zuletzt deshalb, weil Barzahler häufig Nachlässe von bis zu 30% erhielten, nicht als Kreditnehmer erkannt und nicht als
Konsumenten zweiter Klasse behandelt werden konnten.[337] Ungedeckte Barkredite ohne
Objektbindung konnten einfache Arbeitnehmer aber ausschließlich von mitunter dubiosen privaten Darlehensvermittlern erhalten. Diese „Krawattenmacher" unterlagen weder
der behördlichen Aufsicht noch den festgelegten Konditionen. Manche verlangten bis zu
100% Zinsen p.a.[338] Auch innerhalb der Kreditbranche herrschten beim Konsumentenkredit hohe Zinssätze vor, die dem großen Sicherheitsbedürfnis der Institute geschuldet
waren. Die festgelegte Zinsordnung verhinderte zudem einen freien Zinswettbewerb.
Selbst bescheidene Zinssenkungen konnte die Bundesbank kaum gegen die Spitzenverbände durchsetzen, da diese um die enge Zinsspanne ihrer Mitglieder fürchteten.[339]

Bei den Teilzahlungsbanken waren effektive Jahreszinsen von 20% und mehr (0,7% bis
0,9% pro Monat) durchaus üblich. Mangels Kundeneinlagen mussten sie sich mit teuren
Darlehen von anderen Banken refinanzieren. Da sie ihre Teilzahlungskredite außerdem
meist blanko vergaben und nicht an das Sollzinsabkommen gebunden waren, glichen sie
ihre Risiken mit höheren Zinsen aus.[340] Der Kaufkredit der Sparkassen war durch die
erforderliche Anzahlung von 20% bis 30% der Kaufsumme ebenfalls nur eingeschränkt
attraktiv.[341] Die privaten Kreditbanken hielten selbst bei wohlhabenden Personen an ih-

---

[335] Ellerbrock: Konsumentenkredit und „Soziale Marktwirtschaft", S. 126. Petrak/Petzina/Plumpe
(Hrsg.): Adenauers Welt, S. 261 ff. Schulz: Sparkassen, S. 310.
[336] HADB, SG 8/16, Material zum Kleinkredit PKK, GEFA (Gesellschaft für Absatzfinanzierung
m.b.H.), Wuppertal-Elberfeld, Exposé „Kleinkredite mit Verpflichtung zu regelmäßiger Tilgung" vom
12. 08. 1958. HADB, ZA 30/2, Die Welt vom 30. 10. 1958, Artikel „Bargeld auf Teilzahlung". Andersen: Traum, S. 204. Horvath: Teilzahlungskredite, S. 50.
[337] HADB, ZA 30/2, Krämer, Willy: Konsumentenkredit der Sparkassen auf neuen Wegen, in: Sparkasse 23 (1961), S. 399. Der Spiegel vom 13. 05. 1959, Artikel „Schulden ohne Pfand". Sparkasse 10
(1959), Artikel „Vom Sparkassenstandpunkt. Kleindarlehen im Scheinwerfer", S. 194 f. Ashauer: Entwicklung des Konsumentenkredits, S. 70 f.
[338] Der Spiegel vom 12. 11. 1958, Artikel „Die Krawattenmacher", und vom 13. 05. 1959, Artikel „Schulden ohne Pfand". Horvath: Teilzahlungskredite, S. 45. Vierhub: Neue Wettbewerbsformen, S. 19.
[339] BArch, B 102/41869, Konditionen und Zinsabkommen, Allgemeines, Bd. 2, Wirtschafts- und
Sozialpolitik, Nr. 34 vom 01. 09. 1958, Artikel „Kredit: Scharfer Zinswettbewerb in England".
[340] BArch, B 102/23405, Geschäftsberichte und Einzelfragen des Bundesverbandes des privaten
Bankgewerbes, Bd. 1. BArch, B 102/41869, Konditionen und Zinsabkommen, Allgemeines, Bd. 2,
Wirtschafts- und Sozialpolitik, Nr. 34 vom 01. 09. 1958, Artikel „Kredit: Scharfer Zinswettbewerb in
England". HADB, ZA 30/2, Die Welt vom 30. 10. 1958, Artikel „Bargeld auf Teilzahlung". Der Spiegel
vom 27. 02. 1959, Artikel „Was kostet ein Kleindarlehen?".
[341] Ashauer: Entwicklung des Konsumentenkredits, S. 70.

rem vom Firmenkundengeschäft geprägten Sicherheitsdenken fest. So lehnte etwa die Osnabrücker Filiale der Deutschen Bank 1955 den Kreditantrag eines Privatmannes über 5000 DM trotz eines vorhandenen Sparkontos mit 3000 DM ab. Für solch einen Kredit, so die Begründung, sei eine Grundschuld über mehrere Jahre notwendig.[342]

Ludwig Erhard hatte dieses Problem offenbar erkannt und versuchte, die Kreditbranche für den Konsumentenkredit zu gewinnen. Seiner Meinung nach kümmerten sich insbesondere die privaten Geschäftsbanken zu wenig um die Mehrheit der Bevölkerung. Bei vielen Bundesbürgern sei der Eindruck entstanden, dass man sein Geld zwar bei einer Bank anlegen, in Kreditfragen aber dort keine Hilfe erwarten könne. Darum sei das Bankgewerbe insgesamt äußerst unpopulär. Selbst wenn die Banken mit dem Konsumentenkredit keinen Gewinn erwirtschaften würden, so könnten sich diese Ausgaben als Werbemaßnahmen langfristig sicher bezahlt machen.[343] Im Oktober 1958 ließ Erhard auf dem IX. Deutschen Bankiertag in Köln vom Vorstandsvorsitzenden des Bundesverbandes des privaten Bankgewerbes, Robert Pferdmenges, eine Grußbotschaft verlesen. Darin formulierte er seine Überlegungen wie folgt:

> „[...] es gehört nach meiner Vorstellung nun einmal zu den Aufgaben des Bankiers, daß man bei ihm auch als Privater ein paar hundert Mark leihen kann, ohne dafür Haus und Hof verpfänden zu müssen."[344]

Die Tagungsteilnehmer reagierten eher desinteressiert bis ablehnend auf den Vorschlag des Bundeswirtschaftsministers.[345] Pferdmenges tat die Idee mit den Worten „Ich glaube, das ist bei uns nicht üblich, meine Herren" ab.[346] Weder gingen in der Abschlussdiskussion die Delegierten darauf ein, noch erwähnten die Presseartikel über den Bankiertag Erhards Idee. Von einer nachhaltigen Wirkung auf die privaten Geschäftsbanken konnte also keine Rede sein.[347] Die bankhistorische Literatur wertete indes den Appell in den folgenden Jahrzehnten allerdings anders: Viele Autoren interpretierten die populäre Anekdote häufig als Ursache dafür, dass die Großbanken 1959 in den Konsumentenkreditbereich und das massenhafte Privatkundengeschäft einstiegen.[348] Der eigentliche Impuls für die Großbanken, sich hier zu engagieren, kam jedoch aus den angelsächsischen Ländern. Zu den US-amerikanischen und englischen Großbanken bestanden enge Kontakte. Viele junge Führungskräfte waren dort vorübergehend als Volontäre beschäftigt gewesen und

---

[342] Pohl/Raab-Rebentisch: Deutsche Bank in Hamburg, S. 132.
[343] BArch, B 102/23405, Geschäftsberichte und Einzelfragen des Bundesverbandes des privaten Bankgewerbes, Bd. 1. Bundesverband (Hrsg.): Verhandlungen des IX. Deutschen Bankiertages, S. 18 f. HADB, ZA 30/2, Frankfurter Rundschau vom 07. 11. 1958, Artikel „Ein Privatmann muß sich hundert Mark leihen können".
[344] Bundesverband (Hrsg.): Verhandlungen des IX. Deutschen Bankiertages, S. 18.
[345] BArch, B 126/7247, Allgemeine Grundsatzfragen für Währung, Geld und Kredit. – Währung, Allgemeines, Bd. 6, Internes Schreiben des BMF, Referat V A/3, Dr. Kleiner, an Bundesfinanzminister Etzel vom 31. 10. 1958. Der Spiegel vom 13. 05. 1959, Artikel „Schulden ohne Pfand". Zeitschrift für das gesamte Kreditwesen 10 (1959), Artikel „Die Mode des ‚Kleinkredits'", S. 8.
[346] Bundesverband (Hrsg.): Verhandlungen des IX. Deutschen Bankiertages, S. 18.
[347] HADB, SG 8/16, Material zum Kleinkredit PKK, Aktennotiz von Franz Heinrich Ulrich zu Klein- und Kleinstkrediten vom 18. 04. 1955.
[348] Beispielsweise: HADB, A 3557, Dibbern, Klaus: Bankgeschäfte mit Privaten Haushalten in Deutschland, 1999, S. 10. Bank und Markt, Zeitschrift für Retailbanking 5 (2009), Interview mit Eckart van Hooven, S. 19. Zeitschrift für das gesamte Kreditwesen 1 (1960), Artikel „Neue Wettbewerbsformen im Dienstleistungsgeschäft der privaten Banken". Büschgen: Deutsche Bank, S. 776. Hooven: Anstöße und Zielsetzungen. Hooven: Meistbegünstigt, S. 46. Wolf: Aufbau des Privatkundengeschäfts.

hatten anschließend Erfahrungsberichte geschrieben.[349] Auf diese Weise gelangten viele Ideen in die Großbankenzentralen, darunter auch der so genannte Kleinkredit.

Bereits in den 1920er Jahren hatten die Bank of America und die First National City Bank of New York erstmals kleine Barkredite an Privatpersonen vergeben. Die große Masse an Krediten sowie deren rationalisierte Bearbeitung und Abwicklung machten das Geschäft schnell ertragreich. Mitte 1954 nahm das Konsumentenkreditgeschäft in den USA ein Volumen von fast 22 Mrd. US-Dollar ein und war ein wichtiges Standbein für viele Geschäftsbanken.[350] Diesem Vorbild folgte im Herbst 1958 die in jenen Jahren erstaunlich innovative Midland Bank aus England. Als erste europäische Bank bot sie unter großem Werbeaufwand Barkredite speziell für Privatpersonen an. Nach einem standardisierten Kreditsystem konnten ihre Kunden Beträge zwischen 50 und 500 Pfund ohne Sicherheiten zu effektiv 9% p.a. erhalten.[351] Mit ihrem Personal Loan Scheme gewährte die Midland Bank innerhalb von drei Monaten 45000 Kredite über sieben Millionen Pfund.[352] Sie erregte damit großes Aufsehen in der deutschen Kreditbranche, zumal sie bislang geradezu als Inkarnation des seriösen Bankiergewerbes gegolten hatte.[353] Ähnliche Kleinkredite führten in diesen Jahren auch Geschäftsbanken in Skandinavien, den Benelux-Ländern und der Schweiz ein.[354]

Insbesondere bei der Norddeutschen Bank in Hamburg (Deutsche Bank) fand diese Entwicklung offenbar Anklang. Dort hatten bereits 1953/54 erste Erörterungen über einen Kleinkredit nach angelsächsischem Vorbild stattgefunden, die allerdings folgenlos geblieben waren.[355] Erste konkrete Versuche fanden ab Juli 1957 in den Randgebieten von Hamburg statt. In einer fahrenden Zweigstelle vergab das Institut kleine Kredite bis 300 DM an Privatpersonen. Neu daran war, dass die Kunden die gewünschte Summe ohne Kaufbindung, ohne Anzahlung und lediglich gegen den Nachweis eines geregelten Einkommens sofort bar ausbezahlt bekamen. Die Bank bemühte sich allerdings, die Kredite möglichst durch Bürgen abzusichern. Vor allem einfache Arbeitnehmer interessierten

[349] HADB, SG 8/16, Notiz von Jansen über das Kleinkreditgeschäft der First National City Bank of New York, Hamburg, 17.08.1955; Die Welt, Ausgabe Hamburg, vom 27.04.1959, Artikel „Kredite für den kleinen Mann". HADrB, 108655, Bericht über meinen Aufenthalt in den USA. Besonderheiten des amerikanischen Bankwesens. Von Dr. Heinz Brandt, Dresdner Bank AG, Frankfurt a.M. 1958.
[350] HADB, ZA 30/2, Notiz von Jansen über das Kleinkreditgeschäft der First National City Bank of New York, Hamburg, 17.08.1955. HADrB, 114664.MS, Industriekurier vom 20.12.1962, Artikel „Amerikanische Filialbanken in Deutschland". HADrB, 114669.MS, Börsen-Zeitung vom 31.12.1986, Artikel „Eine spannende Geschichte". König: Kleine Geschichte der Konsumgesellschaft, S.45ff.
[351] BArch, B 102/41869, Konditionen und Zinsabkommen, Allgemeines, Bd. 2, Wirtschafts- und Sozialpolitik, Nr.34 vom 01.09.1958, Artikel „Kredit: Scharfer Zinswettbewerb in England". Der Spiegel vom 13.05.1959, Artikel „Schulden ohne Pfand". Zeitschrift für das gesamte Kreditwesen 18 (1958), Artikel „Der Kleinkredit der englischen Banken", S.773. Green: Midland Bank, S.54ff.
[352] HADB, SG 8/16, Organisations-Abteilung Hamburg, Persönliche Kleinkredite PKK, Notizen über die Filialsitzung vom 21.04.1959.
[353] HADB, ZA 30/2, Börsen-Zeitung vom 22.04.1959, Artikel „Kleinkredite". HADrB, 117997.MS, FAZ vom 19.04.1959, Artikel „Die Großbanken gewähren Kleinkredite bis 2000 D-Mark". Hooven: 20 Jahre persönliche Kredite, S.208.
[354] HADB, ZA 30/1, Konzeptpapier: Persönlicher Kleinkredit (PKK) als neuer Geschäftszweig, 24.09.1958. HADB, ZA 30/2, Industriekurier vom 02.03.1959, Artikel „‚Kaufkredit' schwedische Bankneuheit"; Industriekurier vom 20.09.1958, Artikel „Schlangen vor dänischen Banken". HADB, ZA 30/7, Pressemitteilung der Deutschen Bank „Grossbanken geben Kleinkredite", o.J.
[355] HADB, SG 8/16, Material zum Kleinkredit PKK, Aktennotiz von Franz Heinrich Ulrich zu Klein- und Kleinstkrediten vom 18.04.1955.

sich für den Kleinkredit. Sie finanzierten damit Möbel und Hausrat, benötigten das Geld aber auch für Renovierungen, Reparaturen, Umzüge, Beerdigungen und Kuraufenthalte.[356]

Im Vorstand der Norddeutschen Bank waren diese „neuartigen" und „bankunüblichen" Kreditgeschäfte keineswegs unumstritten.[357] Nach heftigen Diskussionen einigte sich der Vorstand Ende 1957 darauf, das Thema mit der Commerzbank und der Dresdner Bank zu erörtern. Ein gemeinsames Vorgehen sollte sowohl das Risiko begrenzen als auch das Wettbewerbsabkommen respektieren und für mehr Aufmerksamkeit sorgen.[358] In der Zwischenzeit dehnte die Norddeutsche Bank das Kleinkredit-Experiment auf alle Hamburger Geschäftsstellen aus, um weitere Erfahrungen zu sammeln.[359] Auf Werbung verzichtete sie, so dass nur relativ wenige Neukunden gewonnen werden konnten. Von Januar bis September 1958 vergab sie 165 Kleinkredite über 122 000 DM. Die meisten Kreditnehmer waren Angestellte von Firmenkunden.[360]

Auch bei den Vorständen von Commerzbank und Dresdner Bank stieß die Kleinkredit-Idee zunächst auf wenig Begeisterung.[361] Sie misstrauten vor allem der Kreditfähigkeit und der Rückzahlungsmoral der unteren Bevölkerungsschichten. Geld, das man an „Hinz und Kunz" vergeben würde, könne man gleich „per Abschreibung an die Kasse" buchen.[362] Wenn zudem Arbeiter im Blaumann die Filialen beträten, würden die Großbanken möglicherweise ihr Ansehen bei den Stammkunden verlieren.[363] Nicht zuletzt hielten sie Konsumentenkredite für volkswirtschaftlich unproduktiv und kleine Kreditbeträge für unprofitabel. Unter 5000 DM könnten Kredite selbst bei höheren Zinssätzen keinen Gewinn bringen, dafür waren der Bearbeitungsaufwand und das vermeintliche Ausfallrisiko einfach zu hoch.[364] Commerzbank-Vorstand Ernst Rieche hoffte daher, die Teilzahlungsbanken würden ihr Angebot um Barkredite erweitern. Gleichzeitig ahnte er allerdings, dass – ähnlich wie bei den LG-Konten – ein Trend begonnen hatte, dem sich die Großbanken nicht entziehen konnten:

---

[356] HADB, ZA 30/1, Konzeptpapier: Persönlicher Kleinkredit (PKK) als neuer Geschäftszweig, 24. 09. 1958.
[357] Frost: Die Deutsche Bank und ihr Privatkundengeschäft, S. 45. Hooven: 20 Jahre persönliche Kredite, S. 208.
[358] Hooven: 20 Jahre persönliche Kredite, S. 208.
[359] HADB, SG 8/16, Zur Entstehung des PKK, Rundschreiben der Direktion Hamburg vom 02. 01. 1958.
[360] HADB, ZA 30/1, Konzeptpapier: Persönlicher Kleinkredit (PKK) als neuer Geschäftszweig, 24. 09. 1958.
[361] Bank und Markt, Zeitschrift für Retailbanking 5 (2009), Interview mit Eckart van Hooven, S. 19.
[362] HADB, Deutsche Bank AG, Frankfurt a. M. (Hrsg.): Sonderausgabe 30 Jahre Privatkundengeschäft, Frankfurt a. M. 1989, S. 7. Vgl. dazu außerdem HAC, 400/155, Protokoll der Geschäftsstellenleiter-Konferenz des Geschäftsbereichs Süd vom 16. 12. 1958, S. 34f. Bank und Markt, Zeitschrift für Retailbanking 5 (2009), Interview mit Eckart van Hooven, S. 19. Schlöter: 20 Jahre Konsumentenkredit, S. 14.
[363] HADB, Deutsche Bank AG, Frankfurt a. M. (Hrsg.): Sonderausgabe 30 Jahre Privatkundengeschäft, Frankfurt a. M. 1989, S. 7. Sattler: Ernst Matthiensen, S. 255.
[364] HAC, 400/155, Protokoll der Geschäftsstellenleiter-Konferenz vom 12. 09. 1958, S. 26; Protokoll der Geschäftsstellenleiter-Konferenz des Geschäftsbereichs Süd vom 16. 12. 1958, S. 44. HADB, SG 8/16, Material zum Kleinkredit PKK, Sonderrundschreiben Nr. 7 der Norddeutschen Bank Hamburg vom 25. 02. 1953; Sonderrundschreiben der Rheinisch-Westfälischen Bank Düsseldorf vom 14. 12. 1953. HADrB, 117997.MS, Börsen-Zeitung vom 28. 07. 1959, Artikel „Dienst am Kunden". Der Volkswirt 44 (1958), Artikel „Ausbreitung des Kleinkredits erstrebt", S. 2242. Riva: Kreditgeschäft, S. 189.

„Für uns, um Gottes Willen wir reissen [sic] uns nicht danach, man wird in keiner Weise, das ist selbstverständlich, für alle Grossbanken [sic], dafür etwa Propaganda machen, nur man wird nicht endgültig nein sagen können. [...] es kommt nichts dabei heraus und wir wollen uns gar nicht danach reissen [sic], aber wir werden es einfach nicht sagen können, wir machen es überhaupt nicht, wir machen überhaupt nichts."[365]

Daher beschlossen die Großbanken Ende 1958, das Kleinkreditgeschäft im Mai 1959 gemeinsam zu starten. Die Befürworter wie Franz Heinrich Ulrich und Manfred von Hauenschild bei der Deutschen Bank oder Erich Vierhub bei der Dresdner Bank hatten sich offenbar durchgesetzt. Nach diesem Beschluss waren die Kleinkredite zwar keineswegs unumstritten, doch aus mehreren Gründen immerhin einen Versuch wert.

Erstens konnte mit ihnen die hohe Liquidität der Großbanken ausgenützt werden.[366] 1958 stagnierte ihr Kreditgeschäft und niedrige Zinsspannen schmälerten ihre Erträge, während insbesondere die Spareinlagen weiter anwuchsen. Dieses Kapital ließ sich kaum profitabel einsetzen. Die Kleinkredite waren zwar keine vollumfängliche Alternative zu den Unternehmenskrediten, aber immerhin eine interessante Möglichkeit, das Kreditgeschäft mit neuen Kunden auszuweiten.[367]

Zweitens spielte erneut das Firmenkundengeschäft eine Rolle. Um bestehende Geschäftsverbindungen zu pflegen oder Unternehmen als Neukunden zu gewinnen, konnten Kleinkredite als private Gefälligkeiten für leitende Angestellte fungieren. Die Großbanken legten ihren Filialen nahe, die Kredite durchaus in dieser Weise zu nutzen, zumal in solchen Fällen die Beträge vermutlich attraktive Größenordnungen erreichen würden.[368] Zudem konnten die Großbanken mit dem Kleinkredit ihren Unternehmenskunden eine zusätzliche Dienstleistung anbieten. Arbeitnehmer baten häufig in den Lohnbüros ihrer Arbeitgeber um Kredit und konnten nun an die Filialen verwiesen werden.[369]

Drittens hofften die Großbanken auf Folgegeschäfte. So erwog etwa die Deutsche Bank, Kleinkredite nur bei gleichzeitiger Eröffnung eines LG-Kontos zu vergeben. In erster Linie zielten die Institute allerdings auf den Ausbau des Spargeschäfts. Um neue Sparkunden zu gewinnen und bestehende zu halten, mussten sie auf deren veränderte finanzielle Wünsche eingehen. Die Bundesbürger kauften Ende der 1950er Jahre immer höherwertigere Wirtschaftsgüter wie Fernseher und Autos. Dafür mussten die Großbanken einen

---

[365] HAC, 400/155, Protokoll der Geschäftsstellenleiter-Konferenz des Geschäftsbereichs Süd vom 16. 12. 1958, S. 43.

[366] Der Spiegel vom 13. 05. 1959, Artikel „Schulden ohne Pfand". Ellerbrock: Konsumentenkredit und „Soziale Marktwirtschaft", S. 126.

[367] BArch, B 126/7247, Allgemeine Grundsatzfragen für Währung, Geld und Kredit. – Währung, Allgemeines, Bd. 6, Internes Schreiben des BMF, Referat V A/3, Dr. Kleiner, an Bundesfinanzminister Etzel vom 31. 10. 1958. HADB, SG 8/16, Frankfurter Rundschau vom 09. 05. 1958, Artikel „Kleine Kredite – groß gefragt. Banken und Sparkassen suchen neue Kundenkreise". HADB, ZA 30/2, Börsen-Zeitung vom 22. 04. 1959, Artikel „Kleinkredite"; Handelsblatt vom 22. 04. 1959, Artikel „Kleinkredite durch Großbanken". HADrB, 117997.MS, Süddeutsche Zeitung vom 03. 05. 1959; Der Spiegel vom 13. 05. 1959, Artikel „Schulden ohne Pfand". Hooven: 20 Jahre persönliche Kredite, S. 208. Horvath: Teilzahlungskredite, S. 45. Reis: Konsum, Kredit und Überschuldung, S. 108.

[368] HAC, 400/155, Protokoll der Geschäftsstellenleiter-Konferenz des Geschäftsbereichs Süd vom 16. 12. 1958, S. 34f. HADB, ZA 30/1, Entwurf für das Sonderrundschreiben zum Kleinkreditgeschäft vom 21. 03. 1959.

[369] HADB, SG 8/16, Die Welt, Ausgabe Hamburg, vom 27. 04. 1959, Artikel „Kredite für den kleinen Mann".

attraktiven Konsumentenkredit anbieten.[370] Die Kleinkreditkunden sollten dann zu Spar-kunden werden, indem sie nach vollständiger Tilgung ihres Kredits die monatlichen Ra-ten einfach weiter auf ein Sparkonto einzahlten.[371] Von diesem Effekt erhofften sich die Institute mehr Nutzen als von den eigentlichen Zinserträgen.[372] Sie erwarteten zudem einen großen Werbeeffekt von den Kleinkrediten. Damit sollten viele neue Kunden aus „bankfremden" Bevölkerungskreisen gewonnen und Vorurteile zerstreut werden.[373]

Viertens glaubten die Großbanken, das Risiko von Ausfällen vermindern zu können. Dabei blieb ihr mangelndes Vertrauen in die Kreditfähigkeit der einfachen Arbeitnehmer allerdings unverändert. Vielmehr galt es, die Kunden von Anfang an zu disziplinieren, wie es etwa der Direktor der Dresdner Bank-Filiale in München, Josef Riva, forderte:

> „Beim Kleinkredit ist das Ausfallrisiko eine Frage der Erziehung des Kunden und der besonderen Einstellung der Bank zu ihrer Kundschaft. Denn gerade bei diesen Kreditnehmern spricht es sich rasch herum, daß eine Bank in der Kreditgewährung schnell und vertretbar großzügig, in der Be-obachtung der Verpflichtungen aber unnachsichtig ist."[374]

Daher vereinbarten die Großbanken nach dem Vorbild der New Yorker Evidenzzentrale im April 1959 eine Zusammenarbeit mit den 13 deutschen Schufa-Gesellschaften. Von diesen erhielten die Institute nun Auskünfte über die Bonität und die Zahlungsmoral von Kre-ditinteressenten. Umgekehrt meldeten sie alle bewilligten, abgelehnten und notleidenden Kredite.[375] Ob diese zusätzliche Sicherheitsmaßnahme allerdings unbedingt notwendig war, darf als fraglich gelten. Seit den 1920er Jahren war die Konsumfinanzierung ein äu-ßerst risikoarmes Geschäft. Arbeiter und Angestellte hatten sich bei den Teilzahlungsban-ken und Sparkassen, aber auch bei den angelsächsischen Geschäftsbanken als zuverlässige Schuldner erwiesen. Das zeigten nicht zuletzt auch die Erfahrungen aus dem Experiment der Norddeutschen Bank 1957/58.[376] In Zeiten einer prosperierenden Wirtschaft mit Voll-beschäftigung war der größte Teil der potenziellen Kleinkreditkunden in festen Arbeitsver-hältnissen und damit in der Lage, sowohl zu sparen als auch einen Kredit zu bedienen.[377]

---

[370] HADB, SG 8/16, Material zum Kleinkredit PKK, Protokoll vom 07.05.1956 über die 47. Bespre-chung der Kreditorenwerbung am 19.04.1956; Rundschreiben der Deutschen Bank, Direktion Ham-burg, vom 02.01.1958; Organisations-Abteilung Hamburg, Persönliche Kleinkredite PKK, Notizen über die Filialsitzung vom 21.04.1959. HADB, ZA 30/1, Persönlicher Kleinkredit (PKK), Das Pro-gramm in Stichworten, o.J.; Konzeptpapier: Persönlicher Kleinkredit (PKK) als neuer Geschäfts-zweig, 24.09.1958. Frost: Die Deutsche Bank und ihr Privatkundengeschäft, S. 276. Horvath: Teilzah-lungskredite, S. 50. Pohl/Raab-Rebentisch: Deutsche Bank in Hamburg, S. 132f. Schlöter: 20 Jahre Konsumentenkredit, S. 16.
[371] HADB, ZA 30/1, Konzeptpapier: Persönlicher Kleinkredit (PKK) als neuer Geschäftszweig, 24.09.1958. Kurzrock: Aus der Geschichte der Commerzbank, S. 134.
[372] HAC, S4/4, Rundschreiben Nr. 15 der Commerzbank Düsseldorf, Sekretariat der Filialen, Ge-schäftsbereich West, vom 21.04.1959. Hooven: Wandlungen im Bankgeschäft, S. 313.
[373] HAC, S4/4, Rundschreiben Nr. 15 der Commerzbank Düsseldorf, Sekretariat der Filialen, Ge-schäftsbereich West, vom 21.04.1959. HADrB, 117997.MS, Börsen-Zeitung vom 28.07.1959, Artikel „Dienst am Kunden". Vierhub: Neue Wettbewerbsformen, S. 20.
[374] Riva: Kreditgeschäft, S. 192.
[375] HAC, 400/176, Rundschreiben der Commerzbank Düsseldorf, Sekretariat der Filialen, an alle Geschäftsstellen im Geschäftsbereich West vom 21.04.1960. HAC, 400/965, Filial-Rundschreiben Nr. 16 des Sekretariats der Filialen, Düsseldorf, vom 25.04.1959.
[376] HADB, ZA 30/1, Konzeptpapier: Persönlicher Kleinkredit (PKK) als neuer Geschäftszweig, 24.09.1958.
[377] HAC, S4/4, Rundschreiben Nr. 15 der Commerzbank Düsseldorf, Sekretariat der Filialen, Ge-schäftsbereich West, vom 21.04.1959. HADB, ZA 30/1, Konzeptpapier: Persönlicher Kleinkredit (PKK) als neuer Geschäftszweig, 24.09.1958. HADB, ZA 30/2, Börsen-Zeitung vom 22.04.1959, Arti-

Fünftens setzte sich schließlich bei den Großbanken die Überlegung durch, dass Kleinkredite in der Masse gesehen ein lukratives Geschäft sein konnten. Vorrausetzung dafür war ein einheitlich gestaltetes Produkt mit schematisierten Abwicklungsmethoden, wenigen Formularen und schnellen Entscheidungen. Dies bedeutete auch, auf umständliche Sicherheitsüberprüfungen zu verzichten. Mit elektromechanischen Lochkartenmaschinen, so die Überlegung, könnte die Bearbeitung weiter beschleunigt und rationalisiert werden.[378] Als vereinfachter „Kredit von der Stange" würde sich der Kleinkredit merklich von den bislang üblichen Methoden im Kreditgeschäft unterscheiden.[379] Davon musste er also konsequent getrennt und organisatorisch als eigene Sparte geführt werden. Aufgrund ihrer universellen Größe und mit Hilfe des weitverzweigten Filialnetzes als Vertriebswegen eigneten sich die Großbanken besonders gut, um das neue Produkt zu kalkulieren, Risiken auszugleichen und gezielte Absätze zu planen.[380] Letztlich versprachen damit massenhafte Kleinkredite trotz niedriger Zinsen und Kreditbeträge ein einträgliches Geschäft zu werden. Auf den Punkt brachte dies später eine Karikatur in der *Kölnischen Rundschau* mit dem Untertitel „Kleinvieh macht auch Mist". Darin drängten sich drei dicke Banker mit Schippen und Kehrbesen bewaffnet eilig hinter eine Gruppe von Kleinkreditnehmern in Gestalt von Ziegen, Hühnern und Enten, um deren Hinterlassenschaften zu erhalten.[381]

Den endgültigen Ausschlag bei den Großbanken zugunsten des Kleinkredits gab offenbar eine Änderung des rechtlichen Rahmens durch die Bankenaufsichtsbehörden im Dezember 1958. Diese wollten die Kleinkreditrichtlinien überarbeiten, da einzelne Teilzahlungsbanken inzwischen zum Barkredit übergegangen waren, aber auch um privaten Geldverleihern das Handwerk zu erschweren.[382] Bislang hatte eine vom Reichskommissar für das Kreditwesen erlassene Richtlinie für Kleinkredite vom März 1939 gegolten. Mit dieser Anordnung hatte der Staat eine (durch die Wirtschafts- und Bankenkrise allerdings erheblich verspätete) Rechtsgrundlage für das aufkommende Teilzahlungsgeschäft erlassen. Diese erlangte infolge des Zweiten Weltkriegs allerdings keine Bedeutung. Die alte Kleinkreditrichtlinie orientierte sich zudem eher an Kontokorrentkrediten für Unternehmen mit einer laufenden Rückzahlung ohne feste Raten und mit einer vierteljährlichen Zinsberechnung anhand der verbleibenden Rückzahlungssumme. Kleinkredite begrenzte sie auf 600 RM/DM mit Zinsen zwischen 11,5% und 17,5% p.a., je nach Laufzeit, die

kel „Kleinkredite". Ashauer: Entwicklung des Konsumentenkredits, S. 66ff. Horvath: Teilzahlungskredite, S. 45.

[378] HAC, 400/1204, Protokoll der Vorstandssitzung vom 24.06.1959. HADrB, 117997.MS, Fränkische Presse vom 18.03.1959. HADrB, 117998.MS, Börsen-Zeitung vom 03.12.1959, Artikel „Elektronen- und Magnetstreifentechnik". Büschgen: Deutsche Bank, S. 777. Krause: Archivalische Quellen, S. 16f.

[379] HADB, SG 8/16, Organisations-Abteilung Hamburg, Persönliche Kleinkredite PKK, Notizen über die Filialsitzung vom 21.04.1959; Handelsblatt vom 01./02.05.1959, Artikel „800 neue Kleinkreditkassen. Der neue Geschäftszweig der Großbanken". HADB, ZA 30/10, PKK-Statistik-Protokolle 1958 bis 1959, Protokoll über die Sitzung vom 07.10.1958 betr. Persönlicher Kleinkredit als neuer Geschäftszweig. Zeitschrift für das gesamte Kreditwesen 5 (1959), Artikel „Der deutsche Kleinkredit", S. 6.

[380] Reis: Konsum, Kredit und Überschuldung, S. 109.

[381] HADB, ZA 30/2, Frankfurter Rundschau vom 07.11.1958, Artikel „Ein Privatmann muß sich hundert Mark leihen können". Frost: Die Deutsche Bank und ihr Privatkundengeschäft, S. 15.

[382] HABbk, B 330/146/2, Protokoll der 35. Zentralbankratssitzung vom 13.11.1958. HADB, SG 8/16, Material zum Kleinkredit PKK. HADB, ZA 30/2, Frankfurter Rundschau vom 07.11.1958, Artikel „Ein Privatmann muß sich hundert Mark leihen können". Der Spiegel vom 12.11.1958, Artikel „Die Krawattenmacher". Zeitschrift für das gesamte Kreditwesen 1 (1959), Artikel „Teilzahlungskredit und ‚Kleinkredit'", S. 18ff.

maximal 12 Monate betragen durfte. In der Bundesrepublik hielten die Kreditinstitute die Richtlinie für unpraktikabel. Gewinne ließen sich ihrer Meinung nach damit nicht erwirtschaften, zumal die Konditionen über dem inzwischen gültigen Sollzins lagen.[383]

In den Verhandlungen um eine Neufassung, die ab Mitte 1958 stattfanden, drängten die Bundesbank, das Bundeswirtschafts- und das Bundesfinanzministerium im Interesse der einfachen Arbeitnehmer vor allem darauf, die Zinsen der Kleinkredite zu senken.[384] Im Gegenzug setzten die Spitzenverbände der Kreditbranche ihre Forderung durch, die maximale Darlehenssumme zu erhöhen und die Laufzeiten zu verlängern. Nach der ab Januar 1959 gültigen „Anordnung über die Kosten für Kleinkredite mit Verpflichtung zur regelmäßigen Tilgung" konnten die Kreditinstitute nun Beträge bis 2000 DM zu 8% bis 9% p.a. vergeben. Die Richtlinie vereinfachte zudem die bislang recht komplizierte Berechnung der Konditionen. Statt einer Zinsstaffelung galt nun ein fester Zinssatz über die gesamte Laufzeit und für die gesamte Kreditsumme. Die monatlichen Raten standen damit von Anfang an fest.[385]

Die neue Anordnung erhöhte die Chancen der Großbanken auf ein lukratives Geschäft. Die Vorstände beschlossen daher im Dezember 1958 und im Januar 1959 endgültig, den Kleinkredit am 2. Mai 1959 einzuführen.[386] Die Federführung oblag den Hamburger Hauptverwaltungen und hier insbesondere den „Erfindern" bei der Deutschen Bank. Diese orientierten sich wiederum weitgehend an den Konsumentenkrediten der britischen Midland Bank.[387] Der Kleinkredit war vor allem für Arbeiter, Angestellte und Beamte sowie für Selbständige und Freiberufler gedacht.[388] Die Kreditsumme konnte zwischen 300 DM und 2000 DM betragen, die Laufzeit zwischen 6 und 24 Monaten. Die Großbanken berechneten 0,4% Zinsen pro Laufzeitmonat und eine einmalige Gebühr von 2%. Nach einem standardisierten Verfahren benötigte der Kunde lediglich seinen Personalausweis und eine Verdienstbescheinigung. Anzahlungen oder eine Sicherungsübereignung des Kaufobjekts gab es nicht. Sofern die telefonische Nachfrage bei der Schufa „nichts Nachteiliges bekannt" (nnb) ergab, erhielt der Kunde den gewünschten Geldbetrag sofort in bar. Die Höhe der monatlichen Rückzahlungsraten erfuhr er bei der Antragstellung.[389]

---

[383] BArch, B 126/7247, Allgemeine Grundsatzfragen für Währung, Geld und Kredit. – Währung, Allgemeines, Bd. 6, Internes Schreiben des BMF, Referat V A/3, Dr. Kleiner, an Bundesfinanzminister Etzel vom 31.10.1958. BArch, B 102/23405, Geschäftsberichte und Einzelfragen des Bundesverbandes des privaten Bankgewerbes, Bd. 1, Der Volkswirt 44 (1958), Artikel „Ausbreitung des Kleinkredits erstrebt", S. 2242. Ashauer: Entwicklung des Konsumentenkredits, S. 66ff.

[384] Bundesverband (Hrsg.): Verhandlungen des IX. Deutschen Bankiertages, S. 29.

[385] HABbk, B 330/192/1, Protokoll der 121. Zentralbankratssitzung vom Juni 1962. HADB, ZA 30/2, Die Zeit vom 27.02.1959, Artikel „Was kostet ein Kleindarlehen?"; Frankfurter Rundschau vom 07.11.1958, Artikel „Ein Privatmann muß sich hundert Mark leihen können"; Bundesanzeiger Nr. 248 vom 30.12.1958. HADB, ZA 30/7, Pressemitteilung der Deutschen Bank „Grossbanken geben Kleinkredite", o.J. Frost: Die Deutsche Bank und ihr Privatkundengeschäft, S. 276. Stücker: Konsum auf Kredit, S. 69.

[386] HAC, S4/4, Rundschreiben Nr. 14 der Commerzbank Düsseldorf, Sekretariat der Filialen, Geschäftsbereich West, vom 08.04.1959. HADB, SG 8/16, Zur Entstehung des PKK. Frost: Die Deutsche Bank und ihr Privatkundengeschäft, S. 276.

[387] HADB, ZA 30/1, Konzeptpapier: Persönlicher Kleinkredit (PKK) als neuer Geschäftszweig, 24.09.1958.

[388] HADB, ZA 30/1, Entwurf für das Sonderrundschreiben zum Kleinkreditgeschäft vom 21.03.1959.

[389] HAC, S4/4, Rundschreiben Nr. 15 der Commerzbank Düsseldorf, Sekretariat der Filialen, Geschäftsbereich West, vom 21.04.1959. HADrB, 117997.MS, FAZ vom 19.04.1959, Artikel „Die Großbanken gewähren Kleinkredite bis 2000 D-Mark". Der Spiegel vom 13.05.1959, Artikel „Schulden

Allerdings bereiteten die Großbanken die neue Geschäftssparte eher nachlässig vor. So informierte die Commerzbank ihre Filialleiter im Geschäftsbereich West erst Anfang April 1959 über den bevorstehenden Start. Nähere Anweisungen und Richtlinien folgten gar erst Ende April.[390] Auch die Deutsche Bank in Düsseldorf agierte ähnlich.[391] Die Mitarbeiter in den Geschäftsstellen waren daher offenbar kaum über die Modalitäten des Kleinkredits unterrichtet. Bei vielen Filialleitern stieß er ohnehin auf Desinteresse und große Vorbehalte. Der Leiter der Deutschen Bank in Duisburg-Hamborn meinte,

> „[...] daß in diesem Geschäft nicht einmal soviel verdient werden könne, wie nötig sei, um die Putzfrauen zu bezahlen, die die Kassenhalle säubern müßten nach dem Besuch des neuen Publikums".[392]

Auch in Sachen Werbung- und Öffentlichkeitsarbeit agierten die Großbanken reserviert. Gemeinsam vereinbarten sie, für den Kleinkredit vorerst keine spezielle Werbung zu machen. Zwar informierten die Institute die Presse, Kreditinserate in den Zeitungen kamen aber nicht in Frage. Ihnen haftete etwas Ruchbares an, da sie meist von privaten Geldverleihern aufgegeben wurden. Die Filialen sollten lediglich in den Schaufenstern und mit Prospekten an den Schaltern auf das neue Produkt hinweisen. Zumindest in der Commerzbank äußerte der Vorstand die Absicht, den Kleinkredit zurückhaltend einführen zu wollen.[393]

Die Presse – darunter auch die *Bild-Zeitung* – berichtete im Vorfeld allerdings ausführlich über den „Jedermann-Kredit" der Großbanken, und so stieß die neue Sparte bei der Bevölkerung auf unerwartet große Resonanz. Die Filialen registrierten am 2. Mai 1959 und an den folgenden Tagen einen ungewöhnlich lebhaften Andrang, teilweise bereits vor Öffnung der Geschäftsräume. Vor den neuen Kleinkreditschaltern bildeten sich mitunter lange Schlangen.[394] *Der Spiegel* berichtete einige Tage später:

---

ohne Pfand". Horvath: Teilzahlungskredite, S. 45. Riva: Kreditgeschäft, S. 192. Schulz: Sparkassen, S. 310. Stücker: Konsum auf Kredit, S. 69.

[390] HAC, S4/4, Rundschreiben Nr. 14 der Commerzbank Düsseldorf, Sekretariat der Filialen, Geschäftsbereich West, vom 08.04.1959.

[391] HADB, SG 8/16, Sonderrundschreiben Nr. 6 der Deutschen Bank Düsseldorf vom 14.04.1959.

[392] HAC, N26/37, Nachlass Herbert Wolf, Schreiben von Karl-Heinrich Lindner, Essen, vom 07.11.1990.

[393] HAC, 400/1204, Protokoll der Vorstandssitzung vom 24.06.1959. HAC, N26/24, Nachlass Herbert Wolf, Protokoll der Gesamtvorstandssitzung vom 07.11.1961. HAC, N26/37, Nachlass Herbert Wolf, Notiz über ein Gespräch mit Alfred Schulte, Düsseldorf, vom 04.07.1989. HAC, S4/4, Rundschreiben Nr. 15 der Commerzbank Düsseldorf, Sekretariat der Filialen, Geschäftsbereich West, vom 21.04.1959. HADB, SG 8/16, Notiz über die Besprechung über das Kleinkreditgeschäft am 25.11.1958 in der Deutschen Bank in Hamburg vom 29.11.1958; Organisations-Abteilung Hamburg, Persönliche Kleinkredite PKK, Notizen über die Filialsitzung vom 21.04.1959. HADB, ZA 30/2, Börsen-Zeitung vom 22.04.1959, Artikel „Kleinkredite". HADB, ZA 30/10, PKK-Statistik-Protokolle 1958 bis 1959, Notiz von van Hooven, Das PKK-Geschäft der Deutschen Bank AG, Hamburg, vom 06.10.1959.

[394] HAC, 400/863, Handelsblatt vom 05.05.1959, Artikel „Kleinkredite stark gefragt". HAC, N26/37, Nachlass Herbert Wolf, Schreiben von Karl-Heinrich Lindner, Essen, vom 07.11.1990. HADB, SG 8/16, Bild-Zeitung vom 28.04.1959, Artikel „Großbanken geben Kredite für den kleinen Mann"; Frankfurter Rundschau vom 09.05.1958, Artikel „Kleine Kredite – groß gefragt. Banken und Sparkassen suchen neue Kundenkreise". HADB, ZA 30/2, Die Welt vom 17.03.1959, Artikel „Persönliche Kleinkredite füllen eine Lücke"; FAZ vom 22.04.1959, Artikel „Erhebliches Interesse für ‚Jedermann-Kredite'". Hooven: Wandlungen im Bankgeschäft, S. 311. Frost: Die Deutsche Bank und ihr Privatkundengeschäft, S. 13ff.

> „Die marmorverzierten Schalterhallen der drei westdeutschen Großbanken [...] füllten sich zu Beginn der vergangenen Woche mit einer Spezies von Bankkunden, die bislang wenig Gelegenheit hatten, an die ehrwürdigen Kreditschalter der westdeutschen Großfinanz vorzudringen: mit Angestellten, Beamten und Arbeitern [...]."[395]

In manchen Kassenräumen kam es dabei zu tumultartigen Szenen. Ein Filialleiter kabelte angeblich an die Zentrale: „Der Mob stürmt die Schalter, sollen wir schließen?"[396] Im Ruhrgebiet schob anscheinend ein junger Mann sein Moped bis die Schalterhalle einer Deutschen Bank-Filiale und fragte: „Wo jibt et hier dat Moos?"[397] Das Angebot der Großbanken, ungedeckte Barkredite sofort an einfache Lohn- und Gehaltsempfänger auszuzahlen, kam offenbar einer kleinen Sensation gleich. Neben vielen ernsthaft Interessierten hatten einige Bundesbürger die Zeitungsartikel aber auch missverstanden und geglaubt, die Institute würden 2000 DM verschenken.[398]

Verglichen mit der Berichterstattung über den Autoschalter oder den Tankscheck kommentierte die Presse den Kleinkredit allerdings weniger euphorisch und teilweise auch kritisch. *Die Zeit* sprach vom „demokratisierten Kredit", und der *Mannheimer Morgen* begrüßte den „Hofknicks vor dem kleinen Schuldner".[399] Viele Journalisten lobten den Einstieg als konsequenten letzten Schritt der Großbanken, die „breite Bevölkerung" mit Bankdienstleistungen zu versorgen. Dagegen bezeichnete die *Börsen-Zeitung* das Vorgehen der Großbanken angesichts der hervorragenden Wirtschaftslage und des Wohlstands der Bevölkerung als wenig wagemutig. Der Kleinkredit sollte daher nicht überschätzt werden.[400] Die *FAZ* bezweifelte gar ein echtes Bedürfnis dafür.[401] Andere ablehnende Kommentare führten die altbekannten Argumente gegen die Konsumentenkredite an, befürchteten eine Verführung der Bundesbürger und eine negative Auswirkung auf die Konjunktur. Der Kleinkredit erzeuge ein künstliches Bedürfnis und ein vermeintliches moralisches „Recht auf Kredit", das sich allein durch eine feste Anstellung begründe.[402]

Auch in der Kreditbranche stieß der Vorstoß der Großbanken auf Widerspruch. Ein Autor der *Zeitschrift für das gesamte Kreditwesen* verspottete den Kleinkredit als „Sozial- oder Volkskredit", hielt die Aktion für „ausgemachten Unsinn" und sprach von einem „englischen Teilzahlungsrausch".[403] Auch die Sparkassen wetterten trotz oder wegen ihres Kaufkredits gegen den Kleinkredit, während ihn die Teilzahlungsbanken begrüßten. Sie fühlten sich geehrt, von den mächtigen Großbanken als Wettbewerber anerkannt und damit „salonfähig" zu werden. Gleichzeitig hofften sie, dass sich die Nachfrage nach Konsumen-

---

[395] Der Spiegel vom 13.05.1959, Artikel „Schulden ohne Pfand".
[396] HAC, 400/863, Handelsblatt vom 05.05.1959, Artikel „Kleinkredite stark gefragt". HAC, N26/37, Nachlass Herbert Wolf, Schreiben von Karl-Heinrich Lindner, Essen, vom 07.11.1990. HADB, SG 8/16, Frankfurter Rundschau vom 09.05.1959, Artikel „Kleine Kredite – groß gefragt. Banken und Sparkassen suchen neue Kundenkreise". Hooven: Wandlungen im Bankgeschäft, S.311. Frost: Die Deutsche Bank und ihr Privatkundengeschäft, S.13ff.
[397] Frost: Die Deutsche Bank und ihr Privatkundengeschäft, S.15.
[398] HAC, 400/863, Handelsblatt vom 05.05.1959, Artikel „Kleinkredite stark gefragt". Frost: Die Deutsche Bank und ihr Privatkundengeschäft, S.14f.
[399] HADrB, 117997.MS, Mannheimer Morgen vom 20.08.1959, Artikel „Mit dem Scheckbuch an die Tankstelle"; Die Zeit vom 08.06.1962, Artikel „Demokratisierter Kredit".
[400] HADB, ZA 30/2, Die Welt vom 17.03.1959, Artikel „Persönliche Kleinkredite füllen eine Lücke"; Börsen-Zeitung vom 22.04.1959, Artikel „Kleinkredite".
[401] HADB, ZA 30/2, FAZ vom 22.04.1959, Artikel „Erhebliches Interesse für ‚Jedermann-Kredite'".
[402] HADB, SG 8/16, Frankfurter Rundschau vom 09.05.1958, Artikel „Kleine Kredite – groß gefragt. Banken und Sparkassen suchen neue Kundenkreise". Hooven: 20 Jahre persönliche Kredite, S.209.
[403] Vierhub: Neue Wettbewerbsformen, S.19.

tenkrediten nun ausweiten würde.[404] Gerade diese Auswirkung fürchtete wiederum die Bundesbank. Sie sprach von einer Entwicklung,

> „[…] die unter gesamtwirtschaftlichen und gesellschaftspolitischen Gesichtspunkten nicht in jeder Hinsicht begrüßenswert ist".[405]

Tatsächlich gaben die Großbanken dem Konsumentenkreditmarkt einen neuen Impuls: Im Laufe des Jahres 1959 führten auch andere private Geschäftsbanken, Sparkassen, Genossenschaftsbanken und die gewerkschaftseigene Bank für Gemeinwirtschaft (BfG) den Kleinkredit ein. Einzelne Sparkassen und Teilzahlungsbanken waren den Großbanken sogar zuvorgekommen, hatten damit aber kein Aufsehen erregt. Überhaupt begannen die Sparkassen erst jetzt, ihre Konsumentenkredite zu bewerben.[406]

Die Großbanken selbst bewerteten den Start zwiespältig. Einerseits gingen in den ersten drei Geschäftstagen rund 35 000 Kreditanträge über insgesamt 50 Mio. DM ein und die erwarteten Schwierigkeiten blieben aus. Die Kunden erwiesen sich als ausgezeichnete Kreditnehmer. Die Ausfallquote lag unter einem Prozent.[407] Allerdings überprüften die Filialen die Kreditanträge äußerst sorgfältig und lehnten in den ersten Monaten bis zu einem Drittel ab.[408] Andererseits hatte der Ansturm vom 2. Mai 1959 aber mehr versprochen. Die Profite waren vorerst noch gering, und auch die Folgegeschäfte blieben aus. Die Großbanken bewerteten ihre Erfahrungen mit den Kleinkrediten daher vorsichtig als „nicht ungünstig".[409] Am erfolgreichsten agierte die Deutsche Bank. Sie gewann bis zum Jahresende 1959 100 000 Neukunden und vergab 123 000 Kleinkredite in Höhe von 157 Mio. DM. Die Dresdner Bank gewährte 60 000 Kredite mit 60 Mio. DM, die Commerzbank 45 000 Kredite mit 50 Mio. DM.[410] Diese Ergebnisse spiegelten die unterschiedlichen

---

[404] HADB, SG 8/16, Handelsblatt vom 01./02.05.1959, Artikel „800 neue Kleinkreditkassen. Der neue Geschäftszweig der Großbanken". Zeitschrift für das gesamte Kreditwesen 23 (1959), Artikel „Zweckgebundener und zweckungebundener Konsumentenkredit", S. 9. Hooven: 20 Jahre persönliche Kredite, S. 209. Zimmermann: Kundenkreditbank, S. 120 f.

[405] Könneker: Wettbewerb in der Sicht der Notenbanken, S. 14.

[406] HAC, N26/2, Nachlass Herbert Wolf, Aufsatzskizze von Walter Lippens, „Fragen der Werbung im westdeutschen Bankgewerbe", März 1959. HADB, SG 8/16, Organisations-Abteilung Hamburg, Persönliche Kleinkredite PKK, Notizen über die Filialsitzung vom 21.04.1959; Frankfurter Zeitung vom 22.04.1959, Artikel „Erhebliches Interesse für ,Jedermann-Kredite'"; Handelsblatt vom 01./02.05. 1959, Artikel „800 neue Kleinkreditkassen. Der neue Geschäftszweig der Großbanken". Sparkasse 18 (1959), Artikel „Kredit für den Konsumenten", S. 315 ff. Zeitschrift für das gesamte Kreditwesen 20 (1959), Artikel „Kleinkredit ,en vogue'", S. 4. Ellerbrock: Konsumentenkredit und „Soziale Marktwirtschaft", S. 126.

[407] Frost: Die Deutsche Bank und ihr Privatkundengeschäft, S. 17.

[408] HADB, ZA 30/2, Handelsblatt vom 28.07.1959, Artikel „Ein Bankeninteresse auf weite Sicht". Frost: Die Deutsche Bank und ihr Privatkundengeschäft, S. 17. Meyen: 120 Jahre Dresdner Bank, S. 231.

[409] HAC, 400/864, Bremer Nachrichten vom 10.03.1960, Artikel „Commerzbank wieder in kräftigem Aufstieg"; Deutsche Zeitung vom 10.03.1960, Artikel „Reich gesegneter Abschluß der Commerzbank". HADB, ZA 30/2, Vereinigte Wirtschaftsdienste (VWD) vom 08.10.1959, Artikel „Kleinkredite stärker als erwartet in Anspruch genommen". HADrB, 17622-2000, Betriebswirtschaftliches Büro Düsseldorf: Entwicklung des Kleindarlehensgeschäfts in der BRD seit 1959, 18.08.1966. Der Spiegel vom 13.05.1959, Artikel „Schulden ohne Pfand".

[410] HAC, 400/111, Industriekurier vom 27.10.1959, Artikel „Commerzbank in der Expansion". HAC, 400/673, Bericht der Volkswirtschaftlichen Abteilung, Nr. 23 vom 26.03.1960, Jahresabschluss der Dresdner Bank 1959; Bericht der Volkswirtschaftlichen Abteilung, Nr. 26 vom 05.04.1960, Jahresabschluss der Deutschen Bank 1959; Pressenotiz der Commerzbank zum Jahresabschluss 1959 vom 10.03.1960. HADB, SG 8/16, Sonderrundschreiben Nr. 7 der Deutschen Bank vom 28.06.1961. HADrB, 17622-2000, Betriebswirtschaftliches Büro Düsseldorf: Entwicklung des Kleindarlehensge-

Werbeanstrengungen der Institute ab Mai 1959 wider. Die Deutsche Bank hatte offenbar schnell erkannt, dass sie für ein Massenprodukt wie den Kleinkredit auch massenhaft werben musste, zumal der Wettbewerb in diesem Bereich zunehmend härter wurde.[411] Daher verschickte sie im Mai 1959 2,5 Mio. Kleinkredit-Prospekte an private Haushalte und startete im Juni 1959 in einer bislang einmaligen Aktion im Kreditgewerbe bundesweit Werbeanzeigen. Bei der Commerzbank, die sich Zurückhaltung auferlegt hatte, reifte diese Erkenntnis erst im Dezember 1959. Der Gesamtvorstand beschloss nun, verstärkt auf unpersönliche Werbung zu setzen,

> „[…] bei den Kleinkrediten […] aus der Reserve herauszugehen und Propagandamaterial durch Schaffung eines Merkblattes für die Kunden zu fertigen".[412]

Mit dem Kleinkreditgeschäft begannen die Großbanken ihre Werbetätigkeit – wenn auch nur sehr langsam – grundlegend zu verändern (siehe unten) und verstärkt marktorientiert zu denken. Manfred von Hauenschild von der Deutschen Bank hatte dies bereits im April 1959 gefordert:

> „Beim Einsteigen in diese neue Geschäftssparte müssen wir uns fühlen wie ein Einzelhändler, der mit einer Ware handelt, also sie auch zu offerieren hat."[413]

Zu den Neuerungen zählten auch Analysen der sozialen Kundenstruktur, wie sie etwa die Deutsche Bank im September 1959 durchführte. Der typische Kleinkreditnehmer war demnach männlich, sein Alter lag zwischen 21 und 40 Jahren, er war jungverheiratet und kinderlos. Mit seinem Kleinkredit von durchschnittlich 1200 DM finanzierte er Konsumgüter des häuslichen Bedarfs, vor allem Möbel, Elektrogeräte und Hausrat, oftmals die Erstausstattung seines Haushalts. Autos spielten fast keine Rolle, dafür war die Obergrenze des Kleinkredits offenbar zu niedrig.[414] Andere Untersuchungen zeigten, dass im Jahr 1960 die Hälfte aller Kunden zwischen 400 und 600 DM netto im Monat verdiente. Vor allem Arbeiter und Angestellte nutzten den Kleinkredit, teilweise aber auch Angehörige höherer Gesellschaftsschichten. In Süddeutschland blieb die Nachfrage relativ gering, während im Norden und Westen die Laufzeiten der Kleinkredite länger waren.[415]

Auch branchenweit war der Erfolg der Großbanken beachtlich. Bis Mitte 1960 vergaben sie 608 000 Kleinkredite über 484 Mio. DM. Damit erreichten sie einen überproportionalen Marktanteil von 31% und die Größenordnung des Sparkassen-Kaufkredits (674 000 Stück über 421 Mio. DM).[416] Bei den gesamten Konsumentenkrediten lag der Kleinkredit

---

schäfts in der BRD seit 1959, 18.08.1966. Frost: Die Deutsche Bank und ihr Privatkundengeschäft, S. 17. Stücker: Konsum auf Kredit, S. 69.
[411] Frost: Die Deutsche Bank und ihr Privatkundengeschäft, S. 17.
[412] HAC, N26/24, Nachlass Herbert Wolf, Protokoll der Gesamtvorstandssitzung vom 24.06.1959. Frost: Die Deutsche Bank und ihr Privatkundengeschäft, S. 242.
[413] HADB, SG 8/16, Organisations-Abteilung Hamburg, Persönliche Kleinkredite PKK, Notizen über die Filialsitzung vom 21.04.1959.
[414] HADB, SG 8/16, Sonderrundschreiben Nr. 7 der Deutschen Bank vom 28.06.1961. HADB, ZA 30/2, VWD vom 08.10.1959, Artikel „Kleinkredite stärker als erwartet in Anspruch genommen". Frost: Die Deutsche Bank und ihr Privatkundengeschäft, S. 17.
[415] HADB, SG 8/16, Sonderrundschreiben Nr. 7 der Deutschen Bank vom 28.06.1961. HADB, ZA 30/2, Handelsblatt vom 28.07.1959, Artikel „Ein Bankeninteresse auf weite Sicht"; VWD vom 08.10.1959, Artikel „Kleinkredite stärker als erwartet in Anspruch genommen".
[416] HADB, SG 8/16, Sonderrundschreiben Nr. 7 der Deutschen Bank vom 28.06.1961. HADB, ZA 30/2, Krämer, Willy: Konsumentenkredit der Sparkassen auf neuen Wegen, in: Sparkasse 23 (1961), S. 399. HADrB, 17622-2000, Betriebswirtschaftliches Büro Düsseldorf: Entwicklung des Kleindarle-

allerdings deutlich im Schatten des Teilzahlungskredits, der den Markt mit einem Anteil von fast zwei Dritteln dominierte. Die Großbanken hatten schlicht kein neues Produkt erfunden, sondern als Nachzügler auf dem Konsumentenkreditmarkt lediglich ein bestehendes verbessert. Der Zeitpunkt dafür erwies sich jedoch als ausgesprochen günstig. Ende der 1950er Jahre entwickelte sich in der westdeutschen Konsumgesellschaft eine steigende Nachfrage nach immer höherwertigen Wirtschaftsgütern. Von 1956 bis 1960 stieg der Durchschnittsbetrag eines Konsumentenkredits von 440 DM auf 769 DM.[417] Zudem hatten sich solche Darlehen im Alltag der Bevölkerung zwischenzeitlich etabliert. Der Kleinkredit der Großbanken passte perfekt in diese Zeit. Er trug seinen Teil dazu bei, das Konsumverhalten der Bundesbürger allmählich zu verändern und – wenn auch nur in Ansätzen – ihre Verbindlichkeiten zu erhöhen: Von 1950 bis 1960 stieg die Gesamtverschuldung von Privatpersonen in der Bundesrepublik von 0,9 Mrd. DM auf 9 Mrd. DM. Diese Entwicklung war nicht zuletzt auf das gestiegene Interesse der Kreditbranche an den privaten Haushalten zurückzuführen. Der Anteil der Kreditinstitute an deren Verschuldung stieg in den 1950er Jahren von einem Drittel auf über drei Viertel an.[418]

Die Verbraucher profitierten hingegen auch vom intensiven Wettbewerb, der nun in der Kreditbranche um die privaten Kreditkunden geführt wurde.[419] Die Großbanken drängten allmählich die Teilzahlungsbanken zurück, so wie diese zu Beginn des 20. Jahrhunderts die privaten Geldverleiher verdrängt hatten. Der Kleinkredit kann somit als Abschluss einer jahrzehntelangen Entwicklung gesehen werden, die den institutionell organisierten Konsumentenkredit von den Anfängen als Teilzahlungskredit in den 1920er Jahren bis in die Schalterräume der renommierten Großbanken führte und ihm damit wirtschaftliche und gesellschaftliche Anerkennung verschaffte. Selbst die Sparkassen sprachen im Mai 1959 trotz aller Kritik von einer „spektakulären Wende".[420] Mit dem Kleinkredit verlagerte sich außerdem die Vorherrschaft des Handels über die Konsumfinanzierung endgültig auf die Kreditbranche. Warenerwerb und Zahlung auf Kredit waren nun getrennte geschäftliche Vorgänge für den Verbraucher. Der Kleinkredit orientierte sich nicht mehr am zu finanzierenden Objekt, sondern ausschließlich an den Einkommensverhältnissen des Kunden.[421]

Ob sich die Großbanken dessen bewusst waren, ist indes fraglich. Zweifellos muss aber die in Bankenkreisen bis in die Gegenwart gängige Meinung relativiert werden, dass der Start des Kleinkredits eine durchdachte Strategie war, um auf die veränderte Sozialstruktur der Bundesrepublik zu reagieren. Rückblickend attestierten sich die Großbanken einige Jahre später zwar selbst, dem Konsumenten die „Bankreife" erteilt und mit dem Kleinkredit das Bankwesen demokratisiert zu haben. Allerdings reagierten sie weniger auf die Nachfrage der Bevölkerung und beabsichtigten keine systematische Ausweitung ihrer

---

hensgeschäfts in der BRD seit 1959 vom 18. 08. 1966. Der Spiegel vom 03. 03. 1961, Artikel „Kredite für den kleinen Mann". Wolf: Aufbau des Privatkundengeschäfts, S. 425.

[417] Horvath: Teilzahlungskredite, S. 19f. u. S. 45ff.

[418] HADB, SG 8/16, Frankfurter Zeitung vom 22. 04. 1959, Artikel „Erhebliches Interesse für ‚Jedermann-Kredite'". Deutsche Bundesbank (Hrsg.): Deutsches Geld- und Bankwesen, S. 356.

[419] HADB, Deutsche Bank AG, Frankfurt a. M. (Hrsg.): Was uns bewegt, ist persönliche Initiative. 25 Jahre Privatkundengeschäft, Frankfurt a. M. 1984, S. 9. Horvath: Teilzahlungskredite, S. 50. Reis: Konsum, Kredit und Überschuldung, S. 108.

[420] Ashauer: Entwicklung des Konsumentenkredits, S. 70f. Wolf: Nachkriegsentwicklung, S. 100.

[421] Der Spiegel vom 13. 05. 1959, Artikel „Schulden ohne Pfand". Horvath: Teilzahlungskredite, S. 45. Riva: Kreditgeschäft, S. 192. Schulz: Sparkassen, S. 310. Stücker: Konsum auf Kredit, S. 69.

Kundschaft. Vielmehr stand erneut das Spargeschäft im Vordergrund, an das die neuen
Kleinkreditkunden herangeführt werden sollten. In den Großbanken waren die Vorbehalte gegenüber dem „kleinen Mann" jedoch nach wie vor stark verbreitet.

„Der Marmorkomplex". Animositäten, Werbung und Wettbewerb

Die verschiedenen Produkte des Massengeschäfts, die die Großbanken bis Ende der
1950er Jahre einführten, und die steigende Anzahl von privaten Kunden blieben nicht
ohne Auswirkungen auf die Belegschaften. Da nicht einmal die Vorstandsebenen die
neuen Sparten einmütig befürworteten, verwundert es nicht, dass auch in den Filialen
viele Mitarbeiter Vorbehalte gegenüber den neuen Kunden hatten und häufig über das
Massengeschäft diskutierten. Gerade ältere Führungskräfte dachten offenbar noch in Ka-
tegorien des frühen 20. Jahrhunderts. Bankbeamte verfügten damals über ein sehr hohes
Sozialprestige, waren gebildet, übten sich in angemessener Haltung und kleideten sich
auch im Dienst würdig in Anzug oder Gehrock und mit hohem, steifem Kragen.[422] Sie
verstanden ihre Unternehmen als große Industrie- und Projektfinanzierer sowie als exklusive Betreuer vermögender Persönlichkeiten. Die Alliierten hatten trotz ihrer Vorbehalte
nach 1945 keinen Schnitt in den Führungsriegen der Großbanken vollzogen. Daher blieb
dieses Bankidyll der Kaiserzeit auch noch in den 1950er Jahren in vielen Köpfen bestehen.[423] In dieses Bild passten freilich keine einfachen Arbeiter und Angestellte als Bankkunden. Einerseits aus rationalen Gründen, da Geschäfte mit kleinen Beträgen vergleichsweise hohe Kosten verursachten. Andererseits fürchteten die Großbanken um das eigene
Image, die Reputation und um ihre Exklusivität. Die traditionelle Klientel könnte durch
das Massengeschäft verloren gehen.[424] Ganz allgemein war in vielen Köpfen beim Thema
Massengeschäft eine „unübersteigbare Mauer" vorhanden.[425]

Besonders deutlich zeigten sich diese Vorbehalte beim Start des Kleinkredits im Mai
1959. *Die Welt* vermutete nicht zu Unrecht:

> „Die deutschen Großbanken nahmen diesen neuen Geschäftszweig sicher nicht mit allzu großer
> Begeisterung auf."[426]

Und auch in den folgenden Jahren blieb der Kleinkredit umstritten. Den neuen Kunden
trauten die Kreditinstitute immer noch nicht recht. So verlangte etwa die Hamburger
Hauptverwaltung der Deutschen Bank nicht nur einen Einkommensnachweis des Antrag-
stellers, sondern ließ den Kreditnehmer auch vom Schalterbeamten beurteilen. Anhand
einer vorgegebenen Skala sollten die äußere Erscheinung („einfach, gut gepflegt, gute
Erscheinung, nachlässig, ungepflegt, extravagant") und die vermeintlichen Charakter-
züge („bescheiden, besonnen, planvoll, ausgeglichen, Nörgler, Phantast, planlos, Ver-

[422] HAC, N26/30, Nachlass Herbert Wolf, Schreiben von Wilhelm Falke an Herbert Wolf vom
29.03.1993. Meyen: 120 Jahre Dresdner Bank, S. 60.
[423] Scholtyseck: Wiedervereinigung der deutschen Großbanken, S. 140.
[424] HAC, 400/864, FAZ vom 11.03.1960, Artikel „Die Commerzbank hat ihre Geschäftsbasis erweitert"; Börsen-Zeitung vom 05.05.2009, Artikel „Als der Mob die Schalter stürmte". Büschgen: Deutsche Bank, S. 770. Sattler: „Investmentsparen", S. 39 f.
[425] Sattler: „Investmentsparen", S. 46.
[426] HADB, SG 8/16, Die Welt, Ausgabe Hamburg, vom 27.04.1959, Artikel „Kredite für den kleinen
Mann".

schwender") vermerkt werden.[427] Aus Sorge um die noblen, alteingesessenen Privatkunden trennte die Hamburger Direktion sogar vorübergehend die Massenkunden strikt von der übrigen Kundschaft in der Schalterhalle ab. Hier spotteten Mitarbeiter auch gerne über das „Kleingärtner- und Dienstmädchengeschäft".[428]

Die Großbanken gewannen mit den anderen Sparten des Massengeschäfts im Laufe der 1950er Jahre einige neue Privatkunden. Die Angestellten hatten offenbar keine Probleme damit, qualifizierte Vermögensanlagen wie beispielsweise Investmentanteile an Privatpersonen zu verkaufen. Mit den Kleinkrediten zogen hingegen verstärkt die unteren Bevölkerungsschichten in die Filialen ein.[429] Nun musste sich der klassische Bankbeamte auf ein anderes Publikum einstellen und allmählich an den Umgang mit den neuen Kunden gewöhnen. Dazu hielten die Hauptfilialen Seminare zu den Kleinkrediten ab.[430] Zudem forderte etwa die Deutsche Bank ihre Sachbearbeiter im Juni 1959 dazu auf, bei der Ablehnung von Kreditgesuchen psychologisch vorzugehen: Um potenzielle zukünftige Kunden nicht zu verprellen, sollten sie ihnen Hoffnung auf einen späteren Kreditantrag machen.[431] Der Deutsche Bank-Vorstand Manfred von Hauenschild hielt diese innere Überzeugungsarbeit für deutlich schwieriger als die Außenwerbung für Kleinkredite.[432]

In den Großbanken war zudem kaum etwas über die tatsächlichen Verhaltensweisen der Bevölkerung bekannt. Subjektive Einflüsse bei wirtschaftlichen Entscheidungen, die über die rationale Einsicht und die ökonomische Vernunft hinausgingen, nahm die Bankenwelt nicht wahr.[433] Letztlich lag dies am fehlenden Kontakt zwischen der Bevölkerung und den Großbanken seit deren Gründungen 1870/71. Daher bestanden auch bei den Bundesbürgern erhebliche Vorbehalte, Ängste und Vorurteile, insbesondere in den „bankfremden" unteren Einkommensgruppen. Arbeiter und Angestellte waren traditionell Kunden der Sparkassen. Zu den privaten Geschäftsbanken gingen sie aus mehreren Gründen nicht.

Erstens spielten pragmatische Argumente eine Rolle, wie ungünstige Öffnungszeiten oder zu wenige bzw. zu weit entfernte Filialen. Zweitens wussten große Teile der Bevölkerung generell kaum über Geld- und Finanzthemen Bescheid und hatten wenige oder falsche Vorstellungen von den „elitären" Banken. Deren Marmorpaläste waren ihnen nur von außen bekannt. Bankkunden bildeten Mitte der 1950er Jahre immer noch einen exklusiven Zirkel. Nach einer repräsentativen Umfrage des Allensbacher Instituts für Demoskopie waren 1955 lediglich acht Prozent der Bundesbürger ausschließlich Kunde bei einer einzigen Bank.[434] Drittens gab es gerade in Arbeiterkreisen auch ideologische Vorurteile gegenüber den angeblich übermächtigen, wirtschaftsbeherrschenden Groß-

---

[427] HADB, ZA 30/10, PE-Schlüssel. Begriffe für die Beurteilung der Kreditnehmer, o.J.
[428] Müller: DWS, S. 21. Pohl/Raab-Rebentisch: Deutsche Bank in Hamburg, S. 130ff.
[429] Wolf: Das Fundament wird gelegt, S. 32.
[430] HADB, Deutsche Bank AG, Frankfurt a. M. (Hrsg.): Sonderausgabe 30 Jahre Privatkundengeschäft, Frankfurt a. M. 1989, S. 7.
[431] HADB, ZA 30/7, Mitteilungsblatt M 117/59 PKK-Informationen für Sachbearbeiter vom 05. 06. 1959.
[432] HADB, A 3557, Dibbern, Klaus: Bankgeschäfte mit Privaten Haushalten in Deutschland, 1999, S. 8. HADB, SG 8/16, Organisations-Abteilung Hamburg, Persönliche Kleinkredite PKK, Notizen über die Filialsitzung vom 21. 04. 1959.
[433] HADB, G.I.P. (Hrsg.): Der neue Bankkunde, S. 4ff.
[434] BArch, B 126/48663, Wirtschafts- und bankpolitische Fragen des privaten Bankgewerbes, Bd. 8, Zeitschrift für das gesamte Kreditwesen 1 (1968), Artikel „Der Ruf der Banken". HADB, G.I.P. (Hrsg.): Der neue Bankkunde, S. 19ff. u. S. 42.

banken. Sie hielten demnach auf geheimnisvolle Weise die Fäden des Kapitalismus zusammen und konzentrierten gigantische Macht in ihren Händen.[435] Viertens lassen sich schließlich auch psychologische Motive wie Unsicherheit und Angst ausmachen, die in „Schwellenängsten" gipfelten. Auf dem ungewohnten Terrain agierten viele Privatpersonen mehr als Bittsteller denn als selbstbewusste Kunden. Das konnte insbesondere beim Kleinkredit beobachtet werden, dem stürmischen Andrang am Starttag zum Trotz. Viele der Interessenten genierten sich bei der Antragstellung, erläuterten ihre Anliegen nur zögernd und baten ausgesucht höflich um einen Kredit.[436] Ähnlich war es selbst beim Spargeschäft, wie Karl Weisser 1959 feststellte:

> „Der kleine Mann fühlt sich, wenn er den Entschluß gefaßt hat, bei einem Kreditinstitut zu sparen, gegenüber der Anonymität der Gesellschaft vielfach recht hilflos. Das meist elegante Milieu der Banken und Sparkassen [sic] ist weiten Schichten des Volkes fremd."[437]

Die Großbanken waren sich dieser Probleme zumindest teilweise bewusst. So forderte der Dresdner Bank-Vorstand Erich Vierhub 1960 Anstrengungen in der Öffentlichkeitsarbeit, um das Institut und seine Produkte attraktiver zu machen.[438] Vermutlich in diesem Zusammenhang gab der Bundesverband des privaten Bankgewerbes 1959 eine Studie in Auftrag, die untersuchen sollte, wie die Bevölkerung bei Geldfragen eingestellt war und wie eine planmäßige Öffentlichkeitsarbeit zur Kundengewinnung auszusehen hatte. Mit dem Ergebnisbericht „Der neue Bankkunde" entstand ein eindrucksvolles Dokument über die Diskrepanz Ende der 1950er Jahre zwischen dem Großteil der Bevölkerung und den privaten Geschäftsbanken einerseits, aber andererseits auch über die Chancen für die Institute.[439] Denn selbst hinter den vielen negativen Äußerungen der Befragten ließ sich ein latenter Wunsch nach einem Bankkonto und dessen Sozialprestige erahnen. Davon konnten die Banken aber nur profitieren, wenn sie langfristig ihre Kommunikation verbesserten. Die Studie empfahl ihnen daher ein Vorgehen in zwei Schritten. Zunächst sollten sie mit einer mehrjährigen Aufklärungskampagne Ressentiments widerlegen und Vertrauen aufbauen. Gleichzeitig müssten die Banken ihr distanziertes Auftreten, das ohnehin nur eine eingebildete Standesverpflichtung sei, aufgeben. Erst dann würde die Bevölkerung auch fachliche Informationen und Werbung aufnehmen. Das Ziel dieser Bemühungen war ein neues Markenbild. Die Banken sollten langfristig zu modernen Unternehmen mit freundlichen und hilfsbereiten Angestellten, vernünftigen und soliden Dienstleistungen, einer verständlichen Kommunikation und einer verantwortungsbewussten Gesamthaltung werden.[440]

Von diesem Ideal waren die Großbanken in den 1950er Jahren allerdings noch weit entfernt. Mit Ausnahme weniger Investmentgesellschaften verschlief die gesamte Kreditbranche die Entwicklung in der westdeutschen Werbung: Vor allem in der zweiten Hälfte des Jahrzehnts verstärkten sich hier US-amerikanische Einflüsse. Insbesondere die Konsumgüterindustrie setzte immer weniger auf eine nüchtern und sachlich argumentierende Werbung, die von einem streng rational denkenden Verbraucher ausging. Mit Markt-

---

[435] Muthesius: Leistungsfähige deutsche Banken, S. 15 u. S. 22. Weisser: Bargeldlose Lohn- und Gehaltszahlung, S. 62f.
[436] Frost: Die Deutsche Bank und ihr Privatkundengeschäft, S. 14f.
[437] Weisser: Bargeldlose Lohn- und Gehaltszahlung, S. 62f.
[438] Vierhub: Neue Wettbewerbsformen, S. 19.
[439] HADB, G.I.P. (Hrsg.): Der neue Bankkunde.
[440] Ebenda, S. 50ff.

forschungen und angewandter Psychologie entwickelte sich die Werbung in eine neue Richtung, die über das reine Informationsangebot hinausging. Anzeigen in Illustrierten und in der Lokalpresse wurden immer wichtiger, zudem entwickelten sich das Radio und ganz allmählich auch das Fernsehen zu Werbeträgern. Damit verfünffachten sich die Werbeumsätze im Laufe der 1950er Jahre.[441]

Die Werbung der Kreditinstitute blieb dagegen traditionell zurückhaltend in Quantität und Qualität. Reklame galt als unseriös und entsprach weder der Berufsehre noch den Gepflogenheiten der Branche.[442] Daran änderte auch das aufkommende Massengeschäft zunächst nur wenig. Nach wie vor galten die Wettbewerbs- und Werbeabkommen von 1928 und 1936. Diese waren zwar nicht mehr ein Teil der KWG wie vor 1945, sie galten jedoch als ein „Gentlemen Agreement" weiter und wurden allgemein akzeptiert.[443] Aggressive, diffamierende oder vergleichende Werbung mit Superlativen, Zinsversprechungen oder konkreten Konditionen waren daher nicht zulässig und erstickten alle kreativen Anstrengungen im Keim.[444] Ohnehin bestand für die Kreditinstitute durch den kaum vorhandenen Wettbewerb in der Branche kein Anlass, in großem Stil zu werben. Lediglich im Spargeschäft, wo seit den 1930er Jahren alle Institutsgruppen miteinander konkurrierten, schwanden allmählich sowohl die vornehme Zurückhaltung der privaten Geschäftsbanken als auch die Werbescheu der Sparkassen.[445]

Zu Beginn der 1950er Jahre kam daher auch die Werbung der Großbanken nicht wesentlich anders daher als 20 Jahre zuvor. Ihre nüchternen Werbebotschaften lauteten nach wie vor „Spare bei uns!" oder „Ausführung aller Bankgeschäfte". Sie bevorzugten die traditionelle Form der persönlichen Werbung aus dem Firmenkundengeschäft und wandten diese Methoden später auch beim Massengeschäft an.[446] Unpersönliche Werbemethoden wie Zeitungsinserate galten als teuer und unwirksam. Die Großbanken schalteten sie selten und nur in Blättern mit starkem Wirtschaftsbezug.[447] Ein typisches Beispiel dafür ist eine ganzseitige, textlose Anzeige des Bankvereins Westdeutschland (Commerzbank) mit einer Statue des römischen Handelsgottes Merkur.[448] Damit versuchten die Großbanken, ihre Firmennamen bekannter zu machen. Dazu warben sie auch weiterhin auf Bahnhöfen, öffentlichen Uhren, in Postämtern oder in Kinos. Letzteres vereinbarten die Großbanken im März 1952 weitgehend einzustellen. Nur noch in Ausnahmefällen, etwa bei

---

[441] Gasteiger: Konsument, S. 10f., S. 35 u. S. 66f. Schildt: Moderne Zeiten, S. 105. Schröter: Von der Teilung zur Wiedervereinigung, S. 366.

[442] HADrB, [ohne Signatur] Sammlung Weigand, Rede von Direktor Temme bei der Filialleiter-Besprechung vom 15. 06. 1953 in Frankfurt a. M. Müller: DWS, S. 226.

[443] HADrB, [ohne Signatur] Sammlung Weigand, Rede von Direktor Temme bei der Filialleiter-Besprechung vom 15. 06. 1953 in Frankfurt a. M.

[444] HAC, N26/2, Nachlass Herbert Wolf, Aufsatzskizze „Information stets mit Priorität" in der Zeitschrift Die Bank, o. J. HAC, N26/37, Nachlass Herbert Wolf, Notiz über ein Gespräch mit Willi Lucht am 27. 06. 1990. Pohl: Sparkassen, S. 92ff. u. S. 156. Pohl: Institute der Sparkassenorganisation als Wettbewerber, S. 1162f.

[445] Pohl: Sparkassen, S. 108ff.

[446] HAC, 312/58, Protokoll der Geschäftsstellenleiter-Besprechung vom 03. 03. 1958, S. 32ff. HAC, 312/222, Niederschrift der Filialleiter-Besprechung vom 25. 04. 1956. HAC, N26/2, Nachlass Herbert Wolf, Aufsatzskizze „Information stets mit Priorität" in der Zeitschrift Die Bank, o. J. HAC, N26/37, Nachlass Herbert Wolf, Notiz über ein Gespräch mit Willi Lucht am 27. 06. 1990.

[447] HAC, 312/58, Protokoll der Geschäftsstellenleiter-Besprechung vom 03. 03. 1958, S. 32ff. HAC, N26/37, Nachlass Herbert Wolf, Notiz über ein Gespräch mit Willi Lucht am 27. 06. 1990.

[448] HAC, 310/26, Werbezeitschrift der Landeshauptstadt Düsseldorf 1 (1956).

der Neueröffnung oder dem Umzug einer Filiale, wollten sie mit Diapositiven werben.[449] Rückblickend betrachtet, beraubten sie sich damit einer exzellenten Möglichkeit, die Bevölkerung zu erreichen, zumal das Kino in den 1950er Jahren einen ungemein hohen Stellenwert in der öffentlichen Informationsvermittlung einnahm.

Schließlich schränkten auch die dezentralen Strukturen der Großbanken ihr Werbepotenzial ein und verhinderten einen einheitlichen Auftritt. Noch bis in die 1960er Jahre hinein verfügte jede Hauptverwaltung über eine eigene Werbeabteilung, die selbständig arbeitete und ohne Abstimmung mit den anderen Bereichen agierte.[450] In welchem Umfang in den einzelnen Filialbereichen für die Sparten des Massengeschäfts geworben wurde, hing stark vom persönlichen Interesse des ressortmäßig zuständigen Vorstands und den örtlichen Filialleitern ab.[451]

Erst als das Geschäft mit den Privatpersonen allmählich zunahm, veränderte sich auch die Werbung der Großbanken. Diese Entwicklung begann mit dem Spargeschäft. Um diese Sparte auszubauen, bedienten sie sich der öffentlichkeitswirksamen staatlichen Sparförderung. Dazu mussten die Institute allerdings umfangreicher, unpersönlicher und informativer werben. Ab etwa Mitte der 1950er Jahre setzten sie zunächst auf Fachpublikationen. Autoren der hauseigenen volkswirtschaftlichen Abteilungen kommentierten darin Gesetzestexte und erläuterten, wie die Sparkunden die Förderungsmöglichkeiten nutzen konnten. Daneben entstanden weitere Informationsprospekte, die auch Themen wie Lastenausgleich, Eherecht, Börse oder Reisen im Ausland behandelten. Gleichzeitig ließen die Großbanken teilweise auch Postwurfsendungen an private Haushalte verteilen und Handzettel in Lohntüten stecken, um Sparkunden zu gewinnen.[452] Ähnlich gingen sie beim Investmentsparen und den Volksaktien vor. Bei den LG-Konten hielten sich die Institute zunächst zurück, hofften aber den bargeldlosen Zahlungsverkehr durch unpersönliche Werbung und Aufklärung erheblich ausweiten zu können.[453] Insgesamt taten sie sich eher schwer damit, von ihrem als selbstverständlich empfundenen Niveau abzugehen. So war hinter den einzelnen Aktionen kein strategisches Vorgehen erkennbar. Im Massengeschäft stieß zudem die persönliche Werbung zunehmend an ihre Grenzen.

Mit dem Kleinkredit begannen die Großbanken Ende der 1950er Jahre ihre Werbung langsam, aber grundlegend zu verändern. Vorbild dafür war die angelsächsische Bankenlandschaft. Amerikanische Kreditinstitute warben bereits seit Jahrzehnten massiv, und nun taten sich auch die englischen Banken hervor. Insbesondere die Midland Bank war den deutschen Großbanken weit voraus. Zur Einführung der Scheckkonten und Kleinkredite hatte sie große Werbekampagnen gestartet und mit ganzseitigen Farbanzeigen geworben. 1956 hatte sie als erste britische Bank mit Fernsehspots für Aufsehen gesorgt.[454] Die

---

[449] HAC, 312/222, Niederschrift der Filialleiter-Besprechung vom 25.04.1956. HAC, 312/58, Protokoll der Geschäftsstellenleiter-Besprechung vom 03.03.1958, S. 32ff. HAC, N26/37, Nachlass Herbert Wolf, Notiz über ein Gespräch mit Willi Lucht am 27.06.1990.
[450] HAC, 400/1204, Protokoll der Vorstandssitzung vom 24.06.1959. HAC, N26/37, Nachlass Herbert Wolf, Notiz über ein Gespräch mit Willi Lucht am 27.06.1990.
[451] HAC, N26/37, Nachlass Herbert Wolf, Notiz über ein Gespräch mit Willi Lucht am 27.06.1990.
[452] HAC, 312/58, Protokoll der Geschäftsstellenleiter-Besprechung vom 03.03.1958, S. 32ff. HAC, N26/2, Nachlass Herbert Wolf, Aufsatzskizze „Information stets mit Priorität" in der Zeitschrift Die Bank, o.J. HAC, N26/37, Nachlass Herbert Wolf, Notiz über ein Gespräch mit Willi Lucht am 27.06.1990. Frost: Die Deutsche Bank und ihr Privatkundengeschäft, S. 240.
[453] HAC, N26/2, Nachlass Herbert Wolf, Aufsatzskizze von Walter Lippens, „Fragen der Werbung im westdeutschen Bankgewerbe", März 1959.
[454] Green: Midland Bank, S. 54f.

deutschen Großbanken konnten zudem von der Midland Bank lernen, dass durch den verstärkten Einsatz von Werbung die Nachfrage nach Kleinkrediten gesteigert werden konnte. Daher setzten nun auch sie vermehrt auf unpersönliche Werbung mit Anzeigen in den Printmedien, mit Plakaten, Wurfprospekten und Schaufensteraushängen.[455] Obwohl ihre Werbung damit aufdringlicher wurde und nun auch mit Konditionen geworben wurde, stellten sich keine Proteste der Konkurrenz ein. Die anderen Kreditinstitute verstärkten ihre Bemühungen ebenfalls. Die gesamte Branche unterhöhlte zunehmend die Wettbewerbs- und Werbeabkommen.

Nicht zuletzt durch diesen stärker werdenden Konkurrenzkampf in der Branche begriffen die Großbanken, dass sie für eine massenhafte Werbung andere organisatorische Strukturen benötigten. Vermutlich spielten hier unter anderem auch die Untersuchungsergebnisse des Bundesverbandes des privaten Bankgewerbes eine Rolle.[456] So diskutierten etwa die Vorstände der Commerzbank in Juni 1959 erstmals Pläne, die Werbung in allen drei Hauptverwaltungsbereichen anzugleichen, auszuweiten und zu professionalisieren. Dazu wollte die Bank einen Gesamtetat aufstellen, einen Spezialisten engagieren sowie in Zusammenarbeit mit einer Agentur Grundsätze und Planungen erarbeiten. Zukünftig sollten zudem der Firmenname und das Logo mit einer Hausfarbe einheitlich wiedergegeben werden.[457] Solche Überlegungen setzten die Großbanken allerdings erst in den 1960er Jahren in die Tat um.

Das war nicht zuletzt auf die besondere Wettbewerbssituation zurückzuführen. Die westdeutsche Kreditbranche brauchte länger als alle anderen Wirtschaftsbereiche, um die Folgen der NS-Zeit, des Kriegs und der Nachkriegszeit zu überwinden. Erst im Laufe der 1950er Jahre konnte sie zum normalen Geschäft zurückkehren. Nichtsdestotrotz profitierte sie in großem Maße von der stürmischen wirtschaftlichen Aufwärtsbewegung: Die Bilanzsummen wuchsen in diesem Jahrzehnt überproportional stark.[458] Der Markt blieb größtenteils nach wie vor unter den verschiedenen Institutsgruppen aufgeteilt. Zudem regulierten viele Verordnungen aus der Zeit vor 1945 die Branche. Die Wettbewerbs-, Werbe- und Zinsabkommen, die Bankenaufsicht und das KWG mit seiner Bedürfnisprüfung waren allesamt unter dem Eindruck der Bankenkrise entstanden. Die Kreditwirtschaft war damit keine Ausnahme in Westdeutschland. Auch im Verkehrs- und Nachrichtenwesen, im Energiesektor und in der Versicherungswirtschaft engten viele staatliche Verordnungen die freie Entfaltung der Unternehmen noch bis in die 1960er Jahre hinein ein.[459] In der Kreditbranche waren diese Regulierungen allerdings besonders tiefgreifend.

---

[455] HAC, 400/864, Blick in die Wirtschaft vom 11.03.1960, Artikel „Die Commerzbank hat ihre Geschäftsbasis erweitert". HAC, 400/1204, Protokoll der Vorstandssitzung vom 24.06.1959. HAC, N26/24, Nachlass Herbert Wolf, Gesamtvorstandssitzungen der Commerzbank, Protokoll vom 02.12.1959. HAC, N26/25, Nachlass Herbert Wolf, Protokoll der Aufsichtsratssitzung vom 02.10.1959. HADB, Deutsche Bank AG, Frankfurt a.M. (Hrsg.): Sonderausgabe 30 Jahre Privatkundengeschäft, Frankfurt a.M. 1989, S.6.

[456] HADB, G.I.P. (Hrsg.): Der neue Bankkunde, S.55ff.

[457] HAC, 400/864, Blick in die Wirtschaft vom 11.03.1960, Artikel „Die Commerzbank hat ihre Geschäftsbasis erweitert". HAC, 400/1204, Protokoll der Vorstandssitzung vom 24.06.1959. HAC, N26/24, Nachlass Herbert Wolf, Gesamtvorstandssitzungen der Commerzbank, Protokoll vom 02.12.1959. HAC, N26/25, Nachlass Herbert Wolf, Protokoll der Aufsichtsratssitzung vom 02.10.1959. HADB, Deutsche Bank AG, Frankfurt a.M. (Hrsg.): Sonderausgabe 30 Jahre Privatkundengeschäft, Frankfurt a.M. 1989, S.6.

[458] Feldenkirchen: Deutsche Wirtschaft, S.48. Wolf: Nachkriegsentwicklung, S.41.

[459] Schröter: Von der Teilung zur Wiedervereinigung, S.370.

Die Bank deutscher Länder bestand weiterhin auf deren Gültigkeit, um zu viel Risiko in der Branche zu vermeiden, um Kreditnehmer und kleinere Kreditinstitute zu schützen und um die Stabilität der D-Mark zu wahren. Der Wettbewerb blieb damit sowohl bei den Dienstleistungen und Konditionen als auch in der Fläche äußerst eingeschränkt.[460]

Das Gesetz gegen Wettbewerbsbeschränkungen von 1957/58 (Kartellgesetz) klammerte zudem die Kreditwirtschaft als besondere Branche explizit aus. Die Bankenaufsichten der Länder konnten dadurch weiterhin die Zinsen festlegen.[461] Angesichts der Kapitalmarktlage in den 1950er Jahren war dies durchaus im Sinne der Kreditinstitute und des Zentralbankrats der Bundesbank.[462] Das Kartellgesetz beließ außerdem den Kreditinstituten die Möglichkeit, Kooperationen und Absprachen zu vereinbaren. Davon machten unter anderem die Großbanken beim Aufbau des Massengeschäfts regen Gebrauch.

Schließlich verzerrten einige Privilegien die Wettbewerbsbedingungen in der Branche: Das Spargeschäft der Sparkassen war (als Ausgleich für das einstmals aufwändige Kleingeschäft) steuerbefreit. Mit der Gewährträgerhaftung der Kommunen konnten sie zudem als einzige Institutsgruppe mündelsichere Anlagen anbieten. Genossenschaftsbanken und kleine Privatbanken durften dagegen höhere Einlagenzinsen anbieten, und die Teilzahlungsbanken waren bei Barkrediten weder an das Zinsabkommen noch an die Kleinkreditrichtlinien gebunden.[463]

Angesichts dieser Lage schauten viele Politiker und Wirtschaftsjournalisten neidvoll nach Großbritannien. Dort regulierte der Staat das Kreditgewerbe kaum und der Konkurrenzkampf in der Branche funktionierte zum Wohle der Wirtschaft und der Privatkunden. Der Wettbewerb führte zu hohen Einlagenzinsen, was die Teilzahlungsbanken dazu bewog, das Spargeschäft aufzunehmen. Umgekehrt starteten die englischen Großbanken den Kleinkredit und unterboten die Zinsen der Teilzahlungsinstitute.[464]

Von englischen Verhältnissen war die westdeutsche Kreditwirtschaft allerdings noch weit entfernt. Erst gegen Ende der 1950er Jahre lockerten sich die Bestimmungen. So nahm beispielsweise der Standortwettbewerb mit der Aufhebung der Bedürfnisprüfung allmählich an Fahrt auf.[465] Die Kreditinstitute interessierten sich zudem in steigendem Maße für die privaten Haushalte, die nun spar- und konsumfreudiger wurden. Mit dem

---

[460] Born: Geld und Banken, S. 498. Franke: Deutsche Finanzmarktregulierung, S. 66ff.

[461] HAC, N26/37, Nachlass Herbert Wolf, Schreiben von Wilhelm Schaele, Bielefeld, an Herbert Wolf vom 03.03.1995. HADB, SG 8/16, Material zum Kleinkredit PKK, Schreiben der Rechtsabteilung Hamburg vom 31.10.1958. HADrB, 16955-2001.MS, FAZ vom 10.08.1961, Artikel „Empfehlungen der Banken meldepflichtig". HADrB, 118284.MS, Schreiben der Rechtsabteilung Frankfurt a. M. an die Rechtsabteilungen Hamburg und Düsseldorf vom 16.07.1957. Hintner: Geld-, Bank- und Börsenwesen, S. 343ff. Wolf: Nachkriegsentwicklung, S. 64.

[462] BArch, B 102/41873, Konditionen und Zinsabkommen, Allgemeines, Bd. 1, Protokoll der 153. Sitzung des Zentralbankrats der Bank deutscher Länder vom 16.09.1953.

[463] HAC, 402/285, Mantelvertrag, Zinsabkommen und Wettbewerbsabkommen (Stand Mai 1941). HADB, ZA 30/2, Krämer, Willy: Konsumentenkredit der Sparkassen auf neuen Wegen, in: Sparkasse 23 (1961), S. 401. Ahrens: Dresdner Bank 1945–1957, S. 264. Born: Geld und Banken, S. 208. Hintner: Geld-, Bank- und Börsenwesen, S. 343ff.

[464] BArch, B 102/23405, Geschäftsberichte und Einzelfragen des Bundesverbandes des privaten Bankgewerbes, Bd. 1. BArch, B 102/41869, Konditionen und Zinsabkommen, Allgemeines, Bd. 2, Wirtschafts- und Sozialpolitik, Nr. 34 vom 01.09.1958, Artikel „Kredit: Scharfer Zinswettbewerb in England". Zeitschrift für das gesamte Kreditwesen 18 (1958), Artikel „Der Kleinkredit der englischen Banken", S. 773.

[465] Pohl: Institute der Sparkassenorganisation als Wettbewerber, S. 1168. Schulz: Sparkassen, S. 253.

Massengeschäft nahm der Wettbewerb unter ihnen zu. Als auch die Großbanken zunehmend Produkte für Privatpersonen anboten, sahen sie sich der Konkurrenz von Sparkassen, Genossenschaftsbanken, Teilzahlungsbanken, Gewerkschaftsbanken und der Deutschen Bundespost ausgesetzt. Diese Institutsgruppen hatten die Großbanken jahrzehntelang nicht als ernsthafte Konkurrenten wahrgenommen. Doch nun rangen sie tatsächlich alle miteinander allmählich um Marktanteile im Massengeschäft.[466]

Die Sparkassen – als traditionelles Kreditinstitut der einfachen Bevölkerung – traf die Währungsreform von 1948 besonders schwer. Ihre Spareinlagen entwickelten sich zunächst nur langsam, da viele private Haushalte nicht sparfähig waren. Doch umso stärker profitierten sie im Laufe der 1950er Jahre von den steigenden Einkommen ihrer Kunden. Sie führten zudem viele Zweck- und Kleinsparprogramme ein, um ihr Angebot differenzierter zu gestalten.[467] Mit dem Kaufkredit betätigten sie sich – wenn auch nur widerwillig – bereits früh im Konsumentenkreditgeschäft und boten 1959 zusätzlich den Kleinkredit an.[468] Als „Hausbank des kleinen Mannes" profitierten sie schließlich besonders stark von der Umstellung auf die bargeldlose LG-Zahlung. Dadurch konnten sie auch ihren bargeldlosen Girozahlungsverkehr deutlich ausweiten. Und nicht nur im Massengeschäft konkurrierten die Sparkassen und die Großbanken allmählich miteinander. Gestützt auf ihre Spareinlagen, bauten die Sparkassen ihr Aktivgeschäft weiter aus. Ende der 1950er Jahre boten sie über ihre Landesbanken und Girozentralen allmählich kurz- und langfristige Kredite an Industrieunternehmen an, verstärkten das Konsortialgeschäft und betätigten sich erstmals im Außenhandel und im internationalen Geschäft. Die Sparkassen wandelten sich damit immer mehr zu Universalkreditinstituten.[469] Ihre absolute Anzahl sank zwar in den 1950er Jahren durch Fusionen, doch konnten sie durch die Eröffnung zahlreicher neuer Zweigstellen ihr Netz auf über 11 000 Stellen vergrößern.[470]

Ähnlich entwickelte sich das Geschäft der Volksbanken und Raiffeisenbanken. Auch sie profitierten in den 1950er Jahren mit ihrer Kundenstruktur, ihrem Bekanntheitsgrad und ihrer großen Ausdehnung in der Fläche weit mehr von den sozioökonomischen Entwicklungen als die Großbanken. Steigende Spareinlagen und viele LG-Konten machten das Massengeschäft bei ihnen allmählich zu einem rentablen und wachstumsstarken Bereich. Sie verstärkten diese Entwicklung, indem sie sich nun auch für Nichtmitglieder öffneten. Ihre absolute Anzahl ging durch Fusionen und Übernahmen zwar um fast 5000 zurück. Das gesamte Zweigstellennetz wuchs dagegen weiter an und blieb mit 14 000 Stellen das größte in der Bundesrepublik. Im Vergleich zu den Sparkassen arbeiteten die Genossen-

---

[466] HADB, ZA 30/2, Handelsblatt vom 28.07.1959, Artikel „Ein Bankeninteresse auf weite Sicht". Pohl: Institute der Sparkassenorganisation als Wettbewerber, S. 1168.

[467] BArch, B 136/7361, Wettbewerbssituation im Kreditwesen, Bd. 5–6, Bericht der Bundesregierung über die Untersuchung der Wettbewerbsverschiebungen im Kreditgewerbe und über eine Einlagensicherung, Kabinettsvorlage vom 25.10.1968, S. 26. Ashauer: Entwicklung der Sparkassenorganisation, S. 311. Rudolph: Differenzierung und Diversifizierung, S. 50.

[468] Ahrens: Reform der Dresdner Bank, S. 75. Ahrens: Dresdner Bank 1945–1957, S. 264. Ellerbrock: Konsumentenkredit und „Soziale Marktwirtschaft", S. 126. Stücker: Konsum auf Kredit, S. 66f. Wixforth: Expansionsstrategien, S. 102f.

[469] BArch, B 136/7361, Wettbewerbssituation im Kreditwesen, Bd. 5–6, Bericht der Bundesregierung über die Untersuchung der Wettbewerbsverschiebungen im Kreditgewerbe und über eine Einlagensicherung, Kabinettsvorlage vom 25.10.1968, S. 26. Wandel: Banken und Versicherungen, S. 46. Wehber: Fritz Butschkau, S. 47.

[470] Ashauer: Entwicklung der Sparkassenorganisation, S. 313.

schaftsbanken allerdings weitgehend selbständig. Ihre Spitzenverbände waren relativ schwach.[471]

Die Teilzahlungsbanken erlebten in den 1950er Jahren einen regelrechten Boom. Sie profitierten von der großen Nachfrage nach Konsumentenkrediten und etablierten sich nun endgültig in der Kreditbranche. Ihre Anzahl stieg von 1951 bis 1961 von 74 auf 235 Institute. Sie agierten zunächst ohne Konkurrenz, und auch der Kaufkredit der Sparkassen schmälerte ihr Wachstum nicht. Gegen Ende des Jahrzehnts erkannten sie zudem das Potenzial von Barkrediten und boten daher ab 1959 den Kleinkredit an.[472]

Mit dem materiellen und sozialen Aufstieg der unselbständigen Arbeitnehmer agierten auch die Gewerkschaftsbanken in den 1950er Jahren zunehmend im Massengeschäft. Nach dem Zweiten Weltkrieg hatten die Gewerkschaften sechs regionale Gemeinwirtschaftsbanken aus den Überbleibseln der Vorgängerinstitute, den Gewerkschaftsbanken der 1920er Jahre und der nationalsozialistischen Bank der deutschen Arbeit gegründet. Diese schlossen sich im Dezember 1958 in Frankfurt am Main zur Bank für Gemeinwirtschaft (BfG) zusammen. Das neue Institut sah sich nicht nur bankbetriebswirtschaftlichen Grundsätzen, sondern auch wirtschafts- und sozialpolitischen Aspekten verpflichtet. Die BfG verwaltete zunächst das Eigentum der Gewerkschaften und finanzierte die zahlreichen gewerkschaftseigenen Unternehmen. Aus diesen Anfängen begann die Entwicklung zur Universalbank. So baute sie ein Massengeschäft auf, nahm Spareinlagen von Arbeitern und Angestellten an und führte LG-Konten. Dazu stand ihr neben den eigenen Filialen auch das Netz der Konsumgenossenschaften zur Verfügung. Den Großbanken erwuchs hier ein weiterer Konkurrent, der allmählich über den angestammten Kundenkreis hinaus expandierte.[473]

Mit ihrem zunehmenden Massengeschäft nahmen die Großbanken schließlich auch die Bankdienstleistungen der Deutschen Bundespost als Konkurrenz wahr. Der Staatsbetrieb versorgte mittels Postscheckdienst und Postsparen 1960 bereits 11 Millionen Kunden. Bei der Bargeldübermittlung hatte die Post eine Monopolstellung mit Postanweisungen und Nachnahmezahlungen inne. Im Laufe des Jahrzehnts verbesserte sie ihr Dienstleistungsangebot mit Daueraufträgen und Auslandsüberweisungen und profitierte von der wachsenden Spareigung. 1960 betrugen ihre Spareinlagen 3 Mrd. DM. Auch wenn die Post laut Gesetz kein vollwertiger Bankdienstleister sein durfte, so überragte sie die anderen Kreditinstitute mit dem dichtesten Filialnetz und den besseren Öffnungszeiten.[474]

Als sich die Großbanken Ende der 1950er Jahre verstärkt den Privatkunden widmeten, war dies Teil einer größeren Entwicklung in der Kreditbranche, bei der sich die Geschäftsbereiche der Institutsgruppen immer weiter annäherten und sich die traditionelle Arbeitsteilung zwischen ihnen allmählich auflöste. Die räumlichen und gesellschaftlichen Wirkungsbereiche der Kreditinstitute überschnitten sich zunehmend, und der Wettbewerb

---

[471] Ahrens: Reform der Dresdner Bank, S. 75. Schulz: Sparkassen, S. 305.
[472] Stücker: Konsum auf Kredit, S. 66. Zimmermann: Kundenkreditbank, S. 117f.
[473] HAC, N17/5, Vortrag von Hans Kurzrock, Bankverein Westdeutschland, Düsseldorf, 1952. Ahrens: Dresdner Bank 1945–1957, S. 265. Born: Geld und Banken, S. 581. Ehlen: Filialgroßbanken, S. 71ff. Pohl: Konzentration im deutschen Bankwesen, S. 460.
[474] BArch, B 102/49826, Wirtschafts- und bankpolitische Fragen des privaten Bankgewerbes, Bd. 1, Bank-Betrieb 5 (1961), S. 54. HAC, N17/5, Vortrag von Hans Kurzrock, Bankverein Westdeutschland, Düsseldorf, 1952. Hahn: Geschichte der Postbankdienste, S. 37ff. Wolf: Nachkriegsentwicklung, S. 144.

wurde schärfer.[475] Daher verloren die Großbanken trotz einer boomenden Wirtschaft und eines starken Außenhandels in den 1950er Jahren Marktanteile. Obwohl ihr Geschäftsvolumen von 7,6 Mrd. DM auf 28,7 Mrd. DM anstieg, sank ihr Anteil am addierten Geschäftsvolumen aller Kreditinstitute von 19% auf 11% ab.[476] Diese rückläufige Tendenz hatte sich bereits in den 1930er Jahren abgezeichnet.[477] Vom Strukturwandel der 1950er Jahre, den steigenden Masseneinkommen und dem Trend zum längerfristigen Kredit profitierten die Großbanken mit ihrer halbherzigen Hinwendung zum Massengeschäft weit weniger als andere Kreditinstitute. Vor allem die Sparkassen gingen aus dieser Entwicklung als Gewinner hervor. Ihr Geschäftsvolumen vergrößerte sich von 8 Mrd. DM auf 56 Mrd. DM und ihr Marktanteil erhöhte sich leicht auf 36%. Auch die Genossenschaftsbanken konnten ihr Geschäftsvolumen kräftig um mehr als das Fünffache steigern und ihren Marktanteil von knapp 12% behaupten.[478] Lediglich bei den Spareinlagen gelang es den Großbanken, ihren Marktanteil von 7,6% auf 8,5% zu verbessern, ohne allerdings auch nur annähernd die Vorherrschaft der Sparkassen mit fast zwei Dritteln Anteil zu gefährden.[479] Der allmähliche Einstieg ins Massengeschäft hatte den Großbanken in den 1950er Jahren kein Wachstum und keine Wettbewerbvorteile eingebracht. Die Grundlagen dafür waren allerdings gelegt worden.

Nicht nur dadurch waren die Großbanken Ende der 1950er Jahre endgültig in der Normalität der jungen Bundesrepublik angekommen. Symbolisch dafür standen in den Jahren 1957/58 ihre „Wiedervereinigungen" und die Annahme der traditionellen Namen Commerzbank, Deutsche Bank und Dresdner Bank. Nun erst war die Zeit für neue Experimente angebrochen. Ende der 1950er Jahre häuften sich die Ereignisse, die die Großbanken zum Massengeschäft führen sollten. Damit begannen sie, ihre Ausrichtung grundlegend zu verändern. Entscheidend für diesen Wandel waren letztlich der starke Wirtschaftsboom und seine weitreichenden Folgen.

Das Vorgehen der Großbanken bei der Einführung der einzelnen Sparten des Massengeschäfts legt bei näherer Betrachtung allerdings den Schluss nahe, dass diese Neuausrichtung weder konsequent durchgeführt wurde noch Teil einer größeren Strategie war, Privatpersonen systematisch als Kundengruppe zu erschließen. Aufgrund des Eigenlebens der einzelnen Hauptverwaltungen war eine solche Planung auch kaum vorstellbar. Der Anlass zur Veränderung kam vielmehr von außen. Die Rahmenbedingungen in Wirtschaft, Politik und Gesellschaft hatten sich deutlich verändert. Daraus ergaben sich einzelne Impulse, auf die die Großbanken vergleichsweise spontan reagierten. Dazu zählten etwa die Umstellung auf die bargeldlose LG-Zahlung, das Ende der Bedürfnisprüfung oder die Ausbreitung der Konsumentenkredite. Was die Großbanken motivierte, war der alles überragende Wunsch, die langfristigen Einlagen deutlich zu erhöhen. Damit wollten

---

[475] HAC, N17/5, Vortrag von Hans Kurzrock, Bankverein Westdeutschland, Düsseldorf, 1952. HADB, ZA 30/2, Handelsblatt vom 28.07.1959, Artikel „Ein Bankeninteresse auf weite Sicht". HADrB, 117998.MS, Deutsche Zeitung vom 05.08.1959, Artikel „Dynamische Großbanken". Ahrens: Dresdner Bank 1945–1957, S. 265. Born: Geld und Banken, S. 581. Könneker: Wettbewerb in der Sicht der Notenbanken, S. 13. Pohl: Konzentration im deutschen Bankwesen, S. 460.
[476] Ahrens: Reform der Dresdner Bank, S. 75. Born: Geld und Banken, S. 581. Wolf: Nachkriegsentwicklung, S. 116.
[477] Ahrens: Dresdner Bank 1945–1957, S. 264.
[478] Deutsche Bundesbank (Hrsg.): Deutsches Geld- und Bankwesen, S. 254. Rudolph: Differenzierung und Diversifizierung, S. 54. Sauer: Wettbewerbsposition, S. 61.
[479] Ahrens: Reform der Dresdner Bank, S. 75. Wolf: Nachkriegsentwicklung, S. 116.

sie dem Kapitalmangel begegnen, ihre Refinanzierungsbasis langfristig sichern und ihr Stammgeschäft weiter ausbauen. Hier lässt sich noch am ehesten der Ansatz einer längerfristigen Planung ausmachen, die aber keinesfalls ein umfassendes Privatkundengeschäft zum Ziel hatte. Die privaten Haushalte generierten immer größere Teile des Volksvermögens; an die Ersparnisse der einfachen Arbeiter und Angestellten konnten die Großbanken aber nur gelangen, indem sie ihnen auch andere Bankdienstleistungen anboten. Das Spargeschäft wurde so zum Antrieb für alle weiteren Produkte des Massengeschäfts und für die Filialnetzexpansion. Es darf indes vermutet werden, dass die Führungsriegen der Institute kaum erkannten, welch enorm langfristiges Geschäftspotenzial sich ihnen damit eröffnete. Dafür waren die Vorbehalte gegenüber dem „kleinen Mann" viel zu ausgeprägt. Selbst die Befürworter des Massengeschäftes waren weniger Visionäre als vielmehr Realisten, die alles daran setzten, die Spareinlagenbestände zu erhalten und zu vergrößern.[480] Um dieses Ziel zu erreichen, wurde es selbst in Kauf genommen, dass die neuen Sparten anfangs unrentabel arbeiteten.[481]

Neben dem Spargeschäft lassen sich weitere Motive und Tendenzen ausmachen, die bei der allmählichen Aufnahme des Massengeschäfts eine Rolle spielten. Erstens begann sich – in erster Linie bei der Filialexpansion – die starre Kreditbranche langsam zu deregulieren. Die vergrößerten Zweigstellennetze waren zusammen mit der zunehmenden technischen Rationalisierung die quantitative Voraussetzung, um im Massengeschäft langfristig überhaupt erfolgreich zu sein. Zweitens belebte der Staat indirekt die Nachfrage nach Bankdienstleistungen, indem er die Vermögensbildung in Arbeitnehmerhand durch Steuerbegünstigungen, Prämien und Privatisierungen förderte. Davon profitierten auch die Großbanken. Drittens waren fast alle Produkte des Massengeschäfts vom Phänomen der Amerikanisierung geprägt. Investmentfonds, Autoschalter, bargeldlose LG-Zahlung, Scheckverkehr und Kleinkredite hatten durchweg angelsächsische Wurzeln. Darauf nahmen die Großbanken in der Werbung häufig Bezug. Sie hofften auf amerikanische Verhältnisse in der Bundesrepublik mit Schecks als Standardzahlungsmittel und dem Wertpapier als bevorzugter Anlageform der Bevölkerung. Viertens lässt sich bei der Entstehung des Massengeschäfts, den Produkten und Werbemethoden die dominierende Stellung des Firmenkundengeschäfts bei den Großbanken erkennen. Fünftens war die Anfangsphase des neuen Bereichs stark von den nachkriegsbedingten, dezentralisierten Strukturen der Institute geprägt. Die Hauptverwaltungen und -filialen verfügten über große Freiräume. Daran änderte sich auch nach den Wiedervereinigungen wenig. Allein diese Tatsache erschwerte jede langfristige Planung. Sechstens ist schließlich die allmähliche Hinwendung der Großbanken zu den privaten Haushalten als Teil eines größeren Strukturwandels im Kreditgewerbe zu sehen, bei dem sich die Institutsgruppen einander annäherten und der Wettbewerb in der Branche intensiver wurde.

Obwohl das Massengeschäft in den 1950er Jahren noch keine große Rolle bei den Großbanken spielte, wirkte es sich bereits auf die Institute aus. Die stark wachsenden Spareinlagen der privaten Haushalte stellten die Refinanzierung auf eine wesentlich breitere Grundlage. Bei den Großbanken und den Filialen, die teilweise nur wenige große Firmenkunden gehabt hatten, veränderten sich allmählich die Geschäftstätigkeit und die Kundenstruktur. Vor allem gegen Ende des Jahrzehnts erreichten sie immer mehr Privatpersonen. Damit vergrößerte sich auch ihre Gesamtkundschaft deutlich. Allein bei der

---

[480] Hooven: Wandlungen im Bankgeschäft, S. 312.
[481] HAC, 400/111, Industriekurier vom 09.04.1960, Artikel „Dr. Deuß: Mindestreserven verzinsen!".

Commerzbank erhöhte sich die Anzahl der Kundenkonten im Geschäftsjahr 1959 um über 100 000 auf fast 600 000.[482] Die Deutsche Bank zählte zeitgleich bereits 250 000 Privatpersonen zu ihren Kunden. Diese trugen zwar erst ein Drittel zu den Gesamteinlagen und nur bescheidene 9% zum Kreditgeschäft bei. Im Vergleich zur Zeit vor 1945 war diese Entwicklung jedoch enorm.[483] Rein quantitativ gesehen, war das Massengeschäft damit ein Erfolg. Aus wenigen vermögenden Privatkunden, die die Großbanken nach dem Zweiten Weltkrieg gehabt hatten, waren bis zum Ende der 1950er Jahre Hunderttausende geworden. Um diese verwalten zu können, setzten die Institute verstärkt auf technische Rationalisierung mit Buchungsautomaten und Lochkartenmaschinen; um weitere Privatkunden zu gewinnen, hielten moderne Werbemethoden Einzug in die Großbanken. Nicht zuletzt wurden sie mit dem Massengeschäft allmählich zu Universalbanken im eigentlichen Sinne: Ihre Angebotspalette, ihre Kundenstruktur und ihre Flächenpräsenz waren nun deutlich ausgeweitet. Mit den Produkten des Massengeschäfts rückten zudem die Dienstleistungen immer mehr in den Vordergrund im Gegensatz zum klassischem Aktiv-/Passivgeschäft. Provisionen wurden wichtiger als Zinsüberschüsse.

Das Hauptaugenmerk der Großbanken lag in den 1950er Jahren allerdings nach wie vor auf dem traditionellen Kundenzirkel aus Handel, Gewerbe und Industrie und den vermögenden Bevölkerungskreisen.[484] Letztere hatten sie keineswegs vergessen, ganz im Gegenteil. Für Privatpersonen mit einem Vermögen von mindestens 100 000 DM startete die Dresdner Bank im August 1959 sogar eine eigene Sparte „Vermögensverwaltung".[485] Auch wenn dieser Bereich zunächst keine große Rolle spielte und eher als Zubringer für das Wertpapiergeschäft gedacht war, so wirkte er angesichts des nur wenige Wochen zuvor eingeführten Kleinkredits wie ein Gegenpol zum Massengeschäft.

Aus Sicht der Bevölkerung bestand mit den Angeboten der Großbanken eine neue Möglichkeit, finanzielle Bedürfnisse zu befriedigen. Steigende Einkommen, Vollbeschäftigung und bessere soziale Absicherung machten die Arbeitnehmer im Laufe der 1950er Jahre immer attraktiver und wichtiger für die gesamte Kreditwirtschaft. Daher weiteten alle Institutsgruppen ihr Angebot allmählich aus. Am Ende des Jahrzehnts begann in der Branche ein regelrechter Wettstreit um die Gunst der Privatpersonen, insbesondere bei den LG-Konten und bei den Kleinkrediten. Gerade im Bereich der Konsumentenkredite, wo der Wettbewerb schon seit längerem einigermaßen funktionierte, profitierten die Kunden von dieser Entwicklung. Der Barkredit war flexibler, einfacher und schneller. Das Angebot für Privatpersonen wurde nun langsam auch insgesamt größer. Immer neue Produkte wurden speziell auf ihre Bedürfnisse zugeschnitten, immer mehr Institutsgruppen bemühten sich um sie und immer größere Filialnetze verbesserten die Erreichbarkeit. Die gesamte Branche versuchte damit, auch die letzten noch nicht erfassten Bevölkerungskreise zu gewinnen. *Die Welt* stellte im April 1959 treffend fest:

---

[482] Ebenda.

[483] HADB, Deutsche Bank AG, Frankfurt a. M. (Hrsg.): Sonderausgabe 30 Jahre Privatkundengeschäft, Frankfurt a. M. 1989, S. 11.

[484] HAC, 400/155, Protokoll der Geschäftsstellenleiter-Besprechung vom 12.09.1958, S. 12. Ahrens: Reform der Dresdner Bank, S. 75.

[485] HADrB, 117997.MS, Die Welt vom 05.08.1959, Artikel „Dresdner Bank übernimmt Vermögensverwaltungen" sowie FAZ vom 05.08.1959, Artikel „Vermögensverwaltung durch die Bank"; Deutsche Zeitung vom 05.08.1959, Artikel „Dresdner Bank mit Vermögensverwaltung"; Börsen-Zeitung vom 06.08.1959, Artikel „Kunden-Service nach ausländischem Beispiel".

„Wachsende Einkommen und steigender Lebensstandard breiter Schichten machen den Lohn- und Gehaltsempfänger zu einem interessenten [sic] Bankkunden der Zukunft. Noch ist er gleichsam in einem embryonalen Zustand, aber die Zeichen der Zeit lassen erkennen, daß man sich seiner Nöte annehmen muß, wenn man seiner Gunst sicher sein will."[486]

Auch die Großbanken versuchten, sich diese Gunst zu sichern. Noch 1950 hatten sie einfache Arbeitnehmer lediglich auf das Sparbuch verweisen können. Am Ende des Jahrzehnts verfügten sie dagegen über eine breite Angebotspalette für private Kunden. Zum Sparkonto waren prämienbegünstigte Sparverträge, Investmentfonds, Gehalts- und Lohnkonten, Reiseschecks, Tankschecks und Kleinkredite hinzugekommen. Durch veränderte Rahmenbedingungen, äußere Impulse und den Spareinlagendrang hatten sie das Fundament des Massengeschäfts gelegt. In den 1960er Jahren folgte dann die Expansion des neuen Geschäftszweiges.

---

[486] HADB, SG 8/16, Die Welt, Ausgabe Hamburg, vom 27.04.1959, Artikel „Kredite für den kleinen Mann".

III. Ausbau und Systematisierung der neuen Sparten – Die Großbanken in den 1960er Jahren

1. Anhaltendes Wirtschaftswachstum und Durchbruch der Konsumgesellschaft als Triebfedern der Großbanken

Der wirtschaftliche Boom der 1950er Jahre und dessen Folgen hatten begonnen, die junge Bundesrepublik in vielerlei Hinsicht tiefgreifend zu verändern. Dieser Prozess hatte die Großbanken letztlich dazu veranlasst, sich allmählich für die Bevölkerung zu interessieren. Beide Entwicklungen liefen im folgenden Jahrzehnt kontinuierlich weiter. Die Bundesrepublik hatte die Wiederaufbauphase nun endgültig abgeschlossen und befand sich im Übergang zur postindustriellen Gesellschaft mit bislang ungekanntem Wohlstand. Auf das Großbanken-Massengeschäft blieb dieser Transformationsprozess nicht ohne Auswirkung. Die vielerlei Veränderungen in Wirtschaft, Politik und Gesellschaft verstärkten die anhaltende Entwicklung bei den Kreditinstituten und werden daher im Folgenden kurz umrissen.

In den 1960er Jahren hielt die Hochkonjunkturphase der bundesdeutschen Wirtschaft unverändert an. Das reale Bruttosozialprodukt wuchs – wenn auch nicht mehr so spektakulär wie bislang – weiterhin kräftig mit durchschnittlich knapp 5% pro Jahr von 303 Mrd. DM auf 676 Mrd. DM.[1] Lediglich eine kurze Rezessionsphase in den Jahren 1966/67 unterbrach den Wirtschaftsboom. Die Große Koalition reagierte mit antizyklischen Maßnahmen und konnte die Konjunktur damit vergleichsweise schnell wiederbeleben. Das „Wirtschaftswunder" kehrte noch einmal bis zur Ölkrise in den 1970er Jahren zurück.[2] Träger des wirtschaftlichen Wachstums waren weiterhin der industrielle Sektor, der Export und der stark zunehmende private Verbrauch. Während die Landwirtschaft weiter an Bedeutung verlor, arbeitete 1970 jeder zweite Beschäftigte im verarbeitenden Gewerbe: Die Bundesrepublik war auf dem Höhepunkt der Industrialisierung angelangt. Damit setzten sich auch die Verstädterung und die Herausbildung industriell-gewerblicher Ballungsräume fort.[3] Gleichzeitig begann der Übergang zur Dienstleistungsgesellschaft; immer mehr Menschen waren im tertiären Sektor tätig. Hatte der Anteil in den 1950er Jahren noch bei 20% gelegen, so stieg er mit zunehmender Herausbildung der Konsumgesellschaft bis zum Ende der 1960er Jahre auf über 40%.[4]

---

[1] Meyen: 120 Jahre Dresdner Bank, S. 233.
[2] HADrB, 108174, Wirtschaftsberichte der Dresdner Bank, Nr. 4, April 1969, Artikel „Wie golden waren die 60er Jahre für die deutsche Wirtschaft?", S. 2ff. Feldenkirchen: Deutsche Wirtschaft, S. 47f. Görtemaker: Geschichte der Bundesrepublik, S. 179ff. Hardach: Rückkehr zum Weltmarkt, S. 80. Hardach: Wirtschaftsentwicklung in der BRD, S. 203. Wehler: Deutsche Gesellschaftsgeschichte, Bd. 5, S. 52ff. Winkler: Der lange Weg, S. 254ff.
[3] Feldenkirchen: Deutsche Wirtschaft, S. 28.
[4] Ambrosius: Intensives Wachstum, S. 149. Ambrosius/Kaelble: Folgen des Booms, S. 13. Ellerbrock: Konsumentenkredit und „Soziale Marktwirtschaft", S. 109. Feldenkirchen: Deutsche Wirtschaft, S. 30. Görtemaker: Geschichte der Bundesrepublik, S. 102. Hardach: Wirtschaftsentwicklung in der BRD, S. 208. Henning: Das industrialisierte Deutschland, S. 243. Schäfers: Sozialstruktur und sozialer Wandel, S. 198ff. Schildt: Sozialgeschichte der BRD, S. 30f. Schröter: Von der Teilung zur Wiedervereinigung, S. 365ff.

Gleichzeitig nahm auch die Erwerbstätigkeit von Frauen weiter zu. Vor allem Ehefrauen aus Arbeitnehmerhaushalten gingen nun immer öfter einer dauerhaften Beschäftigung nach, um mit einem zusätzlichen Einkommen die Konsummöglichkeiten ihrer Familien zu vergrößern.[5] Arbeitskräfte waren gefragt; es herrschte Vollbeschäftigung in Westdeutschland. Selbst während der Rezession 1966/67 erhöhte sich die Arbeitslosenquote nur kurzfristig auf 2,1%. Auch fortwährende Rationalisierungen – die elektronische Datenverarbeitung breitete sich rasant aus – konnten den Mangel an Arbeitskräften nicht ausgleichen. Nach dem Mauerbau 1961 stoppte zudem der Zustrom der jungen und gut ausgebildeten DDR-Flüchtlinge abrupt.[6] Um das Wirtschaftswachstum aufrechtzuerhalten, versuchte die Bundesregierung ausländische Arbeitnehmer für die westdeutschen Industrieunternehmen anzuwerben. Bereits 1955 hatte sie dazu ein Abkommen mit Italien geschlossen. In den 1960er Jahren forcierte das Kabinett seine Bemühungen um die so genannten Gastarbeiter aus den Mittelmeerländern. Bis zum Anwerbestopp 1973 kamen insgesamt fünf Millionen ausländische Arbeitnehmer in die Bundesrepublik.[7] Obwohl die Gastarbeiter meist nur kurze Zeit blieben, dabei einfache, schlecht bezahlte Tätigkeiten verrichteten, eine gesellschaftliche Randgruppe und eine eher unattraktive Kundengruppe bildeten, weckten sie gegen Ende der 1960er Jahre das Interesse der Großbanken.

Nicht nur die wirtschaftlichen, sondern auch die finanz- und sozialpolitischen Rahmenbedingungen des Großbanken-Massengeschäfts veränderten sich in den 1960er Jahren weiter. Der anhaltende Wirtschaftsboom schuf die Voraussetzung für die Bundesregierung, die soziale Marktwirtschaft weiter auszugestalten: Dazu initiierte sie unter anderem das Sozialhilfegesetz, das ein Existenzminimum garantierte, das Wohngeldgesetz und die Lohnfortzahlung im Krankheitsfall für Arbeiter. Zudem erhöhte sie das Arbeitslosengeld deutlich und versuchte, über die Vermögenspolitik die Eigentumsverhältnisse gerechter zu gestalten.[8] 1960 verfügten gerade einmal 1,7% der Bundesbürger über 70% des Produktivvermögens und über 35% des Gesamtvermögens. Daher sollte die Vermögensbildung der einkommensschwachen Bevölkerungsgruppen gefördert und damit die Stabilität der Wirtschafts- und Sozialordnung aufrechterhalten werden.[9] Bundeswirtschaftsminister Karl Schiller forderte, der mündige Bürger müsse ein „Volkskapitalist" werden.[10] Dazu sollte auch die Wirtschaft ihren Beitrag leisten. Mit dem ersten Vermögensbildungsgesetz

---

[5] Ambrosius/Kaelble: Folgen des Booms, S. 26. Reckendrees: Konsummuster im Wandel, S. 60. Schildt/Sywottek: „Wiederaufbau" und „Modernisierung", S. 26. Wehler: Deutsche Gesellschaftsgeschichte, Bd. 5, S. 79.

[6] Borchardt: Grundriss der deutschen Wirtschaftsgeschichte, S. 80. Fürst: Bonner Republik, S. 54. Geißler: Sozialstruktur Deutschlands, S. 50 u. S. 74. Görtemaker: Geschichte der Bundesrepublik, S. 179ff. Schäfers: Sozialstruktur und sozialer Wandel, S. 232. Schildt: Sozialgeschichte der BRD, S. 30ff. Statistisches Jahrbuch für die Bundesrepublik 1960, S. 25 u. S. 36. Wehler: Deutsche Gesellschaftsgeschichte, Bd. 5, S. 59f. Winkler: Der lange Weg, S. 254ff. Wolfrum: Bundesrepublik, S. 309.

[7] HADrB, 108174, Wirtschaftsberichte der Dresdner Bank, Nr. 3, September 1965, S. 12. Fürst: Bonner Republik, S. 54. Geißler: Sozialstruktur Deutschlands, S. 67 u. S. 286f. Görtemaker: Geschichte der Bundesrepublik, S. 182f. Schäfers: Sozialstruktur und sozialer Wandel, S. 101. Wehler: Deutsche Gesellschaftsgeschichte, Bd. 5, S. 40f.

[8] Schäfers: Sozialstruktur und sozialer Wandel, S. 223. Wehler: Deutsche Gesellschaftsgeschichte, Bd. 5, S. 264f. Wolfrum: Bundesrepublik, S. 115ff.

[9] Abelshauser: Deutsche Wirtschaftsgeschichte, S. 193. Hohmann (Hrsg.): Ludwig Erhard, S. 498. Neumann/Schaper: Sozialordnung der BRD, S. 46. Schäfers: Sozialstruktur und sozialer Wandel, S. 257. Wolfrum: Bundesrepublik, S. 131.

[10] BArch, B 126/48663, Wirtschafts- und bankpolitische Fragen des privaten Bankgewerbes, Bd. 8, Handelsblatt vom 21. 10. 1968, Artikel „Die Rolle der Banken in der Wirtschaft" von Karl Schiller.

(312-DM-Gesetz) von 1961 konnten Arbeitnehmer bis zu 312 DM als freiwillige Vermögensleistung pro Jahr von ihrem Arbeitgeber erhalten und langfristig steuerfrei bei einem Kreditinstitut anlegen. Ab 1965 wurden diese Leistungen mit dem zweiten Vermögensbildungsgesetz zum Bestandteil von Tarifverträgen. Arbeitgeber und Arbeitnehmer erbrachten das Geld nun gemeinsam zu gleichen Teilen und legten es in Bausparverträgen, Wertpapieren, Pfandbriefen und vor allem auf Sparkonten an. Schließlich erhöhte das dritte Vermögensbildungsgesetz 1970 die Vermögensleistung auf jährlich 624 DM und setzte anstelle der Steuerbefreiung eine staatliche Prämie von 30%.[11]

Neben diesen Maßnahmen, die vor allem dem Spargeschäft der Kreditinstitute zugute kamen, versuchte die Bundesregierung auch die Eigentumsverhältnisse beim Produktivvermögen gerechter zu gestalten. So konnten Unternehmen mit dem zweiten Vermögensbildungsgesetz vereinfacht Belegschaftsaktien an ihre Mitarbeiter ausgeben. Zudem setzten Adenauer und Erhard auch weiterhin auf die Privatisierung von Bundeseigentum. 1961 und 1965 gab die Bundesrepublik erneut Volksaktien des staatseigenen Volkswagenwerks und der Vereinigten Elektrizitäts- und Bergwerks AG (VEBA) aus.

Parallel zur Vermögenspolitik deregulierte die Bundesregierung in den 1960er Jahren viele Bereiche der bundesdeutschen Wirtschaft. Insbesondere die Kreditbranche veränderte sich durch liberale Reformen grundlegend.[12] Ansätze dazu hatte es bereits Ende der 1950er Jahre gegeben, als der Bundestag einen ersten Entwurf für ein neues KWG diskutiert hatte.[13] Das alte, nach wie vor gültige Reichsgesetz von 1935 stand weit hinter den tatsächlichen Entwicklungen in der Branche zurück. Wie viele Eingriffe und Regulierungen waren in einem marktwirtschaftlichen System überhaupt angebracht? Das Bundeswirtschaftsministerium drängte auf mehr Wettbewerb, während sich die Bundesbank dafür aussprach, die Zinsbindung beizubehalten, um die wirtschaftliche Stabilität zu bewahren und kleinere Kreditinstitute zu schützen. Vor weiteren Liberalisierungen und Deregulierungen forderte sie gleiche Bedingungen für alle Institutsgruppen.[14] Das neue KWG, das 1962 in Kraft trat, änderte vorerst nichts an den Einschränkungen, ordnete aber die Bankenaufsicht neu. Anstelle der einzelnen Länderbehörden trat nun das Bundesaufsichtsamt für das Kreditwesen. Gleichzeitig setzte der Bundestag eine Enquetekommission ein, die die Wettbewerbsverzerrungen in der Branche untersuchen sollte, wie beispielsweise die Steuerprivilegien der Sparkassen.[15]

---

[11] HAC, 400/8, Seminarordner „Spargeschäft", Januar 1969. Abelshauser: Deutsche Wirtschaftsgeschichte, S. 351. Krause: Zeitreise, S. 110. Müller: DWS, S. 120. Pierenkemper: Wirtschaftsgeschichte, S. 49.

[12] Schröter: Von der Teilung zur Wiedervereinigung, S. 370.

[13] Sparkasse 6 (1959), Artikel „Der Regierungsentwurf eines neuen Kreditwesengesetzes", S. 128ff. Schulz: Sparkassen, S. 305f.

[14] BArch, B 102/49227, Mantelvertrag, Sollzins- und Habenzinsabkommen, Allgemeines, Bd. 1, Dr. Schork, BMWi, Abteilung VI A 3, Vermerk zur Zinsregelung vom 13.06.1960; Schreiben von Wilhelm Könneker (Mitglied des Direktoriums der Bundesbank) an Ministerialdirektor Dr. Henkel, BMWi, vom 27.07.1960.

[15] BArch, B 102/49827, Wirtschafts- und bankpolitische Fragen des privaten Bankgewerbes, Bd. 2, Die Welt vom 12.10.1963, Artikel „Die Banken gehen unters Volk". BArch, B 136/7361, Wettbewerbssituation im Kreditwesen, Bd. 5–6, Bericht der Bundesregierung über die Untersuchung der Wettbewerbsverschiebungen im Kreditgewerbe und über eine Einlagensicherung, Kabinettsvorlage vom 25.10.1968. HAC, 400/344, Rede von Helmut Brands vor dem Commerzbank-Landesbeirat West vom 01.04.1963. HAC, 400/866, Rede von Will Marx auf der Commerzbank-Hauptversammlung in Hamburg vom 30.04.1963. Born: Geld und Banken, S. 631. Kolbeck: Zur Entwicklung der Bankenaufsicht, S. 1002. Kurzrock: Aus der Geschichte der Commerzbank, S. 132.

Die Arbeit der Kommission zog sich bis Ende 1968 hin. Indes drängte die Bundesregierung darauf, die bestehenden Bestimmungen zu lockern, um das relativ hohe Zinsniveau auf dem bundesdeutschen Kredit- und Kapitalmarkt abzusenken. Im März 1965 löste eine neue staatliche Zinsverordnung das alte Abkommen ab, 1966 folgte eine gelockerte Version und im April 1967 verschwand die Zinsbindung nach über 30 Jahren endgültig aus dem Kreditgewerbe.[16] Anstelle der behördlichen Vorgaben traten nun unverbindliche Empfehlungen der Spitzenverbände. Damit konnten die Kreditinstitute die Soll- und Habenzinsen frei gestalten. Gleichzeitig fielen auch letzte branchenspezifische Beschränkungen weg: Im Dezember 1967 schaffte das Bundesaufsichtsamt für das Kreditwesen die Werbe- und Wettbewerbsabkommen aus den 1930er Jahren ab. Nachdem erste Ergebnisse aus dem Abschlussbericht der Enquetekommission bekannt geworden waren, vereinheitlichte der Bundestag Ende 1967 schließlich die Besteuerung der verschiedenen Institutsgruppen.[17] In der gesamten Branche nahmen Wettbewerb und Werbung nun deutlich zu.[18] In besonderem Maße galt dies für das Privatkunden-Massengeschäft.

Auch das Sparverhalten und die Konsumgewohnheiten der Bundesbürger blieben in den 1960er Jahren weiterhin von der anhaltenden wirtschaftlichen Aufwärtsentwicklung geprägt und wirkten sich damit positiv auf das Privatkundengeschäft der Großbanken aus. Die jährlichen Einkommen der unselbständigen Arbeitnehmer verdoppelten sich von 125 Mrd. DM auf 261 Mrd. DM.[19] Dementsprechend vermehrte sich auch das durchschnittliche monatliche Bruttoeinkommen von 588 DM auf 1312 DM.[20] Vor allem ab Mitte des Jahrzehnts stiegen die Reallöhne angesichts der angespannten Lage auf dem Arbeitsmarkt deutlich an, im Durchschnitt mit 8% pro Jahr. Selbst die Rezession von 1966/67 beeinträchtigte diese Entwicklung kaum. Obwohl sich die Gewerkschaften bei den Lohn- und Gehaltsverhandlungen nicht zurückhielten, verteuerten sich die privaten Lebenshaltungskosten unwesentlich. Die Inflation blieb äußerst gering.[21]

Alle Bevölkerungsgruppen konnten nun zunehmend mehr Geld für Anlage- und Konsumzwecke ausgeben: Der disponible Teil der Einkommen vergrößerte sich stetig, und die Bundesbürger sparten immer größere Beträge. Die Sparquote stieg in den 1960er Jahren von 8,5% auf 14% und war damit höher als in jedem anderen europäischen Land.[22] Die jährliche Ersparnisbildung der privaten Haushalte erhöhte sich von 16 Mrd.

---

[16] Franke: Deutsche Finanzmarktregulierung, S. 71f.

[17] BArch, B 136/7361, Wettbewerbssituation im Kreditwesen, Bd. 5–6, Vermerk des Referats II/3 vom 24. 01. 1968. Büschgen: Zeitgeschichtliche Problemfelder, S. 375. Ellerbrock: Konsumentenkredit und „Soziale Marktwirtschaft", S. 124f. Jachmich/Pohl: Verschärfung des Wettbewerbs, S. 216. Schulz: Sparkassen, S. 339. HAC, Wolf: Chronik, S. 651f. Wolf: Nachkriegsentwicklung, S. 65 u. S. 146f.

[18] HAC, Geschäftsbericht der Commerzbank 1967. Ashauer: Entwicklung der Sparkassenorganisation, S. 323. Büschgen: Zeitgeschichtliche Problemfelder, S. 401f. Kolbeck: Zur Entwicklung der Bankenaufsicht, S. 1002. Pohl: Institute der Sparkassenorganisation als Wettbewerber, S. 1169. Schulz: Sparkassen, S. 337. Wolf: Das Fundament wird gelegt, S. 35.

[19] Statistisches Jahrbuch für die Bundesrepublik 1970, S. 490.

[20] HADrB, 108169, Wirtschaftsberichte der Dresdner Bank, Nr. 3, März 1971, Artikel „Die Konsumgüterkonjunktur unter der Lupe", S. 2ff. Statistisches Bundesamt (Hrsg.): Bevölkerung und Wirtschaft, S. 263.

[21] Feldenkirchen: Deutsche Wirtschaft, S. 34 u. S. 39. Schildt: Sozialgeschichte der BRD, S. 41. Wolf: Nachkriegsentwicklung, S. 35.

[22] HAC, 400/868, Rede „Ist Kapitalmangel unser Schicksal?" von Hanns Deuß auf der Commerzbank-Hauptversammlung vom 29. 04. 1966. HADB, Deutsche Bank AG, Frankfurt a. M. (Hrsg.): Was uns bewegt, ist persönliche Initiative. 25 Jahre Privatkundengeschäft, Frankfurt a. M. 1984, S. 9. HADrB, 108169, Wirtschaftsberichte der Dresdner Bank, Nr. 3, März 1971, Artikel „Die Konsumgüterkon-

DM auf 51 Mrd. DM, während die Gesamtersparnisse der Bevölkerung von 48 Mrd. DM auf 420 Mrd. DM stiegen.[23] Auch in Zeiten des allgemeinen Wohlstands sparten die Bundesbürger also kräftig weiter. Sie taten dies allerdings nicht mehr, um für Zeiten der Not, der Krankheit oder des Alters vorzusorgen. Diese Rolle hatte die staatliche soziale Absicherung übernommen. Vielmehr sparten sie, um den eigenen Lebensstandard zu steigern, um größere Konsumgüter zu kaufen oder um in den Urlaub fahren zu können.[24] Immer mehr Verbraucher sparten und verschuldeten sich zudem gleichzeitig, indem sie langfristig anlegten und kurzfristig konsumierten.[25]

Kontensparen blieb auch in den 1960er Jahren die wichtigste Form der Geldvermögensbildung. Die Bundesbürger interessierten sich zwar auch für neue Anlageformen und wurden allmählich renditebewusster. Bausparen, Wertpapierbesitz und Lebensversicherungen wurden beliebter. Doch die Hälfte der privaten Vermögen lag weiterhin auf Sparkonten.[26] Selbst einfache Arbeiterhaushalte waren nun in der Lage, einen Teil ihres Lohnes zu sparen und von den staatlichen Förderleistungen zu profitieren.[27] 1969 verfügten fast 90% aller Familien über ein Sparbuch.[28] Die privaten Haushalte und hier insbesondere die unselbständigen Arbeitnehmer entwickelten sich zu den größten Kapitalbringern der Volkswirtschaft.[29] Von 1960 bis 1970 stieg ihr Anteil an der jährlichen Gesamtersparnisbildung von einem Viertel auf fast 50%.[30] Damit trugen sie wesentlich dazu bei, den Kapitalmangel der 1950er Jahre zu überwinden. In der Bundesrepublik bildete sich nun ein leistungsfähiger Kapitalmarkt heraus.

Mit steigenden Einkommen veränderten sich in den 1960er Jahren aber auch die Ausgabestrukturen der privaten Haushalte. Zu Beginn des Jahrzehnts war ihr Nachholbedarf endgültig gedeckt. In einem Durchschnittshaushalt war der elastische Bedarf nun erstmals größer als der starre. Für lebensnotwendige Güter wie Nahrungsmittel, Bekleidung und Schuhe gaben die Bundesbürger absolut zwar mehr aus, gleichzeitig stand ihnen immer mehr Geld für den freien Konsum zur Verfügung.[31] Das vergrößerte Warenangebot weckte nun zunehmend den Wunsch nach einem erhöhten Lebensstandard und nach Produkten mit größerem Prestige. In den 1960er Jahren stiegen die Konsumausgaben der

---

junktur unter der Lupe", S. 2ff., und Nr. 4, April 1977, Artikel „Sparquote und Verbraucherverhalten", S. 5. Belvederesi/Thomes: Gesellschaftlicher Wandel, S. 32. Feldenkirchen: Deutsche Wirtschaft, S. 35. König: Geschichte der Konsumgesellschaft, S. 126. Statistisches Bundesamt (Hrsg.): Bevölkerung und Wirtschaft, S. 268. Wolf: Nachkriegsentwicklung, S. 39.

[23] BArch, B 102/71734, Grundsatzfragen des Sparens und der Vermögensbildung, Bd. 1. HADrB, 108169, Wirtschaftsberichte der Dresdner Bank, Nr. 4, April 1977, Artikel „Sparquote und Verbraucherverhalten", S. 8.

[24] König: Geschichte der Konsumgesellschaft, S. 408.

[25] BArch, B 102/49232, Mantelvertrag, Sollzins- und Habenzinsabkommen, Allgemeines, Bd. 6, Die Welt vom 26. 11. 1964, Artikel „Einheitspreis für den Barkredit?".

[26] HADrB, 118308.MS, Pressemitteilung der Dresdner Bank „So spart der Bundesbürger", 1970. Belvederesi/Thomes: Gesellschaftlicher Wandel, S. 29. Hooven: Wandlungen im Bankgeschäft, S. 312. Wolf: Nachkriegsentwicklung, S. 42.

[27] Abelshauser: Deutsche Wirtschaftsgeschichte, S. 352.

[28] Hooven: Wandlungen im Bankgeschäft, S. 317.

[29] Ahrens: Dresdner Bank 1945–1957, S. 263.

[30] HADB, Deutsche Bank AG, Frankfurt a. M. (Hrsg.): Was uns bewegt, ist persönliche Initiative. 25 Jahre Privatkundengeschäft, Frankfurt a. M. 1984, S. 8. Ahrens: Dresdner Bank 1945–1957, S. 263.

[31] HADrB, 108169, Wirtschaftsberichte der Dresdner Bank, Nr. 3, März 1971, Artikel „Die Konsumgüterkonjunktur unter der Lupe", S. 2ff. Ambrosius/Kaelble: Folgen des Booms, S. 20. Reckendrees: Konsummuster im Wandel, S. 59. Schildt: Moderne Zeiten, S. 102.

privaten Haushalte von 181 Mrd. DM auf 296 Mrd. DM.[32] Die Bundesbürger kauften Haushalts- und Elektrogeräte, insbesondere Fernseher, und gaben ihr Geld für Automobile und Ferienreisen aus. Selbst Haushalte mit geringen Einkommen konnten sich spätestens gegen Ende des Jahrzehnts vielerlei Konsumgüter des gehobenen Lebensstandards leisten, da diese vormaligen Luxuswaren immer billiger wurden. Die Technisierung der privaten Haushalte nahm damit weiter zu.[33]

Gleichzeitig wünschten sich immer mehr Bundesbürger eine Eigentumswohnung. Der Bedarf an Wohnraum und die durchschnittliche Wohnfläche stiegen deutlich an. Gründe dafür waren vermehrte Eheschließungen, ein Babyboom und der Wunsch nach mehr Komfort. Zudem lebten die verschiedenen Generationen einer Familie zunehmend räumlich getrennt voneinander. Der Staat förderte den individuellen Wohnungsbau mit Subventionen, Baukostenzuschüssen und Prämien und trug so dazu bei, dass immer mehr Familien in Eigentumswohnungen lebten. Vor allem in den Vororten und im Umland größerer Städte entstanden nun große Wohnviertel, Eigenheimsiedlungen und Großwohnanlagen.[34] Für die Kreditwirtschaft bedeuteten diese Entwicklungen einerseits, dass die Baufinanzierung zunehmend einen attraktiven Geschäftsbereich darstellte. Andererseits mussten die Kreditinstitute bei der Gestaltung ihrer Filialnetze neue Gegebenheiten berücksichtigen.

Ihre Konsumwünsche und -bedürfnisse finanzierten sich viele Bundesbürger in den 1960er Jahren mit Hilfe von Konsumentenkrediten. Sparsames Wirtschaften war angesichts wirtschaftlicher Prosperität und sozialer Stabilität nicht mehr notwendig.[35] Ebenso wie das Sparen war nun auch der Kredit endgültig nicht länger mit Notsituationen verbunden. Die Kreditinstitute vervielfachten das Volumen ihrer Kredite an Privatpersonen in diesem Jahrzehnt von 7 Mrd. DM auf 24 Mrd. DM. Auch Laufzeiten und Durchschnittsbeträge stiegen dabei deutlich an.[36] Die Bundesbürger kauften vor allem Motorräder, Automobile, Unterhaltungselektronik und Haushaltsgeräte auf Raten.[37] Die Verschuldung der privaten Haushalte stieg von 9 Mrd. auf 29 Mrd. DM an, blieb allerdings deutlich niedriger als etwa in den angelsächsischen Ländern, in Japan oder in Schweden. Mitte des Jahrzehnts betrug die private Pro-Kopf-Verschuldung in der Bundesrepublik nur 10% derjenigen in den USA.[38] Die absolute Anzahl der Kreditnehmer stagnierte. Nutzten Ende der 1950er Jahre noch ein Viertel aller Haushalte Ratenzahlungen und Konsumen-

---

[32] Statistisches Bundesamt (Hrsg.): Bevölkerung und Wirtschaft, S. 268. Sauer: Wettbewerbsposition, S. 24. Schildt: Sozialgeschichte der BRD, S. 84.

[33] HADrB, 108169, Wirtschaftsberichte der Dresdner Bank, Nr. 4, April 1977, Artikel „Sparquote und Verbraucherverhalten", S. 6. Gasteiger: Konsument, S. 70. Kleinschmidt: Konsumgesellschaft, S. 140. Sauer: Wettbewerbsposition, S. 24. Schildt: Sozialgeschichte der BRD, S. 24. Schröter: Von der Teilung zur Wiedervereinigung, S. 367. Wolfrum: Bundesrepublik, S. 199.

[34] BArch, B 136/7361, Wettbewerbssituation im Kreditwesen, Bd. 5–6, Bericht der Bundesregierung über die Untersuchung der Wettbewerbsverschiebungen im Kreditgewerbe und über eine Einlagensicherung, Kabinettsvorlage vom 25. 10. 1968, S. 32. Ambrosius/Kaelble: Folgen des Booms, S. 20 f. Sauer: Wettbewerbsposition, S. 25. Schäfers: Sozialstruktur und sozialer Wandel, S. 277 ff. Schildt: Moderne Zeiten, S. 94 ff. Schildt: Sozialgeschichte der BRD, S. 24 u. S. 39 ff. Schildt/Sywottek: „Wiederaufbau" und „Modernisierung", S. 22.

[35] Ambrosius: Intensives Wachstum, S. 151. Wildt: Privater Konsum, S. 280 ff.

[36] Deutsche Bundesbank (Hrsg.): Deutsches Geld- und Bankwesen, S. 356.

[37] Horvath: Teilzahlungskredite, S. 46. König: Geschichte der Konsumgesellschaft, S. 408.

[38] BArch, B 102/49232, Mantelvertrag, Sollzins- und Habenzinsabkommen, Allgemeines, Bd. 6, Die Welt vom 26. 11. 1964, Artikel „Einheitspreis für den Barkredit?". Deutsche Bundesbank (Hrsg.): Deutsches Geld- und Bankwesen, S. 356. König: Geschichte der Konsumgesellschaft, S. 408.

tenkredite, so sank dieser Anteil bis Mitte der 1960er Jahre auf 11 % ab.[39] Dank steigender Einkommen waren nicht mehr alle Bevölkerungsgruppen darauf angewiesen. Eine gewisse kreditkritische Einstellung blieb in Westdeutschland also vorhanden.[40] Die Hemmschwelle zur Kreditaufnahme sank allerdings. Dies lag einerseits an der seriösen Aufwertung des Konsumentenkredits durch renommierte Anbieter wie beispielsweise die Großbanken. Andererseits verloren Schulden in der heraufziehenden Konsumgesellschaft den Makel des Unanständigen. Sowohl die Kreditaufnahme als auch das Sparen dienten nun gleichermaßen der materiellen Existenzsicherung und der Aufwertung des Lebensstandards.[41]

Unter den genannten wirtschaftlichen, politischen und soziostrukturellen Vorzeichen vollzog sich in der Bundesrepublik in den 1960er Jahren – zeitversetzt zum „Wirtschaftswunder" – der Durchbruch der Massenkonsumgesellschaft: Die Mehrheit der Bevölkerung benötigte Güter und Dienstleistungen nicht mehr ausschließlich zur Befriedigung der lebensnotwendigen Bedürfnisse, sondern um darüber hinaus das materiell gesicherte Leben mit Konsumartikeln angenehmer zu gestalten. Dem Konsum kam damit eine herausragende kulturelle, soziale und ökonomische Bedeutung zu.[42] Er wurde in der Finanzbranche zur gesellschaftlichen Triebfeder des Privatkundengeschäfts schlechthin.

Spätestens mit dem Ende der 1950er Jahre waren die Jahre der Bescheidenheit und der Einschränkungen zu Ende gegangen. Mit dem anhaltenden Wirtschaftsboom der 1960er Jahre nahmen Lebensstandard und allgemeiner Wohlstand rasant zu. Die Bundesbürger glaubten an immerwährende Prosperität. Ihr Optimismus drückte sich unter anderem in steigenden Geburtenzahlen aus. Aus dem zunehmenden Wohlstand heraus entwickelte sich allmählich eine neue, postindustrielle Gesellschaftsform. Die Produktionssphäre bildete zwar nach wie vor die unverzichtbare Basis von Wirtschaft und Gesellschaft. Doch mit dem Leitbild, das amerikanische Besatzungssoldaten, US-Großkonzerne und Massenmedien vorgaben, rückte der Konsum unaufhaltsam in den Mittelpunkt und veränderte nahezu alle Bereiche des täglichen Lebens.[43] Konsum wurde zur „Klammer der Nation".[44]

Die Konsumwelt begann sich zu verändern. Das Waren- und Dienstleistungsangebot wurde sukzessive größer und differenzierter. Neue Bereiche waren beispielsweise industriell hergestellte Lebensmittel oder die Massenkonfektion von Mode.[45] Auch die Art und Weise des Einkaufsvorgangs blieb nicht mehr dieselbe wie in früheren Zeiten: Selbstbedienungsläden verdrängten den Einzelhändler und der Versandhandel breitete sich stark aus. 1966 hatte der Otto-Katalog erstmals eine Auflage von über einer Million Exemplaren. Gegen Ende des Jahrzehnts begannen schließlich Supermärkte und erste Discount-

---

[39] Schildt: Moderne Zeiten, S. 103.
[40] BArch, B 102/49226, Ratenkreditverordnung, Kölner Stadtanzeiger vom 24. 12. 1965, Artikel „Kredit kann teuer sein".
[41] HADB, SG 8/16, Wirtschaftliche Mitteilungen der Deutschen Bank, Nr. 3, September 1965, Artikel „Die Entwicklung des Konsumentenkredits im Bundesgebiet". Andersen: Traum, S. 202. Stücker: Konsum auf Kredit, S. 87.
[42] Kleinschmidt: Konsumgesellschaft, S. 13. König: Kleine Geschichte der Konsumgesellschaft, S. 9f. Reckendrees: Die bundesdeutsche Massenkonsumgesellschaft, S. 18.
[43] Belveresi/Thomes: Gesellschaftlicher Wandel, S. 20. Gasteiger: Konsument, S. 130. Geißler: Sozialstruktur Deutschlands, S. 81. Kleinschmidt: Konsumgesellschaft, S. 15. König: Kleine Geschichte der Konsumgesellschaft, S. 26. Schildt: Sozialgeschichte der BRD, S. 54 u. S. 84. Wildt: Privater Konsum, S. 280ff. Wildt: Vom kleinen Wohlstand, S. 75f. Wolfrum: Bundesrepublik, S. 115 u. S. 309.
[44] Megerle: Radikalisierung, S. 116f.
[45] König: Geschichte der Konsumgesellschaft, S. 8. Wildt: Privater Konsum, S. 288f.

läden ihren Siegeszug. Mit ihrem breiten Warenangebot und den niedrigen Preisen standen sie symbolisch für die gestiegene Konsumvielfalt und -freiheit, aber auch für die gesunkene Bedeutung von Lebensmittelpreisen.[46]

Mit der größeren Auswahl steigerte und verfeinerte sich der Konsum der Bundesbürger. Für die komfortable Häuslichkeit gaben sie nun ebenso mehr aus wie für Mobilität und Freizeitgestaltung. Zusammen mit den Massenmedien bildeten diese Bereiche die Hauptstützen der Massenkonsumgesellschaft: Laufend hielten neue technische Geräte Einzug in die Haushalte: Dem Kühlschrank folgten elektrische Küchenmaschinen, Waschmaschinen und Fernsehgeräte. Letztere waren bis 1970 in drei Viertel aller Haushalte zu finden. Gleichzeitig verdreifachte sich die Anzahl der Automobile von 4 Mio. auf fast 14 Mio. Insbesondere der Anteil der Arbeitnehmer unter den PKW-Besitzern schnellte von 5% auf über 70%. Die Bundesrepublik wurde zur automobilen Gesellschaft, in der das Fahrzeug nicht nur im Berufsverkehr Verwendung fand, sondern zunehmend auch Alltag, Freizeit und Urlaub bestimmte und immer mehr zu einem Statussymbol wurde.[47] Damit einher ging schließlich die Expansion des Massentourismus. Das Bundesurlaubsgesetz von 1963 garantierte jedem Arbeitnehmer zwei bis drei Wochen Jahresurlaub. Die Ferien verbrachten die Bundesbürger nun in steigendem Maße mit dem eigenen PKW und immer öfter im Ausland. Mitte der 1960er Jahre war bereits die Hälfte der Bevölkerung auf Reisen. Die allgemeine Arbeitszeit wurde weiter verkürzt und bis 1965 für die meisten Arbeitnehmer schrittweise auf 40 Wochenstunden reduziert. Freizeit diente fortan nicht mehr ausschließlich zur Regeneration der Arbeitskraft, sondern auch zur Erfüllung persönlicher Wünsche und Interessen. Die Gestaltung der Freizeit mit industriellen Massenprodukten und Massenmedien wurde zu einem Charakteristikum der Konsumgesellschaft.[48]

Mit dem sich rasch ausweitenden Konsumangebot wurde in vielen Bereichen allerdings eine Marktsättigung erreicht. Werbung spielte daher eine immer größere Rolle, um Kundenwünsche zu erfassen und neue Kaufanreize und Bedürfnisse zu schaffen. Ab Mitte der 1960er Jahre professionalisierten und verwissenschaftlichten die Konsumgüterhersteller ihre Werbemethoden. Emotionen und Prestigewert eines Produkts wurden wichtiger, während die rein sachliche Information zurücktrat. Zur Absatzsteigerung wurden in der Werbung nun einzelne Zielgruppen wie etwa Frauen oder Jugendliche gezielt angesprochen.[49]

---

[46] Andersen: Traum, S. 203ff. Schildt: Sozialgeschichte der BRD, S. 42ff. Wehler: Deutsche Gesellschaftsgeschichte, Bd. 5, S. 76f.

[47] HADrB, 108174, Wirtschaftsberichte der Dresdner Bank, Nr. 4, April 1969, Artikel „Wie golden waren die 60er Jahre für die deutsche Wirtschaft?", S. 2ff. Abelshauser: Deutsche Wirtschaftsgeschichte, S. 339. Ambrosius/Kaelble: Folgen des Booms, S. 20. Feldenkirchen: Deutsche Wirtschaft, S. 42. Geißler: Sozialstruktur Deutschlands, S. 87. Kleinschmidt: Konsumgesellschaft, S. 139. Schildt: Moderne Zeiten, S. 74f. u. S. 180ff. Schildt: Sozialgeschichte der BRD, S. 42ff. Schildt/Sywottek: „Wiederaufbau" und „Modernisierung", S. 23ff. Wehler: Deutsche Gesellschaftsgeschichte, Bd. 5, S. 79ff. Wildt: Konsumgesellschaft, S. 392. Winkler: Der lange Weg, S. 160.

[48] HADrB, 108174, Wirtschaftsberichte der Dresdner Bank, Nr. 3, Oktober 1970, S. 11. Ambrosius/Kaelble: Folgen des Booms, S. 12 u. S. 20. Andersen: Traum, S. 210f. Belvederesi/Thomes: Gesellschaftlicher Wandel, S. 31. Schildt: Moderne Zeiten, S. 74f. u. S. 180ff. Schildt: Sozialgeschichte der BRD, S. 42ff. Schildt/Sywottek: „Wiederaufbau" und „Modernisierung", S. 30. Wehler: Deutsche Gesellschaftsgeschichte, Bd. 5, S. 79ff. Winkler: Der lange Weg, S. 160.

[49] König: Geschichte der Konsumgesellschaft, S. 387. Wolfrum: Bundesrepublik, S. 312. Gasteiger: Konsument, S. 33 u. S. 162ff.

Die zentrale Rolle des Konsums veränderte die westdeutsche Gesellschaft. Der Wandel, der bereits im vorangegangenen Jahrzehnt begonnen hatte, beschleunigte sich in den 1960er Jahren noch mehr. Ständische und klassenspezifische Konsummuster spielten nun endgültig keine Rolle mehr. Soziale Ungleichheiten und Vermögensunterschiede blieben zwar trotz steigender Einkommen und sozialpolitischer Maßnahmen nach wie vor bestehen, drückten sich aber nur noch graduell – etwa bei der Wahl der Marke oder der Wahl des Urlaubsziels – aus.[50] Diese Entwicklung vollzog sich wie bereits in den 1950er Jahren zeitlich gestaffelt: Zunächst konnten sich die wohlhabenderen Schichten einen Fernseher, einen PKW und eine Urlaubsreise leisten. Im Laufe der 1960er Jahre war dies auch der restlichen Bevölkerung und selbst den unteren Einkommensgruppen möglich.[51] Der Wohlstand verallgemeinerte sich und veränderte die gesellschaftliche Ordnung. Die klassenmäßige Einteilung der Gesellschaft in Arbeiterschaft, Mittelstand und Bürgertum war kaum noch zu erfassen. Die soziale Schichtung wurde komplexer; die Kriterien Einkommen und Vermögen waren nicht mehr allein ausschlaggebend für die soziale Klassifizierung. Die Mehrheit der Bevölkerung fühlte sich zunehmend einem imaginären Mittelstand zugehörig. Facharbeiter und qualifizierte Angestellte wurden – auch beim Privatkundengeschäft der Großbanken – zum Maßstab der gesellschaftlichen Orientierung.[52] Parallel dazu verwischten die Gegensätze zwischen Stadt und Land. Städtische Strukturen, Lebensweisen und Konsum setzten sich im ländlichen Raum durch. Gewerbe- und Industriebetriebe blühten auf und die Einkommen erhöhten sich.[53] Damit nahm auch das Interesse der Kreditwirtschaft an diesen Gebieten zu.

In der zweiten Hälfte der 1960er Jahre dynamisierte sich der gesellschaftliche Wandel entscheidend. Die Erfahrungen der stabilen Demokratie und der allgemeine Wohlstand, aber auch ein Generationenwechsel in vielen Bereichen sorgten für ein Umdenken und mehr Individualität. Diese Entwicklung gipfelte in der so genannten 68er-Bewegung. In deren Umfeld wurde erstmals Kritik am Konsum laut, insbesondere an der Manipulation und der Entfremdung des Menschen durch Konsum und Werbung. So ist es nicht verwunderlich, dass der organisierte Verbraucherschutz in diesem Jahrzehnt an Bedeutung gewann.[54]

In der Konsumgesellschaft wandelte sich im Laufe der 1960er Jahre schließlich auch das Verhältnis der Bevölkerung zu Geld- und Finanzdienstleistungen. Einerseits stieg aufgrund der höheren Einkommen ganz allgemein die Nachfrage nach Bankprodukten deutlich an.[55] Andererseits veränderte der bargeldlose Zahlungsverkehr den Umgang mit

---

[50] Belvederesi/Thomes: Gesellschaftlicher Wandel, S. 20. Kleinschmidt: Konsumgesellschaft, S. 21. Schildt: Moderne Zeiten, S. 180 ff. Schildt: Sozialgeschichte der BRD, S. 42 ff. Wehler: Deutsche Gesellschaftsgeschichte, Bd. 5, S. 73 ff.

[51] Geißler: Sozialstruktur Deutschlands, S. 83. Kleinschmidt: Konsumgesellschaft, S. 20 u. S. 140. König: Geschichte der Konsumgesellschaft, S. 126. Reckendrees: Konsummuster im Wandel, S. 23 u. S. 59. Schäfers: Sozialstruktur und sozialer Wandel, S. 255. Wolfrum: Bundesrepublik, S. 313.

[52] Schildt: Sozialgeschichte der BRD, S. 31 ff.

[53] Ambrosius/Kaelble: Folgen des Booms, S. 23. Megerle: Radikalisierung, S. 116 f. Wehler: Deutsche Gesellschaftsgeschichte, Bd. 5, S. 74. Wolfrum: Bundesrepublik, S. 240.

[54] Belvederesi/Thomes: Gesellschaftlicher Wandel, S. 30. Feldenkirchen: Deutsche Wirtschaft, S. 26. Gasteiger: Konsument, S. 32 f., S. 115 ff. u. S. 162 ff. Geißler: Sozialstruktur Deutschlands, S. 53, S. 83 u. S. 404. Fürst: Bonner Republik, S. 54 u. S. 139 ff. Schildt: Sozialgeschichte der BRD, S. 100. Wehler: Deutsche Gesellschaftsgeschichte, Bd. 5, S. 34 f. Wolfrum: Bundesrepublik, S. 309.

[55] Wildt: Privater Konsum, S. 280 ff.

Geld nachhaltig. Die Anzahl der Girokonten stieg bis 1970 auf über 20 Mio. an.[56] Mieten, Stromrechnungen und zunehmend auch Einkäufe bezahlten die Bundesbürger nicht länger in bar, sondern nutzten Überweisungen und Schecks. Auch die Kreditaufnahme wurde für sie allmählich zur Selbstverständlichkeit. Spätestens nachdem Banken und Sparkassen Überziehungsmöglichkeiten für Girokonten eingeführt hatten, war Geld – so schien es – jederzeit verfügbar, Verbraucherwünsche immer erfüllbar und der Konsum in jeglicher Hinsicht nahezu unbegrenzt.[57] Konsum und Kredit rückten so enger zusammen. Bankdienstleistungen wurden im Alltag nun immer häufiger genutzt. Die Voraussetzungen der Großbanken, ihr junges Massengeschäft zum Aufblühen zu bringen, waren damit günstiger denn je.

2. Produktexpansion und Neustrukturierung des Privatkundengeschäfts

In den 1950er Jahren hatten die Großbanken das Fundament für das Massengeschäft gelegt. Privaten Kunden boten sie um 1960 bereits eine beachtliche Anzahl von Bankprodukten an. Die neuen Geschäftssparten mussten sich nun beweisen und ihren Beitrag zur Aufwärtsentwicklung der Institute beitragen. Die Vorstände hofften dabei insbesondere, den neuen Mittelstand der gut verdienenden Facharbeiter und Angestellten als Bankkunden gewinnen. Sie waren die Sparer, Wertpapierkäufer und Kreditnehmer der Zukunft. Commerzbank-Vorstand Hanns Deuß gab auf der Hauptversammlung 1960 das Credo für das kommende Jahrzehnt aus: Auch bei den Großbanken solle nun das „Jahrhundert des kleinen Mannes" anbrechen.[58]

Zu Beginn des neuen Jahrzehnts profitierten die Großbanken weiterhin kräftig vom anhaltenden Wirtschaftswachstum. Sie machten glänzende Geschäfte im Effekten- und Auslandsbereich. Die Exportfinanzierung boomte dank der inzwischen voll konvertiblen D-Mark und dem freien Binnenhandel in der Europäischen Wirtschaftsgemeinschaft. Im Emissionsgeschäft beteiligten sich die Großbanken an vielen Kapitalerhöhungen und brachten öffentliche Anleihen unter. Das Firmenkreditgeschäft hatte nach dem Tief im Jahr 1958 im neuen Jahrzehnt wieder angezogen. Die Investitionsprojekte der Unternehmen für neue Maschinen und Anlagen nahmen teilweise gewaltige Dimensionen an und konnten kaum noch in Eigenregie finanziert werden.[59] Daher stieg nun auch die Nachfrage nach Krediten mit längeren Laufzeiten. In der Branche setzte in den 1960er Jahren

---

[56] HADrB, 17605-2000, Abhörmanuskript der ZDF-Sendung „Bilanz", Beitrag „Der kleine Mann und die Bankgebühren. Neue Kosten für Lohn- und Gehaltskonten. Von Jochen Schweizer" vom 03. 06. 1971. HADrB, 17613-2000, Welt am Sonntag vom 16.01.1972, Artikel „Wenn Banken in der Klemme sitzen". Frazer/Vittas: Privatkundengeschäft im internationalen Vergleich, S. 111.
[57] König: Geschichte der Konsumgesellschaft, S. 387. Reich: Verbraucherkredit, S. 3. Schildt: Sozialgeschichte der BRD, S. 42ff.
[58] HAC, 400/673, Rede von Hanns Deuß auf der Commerzbank-Hauptversammlung 1960 zum Geschäftsjahr 1960. Vierhub: Neue Wettbewerbsformen, S. 19.
[59] BArch, B 136/7361, Wettbewerbssituation im Kreditwesen, Bd. 5–6, Bericht der Bundesregierung über die Untersuchung der Wettbewerbsverschiebungen im Kreditgewerbe und über eine Einlagensicherung, Kabinettsvorlage vom 25. 10. 1968, S. 38. HAC, 400/348, Rede von Bolko Graf von Roedern vor Filialleitern vom 02. 04. 1963, S. 3. HAC, 400/348, Rede von Paul Lichtenberg vor den Filialleitern des Geschäftsbereichs West vom 19. 10. 1962, S. 12f. Ambrosius: Intensives Wachstum, S. 152. Krause: Zeitreise, S. 107ff. Wolf: Das Fundament wird gelegt, S. 33ff.

eine „Langfristwelle" ein, der sich auch die Großbanken nicht verschließen konnten.[60] Die von ihnen vergebenen längerfristigen Kredite an Nichtbanken stiegen von 4 Mrd. DM auf 22 Mrd. DM und machten einen immer größeren Anteil am Kreditgeschäft aus.[61] Allein bei der Dresdner Bank vervielfachte sich dieser von 4,7% auf 28%.[62] Die profitableren kurzfristigen Firmenkredite – beinahe ein Jahrhundert lang das wichtigste Standbein der Großbanken – verloren dagegen an Bedeutung. Ihr Anteil sank bis 1970 auf 30% ab.[63] Umso wichtiger wurden in diesen Jahren die Spareinlagen als Refinanzierungsmittel. Das Hauptmotiv der Großbanken für das Massengeschäft blieb also auch zu Beginn der 1960er Jahre erhalten.

„Die Schlacht um den Spargroschen". Neue Wege im Spargeschäft

Auch in den 1960er Jahren bildete das Sparbuch die Grundlage des Massengeschäfts. Die Prämissen dafür hatten sich allerdings geändert: Der Kapitalmarkt, das Sorgenkind der 1950er Jahre, hatte sich zwischenzeitlich stabilisiert.[64] Spareinlagen waren nun weniger notwendig, um die Kreditbranche und die Volkswirtschaft in ihren Funktionen aufrechtzuerhalten, sondern vielmehr, um eine stabile Basis für die eigene Zukunft zu schaffen und um auf Veränderungen wie den Trend zum längerfristigen Kredit reagieren zu können. Die Einlagenstruktur der Großbanken war zu Beginn der 1960er Jahre immer noch auf das kurzfristige Kreditgeschäft ausgerichtet. Dieser Bereich bildete zwar nach wie vor die geschäftliche Basis, doch angesichts der zunehmenden Sparkassen-Konkurrenz beim Industriekredit konnten sie den Firmenkundenwunsch nach Darlehen mit längeren Laufzeiten nicht ignorieren.[65] Solche Kredite konnten sie jedoch nur mit langfristigen Einlagen vergeben.

Zudem veränderte sich der Lauf der Kapitalströme in Westdeutschland – allerdings an den Großbanken vorbei. Die privaten Haushalte erbrachten immer höhere Sparleistungen und wurden, wie bereits erwähnt, in den 1960er Jahren zu den größten Kapitalbringern der Kreditinstitute und der Volkswirtschaft. Davon profitierten insbesondere die Sparkassen.[66] Umgekehrt legten die Unternehmen wegen höherer Gewerbesteuersätze sowie steigenden Löhnen und Gehältern immer weniger Geld an. Ihr Anteil an der gesamten Ersparnisbildung sank zwischen 1960 und 1970 von 42% auf 19%.[67] Diese Entwicklung traf vor allem die Großbanken, bei denen die Einlagen von Firmenkunden jahr-

---

[60] Ebenda, S. 223.
[61] Wolf: Nachkriegsentwicklung, S. 75f. u. S. 104f.
[62] Meyen: 120 Jahre Dresdner Bank, S. 225.
[63] Ebenda, S. 217.
[64] Kurzrock: Aus der Geschichte der Commerzbank, S. 132.
[65] HAC, 400/348, Rede von Paul Lichtenberg vor den Filialleitern des Geschäftsbereichs West vom 19.10.1962, S. 12f.; Rede von Günther Ladisch vor Leitern der Großfilialen der Gesamtbank vom 30.08.1963, S. 15f.; Rede von Hanns Deuß vor Filialleitern des Geschäftsbereichs West vom 29.11.1966, S. 8. HAC, N26/26, Nachlass Herbert Wolf, Rede von Hanns Deuß vor dem Commerzbank-Aufsichtsrat, November 1961.
[66] HAC, 400/344, Rede von Paul Lichtenberg vor dem Commerzbank-Landesbeirat West vom 25.03.1964. HADB, Deutsche Bank AG, Frankfurt a. M. (Hrsg.): Was uns bewegt, ist persönliche Initiative. 25 Jahre Privatkundengeschäft, Frankfurt a. M. 1984, S. 8. HADrB, 17613-2000, Nachlass Jürgen Ponto, Massengeschäft. Ahrens: Dresdner Bank 1945–1957, S. 263.
[67] HADB, Deutsche Bank AG, Frankfurt a. M. (Hrsg.): Was uns bewegt, ist persönliche Initiative. 25 Jahre Privatkundengeschäft, Frankfurt a. M. 1984, S. 8.

zehntelang das Rückgrat gebildet hatten. Einen Ausgleich für die schwindenden Einlagen der Geschäftswelt konnten die Großbanken nur bei den Arbeitnehmern finden, zumal deren Sparpotenzial noch lange nicht erschöpft war: Anfang der 1960er Jahre verfügten erst knapp zwei Drittel aller privaten Haushalte über ein Sparbuch.[68] Den Großbanken flossen zwischenzeitlich zwar kontinuierlich Spareinlagen zu, doch dieser Zustrom musste verstärkt werden, um den neuen Erfordernissen im Kreditgeschäft gerecht zu werden und um Liquiditätsprobleme zu vermeiden.[69] Die Vorstände forderten die Geschäftsstellen daher fortwährend auf, das Spargeschäft zu forcieren.[70] Günther Ladisch von der Commerzbank richtete 1963 den inzwischen schon traditionellen Appell an die Filialleiter: „Machen Sie den rechten Flügel stark!"[71]. Sein Kollege Bolko Graf von Roedern drängte zeitgleich darauf, auch den einfachen Bankangestellten „einzuhämmern", dass „im Spargeschäft die Zukunft der Bank" läge.[72]

Um dieses Ziel zu erreichen, wandten die Großbanken weiterhin die bereits im vorangegangenen Jahrzehnt erprobte Methode an: Privaten Kunden boten sie eine breite Palette an Bankdienstleistungen an, die letztlich alle dem Spargeschäft zugute kamen. Wer einen Kleinkredit aufnahm oder ein LG-Konto eröffnete, sollte dadurch früher oder später auch zum Sparer werden. Gerade bei den Kleinkrediten forderten die Hauptverwaltungen ihre Filialen anhaltend dazu auf, rechtzeitig vor der letzten Ratenzahlung den Kreditnehmer dazu zu bringen, die Tilgungsraten in Sparraten umzuwandeln.[73] Bisweilen sollte ihnen sogar der (für den Kunden unvorteilhafte) Rat gegeben werden, die gewünschte Kreditsumme um einige hundert DM zu erhöhen und damit ein Sparkonto zu eröffnen.[74] Wie erfolgreich diese Vorform des Cross Sellings in den 1960er Jahren tatsächlich war, lässt sich den Quellen nicht entnehmen. Umgekehrt erkannten die Großbanken im Laufe des Jahrzehnts Sparer allmählich auch als potenzielle Kunden für LG-Konten, Investmentanteile oder Kleinkredite, nachdem sie diese Sparten ursprünglich als reine Zubringer für das Spargeschäft eingeführt hatten.[75]

---

[68] HAC, 400/348, Rede von Günther Ladisch vor den Leitern der Großfilialen der Gesamtbank vom 30.08.1963, S.15f.; Rede von Hanns Deuß vor den Filialleitern des Geschäftsbereichs West vom 29.11.1966, S.8. HAC, 400/865, Die Welt vom 21.03.1961, Artikel „Commerzbank-Aktionäre müssen genau rechnen"; FAZ vom 21.03.1961, Artikel „Commerzbank bringt die Rücklagen auf die Höhe des Grundkapitals". HAC, 400/867, Rede von Ernst Rieche auf der Commerzbank-Hauptversammlung vom 28.04.1965. Hooven: Wandlungen im Bankgeschäft, S.317.
[69] HAC, 400/348, Rede von Paul Lichtenberg vor den Filialleitern des Geschäftsbereichs West vom 19.10.1962.
[70] Ebenda, S.14f.; Rede von Günther Ladisch vor Leitern der Großfilialen der Gesamtbank vom 30.08.1963; Vortrag von Hanns Deuß auf der Commerzbank-Filialleitersitzung vom 30.01.1965. HADrB, 17613-2000, Notiz von Rolf Diel (Generalbevollmächtigter der Dresdner Bank Düsseldorf) an Cai Graf zu Rantzau (stellv. Mitglied des Vorstands der Dresdner Bank Düsseldorf) vom 12.10.1965.
[71] HAC, 400/3, Rundschreiben der Commerzbank Düsseldorf vom 24.05.1962. HAC, 400/348, Rede von Günther Ladisch vor Leitern der Großfilialen der Gesamtbank vom 30.08.1963, S.15f.; Rede von Hanns Deuß vor Filialleitern des Geschäftsbereichs West vom 29.11.1966, S.8.
[72] HAC, 400/348, Rede von Bolko Graf von Roedern vor Filialleitern vom 02.04.1963.
[73] HAC, 312/222, Protokoll der Geschäftsstellenleiter-Besprechung des Geschäftsbereichs Süd vom 23.11.1961. HAC, 400/192, Rundschreiben Nr.155 der Commerzbank Frankfurt a.M., Organisations-Abteilung, vom 12.12.1968. HAC, 400/348, Rede von Paul Lichtenberg vor den Filialleitern des Geschäftsbereichs West vom 19.10.1962, S.20. HADrB, 17613-2000, Schreiben von Ponto und Klose, Hamburg, an die Direktionen der Niederlassungen vom 10.06.1965.
[74] HAC, 312/222, Aktennotiz (vermutlich von Ernst Rieche) „Zur Besprechung auf der nächsten Geschäftsstellenleitertagung am 23.11.1961" vom 21.11.1961.
[75] HADB, A 3557, Dibbern, Klaus: Bankgeschäfte mit Privaten Haushalten in Deutschland, 1999, S.12.

Weniger stark setzten die Großbanken dagegen auf die staatliche Vermögensförderung, um ihr Spargeschäft auszubauen. Zunächst hatten sie mit Rücksicht auf ihre Firmenkundschaft Bedenken gegen die Vermögensbildungsgesetze geäußert. Diese waren in Arbeitgeberkreisen recht unbeliebt, da sie zusätzliche Kosten verursachten.[76] Auch für die Großbanken bedeutete die staatliche Sparförderung einen großen Bearbeitungsaufwand: Jährliche Prämienanträge bei den Finanzämtern oder Abwicklungen bei Vertragsabbrüchen schränkten den Nutzen dieser Spareinlagen ein, zumal die Höchstbeträge begrenzt waren. Die Filialen boten die staatlich geförderten Sparangebote daher teilweise nur zurückhaltend an. Oftmals mangelte es an ausgebildeten Mitarbeitern, Gesetzestexten und Informationsmaterial. Doch auf die Öffentlichkeitswirkung der alten und neuen Sparförderungsmöglichkeiten konnten die Großbanken nicht verzichten.[77] Sie erhielten dadurch weitere Spareinlagen, für die der Staat Werbung betrieb, einen Bonus bereitstellte und bei denen der Sparer für längere Zeit vertraglich gebunden war.[78] Einzelne Großbankenfilialen nutzten zudem ihre Geschäftskontakte zu Firmenkunden, um an vermögenswirksame Spareinlagen zu gelangen. So bot etwa 1966 der Kölner Lebensmittelfilialbetrieb Stüssgen seinen Arbeitern und Angestellten eine monatliche Extraprämie von 15 DM zu den 312 DM Vermögensleistung an, wenn diese ein Sparkonto bei der Deutschen Bank – der Hausbank des Unternehmens – eröffneten.[79] Ende der 1960er Jahre lag der Marktanteil der Großbanken bei den prämienbegünstigten Spareinlagen aber nur unwesentlich höher als bei den gesamten Spareinlagen.[80] Bundeswirtschaftsminister Karl Schiller monierte daher 1968, die privaten Banken würden die Vermögenspolitik der Bundesregierung nicht aktiv unterstützen, sondern sie nur passiv registrieren. Die Banken sollten diese Politik aber nicht als Werbegeschenk auffassen, sondern den gesellschaftlichen Auftrag, der dahinterstehe, ernst nehmen.[81] Nach Meinung der Bundesbank verschaffte der Staat den Großbanken zudem einen weiteren Vorteil im Spargeschäft: Privatpersonen würden ihr Erspartes zu ihnen bringen, weil sie aus Erfahrung und Überlegung wüssten, dass diese im Falle von Zahlungsschwierigkeiten wegen der weittragenden gesamtwirtschaftlichen Folgen nicht fallengelassen werden könnten. Bei den Großbanken, so die Bundesbank, kalkuliere „der Einleger eine latente Haftung des Staates für sein Geld ein".[82]

---

[76] HADrB, 17613-2000, Notiz von Diel an Graf zu Rantzau vom 12. 10. 1965.

[77] BArch, B 102/84318, Geschäftsberichte und Einzelfragen des Bundesverbandes des privaten Bankgewerbes, Bd. 2, Börsen-Zeitung vom 22. 10. 1968, Artikel „Banken wünschen ‚Gesellschaft von Teilhabern'". HAC, 400/348, Vortrag von Hanns Deuß auf der Commerzbank-Filialleitersitzung vom 30. 01. 1965. HADB, A 3557, Dibbern, Klaus: Bankgeschäfte mit Privaten Haushalten in Deutschland, 1999, S. 9. HADrB, 17613-2000, Notiz von Diel an Graf zu Rantzau vom 12. 10. 1965. Schulz: Sparkassen, S. 301.

[78] Abelshauser: Deutsche Wirtschaftsgeschichte, S. 351. Krause: Zeitreise, S. 110. Pierenkemper: Wirtschaftsgeschichte, S. 49.

[79] HADrB, 17613-2000, Aktennotiz von Feldbausch, Dresdner Bank Frankfurt a. M., vom 10. 02. 1966.

[80] HADrB, 17621-2000, Schreiben der zentralen Werbeabteilung Hamburg an die Vorstände Fritz Rudorf und Franz Witt vom 20. 10. 1965. HADrB, 17621-2000, Schreiben der zentralen Werbeabteilung Hamburg an Rudorf vom 23. 01. 1966. Ellgering: Expansion und Strukturwandel, S. 82. Wolf: Aufbau des Privatkundengeschäfts, S. 427.

[81] BArch, B 126/48663, Wirtschafts- und bankpolitische Fragen des privaten Bankgewerbes, Bd. 8, Handelsblatt vom 21. 10. 1968, Artikel „Die Rolle der Banken in der Wirtschaft" von Karl Schiller.

[82] BArch, B 102/49227, Mantelvertrag, Sollzins- und Habenzinsabkommen, Allgemeines, Bd. 1, Schreiben von Wilhelm Könneker (Mitglied des Direktoriums der Bundesbank) an Ministerialdirektor Dr. Henkel, BMWi, vom 27. 07. 1960.

Weit mehr Engagement beim Ausbau des Spargeschäfts steckten die Großbanken dagegen in die Erweiterung ihrer Geschäftsstellennetze, die sie in den 1960er Jahren in großem Umfang ausweiteten. Die Vorstände hofften, über eine Vielzahl von „Einlagen-Saug-
näpfen" ein dauerhaftes Wachstum der Spareinlagen sicherzustellen und größere Marktanteile zu erlangen. Dazu wollten sie den Kunden räumlich entgegenkommen.[83] Von
steigenden Spareinlagenbeständen fühlten sie sich wiederum ermuntert, die Netze weiter
auszubauen.[84] Damit vollzog sich ein argumentativer Ringschluss. Die Großbanken eröffneten vor allem kleine Zweigstellen in den Vorstädten und Wohngebieten. Hier ließen
sich die größten Spareinlagenzuwächse erzielen, während das Geschäft in vielen größeren
Filialen der Stadtzentren stagnierte.[85] So eröffnete etwa die Commerzbank in München
zwischen 1960 und 1970 24 neue Geschäftsstellen, bei denen sich die Sparkonten im Vergleich zur Stammfiliale in diesem Zeitraum verachtfachten. Fast zwei Drittel aller Neukunden waren dort Sparer.[86]

Mit den Deregulierungen der Jahre 1966/67 begann sich das Spargeschäft zu verändern. Die Kunden hatten bislang mehr oder weniger nach Sympathie entschieden, doch
nun drohte ein echter Zinswettbewerb. Die Großbanken begriffen diesen Wandel nicht
als Chance, sondern als Bedrohung ihres Einlagengeschäfts. Sie wollten unnötige Konkurrenz untereinander vermeiden und vereinbarten daher regelmäßig einheitliche Sparzinsen.[87] Ihre Filialen mahnten sie an, die beschlossenen Konditionen unbedingt einzuhalten und nur in Ausnahmefällen davon abzuweichen, „[…] insbesondere als Abwehr-
maßnahmen bei Sparkassen- und Volksbankofferten […]".[88] Allerdings wurde es für die
Großbanken angesichts des schärfer werdenden Wettbewerbs zunehmend schwieriger, ab-
gesprochene Konditionen durchzusetzen. Um anhaltende Erfolge im Spargeschäft zu erzielen, musste das Sparen vielmehr attraktiver gestaltet und stärker beworben werden.

In der ersten Hälfte der 1960er Jahre hatte sich in der Sparwerbung nur wenig getan.
Die Großbanken vertrauten althergebrachten Methoden wie Geschenkgutscheinen über
5 DM, die sie anlässlich von Geburten, Einschulungen, Hochzeiten und Jubiläen ver-
schenkten. Dadurch kamen etwa bei der Dresdner Bank noch 1967 fast ein Viertel aller

---

[83] HAC, 400/348, Rede von Günther Ladisch vor Leitern der Großfilialen der Gesamtbank vom
30.08.1963, S.15f.; Rede von Paul Lichtenberg vor den Commerzbank-Filialleitern vom 20.07.1966;
Rede von Hanns Deuß vor Filialleitern des Geschäftsbereichs West vom 29.11.1966, S.8. HADrB,
118006.MS, Nürnberger Zeitung vom 11.04.1967. HADrB, 118007.MS, Wochendienst des Instituts
für Bilanzanalysen, Gruppe 19, Banken, Nr.12/13 (1967), Artikel „Dresdner Bank Geschäftsjahr
1966". Wolf: Aufbau des Privatkundengeschäfts, S.427.
[84] HAC, 400/864, Wochendienst des Instituts für Bilanzanalysen, Gruppe 19, Banken, Nr.10 vom
31.03.1960, Artikel „Commerzbank AG", S.4. HAC, 400/867, Wochendienst des Instituts für Bilanzanalysen, Gruppe 19, Banken, Nr.11/12 vom 21.06.1965, Artikel „Commerzbank AG".
[85] HAC, 400/346, Rede von Heinrich Polke vor dem Aufsichtsrat vom 11.11.1964. HAC, 400/348,
Rede von Paul Lichtenberg vor den Filialleitern des Geschäftsbereichs West vom 19.10.1962, S.18.
HAC, N26/26, Nachlass Herbert Wolf, Rede von Hanns Deuß vor dem Commerzbank-Aufsichtsrat
vom 06.12.1962. HADrB, 17613-2000, FAZ vom 20.05.1966, Artikel „Fern- und Nahsparen".
[86] HAC, S3/E63, Chronik der Filiale München.
[87] HADrB, 17613-2000, Schreiben von Feldbausch, Frankfurt a.M., an die Vorstände Karl Friedrich
Hagenmüller, Ponto, Fritz Reinhold, Graf zu Rantzau, Witt sowie an Sappke (Düsseldorf) und Wohlgefahrt (Hamburg) vom 20.12.1967.
[88] HADrB, 17613-2000, Dresdner Bank: „Massengeschäft und Kreditorenpflege", Frankfurt a.M., ca.
1967. HADrB, 17618-2000, Kurzprotokoll über die Besprechung mit der Commerzbank und der
Deutschen Bank zum Massengeschäft vom 14.02.1968.

neu eröffneten Sparkonten zustande.[89] Weiterhin setzten sie auf Kleinsparformen wie das Schulsparen oder das Junghandwerkersparen und warben über ihre Firmenkunden um Arbeitnehmer-Spareinlagen.[90] Nicht zuletzt förderten sie das Sparschranksparen: Dazu stellten sie Spargemeinschaften in Betrieben, Geschäften, Gaststätten, Jugend- und Vereinsheimen Sparschränke zur Verfügung. Diese Gruppen legten regelmäßig kleine Beträge in die Schränke ein und zahlten sie gelegentlich auf ein Sparkonto ein. Die Commerzbank hoffte, dadurch Kontakte zu „völlig neuen Bevölkerungsgruppen" herstellen zu können.[91] Der Erfolg der Sparschränke hielt sich allerdings in Grenzen. Die eingezahlten Beträge waren meist keine langfristigen Einlagen, sondern wurden jährlich von den Gemeinschaften in voller Höhe abgehoben und ausgegeben.[92] Das Sparschranksparen war – wie alle Varianten des Kleinsparens – lediglich ein Mittel, um die Namen der Institute Bank bekannter zu machen. Manche Filialleiter hielten sie zudem für unwürdig und einer Großbank nicht angemessen.[93] Vorteilhafter wirkte sich dagegen der 1964 eingeführte Einlagensicherungsfonds des privaten Bankgewerbes aus: Damit gewann das Sparen an Sicherheit und Attraktivität.[94]

In der zweiten Hälfte der 1960er Jahre waren mit zunehmendem Wettbewerb neue Ansätze im Spargeschäft gefragt. Die Bundesbürger interessierten sich für neue Sparformen und wurden renditebewusster. Der Leiter der Abteilung Geld und Kredit im Bundeswirtschaftsministerium, Wilhelm Hankel, subsumierte 1970:

> „So wenig wir uns als Konsumenten in der Nahrungsmittelaufnahme heute noch mit Brot, Kartoffeln, Schwarzbrot und Kohlrübensuppe begnügen, sondern zu den feinen Formen des Kaviars emporstreben, so sehr strebt auch der Sparer über zahlreiche Zwischenstufen hinauf zum Kaviar der Beteiligungsanlagen."[95]

Nach dem Wegfall des Wettbewerbsabkommens eröffneten sich den Kreditinstituten neue Möglichkeiten, diesen Wünschen nachzukommen und die Werbung zu intensivieren. Dabei war es innerhalb der Großbanken keineswegs unumstritten, ob ausgedehnte Werbemaßnahmen das Wachstum des Spargeschäfts fördern konnten. Manche Filialleiter beharrten nach wie vor auf dem Primat der persönlichen Werbung. So ließ der Nürnberger Commerzbank-Direktor Mitte der 1960er Jahre „Kaffeekränzchen für Hausfrauen" durchführen, bei denen die Leiterin der Sparabteilung den Mitgliedern von Hausfrauenverbänden „bei Kaffee und Kuchen Vorträge über das Sparen hielt".[96] Die Vorstände setzten da-

---

[89] HADrB, 118302.MS, Schreiben von Radtke an Schäfer, Rechtsabteilung Düsseldorf, vom 18.12. 1967. HADrB, 17618-2000, Notiz des Büros für Massengeschäfte, Frankfurt a. M., an alle Filialen vom 27.05.1968.

[90] HAC, 400/180, Rundschreiben Nr. 18 der Commerzbank Frankfurt a. M., Werbe-Abteilung, für den Geschäftsbereich Süd vom 30.08.1961. HADrB, 17621-2000, Schreiben der Werbeabteilung Frankfurt a. M. an alle Niederlassungen vom 11.03.1966.

[91] HAC, 400/8, Seminarordner „Spargeschäft", Januar 1969. HAC, 400/170, Anlage zum Mitteilungsblatt Nr. 48 der Commerzbank Düsseldorf, Organisations-Abteilung, für den Geschäftsbereich West vom 19.07.1962.

[92] HAC, 400/180, Notiz der Organisations-Abteilung, Commerzbank Frankfurt a. M., vom 29.09.1961.

[93] HAC, 312/222, Protokoll der Geschäftsstellenleiter-Besprechung des Geschäftsbereichs Süd vom 23.11.1961.

[94] BArch, B 102/49827, Wirtschafts- und bankpolitische Fragen des privaten Bankgewerbes, Bd. 2. Büschgen: Zeitgeschichtliche Problemfelder, S. 376.

[95] HAC, 400/871, Rede von Wilhelm Hankel beim Jubiläum „100 Jahre Commerzbank" vom 26.02.1970.

[96] HAC, 312/222, Protokoll der Filialleitertagung des Geschäftsbereichs Süd vom 10.03.1960; Protokoll der Geschäftsstellenleiter-Besprechung des Geschäftsbereichs Süd vom 01.04.1963; Protokoll der Filialleitertagung des Geschäftsbereichs Süd vom 27.09.1965.

gegen zunehmend auf die unpersönliche Ansprache des privaten Publikums mittels kleiner Textanzeigen in der Lokalpresse und Prospekten, um in „die Haushaltungen des kleinen Mannes" zu dringen. Dazu erhöhten die Großbanken die Werbeetats im Sparbereich nun deutlich, insbesondere während der Rezessionsphase 1966/67.[97] Den aus Filialleiterkreisen oftmals geäußerten Wunsch nach Radio- und Fernsehwerbung lehnten die Vorstände dagegen mit Verweis auf die hohen Kosten durchweg ab. Immerhin unterstützten die Institute eine gemeinsame Werbekampagne des Bundesverbandes des privaten Bankgewerbes. Ab Oktober 1966 klärten Anzeigen, Plakate und Fernsehspots die Bundesbürger unter dem Slogan „Banken sind erfahren – darum: Banksparen" darüber auf, dass nicht nur Sparkassen Spareinlagen annahmen.[98]

Gleichzeitig beflügelten nun viele Ideen und Experimente den branchenweiten Konkurrenzkampf im Spargeschäft. Zu den eher weniger erfolgreichen Ansätzen zählte das Fernsparbuch, das die BfG und die Bank für Landwirtschaft in den Jahren 1965/66 einführten. Dabei zahlte der Kunde nicht mehr bar am Bankschalter auf sein Sparkonto ein, sondern im Briefverkehr mit Postschecks, Postanweisungen, Zahlkarten oder Überweisungen. Dieses „freizügige Sparen" war vor allem für filiallose Regionen auf dem Lande sowie für Personen gedacht, die in kleineren Orten aus Gründen der Diskretion nicht bei der örtlichen Sparkasse oder Volksbank sparen wollten. Auch die Großbanken mit ihrem vergleichsweise dünnen Filialnetz befassten sich kurzzeitig mit dem Fernsparbuch, zumal es die Presse hoffnungsvoll begrüßte.[99] So träumte die *FAZ* von den vielen „Versandbanken" der Zukunft, mit denen das „überkommene Prinzip des ,Nahsparens'" bald Vergangenheit sein würde.[100] Dem Fernsparen blieb der Erfolg aber ebenso versagt wie dem innovativen „Olympia-Prämiensparen", das die Dresdner Bank 1966 zu ihrem 100-jährigen Jubiläum 1972 in Verbindung mit den Olympischen Spielen in München plante, aber aus rechtlichen Gründen wieder aufgeben musste.[101]

Zeitgleich brachten einige städtische Sparkassen sowie die Münchner Privatbank Aufhäuser mit dem Versicherungssparen eine weitere neue Sparform auf den Markt. Dabei schloss der Kunde einen Sparvertrag über mehrere Jahre ab, der zugleich eine Risikolebensversicherung beinhaltete. Darauf aufbauend, kreierten viele Kreditinstitute in der zweiten Hälfte der 1960er Jahre so genannte Plansparmodelle. Auch hier verpflichtete sich der Kunde, gemäß einem individuellen Sparplan für mehrere Jahre feste Raten zu

---

[97] HAC, 312/222, Protokolle der Filialleitertagungen des Geschäftsbereichs Süd vom 27.09.1965 und 26.07.1966. HAC, 400/345, Rede von Heinrich Polke vor dem Commerzbank-Landesbeirat Nord vom 27.10.1967. HAC, 400/348, Rede von Paul Lichtenberg vor den Filialleitern des Geschäftsbereichs West vom 19.10.1962, S. 14f.; Rede von Günther Ladisch vor Leitern der Großfilialen der Gesamtbank vom 30.08.1963, S. 26. HADrB, 17621-2000, Schreiben der zentralen Werbeabteilung Hamburg an Rudorf und Witt vom 20.10.1965; Schreiben der zentralen Werbeabteilung Hamburg an Rudorf vom 23.01.1966; Schreiben der Werbeabteilung Frankfurt a. M. an alle Niederlassungen vom 11.03.1966.
[98] BArch, B 102/84318, Geschäftsberichte und Einzelfragen des Bundesverbandes des privaten Bankgewerbes, Bd. 2, Bundesverband des privaten Bankgewerbes, Jahresbericht 1966/67, S. 60f. HAC, 312/222, Protokoll der Filialleitertagung des Geschäftsbereichs Süd vom 10.03.1960. HADrB, 17621-2000, Protokoll über die Zusammenkunft der Werbeleiter in Frankfurt a. M., vom 06.07.1966.
[99] HADrB, 17613-2000, Notiz von Feldbausch, Frankfurt a. M., an die Abteilungen Massengeschäft in Düsseldorf und Hamburg, Organisation, Rechtsabteilung und Werbung vom 25.07.1966; Notiz von Feldbausch, Frankfurt a. M., an die Vorstände Reinhold und Ponto sowie Sappke und Wohlgefahrt vom 30.09.1966. Der Spiegel vom 23.04.1965, Artikel „Zum Gelde drängt ...,".
[100] HADrB, 17613-2000, FAZ vom 20.05.1966, Artikel „Fern- und Nahsparen".
[101] HADrB, 118302.MS, Rechtsabteilung Düsseldorf: Wettbewerbsabkommen, Zugabewesen.

zahlen, bis er die von ihm gewünschte Zielsumme erreicht hatte.[102] Dass in der Bevölkerung ein zunehmender Bedarf an systematischen Vermögensbildungsanlagen vorhanden war, zeigte auch der Erfolg einiger amerikanischer Investmentgesellschaften, die zwischenzeitlich in der Bundesrepublik agierten.[103] Nicht zuletzt erweiterten auch die Sparkassen ihr Sparangebot in diese Richtung. Aufbauend auf einer Idee der Volksbankenorganisation, führten sie 1967 erfolgreich den Sparkassenbrief ein. Damit schlossen sie die Lücke zwischen den niedrig verzinsten, risikolosen Sparbüchern und den renditestarken, aber risikoträchtigen Wertpapieren. Mit langen Laufzeiten von bis zu vier Jahren waren Sparbriefe höher verzinst als normale Spareinlagen, während das Risiko überschaubar blieb.[104]

All diese Entwicklungen verfolgten die Großbanken aufmerksam und nutzten sie als Impulse für ihre eigenen Sparprogramme, die sie der Öffentlichkeit unter großem Werbeaufwand in der zweiten Jahreshälfte 1967 präsentierten: Mit dem Combi-Sparen mit Commerzbank-Sparbonus, dem Dresdner Bank-Systemsparen und dem Deutsche Wertpapier-Sparplan der Deutsche Bank versuchten die Institute einerseits, ihr Spargeschäft attraktiver zu machen und den traditionellen Kontensparer allmählich und „auf behutsame Weise" an die Wertpapieranlage heranzuführen.[105] Dazu sollten die bislang klar gezogenen Grenzen zwischen Spar- und Fondsgeschäft aufgehoben und beide Produkte gemeinsam verkauft werden. Die drei Programme konnten zudem mit staatlichen Förderleistungen und Lebensversicherungen kombiniert werden.[106] Andererseits reagierten die Großbanken damit auf den zunehmenden Wettbewerb im Massengeschäft, insbesondere auf die Sparkassenbriefe und die ausländischen Investmentgesellschaften.[107]

Das Combi-Sparen der Commerzbank lehnte sich recht eng an das Modell des prämienbegünstigten Sparens an. Der Kunde erhielt, wenn er seinen fünfjährigen Sparvertrag über mindestens 3000 DM erfüllt hatte, zu den normalen Zinsen als Bonus einen ADIG-Investmentanteil.[108] Beim Systemsparen der Dresdner Bank wurde für den Kunden ein individueller Sparplan mit einer Laufzeit zwischen fünf und 20 Jahren erstellt. Die monat-

---

[102] HADrB, 17613-2000, Aktennotizen von Feldbausch, Frankfurt a. M., vom 10.02.1966 und 18.05. 1966; Industriekurier vom 18.04.1967, Artikel „Vermögen nach Maß durch ‚Plansparen'".

[103] HAC, 400/8, Seminarordner „Das Spar-Geschäft bei der Commerzbank. Leitgedanken" vom 15.01.1969. HADrB, 118271.MS, Informationsmappe „Mit System Sparen" (Beilage zum Rundschreiben Nr. 93 der BHI) vom 18.10.1967.

[104] HADrB, 118015.MS, Handelsblatt vom 08.05.1970, Artikel „Nun auch Sparbriefe bei der Dresdner Bank"; Börsen-Zeitung vom 08.05.1970, Artikel „Großbank-Sparbriefe"; Abendzeitung Nürnberg vom 09./10.05.1970. Belvederesi/Thomes: Gesellschaftlicher Wandel, S. 34. Meyen: 120 Jahre Dresdner Bank, S. 234. Schulz: Sparkassen, S. 352.

[105] HAC, 400/409, Rede von Ernst Rieche zum Jahresabschluss der Commerzbank 1967. Kurzrock: Aus der Geschichte der Commerzbank, S. 138ff.

[106] HAC, 400/8, Seminarordner „Das Spar-Geschäft bei der Commerzbank. Leitgedanken" vom 15.01.1969.

[107] Ebenda. HADrB, 118271.MS, Informationsmappe „Mit System Sparen" (Beilage zum Rundschreiben Nr. 93 der BHI) vom 18.10.1967. HADrB, 118302.MS, Schreiben der Rechtsabteilung Düsseldorf an Rechtsabteilung Frankfurt a. M. (Schäfer) vom 07.12.1967.

[108] HAC, 400/151, Rede von Paul Lichtenberg vor dem Commerzbank-Aufsichtsrat, Herbst 1970. HAC, 400/192, Rundschreiben Nr. 126 der Commerzbank Frankfurt a. M., Organisations-Abteilung, vom 23.10.1968. HAC, 400/409, Rede von Ernst Rieche zum Jahresabschluss der Commerzbank 1967. HAC, 400/869, Rede von Ernst Rieche auf der Commerzbank-Hauptversammlung vom 15.05.1968. HAC, S4/4, Private Kunden. Krause: Zeitreise, S. 111. Kurzrock: Aus der Geschichte der Commerzbank, S. 138ff. Wolf: Das Fundament wird gelegt, S. 39.

liche Mindestsparsumme von 50 DM konnte er in einer beliebigen Kombination aus Kontensparen und DIT-Wertpapiersparen anlegen. Dabei erhielt er höhere Zinsen als beim normalen Sparbuch.[109] Das Systemsparen ging 1969 im Universal-Werk auf, einem Vertriebsverbund der Dresdner Bank mit der Hamburg-Mannheimer Versicherung und der Kölner Bausparkasse Heimbau. Bei jedem der drei Kooperationspartner konnte der Kunde nun Sparpläne, Versicherungen und Bausparverträge abschließen.[110] Beim Deutschen Wertpapier-Sparplan der Deutschen Bank hatte der Kunde schließlich die Wahl zwischen Sparplänen mit Laufzeiten über 60 oder 120 Monate. In dieser Zeit sollte er mindestens 1500 oder 3000 DM ansparen und damit DWS-Anteile erwerben. 1970 ergänzte die Deutsche Bank zum 100-jährigen Firmenjubiläum das Angebot um den Vermögensplan Erfolgssystem 100. Hier konnte der Anleger ebenfalls zwischen verschiedenen Kontenspar- und Investmentplänen wählen, um damit systematisch ein Vermögen aufzubauen.[111]

Die Presse berichtete ausführlich und lobend über die Sparprogramme.[112] Allerdings bemerkte *Die Welt* im Oktober 1967, dass keine der Großbanken etwas wirklich Neues im Kampf um das Geld des kleinen Mannes zu bieten habe.[113] Tatsächlich war der Innovationsgrad eher gering. Mit der Aufwertung des einfachen Sparbuchs zum individuellen Sparplan rückten die Institute jedoch die Beratungsdienstleistung in den Fokus des Spargeschäfts. Diese Veränderung war Teil einer umfassenden Umgestaltung und Reorganisation der Großbanken, die Ende der 1960er Jahre begann (siehe unten). Dazu zählten auch die großen Werbeaktionen, mit der sie ihre Sparprogramme einführten. Hier stand nicht mehr allein das Sparen im Vordergrund; mit dieser Werbung wollten die Institute auch ihren Ruf in der Öffentlichkeit verbessern.[114] Vor allem die Dresdner Bank tat sich dabei hervor: Im Oktober 1967 startete sie einen regelrechten Werbefeldzug, der mit Kosten von 2,3 Millionen DM die bis dato größte Kampagne eines Kreditinstituts in Deutschland war. In über 20 regionalen und überregionalen Tageszeitungen sowie in vielen Illustrierten mit Gesamtauflagen von fast 10 Millionen Exemplaren schaltete sie vierfarbige, doppelseitige Anzeigen. Die zehn Motive waren in einem eher unkonventionellen Stil gehalten und sollten mit ihren aufwändigen Fotografien von Kindern und jungen Menschen Gefühle ansprechen und Sympathien beim Betrachter wecken. Die Dresdner Bank

[109] HADrB, 17621-2000, Protokoll über die Zusammenkunft des Werbebeirats, Frankfurt a. M., vom 12.07.1967. HADrB, 118010.MS, Volkswirtschaftliche Abteilung der Dresdner Bank. HADrB, 118271. MS, Informationsmappe „Mit System Sparen" (Beilage zum Rundschreiben Nr.93 der BHI) vom 18.10.1967. HADrB, 118282.MS, Rechtsabteilung Düsseldorf, Sparpläne, Vermögensbildung. Hunscha/Müller: Aus der Geschichte der Dresdner Bank, S.59. Meyen: 120 Jahre Dresdner Bank, S.234.
[110] HADrB, 17618-2000, Protokoll über ein Gespräch zwischen der Dresdner Bank (Karsten/Wiedig) mit den Hamburg-Mannheimer Versicherungen und der Bausparkasse Heimbau AG vom 30.07.1968; Notiz des Büros für Massengeschäfte, Frankfurt a. M. (von Köppen/Karsten), vom 19.09.1968; Protokoll der Sitzung über Fragen des Massengeschäfts vom 28.03.1969. Meyen: 120 Jahre Dresdner Bank, S.234.
[111] BArch, B 126/48685, Bundesministerium der Finanzen, Geld und Kredit 1950–1971. HADB, A 3557, Dibbern, Klaus: Bankgeschäfte mit Privaten Haushalten in Deutschland, 1999, S.14. HADB, Deutsche Bank AG, Frankfurt a. M. (Hrsg.): Was uns bewegt, ist persönliche Initiative. 25 Jahre Privatkundengeschäft, Frankfurt a. M. 1984, S.14. Müller: DWS, S.120.
[112] HAC, 400/347, Rede von Will Marx vor dem Commerzbank-Aufsichtsrat vom 24.11.1967.
[113] BArch, B 126/48663, Wirtschafts- und bankpolitische Fragen des privaten Bankgewerbes, Bd.8, Die Welt vom 17.10.1967, Artikel „Sparwerbung".
[114] HADrB, 17621-2000, Protokoll über die Zusammenkunft des Werbebeirats, Frankfurt a. M., vom 12.07.1967; Lothar Dirr, Marketingberatung, „Sparen und Leihen. Überlegungen zur Werbekonzeption der Dresdner Bank AG" vom 06.02.1968.

sprach pathetisch von einem „neuen Abschnitt in der Geschichte" und dem „großen Sprung nach vorn".[115] In ähnlicher, wenn auch weniger radikaler Weise überarbeitete die Commerzbank ihren Werbestil beim Start des Combi-Sparens im Dezember 1967. Sie schaltete ganzseitige Anzeigen – unter anderem in der *Bild-Zeitung* – und erklärte darin „ohne Bankchinesisch" ihr neues Sparmodell.[116]

Nicht nur die Werbung des Spargeschäfts veränderte sich Ende der 1960er Jahre. Die Großbanken modernisierten den Bereich, indem sie neue Marketingmethoden einführten und ihre Mitarbeiter weiterbildeten. Aus Schalterbeamten sollten Anlageberater werden, die sich auch mit Fondsanteilen auskannten und Verkaufsvorgaben erfüllen konnten. Die Institute schulten sie mit Tonbildvorführungen und Lernprogrammen, statteten sie mit Informationsmaterial, Verkaufsargumentarien und optischen Hilfsmitteln aus und versuchten, ihnen eine neue Einstellung gegenüber der privaten Kundschaft zu vermitteln.[117] In einem Seminarordner – eingerahmt von futuristischen Weltraumraketen – versuchte beispielsweise 1969 die Commerzbank ihre Angestellten zu motivieren:

> „Die Commerzbank steuert jetzt einen neuen Kurs. Machen Sie mit! Begeisterung und Dynamik müssen Ihre Antriebskräfte in der Zukunft sein. Dann kann der Erfolg nicht ausbleiben."[118]

Bis zum Ende der 1960er Jahre wuchsen die Spareinlagen bei den Großbanken kräftig an.[119] Damit waren sie zunehmend in der Lage, längerfristige Kredite an die Wirtschaft zu vergeben.[120] Seit dem Ende der Zinsbindung 1967 sanken allerdings die Zinsspannen und die großen Spareinlagenbestände verursachten allmählich beträchtliche Kosten.[121] Als Ergänzung zu den langfristigen Industriekrediten bot sich das relativ einträgliche und risikoarme Hypothekengeschäft an. Das Frankfurter Büro für Massengeschäfte der Dresdner Bank bezeichnete das Hypothekar- und Spargeschäft 1968 daher als „siamesische Zwillinge" und sah darin die größten Wachstumsfelder der Zukunft. Zudem ließen sich dadurch bauwillige Privatkunden von den Sparkassen zurückgewinnen.[122]

Noch zu Beginn des Jahrzehnts hatten die Großbanken trotz des privaten Baubooms in der Bundesrepublik und dessen staatlicher Förderung kein Interesse daran und vermutlich auch keine finanziellen Möglichkeiten gehabt, sich in diesem Bereich zu betätigen.[123]

---

[115] BArch, B 126/48685, Bundesministerium der Finanzen, Geld und Kredit 1950–1971. HADrB, 17621-2000, Protokoll über die Zusammenkunft des Werbebeirats, Frankfurt a. M., vom 12.07.1967. HADrB, 118008.MS, Volkswirtschaftliche Abteilung der Dresdner Bank. HADrB, 118271.MS, Informationsmappe „Mit System Sparen" (Beilage zum Rundschreiben Nr. 93 der BHI) vom 18.10.1967.

[116] HAC, N26/37, Nachlass Herbert Wolf, Notiz über ein Gespräch mit Willi Lucht am 27.06.1990. HADrB, 118302.MS, Rechtsabteilung Düsseldorf, Wettbewerbsabkommen. Wolf: Das Fundament wird gelegt, S. 39.

[117] HAC, 400/8, Seminarordner „Spargeschäft", Januar 1969. HAC, 400/776, Institut für Motivforschung IFM: Sozialpsychologische Untersuchung des Images der Commerzbank im Vergleich zur Deutschen Bank, Dresdner Bank und den Sparkassen, Juli/August 1967. HADrB, 17613-2000, Schreiben von Feldbausch, Frankfurt a. M., an den Vorstand der Dresdner Bank vom 31.01.1968.

[118] HAC, 400/8, Seminarordner „Spargeschäft", Januar 1969.

[119] Deutsche Bundesbank (Hrsg.): Deutsches Geld- und Bankwesen, S. 166–167.

[120] HAC, 400/869, Rede von Ernst Rieche auf der Commerzbank-Hauptversammlung vom 15.05.1968.

[121] HADrB, 17618-2000, Notiz des Büros für Massengeschäfte, Frankfurt a. M., vom 19.09.1968.

[122] HADrB, 17618-2000, Schreiben des Büros für Massengeschäfte (Feldbausch/Morgen), Frankfurt a. M., an den Vorstand, ca. 1968; Notiz des Büros für Massengeschäfte, Frankfurt a. M., vom 19.09.1968.

[123] BArch, B 102/49826, Wirtschafts- und bankpolitische Fragen des privaten Bankgewerbes, Bd. 1, Vermerk von Hermann Beyer-Fehling, BMWi, Abteilung VI A 4, über das Gespräch mit Hanns Deuß vom 14.12.1962. Kurzrock: Aus der Geschichte der Commerzbank, S. 140.

Sie erwarben lediglich kleine Beteiligungen an verschiedenen Hypothekenbanken und vermittelten interessierte Kunden an diese weiter.[124] Erst in der zweiten Hälfte der 1960er Jahre engagierten sie sich in der Baufinanzierung. Dazu kooperierten sie mit Bausparkassen, wie beispielsweise 1966 die Dresdner Bank mit der Gemeinschaft der Freunde Wüstenrot, und boten Darlehen in Kombination mit Bausparverträgen zur Zwischenfinanzierung von Bauvorhaben an. So führte etwa die Commerzbank im August 1968 erstmals ein Baudarlehen ein.[125]

Ende der 1960er Jahre reagierten die Großbanken schließlich gezielt auf die massenhafte Bautätigkeit von Privatpersonen und deren Finanzierungswünsche.[126] Ab 1968/69 boten sie genormte Bau- und Hypothekendarlehen an und erweiterten damit ihr Massengeschäft. Die Deutsche Bank preschte im Oktober 1968 vor und führte das Persönliche Hypothekendarlehen mit 15 Jahren Laufzeit und bis 50 000 DM Kreditsumme ein. Die Resonanz war groß; nach wenigen Monaten hatte die Deutsche Bank bereits 300 Mio. DM ausgeliehen. Die Commerzbank und die Dresdner Bank zogen daher eilig mit ähnlichen Angeboten nach. Auch ihre Baufinanzierungskredite waren – dem Massengeschäft entsprechend – weitgehend schematisiert. Teilweise waren sie an Bausparverträge gekoppelt und in ihrer Verwendung auf den Bau und die Renovierung von Wohneigentum beschränkt. Von „echten" Hypotheken unterschieden sie sich durch kürzere Laufzeiten und kleinere Beträge. Wie beim Kleinkredit stand bei der Absicherung weniger der Wert des Grundvermögens im Mittelpunkt als vielmehr das Einkommen des Kunden.[127]

---

[124] Krause: Zeitreise, S. 107. Meyen: 120 Jahre Dresdner Bank, S. 188f. Mühlhaupt: Strukturwandlungen, S. 227. Wolf: Das Fundament wird gelegt, S. 33f.

[125] HAC, 400/170, Rundschreiben Nr. 59 der Commerzbank Düsseldorf, Sekretariat der Filialen, für den Geschäftsbereich West vom 19. 06. 1962. HAC, 400/869, Neue Zürcher Zeitung vom 22. 08. 1968, Artikel „Baudarlehen der deutschen Großbanken". HADrB, 17613-2000, Entwurf einer Vereinbarung zwischen Bausparkasse GdF Wüstenrot und der Dresdner Bank vom 25. 01. 1966; Schreiben des Dresdner-Bank-Vorstands Frankfurt a. M. an die Vorstände in Düsseldorf und Hamburg vom 31. 01. 1966. HADrB, 118005.MS, Münchner Merkur vom 27. 09. 1966. HADrB, 118013.MS, Industriekurier vom 03. 06. 1969. Wolf: Das Fundament wird gelegt, S. 34f. Kurzrock: Aus der Geschichte der Commerzbank, S. 137ff.

[126] HAC, 400/870, Wochendienst des Instituts für Bilanzanalysen, Gruppe 19, Banken, Nr. 8, August 1969, Artikel „Commerzbank AG". HADrB, 17618-2000, Notiz der Büros für Massengeschäfte in Düsseldorf, Hamburg und Frankfurt a. M. (Wohlgefahrt/Sappke/Karsten) an den Vorstand vom 04. 10. 1968; Rundschreiben-Entwurf des Büros für Massengeschäfte, Franfurt a. M., ca. Anfang 1969; Seminarunterlagen zur Mitarbeiterschulung „Hypotheken-Darlehen. Geschäftspolitische Zielsetzungen", ca. 1969; Vorstandsvorlage „Verkaufsargumente für das Hypotheken-Darlehen der Dresdner Bank", 1969. HADrB, 118271.MS, Aktennotiz der Büros für Massengeschäfte (Wohlgefahrt/Sappke/Karsten) für den Gesamtvorstand vom 21. 10. 1968.

[127] HAC, 400/871, Unterlagen der Volkswirtschaftlichen Abteilung für die Pressekonferenz in Frankfurt a. M. zum Jahresabschluss 1969, Wichtigste Fragen und Antworten vom 03. 04. 1970. HAC, N26/24, Nachlass Herbert Wolf, Protokoll der Gesamtvorstandssitzung vom 14. 11. 1968. HADB, A 3557, Dibbern, Klaus: Bankgeschäfte mit Privaten Haushalten in Deutschland, 1999, S. 21. HADrB, 17618-2000, Schreiben des Büros für Massengeschäfte (Feldbausch/Morgen), Frankfurt a. M., an den Vorstand, ca. 1968; Notiz der Büros für Massengeschäfte in Düsseldorf, Hamburg und Frankfurt a. M. (Wohlgefahrt/Sappke/Karsten) an den Vorstand vom 04. 10. 1968; Notiz von Feldbausch an Hagenmüller, Ponto und Reinhold vom 17. 10. 1968; Seminarunterlagen zur Mitarbeiterschulung „Hypotheken-Darlehen. Geschäftspolitische Zielsetzungen", ca. 1969. HADrB, 118010.MS, Börsen-Zeitung vom 20. 08. 1968. HADrB, 118013.MS, Industriekurier vom 03. 06. 1969. HADrB, 118014.MS, Christ und Welt vom 05. 12. 1969, Artikel „Gute Ergebnisse". Büschgen: Deutsche Bank, S. 781. Frost: Die Deutsche Bank und ihr Privatkundengeschäft, S. 276f. Hooven: Wandlungen im Bankgeschäft, S. 313. Krause: Zeitreise, S. 114. Kurzrock: Aus der Geschichte der Commerzbank, S. 138ff. Meyen: 120 Jahre Dresdner Bank, S. 264. Wolf: Das Fundament wird gelegt, S. 34f.

Das genormte Hypothekendarlehen sollte allerdings nur der erste Schritt auf dem Weg zum klassischen Realkreditgeschäft sein. Dem standen vorerst aber noch die komplizierten Eigentumsverhältnisse bei den Hypothekenbanken entgegen, an denen die Großbanken mit diversen Schachtel- und Minderheitsbeteiligungen beteiligt waren. Diese verworrene Situation klärte sich erst mit einer umfassenden „Flurbereinigung" der Eigentumsverhältnisse in den Jahren 1970/71.[128]

Zusammenfassend lässt sich festhalten, dass sich die Großbanken in den 1960er Jahren einen gewissen Anteil an den zunehmenden Sparleistungen der privaten Haushalte sichern konnten und dabei in der zweiten Hälfte des Jahrzehnts allmählich auch marktorientierter vorgingen. Ihre Spareinlagen wuchsen von 4,8 Mrd. DM auf 20,2 Mrd. DM (siehe Abb. 3).[129] Die Großbanken stellten sich in der Öffentlichkeit nun gerne als die größten Sparkassen der Bundesrepublik dar. 1970 führten sie 6,8 Mio. Sparkonten, die zu 91% Privatkunden gehörten.[130] Darunter befanden sich immer mehr Kleinsparer: Das durchschnittliche Guthaben auf den Sparkonten stieg zwischen 1960 und 1969 nur leicht von 2831 DM auf 2990 DM.[131] Eine repräsentative Umfrage der Deutschen Bank ergab 1967/68, dass ihre Sparkunden zu 36% aus Angestellten und Arbeitern bestanden. An zweiter Stelle folgten Hausfrauen mit 19%.[132] Das Spargeschäft war also endgültig zum Massengeschäft geworden: Unternehmen und öffentliche Einrichtungen spielten keine Rolle mehr als Sparkunden. Auch im Gesamtgeschäft waren Spareinlagen in den 1960er Jahren zum bestimmenden Faktor geworden. Ihr Anteil am Geschäftsvolumen stieg von 16% auf 25%.[133] Diese breite Basis machte die Großbanken einerseits unabhängiger vom Geldmarkt bzw. der Konjunktur und schuf andererseits die Voraussetzung, um im Wettbewerb mit den Sparkassen und den Genossenschaftsbanken bestehen zu können. Damit standen ihnen im Kerngeschäft – der Finanzierung von Handels- und Industrieunternehmen – alle Möglichkeiten offen.[134]

---

[128] HADrB, 17618-2000, Schreiben von Radtke (Düsseldorf) an Graf zu Rantzau vom 14.01.1969; Seminarunterlagen zur Mitarbeiterschulung „Hypotheken-Darlehen. Geschäftspolitische Zielsetzungen", ca. 1969. HADrB, 118271.MS, Aktennotiz der Büros für Massengeschäfte (Wohlgefahrt/Sappke/Karsten) für den Gesamtvorstand vom 21.10.1968. Büschgen: Deutsche Bank, S. 781. Meyen: 120 Jahre Dresdner Bank, S. 188f. Redenius: Strukturwandel und Konzentrationsprozesse, S. 163ff.

[129] Deutsche Bundesbank (Hrsg.): Deutsches Geld- und Bankwesen, S. 166f.

[130] HAC, 400/867, Stuttgarter Zeitung vom 10.04.1965, Artikel „Spiegel der Bankbilanzen". HAC, N26/15, Nachlass Herbert Wolf. HADrB, 118003.MS, Wochendienst des Instituts für Bilanzanalysen, Gruppe 19, Banken, vom 31.05.1965, Artikel „Dresdner Bank AG". HAC/HADB/HADrB, Geschäftsberichte der Commerzbank, Deutschen Bank und Dresdner Bank 1960–1970. Deutsche Bundesbank (Hrsg.): Deutsches Geld- und Bankwesen, S. 229. Hooven: Wandlungen im Bankgeschäft, S. 315. Meyen: 120 Jahre Dresdner Bank, S. 378.

[131] Meyen: 120 Jahre Dresdner Bank, S. 234. Sauer: Wettbewerbsposition, S. 86.

[132] HADB, Geschäftsbericht der Deutschen Bank 1968, S. 26.

[133] Deutsche Bundesbank (Hrsg.): Deutsches Geld- und Bankwesen, S. 255.

[134] BArch, B 126/48663, Wirtschafts- und bankpolitische Fragen des privaten Bankgewerbes, Bd. 8, Handelsblatt vom 29.01.1968, Artikel „Kreditgewerbe im Umbruch". HAC, 400/8, Seminarordner „Spargeschäft", Januar 1969. HAC, 400/345, Rede von Paul Lichtenberg vor dem Landesbeirat West vom 25.03.1966. HAC, 400/348, Rede von Bolko Graf von Roedern vor Filialleitern vom 02.04.1963, S. 5. HAC, 400/870, Industriekurier vom 04.12.1969. HAC, N26/15, Nachlass Herbert Wolf, Vortrag „Perspektiven des Privatkunden-Marketing aus Sicht einer Großbank" von Eckart van Hooven an der Ruhr-Universität Bochum, Fakultät für Wirtschaftswissenschaften, vom 20.01.1987. HADrB, 118003. MS, Wochendienst des Instituts für Bilanzanalysen, Gruppe 19, Banken, vom 31.05.1965, Artikel „Dresdner Bank AG"; Der Spiegel vom 16.04.1965, Artikel „Zum Massengeschäft gezwungen".

Im Branchenvergleich entsprachen diese Zahlen allerdings nur dem Durchschnitt (siehe Abb. 7): Die Spareinlagen der Großbanken wuchsen 1960 bis 1970 um das 4,2-fache. Das war mehr als bei den Sparkassen (3,6-fach), aber weniger als bei den Genossenschaftsbanken (4,9-fach). Auch die Marktanteile im Spargeschäft änderten sich kaum: Der Anteil der Großbanken blieb nahezu gleich (1960: 9,1%/1970: 9,8%). Die Sparkassen mussten einen leichten Rückgang von 64% auf 59% hinnehmen, der ungefähr dem Zuwachs der Genossenschaftsbanken entsprach (14%/18%).[135] Absolut nahmen sich die 20 Mrd. DM Spareinlagen der Großbanken allerdings immer noch bescheiden aus neben den 121 Mrd. DM der Sparkassen.[136] Zudem unterschieden sich ihre Einlagenstrukturen deutlich von denen der Konkurrenz: Der Spareinlagenanteil an den Gesamteinlagen lag 1970 bei einem Drittel, während er im Branchendurchschnitt 51% betrug.[137] Sicht- und Termineinlagen spielten also nach wie vor eine große Rolle (siehe Abb. 4). Qualitativ bestand zwischen den Sparkonten der Sparkassen und denen der Großbanken dagegen kaum noch ein Unterschied. Die Durchschnittsguthaben näherten sich in den 1960er Jahren deutlich an; bei den Sparkassen stieg der Betrag zwischen 1960 bis 1969 von 1159 DM auf 2370 DM.[138]

„Verzweifeln Sie nicht und werden Sie Aktionär!" Investmentfonds und Volksaktien

Die Investmentgesellschaften der Großbanken hatten in den 1950er Jahren zwar Anfangserfolge erzielt, doch Fondsanteile waren bei den Bundesbürgern um 1960 nur ansatzweise verbreitet.[139] Gleichzeitig reichte trotz beachtlicher Sparleistungen der Privathaushalte die Kapitalbildung nicht aus, um die Nachfrage der Investoren voll zu befriedigen. Der Sparprozess in der Bundesrepublik hatte, nach den Worten von Commerzbank-Vorstand Hanns Deuß, „Schlagseite". Um ihre umfangreichen Investitionen finanzieren zu können, benötigte die Wirtschaft Wertpapieranlagen größeren Ausmaßes.[140] Aus geschäfts- und gesellschaftspolitischem Interesse stimmten die Großbanken und die Bundesregierung überein, dass den Kleinsparern mit den Investmentanteilen eine Brücke zum Wertpapierbesitz geschlagen werden sollte. Politiker und Bankvorstände sahen die Vermögensbildung großer Bevölkerungsteile als notwendige Untermauerung der Gesellschaftsordnung sowie als Garant für Stabilität und sozialen Frieden. Gemeinsam erörterten sie daher mehrfach in den 1960er Jahren, Aufklärungskampagnen über das Investmentsparen zu starten oder einen Arbeitskreis zur Förderung der Aktie zu grün-

---

[135] Bähr: Dresdner Bank, S. 228. Ellgering: Expansion und Strukturwandel, S. 82. Pohl: Institute der Sparkassenorganisation als Wettbewerber, S. 1184. Rudolph: Differenzierung und Diversifizierung, S. 54. Wolf: Nachkriegsentwicklung, S. 126, S. 134 u. S. 166 f.

[136] HADrB, 118013.MS, Finanzen und Wirtschaft vom 07.05.1969. Deutsche Bundesbank (Hrsg.): Deutsches Geld- und Bankwesen, S. 166 f. u. S. 176 f.

[137] HADrB, 17953-2000, Analyse der Unternehmensberatung McKinsey zur Organisation der Dresdner Bank AG. Erster Zwischenbericht an den Vorstand, Oktober 1970.

[138] Meyen: 120 Jahre Dresdner Bank, S. 234. Sauer: Wettbewerbsposition, S. 86.

[139] BArch, B 102/28922, Gesetz über Kapitalanlagegesellschaften, Presseartikel, Der Tagesspiegel vom 24.07.1960. HAC, 400/868, Rede „Ist Kapitalmangel unser Schicksal?" von Hanns Deuß auf der Commerzbank-Hauptversammlung vom 29.04.1966. Müller: DWS, S. 44.

[140] HAC, 400/868, Rede „Ist Kapitalmangel unser Schicksal?" von Hanns Deuß auf der Commerzbank-Hauptversammlung vom 29.04.1966.

den.[141] Bei den Großbanken bestand zudem die Hoffnung, Sparkunden über die Fondsanteile langfristig zu „echten" Aktienbesitzern zu machen und damit das eigene Wertpapiergeschäft zu stärken.[142]

Grundsätzlich galt es also, die Wertpapieranlage in der Bevölkerung populärer zu machen. Die Chancen dazu standen günstig: Seit Ende der 1950er Jahre erlebten die westdeutschen Börsen einen Boom, der im Sommer 1960 seinen Höhepunkt erreichte. Mit
den steil ansteigenden Kursen wurden Aktien für viele Bundesbürger zunehmend attraktiver. In Finanzkreisen spottete man einerseits über die „Köchinnen- und Dienstmädchen-
Hausse",[143] befürchtete andererseits aber eine baldige Baisse. Die DWS warb daher vorübergehend nicht mehr für ihre Fonds, um privaten, unerfahrenen Kleinanlegern die
Enttäuschung über mögliche Kursrückgänge zu ersparen.[144] Tatsächlich wurde in den
folgenden Jahren der Boom durch die weltpolitische Lage gestoppt: Mit dem Bau der
Berliner Mauer und der Kuba-Krise fielen die Aktienkurse, und das Investmentgeschäft
erlebte vorübergehend einen leichten Rückschlag.[145]

Noch während des Börsenbooms hatten die Kapitalanlagegesellschaften der Großban-
ken damit begonnen, ihr Fondsangebot auszuweiten, neue Verkaufsformen einzuführen
und das Investmentsparen damit attraktiver zu gestalten. Im Frühjahr 1960 boten die
ADIG und die DWS mit dem Teilhabe-Sparen einjährige Ratensparpläne zum Kauf von
Fondsanteilen an, der DIT folgte 1967. Nach US-amerikanischem Vorbild sollten damit
Kleinsparer erreicht werden, die sich Fondsanteile bislang nicht leisten konnten. Der
Kunde sicherte dabei vertraglich zu, regelmäßig Sparraten in Höhe von 25 DM oder
50 DM einzuzahlen. Für jede Rate erhielt er eine Wertmarke, die er in eine Sparkarte
einklebte. Zusätzlich konnte er staatliche Sparprämien beantragen. Für die Gesellschaften
bot dieses System den Vorteil, dass sie unabhängig von den aktuellen Kursen konstant
Fondsanteile verkaufen konnten und ihnen damit kontinuierlich Kapital zufloss.[146] Im
Laufe der 1960er Jahre erwiesen sich die Ratensparpläne allerdings nur als mäßig erfolgreich. Bei der DWS machten sie gegen Ende des Jahrzehnts gerade einmal 5% der Ver-
käufe aus.[147] Etwas günstiger entwickelten sich die ähnlichen Aufbaukonten, bei denen
die Kunden mit einmaligen oder regelmäßigen Einzahlungen auch Bruchteile von Investmentzertifikaten erwerben konnten.

Um Investmentanteile weiterhin attraktiv zu halten, stückelten die Kapitalanlagegesellschaften auch in den 1960er Jahren ihre Fonds, wenn die Kurse zu hoch gestiegen waren.
Privaten Kleinanlegern sollte damit der Kauf zu niedrigen Preisen ermöglicht werden.
Dazu halbierten oder dritteln sie die Stückelungen. Im Laufe der 1960er Jahre diversifizierten sie auf diese Weise offenbar das Angebot für verschiedene Zielgruppen: Gestü-

---

[141] BArch, B 126/48663, Wirtschafts- und bankpolitische Fragen des privaten Bankgewerbes, Bd. 8,
Handelsblatt vom 21.10.1968, Artikel „Die Rolle der Banken in der Wirtschaft" von Bundeswirtschaftsminister Karl Schiller. Abelshauser: Deutsche Wirtschaftsgeschichte, S. 350. Krause: Paul Lichtenberg, S. 249. Wolf: Nachkriegsentwicklung, S. 87.
[142] HAC, 400/867, Rede von Hanns Deuß auf der Commerzbank-Hauptversammlung vom 28.04.
1965.
[143] Zitiert nach: Müller: DWS, S. 43.
[144] Ebenda, S. 43 ff.
[145] HAC, 400/348, Rede von Bolko Graf von Roedern vor Filialleitern vom 02.04.1963, S. 3. Bähr:
DIT, S. 32 ff. Müller: DWS, S. 92. Sattler: Ernst Matthiensen, S. 256.
[146] HADrB, 17613-2000, Nachlass Jürgen Ponto, Massengeschäft. Bähr: DIT, S. 33. Müller: DWS, S. 78.
Sattler: Ernst Matthiensen, S. 253 f.
[147] Sattler: „Investmentsparen", S. 52 ff. Müller: DWS, S. 78 ff.

ckelte Fonds mit geringen spekulativen Schwankungen waren als langfristige Anlagemöglichkeit für Kleinsparer gedacht und sollten möglichst nicht an erfahrene Wertpapierkunden verkauft werden, die nur an kurzen Gewinnmitnahmen interessiert waren. Der DIT konzipierte beispielsweise den Concentra-Fonds Mitte der 1960er Jahre bewusst als Einstiegsanlage für Durchschnittsverbraucher ohne Aktienkenntnis, die einen „Volkswagen für Fondsanleger" suchten. Der vermögenspolitische Erfolg hielt sich allerdings in Grenzen.[148]

In der zweiten Hälfte der 1960er Jahre rundeten die Investmentgesellschaften ihr Angebot schließlich mit Rentenfonds ab. Als nach der kurzen Rezession von 1966/67 die Aktienkurse an den deutschen Börsen erneut zurückgegangen waren, lag die Idee nahe, Fonds mit ausschließlich festverzinslichen Papieren aufzulegen. Das Bundesaufsichtsamt für das Kreditwesen war zunächst allerdings gegen diese Idee und beharrte auf dem ursprünglichen gesellschaftspolitischen Konzept aus den 1950er Jahren, über die Fondsanteile die Bevölkerung am Produktivvermögen der Unternehmen zu beteiligen.[149] Die Realität unterschied sich davon zwischenzeitlich aber erheblich: Investmentanteile waren zu einer normalen Anlageform unter vielen geworden. Die DWS und der DIT steuerten mit ihren Rentenfonds im Januar 1966 somit lediglich eine weitere Variante bei. Die Gesellschaften warben mit der besonderen Sicherheit der Anlage, die weit weniger vom Börsengeschehen abhängig war als reine Aktienfonds. Damit hofften sie, konservative Anleger und Kleinsparer zu erreichen, die das Börsen-Risiko bislang gescheut hatten. Rentenfonds konnten allerdings nicht im Rahmen der staatlichen Vermögensbildung gefördert werden. Dennoch waren sie in den folgenden Jahren recht erfolgreich. Als sich der Aktienmarkt Ende der 1960er Jahre wieder positiv entwickelte, legten die Investmentgesellschaften nach und boten erstmals Rentenfonds mit internationalen Papieren an.[150]

Den Ausbau des Investmentgeschäfts in den 1960er Jahren begleiteten die Fondsgesellschaften mit vielerlei Werbemaßnahmen. Wie im vorangegangenen Jahrzehnt agierten sie dabei mit Billigung der Großbanken deutlich innovativer und experimentierfreudiger als ihre Mutterkonzerne und die übrige Finanzwirtschaft. So wurde Ende 1961 in einem Abkommen der Institute über den Verzicht auf Fernsehwerbung das Investmentsparen ausdrücklich ausgenommen.[151] In der Anzeigen- und Broschürenwerbung dominierte eine vertrauensbildende, aufklärende Gestaltung der Motive, die den Bundesbürgern die Funktionsweise eines Investmentfonds erklären sollte. Teilweise bedienten sich die Gesellschaften auch recht humorvoller Elemente.[152] Beispielhaft dafür stehen die Anfang der 1960er Jahre von Gerhard Brinkmann comichaft illustrierten Broschüren des DIT, die etwa die Frage „Was tun mit 100 DM?" aus Sicht eines Anlegers wie folgt erörterten:

> „Soll ich es bei Nacht und Nebel diebessicher vergraben? Tun Sie es nicht, denn 1. ist die Nacht nicht zum Graben da und 2. arbeiten auf diese Art nur Sie, und nicht Ihre 100 Mark! [...] Soll ich es im Kreis von Freunden und Verwandten verjubeln? Tun Sie es nicht, denn die Freunde bleiben nur solange, wie das Geld reicht, und Verwandte sind Ihnen auch ohnehin sicher. [...] Verzweifeln Sie nicht [...] und werden Sie Aktionär!"[153]

---

[148] Müller: DWS, S. 69ff. Bähr: DIT, S. 23.
[149] Müller: DWS, S. 99.
[150] Bähr: DIT, S. 32ff. Krause: Zeitreise, S. 111. Müller: DWS, S. 99. Sattler: „Investmentsparen", S. 57f.
[151] HAC, N26/24, Nachlass Herbert Wolf, Protokoll der Gesamtvorstandssitzung vom 05. 12. 1961. Sattler: Ernst Matthiensen, S. 255.
[152] Ebenda, S. 19. Müller: DWS, S. 79 u. S. 93.
[153] Zitiert nach: Bähr: DIT, S. 19.

In der zweiten Hälfte des Jahrzehnts wurde die Fondswerbung offensiver und fügte sich ins Bild der Konsumgesellschaft ein. Statt mit allgemeiner Vermögensbildung zu werben, fanden sich in den Anzeigen nun konkrete Anlageziele wie Hochzeiten, Eigenheime oder die Ausbildung und Aussteuer der Kinder. Der DIT stellte 1966 den Besitz von Fondsanteilen als Beteiligung an Unternehmen dar, deren Gewinne der Kunde unter dem Motto „Verdienen Sie beim Geldausgeben!" durch den eigenen Konsum verstärken könne. Die Investmentgesellschaften gestalteten ihre Werbung nun auch zielgruppenspezifisch, beispielsweise mit Fondsanteilen als Geschenk oder „Schutzschirm" für Frauen, und experimentierten mit Kundenzeitschriften.[154]

Die Großbanken reagierten mit all diesen Maßnahmen einerseits auf den zunehmenden Wettbewerb und auf das wachsende Interesse in der Bevölkerung für renditestarke Anlagen. Verglichen mit anderen Ländern, war bei den Investmentanteilen in Westdeutschland noch ein großes Potenzial vorhanden: Jeder Bundesbürger hatte 1964 im Durchschnitt gerade einmal 55 DM in Fonds angelegt. In den USA oder der Schweiz waren es dagegen 600 DM bzw. 1050 DM.[155] Andererseits waren die ausgedehnten Werbebemühungen der Kapitalanlagegesellschaften auch eine Reaktion auf die verstärkte ausländische Konkurrenz. Insbesondere US-amerikanische Investmentunternehmen bemühten sich seit dem Ende der 1950er Jahre nicht mehr allein um Angehörige der US-Streitkräfte in der Bundesrepublik, sondern versuchten zunehmend das deutsche Publikum als Kunden zu gewinnen. Zupass kam ihnen dabei eine rechtliche Lücke: Sie fielen bis 1969 nicht unter das Gesetz über die Kapitalanlagegesellschaften und konnten ihre Fondsanteile somit außerhalb von Banken verkaufen. Zweifelhaften Ruhm und Erfolg erlangte dabei vor allem die seit 1967 in Westdeutschland agierende Investors Overseas Services (IOS) mit ihrem berühmt-berüchtigten Gründer Bernard „Bernie" Cornfeld. Ihr Aufstieg basierte vor allem auf einem neuen Marketing- und Vertriebskonzept: Selbständige Vertreter, die allein von ihren Provisionen lebten, verkauften direkt an der Haustüre Fondsanteile, Anlagepläne und Versicherungen. Vor allem bei Kleinanlegern, die die Großbanken-Investmenttöchter bislang nur schwer erreicht hatten, war diese Strategie wirkungsvoll. Die IOS wartete nicht auf Kundschaft, sonder aktivierte die Nachfrage. Zudem warb sie mit Prominenten aus Politik und Sport. Nicht zuletzt trug das schillernd-ausschweifende Nachtleben Cornfelds zum hohen Bekanntheitsgrad der IOS bei. Mit diesen Methoden, die von der übrigen Kreditwirtschaft als äußerst aggressiv empfunden wurden, gelang es ausländischen Investmentgesellschaften innerhalb weniger Jahre, einen Marktanteil von über einem Drittel zu erobern. 1970 brach jedoch die juristisch zweifelhaft konstruierte IOS spektakulär zusammen. Tausende Kleinanleger verloren beim ersten großen Kapitalanlage-Skandal der Bundesrepublik ihr Geld. Das Ansehen der Investmentidee in der Öffentlichkeit ging vorübergehend deutlich zurück.[156]

Nicht nur bei der Werbung reagierten die Fondsgesellschaften der Großbanken auf den Höhenflug der ausländischen Investmentunternehmen. Sie weiteten erstens ihr Angebot aus und verkauften nun auch Anteile ausländischer Fonds, die vor allem US-amerikanische Wertpapiere beinhalteten. Zweitens starteten sie den direkten Vertrieb

[154] Ebenda, S. 18, S. 23 u. S. 29. Müller: DWS, S. 102 ff.

[155] HAC, N26/33, Nachlass Herbert Wolf, Schreiben von Wilhelm Schaele an Herbert Wolf vom 10.05.1995. FAZ vom 21.11.1964, Artikel „Fünfzehn Jahre Investment-Sparen in Deutschland". Belvederesi/Thomes: Gesellschaftlicher Wandel, S. 29.

[156] Bähr: DIT, S. 27 u. S. 34ff. Müller: DWS, S. 102 ff. Sattler: „Investmentsparen", S. 52ff.

außerhalb der Bankfilialen (bis 1967 hatte lediglich die ADIG mit Außendienstvertretern gearbeitet). Drittens umfasste die bereits erwähnte, Ende der 1960er Jahre beschlossene Zusammenarbeit von Großbanken, Lebensversicherungen und Bausparkassen auch die Investmentgesellschaften: Diese boten nun sowohl fondsgebundene Lebensversicherungen als auch Investmentsparpläne mit Versicherungsschutz an.[157] Viertens versuchten die Großbanken mit ihren Sparprogrammen den ausländischen Investmentgesellschaften Paroli zu bieten und das Kontensparen mit dem Fondssparen zu einer individuelleren Anlageberatung zu verbinden.[158] Viele dieser Maßnahmen, wie beispielsweise der Direktvertrieb an der Haustür, erwiesen sich bis zum Ende des Jahrzehnts aber nur bedingt als erfolgreich.[159]

Insgesamt wurde das Investmentsparen trotz aller Bemühungen auch in den 1960er Jahren nicht zu einem Massengeschäft. Das Fondsvermögen aller inländischen Gesellschaften vermehrte sich zwar deutlich von 3,1 Mrd. DM auf 10,5 Mrd. DM.[160] Doch im Vergleich mit anderen Anlageformen war der Besitz von Investmentanteilen nahezu unbedeutend: Ihr Anteil am Geldvermögen der privaten Haushalte lag 1970 bei 1,9%. Die angestrebte Ausrichtung der Investmentgesellschaften auf die Kleinsparer gelang nicht; der Kundenanteil der Arbeiter und Angestellten stagnierte in den 1960er Jahren bei rund 40%.[161] Offenbar schreckten Kleinsparer davor zurück, sich bei der Geldanlage von den Kapitalmärkten, die gerade in den 1960er Jahren deutlich schwankten, abhängig zu machen. Der typische Käufer von Fondsanteilen gehörte nach wie vor eher wohlhabenden Kreisen an und verfügte über Erfahrung mit Aktienanlagen. Für die Großbanken war das Investmentgeschäft zwar insgesamt eine rentable Sache. Einen vermehrten Zustrom von Kleinanlegern, die über das Wertpapiersparen zu Vollkunden wurden, gab es jedoch nicht. Umgekehrt nahm vielmehr ein großer Teil der Investmentkunden bei den übrigen Bankdienstleistungen auch weiterhin die Sparkassen und Genossenschaftsbanken in Anspruch.[162]

Um eine weitere Popularisierung von Wertpapierbesitz in der Bevölkerung bemühte sich im Übrigen auch die Bundesregierung. Der Höhenflug der Börsen zu Beginn der 1960er Jahre bewog sie dazu, an die erfolgreiche Preußag-Privatisierung anzuknüpfen und weitere Volksaktien aus staatseigenen Unternehmen auszugeben. Dahinter stand nach wie vor die Absicht, die Eigentumsverhältnisse beim Produktivvermögen zu verändern und die Bundesbürger zu einem „Volk von Aktionären" zu machen. Besondere Hoff-

---

[157] HADrB, 17613-2000, Nachlass Jürgen Ponto, Massengeschäft. HADrB, 17618-2000, Nachlass Jürgen Ponto, Massengeschäft. HADrB, 118011.MS, FAZ vom 30. 10. 1968. Bähr: DIT, S. 27 u. S. 34ff. Müller: DWS, S. 80. Sattler: „Investmentsparen", S. 61ff.

[158] BArch, B 126/48663, Wirtschafts- und bankpolitische Fragen des privaten Bankgewerbes, Bd. 8, Die Welt vom 17. 10. 1967, Artikel „Sparwerbung". BArch, B 126/48685, Bundesministerium der Finanzen, Geld und Kredit 1950–1971. HAC, 400/8, Seminarordner „Das Spar-Geschäft bei der Commerzbank. Leitgedanken" vom 15. 01. 1969. HAC, 400/869, Rede von Ernst Rieche auf der Commerzbank-Hauptversammlung vom 15. 05. 1968. HADrB, 17613-2000, Schreiben des Büros für Massengeschäfte, Frankfurt a. M., an die Vorstände Hagenmüller, Ponto und Reinhold vom 15. 03. 1968. HADrB, 118271.MS, Informationsmappe „Mit System Sparen" (Beilage zum Rundschreiben Nr. 93 der BHI) vom 18. 10. 1967.

[159] HADrB, 17613-2000, Nachlass Jürgen Ponto, Massengeschäft. Müller: DWS, S. 134. Sattler: Ernst Matthiensen, S. 253f.

[160] Deutsche Bundesbank (Hrsg.): Deutsches Geld- und Bankwesen, S. 308.

[161] Bähr: DIT, S. 23, S. 47 u. S. 59. Sattler: „Investmentsparen", S. 55.

[162] Müller: DWS, S. 100ff.

nungen setzte das Kabinett dabei auf die Privatisierung des Volkswagenwerks: Der größte europäische Automobilhersteller produzierte mit dem „Käfer" das Symbol des deutschen Wirtschaftswunders schlechthin.[163] Die Chancen, VW-Volksaktien in großer Zahl unter die Bevölkerung zu bringen, standen daher ausgezeichnet. Bundesschatzminister Hermann Lindrath sprach daher vom „Bonbon des Jahrhunderts".[164] Im Juli 1960 verabschiedete der Bundestag das „Gesetz über die Überführung der Anteilsrechte an der Volkswagenwerk GmbH in private Hand". VW wurde damit zu einer Aktiengesellschaft, von deren Kapital 60% mit nominell 360 Mio. DM an Kleinaktionäre veräußert werden sollten.

Die Großbanken zeigten sich – ganz im Gegensatz zur Preußag-Privatisierung – von Anfang an aufgeschlossen für die VW-Volksaktien. Sie wollten damit eine öffentlichkeitswirksame Möglichkeit nutzen, um das Wertpapier populärer zu machen und neue Kunden zu gewinnen. Daher stellten sich die Vorstände demonstrativ hinter das Projekt. Die Federführung im Konsortium übernahm die Hamburger Hauptverwaltung der Deutschen Bank. Auch die Commerzbank und die Dresdner Bank waren Teil der Führungsgruppe. Nicht zuletzt spekulierten die Institute auf Beteiligungen bei weiteren Privatisierungen des Bundes und auf Provisionen in Millionenhöhe.[165]

Um ein gutes Zeichnungsergebnis zu erzielen, mussten die Großbanken vor allem die unteren Einkommensgruppen erreichen. Auf Druck der Gewerkschaften und von Abgeordneten des linken CDU-Flügels fielen die sozialen Verkaufskriterien im Vergleich zur Preußag-Priviatisierung verschärft aus.[166] Zeichnungsberechtigt waren nur diejenigen Bundesbürger, die 1959 ein steuerpflichtiges Einkommen von maximal 8000 DM (16 000 DM bei Ehepaaren) gehabt hatten. Je nach Höhe des Einkommens und nach Anzahl der Kinder gewährte der Staat gestaffelte Sozialrabatte von bis zu 45%. Interessenten konnten den Kaufpreis auch in Raten abbezahlen und als prämienbegünstigte Anlage mit 20% fördern lassen.[167] Damit sollten möglichst unerfahrene und einkommensschwache Anleger aus der Arbeiter- und Angestelltenschicht erreicht werden. Diese hätten sich angesichts des relativ hohen Ausgabekurses von 350 DM je 100-DM-Aktie ohne Rabatte wohl kaum für die neue Volksaktie interessiert.

Kaufanträge für das VW-Papier waren bei fast allen Kreditinstituten in der Bundesrepublik zu gleichen Konditionen erhältlich. Für die Großbanken kam es daher vor allem darauf an, in der Zeichnungsfrist von Januar bis März 1961 und deren Vorfeld die gewünschte Zielgruppe umfangreich und zielgerichtet zu bewerben. Sie hatten durch die Preußag-Privatisierung dazugelernt und setzten daher konsequent auf massenhafte, unpersönliche Werbung. Allein die Commerzbank orderte im September 1960 1,8 Mio. Verkaufsprospekte für ihre Filialen und ließ diese anhand von Adressenlisten gezielt verschicken, beispielsweise im Hamburger Stadtgebiet an 34 000 Angestellte mit einem Monatseinkommen von weniger als 660 DM. Zudem sollten Firmenkunden in ihren Unternehmen ebenso wie die

---

[163] HADrB, 118285.MS, Broschüre „Erwerben Sie Eigentum am Volkswagenwerk. Werden Sie VW-Aktionär!", ca. Ende 1960.

[164] Der Spiegel vom 18.02.1959, Artikel „Bonbon des Jahrhunderts".

[165] HAC, 400/1046, Niederschrift über die Konsortialsitzung betr. Privatisierung der Volkswagenwerk AG am 17.10.1960 im Hause der Deutschen Bank. HAC, 400/1047, Wolfsburger Allgemeine Zeitung vom 02.02.1961; Aktennotiz der Konsortial-Abteilung Hamburg vom 28.04.1961. HADrB, 108175, Wirtschaftsberichte der Dresdner Bank, Nr. 1, Januar 1961, S. 7. Krause: Zeitreise, S. 105.

[166] Der Spiegel vom 18.03.1959, Artikel „Der Gelegenheitskauf".

[167] HADrB, 118285.MS, Broschüre „Erwerben Sie Eigentum am Volkswagenwerk. Werden Sie VW-Aktionär!", ca. Ende 1960. HAC, 400/1046, FAZ vom 03.11.1960.

Bankangestellten selbst mit VW-Verkaufsprospekten um Interessierte werben. Die Hamburger Konsortial-Abteilung der Commerzbank verlangte im November 1960 von jedem Mitarbeiter, mindestens zehn Adressen für gezielte Werbeanschreiben beizusteuern, auch aus dem persönlichen Bekanntenkreis. Für bereits unterschriebene Kaufverträge gewährte die Bank Provisionen.[168] Ungewöhnlich unkonventionell agierte auch die Dresdner Bank-Filiale in Lingen, die kurzerhand einen VW Käfer als Werbeträger in ihre Schalterhalle stellte.[169]

Zum Kulminationspunkt der Volksaktien-Werbung wurden diejenigen Städte, in denen das Volkswagenwerk Produktionsstätten unterhielt. Insbesondere in Wolfsburg wurde deutlich, welchen Stellenwert die Großbanken der Privatisierung beimaßen. VW-Mitarbeiter waren vorrangig zeichnungsberechtigt und erhielten Gratisaktien als zusätzlichen Bonus. Dementsprechend heftig und kostenintensiv umwarben die Kreditinstitute diese Gruppe. Die Großbanken richteten Ende 1960 mehrere provisorische Beratungsstellen in der Nähe der VW-Werke und im Wolfsburger Stadtzentrum ein, in denen sie auch Kaufanträge annahmen. Sie waren in Gaststätten, Cafés, Reisebüros, gemieteten Läden oder in Transportern untergebracht. Da dies rechtlich gesehen keine Bankstellen waren, konnten sie länger geöffnet bleiben als Filialen.[170] Andere Kreditinstitute folgten dem Beispiel. Im Frühjahr 1961 gab es über 30 Beratungslokale in der Stadt, so dass die *Wolfsburger Allgemeine Zeitung* klagte:

> „Wolfsburg ist überschwemmt von Volksaktien-Werbeplakaten und überall provisorisch eingerichteten Anmeldestellen. […] Es scheint, daß sich alle Banken aus der Bundesrepublik in der Volkswagenstadt ein Stelldichein gegeben haben […]."[171]

Während in Wolfsburg die Nachfrage nach VW-Aktien trotz dieser Schwemme nur sehr zurückhaltend blieb, registrierten die Großbanken während der Zeichnungsfrist insgesamt ein deutlich höheres Interesse als bei der Preußag-Aktion 1959. Vor allem der ausgeweitete Sozialrabatt trug offenbar dazu bei, dass schließlich rund 1,5 Mio. Bundesbürger die 3,6 Mio. VW-Aktien orderten. Die Privatisierung wurde für die Großbanken zu einem großen Erfolg: Ein Drittel der Käufe entfiel auf sie. Darunter befanden sich schätzungsweise zu zwei Dritteln Wertpapierneukunden.[172] Die Commerzbank sah ihre Erwartungen weit übertroffen: Sie gewann 50 000 Neukunden, verdoppelte die Anzahl der Wertpapierdepots und spekulierte auf Folgegeschäfte mit den neuen Wertpapierbesitzern. Zudem

---

[168] HAC, 400/1046, Rundschreiben der Commerzbank Hamburg, Organisations-Abteilung, an alle Hamburger Zweigstellen sowie die Filialen Altona und Harburg vom 24.09.1960; Rundschreiben der Commerzbank Hamburg, Organisations-Abteilung, an alle Geschäftsstellenleiter des Geschäftsbereichs Nord vom 27.10.1960; Rundschreiben Nr.160 der Commerzbank Hamburg, Konsortial-Abteilung, für den Geschäftsbereich Nord vom 26.11.1960.
[169] HAC, 400/1047, Emsland-Nachrichten vom 14.12.1960.
[170] HAC, 400/1047, Schreiben des Vorstands-Sekretariats Hamburg an die Organisations-Abteilung Hamburg vom 21.12.1960; Schreiben der Commerzbank Hamburg, Volkswirtschaftliche Abteilung, an die Filiale Wolfsburg vom 11.01.1961; Schreiben der Commerzbank Hamburg, Organisations-Abteilung, an die Filiale Wolfsburg vom 12.01.1961; Werbeschreiben der Dresdner Bank, Filiale Wolfsburg, an alle Haushalte in Wolfsburg, Januar 1961.
[171] HAC, 400/1047, Wolfsburger Allgemeine Zeitung vom 02.02.1961.
[172] HAC, 400/865, Frankfurter Rundschau vom 12.01.1961, Artikel „Kundenkreis der Banken dehnt sich aus". HAC, 400/1047, Wolfsburger Allgemeine Zeitung vom 02.02.1961; Rundschreiben der Commerzbank Hamburg, Konsortial-Abteilung, an die Leiter der Geschäftsstellen vom 06.04.1961. Abelshauser: Deutsche Wirtschaftsgeschichte, S.350. Bähr: DIT, S.8. Wolf: Aufbau des Privatkundengeschäfts, S.427.

hatte sie fast eine halbe Million DM Provisionen eingenommen.[173] Auch die Dresdner Bank war über das Ergebnis erfreut und hoffte, bei zukünftigen Privatisierungen auf aktienrechtliche Sonderkonstruktionen verzichten zu können.[174]

Der große Erfolg der VW-Privatisierung veranlasste die Bundesregierung 1965 zu einer weiteren Wiederholung. Bei der dritten und vorerst letzten Volksaktien-Ausgabe privatisierte der Bund 528 Mio. DM und damit fast die Hälfte des Kapitals des Energiekonzerns VEBA. Die sozialen Kriterien änderte das Kabinett erneut: Anstelle von Rabatten erfolgte die Zuteilung an die Kaufinteressierten gestaffelt nach deren Einkommen. Bezieher von Jahreseinkommen unter 8000 DM erhielten bevorzugt maximal fünf VEBA-Aktien. Die weiteren Staffelungen lagen bei 11 000 DM und 14 000 DM.

Die Großbanken zählten erneut führend zum Konsortium und engagierten sich mit großem Werbeaufwand. Die neue Volksaktie galt zwar laut Bundesschatzminister Werner Dollinger als besonders solide Anlage, bei der schnelle und nachhaltige Kurssteigerungen zu erwarten waren. Doch das Unternehmen VEBA war relativ unbekannt in der Bevölkerung. Die Privatisierung erreichte damit nicht die Öffentlichkeitswirksamkeit wie zuletzt bei VW. Die Commerzbank forderte daher im Februar 1965 umso stärkere Bemühungen von ihren Mitarbeitern. Jede Filiale sollte allen ihren Kunden Prospekte und Kaufanträge zukommen lassen und möglichst einen Angestellten für die VEBA-Werbung freistellen.[175] Auch die Vorstände trugen ihren Teil dazu bei. Paul Lichtenberg von der Commerzbank lobte gegenüber der *Süddeutschen Zeitung* die neue Volksaktie über alle Maßen:

> „Wenn der Erwerberkreis nicht auf Empfänger kleiner und mittlerer Einkommen begrenzt wäre, würde ich mich ohne Zögern an der Zeichnung beteiligen."[176]

Dank eines relativ niedrigen Ausgabekurses von 210 DM verlief die VEBA-Privatisierung letztlich recht erfolgreich. Das Zeichnungsergebnis verbesserte sich im Vergleich zur VW-Aktion noch einmal deutlich: Etwa 2,5 Mio. Bundesbürger wurden zu VEBA-Aktionären.[177]

Die Bilanz der Volksaktien fiel dennoch zwiespältig aus: Wie die Zeichnungsergebnisse verdeutlichen, waren sie kurzfristig äußerst begehrt in der Bevölkerung. Einige Interessierte setzten sogar Strohmänner ein, um Volksaktien oder Sozialrabatte zu erhalten, und in verschiedenen Städten kam es zu unzulässigen Doppelzeichnungen bei mehreren Kreditinstituten.[178] Langfristig konnten die Volksaktien die Erwartungen aber nicht erfüllen. Mit ihr wurden zwar viele Kleinsparer zu Wertpapierbesitzern. Eine dauerhafte Aktienkultur entstand dadurch allerdings nicht in der Bundesrepublik.[179] Einerseits enttäuschte die

---

[173] HAC, 400/866, Rheinische Post vom 23.03.1962, Artikel „Eine Lanze für den kleinen Sparer". HAC, 400/1047, Rundschreiben der Commerzbank Hamburg, Konsortial-Abteilung, an die Leiter der Geschäftsstellen vom 06.04.1961; Aktennotiz der Konsortial-Abteilung Hamburg vom 28.04. 1961. HAC, N26/26, Nachlass Herbert Wolf, Bericht von Ernst Rieche zur Commerzbank-Geschäftsentwicklung 1961. Krause: Zeitreise, S. 105.

[174] HADrB, 108175, Wirtschaftsberichte der Dresdner Bank, Nr. 1, Januar 1961, S. 7.

[175] HAC, 400/1148, Schreiben des Vorstands der Commerzbank Frankfurt a. M. an die Filiale Mannheim vom 26.02.1965.

[176] HAC, 400/1148, Commerzbank AG, VEBA-Unterlagen.

[177] HAC, 400/348, Rede von Hanns Deuß vor Filialleitern des Geschäftsbereichs West vom 30.05. 1965, S. 5f.; Der Spiegel vom 06.11.1964, Artikel „Von Volksaktie zu Volksaktie". Abelshauser: Deutsche Wirtschaftsgeschichte, S. 350. Wolf: Nachkriegsentwicklung, S. 87.

[178] HADrB, 118285.MS, Broschüre „Erwerben Sie Eigentum am Volkswagenwerk. Werden Sie VW-Aktionär!", ca. Ende 1960.

[179] Schulz: Sparkassen, S. 292.

Kursentwicklung der Volksaktien viele Neuaktionäre.[180] Andererseits hatte wohl die Mehrheit von ihnen nur auf schnelle Gewinne gehofft. Ihr Interesse war rein spekulativ gewesen. Nach Ablauf der Sperrfristen verkauften jedenfalls die Volksaktieninhaber größtenteils ihre Papiere. *Der Spiegel* sprach 1964 abschätzig von Menschen,

> „die von Volksaktie zu Volksaktie springen, um den Rahm abzuschöpfen, ohne dadurch zu treuen Volksaktionären zu werden".[181]

Lediglich ein kleiner Teil der Volksaktien entwickelte sich zu dauerhaften Anlagen im vermögenspolitischen Sinne.[182] Diese Kleindepots wiesen allerdings kaum Umsätze auf und brachten den Kreditinstituten keine Erträge.[183]

Letztlich setzte sich der Wertpapierbesitz in Arbeitnehmerhand weder in den 1960er Jahren noch in den folgenden Jahrzehnten in der Bundesrepublik durch. Daran konnten staatliche Fördermaßnahmen sowie Volksaktien und Investmentanteile nichts ändern. Damit scheiterte auch das gesellschaftspolitische Vorhaben, die Bevölkerungsmehrheit am Produktionsvermögen und damit an der Quelle der Vermögensbildung zu beteiligen.[184] Für die Großbanken war das Engagement in diesen Bereichen insgesamt zwar erfolgreich. Es trug aber nur marginal zum Aufbau eines umfassenden Massengeschäfts bei.

„Mitmachen, was die anderen auch machen". Stürmisches Wachstum der Filialnetze

Das Filialnetz der Großbanken umfasste zu Beginn der 1960er Jahre knapp 1000 Geschäftsstellen und entsprach damit zahlenmäßig ungefähr der Ausdehnung vor dem Zweiten Weltkrieg.[185] Nachdem sich in den 1950er Jahren die Spareinlagen äußerst positiv entwickelt hatten und nach dem Wegfall der Bedürfnisprüfung keine Hindernisse mehr im Wege standen, fühlten sich die Großbanken-Vorstände bestätigt und dazu ermuntert, das Filialnetz im neuen Jahrzehnt weiter auszubauen.[186] Die wesentliche Motivation, diesen kostspieligen und organisatorisch aufwändigen Schritt zu unternehmen, blieb dabei unverändert: Die Großbanken wollten ihr Spargeschäft aus den bereits genannten Gründen weiter ausbauen. Um an möglichst große Teile der privaten Ersparnisse zu gelangen, mussten sie die Fläche mit ihren „Saugnäpfen" erschließen.[187]

---

[180] Abelshauser: Deutsche Wirtschaftsgeschichte, S. 350.
[181] Der Spiegel vom 06. 11. 1964, Artikel „Von Volksaktie zu Volksaktie".
[182] HAC, 400/1047, Wolfsburger Allgemeine Zeitung vom 02. 02. 1961. Wolf: Aufbau des Privatkundengeschäfts, S. 427.
[183] HAC, 400/865, Frankfurter Rundschau vom 12. 01. 1961, Artikel „Kundenkreis der Banken dehnt sich aus".
[184] Schäfers: Sozialstruktur und sozialer Wandel, S. 257.
[185] HAC, 400/871, Der Volkswirt 9 (1970), Artikel „Die ‚schnellste' Großbank".
[186] HAC, 400/864, Wochendienst des Instituts für Bilanzanalysen, Gruppe 19, Banken, Nr. 10 vom 31. 03. 1960, „Commerzbank AG", S. 4. HAC, 400/867, Wochendienst des Instituts für Bilanzanalysen, Gruppe 19, Banken, Nr. 11/12 vom 21. 06. 1965, Artikel „Commerzbank AG".
[187] HAC, 400/348, Rede von Günther Ladisch vor Leitern der Großfilialen der Gesamtbank vom 30. 08. 1963, S. 15 f.; Rede von Paul Lichtenberg vor den Commerzbank-Filialleitern vom 20. 07. 1966; Rede von Hanns Deuß vor Filialleitern des Geschäftsbereichs West vom 29. 11. 1966, S. 8. HAC, 400/867, Wochendienst des Instituts für Bilanzanalysen, Gruppe 19, Banken, Nr. 11/12 vom 21. 06. 1965, Artikel „Commerzbank AG". HADrB, 17613-2000, Filialleitersitzung der Dresdner Bank vom 21. 04. 1967. HADrB, 118006.MS, Nürnberger Zeitung vom 11. 04. 1967. HADrB, 118007.MS, Wochendienst des Instituts für Bilanzanalysen, Gruppe 19, Banken, Nr. 12/13 (1967), Artikel „Dresdner

Andere Gründe waren zweitrangig. Gelegentlich nannten die Vorstände die Ausweitung des Kleinkreditgeschäfts, der LG-Konten bzw. des Wertpapiergeschäfts oder verwiesen auf bankbetriebliche Vorteile: Ein größeres Filialnetz bedeutete ein effektiveres Zahlungsverkehrsnetz mit mehr Geldbewegungen. Damit wären die Kapazitäten in den Hauptverwaltungsabteilungen besser ausgelastet und das Gesamtgeschäft würde sich ausgeglichener entwickeln. Das traditionelle Kreditgeschäft mit den Unternehmen spielte bei der Neueröffnung von Geschäftsstellen dagegen eine eher untergeordnete Rolle, insbesondere bei kleinen Vorort-Zweigstellen.[188] Gegen Ende der 1960er Jahre erkannten die Institute schließlich das große Potenzial eines umfassenden Massengeschäfts und welche Bedeutung dabei die Präsenz in der Fläche einnahm.[189]

Wie und wo bauten die Großbanken ihre Filialnetze in den 1960er Jahren aus? Prinzipiell trieben sie zwei Entwicklungen aus dem vorangegangenen Jahrzehnt weiter voran: Einerseits erschlossen die Institute Süddeutschland, andererseits verdichteten sie ihre Netze in den Ballungszentren mit kleinen Zweigstellen (die veraltete Bezeichnung Depositenkasse hatte Ende 1960 endgültig ausgedient).

Im Süden der Bundesrepublik, insbesondere in Bayern, waren die Großbanken um 1960 nach wie vor kaum vertreten. Für neue Filialen bestanden hier jedoch günstige Entwicklungsmöglichkeiten, da die Wirtschaft Baden-Württembergs und Bayerns überdurchschnittliche Wachstumsraten aufwies.[190] Daher legten die drei Institute ihr besonderes Augenmerk auf Süddeutschland. Dort vermehrten sie bis Ende 1970 die Anzahl ihrer Geschäftsstellen auf über 250.[191] Besondere Anstrengungen unternahm die Commerzbank, deren Filialnetz immer noch die größten Lücken aufwies. Ihr selbstgestecktes Ziel war es, eines Tages in allen süddeutschen Städten mit mehr als 30 000 Einwohnern vertreten zu sein.[192] Die Frankfurter Hauptverwaltung nahm, wie das *Handelsblatt* im Dezember 1969 martialisch bemerkte, bei dieser „Offensive über die Mainlinie [...] die Rolle eines ‚frontnahen Hauptquartiers' ein".[193]

In den Geschäftsbereichen Nord und West sowie im Rhein-Main-Gebiet setzten die Großbanken auf kleine Stadtzweigstellen.[194] In diesen Regionen waren ihre Filialnetze zwar bereits vergleichsweise eng, doch wegen der hohen Bevölkerungsdichte und der ex-

---

Bank Geschäftsjahr 1966". Siepmann: Standortfrage bei Kreditinstituten, S. 34. Wolf: Aufbau des Privatkundengeschäfts, S. 427.

[188] HAC, 400/865, Rheinische Post vom 03.10.1961, Artikel „Neue Bankzweigstellen in den Außenbezirken".

[189] HAC, N26/24, Nachlass Herbert Wolf, Protokoll der Gesamtvorstandssitzung vom 25.01.1968.

[190] HAC, 400/344, Rede von Helmut Brands vor dem Commerzbank-Landesbeirat West vom 01.04.1963. HAC, N26/26, Nachlass Herbert Wolf, Rede von Will Marx vor dem Commerzbank-Aufsichtsrat vom 28.03.1963.

[191] HAC, 400/868, Die Zeit vom 29.04.1966, Artikel „Der Sparer rettet die Expansion". HAC, 400/870, Industriekurier vom 20.12.1969. HAC, N26/24, Nachlass Herbert Wolf, Protokoll der Gesamtvorstandssitzung vom 26.01.1967. HAC, N26/26, Nachlass Herbert Wolf, Rede von Hanns Deuß vor dem Commerzbank-Aufsichtsrat, November 1961; Rede von Will Marx vor dem Commerzbank-Aufsichtsrat vom 28.03.1963. Wolf: Das Fundament wird gelegt, S. 33. HADrB, 118016.MS, Handelsblatt vom 16.12.1970.

[192] HAC, N26/24, Nachlass Herbert Wolf, Protokoll der Gesamtvorstandssitzung vom 21.01.1960.

[193] HAC, 400/870, Handelsblatt vom 19.12.1969, Artikel „Commerzbank festigt ‚süddeutsche Front'".

[194] HAC, 400/348, Rede von Paul Lichtenberg bei der Filialleiterbesprechung des Geschäftsbereichs West vom 19.10.1962. HAC, N26/26, Nachlass Herbert Wolf, Rede von Hanns Deuß vor dem Commerzbank-Aufsichtsrat vom 06.12.1962.

pandierenden städtischen Siedlungsräume bestand weiter Handlungsbedarf.[195] Umfragen zeigten, dass die günstige Lage einer Filiale immer mehr zum entscheidenden Motiv bei der Wahl des Kreditinstituts wurde.[196] Die Großbanken mussten den Sparern also räumlich entgegenkommen und in der Nähe von deren Wohnungen, Arbeitsplätzen oder Pendelwegen neue Geschäftsstellen anlegen.[197] In den Vororten, Außenbezirken und Wohngebieten großer Städte eröffneten sie daher im Laufe der 1960er Jahre hunderte kleiner Geschäftsstellen. Diese waren in der Regel mit wenigen Mitarbeitern besetzt und ganz auf das Spargeschäft ausgerichtet. Darüber hinaus boten sie aber auch alle anderen Bankdienstleistungen an. Da sie von den übergeordneten Hauptfilialen Kunden übernehmen konnten, die in ihrem Zuständigkeitsgebiet wohnten, arbeiteten die meisten der kleinen Zweigstellen bereits im ersten Geschäftsjahr profitabel.[198] Ihnen kam also auch eine gewisse Entlastungsfunktion zu.

Größere Filialen eröffneten die Großbanken nur noch an Orten, an denen sie bislang nicht vertreten gewesen waren. Der Aufbau solcher Geschäftsstellen war durch höhere Sach- und Personalkosten teurer. Zudem waren die Innenstädte immer mehr von Verkehrsbelastung, Parkplatzproblemen und rückläufigen Bevölkerungszahlen geprägt. In Filialen an solchen Standorten entwickelte sich das Spargeschäft unterdurchschnittlich.[199] Eine Alternative zu Neueröffnungen stellte die Übernahme von Lokal- und Regionalbanken oder Privatbankiers dar. Die Großbanken akquirierten auf diese Weise viele bestehende Kundenverbindungen und bisweilen kleine Geschäftsstellennetze. Zumindest vorübergehend führten sie ihre neuen Filialen häufig unter den gut eingeführten Namen der übernommenen Traditionsbanken weiter. Die Großbanken machten von dieser Expansionsvariante allerdings nicht mehr in jenem Umfang Gebrauch wie zu Zeiten der Bedürfnisprüfung. Die meisten erworbenen Institute waren nicht in Schwierigkeiten, sahen sich mit ihren geringen Einlagen der stürmischen Wirtschaftsentwicklung und dem steigenden Finanzierungsbedarf der Unternehmen aber nicht mehr gewachsen. Ihre Infrastrukturen waren zudem ungeeignet, um die bargeldlose Lohn- und Gehaltszahlung anbieten zu können.[200]

---

[195] Wolf: Aufbau des Privatkundengeschäfts, S. 426.

[196] HADrB, 17622-2000, Büro für Massengeschäfte, Frankfurt a. M., L+G-Kunden im Südbereich, Umfrageergebnisse und Folgerungen einer schriftlichen Befragung von 1000 LG-Kunden im Mai 1969 vom 30.09.1969. HADrB, 118007.MS, Wochendienst des Instituts für Bilanzanalysen, Gruppe 19, Banken, Nr. 12/13 (1967), Artikel „Dresdner Bank Geschäftsjahr 1966". Kurzrock: Aus der Geschichte der Commerzbank, S. 136. Siepmann: Standortfrage bei Kreditinstituten, S. 66 u. S. 104.

[197] HAC, 400/346, Rede von Commerzbank-Vorstand Heinrich Polke vor dem Aufsichtsrat vom 11.11.1964. HAC, 400/865, Rheinische Post vom 03.10.1961, Artikel „Neue Bankzweigstellen in den Außenbezirken". HAC, N26/24, Nachlass Herbert Wolf, Protokolle der Gesamtvorstandssitzungen vom 21.01.1960 und 16.03.1965. HADrB, 17613-2000, FAZ vom 20.05.1966, Artikel „Fern- und Nahsparen". HADrB, 118007.MS, Wochendienst des Instituts für Bilanzanalysen, Gruppe 19, Banken, Nr. 12/13 (1967), Artikel „Dresdner Bank Geschäftsjahr 1966". Siepmann: Standortfrage bei Kreditinstituten, S. 44. Verbeck: Filialnetzpolitik, S. 27.

[198] HAC, 400/866, Rede von Ernst Rieche auf der Commerzbank-Hauptversammlung 1962. HADrB, 118006.MS, Nürnberger Zeitung vom 11.04.1967. Wolf: Aufbau des Privatkundengeschäfts, S. 426.

[199] HAC, 400/346, Rede von Commerzbank-Vorstand Heinrich Polke vor dem Aufsichtsrat vom 11.11. 1964. HAC, N26/24, Nachlass Herbert Wolf, Protokolle der Gesamtvorstandssitzungen vom 19.05. 1961, 20.07.1965 und 18.01.1966. HAC, N26/26, Nachlass Herbert Wolf, Rede von Hanns Deuß vor dem Commerzbank-Aufsichtsrat vom 06.12.1962. HADrB, 113546, Schreiben des Filialbüros Düsseldorf an den Vorstand vom 03.08.1961. HADrB, 118006.MS, Trierer Zeitung vom 11.03.1967.

[200] Beispiele für größere Übernahmen sind die Ilseder Bank Sandow & Co. in Peine 1964 (Commerzbank), die Frankenthaler Volksbank 1965 (Dresdner Bank), die Niederrheinische Bank in Wesel

Bis in zweite Hälfte der 1960er Jahre hinein bauten die Großbanken ihre Geschäftsstellennetze zwar stürmisch, aber wenig planvoll und ohne Gesamtkonzeption aus. Durch
die regionalen Strukturen mit jeweils drei Hauptverwaltungen verfügten sie über keine
zentralen Organisationsabteilungen. Der Neueröffnung von Filialen gingen somit keine
systematischen Planungen voraus. Die volkswirtschaftlichen Abteilungen steuerten lediglich einige Angaben zur Wirtschaftsgeografie und zur Lage der Kreditbranche vor Ort
bei. Der Ausbau oblag vielmehr den Direktoren der relativ eigenständigen Kopfstellen-
Filialen. Diese stützten sich wiederum auf Anregungen der untergeordneten Geschäftsstellenleiter für neue Standorte und entschieden mehr oder weniger nach Gefühl. Zu den
Auswahlkriterien neuer Standorte zählten letztlich nur Einwohnerzahlen oder bei größeren Filialen die Anzahl der Industriebetriebe vor Ort.[201] Bei einigen Filialleitern herrschte offenbar die Meinung vor, dass sich alle „aus dem Bauch heraus" eröffneten Stellen bei
halbwegs guter Lage nach ein paar Jahren rentieren würden.[202] Der Wirtschaftswissenschaftler Jürgen Siepmann, der 1968 die Standortpolitik der privaten Banken untersuch-
te, hatte Zweifel, ob Neueröffnungen stets auf ausschließlich rationalen Erwägungen be-
ruhten und wissenschaftlich nachvollziehbar waren.[203] Er kam zu einer ernüchternden
Erkenntnis:

> „Komplexität, Disparität und Imponderabilität hüllen die Niederlassungspolitik von Kreditinstitu-
> ten in einen […] undurchdringlichen Nebel von Faktoren und Tendenzen […]."[204]

Auch die Äußerungen der Großbanken-Vorstände gegenüber ihren Filialleitern, ihren
Aktionären und der Presse lassen erahnen, dass weder konsequente Strategien noch einheitliche Auffassungen in den Führungsgremien bestanden: Im Laufe der 1960er Jahre
kündigten sie abwechselnd einen massiven Filialnetzausbau oder das baldige Ende der
Expansion an.[205] Unabhängig von diesen Absichtserklärungen eröffneten die Institute
immer neue Geschäftsstellen.

1965 (Commerzbank) oder die Oberhessische Bank AG in Friedberg 1968 (Dresdner Bank). Meyen:
120 Jahre Dresdner Bank, S. 190f.
[201] HAC, 400/348, Rede von Hanns Deuß vor Filialleitern des Geschäftsbereichs West vom
29.11.1966, S. 12f. HAC, 400/1052, Eröffnung von Geschäftsstellen, Brake bis Westerstede. HADrB,
17955-2000, Analyse der Unternehmensberatung McKinsey zur Organisation der Dresdner Bank AG.
Erster Zwischenbericht an den Vorstand, Oktober 1970. Siepmann: Standortfrage bei Kreditinstituten, S. 22ff. u. S. 65ff.
[202] HAC, N26/31, Nachlass Herbert Wolf, Schreiben von Hans-Josef Hecking, Hannover, vom 29.12.
1992 und 10.01.1994.
[203] Siepmann: Standortfrage bei Kreditinstituten, S. 15 u. S. 106.
[204] Ebenda, S. 15.
[205] HAC, 400/344, Rede von Helmut Brands vor dem Commerzbank-Landesbeirat West vom
01.04.1963; Rede von Hanns Deuß vor den Commerzbank-Landesbeiräten vom 31.03.1965. HAC,
400/348, Rede von Günther Ladisch vor Leitern der Großfilialen der Gesamtbank vom 30.08.1963,
S. 30; Vortrag von Hanns Deuß auf der Commerzbank-Filialleitersitzung vom 30.01.1965. HAC,
400/865, Die Welt vom 21.03.1961, Artikel „Commerzbank-Aktionäre müssen genau rechnen"; FAZ
vom 21.03.1961, Artikel „Commerzbank bringt die Rücklagen auf die Höhe des Grundkapitals".
HAC, N26/24, Nachlass Herbert Wolf, Protokolle der Gesamtvorstandssitzungen vom 12.05.1960,
19.05.1961, 20.12.1962, 19.01.1965, 16.03.1965, 20.07.1965 und 26.01.1967. HAC, N26/26, Nachlass Herbert Wolf, Rede von Hanns Deuß vor dem Commerzbank-Aufsichtsrat, November 1961; Rede
von Hanns Deuß vor dem Commerzbank-Aufsichtsrat vom 06.12.1962. HADrB, 118001.MS, Deutsche Zeitung vom 14.05.1963, Artikel „Dresdner Bank stoppt Filialnetzausbau". HADrB, 118002.MS,
Handelsblatt vom 02.05.1964. Kurzrock: Aus der Geschichte der Commerzbank, S. 136. Vierhub:
Neue Wettbewerbsformen, S. 20.

Dieses unschlüssige Vorgehen zeigt einerseits, wie getrieben die Großbanken offenbar von dem Wunsch waren, ihre Spareinlagen zu vermehren. Andererseits lässt sich den Verlautbarungen der Vorstände entnehmen, dass Prestigeaspekte eine große Rolle beim Ausbau der Filialnetze spielten. Die Institute handelten, wie Siepmann es formulierte, nach dem „Vollständigkeitsprinzip": An Orten, an denen bereits eine Großbankfiliale existierte, zogen die anderen beiden Institute früher oder später nach und rechtfertigten mit neuen Geschäftsstellen der Konkurrenz eigene Neueröffnungen. Marktanteile wurden somit wichtiger als die Rentabilität der neuen Stellen. Zudem sollte der Abstand zu den Filialnetzen der Sparkassen und Genossenschaftsbanken verkleinert werden.[206]

Dem Geschäftsstellen-Wildwuchs der Großbanken in den 1960er Jahren entsprossen allerdings auch einige neue Ideen: So eröffnete die Dresdner Bank im März 1962 eine „stumme Zweigstelle" in Frankfurt-Hausen, die vollautomatisch Einzahlungen, Schecks, Überweisungen, Wechsel und Wertpapierordern entgegennahm. Im Juli 1963 folgte eine Filiale am Frankfurter Flughafen, die sich an den Bedürfnissen von Fluggästen orientierte. Diese konnten während erweiterter Öffnungszeiten ihre Bankgeschäfte erledigen und Wertsachen in einem Großtresor verwahren.[207] Eher experimentellen Charakter hatten dagegen die fahrenden Zweigstellen, die die Großbanken in der zweiten Hälfte der 1960er Jahre einsetzten. In Orten mit weniger als 10 000 Einwohnern lohnten sich Filialen und selbst kleinste Zahlstellen kaum. Um den Sparkassen und Genossenschaftsbanken im ländlichen Raum dennoch Konkurrenz zu machen, versuchten sie ab 1966/67 erneut, Omnibusse als fahrbare Geschäftsstellen einzusetzen, unter anderem in Ost-Westfalen und im Sauerland.[208] Mitte der 1960er Jahre kamen die Institute schließlich auf die Idee, Zweigstellen in Kaufhäusern, SB-Verbrauchermärkten und Einkaufszentren zu eröffnen.[209] Nachdem einige Konsumgüterhersteller wie Salamander und WMF das so genannte Shop-in-the-Shop-System erfolgreich etabliert hatten, adaptierten die Großbanken dieses Konzept und starteten 1968/69 in einzelnen Großstädten „banks in the shop" mit erweiterten Öffnungszeiten.[210] Der Idee, die auch andere Kreditinstitute wie beispielsweise die BfG aufgriffen, war allerdings kein dauerhafter Erfolg vergönnt.

Insgesamt lässt sich der Filialnetzausbau bei den Großbanken wie auch in der übrigen Kreditbranche in drei Phasen einteilen: Von 1960 bis etwa 1963 holten die Großbanken nach, was ihnen die Bedürfnisprüfung bis 1958 versagt hatte. Die Anzahl der Geschäfts-

---

[206] HAC, 400/348, Rede von Kurt Sureth auf der Filialleiterbesprechung, Geschäftsbereich West, vom 02.02.1966. HAC, N26/24, Nachlass Herbert Wolf, Protokolle der Gesamtvorstandssitzungen vom 16.03.1965 und 26.01.1967. HAC, N26/26, Nachlass Herbert Wolf, Rede von Hanns Deuß vor dem Commerzbank-Aufsichtsrat vom 06.12.1962. Der Spiegel vom 23.04.1965, Artikel „Zum Gelde drängt …". Siepmann: Standortfrage bei Kreditinstituten, S. 15 u. S. 106. Verbeck: Filialnetzpolitik, S. 28f.

[207] HADrB, 118000.MS, FAZ vom 14.03.1962, Artikel „Stumme Zweigstelle". HADrB, 118001.MS, Frankfurter Rundschau vom 04.07.1963, Artikel „Bankfiliale mit Banktresor".

[208] HAC, 312/222, Protokoll der Diskussionstagung der Filialleiter Hessen/Rheinland-Pfalz 1966. HAC, 400/348, Rede von Kurt Sureth vor den Commerzbank-Filialleitern des Geschäftsbereichs West vom 21.03.1967. HAC, 400/409, Rede von Ernst Rieche zum Jahresabschluss der Commerzbank 1967. HAC, N26/24, Nachlass Herbert Wolf, Protokoll der Gesamtvorstandssitzung vom 26.01.1967. HADrB, 118301.MS, Rechtsabteilung Düsseldorf, Wettbewerbsabkommen und Zugabewesen. Krause: Zeitreise, S. 112.

[209] HAC, N26/24, Nachlass Herbert Wolf, Protokoll der Gesamtvorstandssitzung vom 08.11.1965.

[210] HAC, 400/870, Commerzbank, Presseausschnitte 1969/70. HADrB, 118010.MS, Volkswirtschaftliche Abteilung der Dresdner Bank. Wandel: Banken und Versicherungen, S. 42.

stellen stieg dabei von 993 auf 1328.[211] Sie erreichten nun alle wichtigen Wirtschaftsräume Westdeutschlands (siehe Abb. 8): In den Ballungsgebieten von Hamburg, Bremen, Hannover-Braunschweig, im Rhein-Ruhrgebiet und in großen Teilen Nordrhein-Westfalens waren die Institute ebenso vertreten wie im Rhein-Main-Neckar-Raum, am mittleren Neckar sowie in den bayerischen Zentren. Insbesondere Baden-Württemberg war nun deutlich besser erschlossen. Dagegen fehlten ihnen nach wie vor Niederlassungen im ländlichen Raum Schleswig-Holsteins und Niedersachsens, teilweise in Hessen, Rheinland-Pfalz, Baden-Württemberg sowie insbesondere in Bayern. Hier waren die Großbanken abgesehen von den vier Großstädten München, Augsburg, Nürnberg/Fürth und Würzburg gerade einmal in einem Dutzend Städten vertreten.

Im Zeitraum von 1963 bis 1968/69 weiteten Großbanken ihre Filialnetze immer schneller aus: Innerhalb weniger Jahre vermehrte sich die Anzahl ihrer Geschäftsstellen geradezu explosionsartig von 1328 auf 2335. Den Höhepunkt dieser Gründungswelle bildeten die Jahre 1966 und 1967, als sie durchschnittlich alle fünf Tage eine neue Geschäftsstelle eröffneten.[212] Auch bei anderen Kreditinstituten schossen in dieser Phase neue Zweigstellen „wie Pilze aus dem Boden", wie das *Handelsblatt* bemerkte.[213] Siepmann sprach von einer „über alle Regionen lawinenartig hereinbrechenden Expansionsflut", bei der „die meisten Institutsgruppen – bar jeglicher Rücksichtnahme – in einer alle Vorsichtserwägungen über Bord werfenden Verhaltensweise" agierten.[214] Die Bundesbank und das Bundesaufsichtsamt für das Kreditwesen waren über diese Entwicklung besorgt, doch seit dem Wegfall der Bedürfnisprüfung konnten sie die Ausbreitung der Kreditinstitute nicht mehr steuern. Beiden Behörden gelang es zwar 1965, mit den Spitzenverbänden der Branche „Grundsätze für Selbstordnungsmaßnahmen in der Niederlassungspolitik" zu vereinbaren. Diese hatten aber lediglich empfehlenden Charakter und blieben, wie die Bundesbank nach wenigen Monaten feststellte, ohne nachhaltigen Erfolg, zumal im selben Jahr mit der Zweigstellensteuer das letzte Expansionshindernis im Kreditgewerbe fiel.[215] In mehreren Bundesländern hatten Kommunen Abgaben für Zweigstellen von Einzelhandelsunternehmen und Kreditinstituten erhoben. Nach mehreren Klagen, darunter diejenige der Dresdner Bank gegen die Stadt Nürnberg, hob das Bundesverfassungsgericht diese Steuer im Juli 1965 auf.[216]

Gegen Ende der 1960er Jahre flaute die Expansionswelle schließlich ab. In dieser Konsolidierungsphase planten und eröffneten die Großbanken kaum noch neue Filialen. Vielmehr schlossen sie einzelne Geschäftsstellen, die die Erwartungen nicht erfüllt hatten.[217] Commerzbank-Vorstand Hanns Deuß äußerte 1969 kritisch, dass beim Filialnetz-

[211] HAC/HADB/HADrB, Geschäftsberichte der Commerzbank, Deutschen Bank und Dresdner Bank 1960–1963. Wolf: Aufbau des Privatkundengeschäfts, S. 426.
[212] Ahrens: Reform der Dresdner Bank, S. 76. Krause: Zeitreise, S. 111. Verbeck: Filialnetzpolitik, S. 23. Wolf: Das Fundament wird gelegt, S. 33.
[213] BArch, B 126/48663, Wirtschafts- und bankpolitische Fragen des privaten Bankgewerbes, Bd. 8, Handelsblatt vom 29.01.1968, Artikel „Kreditgewerbe im Umbruch".
[214] Siepmann: Standortfrage bei Kreditinstituten, S. 277f.
[215] HADrB, 118284.MS, Der Volkswirt vom 09.09.1961, Artikel „'Festgebühr' unter der Lupe des Kartellamtes". Siepmann: Standortfrage bei Kreditinstituten, S. 281. Verbeck: Filialnetzpolitik, S. 26. HAC, Wolf: Chronik, S. 593.
[216] HAC, 400/869, Frankfurter Rundschau vom 29.02.1968, Artikel „Außerordentliche Erträge für die Banken". HADrB, 118009.MS, Tagesspiegel vom 31.03.1968. Siepmann: Standortfrage bei Kreditinstituten, S. 30.
[217] Verbeck: Filialnetzpolitik, S. 23.

ausbau „bereits möglicherweise des Guten zu viel getan worden ist".[218] Der Standortwettbewerb in der Branche verschärfte sich. Insbesondere für kleine Zweigstellen, die auf das Massengeschäft hin ausgerichtet waren, wurde es immer schwieriger, die Gewinnzone zu erreichen. Bei der Dresdner Bank nahm zwischen 1964 und 1967 der Anteil der in den ersten Jahren unprofitablen Neueröffnungen von 3% auf 65% zu.[219] Zudem verursachte der Netzausbau hohe Investitionskosten. Allein bei der Deutschen Bank stiegen die Personalaufwendungen in den 1960er Jahren von 237 Mio. DM auf über 1 Mrd. DM.[220] Unter den Aktionären und in der Presse regte sich allmählich Kritik am Expansionskurs, der sich nicht wie erhofft auf Gewinne und Dividenden auswirkte: War der Filialnetzausbau überhaupt notwendig und nicht vielmehr eine Prestigeangelegenheit der Vorstände?[221] Auf der Commerzbank-Hauptversammlung 1970 äußerte der Aktionär Erich Nold, ein Darmstädter Kohlenhändler und berühmt-berüchtigter „Berufsopponent", seine Bedenken gegenüber dem Vorstand:

> „Die Deutsche Bank, die Dresdner Bank, die Commerzbank, an jeder Ecke entsteht in einer kleinen Stadt, in einer kleineren Großstadt wie Darmstadt zum Beispiel, eine Filiale. Da kommen noch andere Banken hinzu. Meinen Sie nicht, daß das, auf die Dauer gesehen, volkswirtschaftlich von Nachteil ist, diese Aufblähung des Filialsystems der Großbanken [...]? Könnten Sie da nicht etwas abstinent sein oder müssen Sie einfach mitmachen, was die anderen auch machen?"[222]

Dass die Expansionspolitik notwendig gewesen war, um Spareinlagen zu gewinnen und damit die eigene Position in der Kreditbranche zu behaupten, stand in den Großbanken außer Frage.[223] Die steigenden Kosten veranlassten sie allerdings dazu, ihre eher improvisierten Planungsmethoden zu überdenken. So ließ die Dresdner Bank 1968 erstmals ein Konzept für den weiteren Filialnetzausbau ausarbeiten und die bestehenden Geschäftsstellen auf ihre Rentabilität hin untersuchen.[224] Mit der Reorganisation und Zentralisierung der Großbanken in Frankfurt am Main, die ab Ende der 1960er Jahre begann, richteten sie schließlich Planungsabteilungen ein. Mit wissenschaftlichen Methoden und mit Hilfe von computergestützten Datenbanken führten sie nun bei den Geschäftsstellen systematische Standortanalysen durch. Dabei wurden beispielsweise die örtlichen Einkom-

---

[218] HAC, 400/870, Wochendienst des Instituts für Bilanzanalysen, Gruppe 19, Banken, Nr. 8, August 1969, Artikel „Commerzbank AG".
[219] HAC, 400/868, Rede von Will Marx auf der Commerzbank-Hauptversammlung vom 29.04.1966. HAC, 400/870, Wochendienst des Instituts für Bilanzanalysen, Gruppe 19, Banken, Nr. 8, August 1969, Artikel „Commerzbank AG". HADrB, 17618-2000, Protokoll der Sitzung zu Fragen des Massengeschäfts, Frankfurt a.M., vom 24.07.1968. HADrB, 17953-2000, Analyse der Unternehmensberatung McKinsey zur Organisation der Dresdner Bank AG, Erster Zwischenbericht an den Vorstand, Oktober 1970. Meyen: 120 Jahre Dresdner Bank, S. 179. Siepmann: Standortfrage bei Kreditinstituten, S. 40 u. S. 96.
[220] Weiss: Betrachtung des „Privatkunden", S. 26f.
[221] HAC, 400/873, Rede von Paul Lichtenberg auf der Commerzbank-Hauptversammlung vom 03.05.1972. HAC, N26/26, Nachlass Herbert Wolf, Rede von Hanns Deuß vor dem Commerzbank-Aufsichtsrat vom 06.12.1962. HADrB, 118007.MS, Rede von Erich Vierhub bei der Hauptversammlung der Dresdner Bank vom 24.05.1967. HADrB, 118016.MS, Handelsblatt vom 16.12.1970.
[222] HAC, 400/871, Blick durch die Wirtschaft vom 29.06.1970, Artikel „Commerzbank-Hauptversammlung Stenogramm". Zu Erich Nold siehe Anzinger/Karach/Meinshausen/Schiereck: Aktive Minderheiten und die Rechte des Kleinaktionärs, S. 16ff.
[223] HAC, 400/871, Blick durch die Wirtschaft vom 29.06.1970, Artikel „Commerzbank-Hauptversammlung Stenogramm". HAC, N26/26, Nachlass Herbert Wolf, Rede von Hanns Deuß vor dem Commerzbank-Aufsichtsrat vom 06.12.1962.
[224] HADrB, 17618-2000, Protokolle der Sitzungen zu Fragen des Massengeschäfts vom 24.07.1968 und 05.08.1968.

mens-, Vermögens- und Kaufkraftverhältnisse eingeschätzt und laufend kontrolliert. Neue Filialen konnten zudem nur noch die Gesamtvorstände genehmigen.[225]

Der Ausbau der Filialnetze war in den 1960er Jahren schließlich von einem weiteren Problem geprägt: In Zeiten der Vollbeschäftigung wurde es für die Großbanken schwieriger, Personal für die neuen Geschäftsstellen zu finden.[226] Sowohl bei den Führungskräften als auch bei den normalen Mitarbeitern mangelte es an Arbeitskräften. Als Notlösung ernannten die Institute oftmals die Vorsteher von Spar- oder Wechselabteilungen zu Filialleitern, obwohl diese keine Erfahrungen im Kreditgeschäft hatten.[227] Für einfache Banktätigkeiten schulten sie sogar interessierte Friseure, Bäcker, Kellner oder Schuhverkäuferinnen in Schnellkursen um. Die Commerzbank bat ihre Filialleiter zudem, im Freundes- und Bekanntenkreis „jüngere, entwicklungsfähige Persönlichkeiten" ausfindig zu machen.[228] Mit der Expansion veränderte sich die Belegschaftsstruktur der Großbanken erheblich: Der Frauenanteil erhöhte sich in den 1960er Jahren von circa 35 % auf rund 45 % (insbesondere im Publikumsverkehr und bei der Datenverarbeitung), und das Durchschnittsalter sank.[229] Aus 42 000 Angestellten wurden im Laufe des Jahrzehnts fast 70 000.[230] Deren Tätigkeiten wandelten sich ebenfalls: Der hohe Anteil an personalintensiven Hilfsarbeiten in der Buchhaltung ging massiv zurück, da die Großbanken verstärkt auf elektronische Rechenanlagen und Datenverarbeitung setzten.[231] Nur mit Hilfe der technischen Rationalisierung konnten sie sowohl das Personalproblem als auch die steigenden Bearbeitungsvorgänge bewältigen und die Effizienz erhöhen. Bei der Commerzbank waren 1958 rechnerisch noch 40 Kunden auf einen Mitarbeiter gekommen; 1970 waren es über 100 geworden.[232]

Insgesamt betrachtet, vergrößerten die Großbanken in den 1960er Jahren ihre Filialnetze mit einer Geschwindigkeit, wie es bislang noch nicht der Fall gewesen war: Die

---

[225] HAC, 400/873, Rede von Paul Lichtenberg auf der Commerzbank-Hauptversammlung vom 03.05.1972. HAC, N26/24, Nachlass Herbert Wolf, Protokolle der Gesamtvorstandssitzungen vom 09.06.1969 und 27.04.1970. HAC, S1/Sureth, Aufsatz von Kurt Sureth „Marketing im Bankgewerbe", in: Der Volkswirt 42 (1968). HADrB, 17955-2000, Analyse der Unternehmensberatung McKinsey zur Organisation der Dresdner Bank AG. Erster Zwischenbericht an den Vorstand, Oktober 1970. Siepmann: Standortfrage bei Kreditinstituten, S. 44. Wolf: Aufbau des Privatkundengeschäfts, S. 429.
[226] HAC, 400/870, Industriekurier vom 20.12.1969. HAC, 400/1205, Rede von Ernst Rieche zum Presse-Empfang „100 Jahre Commerzbank" vom 20.02.1970. HAC, N26/24, Nachlass Herbert Wolf, Protokolle der Gesamtvorstandssitzungen vom 12.05.1960 und 26.01.1964. HAC, N26/26, Nachlass Herbert Wolf, Rede von Hanns Deuß vor dem Commerzbank-Aufsichtsrat, November 1961. HAC, N26/37, Nachlass Herbert Wolf, Schreiben von Hans-Josef Hecking vom 29.12.1992 und 10.01.1994. HADrB, 118001.MS, Das Spezial-Archiv der Deutschen Wirtschaft (Hoppenstedt-Bericht) vom 16.05.1963, Artikel „Dresdner Bank Hauptversammlung vom 13.05.1963 in Frankfurt". Vierhub: Neue Wettbewerbsformen, S. 20. Wolf: Das Fundament wird gelegt, S. 32.
[227] HAC, N26/37, Nachlass Herbert Wolf, Schreiben von Hans-Josef Hecking vom 29.12.1992.
[228] HAC, 400/164, Rundschreiben des Vorstands der Commerzbank Hamburg an alle Geschäftsstellenleiter vom 29.08.1960. Hooven: Anstöße und Zielsetzungen, S. 9. HAC, Wolf: Chronik, S. 548. Wolf: Das Fundament wird gelegt, S. 33.
[229] HAC, 400/348, Rede von Paul Lichtenberg vor den Commerzbank-Filialleitern des Geschäftsbereichs West vom 21.09.1967. HAC/HADB/HADrB, Geschäftsberichte der Commerzbank, Deutschen Bank und Dresdner Bank 1960–1970. Kurzrock: Aus der Geschichte der Commerzbank, S. 146ff. Meyen: 120 Jahre Dresdner Bank, S. 60.
[230] HAC/HADB/HADrB, Geschäftsberichte der Commerzbank, Deutschen Banken und Dresdner Bank 1950–1970.
[231] Zeitschrift für das gesamte Kreditwesen 16 (1958), Artikel „Mit dem Auto an den Schalter", S. 687.
[232] HAC, 400/1205, Rede von Ernst Rieche zum Presse-Empfang „100 Jahre Commerzbank" vom 20.02.1970. Kurzrock: Aus der Geschichte der Commerzbank, S. 146ff.

Anzahl ihrer Geschäftsstellen stieg um 165% von 933 auf 2471 (siehe Abb. 6).[233] Dieses Wachstum lag weit über dem aller anderen Institutsgruppen. Die Sparkassen und Genossenschaftsbanken hatten allerdings zu Beginn des Jahrzehnts bereits wesentlich größere Netze und damit einen geringeren Nachholbedarf gehabt. Dennoch nahmen auch sie im Laufe des Jahrzehnts am Expansionswettlauf um die Spareinlagen der Bundesbürger teil und vergrößerten ihre Netze auf 16 200 bzw. 18 500 Stellen. In jedem Jahr eröffnete die Kreditbranche durchschnittlich 1000 neue Geschäftsstellen. Angesichts der staatlichen Regulierungen war die Standortpolitik der einzige Bereich, in dem bis 1967/68 ein echter Konkurrenzkampf möglich war. Doch auch in den folgenden Jahren hielt der Trend an. Damit entstand in den 1960er Jahren in der Bundesrepublik das dichteste Bankstellennetz der Welt mit fast 41 000 Stellen. Nirgendwo sonst kamen weniger Einwohner auf eine Niederlassung.[234] Insbesondere die Ballungszentren waren zunehmend „overbanked" und hatten „mehr Bankstellen als Tankstellen".[235] *Die Zeit* bemerkte 1968:

> „Wer heute durch die Hauptgeschäftsstraßen oder auch durch die neuen Stadtviertel der Großstädte geht, wird finden, daß die Zweigstellen der Kreditinstitute förmlich aufeinanderhocken."[236]

Zwar nahmen die Bundesbürger immer mehr Bankdienstleistungen in Anspruch, doch das Angebot an Geschäftsstellen war schneller gestiegen als der Bedarf. Die Befürchtungen des Vorstandssprechers der Dresdner Bank, Hans Rinn, der noch 1963 vor einer „Überbesetzung des Bankenapparates" gewarnt hatte, waren zwischenzeitlich eingetreten.[237] Die Großbanken hatten zu dieser Entwicklung mit ihren rund 1500 Neueröffnungen zwar nur geringfügig beigetragen. Gemessen an den Geschäftsstellen konnten sie ihren Marktanteil in den 1960er Jahren dennoch von 3,6% auf 6,5% steigern, in Städten mit mehr als 20 000 Einwohnern sogar auf über 20%.[238] Durch ihr planloses Vorgehen gelang es ihnen aber nicht, die gesamte Bundesrepublik zu erfassen. Während sie in den nord- und westdeutschen Industrieregionen erste Zweigstellen wieder schließen mussten, wies das Filialnetz in Süddeutschland immer noch Lücken auf. In Orten mit weniger als 10 000 Einwohnern waren die Großbanken um 1970 praktisch nicht vertreten. Hier hatten die Genossenschaftsbanken und Sparkassen nach wie vor eine Monopolstellung inne und dominierten auch bundesweit mit über 50% bzw. 40% Marktanteil.[239]

Mit der beachtlichen Expansion ihrer Filialnetze schufen die Großbanken im Laufe der 1960er Jahre die Grundlage für das Massengeschäft. Je stärker die Masseneinkommen anwuchsen, desto ausgedehnter jagten die Institute den Spareinlagen nach und eröffneten neue Geschäftsstellen. Den gezielten Aufbau eines umfassenden Privatkundengeschäfts hatten sie dabei aber kaum im Sinn; die Vergrößerung des Kundenstamms war letztlich nur Mittel zum Zweck.

---

[233] HAC/HADB/HADrB, Geschäftsberichte der Commerzbank, Deutschen Bank und Dresdner Bank 1960–1970. Angaben ohne Berliner Tochtergesellschaften, Deutsche Bank ohne Geschäftsstellen im Saarland.

[234] HAC, 400/777, Commerzbank, Marketinganalyse 1972/73. HADrB, 7961-2002, Analyse der Unternehmensberatung McKinsey zur Organisation der Dresdner Bank 1970. Hansen: Stürmische Zeiten, S. 35. Meyen: 120 Jahre Dresdner Bank, S. 179.

[235] HADrB, 7961-2002, Analyse der Unternehmensberatung McKinsey zur Organisation der Dresdner Bank 1970. Meyen: 120 Jahre Dresdner Bank, S. 179.

[236] HAC, 400/869, Die Zeit vom 31.05.1968, Artikel „Große Banken auf Freiersfüßen".

[237] HADrB, 118001.MS, Deutsche Zeitung vom 14.05.1963, Artikel „Dresdner Bank stoppt Filialnetzausbau". HADrB, 118002.MS, Handelsblatt vom 02.05.1964.

[238] Sauer: Wettbewerbsposition, S. 95ff. Siepmann: Standortfrage bei Kreditinstituten, S. 40.

[239] Ebenda.

„Kontoführungsfabrik Bank". Lohn- und Gehaltskonten, Gebühren und der bargeldlose Zahlungsverkehr

Verglichen mit den anderen Zweigen des Großbanken-Massengeschäfts, die in den 1950er Jahren entstanden waren, nahmen sich die LG-Konten um 1960 immer noch etwas unkonkret aus. Die bargeldlose LG-Zahlung steckte ganz allgemein in Westdeutschland noch in den Kinderschuhen. Nicht einmal ein Viertel aller Arbeitnehmerhaushalte verfügte über ein Girokonto, denn gerade in Arbeiterkreisen war die Lohntüte noch immer verbreitet.[240] Obwohl hier also ein großes Potenzial für die Kreditwirtschaft brachlag, waren die LG-Konten bei den Großbanken umstritten. Während beispielsweise Erich Vierhub von der Dresdner Bank 1960 begeistert vom wichtigsten Dienstleistungszweig der Zukunft sprach,

> „der in seinen Fernwirkungen zu einer wahren Revolutionierung unserer nationalen Zahlungsgewohnheiten führen kann",[241]

sahen die Commerzbank-Vorstände Paul Lichtenberg und Ernst Rieche die LG-Konten eher als eine Notwendigkeit an, der man sich nicht entziehen konnte.[242] Auch in den Filialen stieß die neue Sparte auf wenig Begeisterung, da sie viel Arbeit und kaum Gewinne mit sich brachte: Die Kosten waren zu groß, die Guthaben zu niedrig und die Kontenanzahl zu klein.[243] Von den schätzungsweise sechs Millionen LG-Konten, die 1960 in der Bundesrepublik bestanden, hatten die Großbanken einen Anteil von weniger als 5%.[244] Die Zahlen lassen sich allerdings nur ungenau bestimmen, da viele Filialen die LG-Konten als normale Kontokorrentkonten führten und nicht explizit auswiesen.[245]

Trotz der schnellen Verbreitung der bargeldlosen LG-Zahlung stand eine branchenweite einheitliche Gestaltung der Girokonten noch aus. Neben den Unternehmen und Kreditinstituten forderten sowohl die Bundesregierung als auch die Bundesbank die Spitzenverbände der Kreditbranche auf, allgemeinverbindliche Abwicklungsgrundsätze zu formulieren. Dabei ging es den Beteiligten nicht nur um betriebswirtschaftliche, sondern auch um volkswirtschaftliche und gesellschaftspolitische Aspekte: Über die LG-Konten sollte langfristig die Sparleistung der Arbeitnehmer gesteigert, ihr Vermögensaufbau verbessert und die volkswirtschaftliche Kapitalbildung gestärkt werden.[246]

---

[240] HADB, G.I.P. (Hrsg.): Der neue Bankkunde, S. 17. Belvederesi/Thomes: Gesellschaftlicher Wandel, S. 33.
[241] Vierhub: Neue Wettbewerbsformen, S. 20.
[242] HAC, 312/222, Protokoll der Geschäftsstellenleiter-Besprechung des Geschäftsbereichs Süd vom 28. 10. 1964. HAC, 400/348, Rede von Paul Lichtenberg vor den Filialleitern des Geschäftsbereichs West vom 19. 10. 1962, S. 18ff.
[243] HAC, 400/9, Seminarordner „Privates Commerzbank-Konto. Leitgedanken" vom 15. 01. 1969. HADrB, 17613-2000, Notiz von Diel an Graf zu Rantzau, Düsseldorf, vom 12. 10. 1965.
[244] HADrB, 16955-2001.MS, Der Spiegel vom 28. 09. 1960, Artikel „Mit Selbstvertrauen". HADrB, 16957-2001.MS, Rechtsabteilung Hamburg, Förderung des Scheckverkehrs. HADrB, 17622-2000, Notiz von Fuchs, Betriebswirtschaftliches Büro, Düsseldorf, zur Entwicklung der Gehaltskonten im Jahre 1965 vom 30. 03. 1966. Beck: Geschichte des Geldes, S. 92. Horvath: Teilzahlungskredite, S. 47.
[245] HADrB, 17622-2000, Notiz von Fuchs, Betriebswirtschaftliches Büro, Düsseldorf, zur Entwicklung der Gehaltskonten im Jahre 1965 vom 30. 03. 1966.
[246] HADrB, 16955-2001.MS, Niederschrift über die Sitzung des Ausschusses für Organisations- und Rationalisierungsfragen in Düsseldorf vom 10. 05. 1960; Sonderrundschreiben des Bundesverbandes des privaten Bankgewerbes vom 22. 12. 1960. HADrB, 16956-2001.MS, Aktennotiz von Jürgen Ponto vom 24. 05. 1960. HADrB, 16957-2001.MS, Aktenvermerk von Jürgen Ponto, Dresdner Bank Rechtsabteilung Hamburg, vom 16. 06. 1960; Fernschreiben des Bundesverbandes des privaten Bankgewerbes an die Dresdner Bank in Düsseldorf und Hamburg vom 02. 09. 1960. HADrB, 118284.MS, Der Volkswirt vom 09. 09. 1961, Artikel „Festgebühr' unter der Lupe des Kartellamtes".

Im September 1960 gab der Zentrale Kreditausschuss der Spitzenverbände (ZKA) eine „Gemeinsame Empfehlung" heraus, in der sich die Institutsgruppen grundsätzlich zur bargeldlosen Zahlungsweise bekannten und diese näher definierten: LG-Konten waren demnach zinsfrei geführte, kreditorische Konten für Arbeitnehmer, Beamte, Pensions- und Rentenempfänger oder sonstige Personen mit festen Bezügen. Arbeitgeber sollten auf Schecks verzichten, um die Kreditinstitute und Einzelhändler nicht zu Lohnkassen zu machen, und stattdessen Löhne und Gehälter monatlich auf die Arbeitnehmerkonten überweisen. Schließlich vereinbarten die Verbände, den Lohn- und Gehaltsempfängern freie Wahl bei ihrer Bankverbindung zu lassen. Die Kreditinstitute sollten die Praktik aufgeben, ganze Firmenbelegschaften geschlossen zu übernehmen.[247]

Die Großbanken-Vorstände waren sich bewusst, dass vor allem Sparkassen und Genossenschaftsbanken von der freien Institutswahl profitieren würden. Diese waren die traditionellen „Hausbanken" der Arbeiter und Angestellten und verfügten über die größten Filialnetze. Der spätere Dresdner Bank-Vorstand Jürgen Ponto prophezeite den Großbanken im November 1960 nur „verhältnismäßig bescheidene Prozentsätze" im LG-Kontengeschäft.[248] Wenn die Institute sich dennoch dazu entschlossen, diese Sparte auszubauen, so lag das unverändert an den bisherigen Überlegungen: Sie hofften, von den LG-Konteninhabern auch deren Spareinlagen gewinnen zu können. Weitere Folgegeschäfte mit Kleinkrediten und Investmentanteilen waren – langfristig gesehen – ebenfalls denkbar.[249] Zudem ahnten die Großbanken allmählich, dass ihre zukünftige Wettbewerbsfähigkeit entscheidend von der Anzahl und dem Volumen der LG-Konten abhing, über die immer größere volkswirtschaftliche Kapitalströme flossen. Um die Bevölkerung zu erreichen, war es unvermeidlich, die kostenintensiven Konten anzubieten. Andreas Kleffel, Generalbevollmächtigter der Deutschen Bank, forderte in diesem Zusammenhang, dass die Großbanken sich nicht mehr zu vornehm sein sollten, um sich mit dem „kleinen Mann" zu befassen.[250]

Darüber hinaus versuchten die Institute zunächst weiterhin – ungeachtet der Gemeinsamen Empfehlung – über ihre Firmenkunden LG-Konteninhaber zu gewinnen. Insbesondere große Unternehmen mit vielen Mitarbeitern, wie sie etwa in der Montanindustrie

---

[247] HADrB, 16955-2001.MS, Rechtsabteilung Hamburg, Förderung des Scheckverkehrs. HADrB, 16956-2001.MS, Niederschrift der Deutschen Bundesbank über die Besprechung mit Vertretern des Kreditgewerbes über Fragen des bargeldlosen Lohn- und Gehaltszahlungsverkehrs und der Förderung des Scheckverkehrs in Frankfurt a. M. vom 07.04.1960. HADrB, 16957-2001.MS, Aktenvermerk von Jürgen Ponto, Dresdner Bank Rechtsabteilung Hamburg, vom 16.06.1960. HADrB, 16957-2001. MS, Fernschreiben des Bundesverbandes des privaten Bankgewerbes an die Dresdner Bank in Düsseldorf und Hamburg vom 02.09.1960. HADrB, 118284.MS, Filialrundschreiben Nr. 159 der Dresdner Bank vom 03.10.1960.

[248] HADrB, 16956-2001.MS, Memorandum von Jürgen Ponto vom 23.05.1960. HADrB, 16957-2001. MS, Aktenvermerk von Jürgen Ponto, Dresdner Bank Rechtsabteilung Hamburg, vom 21.11.1960. Wolf: Aufbau des Privatkundengeschäfts, S. 427. Jürgen Ponto (1923–1977), 1964 stellvertretender Vorstand der Dresdner Bank, 1967 Vorstandsmitglied, 1969–1977 Vorstandssprecher. Zur Biografie von Jürgen Ponto siehe Ahrens/Bähr: Jürgen Ponto. Bankier und Bürger.

[249] HADrB, 17613-2000, Bericht des Büros für Massengeschäfte, Frankfurt a. M., über das 1. Halbjahr 1967. Der Spiegel vom 23.04.1965, Artikel „Zum Gelde drängt …". Hunscha/Müller: Aus der Geschichte der Dresdner Bank, S. 57f.

[250] HAC, 400/348, Rede von Paul Lichtenberg vor den Filialleitern des Geschäftsbereichs West vom 19.10.1962, S. 22. HAC, 400/673, Rede von Hanns Deuß auf der Commerzbank-Hauptversammlung vom 07.04.1960. HADrB, 16956-2001.MS, Niederschrift der Deutschen Bundesbank über die Besprechung mit Vertretern des Kreditgewerbes über Fragen des bargeldlosen Lohn- und Gehaltszahlungsverkehrs und der Förderung des Scheckverkehrs in Frankfurt a. M. vom 07.04.1960.

zu finden waren, erschienen ihnen attraktiv. Da jedoch den Arbeitnehmern kein bestimmtes Kreditinstitut aufgezwungen werden konnte, sollten die Firmenleitungen bei der Umstellung auf die bargeldlose Zahlungsweise an ihre Belegschaften appellieren, die LG-Konten bei der Hausbank des Unternehmens zu eröffnen.[251] Gleichzeitig hielten die Großbanken ihre Filialleiter dazu an, auf örtlichen Betriebsversammlungen für die LG-Konten zu werben. Die Frankfurter Hauptverwaltung der Dresdner Bank stellte 1966 einen Standardvortrag zur Verfügung, der die Vorteile der bargeldlosen LG-Zahlung erläuterte.[252] Im Dialog mit der Belegschaft und den Betriebsräten sollten die Filialleiter Fragen beantworten, Bedenken ausräumen und Vertrauen gewinnen:

> „Bitte, haben Sie keine Befürchtung, bei uns […] anders behandelt zu werden, als wenn Sie viel Geld der Dresdner Bank anvertraut hätten. Es ist unser Bemühen, jeden Kunden der Bank, gleich wieviel er verdient, wieviel er sparen kann oder wieviel er an Geld in Form eines Kredites benötigt, zuvorkommend und sachdienlich zu beraten."[253]

Dabei galt es auch, eine häufig geäußerte Besorgnis zu zerstreuen: Manche Arbeitnehmer befürchteten, ihre Ehefrauen könnten mit der neuen Zahlungsweise die tatsächliche Höhe des Familieneinkommens erfahren und unbegrenzte Verfügungsmöglichkeiten über das Konto verlangen. Die Dresdner Bank empfahl ihren Filialleitern, auf solche Einwendungen „möglichst humorvoll zu antworten".[254]

Die Akquise-Bemühungen der Großbanken auf dem Firmenkundenweg müssen aber auch vor einem anderen Hintergrund gesehen werden: Das Gebührenproblem war nach wie vor ungelöst. Die meisten Arbeitnehmer handhaben ihre Girokonten zu Beginn der 1960er Jahre wie eine Lohntüte und hoben unmittelbar nach Zahlungseingang alles ab. Auf jedem LG-Konto waren 1959 durchschnittlich nur 134 DM. Es bildete sich kein „Bodensatz", mit dem die Kreditinstitute gewinnbringend wirtschaften konnten.[255] *Der Spiegel* bemerkte 1960:

> „Der Lohnkonteninhaber, der sofort sein volles Guthaben abhebt, ist für die Banken ein totaler Blindgänger. Und davon gibt es viele."[256]

Untersuchungen der Spitzenverbände kamen zu dem Ergebnis, dass selbst unter günstigsten Bedingungen jedes LG-Konto jährlich etwa 15 DM Verlust verursachte. Berücksichtigte man auch Investitionen in neue Kassenräume, Buchungsmaschinen und Personal,

---

[251] HAC, 400/192, Rundschreiben Nr. 160 der Commerzbank Frankfurt a. M., Organisations-Abteilung, vom 17.12.1968. HADrB, 16957-2001.MS, Aktenvermerke von Jürgen Ponto, Dresdner Bank Rechtsabteilung Hamburg, vom 12.11.1960 und 21.11.1960. HADrB, 17613-2000, Schreiben von Ponto und Klose, Hamburg, an die Direktionen der Niederlassungen vom 10.06.1965. HADrB, 118283.MS, Dresdner Bank Rechtsabteilung Düsseldorf, Sparpläne und Vermögensbildung.

[252] HAC, N26/33, Nachlass Herbert Wolf, Schreiben von Wilhelm Schaele an Herbert Wolf vom 18.11.1994. HADrB, 17613-2000, Rundschreiben Nr. 133 der Dresdner Bank, Frankfurt a. M., vom 21.09.1966. HADrB, 118283.MS, Schreiben der Dresdner Bank Rechtsabteilung Hamburg an die Rechtsabteilungen Düsseldorf, Frankfurt und Berlin vom 21.11.1963.

[253] HADrB, 17613-2000, Rundschreiben Nr. 133 der Dresdner Bank Frankfurt a. M. vom 21.09.1966.

[254] HADrB, 16955-2001.MS, Niederschrift der Sitzung des Arbeitskreises Bargeldlose Lohn- und Gehaltszahlung vom 15.06.1960 in Bonn. HADrB, 17613-2000, Rundschreiben Nr. 133 der Dresdner Bank Frankfurt a. M. vom 21.09.1966.

[255] HAC, 400/673, Ausarbeitung der Volkswirtschaftlichen Abteilung von „Auf der Pressekonferenz (Geschäftsjahr 1959) zu erwartende Fragen 1960". HADrB, 16955-2001.MS, Presseberichte über den Kaufscheck im Handelsblatt vom 25.02.1960 und in der FAZ vom 25.02.1960; Bild-Zeitung vom 30.05.1960, Artikel „Kopfsalat mit Schecks bezahlen?".

[256] Der Spiegel vom 23.09.1960, Artikel „Der Trick mit der Scheck-Ausweiskarte".

konnte erst nach vielen Jahren und bei einem Bodensatz von 600 DM Kostendeckung erreicht werden. Die gesamte Kreditbranche sah die LG-Konten daher als Verlustgeschäft.[257]

Bereits seit dem Ende der 1950er Jahre hatten die Großbanken und andere private Kreditinstitute teilweise Kontoführungsgebühren erhoben. Sparkassen und Genossenschaftsbanken tendierten dagegen zur kostenlosen Führung von LG-Konten. Die Bundesbank befürchtete eine überstürzte Entwicklung in dieser Frage und „Preisschleuderei" im Branchenwettbewerb. Sie plädierte daher für die Einführung einer allgemeinen Bearbeitungsgebühr von einem Promille je Zahlungseingang. Nach langwierigen Verhandlungen akzeptierten die Spitzenverbände diesen Vorschlag, obwohl damit keine vollständige Kostendeckung zu erzielen war. Ein verbindlicher Kartellvertrag, wie ihn die privaten Banken forderten, kam indes nicht zustande. Zu aussichtslos erschien dem ZKA das Unterfangen, von allen 12 000 bundesdeutschen Kreditinstituten die Unterschriften zu erhalten.[258] Ersatzweise bestimmte die Gemeinsame Empfehlung vom September 1960, dass von allen LG-Kontoinhabern eine monatliche Festgebühr von einem Promille zu erheben sei. Die Spitzenverbände gingen davon aus, dass sich die Arbeitgeber an der Kostendeckung beteiligen und ihren Angestellten die Gebühr ersetzen würden. Immerhin war der Anstoß zur bargeldlosen LG-Zahlung von den Unternehmen ausgegangen. Nur sie hatten bislang von der Umstellung profitiert und erhebliche Personal- und Sachkosten eingespart.[259]

In den folgenden Jahren erwies sich diese Regelung allerdings als problematisch. Zunächst bestand unter den Spitzenverbänden noch Einigkeit, die Gemeinsame Empfehlung als verbindliche Richtlinie einzuhalten, sprich: neue LG-Konten ab Oktober 1960 entsprechend zu belasten und bestehende Konten bis Ende 1961 umzustellen.[260] Die Branche zog sich mit diesem Vorgehen den Unmut der übrigen Wirtschaft zu. Die Arbeit-

---

[257] HAC, 400/348, Rede von Paul Lichtenberg vor den Filialleitern des Geschäftsbereichs West vom 19.10.1962, S. 22. HAC, 400/673 Ausarbeitung der Volkswirtschaftlichen Abteilung von „Auf der Pressekonferenz (Geschäftsjahr 1959) zu erwartende Fragen 1960". HADrB, 16955-2001.MS, Rechtsabteilung Hamburg, Förderung des Scheckverkehrs. HADrB, 118284.MS, Der Volkswirt vom 09.09.1961, Artikel „Festgebühr" unter der Lupe des Kartellamtes".

[258] HADrB, 16956-2001.MS, Niederschrift der Deutschen Bundesbank über die Besprechung mit Vertretern des Kreditgewerbes über Fragen des bargeldlosen Lohn- und Gehaltszahlungsverkehrs und der Förderung des Scheckverkehrs in Frankfurt a. M. vom 07.04.1960; Aktenvermerk von Jürgen Ponto vom 28.05.1960. HADrB, 16957-2001.MS, Schreiben des Bundesverbandes des privaten Bankgewerbes e.V., Köln, an den Zentralen Kreditausschuss vom 05.08.1960. HADrB, 118284.MS, FAZ vom 30.08.1961, Artikel „Kartellumschau. Die Ermittlungen gegen die Kreditinstitute"; Der Volkswirt vom 09.09.1961, Artikel „Festgebühr' unter der Lupe des Kartellamtes".

[259] HADrB, 16955-2001.MS, Schreiben von Ponto an den Vorstand vom 17.08.1960; Rundbrief Nr. 74 der Dresdner Bank Hamburg vom 01.09.1960; Rundschreiben Nr. 156 der Dresdner Bank Hamburg, ohne Datum. HADrB, 16957-2001.MS, Aktenvermerke von Jürgen Ponto, Dresdner Bank Rechtsabteilung Hamburg, vom 15.11.1960 und 21.11.1960; Fernschreiben des Bundesverbandes des privaten Bankgewerbes an die Dresdner Bank in Düsseldorf und Hamburg vom 02.09.1960; Der Spiegel vom 28.09.1960, Artikel „Mit Selbstvertrauen". HADrB, 118284.MS, Schreiben des Bundeskartellamts, 3. Beschlussabteilung, Berlin, an alle regionalen Verbände des privaten und übrigen Kreditgewerbes vom 14.07.1961; Der Volkswirt vom 09.09.1961, Artikel „Festgebühr' unter der Lupe des Kartellamtes".

[260] HADrB, 16955-2001.MS, Rechtsabteilung Hamburg, Förderung des Scheckverkehrs. HADrB, 16957-2001.MS, Aktenvermerk von Jürgen Ponto, Dresdner Bank Rechtsabteilung Hamburg, vom 15.11.1960; Aktenkopie der Dresdner Bank Rechtsabteilung Hamburg, Rundbrief an die Direktionen der Niederlassungen vom 05.01.1961. HADrB, 118284.MS, Filialrundschreiben Nr. 159 der Dresdner Bank vom 03.10.1960; Schreiben der Dresdner Bank Rechtsabteilung Düsseldorf an Direktor Dr. Schäfer vom 28.07.1961. Frost: Die Deutsche Bank und ihr Privatkundengeschäft, S. 276.

geberverbände waren gegen die Gebühr und forderten ihre Mitglieder dazu auf, über Befreiungen zu verhandeln. Immerhin bekämen die Institute durch die Umstellung viele Neukunden, was die Kontoführungskosten mehr als aufwiegen würde.[261] Auf Seiten der Kreditwirtschaft hielten vor allem die Großbanken dagegen. Diese vereinbarten im Dezember 1960, trotz „aller Schwierigkeiten und Unbequemlichkeiten" an der Gemeinsamen Empfehlung festzuhalten und mit Nachdruck für die (in ihren Augen äußerst günstige) Festgebühr einzutreten. Die Dresdner Bank forderte ihre Filialen dazu auf, „bei der Eröffnung neuer Konten keinerlei Zugeständnisse" zu machen.[262] Allerdings verfügten die Großbanken nicht über die rechtliche Handhabe, tatsächlich Gebühren von den Unternehmen einzufordern. Sie konnten ihre Ansprüche nur gegenüber den Konteninhabern geltend machen, die durch die Kontoeröffnung vertraglich gebunden waren.[263] Es war den Instituten letztlich gleichgültig, ob den Arbeitnehmern die Gebühr erstattet wurde oder nicht. Sie hofften indes auf die Fairness der Unternehmen und auf das Verhandlungsgeschick der Betriebsräte.[264]

Andere Kreditinstitute hielten sich dagegen nur kurze Zeit an die Gemeinsame Empfehlung und nutzten die Gebührenfreiheit als Wettbewerbsvorteil. Die Spitzenverbände konnten ihre Mitglieder nicht zwingen, die Vereinbarung einzuhalten. Vor allem Sparkassen, aber auch einige Genossenschaftsbanken und private Banken verzichteten vielerorts stillschweigend oder ausdrücklich auf Gebühren und zwangen damit die anderen Kreditinstitute, es ihnen gleichzutun. Ein einheitliches Verhalten in der Branche, auf das die Großbanken in der Gebührenfrage gesetzt hatten, war damit schon nach wenigen Jahren illusorisch geworden.[265]

Die Großbanken bekamen diese Entwicklung schnell zu spüren. Filialleitern, die mit Unternehmen über die bargeldlose LG-Zahlung verhandeln wollten, wurde nun häufig „die Tür gewiesen".[266] Die Hamburger Mineralölgesellschaften sprachen sich Ende 1960 ab, auf keinen Fall irgendeiner Bank Gebühren zu zahlen.[267] Das Volkswagenwerk argu-

---

[261] HADrB, 16955-2001.MS, Rechtsabteilung Hamburg, Förderung des Scheckverkehrs. HADrB, 16957-2001.MS, Bundesverband des privaten Bankgewerbes, Niederschrift der Sitzung des Ausschusses für Organisations- und Rationalisierungsfragen vom 02.12.1960 in Düsseldorf.

[262] HADrB, 16955-2001.MS, Anlage der Dresdner Bank zum Rundbrief Nr. 17 vom 19.01.1961. HADrB, 16957-2001.MS, Aktenkopie der Dresdner Bank Rechtsabteilung Hamburg, Rundbrief an die Direktionen der Niederlassungen vom 05.01.1961. HADrB, 118284.MS, Vertraulicher Rundbrief Nr. 6 an die Filialen der Dresdner Bank vom 07.01.1961.

[263] HADrB, 118284.MS, Schreiben des Geschäftsführers (von Hodenberg) der Vereinigung von Banken und Bankiers in Rheinland und Westfalen e.V., Köln, an die Mitglieder des Vorstands vom 10.08.1961; FAZ vom 30.08.1961, Artikel „Kartellumschau. Die Ermittlungen gegen die Kreditinstitute".

[264] HADrB, 16957-2001.MS, Aktenkopie der Dresdner Bank Rechtsabteilung Hamburg, Rundbrief an die Direktionen der Niederlassungen vom 05.01.1961. HADrB, 118284.MS, FAZ vom 30.08.1961, Artikel „Kartellumschau. Die Ermittlungen gegen die Kreditinstitute".

[265] HADB, A 3557, Dibbern, Klaus: Bankgeschäfte mit Privaten Haushalten in Deutschland, 1999, S. 15. HADB, Deutsche Bank AG, Frankfurt a.M. (Hrsg.): Sonderausgabe 30 Jahre Privatkundengeschäft, Frankfurt a.M. 1989, S. 7. HADrB, 16955-2001.MS, Rechtsabteilung Hamburg, Förderung des Scheckverkehrs. HADrB, 16957-2001.MS, Aktenvermerk von Jürgen Ponto, Dresdner Bank Rechtsabteilung Hamburg, vom 14.12.1960. HADrB, 17613-2000, Schreiben von Feldbausch, Frankfurt a.M., an die Vorstände Hagenmüller, Ponto, Reinhold, Graf zu Rantzau, Witt sowie an die Büros für Massengeschäfte in Düsseldorf und Hamburg vom 20.12.1967. Born: Geld und Banken, S.581.

[266] HADrB, 16957-2001.MS, Aktenvermerk von Jürgen Ponto, Dresdner Bank Rechtsabteilung Hamburg, vom 12.11.1960.

[267] Ebenda, Aktenvermerke von Jürgen Ponto, Dresdner Bank Rechtsabteilung Hamburg, vom 12.11.1960 und 21.11.1960.

mentierte gegenüber den Großbanken, dass angesichts von jährlichen Gebühren in Höhe von 400 000 DM kein Rationalisierungseffekt möglich sei. Die Unternehmen begannen nun vielmehr, die Kreditinstitute in der Gebührenfrage gegeneinander auszuspielen und damit kostenfreie Vereinbarungen zu erzielen. Dem konnten die Großbanken nur wenig entgegensetzen. Sie hofften darauf, dass Sparkassen und Genossenschaftsbanken in den industriellen Ballungsgebieten mit der schieren Masse der LG-Konten überfordert sein würden. Zudem setzten sie auf örtliche Gespräche der Kreditinstitute untereinander, um die Gebührenregelung wenigstens an einzelnen Plätzen aufrechtzuerhalten. Schließlich sammelten die Großbanken Berichte ihrer Filialen über Verstöße gegen die Gemeinsame Empfehlung und meldeten sie dem Bundesverband des privaten Bankgewerbes.[268] Diese eher hilflos wirkenden Maßnahmen blieben aber ohne Erfolg.

Den Großbanken-Filialen blieb letztlich gar nichts anderes übrig, als LG-Konten kostenfrei zu führen. Entgegen ihren offiziellen Verlautbarungen tolerierten die Hauptverwaltungen dieses Vorgehen intern. So gestattete die Dresdner Bank Hamburg im Dezember 1961 ihren Niederlassungen, eigenmächtig mit Arbeitgebern und Arbeitnehmern zu verhandeln und nötigenfalls auf die Gebühr zu verzichten.[269] Eine generell spesenfreie Führung von LG-Konten, wie sie manche Filialleiter forderten, lehnten die Vorstände weiterhin ab. Im März 1966 äußerte Ernst Rieche von der Commerzbank:

„Gehaltskonten bringen auch à la longue [sic] der Bank keinen Ertrag. Wir sind an ihnen grundsätzlich desinteressiert, erst recht an spesenfreier Kontoführung."[270]

In der zweiten Hälfte der 1960er Jahre verlor die Gebührendiskussion an Schärfe. Die Anzahl der LG-Konten nahm stark zu. Insbesondere während der Konjunkturkrise 1966/67 beschleunigte sich in der Wirtschaft die Umstellung auf die rationelle bargeldlose LG-Zahlung.[271] Mit den anhaltenden Einkommenssteigerungen der Arbeitnehmer erhöhten sich zudem die Guthaben auf den Konten beständig.[272] Damit begann sich auch die Haltung der Großbanken zu ändern. Ein Gespräch zwischen den Vorständen Jürgen Ponto (Dresdner Bank) und Manfred von Hauenschild (Deutsche Bank) zeigte im Februar 1967, dass der Gebührenstandpunkt kaum noch zu rechtfertigen war:

„Ich [Jürgen Ponto; d. Verf.] teilte im [sic] mit, daß wir nur noch an vereinzelten Plätzen daran denken könnten, ohne Schaden für unser Geschäft an dieser Linie festzuhalten. […] Herr von Hauenschild erwiderte, daß auch in seinem Hause nur noch in Ausnahmefällen die alte Regelung praktiziert werden könne. Man sollte sie aufgeben."[273]

Ein Jahr später kamen die Großbanken schließlich überein, angesichts der Konkurrenzsituation die LG-Konten künftig spesenfrei zu führen.[274] Die Gebührendiskussion in der

[268] HADrB, 16955-2001.MS, Rechtsabteilung Hamburg, Förderung des Scheckverkehrs. HADrB, 16957-2001.MS, Aktenkopie der Dresdner Bank Rechtsabteilung Hamburg, Rundbrief an die Direktionen der Niederlassungen vom 05. 01. 1961. HADrB, 118284.MS, Vertraulicher Rundbrief Nr. 6 an die Filialen der Dresdner Bank vom 07. 01. 1961.
[269] HADrB, 16955-2001.MS, Rundschreiben Nr. 1147 der Dresdner Bank Hamburg vom 21. 12. 1961.
[270] HAC, 312/222, Protokoll der Filialleitertagung des Geschäftsbereichs Süd vom 25. 03. 1966.
[271] HADrB, 17613-2000, Bericht des Büros für Massengeschäfte, Frankfurt a. M., über das 1. Halbjahr 1967. Verbeck: Filialnetzpolitik, S. 25.
[272] HADrB, 17613-2000, Schreiben von Ponto und Klose, Hamburg, an die Direktionen der Niederlassungen vom 10. 06. 1965.
[273] HADrB, 17613-2000, Aktennotiz von Ponto vom 02. 03. 1967.
[274] HAC, S4/4, Rundschreiben Nr. 112 der Commerzbank Frankfurt a. M., Organisations-Abteilung, vom 18. 09. 1968. HAC, N26/24, Nachlass Herbert Wolf, Protokoll der Gesamtvorstandssitzung vom

Kreditbranche war damit aber keineswegs beendet. Nachdem die Sparkassen 1967 ihre Steuerprivilegien verloren hatten, plädierten jetzt wiederum sie für Kontoführungsspesen.[275] Trotz höherer Bodensätze und verstärkter technischer Rationalisierung gelang es keiner Institutsgruppe, die LG-Konten und den bargeldlosen Zahlungsverkehr kostenneutral zu gestalten. Bei der Dresdner Bank betrug das Defizit 1969 22 Mio. DM. Selbst wenn alle Folgegeschäfte berücksichtigt wurden, war vor 1978 kein Überschuss zu erwarten, ohne Folgegeschäfte gar erst in den 1980er Jahren.[276] Die Großbanken versuchten daher zu Beginn der 1970er Jahre erneut, Gebühren einzuführen.[277] Auch in den folgenden Jahrzehnten und bis in die Gegenwart hinein flammte die Debatte immer wieder auf.

Eine weitere Möglichkeit, die LG-Kontensparte kostenneutraler zu gestalten, war die technische Rationalisierung des bargeldlosen Zahlungsverkehrs. Dieser weitete sich in den 1960er Jahren in einem Maße aus, wie es die Großbanken nicht erwartet hatten. Allein bei der Commerzbank verfünffachten sich die täglichen Buchungen zwischen 1958 und 1970 auf eine halbe Million. Doch auch der Mangel an Arbeitskräften und die steigenden Personal- und Sachkosten zwangen die Institute dazu, verstärkt auf moderne Datenverarbeitung zu setzen.[278] Elektromechanische Lochkartenanlagen hielten zu Beginn des Jahrzehnts allmählich auch in den größeren Niederlassungen Einzug, um die Wertpapierverwaltung und die Abwicklung von Kleinkrediten, Spar- und LG-Konten sowie den Zahlungsverkehr zu automatisieren.[279] Das Lochverfahren stieß aber bei den immer größeren Datenmengen schnell an seine Grenzen. Ab Mitte der 1960er Jahre setzten die Großbanken daher Magnetspeicheranlagen und regionale elektronische Großrechner mit Datenfernübertragung ein, die den Zahlungsverkehr erheblich beschleunigten.[280] Gegen Ende des Jahrzehnts stellten sie schließlich erste Computerterminals in den Filialen und Abteilungen auf, die mit Zentralrechnern verbunden waren.[281] Parallel zu dieser Entwicklung kooperierten die Großbanken mit allen anderen Kreditinstituten, der Bundespost und der Bundesbank, um weitere kostengünstige Lösungen für die automatisierte Abwicklung des bargeldlosen Zahlungsverkehrs zu finden. Die 1962 gemeinsam entwi-

---

25.03.1969. HADrB, 16957-2001.MS, Rundschreiben Nr. 177 der Dresdner Bank Frankfurt a. M. vom 09.09.1968. HADrB, 17613-2000, Schreiben von Reinhold und Ponto an Witt vom 22.02.1967. HADrB, 17618-2000, Kurzprotokoll über die Besprechung mit der Commerzbank und der Deutschen Bank zum Massengeschäft vom 14.02.1968.

[275] Born: Geld und Banken, S. 581. Wolf: Nachkriegsentwicklung, S. 146f.

[276] HADrB, 17622-2000, Betriebswirtschaftliche Abteilung: Lohn- und Gehaltskonten 1969.

[277] HAC, 400/911, Zentrale Abteilung Planung und Mengengeschäft: Sitzung des Planungsbeirats der Commerzbank vom 02.11.1972. HADB, Deutsche Bank AG, Frankfurt a. M. (Hrsg.): Was uns bewegt, ist persönliche Initiative. 25 Jahre Privatkundengeschäft, Frankfurt a. M. 1984, S. 17. HADrB, 17605-2000, Abhörmanuskript der ZDF-Sendung „Bilanz", Beitrag „Der kleine Mann und die Bankgebühren. Neue Kosten für Lohn- und Gehaltskonten. Von Jochen Schweizer" vom 03.06.1971. HADrB, 17613-2000, Welt am Sonntag vom 16.01.1972, Artikel „Wenn Banken in der Klemme sitzen". Büschgen: Deutsche Bank, S. 784f.

[278] HADrB, 17613-2000, Notiz von Diel an Graf zu Rantzau, Düsseldorf, vom 12.10.1965. Kurzrock: Aus der Geschichte der Commerzbank, S. 135ff. Krause: Archivalische Quellen, S. 16f.

[279] HAC, 400/348, Rede von Günther Ladisch vor Leitern der Großfilialen der Gesamtbank vom 30.08.1963, S. 27. Krause: Zeitreise, S. 107ff.

[280] HADB, Deutsche Bank AG, Frankfurt a. M. (Hrsg.): Sonderausgabe 30 Jahre Privatkundengeschäft, Frankfurt a. M. 1989, S. 23. HADrB, 117998.MS, Börsen-Zeitung vom 03.12.1959, Artikel „Elektronen- und Magnetstreifentechnik". Krause: Zeitreise, S. 114. Meyen: 120 Jahre Dresdner Bank, S. 182ff.

[281] Wolf: Aufbau des Privatkundengeschäfts, S. 429.

ckelten einheitlichen Scheck- und Überweisungsvordrucke wurden 1964 um den Dauerauftrag und das Lastschriftverfahren ergänzt. In den Jahren 1969/70 einigte sich die Kreditbranche schließlich auf zwei weitere Standards für den Zahlungsverkehr: Mit der optischen Klarleseschrift OCR-A (Optical Character Recognition) und einem bundesweiten Bankleitzahlensystem konnten nun alle Vordrucke maschinell eingelesen und automatisch bearbeitet werden. Dadurch entfiel die arbeitsaufwändige manuelle Dateneingabe.[282]

Obwohl in den 1960er Jahren immer mehr LG-Konten eröffnet wurden, nutzten die Arbeitnehmer sie kaum im Alltag. Der Geschäftsbericht der Dresdner Bank monierte 1960, die bargeldlose LG-Zahlung brächte nur dann einen echten Rationalisierungseffekt mit sich, wenn die Bundesbürger anstelle des Bargelds verstärkt vom bargeldlosen Zahlungsverkehr Gebrauch machen würden. Nur dadurch könnte sich ein rentabler Bodensatz auf den LG-Konten bilden.[283] Wie die Bevölkerung dazu gebracht werden sollte, war in der Kreditbranche allerdings umstritten: Die Sparkassen und Genossenschaftsbanken setzten angesichts ihrer großen Filial- und Zahlungsverkehrsnetze auf Überweisungen, Daueraufträge und Lastschriften.[284] Die privaten Banken und die BfG befürworteten aus Kostengründen wegen ihrer kleineren Netze dagegen die Popularisierung des Scheckverkehrs.[285] Ihr Vorbild waren die USA, wo 1960 Verbraucher selbst für gewöhnliche Einkäufe beim Einzelhändler zu 40% auf diese Weise bezahlten. In Westdeutschland benutzte der Großteil der Bevölkerung dagegen keine Schecks und betrachtete sie, wie *Der Spiegel* 1960 bemerkte, als ein „Hilfsmittel der feineren Lebensart".[286]

Die Großbanken versuchten im Laufe des Jahrzehnts mit zahlreichen Maßnahmen, dem Scheck zum Durchbruch zu verhelfen. In einem ersten Schritt statteten sie ab Oktober 1960 alle LG-Konteninhaber mit Scheckheften aus und empfahlen ihnen, am Zahltag

---

[282] HADrB, 16955-2001.MS, Rechtsabteilung Hamburg, Förderung des Scheckverkehrs. HADrB, 117998.MS, Börsen-Zeitung vom 03.12.1959, Artikel „Elektronen- und Magnetstreifentechnik". Krause: Archivalische Quellen, S. 16f. Meyen: 120 Jahre Dresdner Bank, S. 182ff. Schlombs: Productivity Machines, S. 246ff. u. S. 277ff.
[283] HADrB, 16955-2001.MS, Hamburger Abendblatt vom 08.06.1960, Artikel „Bargeldlos". HADrB, 17622-2000, Büro für Massengeschäfte, Frankfurt a.M., L+G-Kunden im Südbereich, Umfrageergebnisse und Folgerungen einer schriftlichen Befragung von 1000 LG-Kunden im Mai 1969 vom 30.09.1969. HADrB, 118284.MS, Der Volkswirt vom 09.09.1961, Artikel „,Festgebühr' unter der Lupe des Kartellamtes". HADrB, Geschäftsbericht der Dresdner Bank 1960. Der Spiegel vom 23.09.1960, Artikel „Der Trick mit der Scheck-Ausweiskarte", und vom 23.04.1965, Artikel „Zum Gelde drängt …". Hunscha/Müller: Aus der Geschichte der Dresdner Bank, S. 57f. Vierhub: Neue Wettbewerbsformen, S. 20.
[284] HADrB, 16955-2001.MS, FAZ vom 21.05.1960, Artikel „Der Scheck im Konkurrenzkampf"; Die Welt vom 13.09.1960, Artikel „Sparkassen und Volksbanken gegen die Scheck-Ausweiskarte"; Der Spiegel vom 28.09.1960, Artikel „Mit Selbstvertrauen". HADrB, 16956-2001.MS, Aktenvermerk von Jürgen Ponto vom 17.05.1960. HADrB, 16957-2001.MS, Aktenvermerk von Jürgen Ponto, Dresdner Bank Rechtsabteilung Hamburg, vom 15.07.1960. Wolf: Aufbau des Privatkundengeschäfts, S. 427.
[285] HADrB, 16956-2001.MS, Niederschrift der Deutschen Bundesbank über die Besprechung mit Vertretern des Kreditgewerbes über Fragen des bargeldlosen Lohn- und Gehaltszahlungsverkehrs und der Förderung des Scheckverkehrs in Frankfurt a.M. vom 07.04.1960. HADrB, 16957-2001.MS, Entwurf von Wilhelm Götz, Dresdner Bank Frankfurt a.M., für einen Aufsatz in der Zeitschrift für das gesamte Kreditwesen vom 05.07.1960; Aktenvermerk der Dresdner Bank Rechtsabteilung Hamburg vom 06.12.1960. HADrB, 17613-2000, Schreiben von Reinhold und Ponto an Witt vom 22.02.1967; Deutsche Zeitung vom 21.09.1960, Artikel „Der Scheck im Wettbewerb". Mühlhaupt: Strukturwandlungen, S. 388.
[286] HADrB, 16955-2001.MS, Der Spiegel vom 28.09.1960, Artikel „Mit Selbstvertrauen".

nicht das ganze Geld abzuheben, sondern über den Monat verteilt ihre Einkäufe mit Schecks zu bezahlen. In Werbebroschüren erklärten die Institute ihren Kunden die richtige Handhabung. Parallel dazu versuchten sie, mit einer Gemeinschaftsaktion aller privaten Banken die Öffentlichkeit zu erreichen. Auch in den bereits erwähnten Vorträgen bei Betriebsversammlungen sollten die Filialleiter aufklärend wirken.[287]

Der Durchsetzung des Schecks stand allerdings nach wie vor ein Hindernis im Weg: Das deutsche Scheckrecht enthielt keine Strafbestimmungen für das Ausstellen ungedeckter Schecks. Eine Betrugsabsicht ließ sich nur in den seltensten Fällen nachweisen. Solange Missbrauch aber keine strafrechtlichen Konsequenzen zur Folge hatte, weigerten sich viele Händler, Schecks als Zahlungsmittel anzunehmen. Neue Handelsformen wie Warenhaus, Ladenkette oder Versandgeschäft machten die Beziehung zwischen Käufer und Verkäufer zunehmend anonymer. Die Kunden waren hier nicht mehr persönlich bekannt. Forderungen der Großbanken, das Strafrecht um den Tatbestand des Scheckmissbrauchs zu erweitern, lehnten das Bundesjustizministerium und der Zentralbankrat der Deutschen Bundesbank ab. Umgekehrt forderten die Behörden 1960 die Institute dagegen auf, selbst tätig zu werden, um den Scheck vertrauenswürdiger zu machen.[288] Die Großbanken kooperierten dazu mit der Schufa, bei der in den folgenden Jahren eine zentrale Scheckbetrugskartei als Evidenzzentrale für die Filialen entstand.[289] Diese Maßnahme wirkte allerdings nur nachträglich und war kaum geeignet, das Ansehen des Schecks in der Öffentlichkeit zu fördern.

Weit werbewirksamer war dagegen die Idee, den bargeldlosen Zahlungsverkehr mit Spezialschecks populärer zu machen. Aufsehen erregte beispielsweise der Kaufscheck, den die BfG im März 1960 einführte. Er war für bargeldlose Einkäufe im Einzelhandel gedacht, auf 50 DM begrenzt und die BfG garantierte seine Einlösung. Viele Konsumvereine erklärten sich außerdem bereit, Kaufschecks gegen Bargeld umzutauschen.[290] Der Vorstoß fand in der Kreditbranche große Beachtung und führte zu vielen Diskussionen, wurde im Gegensatz zur Tankscheck-Einführung 1959 aber nicht nachgeahmt. Sowohl der Bankenverband als auch der DSGV waren nicht interessiert, da der Kaufscheck ihrer Meinung nach normale Schecks diskriminieren könnte.[291] Die Bundesbank, die „Chaos" und „wilde Konkurrenzaktionen" befürchtete, hielt den BfG-Scheck für den falschen Weg und hatte rechtliche Bedenken: Durch die Einlösungsgarantie wurde der Scheck prak-

[287] Ebenda. Vierhub: Neue Wettbewerbsformen, S. 20.

[288] HADrB, 16955-2001.MS, Die Welt vom 30.04.1960, Artikel „Flegeljahre des Schecks"; Bild-Zeitung vom 30.05.1960, Artikel „Kopfsalat mit Schecks bezahlen?"; FAZ vom 09.09.1960, Artikel „Schecks mit Ausweis". HADrB, 16956-2001.MS, Memorandum von Jürgen Ponto vom 23.05.1960. HADrB, 16957-2001.MS, Entwurf von Wilhelm Götz, Dresdner Bank Frankfurt a. M., für einen Aufsatz in der Zeitschrift für das gesamte Kreditwesen vom 05.07.1960. Der Spiegel vom 23.09.1960, Artikel „Der Trick mit der Scheck-Ausweiskarte". Vierhub: Neue Wettbewerbsformen, S. 21.

[289] HAC, 400/192, Rundschreiben der Organisations-Abteilung Frankfurt a. M. HADrB, 16955-2001. MS, Die Welt vom 09.09.1960, Artikel „Massenpsychologie"; Rundschreiben Nr. 1033 der Dresdner Bank Hamburg an Abteilungen, Filialen Harburg und Altona und alle Zweigstellen vom 24.03.1961.

[290] HADrB, 16956-2001.MS, Presseberichte über den Kaufscheck im Handelsblatt und in der FAZ vom 25.02.1960; Schreiben der Dresdner Bank Rechtsabteilung Hamburg (Jürgen Ponto) an Hans Rinn vom 25.02.1960; Kaufscheckheft der BfG, Frankfurt a. M. 1960; Protokoll der Gesamtvorstandssitzung vom 26.02.1960. Zeitschrift für das gesamte Kreditwesen 6 (1960), Artikel „Der ‚Kaufscheck' lockt und droht".

[291] HADrB, 16955-2001.MS, Sonderrundschreiben des Bundesverbandes des privaten Bankgewerbes vom 25.02.1960; Schreiben der Dresdner Bank Rechtsabteilung Düsseldorf (Laabs) an die Rechtsabteilungen in Frankfurt a. M. und Hamburg vom 04.03.1960.

tisch zum Bargeldersatz und verstieß damit gegen das Banknotenprivileg der Bundesbank.[292] Der BfG blieb daher schließlich keine andere Wahl, als den Kaufscheck Ende Mai 1960 zurückzuziehen.[293]

Spezialschecks waren zu Beginn der 1960er Jahre ohnehin umstritten, da sich beispielsweise der 1959 unter großem Aufsehen eingeführte Tankscheck nicht durchsetzen konnte.[294] *Die Welt* zog nach einem Jahr eine ernüchternde Bilanz:

> „Die Lorbeerkränze, die dem Tankscheck im vergangenen Sommer gewunden wurden, sind verwelkt. Sicher gibt es einige Firmen und private Kraftfahrer, die sich beim Tanken dieser besonderen Form des Schecks bedienen. Aber es ist ein offenes Geheimnis, daß er kein ‚Schlager' war. Das, was man mit ihm beabsichtigte: den bargeldlosen Zahlungsverkehr zu fördern und den Scheck im allgemeinen dem Bürger schmackhaft zu machen, ist nicht gelungen. Spezialschecks sind eben ungeeignet, den Scheck im allgemeinen hoffähig zu machen." [295]

Die Großbanken-Vorstände teilten diese Einschätzung größtenteils. Sonderschecks für einzelne Branchen und Dienstleistungen wie etwa Hotelschecks waren auf Dauer keine Lösung, sondern allenfalls „Pubertätserscheinungen". Vielmehr musste der Normalscheck zum brauchbaren, „harten Scheck" gemacht werden. Dieser Ansicht waren auch die Spitzenverbände und die Bundesbank.[296] Um mehr Vertrauen und Akzeptanz in der Bevölkerung zu schaffen, wollten die Großbanken die Garantie-Idee des Kaufschecks aber weiterverfolgen. Insbesondere der Vorstand der Dresdner Bank sah sich genötigt, umgehend mit einer Gegenaktion auf die BfG zu reagieren, nötigenfalls auch „im Alleingang".[297] Im März 1960 präsentierte daraufhin ihr Hamburger Chefsyndikus Jürgen Ponto die Idee einer Legitimationskarte.[298] In den USA hatten einzelne Geschäfte bereits im 19. Jahrhundert ähnliche Dokumente an zahlungskräftige Kunden ausgegeben. Um 1960 dachten auch andere deutsche Kreditinstitute über spezielle Bescheinigungen für LG-Kontenin-

---

[292] HADrB, 16956-2001.MS, Schreiben der Dresdner Bank Rechtsabteilung Hamburg (Jürgen Ponto) an Hans Rinn vom 24.02.1960; Schreiben von Hans Rinn an Jürgen Ponto vom 01.04.1960; Aktennotiz von Dr. Maier (Rechtsabteilung Hamburg) vom 07.04.1960. HADrB, 117998.MS, Deutsche Zeitung vom 13.04.1960, Artikel „Überlegungen zur bargeldlosen Zahlung".

[293] HADrB, 16956-2001.MS, FAZ vom 21.05.1960, Artikel „Der Scheck im Konkurrenzkampf"; Vermerk über das Ergebnis der Besprechung der drei Großbanken mit der BfG in Hamburg über Fragen der Scheckförderung und der unbaren LG-Zahlungen vom 24.05.1960; Aktennotiz von Jürgen Ponto vom 24.05.1960. HADrB, 117998.MS, Handelsblatt vom 13.04.1960, Artikel „Bargeldloser Zahlungsverkehr in der Diskussion". Der Spiegel vom 23.09.1960, Artikel „Der Trick mit der Scheck-Ausweiskarte".

[294] HADrB, 117998.MS, Industriekurier vom 09.01.1960, Artikel „Unterschiedliche Tanscheckergebnisse". Der Spiegel vom 23.09.1960, Artikel „Der Trick mit der Scheck-Ausweiskarte". Zeitschrift für das gesamte Kreditwesen 18 (1960), Artikel „Tankscheck, Normalscheck, Idealscheck".

[295] HADrB, 16955-2001.MS, Die Welt vom 30.04.1960, Artikel „Flegeljahre des Schecks".

[296] HAC, 400/190, Rundschreiben der Commerzbank Nr. 13 vom 06.09.1960. HAC, 400/673, Ausarbeitung der Volkswirtschaftlichen Abteilung von „Auf der Pressekonferenz (Geschäftsjahr 1959) zu erwartende Fragen 1960". HADrB, 16955-2001.MS, Die Welt vom 30.04.1960, Artikel „Flegeljahre des Schecks"; Bild-Zeitung vom 30.05.1960, Artikel „Kopfsalat mit Schecks bezahlen?"; Die Welt vom 25.08.1960, Artikel „Wird der Scheck mündig?". HADrB, 16956-2001.MS, Schreiben der Dresdner Bank Rechtsabteilung Hamburg (Jürgen Ponto) an Vorstand Hans Rinn vom 24.02.1960; Memorandum von Jürgen Ponto vom 23.05.1960. HADrB, 16957-2001.MS, Dresdner Bank Rechtsabteilung Hamburg, Aktenvermerk von Jürgen Ponto vom 16.06.1960. HADrB, 117998.MS, Deutsche Zeitung vom 13.04.1960, Artikel „Überlegungen zur bargeldlosen Zahlung".

[297] HADrB, 16956-2001.MS, Protokoll der Gesamtvorstandssitzung vom 26.02.1960.

[298] HADrB, 16956-2001.MS, Memorandum von Jürgen Ponto vom 23.05.1960; Schreiben von Jürgen Ponto an die Rechtsabteilungen in Düsseldorf (Laabs) und Frankfurt a.M. (Lehmann) vom 04.03.1960.

haber nach. Ponto hielt derlei allerdings für eine „Diskriminierung des kleinen Bankkunden".[299] Mit seinem „Bank-Ausweis für den Scheckverkehr" sollten sich alle Kunden gleichermaßen ausweisen und so vertrauenswürdig erscheinen. Der Schecknehmer sollte die Karte als Garantie der Bank auffassen, ohne dass dies ausdrücklich Erwähnung fand. Mit diesem juristischen Kniff umging Ponto die rechtlichen Bedenken der Bundesbank, die diese gegenüber dem BfG-Kaufscheck gehabt hatte. Zudem erschwerte der Ausweis Missbrauch, da der Kunde nur Schecks bis maximal 200 DM ausstellen und die Bank die Karte bei Bedarf wieder einziehen konnte.[300]

Die Commerzbank und die Deutsche Bank signalisierten Interesse für Pontos Idee. Gemeinsam vereinbarten die Großbanken im Sommer 1960 weitere Details: Die Karte sollte nur für ein Jahr gültig und mit einer Unterschriftsprobe des Inhabers versehen sein.[301] Der Bundesverband präsentierte daraufhin den Scheckausweis im ZKA, traf aber auf Widerstand seitens anderer Spitzenverbände. Die Sparkassen und Genossenschaftsbanken bezeichneten ihn als „Fehlentwicklung", kritisierten die vermeintliche Garantiezusage und sprachen von einer unnötigen Verkomplizierung. Missbrauch sei mit der Karte nach wie vor möglich.[302] Nachdem aber die Bundesbank ihr Einverständnis erklärt hatte, führten die Großbanken gemeinsam mit der BfG den Scheckausweis im Oktober 1960 ein.[303] Die Presse berichtete zurückhaltend. *Die Welt* wies darauf hin, dass die Karte letztlich nichts Neues zu bieten habe, lobte aber die dahinterstehende Idee:

> „Ein Ausweis, ein Dokument, hat eine magische Wirkung. Wer wüßte das nicht in Deutschland? Die Banken versuchen auf kluge Weise, die psychologische Wirkung einer Legitimation auszunutzen […]. Rechtlich ändert sich durch all diese Dinge nichts. […] Auch in der Wirtschaft kann man, wenn man geschickt genug ist, mit Massenpsychologie Erfolg haben."[304]

---

[299] HADrB, 16956-2001.MS, Memorandum von Jürgen Ponto vom 23. 05. 1960; Aktenvermerk von Jürgen Ponto vom 23. 05. 1960. König: Kleine Geschichte der Konsumgesellschaft, S. 45f.

[300] HADrB, 16956-2001.MS, Schreiben von Jürgen Ponto an Direktor Haagen (Dresdner Bank Hamburg) vom 05. 03. 1960; Schreiben von Ponto an Dr. Maier (Rechtsabteilung Hamburg) vom 02. 04. 1960; Schreiben von Ponto an van Leesen (Rechtsanwalt des Bundesverbandes des privaten Bankgewerbes) vom 05. 04. 1960; Die Welt vom 25. 08. 1960, Artikel „Wird der Scheck mündig?".

[301] HADrB, 16956-2001.MS, Schreiben von Laabs an Ponto und Lehmann vom 11. 03. 1960; Schreiben von Ponto an Rinn vom 05. 04. 1960; Aktennotiz von Jürgen Ponto vom 24. 05. 1960; Memorandum von Jürgen Ponto vom 25. 05. 1960; Schreiben von Ponto an die Rechtsabteilungen in Frankfurt a. M. und Düsseldorf vom 27. 05. 1960; Aktenvermerk von Jürgen Ponto vom 28. 05. 1960.

[302] HADrB, 16955-2001.MS, Die Welt vom 13. 09. 1960, Artikel „Sparkassen und Volksbanken gegen die Scheck-Ausweiskarte"; Der Spiegel vom 28. 09. 1960, Artikel „Mit Selbstvertrauen". HADrB, 16956-2001.MS, Schreiben von Ponto an Dr. Maier (Rechtsabteilung Hamburg) vom 02. 04. 1960; Niederschrift der Deutschen Bundesbank über die Besprechung mit Vertretern des Kreditgewerbes über Fragen des bargeldlosen Lohn- und Gehaltszahlungsverkehrs und der Förderung des Scheckverkehrs in Frankfurt a. M. vom 07. 04. 1960; Aktenvermerk von Jürgen Ponto vom 17. 05. 1960. HADrB, 117998.MS, Zeitschrift für das gesamte Kreditwesen 22 (1960), Artikel „Scheck mit Ausweiskarte".

[303] HADrB, 16955-2001.MS, Vermerk über das Ergebnis der Besprechung der drei Großbanken mit der BfG in Hamburg über Fragen der Scheckförderung und der unbaren LG-Zahlungen vom 24. 05. 1960; Rundbrief Nr. 74 der Dresdner Bank Hamburg vom 01. 09. 1960; Rundschreiben Nr. 144 der Dresdner Bank Hamburg vom 19. 09. 1960; Neue Zürcher Zeitung vom 20. 09. 1960, „Neuerungen im Checkverkehr der deutschen Großbanken"; Sonderrundschreiben des Bundesverbandes des privaten Bankgewerbes vom 05. 10. 1960; Hamburger Abendblatt vom 21./22. 01. 1961, Artikel „Scheck mit Ausweiskarte". HADrB, 16956-2001.MS, Schreiben von Hans Rinn an Jürgen Ponto vom 01. 04. 1960; Aktennotiz von Jürgen Ponto vom 25. 05. 1960. HADrB, 117998.MS, Deutsche Zeitung vom 13. 04. 1960, Artikel „Überlegungen zur bargeldlosen Zahlung". Der Spiegel vom 23. 09. 1960, Artikel „Der Trick mit der Scheck-Ausweiskarte".

[304] HADrB, 16955-2001.MS, Die Welt vom 09. 09. 1960, Artikel „Massenpsychologie".

Der Ausweis konnte dem Scheckverkehr allerdings nicht zum Durchbruch verhelfen. Während die Bundesbürger sich im Laufe der 1960er Jahre allmählich an Überweisungen, Daueraufträge und Lastschriften gewöhnten, breitete sich der Scheck nur langsam aus und erhielt überdies Konkurrenz von einem neuen bargeldlosen Zahlungsmittel: Das US-amerikanische Unternehmen Diners Club hatte 1950 die erste universale Kreditkarte eingeführt und damit große Erfolge bei Geschäftsleuten und vermögenden Privatpersonen erzielt. Als American Express 1964 erstmals eine auf DM lautende Kreditkarte herausbrachte, waren die Großbanken alarmiert.[305] Zwar nutzten eher gehobene Bevölkerungskreise mit entsprechenden Einkommen dieses Zahlungsmittel, doch langfristig konnten die Institute nicht ausschließen, dass sich die Kreditkarte in der westdeutschen Bevölkerung durchsetzen würde. Um den Scheck zu schützen, mussten sie verhindern, dass deutsche Kreditinstitute damit begannen, amerikanische Kreditkarten zu vertreiben oder eigene einzuführen. Sie selbst vereinbarten, nichts in diese Richtung zu unternehmen.[306]

Stattdessen werteten die Großbanken zu Beginn des Jahres 1968 den Scheckausweis zur Scheckkarte auf: Aus dem Papierausweis wurde eine Plastikkarte, die dem Schecknehmer Einlösungen bis 200 DM garantierte. In Kombination mit einem Barscheck konnten die Kunden nun in Filialen anderer deutscher sowie österreichischer Kreditinstitute Bargeld erhalten. Die Scheckkarte war damit wesentlich flexibler als die Kreditkarte.[307] Die Sparkassen und Genossenschaftsbanken zogen widerwillig nach, so dass die Scheckkarte zu einem bundesweit einheitlichen Produkt wurde.[308] Auch andere europäische Kreditinstitute wollten sich dem System anschließen, um die Kosten im internationalen bargeldlosen Zahlungsverkehr gering zu halten. Unter Federführung der Deutschen Bank führten im Mai 1969 schließlich die Kreditinstitute aus 15 Ländern den Eurocheque, die Eurochequekarte und ein einheitliches Einlösungssystem ein. Damit konnten sich Kunden überall im Ausland Bargeld besorgen und Rechnungen in der Landeswährung bezahlen. Die Großbanken erhofften sich von dieser Internationalisierung der Scheckkarte eine deutliche Attraktivitätssteigerung für die LG-Konten und den bargeldlosen Zahlungsverkehr. Gleichzeitig hatten sie mit dem Eurocheque einen Nachfolger für den unflexiblen Reisescheck gefunden. Dieser hatte im Laufe der 1960er Jahre an Bedeutung verloren, nachdem Post- und Sparkassensparbücher immer freizügiger im europäischen Ausland eingesetzt werden konnten.[309] Die Ausweiskarten der Großbanken konnten zwar letztlich

---

[305] BArch, B 102/49248, Allgemeine Fragen des Kreditwesens und des Kredits, Bd. 1, FAZ vom 15. 02. 1964. HADB, Deutsche Bank AG, Frankfurt a. M. (Hrsg.): Was uns bewegt, ist persönliche Initiative. 25 Jahre Privatkundengeschäft, Frankfurt a. M. 1984, S. 17. König: Geschichte der Konsumgesellschaft, S. 408. Meyen: 120 Jahre Dresdner Bank, S. 237.
[306] BArch, B 102/72447, Wirtschafts- und bankpolitische Fragen des privaten Kreditgewerbes, Bd. 5, FAZ vom 27. 07. 1967, Artikel „Gegen Bank-Kreditkarten. Eine Untersuchung der Deutschen Bank". HAC, 400/553, Unterlagen zur Vorstandssitzung vom 20. 01. 1970.
[307] BArch, B 102/84318, Geschäftsberichte und Einzelfragen des Bundesverbandes des privaten Bankgewerbes, Bd. 2, Bundesverband des privaten Bankgewerbes, Jahresbericht 1966/67, S. 60f. HAC, 400/9, Seminarordner „Privates Commerzbank-Konto. Leitgedanken" vom 15. 01. 1969. Meyen: 120 Jahre Dresdner Bank, S. 237.
[308] BArch, B 102/72447, Wirtschafts- und bankpolitische Fragen des privaten Kreditgewerbes, Bd. 5, Die Welt vom 13. 07. 1967. BArch, B 126/48663, Wirtschafts- und bankpolitische Fragen des privaten Bankgewerbes, Bd. 8, Frankfurter Neue Presse vom 17. 01. 1968, Artikel „Umstrittene Premiere der Scheckkarte". HADrB, 118007.MS, Schängel (Koblenz) vom 02. 11. 1967, Artikel „So sieht die neue Scheckkarte aus".
[309] HADB, Deutsche Bank AG, Frankfurt a. M. (Hrsg.): Was uns bewegt, ist persönliche Initiative. 25 Jahre Privatkundengeschäft, Frankfurt a. M. 1984, S. 17. HADrB, 118010.MS, Volkswirtschaftliche Ab-

nicht dazu beitragen, den Scheck in der Bundesrepublik zu etablieren. Doch zumindest legten sie damit die Grundlage für Bankkarten mit elektronischen Zusatzfunktionen, die in den 1980er Jahren eingeführt wurden.

Spartenübergreifend erweiterten die Großbanken die LG-Konten schließlich in der zweiten Hälfte der 1960er Jahre. Einzelne Sparkassen und die BfG boten ab 1965 an, auf Kundenantrag einen Überziehungskredit in Höhe des monatlichen Einkommens einzuräumen. Bei den Großbanken-Filialen häuften sich ähnliche Anfragen, so dass sich die Vorstände mit dem Thema befassen mussten. Die Deutsche Bank gab sich zunächst noch zurückhaltend. LG-Konten waren ihrer Meinung nach dazu gedacht, Geld anzusammeln und nicht, um Kredite aufzunehmen. Kostenanalysen der Dresdner Bank hatten indessen gezeigt, dass Kleinkredite unter 1000 DM nicht rentabel waren und überdurchschnittlich viele Ausfälle aufwiesen, da sie vor allem von finanzschwachen Privatkunden genutzt wurden. Sowohl für die Bank als auch für den Kunden war es somit günstiger, das LG-Konto mit einer Überziehungsmöglichkeit auszustatten.[310] Zudem entfiel damit das Problem ungedeckter Schecks. Im September 1968 führten die Großbanken daher einen Dispositionskredit in Höhe eines monatlichen Nettoeinkommens ein.[311]

Die Kunden machten alsbald regen Gebrauch von der Neuerung. Bei der Dresdner Bank hatte nach einem drei viertel Jahr die Hälfte aller LG-Konteninhaber den „Dispo" genutzt und dabei fast 40 Mio. DM ausgeliehen.[312] Dadurch erhielt auch der bargeldlose Zahlungsverkehr insgesamt Auftrieb: Mit der Kombination aus LG-Konto, Überziehungskredit, Scheckkarte und Eurocheque war Geld nun jederzeit und überall erhältlich.[313] Die Commerzbank experimentierte 1968 sogar kurzzeitig mit einem Geldausgabeautomaten in Lübeck, der allerdings äußerst umständlich mit Schlüsseln, Codekarten und Lochstreifen zu bedienen und teuer in der Anschaffung war.[314]

Spätestens mit dem Dispositionskredit begann bei den Großbanken Ende der 1960er Jahre eine neue Betrachtung der LG-Kontensparte und damit in jenen Jahren, als sie sich

teilung der Dresdner Bank. Büschgen: Deutsche Bank, S. 786. Der Spiegel vom 23. 04. 1965, Artikel „Zum Gelde drängt …". Frost: Die Deutsche Bank und ihr Privatkundengeschäft, S. 277. Wolf: Nachkriegsentwicklung, S. 72. Hooven: Wandlungen im Bankgeschäft, S. 314. Reich: Verbraucherkredit, S. 3.
[310] HAC, N26/39, Nachlass Herbert Wolf, Der Volkswirt vom 03. 05. 1968, Artikel „Konsumentenkredit. Geld für jedermann". HADrB, 17613-2000, Schreiben von Wohlgefahrt, Hamburg, an Ponto vom 22. 09. 1965; Schreiben von Feldbausch, Frankfurt a. M. an die Vorstände Hagenmüller, Ponto, Reinhold, Graf zu Rantzau, Witt sowie an die Büros für Massengeschäfte in Düsseldorf und Hamburg vom 20. 12. 1967; Entwurf für ein Rundschreiben von Graf zu Rantzau, ca. 1968. HADrB, 17618-2000, Schreiben von Graf zu Rantzau an den Vorstand vom 07. 10. 1968. HADrB, 118010.MS, Volkswirtschaftliche Abteilung der Dresdner Bank. Hooven: Wandlungen im Bankgeschäft, S. 314.
[311] HAC, S4/4, Rundschreiben Nr. 112 der Commerzbank Frankfurt a. M., Organisations-Abteilung, vom 18. 09. 1968. HADrB, 17618-2000, Protokoll der Sitzung zu Fragen des Massengeschäfts, Frankfurt a. M., vom 24. 07. 1968; Vorstandsvorlage: Verkaufsargumente für das Hypotheken-Darlehen der Dresdner Bank 1969. HADrB, 16957-2001.MS, Rundschreiben Nr. 212/205/207 der Dresdner Bank Düsseldorf/Frankfurt a. M./Hamburg vom 23. 10. 1968.
[312] HADrB, Geschäftsbericht der Dresdner Bank 1969. HADrB, 17622-2000, Büro für Massengeschäfte, Frankfurt a. M., L+G-Kunden im Südbereich, Umfrageergebnisse und Folgerungen einer schriftlichen Befragung von 1000 LG-Kunden im Mai 1969 vom 30. 09. 1969. HADrB, 118015.MS, Allgemeine Zeitung Mainz/Darmstädter Tagblatt/Wiesbadener Tagblatt vom 14. 04. 1970, Artikel „Alter schützt vor Wachstum nicht".
[313] Beier/Jacob: Konsumentenkredit, S. 41. Belvederesi/Thomes: Gesellschaftlicher Wandel, S. 34. Reich: Verbraucherkredit, S. 3.
[314] HAC, 400/869, Die Zeit vom 16. 08. 1968, Artikel „Geld am Sonntagnachmittag". HAC, S4/4, Private Kunden. Krause: Zeitreise, S. 114.

auch in vielen anderen Bereichen grundlegend modernisierten (siehe Unterkapitel „Mit Sex für Zinsen". Reorganisation, Werbung und Wettbewerb). Sie erkannten, dass die LG-Konten der Dreh- und Angelpunkt eines umfassenden und rentablen Privatkundengeschäfts sein konnten. So forderte Commerzbank-Vorstand Kurt Sureth im März 1968 ein Ende der isolierten Spartenbetrachtung: Kosteneinheit sollte nicht länger das einzelne Konto, sondern die gesamte Kundenverbindung sein.[315] Mit dem Dispositionskredit hatten die Großbanken erstmals zwei Geschäftssparten miteinander verbunden: die LG-Konten mit den Kleinkrediten. Weitere Verknüpfungen, etwa mit dem Spargeschäft, dem Wertpapierbereich oder der Baufinanzierung, waren naheliegend. Das zeigte auch eine Umfrage der Dresdner Bank im Mai 1969: Zwei Drittel ihrer LG-Kunden waren keine „Intensivnutzer". Sie machten von ihrem Konto nur wenig Gebrauch und bescherten der Bank keine Folgegeschäfte. Diese Personen galt es, besser zu informieren und ihnen die gesamte Dienstleistungspalette anzubieten. Der LG-Kunde sollte zum Vollkunden werden. Die Großbanken hielten daher ihre Mitarbeiter dazu an, jeden Kundenkontakt zum „Zusatzverkauf" zu nutzen.[316] Gleichzeitig öffneten sie die LG-Konten für alle Privatpersonen, beispielsweise auch für Hausfrauen, Rentner und Studenten, und führten werbewirksamere Bezeichnungen ein wie etwa „Privates Commerzbank-Konto" oder „Persönliches Konto" (Deutsche Bank).[317]

Als Teil dieses Umdenkens gaben die Großbanken Ende der 1960er Jahre schließlich ihre Zurückhaltung bei der Werbung für LG-Konten auf. Vollständige Belegschaftsübernahmen von Unternehmen waren ohnehin längst nicht mehr möglich. Sie mussten sich daher um jeden Kunden einzeln bemühen. Dazu nutzten sie unter anderem neue Werbe- und Marketingmethoden: Die Filialen sollten umfangreich persönlich und unpersönlich werben und beispielsweise Ehefrauen und Kinder von Kunden für Kontoeröffnungen gewinnen. Dazu schulten die Institute ihre Bankmitarbeiter umfangreich weiter und lehrten sie, „das Sicherheitsbedürfnis nicht über alles [zu] stellen", wie es ein Leitfaden für Commerzbank-Angestellte 1969 formulierte:

> „Weil es eine geringe Anzahl von Gaunern gibt, dürfen wir nicht die sehr viel grössere [sic] Anzahl von seriösen Kunden verprellen."[318]

---

[315] HAC, S1/Sureth, Vortrag von Kurt Sureth auf dem 14. Lehrgang für Angehörige des Privaten Bankgewerbes vom 19.03.1968. Hooven: Wandlungen im Bankgeschäft, S. 316.

[316] HAC, 400/9, Seminarordner „Privates Commerzbank-Konto. Leitgedanken" vom 15.01.1969. HADB, A 3557, Dibbern, Klaus: Bankgeschäfte mit Privaten Haushalten in Deutschland, 1999, S. 11 u. S. 18f. HADrB, 17613-2000, Bericht des Büros für Massengeschäfte, Frankfurt a. M., über das 1. Halbjahr 1967. HADrB, 17622-2000, Büro für Massengeschäfte, Frankfurt a. M., L+G-Kunden im Südbereich, Umfrageergebnisse und Folgerungen einer schriftlichen Befragung von 1000 LG-Kunden im Mai 1969 vom 30.09.1969. Hooven: Wandlungen im Bankgeschäft, S. 313f.

[317] HAC, 400/9, Seminarordner „Privates Commerzbank-Konto. Leitgedanken" vom 15.01.1969. HADrB, 17613-2000, Schreiben von Feldbausch, Frankfurt a. M., an die Vorstände Hagenmüller, Ponto, Reinhold, Graf zu Rantzau, Witt sowie an die Büros für Massengeschäfte in Düsseldorf und Hamburg vom 20.12.1967. HADrB, 17618-2000, Kurzprotokoll über die Besprechung mit der Commerzbank und der Deutschen Bank zum Massengeschäft vom 14.02.1968. Hooven: Wandlungen im Bankgeschäft, S. 314.

[318] HAC, 400/9, Seminarordner „Privates Commerzbank-Konto. Leitgedanken" vom 15.01.1969. HAC, 400/192, Rundschreiben der Commerzbank Frankfurt a. M., Organisations-Abteilung, Nr. 113 vom 16.09.1968. HAC, S4/4, Rundschreiben Nr. 112 der Commerzbank Organisations-Abteilung Frankfurt a. M. vom 18.09.1968. HADrB, 17605-2000, Abhörmanuskript der ZDF-Sendung „Bilanz", Beitrag „Der kleine Mann und die Bankgebühren. Neue Kosten für Lohn- und Gehaltskonten. Von Jochen Schweizer" vom 03.06.1971. HADrB, 17613-2000, Bericht des Büros für Massengeschäfte,

Der bargeldlose LG-Zahlungsverkehr erlebte in den 1960er Jahren seinen Durchbruch in Westdeutschland. 1970 verfügte praktisch jeder der 21 Mio. Erwerbstätigen über ein LG-Konto.[319] Mehr als zwei Drittel davon entfielen auf die Sparkassen, die ebenso wie die Genossenschaftsbanken besonders vom Trend zur bargeldlosen LG-Zahlung profitiert hatten. Bei den Großbanken stieg die Anzahl der LG-Konten zwischen 1960 und 1970 von schätzungsweise 220 000 auf 1,8 Mio. an. Ihr Marktanteil verdoppelte sich auf ungefähr 9%.[320] Erst jetzt entwickelte sich die Sparte zu einem vollwertigen Bestandteil ihres Massengeschäfts. Insgesamt betrachtet, waren die Institute dabei ohne erkennbare Strategie vorgegangen: Zwar hatten sie die Sparte erfolgreich ausgebaut und technisch rationalisiert, doch bei der Gebührenfrage hatten sie unglücklich agiert. Ihre Bemühungen, den Scheckverkehr zu popularisieren, verliefen erfolglos: Der Anteil des Schecks am gesamten bargeldlosen Zahlungsverkehr halbierte sich in den Jahren zwischen 1963 und 1970 auf 19,5%.[321] Von amerikanischen Scheck-Verhältnissen war die Bundesrepublik weit entfernt. Einfache Arbeiter hatten gegen Ende des Jahrzehnts immer noch Vorbehalte gegen das LG-Konto.[322] Der Großteil der Bevölkerung hingegen akzeptierte und nutzte die bargeldlosen Zahlungsmöglichkeiten allmählich und integrierte sie in den Alltag der Konsumgesellschaft. Das LG-Konto verlor nun zunehmend seinen ursprünglichen Charakter als reines Vehikel zur Arbeitnehmer-Zahlungsabwicklung. Vielmehr wurde es zur Drehscheibe der Geldwirtschaft aller privaten Haushalte.

Die Großbanken hatten jedoch nur einen kleinen Anteil zu diesen Veränderungen beigetragen. Ihre LG-Konteninhaber waren eher Angehörige der oberen und mittleren Gesellschaftsschichten wie Beamte und leitende Angestellte. Arbeiter fanden kaum zu ihnen. Doch mehr als bei allen anderen Kreditinstituten verbesserte die bargeldlose LG-Zahlung bei den Großbanken den Kontakt zum einfachen privaten Kunden. Ende der 1960er Jahre erkannten sie, dass das LG-Konto die Voraussetzung war, um auf breiter Basis mit dem „kleinen Mann" Geschäfte machen zu können.[323]

Frankfurt a. M., über das 1. Halbjahr 1967. HADrB, 17622-2000, Büro für Massengeschäfte Frankfurt a. M., L+G-Kunden im Südbereich, Umfrageergebnisse und Folgerungen einer schriftlichen Befragung von 1000 LG-Kunden im Mai 1969 vom 30. 09. 1969.

[319] HADrB, 17605-2000, Abhörmanuskript der ZDF-Sendung „Bilanz", Beitrag „Der kleine Mann und die Bankgebühren. Neue Kosten für Lohn- und Gehaltskonten. Von Jochen Schweizer" vom 03. 06. 1971. HADrB, 17613-2000, Welt am Sonntag vom 16. 01. 1972, Artikel „Wenn Banken in der Klemme sitzen". Frazer/Vittas: Privatkundengeschäft im internationalen Vergleich, S. 111.

[320] HAC, S1/Marx, Vortrag von Will Marx vor dem Aufsichtsrat vom 08. 04. 1969. HADrB, 17955-2000, Analyse der Unternehmensberatung McKinsey zur Organisation der Dresdner Bank AG. Erster Zwischenbericht an den Vorstand, Oktober 1970. HADrB, 16957-2001.MS, Rechtsabteilung Hamburg, Förderung des Scheckverkehrs. HADrB, 17622-2000, Notiz Fuchs, Betriebswirtschaftliches Büro, Düsseldorf, zur Entwicklung der Gehaltskonten im Jahre 1965 vom 30. 03. 1966. Beck: Geschichte des Geldes, S. 92. Belvederesi/Thomes: Gesellschaftlicher Wandel, S. 33. Born: Geld und Banken, S. 581. Ellgering: Expansion und Strukturwandel, S. 78.

[321] HAC, N26/33, Nachlass Herbert Wolf, Schreiben von Wilhelm Schaele an Herbert Wolf vom 18. 11. 1994. Schlombs: Productivity Machines, S. 287.

[322] Der Spiegel 52 (1968), Artikel „Besinnung gefordert" vom 23. 12. 1968.

[323] HADrB, 17605-2000, Abhörmanuskript der ZDF-Sendung „Bilanz", Beitrag „Der kleine Mann und die Bankgebühren. Neue Kosten für Lohn- und Gehaltskonten. Von Jochen Schweizer" vom 03. 06. 1971. HADrB, 17622-2000, Büro für Massengeschäfte, Frankfurt a. M., L+G-Kunden im Südbereich, Umfrageergebnisse und Folgerungen einer schriftlichen Befragung von 1000 LG-Kunden im Mai 1969 vom 30. 09. 1969. Andersen: Traum, S. 201 ff.

„Die Banken riefen – und sie kamen in Scharen". Kleinkredite und Anschaffungsdarlehen

Seit der viel beachteten Einführung des Kleinkredits 1959 waren die Großbanken erfolgreich im Konsumentenkreditgeschäft aktiv. Die Ausfallquoten waren äußerst gering und die Kreditnehmer größtenteils Neukunden aus der Arbeiter- und Angestelltenschicht, die häufig Wiederholungskredite aufnahmen.[324] Mehr als alle anderen Bereiche des Massengeschäfts war die neue Sparte bereits nach kurzer Zeit rentabel, hatte einen vergleichsweise hohen Marktanteil und trug zu einem beachtlichen Teil des Gesamtgeschäfts bei: Mitte 1961 machten die Kleinkredite 16% aller mittelfristigen Kredite aus.[325] Die Großbanken profitierten dabei von der zunehmenden Beliebtheit des Barkredits bei den Konsumentenkrediten. Die Verbraucher schätzten die niedrigen Zinsen, Preisnachlässe durch Barzahlung, flexiblere Konsummöglichkeiten sowie die Tatsache, dass sie beim Einkauf – im Gegensatz zum Teilzahlungs- oder Kaufkredit – nicht als Kreditnehmer bloßgestellt wurden. Die *Bild-Zeitung* stellte 1962 fest:

> „Das Geltungsbedürfnis der Menschen ist stärker geworden. Sie wollen lieber das Geld aus der Tasche ziehen, als mit dem Scheck eines Kreditinstituts zu bezahlen. Dem Bargeld sieht man nicht an, wo es herkommt. [...] Die Käufer, die bei einer Bank ein Bankdarlehen nehmen, wollen durch Zahlung der gesamten Kaufsumme erreichen, daß sie genauso angesehen werden wie Leute, die mehr verdienen als sie."[326]

In einer Gesellschaft, in der Konsum eine immer größere Rolle spielte, traf der Kleinkredit der Banken und Sparkassen den Nerv der Zeit. Zweckgebundene Konsumentenkredite wie Kaufkredit und Teilzahlungskredit verloren damit an Bedeutung. Ab 1961/62 gingen sowohl die absolute Anzahl der Teilzahlungsbanken als auch die von ihnen vergebenen Kredite im A- und B-Geschäft kontinuierlich zurück.[327] Viele Institute spezialisierten sich nun auf das wechselbasierte C-Geschäft und finanzierten Kraftfahrzeuge, Maschinen und Anlagen für Unternehmen. Diese Geschäftspolitik verfolgten unter anderem auch die Teilzahlungstochtergesellschaften der Großbanken und vermieden so Konkurrenz im eigenen Haus.[328]

---

[324] HADB, A 3557, Dibbern, Klaus: Bankgeschäfte mit Privaten Haushalten in Deutschland, 1999, S. 12. HADB, SG 8/16, Sonderrundschreiben Nr. 7 der Deutschen Bank vom 28.06.1961. HADB, ZA 30/2, Krämer, Willy: Konsumentenkredit der Sparkassen auf neuen Wegen, in: Sparkasse 23 (1961), S. 401. HADB, Geschäftsberichte der Deutschen Bank 1961 und 1963.
[325] HADB, SG 8/16, Sonderrundschreiben Nr. 7 der Deutschen Bank vom 28.06.1961. HADB, ZA 30/7, PKK-Rundschreiben 1959 bis 1961, Sonderrundschreiben Nr. 7 vom 28.06.1961 „2 Jahre PKK". Wolf: Aufbau des Privatkundengeschäfts, S. 425.
[326] BArch, B 102/49827, Wirtschafts- und bankpolitische Fragen des privaten Bankgewerbes, Bd. 2, Handelsblatt Nr. 41 vom 01.03.1963, Artikel „Sparkassen-Kredit im Wandel der Zeit". HADB, SG 8/16, Bild-Zeitung vom 27.03.1962, Artikel „Der feine Mann zahlt lieber bar".
[327] BArch, B 136/7361, Wettbewerbssituation im Kreditwesen, Bd. 5–6, Bericht der Bundesregierung über die Untersuchung der Wettbewerbsverschiebungen im Kreditgewerbe und über eine Einlagensicherung, Kabinettsvorlage vom 25.10.1968, S. 23. HADB, SG 8/16, Monatsbericht der Deutschen Bundesbank, Juni 1966, Artikel „Zur Entwicklung der Konsumentenkredite der Banken", S. 15–23. Beier/Jacob: Konsumentenkredit, S. 164. Horvath: Teilzahlungskredite, S. 50. Mühlhaupt: Strukturwandlungen, S. 176ff. Stücker: Konsum auf Kredit, S. 66.
[328] BArch, B 102/49232, Mantelvertrag, Sollzins- und Habenzinsabkommen, Allgemeines, Bd. 6, Die Welt vom 26.11.1964, Artikel „Einheitspreis für den Barkredit?". HAC, 400/344, Rede von Hanns Deuß vor den Commerzbank-Landesbeiräten vom 31.03.1965. HAC, 400/409, Rede von Bolko Graf von Roedern vor dem Commerzbank-Aufsichtsrat vom 10.12.1963. HAC, N26/26, Nachlass Herbert Wolf, Rede von Hanns Deuß vor dem Commerzbank-Aufsichtsrat, November 1961. HADB, ZA 30/2, Krämer, Willy: Konsumentenkredit der Sparkassen auf neuen Wegen, in: Sparkasse 23 (1961), S. 401.

Angesichts des anhaltenden Wirtschaftswachstums und des zunehmenden Konsums in der Bevölkerung versprachen die Kleinkredite ein lohnendes Geschäftsfeld mit großen Wachstumschancen zu werden. Verglichen mit den angelsächsischen Ländern war der Konsumentenkreditmarkt in der Bundesrepublik noch deutlich unterentwickelt.[329] Für die Großbanken-Vorstände war zu Beginn der 1960er Jahre das Hauptargument für die Kleinkredite allerdings nach wie vor die Zubringerfunktion zum Spargeschäft. Viele Kleinkreditkunden besaßen zwar ein Sparbuch, doch dieser Anteil war ausbaufähig. Die Hauptverwaltungen hielten ihre Filialen daher dazu an, Kreditnehmer bereits bei der Antragstellung auf ihre potenziellen Sparfähigkeiten hin zu untersuchen und gegebenenfalls bevorzugt auszuwählen. Nach dem Ende der Rückzahlung sollten sie möglichst dazu gebracht werden, die Tilgungs- in Sparraten umzuwandeln oder Wertpapiere damit zu erwerben.[330] Erst im Laufe des Jahrzehnts erkannten die Institute allmählich, dass die Kleinkreditsparte – im Gegensatz etwa zu den LG-Konten – auch ohne Folgegeschäfte äußerst ertragreich war und sich eine Ausweitung lohnen würde. Mehr als in allen anderen Geschäftsbereichen waren dafür allerdings umfangreiche Werbeanstrengungen notwendig.[331] Die 1958 geschlossene Vereinbarung, sich bei der Kleinkreditwerbung zurückzuhalten, hoben die Großbanken zwar bereits im November 1961 auf, doch bis zur Deregulierung der Branche 1967/68 blieb ihre Werbung im vorgegebenen Rahmen: Werbemaßnahmen für Kleinkredite stimmten sie weiterhin ab; kein Institut sollte vorpreschen. Das galt selbst für die Einführung von Leuchtreklamen in den Filialen. Wie gehabt, sollten Firmenkunden mit Informationsmaterial und Plakaten in ihren Unternehmen für Kleinkredite werben und die Kreditwünsche ihrer Angestellten weiterleiten.[332]

Über die Werbung hinaus gab es bei den Großbanken zu Beginn der 1960er Jahre aber keine Pläne, das Kreditgeschäft mit der privaten Kundschaft auszubauen. Der Impuls, auf deren Kreditbedürfnisse mit einem neuen Produkt einzugehen, kam stattdessen von den Sparkassen. Diese taten sich zwar nach wie vor mit Krediten zur Konsumfinanzierung

[329] BArch, B 102/49226, Ratenkreditverordnung, Die Welt vom 17. 09. 1965, Artikel „Konsumentenkredit hat noch Chancen".

[330] HAC, 312/222, Protokoll der Geschäftsstellenleiter-Besprechung des Geschäftsbereichs Süd vom 23. 11. 1961. HAC, 400/192, Rundschreiben Nr. 155 der Commerzbank Frankfurt a. M., Organisations-Abteilung, vom 12. 12. 1968. HAC, 400/345, Rede von Paul Lichtenberg vor dem Landesbeirat West vom 25. 03. 1966. HAC, 400/348, Rede von Paul Lichtenberg vor den Filialleitern des Geschäftsbereichs West vom 19. 10. 1962, S. 20f.; Rede von Günther Ladisch vor den Leitern der Großfilialen der Gesamtbank vom 30. 08. 1963, S. 18; Rede von Helmut Brands auf der Commerzbank-Filialleitersitzung vom 28. 07. 1964; Rede von Kurt Sureth vor den Commerzbank-Filialleitern des Geschäftsbereichs West vom 21. 03. 1967. HAC, 400/676, Ausarbeitung der Volkswirtschaftlichen Abteilung von „Auf der Hauptversammlung am 28. 04. 1965 zu erwartende Fragen". HADB, SG 8/16, Sonderrundschreiben Nr. 7 der Deutschen Bank vom 28. 06. 1961. HADrB, 17613-2000, Bericht der Dresdner Bank, Filiale Kiel (Stecher), über die Sonderaufgabe „Koordinierung und Ankurbelung des Ratenkreditgeschäftes im Bereich der Hauptverwaltung Hamburg" vom 22. 11. 1965; Bericht des Büros für Massengeschäft, Frankfurt a. M., über das 1. Halbjahr 1967.

[331] HAC, 400/348, Rede von Paul Lichtenberg vor den Filialleitern des Geschäftsbereichs West vom 19. 10. 1962, S. 20f.; Rede von Kurt Sureth vor den Commerzbank-Filialleitern des Geschäftsbereichs West vom 21. 03. 1967. HADB, SG 8/16, Sonderrundschreiben Nr. 7 der Deutschen Bank vom 28. 06. 1961.

[332] HAC, N26/24, Nachlass Herbert Wolf, Protokolle der Gesamtvorstandssitzung vom 07. 11. 1961 und 20. 06. 1961. HADrB, 17613-2000, Schreiben des Büros für Massengeschäfte, Frankfurt a. M., an die Werbeabteilungen in Düsseldorf, Hamburg und Berlin vom 23. 06. 1965; Bericht der Dresdner Bank, Filiale Kiel (Stecher), über die Sonderaufgabe „Koordinierung und Ankurbelung des Ratenkreditgeschäftes im Bereich der Hauptverwaltung Hamburg" vom 22. 11. 1965.

schwer, registrierten aber die zunehmende Nachfrage nach größeren Darlehen mit längeren Laufzeiten. Bei vielen Bundesbürgern stieg mit den Einkommen auch der Wunsch nach größeren Anschaffungen wie Automobilen, Fernsehern und Unterhaltungselektronik.[333] Diese Konsumentwicklung entsprach der in den Vereinigten Staaten, wo einzelne Banken Mitte der 1950er Jahre bereits Barkredite über 10 000 $ mit zehn Jahren Laufzeit an Privatpersonen vergaben.[334] Die Sparkassen, die um ihre Rolle als „Hausbank des kleinen Mannes" fürchteten, reagierten im Oktober 1961 mit einer ausgeweiteten Version des Kleinkredits: Das so genannte Anschaffungsdarlehen erhöhte die maximale Kreditsumme auf 6000 DM und die Laufzeit auf bis zu 48 Monate. Die finanzierten Gegenstände ließen sich die Sparkassen als Absicherung übereignen. Gleichzeitig begannen sie, ihre bislang ausschließliche Sparwerbung auszuweiten und ab sofort auch Kleinkredite und Anschaffungsdarlehen systematisch zu bewerben. Damit belebten die Sparkassen den Wettbewerb bei den Konsumentenkrediten und setzten die übrigen Kreditinstitute bzw. die Teilzahlungsbanken unter Zugzwang.[335]

Das Anschaffungsdarlehen erwies sich schnell als erfolgreich und wurde zum wichtigsten Ratenkredit der Sparkassen. Innerhalb von zwei Jahren vergaben sie über eine halbe Milliarde DM.[336] Die Großbanken reagierten zunächst abwartend. Unter den Vorständen gab es Bedenken hinsichtlich der Profitabilität; höhere Kreditsummen bedeuteten ein höheres Risiko. Bei gemeinsamen Gesprächen zwischen den Hamburger Hauptverwaltungen, die innerhalb der Institute beim Kleinkreditgeschäft nach wie vor federführend waren, setzte sich im Frühjahr 1962 dementgegen die Ansicht durch, dass sich mit größeren Beträgen und längeren Laufzeiten höhere Erträge erwirtschaften ließen. Zudem hatten zwischenzeitlich weitere Kreditinstitute, darunter die BfG, das Anschaffungsdarlehen eingeführt und damit größere Zuwächse erzielt als bei den Kleinkrediten. Die Großbanken befürchteten angesichts dieser Entwicklung, bei den Konsumentenkrediten zurückzubleiben.[337] Im Juni 1962 führten sie daher ebenfalls das Anschaffungsdarlehen mit standardisierter Abwicklung ein. Die Konditionen entsprachen denen der anderen Kreditinstitute.[338] Zunächst empfahlen die Institute ihren Filialen noch, den neuen Kredit zurückhaltend zu vergeben, um Risiken zu vermeiden. Diese Bedenken legten sie mit dem

---

[333] BArch, B 102/49232, Mantelvertrag, Sollzins- und Habenzinsabkommen, Allgemeines, Bd. 6, Die Welt vom 26. 11. 1964, Artikel „Einheitspreis für den Barkredit?". HADB, ZA 30/2, Krämer, Willy: Konsumentenkredit der Sparkassen auf neuen Wegen, in: Sparkasse 23 (1961), S. 403. HADrB, 108175, Wirtschaftsberichte der Dresdner Bank, Nr. 2, Februar 1964, Artikel „Strukturveränderungen im Groß- und Einzelhandel", S. 5. Ashauer: Zur Entwicklung des Konsumentenkredits, S. 78. Horvath: Teilzahlungskredite, S. 46.
[334] HADB, ZA 30/1, Konzeptpapier: Persönlicher Kleinkredit (PKK) als neuer Geschäftszweig, 24. 09. 1958, S. 5.
[335] HADB, ZA 30/2, Krämer, Willy: Konsumentenkredit der Sparkassen auf neuen Wegen, in: Sparkasse 23 (1961), S. 399ff. Der Spiegel vom 08. 06. 1962, Artikel „Demokratisierter Kredit". Andersen: Traum, S. 199. Ellerbrock: Konsumentenkredit und „Soziale Marktwirtschaft", S. 120. Frost: Die Deutsche Bank und ihr Privatkundengeschäft, S. 276f. Schulz: Sparkassen, S. 311. Stücker: Konsum auf Kredit, S. 67f.
[336] Ashauer: Entwicklung des Konsumentenkredits, S. 72.
[337] HAC, N26/24, Nachlass Herbert Wolf, Protokolle der Gesamtvorstandssitzung vom 07. 11. 1961 und 12. 03. 1962. HADB, SG 8/16, Monatsbericht der Deutschen Bundesbank, Juni 1966, Artikel „Zur Entwicklung der Konsumentenkredite der Banken", S. 15–23. Wolf: Aufbau des Privatkundengeschäfts, S. 428.
[338] Der Spiegel vom 08. 06. 1962, Artikel „Demokratisierter Kredit". Büschgen: Deutsche Bank, S. 777. Krause: Zeitreise, S. 109. Wolf: Aufbau des Privatkundengeschäfts, S. 428.

zunehmenden Erfolg des Anschaffungsdarlehens aber rasch beiseite: Bis zum Jahresende 1962 vergaben die Institute über 80 Mio. DM.[339] Die Erfahrungen nach einem Jahr waren äußerst positiv. Die Kunden finanzierten mehrheitlich Autos, teilweise aber auch Möbel, Hausrat und elektrische Haushaltsgeräte.[340]

Mit den Anschaffungsdarlehen entwickelte sich im Laufe der 1960er Jahre in der Kreditbranche auch im privaten Bereich ein Trend zu längerfristigen Finanzierungen. Trotz der großen Beträge waren bei diesen Darlehen die Zinsen niedriger als bei allen anderen Konsumentenkrediten. Die monatlichen Belastungen für den Kunden waren daher relativ niedrig und erlaubten es, parallel zur Abzahlung Geld anzulegen oder den Lebensstandard zu erhöhen.[341] Angesichts der guten Ertragslage und anhaltenden Nachfrage nach immer größeren Kreditsummen und längeren Laufzeiten überlegten die Großbanken bereits 1963, die Richtlinien für das Anschaffungsdarlehen auszuweiten. Einzelne Vorstandsmitglieder befürchteten allerdings, dass höhere Beträge auch zu vermehrten Ausfällen führen könnten. Die Deutsche Bank rechnete überdies mit keinem großen Geschäft bei Darlehen zwischen 6000 DM und 10 000 DM.[342] Die Bedenken erwiesen sich bald als unbegründet: Die Verbrauchernachfrage nach hochwertigen Gebrauchsgütern blieb ungebrochen, so dass einige Kreditinstitute stillschweigend die Grenze von 6000 DM deutlich nach oben verschoben. Nicht zuletzt zeigte sich bei den Großbanken die ausgezeichnete Sicherheit der Anschaffungsdarlehen mit Ausfällen von weniger als einem Promille.[343] Schließlich erhöhten sie auf Initiative der Deutschen Bank im Juli 1965 die maximale Kreditsumme auf 10 000 DM.[344] Damit konnten die Institute in den folgenden Jahren zunehmend auch Gewerbetreibende und Freiberufler als Kreditkunden gewinnen. Diesen Personenkreis hatten sie bislang mit individuellen Krediten bedient. Mit den standardisierten Anschaffungsdarlehen gestaltete sich dies wesentlich einfacher. Die anhaltend guten Erfahrungen ließen die Großbanken ab 1966/67 erneut über eine Ausweitung nachdenken. Im Mai 1968 erhöhten sie schließlich den Höchstbetrag des Anschaffungsdarlehens ein weiteres Mal auf jetzt 20 000 DM und die

---

[339] HADrB, 17622-2000, Betriebswirtschaftliches Büro Düsseldorf: Entwicklung des Kleindarlehensgeschäfts in der BRD seit 1959, 18.08.1966.
[340] HAC, 400/348, Rede von Paul Lichtenberg vor den Filialleitern des Geschäftsbereichs West vom 19.10.1962, S.20f.; Rede von Helmut Brands auf der Commerzbank-Filialleitersitzung vom 28.07.1964. HAC, 400/409, Rede von Ernst Rieche zum Jahresabschluss der Commerzbank 1967. HADB, SG 8/16, Wirtschaftliche Mitteilungen der Deutschen Bank, Nr. 4, Oktober 1963, Artikel „Zur Entwicklung des Konsumentenkredits in einigen Ländern".
[341] HAC, 400/348, Rede von Paul Lichtenberg vor den Commerzbank-Filialleitern des Geschäftsbereichs West vom 21.09.1967. HADB, SG 8/16, Wirtschaftliche Mitteilungen der Deutschen Bank, Nr. 3, September 1965, Artikel „Die Entwicklung des Konsumentenkredits im Bundesgebiet". HADrB, 17613-2000, Schreiben von Ponto an die Vorstände in Düsseldorf und Frankfurt vom 09.06.1965. Horvath: Teilzahlungskredite, S. 46. Wolf: Nachkriegsentwicklung, S. 100f.
[342] HADrB, 17613-2000, Aktenvermerk von Ponto vom 11.06.1965; Schreiben des Vorstands in Frankfurt a. M. an den Vorstand in Hamburg vom 18.06.1965; Aktennotiz von Ponto vom 24.06.1965. Schreiben des Vorstands in Hamburg an die Vorstände in Düsseldorf und Frankfurt vom 29.06.1965.
[343] HADrB, 17613-2000, FAZ vom 30.06.1965, Artikel „Personalkredite künftig für jedermann bis 10 000 DM".
[344] HAC, 400/348, Rede von Günther Ladisch vor Leitern der Großfilialen der Gesamtbank vom 30.08.1963, S.18. HADB, SG 8/16, Monatsbericht der Deutschen Bundesbank, Juni 1966, Artikel „Zur Entwicklung der Konsumentenkredite der Banken", S. 15–23. HADrB, 17618-2000, Vorstandsvorlage: Verkaufsargumente für das Hypotheken-Darlehen der Dresdner Bank 1969.

Laufzeit auf bis zu 60 Monate.[345] Aus dem kurzfristigen Kleinkredit für Privatpersonen war damit innerhalb eines Jahrzehnts ein langfristiges Darlehen für etliche Kundengruppen geworden. Bis zum Ende des Jahrzehnts stieg das Volumen der Anschaffungsdarlehen um bis zu 75% jährlich.[346]

Der Erfolg des Anschaffungsdarlehens ging zunehmend zu Lasten des Kleinkredits. Dessen Wachstum stagnierte ab 1963 in der gesamten Kreditbranche und wurde in der zweiten Hälfte der 1960er Jahre sogar rückläufig. Die Großbanken konnten hier kaum noch Neukunden gewinnen und verzeichneten allmählich Verluste. Kleinkredite wurden zudem weit öfter notleidend als Anschaffungsdarlehen: Bei der Dresdner Bank lag die Ausfallquote 1967 bei 0,37% gegenüber 0,05%. Wie bereits erwähnt, gab es vor allem bei Kleinkrediten unter 1000 DM überdurchschnittlich viele Rückzahlungsprobleme.[347] Die Institute empfahlen daher ihren Filialen, erhöhte Vorsicht walten zu lassen, möglichst lange Laufzeiten mit den Kunden zu vereinbaren und keine Kredite unter 1500 DM zu gewähren. Stattdessen sollten sie Anschaffungsdarlehen großzügiger vergeben.[348] Als weitere Konsequenz führten die Großbanken im September 1968 den bereits genannten Überziehungskredit für LG-Konten bis maximal 2000 DM ein. Mit dem Dispositionskredit, der laut Bundesbankstatistik zu den Konsumentenkrediten zählte, versuchten sie, kleine Kredite für Privatpersonen kostengünstiger zu gestalten und auf den seit 1967 härter gewordenen Wettbewerb im Konsumentenkreditgeschäft zu reagieren. Bis zum Ende der 1960er Jahre verdrängten der Überziehungskredit und das Anschaffungsdarlehen den Kleinkredit vollständig. Die Commerzbank vergab 1970 nur noch 65 000 Kleinkredite

[345] HAC, 400/345, Rede von Paul Lichtenberg vor dem Landesbeirat West vom 25.03.1966. HAC, 400/409, Rede von Ernst Rieche zum Jahresabschluss der Commerzbank 1967. HAC, 400/869, Rede von Ernst Rieche auf der Commerzbank-Hauptversammlung vom 15.05.1968. HADrB, 17613-2000, Aktennotiz von Ponto vom 01.12.1967; Schreiben der Vorstände Reinhold und Ponto an die Vorstände Witt und Graf zu Rantzau vom 06.12.1967; Rundschreiben Nr.8 der Dresdner Bank Frankfurt a.M. vom 05.01.1968. HADrB, 17618-2000, Vorstandsvorlage: Verkaufsargumente für das Hypotheken-Darlehen der Dresdner Bank 1969. Kurzrock: Aus der Geschichte der Commerzbank, S.138.
[346] HAC, 400/151, Rede von Ernst Rieche zum Jahresabschluss 1969. HADrB, 17622-2000, Betriebswirtschaftliche Abteilung: Wirtschaftlichkeitsanalyse und Kostenstruktur des Kleindarlehengeschäfts 1968. HADrB, 17622-2000, Zentrale betriebswirtschaftliche Abteilung: Statistik Persönliche Darlehen 1969.
[347] HAC, 300/348, Rede von Günther Ladisch vor Leitern der Großfilialen der Gesamtbank vom 30.08.1963, S.18; Rede von Hanns Deuß vor Filialleitern des Geschäftsbereichs West vom 29.11.1966, S.13. HAC, 400/409, Rede von Bolko Graf von Roedern vor dem Commerzbank-Aufsichtsrat vom 10.12.1963. HAC, 400/556, Vorlage der Zentralen Abteilung Markt/Planung/Mengengeschäft für die Vorstandssitzung am 07.04.1971. HAC, 400/676, Ausarbeitung der Volkswirtschaftlichen Abteilung von „Auf der Pressekonferenz am 24.03.1965 zu erwartende Fragen". HADB, SG 8/16, Wirtschaftliche Mitteilungen der Deutschen Bank, Nr.3, September 1965, Artikel „Die Entwicklung des Konsumentenkredits im Bundesgebiet". HADB, ZA 30/2, Krämer, Willy: Konsumentenkredit der Sparkassen auf neuen Wegen, in: Sparkasse 23 (1961), S.401. HADrB, 17613-2000, Filialleitersitzung der Dresdner Bank vom 21.04.1967. HADrB, 17622-2000, Betriebswirtschaftliches Büro Düsseldorf: Entwicklung des Kleindarlehensgeschäfts in der BRD seit 1959, 18.08.1966; Betriebswirtschaftliche Abteilung: Wirtschaftlichkeitsanalyse und Kostenstruktur des Kleindarlehengeschäfts 1968. HADrB, 118009.MS, Volkswirtschaftliche Abteilung der Dresdner Bank, Der Spiegel vom 16.04.1965, Artikel „Zum Massengeschäft gezwungen". Ashauer: Entwicklung des Konsumentenkredits, S.72.
[348] HAC, 300/348, Rede von Hanns Deuß vor Filialleitern des Geschäftsbereichs West vom 29.11.1966, S.13. HADrB, 17613-2000, Entwurf für ein Rundschreiben von Graf zu Rantzau, ca. 1968. HADrB, 17622-2000, Betriebswirtschaftliche Abteilung: Wirtschaftlichkeitsanalyse und Kostenstruktur des Kleindarlehengeschäfts 1968.

über 58 Mio. DM.[349] Der Dresdner Bank-Geschäftsbericht urteilte 1969, die große Zeit des Kleinkredits sei vorbei.[350]

Der Dispositionskredit war letztlich nichts anderes als der seit Jahrzehnten bewährte Kontokorrentkredit für Geschäftskunden. Bankhistorisch betrachtet, entstand damit ein entscheidender Umbruch im Vertrauensverhältnis zwischen Bank und Privatkunde: Die Initiative beim Kredit war nun umgekehrt; der Kunde musste weder einen Antrag stellen noch Sicherheiten nachweisen. Er konnte ständig über mehr Geld verfügen, als er tatsächlich besaß. Spätestens jetzt wurde die Bevölkerung endgültig bankfähig: Die Großbanken schenkten Privatpersonen die gleiche Aufmerksamkeit und Wertschätzung wie Unternehmen, indem sie den Bundesbürgern Kredite in laufender Rechnung gewährten. Diese nutzten den bequemen und flexiblen Dispositionskredit verstärkt für den täglichen Konsum, während sie für einmalige, größere Anschaffungen wie Automobile oder den Wohnungsbau „normale" Kredite aufnahmen.[351]

Dieser Umbruch im Konsumentenkreditgeschäft erklärt sich durch die Liberalisierung und den zunehmenden Wettbewerb in der Kreditbranche gegen Ende der 1960er Jahre. Die Großbanken erkannten nun, dass sie für die immer größer werdende Privatkundschaft ein umfassendes Kreditprogramm benötigten. Daher ergänzten sie den Kleinkredit und das Anschaffungsdarlehen mit neuen Produkten wie dem Überziehungskredit sowie dem Bau- und Hypothekendarlehen. Vergleichbar mit Markenartikeln aus der Konsumgüterindustrie bauten die Institute so ihr Angebot an normierten „Krediten von der Stange" als Ergänzung zum individuellen Kreditgeschäft mit den Unternehmen aus. Durch die schematisierte Abwicklung konnten sie das Volumen mit relativ geringem Aufwand erheblich vergrößern. Ein etwas erhöhtes Risiko kalkulierten sie dabei stets mit ein.[352]

Darüber hinaus experimentierten die Großbanken mit weiteren Dienstleistungen: So boten sie ab 1967 Kredite mit Versicherungsschutz an und führten 1968 spezielle Darlehen für Ärzte, Apotheker und andere Freiberufler ein.[353] Die Dresdner Bank versuchte zeitgleich, Kredite per Telefon zu verkaufen. Kunden, die wenig Zeit oder große Hemmungen hatten, konnten nun auch außerhalb der Öffnungszeiten Kleinkredite und An-

---

[349] HADrB, Geschäftsberichte der Dresdner Bank 1969 und 1970. HAC, 400/151, Rede von Ernst Rieche zum Jahresabschluss 1969. HADB, SG 8/16, Monatsbericht der Deutschen Bundesbank, Juni 1966, Artikel „Zur Entwicklung der Konsumentenkredite der Banken", S. 15–23. HADrB, 17622-2000, Büro für Massengeschäfte, Frankfurt a. M., L+G-Kunden im Südbereich, Umfrageergebnisse und Folgerungen einer schriftlichen Befragung von 1000 LG-Kunden im Mai 1969 vom 30. 09. 1969. HADrB, 118015.MS, Allgemeine Zeitung Mainz/Darmstädter Tagblatt/Wiesbadener Tagblatt vom 14. 04. 1970, Artikel „Alter schützt vor Wachstum nicht".
[350] HADrB, 118015.MS, Allgemeine Zeitung Mainz/Darmstädter Tagblatt/Wiesbadener Tagblatt vom 14. 04. 1970, Artikel „Alter schützt vor Wachstum nicht".
[351] Beier/Jacob: Konsumentenkredit, S. 41. Belvederesi/Thomes: Gesellschaftlicher Wandel, S. 34. Reich: Verbraucherkredit, S. 3.
[352] HAC, 400/104, Seminarordner „Unser Privates Kreditprogramm. Leitgedanken" vom 15. 01. 1969. HADrB, 17618-2000, Vorstandsvorlage: Verkaufsargumente für das Hypotheken-Darlehen der Dresdner Bank 1969. Meyen: 120 Jahre Dresdner Bank, S. 264.
[353] HAC, N26/31, Nachlass Herbert Wolf, Schreiben von Hans-Josef Hecking, Hannover, vom 10. 01. 1994. HAC, N26/37, Nachlass Herbert Wolf, Schreiben von Hans-Josef Hecking vom 29. 12. 1992. HADB, A 3557, Dibbern, Klaus: Bankgeschäfte mit Privaten Haushalten in Deutschland, 1999, S. 21. HADrB, 17613-2000, Notiz von Diel an Graf zu Rantzau, Düsseldorf, vom 12. 10. 1965. HADrB, 17618-2000, Nachlass Jürgen Ponto, Massengeschäft. HADrB, 118304.MS, Rundschreiben Nr. 227 der Dresdner Bank Düsseldorf vom 27. 11. 1967. Hooven: Wandlungen im Bankgeschäft, S. 313. Sauer: Wettbewerbsposition, S. 79f.

schaffungsdarlehen telefonisch beantragen und am Folgetag ausbezahlt bekommen. Die Dresdner Bank sprach von einer „Chance für den Schüchternen" oder für Kunden mit „Marmorangst".[354] Wenn auch nicht immer auf der ganzen Linie erfolgreich, so waren diese Ideen dennoch Ausdruck der Umbruchstimmung und der zunehmenden Kundenorientierung. Dazu lockerten die Großbanken auch die Vergaberichtlinien: Nachdem bislang in einigen Filialen bis zu 60% aller Anträge abgelehnt worden waren, forderten sie die Geschäftsstellen Ende der 1960er Jahre auf, Kreditgesuche vermehrt zu bewilligen und nicht mehr in allen Fällen auf eine Gehaltsbescheinigung zu bestehen.[355] Gleichzeitig vereinheitlichten die Institute die teilweise unterschiedlichen Bewilligungs- und Abwicklungsmethoden in den einzelnen Hauptverwaltungsbereichen. So hatten etwa die Niederlassungen der Dresdner Bank in der zweiten Hälfte der 1960er Jahre nicht weniger als sechs verschiedene Verfahren praktiziert. Besonders rigide waren die Hamburger Filialen vorgegangen: Hier waren Kredit- und Einkommenshöhe fest aneinander gekoppelt gewesen, der Kunde hatte eine Festanstellung von mindestens einem Jahr nachweisen müssen, und finanzierte Automobile hatte stets ein Bankmitarbeiter zuvor besichtigt.[356]

Auch den Angestellten in den Filialen mussten die Großbanken die neue Einstellung im Privatkundenkreditgeschäft vermitteln. Die teilweise recht hohen Ablehnungsquoten in diesem Bereich waren unter anderem darauf zurückzuführen, dass viele Mitarbeiter der Sparte insgesamt und ihren Kunden im Besonderen nach wie vor überheblich und mit Vorbehalten gegenüberstanden. Diese Haltung hatte ihren Ursprung in der jahrhundertealten Auffassung der Kreditbranche, dass jedes Darlehen bestmöglich abgesichert werden musste und einfache Privatpersonen daher nicht kreditwürdig sein konnten.[357] Weiterbildungsunterlagen der Commerzbank brachten dieses bisherige Denken 1969 auf den Punkt:

„Vorsicht!! Dieser Kredit-Interessent könnte ein Betrüger sein! […] Kreditnehmer sind im Grunde schlechte Menschen."[358]

In Seminaren und Kursen versuchten die Großbanken, ihren Angestellten ein neues Denken beizubringen und sie weiterzubilden. Diese sollten klar unterscheiden zwischen dem normalen Kreditgeschäft und dem Kreditprogramm für Privatpersonen mit vereinfachten Regeln und geringerem Aufwand. Der Kreditnehmer war nicht länger als Bittsteller, son-

[354] HADrB, 17613-2000, Schreiben des Büros für Massengeschäfte, Frankfurt a. M., an die Vorstände Hagenmüller, Ponto, Reinhold vom 15.07.1968. HADrB, 118009.MS, FAZ vom 10.04.1968; Der Volkswirt vom 19.04.1968; Protokoll der Sitzung zu Fragen des Massengeschäfts in Berlin vom 24.05.1968. HADrB, 118011.MS, Blick durch die Wirtschaft vom 11.12.1968, Artikel „Eine Chance für den Schüchternen".
[355] HAC, 400/192, Rundschreiben Nr. 106 der Commerzbank Frankfurt a.M., Organisations-Abteilung, vom 10.09.1968. HAC, N26/24, Nachlass Herbert Wolf, Protokoll der Gesamtvorstandssitzung vom 17.04.1967. HADrB, 17622-2000, Zentrale betriebswirtschaftliche Abteilung: Statistik Persönliche Darlehen 1969. HAC, Wolf: Chronik, S. 661.
[356] HADrB, 17613-2000, Bericht der Dresdner Bank, Filiale Kiel (Stecher), über die Sonderaufgabe „Koordinierung und Ankurbelung des Ratenkreditgeschäfts im Bereich der Hauptverwaltung Hamburg" vom 22.11.1965. HADrB, 17622-2000, Zentrale betriebswirtschaftliche Abteilung: Statistik Persönliche Darlehen 1969.
[357] HAC, N26/37, Nachlass Herbert Wolf, Schreiben von Hans-Josef Hecking vom 29.12.1992. HADrB, 17613-2000, Notiz von Diel an Graf zu Rantzau, Düsseldorf, vom 12.10.1965. HADrB, 17613-2000, Bericht der Dresdner Bank, Filiale Kiel (Stecher), über die Sonderaufgabe „Koordinierung und Ankurbelung des Ratenkreditgeschäfts im Bereich der Hauptverwaltung Hamburg" vom 22.11.1965.
[358] HAC, 400/10, Seminarordner „Unser Privates Kreditprogramm. Leitgedanken" vom 15.01.1969.

dern als Kunde zu behandeln.[359] Anstelle des alten Sicherheitsdenkens trat ein neues Prinzip:

> „Jeden Kredit-Interessenten willkommen heißen! Ob man erst spart und dann kauft oder erst kauft und dann spart (also seinen Kredit abbezahlt), ist vor allem eine Frage der Mentalität."[360]

Der alten Lehre diametral entgegen, forderten die Institute ihre Angestellten nun dazu auf, beim Kreditkunden zusätzliche Wünsche zu wecken: So sollten sie ihm beispielsweise zu einem Neuwagen raten, wenn er einen Gebrauchtwagen kaufen wollte, zu einem PKW mit mehr PS oder zu einer kompletten Neueinrichtung der Wohnung anstelle einzelner Möbel.[361]

Verkaufspsychologischer Methoden bedienten sich die Großbanken fortan auch in der Kreditwerbung. Massenhafte Reklame mit Prospekten und Zeitungsanzeigen, wie sie die Institute seit der zweiten Hälfte der 1960er Jahre praktizierten, reichten nicht mehr aus, um im härter werdenden Wettbewerb zu bestehen. Vielmehr versuchten die Institute die Frage zu klären, welche psychologischen Hemmfaktoren dem sorglosen Kreditnehmen entgegenstanden und wie entsprechende Werbung diese umgehen konnte. Der Kunde sollte die Bank bei der Kreditaufnahme genauso selbstbewusst und gutgestimmt betreten wie bei anderen Bankgeschäften.[362] Dieses Ziel ließ sich mit spezieller Kreditwerbung nicht erreichen. Vielmehr mussten die Institute zunächst ihr Image verändern und damit das Vertrauen der privaten Kunden gewinnen (siehe unten).

Insgesamt expandierte das Konsumentenkreditgeschäft in den 1960er Jahren sowohl bei den Großbanken als auch in der gesamten Kreditbranche beträchtlich. Das Volumen erhöhte sich von 4,9 Mrd. DM auf 30 Mrd. DM.[363] Der Marktanteil der Großbanken steigerte sich von 10% auf fast 18%. Damit lagen sie ungefähr gleichauf mit den Teilzahlungsbanken (20%) und den Genossenschaftsbanken (18%), aber deutlich hinter den Sparkassen (32%).[364] In den 1960er Jahren hatten sich die traditionell auf Industrie und Handel ausgerichteten Großbanken zu den größten Konsumentenkreditbanken Westdeutschlands entwickelt. Das zeigte sich auch am immer größer werdenden Anteil der Privatkredite am Gesamtkreditvolumen. Dieser stieg etwa bei der Deutschen Bank zwischen 1960 und 1973 von 4% auf 15% und war damit höher als bei den Sparkassen.[365]

---

[359] HADrB, 17613-2000, Notiz von Diel an Graf zu Rantzau, Düsseldorf, vom 12.10.1965. HADrB, 17955-2000, Analyse der Unternehmensberatung McKinsey zur Organisation der Dresdner Bank AG. Erster Zwischenbericht an den Vorstand, Oktober 1970. Andersen: Traum, S. 202.
[360] HAC, 400/10, Seminarordner „Unser Privates Kreditprogramm. Leitgedanken" vom 15.01.1969.
[361] Ebenda.
[362] HADrB, 17618-2000, Schreiben des Büros für Massengeschäfte, Frankfurt a. M., an die Vorstände Hagenmüller, Ponto, Reinhold vom 15.07.1968; Vorstandsvorlage: Verkaufsargumente für das Hypotheken-Darlehen der Dresdner Bank 1969. HADrB, 17621-2000, Lothar Dirr, Marketingberatung, „Sparen und Leihen. Überlegungen zur Werbekonzeption der Dresdner Bank AG" vom 06.02.1968. HADrB, 17955-2000, Analyse der Unternehmensberatung McKinsey zur Organisation der Dresdner Bank AG. Erster Zwischenbericht an den Vorstand, Oktober 1970. Andersen: Traum, S. 202.
[363] HADB, SG 8/16, Monatsbericht der Deutschen Bundesbank, Juni 1966, Artikel „Zur Entwicklung der Konsumentenkredite der Banken", S.15–23. Beier/Jacob: Konsumentenkredit, S. 38f. Hooven: 20 Jahre persönliche Kredite, S. 210. Reis: Konsum, Kredit und Überschuldung, S. 270.
[364] HADB, SG 8/16, Sonderrundschreiben Nr. 7 der Deutschen Bank vom 28.06.1961. HADrB, 17622-2000, Betriebswirtschaftliches Büro Düsseldorf: Entwicklung des Kleindarlehensgeschäfts in der BRD seit 1959, 18.08.1966. Der Spiegel vom 03.03.1961, Artikel „Kredite für den kleinen Mann". Beier/Jacob: Konsumentenkredit, S.39f. Reis: Konsum, Kredit und Überschuldung, S.270. Wolf: Aufbau des Privatkundengeschäfts, S.425.
[365] Hooven: Wandlungen im Bankgeschäft, S.315. Stücker: Konsum auf Kredit, S.77.

Über die Zusammensetzung der privaten Kreditnehmer lassen sich den vorliegenden Quellen keine Angaben entnehmen. Vermutlich kamen vor allem Angestellte und Beamte zu den Großbanken, während Arbeiter noch länger am Teilzahlungskredit festhielten.[366]

Wie in allen anderen Bereichen der Kreditbranche war um 1970 auch bei den Konsumentenkrediten die Zeit der Arbeitsteilung vorüber. Der Wettbewerb war intensiver geworden und neue Konkurrenten waren aufgekommen. So hatten etwa mehrere Waren- und Versandhäuser im Laufe des Jahrzehnts eigene Teilzahlungsbanken gegründet, darunter der Quelle-Versand 1965 die Noris-Kreditbank.[367] Die Großbanken konnten sich dennoch im Konsumentenkreditgeschäft behaupten. Das lag einerseits am Niedergang der Teilzahlungsbanken. Andererseits profitierten sie von der steigenden Nachfrage der Bundesbürger nach höheren Krediten mit längeren Laufzeiten; ein Phänomen, das sich unter anderem durch den Siegeszug der Massenmotorisierung erklären lässt. Die Großbanken erkannten diese Tatsache aber erst gegen Ende des Jahrzehnts. Wenn sie bereits zuvor ihr Angebot an Konsumentenkrediten ausbauten, so ist dies zum einen auf den steigenden Wettbewerbsdruck zurückzuführen, zum anderen aber auch auf die hohen Gewinne, die sie mit den immer größeren Kreditsummen erzielten. In der zweiten Hälfte der 1960er Jahre erwirtschafteten sie mit Krediten für Privatpersonen Überschüsse in zweistelliger Millionenhöhe.[368]

Als Folge dieser Entwicklung stand den privaten Kunden um 1970 ein abgerundetes Kreditsortiment zur Verfügung, das vom kurzfristigen Dispositionskredit über das mittelfristige Anschaffungsdarlehen bis hin zu langfristigen Bau- und Hypothekendarlehen reichte. Darüber hinaus entstanden erste Kreditsonderformen für bestimmte Zielgruppen. Diese Ausweitung zeugt sowohl von der steigenden Bedeutung, die die Großbanken der Privatkundschaft inzwischen zumaßen, als auch von der Wichtigkeit einer vielfältigen Auswahl in der Konsumgesellschaft.

„Mit Sex für Zinsen". Reorganisation, Werbung und Wettbewerb

Mit dem bereits mehrfach angedeuteten Umbruch der Kreditbranche in der zweiten Hälfte der 1960er Jahre wurde nicht nur der Konkurrenzkampf härter, sondern auch die Zinsspanne enger und die Ertragslage für alle Kreditinstitute schlechter. Auf diese Entwicklungen reagierten die Großbanken, indem sie unter anderem ihr Massengeschäft ausbauten und neu organisierten. So richteten sie beispielsweise ab 1965/66 spezielle Abteilungen in den einzelnen Hauptverwaltungen ein. Die „Büros für Massengeschäfte" sollten verkaufsfördernde Informations- und Überzeugungsarbeit in den Filialen leisten, Maßnahmen mit den einzelnen Werbeabteilungen abstimmen, das Verhalten der Konkurrenten und der Bevölkerung beobachten, neue Zweigstellen planen und Anregungen für neue Produkte geben. Die Büros in Düsseldorf, Frankfurt am Main und Hamburg stan-

---

[366] HADB, SG 8/16, Bild-Zeitung vom 27.03.1962, Artikel „Der feine Mann zahlt lieber bar".
[367] BArch, B 102/49226, Ratenkreditverordnung, Kölner Stadtanzeiger vom 24.12.1965, Artikel „Kredit kann teuer sein".
[368] HAC, 400/151, Rede von Ernst Rieche zum Jahresabschluss 1969. HADrB, 17622-2000, Betriebswirtschaftliche Abteilung: Wirtschaftlichkeitsanalyse und Kostenstruktur des Kleindarlehengeschäfts 1968. HADrB, 17622-2000, Zentrale betriebswirtschaftliche Abteilung: Statistik Persönliche Darlehen 1969.

den dazu in ständigem Austausch miteinander. Ansprechpartner in den größeren Filialen belieferten sie dabei mit Anregungen aus der Praxis.[369]

Ende der 1960er Jahre mussten die Großbanken-Vorstände aber erkennen, dass die Volumensteigerungen im Massengeschäft und die Filialnetzexpansion der vergangenen Jahre nicht automatisch zu höheren Gewinnen führten, da die Kosten wesentlich stärker stiegen. Außerdem war der Markt durch den verschärften Wettbewerb allmählich gesättigt.[370] Vor allem jüngere Führungskräfte, die zwischenzeitlich in die Vorstandsebene aufgerückt waren, erkannten den Handlungsbedarf und standen neuen Ideen offener gegenüber als ihre Kollegen. Zu dieser neuen Generation zählten beispielsweise Kurt Sureth (Commerzbank), Eckart van Hooven (Deutsche Bank) oder Jürgen Ponto (Dresdner Bank). Letzterer hatte 1965 zur Zukunft des Massengeschäfts geäußert:

> „M.E. [Meines Erachtens; d. Verf.] können wir diesen Sektor nur fruchtbringend zum Tragen bringen, wenn er nicht nach Gefühl und Wellenschlag, sondern ähnlich wie das Geschäft bei unseren Seifenpulver-Freunden aufgezogen wird."[371]

Mit den bestehenden Strukturen war ein solches Vorgehen allerdings kaum möglich. Nicht nur das Massengeschäft, sondern die gesamten Institute mussten reorganisiert und neu ausgerichtet werden. Hier standen die Großbanken keinesfalls allein. In der westdeutschen Wirtschaft entwickelte sich in der zweiten Hälfte der 1960er Jahre der optimistische Glaube, alles systematisch planen, modernisieren und rationalisieren zu können. Die Großbanken setzten dazu auf externe Hilfe. Die Dresdner Bank berief 1966 mit Professor Karl Friedrich Hagenmüller von der Universität Frankfurt am Main einen ausgewiesenen Fachmann für Organisationsfragen in den Vorstand, um eine „Reform an Haupt und Gliedern" einzuleiten.[372] Hagenmüller führte erstmals mittelfristige Entwicklungspläne ein und gab im Juli 1969 eine umfangreiche Studie bei McKinsey in Auftrag. Auch die Commerzbank und die Deutsche Bank engagierten Wirtschaftsberatungsunternehmen wie Prognos, LOGON, Laux oder eben McKinsey. Alle Studien kamen zu ähnlichen Ergebnissen: Die Hauptprobleme der Großbanken waren die regionale Dreiteilung der

---

[369] HADrB, 17613-2000, Notiz von Diel an Graf zu Rantzau, Düsseldorf, vom 12.10.1965; Rundschreiben Nr. 132 der Dresdner Bank Frankfurt a. M. vom 21.09.1966; Schreiben Feldbausch, Frankfurt a. M., an die Vorstände Hagenmüller, Ponto, Reinhold, Graf zu Rantzau, Witt sowie an Sappke (Düsseldorf) und Wohlgefahrt (Hamburg) vom 20.12.1967; „Massengeschäft und Kreditorenpflege", Frankfurt a. M., ca. 1967. HADrB, 17618-2000 Protokoll der Sitzung zu Fragen des Massengeschäfts in Berlin vom 24.05.1968. HADrB, 118271.MS, Rundschreiben der Bank für Handel und Industrie, Berlin (Dresdner Bank), an alle Geschäftsstellen vom 13.01.1969. Ahrens: Reform der Dresdner Bank, S. 76f.

[370] HAC, N26/24, Nachlass Herbert Wolf, Protokoll der Gesamtvorstandssitzung vom 17.04.1967. HAC, N26/30, Nachlass Herbert Wolf, Schreiben von Hans-Lothar Brandt an Herbert Wolf vom 30.08.1992. HADrB, 7961-2002, Ausrichtung der Unternehmensberatung McKinsey auf zukünftige Aufgaben der Dresdner Bank AG vom 17.11.1969. HADrB, 117996.MS, Manager Magazin 4 (1974), Artikel „Reform an Haupt und Gliedern". Ahrens: Reform der Dresdner Bank, S. 76. Büschgen: Deutsche Bank, S. 773. Büschgen: Großbanken, S. 154. Krause: Archivalische Quellen, S. 3. Mühlhaupt: Strukturwandlungen, S. 30.

[371] HADrB, 17613-2000, Schreiben von Graf zu Rantzau an Ponto vom 18.10.1965.

[372] Ahrens: Reform der Dresdner Bank, S. 78ff. Belvederesi-Kochs: Von der „moralischen Anstalt" zum vertriebsorientierten Finanzdienstleister, S. 192ff. Meyen: 120 Jahre Dresdner Bank, S. 343f. Prof. Dr. Karl Friedrich Hagenmüller: Gründer der Bankakademie Frankfurt 1957, von 1953 bis 1966 Ordinarius für Betriebswirtschaftslehre an der Johann-Wolfgang-Goethe-Universität Frankfurt a.M.; 1966 stellvertretendes, ab 1967 ordentliches Vorstandsmitglied der Dresdner Bank bis 1980, zuständig für die Bereiche Rechnungswesen, Revision, Organisation und Bauwesen.

Führungsstäbe mit unterschiedlichen Arbeitsweisen und zunehmenden Reibungsverlusten, die Geschäftsverteilung im Vorstand, die Filialorganisation, Fach- und Servicedefizite des Schalterpersonals sowie die spartenorientierte Gliederung im uneinheitlich geführten Massengeschäft, das insgesamt zu wenig Beachtung erfuhr. Die Organisationsstrukturen der Institute waren stärker auf die Interessengebiete von Personen und auf die Funktionen der Hauptverwaltungsabteilungen ausgerichtet als auf die Kundengruppen und die aktive Führung des Geschäftsstellennetzes.[373]

Alle diese Problemfelder gingen die Großbanken mit Unterstützung der Wirtschaftsberater ab Ende der 1960er Jahre an. Ihr Ziel war es, Kosten zu senken, Erträge zu steigern und im Massengeschäft zu einem rentablen Wachstum zu gelangen.[374] Daraus entwickelte sich ein Prozess, der sich bis weit in die 1970er Jahre hinzog. Die Institute orientierten sich dabei am Vorbild vieler US-amerikanischer Geschäftsbanken, die sich mit Hilfe von Wirtschaftsberatungsunternehmen in den 1960er Jahren ebenfalls umstrukturiert hatten. Bei den westdeutschen Großbanken führte die Reorganisation zunächst zur Zentralisierung der Vorstände und der Stabsabteilungen in Frankfurt am Main. Die Stadt hatte sich nach 1945 – nicht zuletzt durch die Börse und den Sitz der Deutschen Bundesbank – allmählich zum Finanzzentrum der Bundesrepublik entwickelt. Die Großbanken richteten hier zunehmend zentrale Abteilungen ein. Parallel dazu zogen immer mehr Vorstände von Hamburg und Düsseldorf nach Frankfurt um und erhielten neu geregelte, regionale Zuständigkeitsbereiche und Aufgabengebiete. Für jedes Fachressort war nur noch ein Vorstand bundesweit verantwortlich. Ab 1970 richteten die Institute ihre Organisationsstrukturen überdies auf die beiden Kundengruppen Unternehmen und Privatpersonen aus. Diese beiden Segmente ließen sich leichter steuern als viele einzelne Sparten. Einen symbolischen, auch in der Öffentlichkeit deutlich sichtbaren Abschluss dieser umwälzenden Vorgänge bildeten schließlich die Hochhausneubauten der Großbankenzentralen in Frankfurt.[375]

---

[373] HAC, 400/777, Commerzbank, Marketinganalyse 1972/73. HAC, N26/24, Nachlass Herbert Wolf, Protokolle der Gesamtvorstandssitzungen vom 28.09.1967 und 13.11.1967. HAC, N26/39, Nachlass Herbert Wolf, Rundschreiben des Gesamtvorstands an alle Geschäftsstellen und Abteilungen vom 15.11.1968. HADB, SG 8/16, Schreiben von von Natz, Deutsche Bank Düsseldorf, an Franz Heinrich Ulrich vom 04.02.1966. HADrB, 7961-2002, Ausrichtung der Unternehmensberatung McKinsey auf zukünftige Aufgaben der Dresdner Bank AG vom 17.11.1969; Analyse der Unternehmensberatung McKinsey zur Organisation der Dresdner Bank 1970. HADrB, 17953-2000, Analyse der Unternehmensberatung McKinsey zur Organisation der Dresdner Bank AG. Erster Zwischenbericht an den Vorstand, Oktober 1970. HADrB, 118007.MS, Der Spiegel vom 30.10.1967, Artikel „Schlacht um Groschen". HADrB, 120552, Vorschlag von Prof. Dr. Hagenmüller zur Fünfjahresplanung, 1966. Ahrens: Reform der Dresdner Bank, S. 76ff. Ahrens/Bähr: Jürgen Ponto, S. 332f. Commerzbank (Hrsg.): Dienstleister im Wandel, S. 326. Krause: Archivalische Quellen, S. 17. HAC, Wolf: Chronik, S. A719. Wolf: Das Fundament wird gelegt, S. 39.
[374] Ahrens: Reform der Dresdner Bank, S. 77. Weiss: Betrachtung des „Privatkunden", S. 26f.
[375] HAC, 400/415, Schreiben der Werbe-Abteilung, Commerzbank, an Sureth vom 19.10.1967. HAC, 400/868, Die Zeit vom 19.05.1967, Artikel „Die großen Drei ziehen nach Frankfurt". HAC, N26/39, Nachlass Herbert Wolf, Rundschreiben des Gesamtvorstands an alle Geschäftsstellen und Abteilungen vom 15.11.1968. HAC, S4/4, Geschäftsverteilungspläne des Vorstands. HADrB, 17613-2000, Kurzbericht über Informationsbesuche bei amerikanischen Banken vom 18.02.1971. Ahrens/Bähr: Jürgen Ponto, S. 332f. Commerzbank (Hrsg.): Dienstleister im Wandel, S. 326. Frost: Die Deutsche Bank und ihr Privatkundengeschäft, S. 277. Krause: Archivalische Quellen, S. 17ff. Krause: Zeitreise, S. 118. Meyen: 120 Jahre Dresdner Bank, S. 170ff. HAC, Wolf: Chronik, S. 679 u. S. A719. Wolf: Das Fundament wird gelegt, S. 39. Wolf: Nachkriegsentwicklung, S. 155.

Auch die Filialorganisationen erfuhren ab 1970 eine Neuausrichtung: Beim alten, historisch gewachsenen Kopfstellensystem mit den Hauptniederlassungen, den untergeordneten Filialen und den unselbständigen Zweigstellen hatten abgestufte Abhängigkeiten zu den Zentralen bestanden. Ferner hatten sich die Zuständigkeitsbereiche erheblich in Größe und Leistung unterschieden. Bei der Dresdner Bank lagen die Geschäftsvolumina der 37 Kopfstellen zwischen 40 Mio. DM und 4 Mrd. DM, die Anzahl der ihnen unterstellten Filialen zwischen einer und 55 und die Mitarbeiteranzahl zwischen 46 und 1475.[376] Die Großbanken gliederten ihre Geschäftsstellen nun regional und mehrstufig mit annähernd gleich großen Zuständigkeitsgebieten. Die Filialen erhielten mehr Eigenverantwortung und – analog zur neuen Gesamtorganisation – einen einheitlichen Aufbau mit getrennten Geschäftsbereichen für Firmenkunden und Privatkunden.[377] Damit schufen die Institute die Voraussetzung, um in den 1970er Jahren schließlich die integrierte Kundenberatung einzuführen. Bankmitarbeiter waren nur noch für eine Kundengruppe zuständig, konnten diese aber mit allen Dienstleistungen bedienen.[378]

Als Ergebnis dieser Rochaden waren Ende der 1960er Jahre erstmals zentrale Einrichtungen für das Geschäft mit privaten Kunden und den entsprechenden Sparten entstanden. Die Abteilungen für Verkaufsförderung und Mengengeschäft setzten die Arbeit der Büros für Massengeschäfte fort und widmeten sich verstärkt der Marktbeobachtung und -analyse. Die zentrale Koordinierung ermöglichte den Großbanken eine längerfristige Planung, Steuerung und Kontrolle. So erhielten die Filialen jährliche Sollzahlen für den Vertrieb von Produkten.[379] Insbesondere kümmerten sich die Abteilungen um die Weiterbildung der Angestellten. Dazu organisierten sie in Hotels im Frankfurter Umland zentrale Verkaufsschulungen und luden namhafte Experten ein, wie beispielsweise Heinz Goldmann, den Bestsellerautor von „Wie man Kunden gewinnt". In den 1970er Jahren errichteten die Großbanken schließlich eigene Schulungszentren im Taunus. In Seminaren zum Thema „Verkaufstraining" erhielten die Schalterangestellten Unterricht in allen Sachgebieten des Massengeschäfts sowie in den Fächern Rhetorik und Verkaufspsychologie. Sie sollten lernen, sich bestmöglich an den Bedürfnissen der privaten Kunden zu orientieren. Aus dem klassischen Bankbeamten am Schalter sollte ein „Kundenberater neuen Stils" werden, der sich mit allen Produkten des Massengeschäfts gleichermaßen auskannte und diese überzeugend zu verkaufen wusste. Dazu gehörte auch ein freundlicheres Vokabular: Kredite wurden nicht länger gewährt, sondern angeboten; Einlagen nicht mehr hereinge-

---

[376] HADrB, 7961-2002, Analyse der Unternehmensberatung McKinsey zur Organisation der Dresdner Bank 1970. HADrB, 17953-2000, Analyse der Unternehmensberatung McKinsey zur Organisation der Dresdner Bank AG. Erster Zwischenbericht an den Vorstand, Oktober 1970. HADrB, 17954-2000, Vortrag von McKinsey & Company, Inc., „Voraussetzungen für schnelle und andauernde Verbesserungen der Ertragslage" für den Vorstand der Dresdner Bank AG vom 10.12.1970. HADrB, 17955-2000, Analyse der Unternehmensberatung McKinsey zur Organisation der Dresdner Bank AG. Erster Zwischenbericht an den Vorstand, Oktober 1970. HADrB, 117996.MS, Manager Magazin 4 (1974), Artikel „Reform an Haupt und Gliedern". Meyen: 120 Jahre Dresdner Bank, S. 129. Siepmann: Standortfrage bei Kreditinstituten, S. 102.
[377] Ahrens: Reform der Dresdner Bank, S. 78ff. Ahrens/Bähr: Jürgen Ponto, S. 332f. Commerzbank (Hrsg.): Dienstleister im Wandel, S. 326. Meyen: 120 Jahre Dresdner Bank, S. 129 u. S. 170ff. Siepmann: Standortfrage bei Kreditinstituten, S. 102. HAC, Wolf: Chronik, S. 686 u. S. A719.
[378] Wolf: Aufbau des Privatkundengeschäfts, S. 429.
[379] HAC, S4/4, Rundschreiben des Gesamtvorstands an alle Geschäftsstellen und Abteilungen vom 15.11.1968. HADB, A 3557, Dibbern, Klaus: Bankgeschäfte mit Privaten Haushalten in Deutschland, 1999, S. 16f.

nommen, sondern angelegt.[380] In Lehrgangsunterlagen der Commerzbank vom Januar 1969 hieß es zusammenfassend:

> „Wir müssen dem Kunden das Gefühl geben, daß wir uns um jeden, auch den kleinen Mann, wirklich bemühen. […] Nicht was wir wollen ist wichtig, sondern was er denkt und will."[381]

Da die einzelnen Bankleistungen angesichts des zunehmenden Wettbewerbs austauschbar geworden waren, entschied sich der Erfolg eines Kreditinstituts im Massengeschäft nun vor allem bei der Qualität der Kundenberatung. Vor diesem Hintergrund initiierten die Großbanken beispielsweise die Systemsparprogramme. Um ihre Angestellten zu motivieren, setzten sie nach amerikanischem Vorbild aber auch auf Provisionen für erfolgreiche Vertragsabschlüsse und führten Mitarbeiterzeitschriften ein.[382]

In der Werbung waren die Großbanken von diesen Entwicklungen in der ersten Hälfte der 1960er Jahre noch weit entfernt. Sie gaben sich dabei nach wie vor zurückhaltend und konzentrierten sich auf das Spargeschäft. Jede Hauptverwaltung agierte dabei eigenständig. Anzeigen, Plakate und Prospekte waren emotionslos, sachlich und unauffällig gestaltet und häufig textüberladen. Nach wie vor versuchten die Institute, das Massengeschäft über ihre Firmenkunden zu aktivieren, indem sie beispielsweise Anzeigen in Werkszeitschriften schalteten. Auf Fernsehwerbung verzichteten sie in einem Abkommen Ende 1961 einvernehmlich. Immerhin verschwanden im Laufe des Jahrzehnts allmählich die reinen Repräsentativ-Anzeigen. Stattdessen inserierten die Großbanken häufiger Textanzeigen für den Kleinkredit in Lokalzeitungen, um vor allem einfache Arbeitnehmer zu erreichen. Überdies verteilten sie bunte Faltprospekte für LG-Konten und Privatkundenkredite. Nicht zuletzt versuchte es die Dresdner Bank mit humorvollen Elementen, indem sie die comicartigen Illustrationen von Gerhard Brinkmann aus der DIT-Werbung übernahm.[383]

---

[380] BArch, B 126/37693, Wettbewerb im Kreditwesen, Bd. 1, FAZ vom 09. 04. 1969, Artikel „Der Segen des Bankwettbewerbs". HAC, 400/8, Seminarordner „Das Spar-Geschäft bei der Commerzbank. Leitgedanken" vom 15. 01. 1969. HAC, 400/345, Rede von Hanns Deuß vor dem Gesamtbeirat vom 28. 10. 1965. HAC, 400/870, Industriekurier vom 20. 05. 1969, Artikel „Die Zukunft liegt im Mengengeschäft". HAC, N26/37, Nachlass Herbert Wolf, Schreiben von Gunther Raatz an Herbert Wolf vom 07. 01. 1991. HAC, N26/39, Nachlass Herbert Wolf, Rundschreiben des Gesamtvorstands an alle Geschäftsstellen und Abteilungen vom 15. 11. 1968. HADB, A 3557, Dibbern, Klaus: Bankgeschäfte mit Privaten Haushalten in Deutschland, 1999, S. 18 f. HADB, Deutsche Bank AG, Frankfurt a. M. (Hrsg.): Sonderausgabe 30 Jahre Privatkundengeschäft, Frankfurt a. M. 1989, S. 8 f. HADrB, 17618-2000, Vorstandsvorlage: Verkaufsargumente für das Hypotheken-Darlehen des Dresdner Bank 1969. HADrB, 118007.MS, Der Spiegel vom 30. 10. 1967, Artikel „Schlacht um Groschen". Frost: Die Deutsche Bank und ihr Privatkundengeschäft, S. 276. Krause: Archivalische Quellen, S. 17. Wolf: Das Fundament wird gelegt, S. 39. HAC, Wolf: Chronik, S. 555.
[381] HAC, 400/9, Seminarordner „Privates Commerzbank-Konto. Leitgedanken" vom 15. 01. 1969.
[382] HAC, 400/8, Seminarordner „Das Spar-Geschäft bei der Commerzbank. Leitgedanken" vom 15. 01. 1969. HAC, 400/415, Schreiben der Werbe-Abteilung, Commerzbank, an Sureth vom 19. 10. 1967. HAC, S1/Sureth, Vortrag „Massengeschäft. Eine zentrale Aufgabe" von Kurt Sureth vom 13. 09. 1968. HADB, A 3557, Dibbern, Klaus: Bankgeschäfte mit Privaten Haushalten in Deutschland, 1999, S. 18 f. HADrB, 17613-2000, Schreiben von Feldbausch, Frankfurt a. M., an den Vorstand der Dresdner Bank vom 31. 01. 1968. HADrB, 118308.MS, Dresdner Bank, Information und Presse, PR-Artikel. Ahrens: Reform der Dresdner Bank, S. 85. Krause: Paul Lichtenberg, S. 248 ff. Wolf: Aufbau des Privatkundengeschäfts, S. 429. Wolf: Nachkriegsentwicklung, S. 110.
[383] HAC, 400/41, Leitfaden für Werbung und Öffentlichkeitsarbeit 1962. HAC, 400/345, Rede von Heinrich Polke vor dem Commerzbank-Landesbeirat Nord vom 27. 10. 1967. HAC, 400/348, Rede von Paul Lichtenberg vor den Filialleitern des Geschäftsbereichs West vom 19. 10. 1962, S. 14 ff.; Rede von Günther Ladisch vor Leitern der Großfilialen der Gesamtbank vom 30. 08. 1963, S. 26. HAC,

Mit diesen kleinen Veränderungen hinkte die Großbanken-Werbung der übrigen Wirtschaft indes deutlich hinterher. Hier hatten die Unternehmen bereits in den 1950er Jahren die Vorstellung vom rationalen Verbraucher, der durch informative Werbung beeinflussbar war, größtenteils verworfen.[384] Im Laufe der 1960er Jahre setzte sich stattdessen gemäß dem US-amerikanischen Konsumvorbild die Auffassung durch, dass Konsumenten einerseits unterbewusste Kaufmotive besaßen, die stimulierbar waren. Mittels Marktforschung und angewandter Psychologie versuchte die Werbewirtschaft, diese Motive des irrationalen Verbrauchers zu ergründen. Andererseits gingen die Unternehmen davon aus, dass sich mit gezielter Werbung neue, künstliche Bedürfnisse schaffen ließen. Ein Produkt verkaufte sich nicht mehr allein wegen seiner Qualität oder seinem Nutzen; auch das Sozialprestige spielte eine Rolle. Vor allem das Marketing nahm damit an Bedeutung zu.[385]

Ende der 1960er Jahre, als die Öffentlichkeit diese Entwicklung allmählich kritisch zu sehen begann, erreichte sie schließlich auch die Kreditbranche. Mit dem Ende der Werbe- und Wettbewerbsverordnungen eröffnete sich den Instituten eine Vielzahl neuer Möglichkeiten: Werbung mit Zinsen, Öffnungszeiten und kostenlosen Nebenleistungen waren ebenso freigegeben wie persönliche Werbung mit Briefen, Telefonanrufen und Hausbesuchen. Auch Preisausschreiben, Sachzuwendungen und Unterhaltungsveranstaltungen waren nun erlaubt.[386] In den Großbanken war man sich bewusst, dass der kontinuierliche Zustrom von privaten Kunden angesichts des verschärften Wettbewerbs und des gesättigten Marktes nicht mehr weitergehen würde wie bisher. Um das Massengeschäft weiter auszubauen und profitabler zu machen, mussten die Institute ihre Werbe- und Marketingmethoden grundlegend überdenken und aktiv um neue Kunden werben. Dabei orientierten sie sich an den angelsächsischen Banken und an der Konsumgüterindustrie. So gestalteten sie die einzelnen Produkte des Massengeschäfts als standardisierte Markenartikel mit einprägsamen Abkürzungen: Bei der Deutschen Bank umfasste das Sortiment den Persönlichen Kleinkredit PKK, das Persönliche Anschaffungsdarlehen PAD, das Persönliche Hypothekendarlehen PHD und den Persönlichen Dispositionskredit PDK.[387]

Gleichzeitig stellten die Großbanken ihren zentralen Werbeabteilungen in Frankfurt, die sie im Rahmen der Reorganisation geschaffen hatten, immer größere finanzielle

---

400/869, Die Zeit vom 28. 03. 1969, Artikel „Mit Sex für Zinsen. Wie die Banken ihr Image pflegen". HAC, N26/2, Nachlass Herbert Wolf, Herbert Wolf: Öffentlichkeitsarbeit. Von vornehmer Zurückhaltung zu aggressiver Klarheit, in: Zeitschrift für das gesamte Kreditwesen 17 (1996), S. 8. HAC, N26/24, Nachlass Herbert Wolf, Protokolle der Gesamtvorstandssitzungen vom 20. 01. 1961 und 05. 12. 1961. HAC, N26/30, Nachlass Herbert Wolf, Schreiben von Hans-Lothar Brandt an Herbert Wolf vom 30. 08. 1992. HADrB, 17621-2000, Schreiben der Werbeabteilung, Frankfurt a. M., an alle Niederlassungen vom 11. 03. 1966. Gerke: Werbung und Image, S. 15ff. Kretschmer: Gerhard Brinkmann, S. 11ff. HAC, Wolf: Chronik, S. 535 u. S. 578.

[384] Gasteiger: Konsument, S. 10f.

[385] Belvederesi-Kochs: Von der „moralischen Anstalt" zum vertriebsorientierten Finanzdienstleister, S. 192ff. Gasteiger: Konsument, S. 32f., S. 68f. u. S. 93ff. König: Geschichte der Konsumgesellschaft, S. 387. Küppers: Marketing bei Kreditinstituten, S. 69.

[386] HADrB, 118302.MS, Schreiben der Rechtsabteilung Düsseldorf (Radtke) an Rechtsabteilung Frankfurt a. M. (Schäfer) vom 18. 12. 1967.

[387] HADrB, 17621-2000, Protokoll über die Zusammenkunft der Werbeleiter in Frankfurt a. M. vom 06. 07. 1966. HADrB, 118007.MS, Handelsblatt vom 17. 10. 1967, Artikel „Werbemärkte heute. Weiche Eier …!". Ahrens: Reform der Dresdner Bank, S. 77 u. S. 86. Hooven: Wandlungen im Bankgeschäft, S. 315. Wolf: Aufbau des Privatkundengeschäfts, S. 429. Siepmann: Standortfrage bei Kreditinstituten, S. 5.

Mittel zur Verfügung. Zwischen 1965 und 1970 erhöhten sich die Werbeausgaben von 2 Mio. DM auf fast 15 Mio. DM und stiegen auch in den 1970er Jahren weiter an.[388] Die Werbung nahm dadurch deutlich an Quantität und Qualität zu. Die Institute engagierten Werbeagenturen, mit deren Hilfe neugestaltete, bunte und bebilderte Anzeigen im Großformat in den Tageszeitungen und Zeitschriften erschienen. In den 1970er Jahren folgten Werbespots im Radio und im Fernsehen. Die Werbung der Großbanken wurde nicht nur aufwändiger, sondern allmählich auch unkonventioneller und kreativer. Um Privatpersonen gezielt anzusprechen, wurden konkrete Anwendungsbeispiele für die eher abstrakten Produkte abgebildet. So waren beispielsweise Anzeigen für Privatkredite nun mit Automobilen, Fernsehern oder Eigenheimen gestaltet. Darin waren vermehrt Menschen in konkreten Alltagssituationen dargestellt, die beispielhaft für die Kunden stehen sollten.[389] Die *Rheinische Post* kommentierte derlei Bestrebungen, die in der gesamten Kreditbranche im Gange waren, im Juni 1969 bissig:

> „Auf doppelseitigen Farbanzeigen lächeln Mannequins, posieren Dressmen, die sonst für Damenstrümpfe, Pfeifentabak und fremdländische Spirituosen werben. In Tageszeitungen und Illustrierten machen sie Propaganda für ein Produkt, das ‚Geld von glücklichen Kassierern‘ heißen könnte.“[390]

Über die reine Produktinformation hinaus verfolgten die Werbeanstrengungen der Großbanken ein weiteres Ziel: Ihr Image sollte sich ändern. Trotz aller Bemühungen seit den 1950er Jahren galten sie in der Bevölkerung nach wie vor als Institute, die sich nur um Industrie und Reiche kümmerten und sich für „gewöhnliche Sterbliche“ nicht interessierten. Untersuchungen der Commerzbank und der Dresdner Bank zeigten 1967, dass bei den Befragten teilweise immer noch latente Schalterängste, „Marmorkomplexe“ und große Unkenntnis vorherrschten.[391] Um dieses Bild zu ändern, setzten die Großbanken zunächst auf eine Gemeinschaftsaktion aller privaten Kreditinstitute. Der Bundesverband des privaten Bankgewerbes initiierte ab 1966 mehrfach große Anzeigenserien in den Tageszeitungen. Die Bundesbürger sollten mehr über die volkswirtschaftliche Bedeutung

---

[388] HAC, 400/415, Schreiben der Werbe-Abteilung, Commerzbank, an Sureth vom 19. 10. 1967. HAC, 400/777, Commerzbank, Marketinganalyse 1972/73. Ahrens: Reform der Dresdner Bank, S. 88ff. Meyen: 120 Jahre Dresdner Bank, S. 316f. Sauer: Wettbewerbsposition, S. 57.

[389] HAC, 400/869, Die Zeit vom 28. 03. 1969, Artikel „Mit Sex für Zinsen. Wie die Banken ihr Image pflegen". HAC, N26/2, Nachlass Herbert Wolf, Aufsatzskizze „Information stets mit Priorität" in der Zeitschrift Die Bank, o. J. HADB, Deutsche Bank AG, Frankfurt a. M. (Hrsg.): Sonderausgabe 30 Jahre Privatkundengeschäft, Frankfurt a. M. 1989, S. 8f. HADrB, 17613-2000, Konzept zu einer Werbekampagne für Anschaffungsdarlehen und Kleinkredite, 1966; Vorschläge für die Werbelinie der Dresdner Bank bis zum Jahre 1972 vom 04. 12. 1969. HADrB, 17621-2000, Protokoll über die Zusammenkunft des Werbebeirats, Frankfurt a. M., vom 12. 07. 1967. HADrB, 118007.MS, FAZ vom 14. 10. 1967, Artikel „Eine Wettbewerbsphase im Kreditgewerbe beginnt". HADrB, 118013.MS, Rheinische Post vom 07. 06. 1969, Artikel „Anderer Leute Geld". Büschgen: Deutsche Bank, S. 773. Ahrens: Reform der Dresdner Bank, S. 86ff. Büschgen: Zeitgeschichtliche Problemfelder, S. 402. Sauer: Wettbewerbsposition, S. 67 u. S. 79ff. Wolf: Aufbau des Privatkundengeschäfts, S. 429. HAC, Wolf: Chronik, S. 679ff.

[390] HADrB, 118013.MS, Rheinische Post vom 07. 06. 1969, Artikel „Anderer Leute Geld".

[391] BArch, B 126/48663, Blick durch die Wirtschaft vom 21. 05. 1970, Artikel „Der Gang zur Bank – eine lästige Pflicht". HAC, 400/776, Institut für Motivforschung IFM: Sozialpsychologische Untersuchung des Images der Commerzbank im Vergleich zur Deutschen Bank, Dresdner Bank und den Sparkassen, Juli/August 1967. HADrB, 118271.MS, Informationsmappe „Mit System Sparen" (Beilage zum Rundschreiben Nr. 93 der BHI) vom 18. 10. 1967.

der privaten Banken erfahren und ihre falschen Vorstellungen korrigieren.[392] 1968 plante der Verband zudem imagefördernde Fernsehwerbespots „mit einem attraktivem weiblichen Wesen", die offenbar aber nicht zustande kamen.[393] Die Fachzeitschrift *Der Volkswirt* fasste diese Anstrengungen treffend zusammen:

> „Der gelegentliche Flirt mit dem ‚Mann auf der Straße' soll fortan gleichsam institutionalisiert werden."[394]

Doch Gemeinschaftswerbung allein genügte nicht, um ein neues Image aufzubauen und die Distanz zur Bevölkerung zu verringern. Daher schalteten die Großbanken auch eigene Anzeigen und gestalteten die Produktanzeigen freundlicher und emotionaler. Erstmals zeigte sich dieser Ansatz beim Start der Systemsparprogramme 1967/68. In einer Großanzeige der Dresdner Bank appellierten beispielsweise blaue Kinderaugen eines sommersprossigen Mädchens unter der Überschrift „In diesen Augen lesen Sie Ihre Verantwortung für die Zukunft" an die Gefühle der Betrachter.[395] Ergänzend versuchten die Großbanken, ihre Öffentlichkeitsarbeit zu verbessern. Dazu richteten sie unter anderem zentrale Pressestellen ein oder brachten Informationsbroschüren heraus, in denen sie auf ihre jahrhundertealten historischen Wurzeln, auf ihre Bedeutung für die Industrialisierung und auf ihre volkswirtschaftliche Rolle als Kapitalvermittler zwischen der Wirtschaft und den Privathaushalten verwiesen. Selbst die Geschäftsberichte, die bislang in sachlich-nüchternem Ton gehalten waren, nutzten die Institute nun zur Imageverbesserung und illustrierten sie mit Abbildungen. Nicht zuletzt verschwand in diesem Zusammenhang die negativ empfundene Bezeichnung „Massengeschäft" aus dem Großbankenvokabular. Vorübergehend benutzten die Institute den Begriff „Mengengeschäft", ehe sich mit der organisatorischen Neuausrichtung in den 1970er Jahren der Ausdruck „Privatkundengeschäft" durchsetzte.[396]

Bei diesen Bemühungen tat sich insbesondere die Dresdner Bank hervor. Das Institut ließ sich von einer Werbeagentur ein neues Image-Ziel erarbeiten, das intern „Könner auf Großbankniveau; kunden- und zukunftsorientiert, innerlich jung, natürlich, fair" lautete. Nach außen hin zeigte die Bank dieses Motto in den 1970er Jahren mit ihrer überarbeite-

---

[392] BArch, B 102/84318, Geschäftsberichte und Einzelfragen des Bundesverbandes des privaten Bankgewerbes, Bd. 2, Bundesverband des privaten Bankgewerbes, Jahresbericht 1966/67, S. 60f. HAC, 400/776, Institut für Motivforschung IFM: Sozialpsychologische Untersuchung, 14. 11. 1967. HAC, 400/869, Die Zeit vom 28. 03. 1969, Artikel „Mit Sex für Zinsen. Wie die Banken ihr Image pflegen". HADrB, 17621-2000, Protokoll über die Zusammenkunft der Werbeleiter in Frankfurt a. M. vom 06. 07. 1966. HAC, Wolf: Chronik, S. 628. Wolf: Nachkriegsentwicklung, S. 68f.

[393] HAC, 400/869, Die Zeit vom 28. 03. 1969, Artikel „Mit Sex für Zinsen. Wie die Banken ihr Image pflegen".

[394] BArch, B 126/48663, Der Volkswirt vom 13. 09. 1968, Artikel „Banken ohne Ideologie".

[395] HAC, 400/415, Schreiben der Werbe-Abteilung, Commerzbank, an Sureth vom 19. 10. 1967. HADrB, 118007.MS, FAZ vom 14. 10. 1967, Artikel „Eine Wettbewerbsphase im Kreditgewerbe beginnt"; Handelsblatt vom 17. 10. 1967, Artikel „Werbemärkte heute. Weiche Eier …!"; Der Spiegel vom 30. 10. 1967, Artikel „Schlacht um Groschen". Meyen: 120 Jahre Dresdner Bank, S. 316f.

[396] HAC, N26/24, Nachlass Herbert Wolf, Protokoll der Gesamtvorstandssitzung vom 25. 01. 1968. HAC, [ohne Signatur] Broschüre „Das Zeitbild. Die Banken in unserem Wirtschaftsleben", 1972. HADB, SG 8/16, Schreiben von von Natz, Deutsche Bank Düsseldorf, an Franz Heinrich Ulrich vom 19. 01. 1966 und 04. 02. 1966; Schreiben von Ulrich an Plassmann (Deutsche Bank Düsseldorf) vom 04. 02. 1966; Schreiben von Plassmann an Ulrich vom 17. 02. 1966; Schreiben von Plassmann an Ulrich vom 22. 02. 1966. HADrB, 17622-2000, Notiz der Markt- und Verkaufsabteilung, Frankfurt a. M. (Karsten/Feldbausch), an Vorstand Jürgen Ponto vom 27. 11. 1969. Ahrens: Reform der Dresdner Bank, S. 77 u. S. 86ff. HAC, Wolf: Chronik, S. 628.

ten Gesamtgestaltung, einem neuen Logo und dem Werbeslogan „Das grüne Band der Sympathie".[397] Die Commerzbank und die Deutsche Bank gaben sich ebenfalls einheitliche, moderne Auftritte mit den Hausfarben gelb bzw. blau, neue Firmenzeichen und Werbesprüche wie „Eine Bank, die ihre Kunden kennt"/„Die Bank an Ihrer Seite" bzw. „Fragen Sie die Deutsche Bank!".[398] Die Deutsche Bank startete zudem 1970 die Kundenzeitung *geld*, während die Commerzbank auf Werbung mit den Prominenten Hans-Joachim Kulenkampff und Elke Sommer setzte.[399]

Mit den Imagekorrekturen und der Neuorganisation gestalteten die Großbanken auch ihre Filialen grundlegend neu. Die repräsentativen Kassenhallen mit Gold und Marmor, die eher nach organisatorischen Gesichtspunkten als nach Kundenbedürfnissen strukturiert waren, passten nicht mehr zum neuen Selbstverständnis. Der Commerzbank-Geschäftsbericht vermerkte 1972: „In kalter Pracht kommt kein Kontakt zustande."[400] Um eine einladende Atmosphäre zu schaffen, die vor allem Privatkunden ansprach, erhielten die Geschäftsstellen ein modernes und einheitliches Erscheinungsbild. Die Großbanken orientierten sich dabei an der Gestaltung US-amerikanischer Bankfilialen. Die Dresdner Bank engagierte darüber hinaus den Designer Otl Aicher. In den 1970er Jahren hielt ein neuer Stil mit modernen Materialien, freundlichen Farben und einladenden Möbeln Einzug in die Geschäftsstellen. Die klassischen Bankschalter für die einzelnen Sparten verschwanden. An ihre Stelle traten Beratungstische, an denen die Kunden, bequem sitzend, mit dem gesamten Angebot bedient wurden. Arbeitsbereich und Publikumsbereich gingen somit ineinander über. Damit schufen die Großbanken die räumliche Voraussetzung für die integrierte Kundenberatung.[401] Über die reine Gestaltung hinausgehend, versuchten sie schließlich, ihre Filialen zu öffentlichen Erlebnisräumen zu machen. Mit Kunst- und Wanderausstellungen, Vorträgen und Tagen der offenen Tür hofften sie, eine engere Verbindung zur Bevölkerung zu schaffen.[402]

Ende der 1960er Jahre begannen die Großbanken schließlich, die Gruppe der Privatkunden differenzierter zu betrachten. Angesichts gesättigter Märkte empfahlen verschiedene Studien von Wirtschaftsberatungs- und Werbeunternehmen, sich im Massengeschäft

---

[397] HAC, 400/869, Die Zeit vom 28.03.1969, Artikel „Mit Sex für Zinsen. Wie die Banken ihr Image pflegen". HADrB, 17621-2000, Protokoll über die Zusammenkunft des Werbebeirats, Frankfurt a. M., vom 12.07.1967; Vorschläge für die Werbelinie der Dresdner Bank bis zum Jahre 1972 vom 04.12.1969. Ahrens/Bähr: Jürgen Ponto, S.332f. Gerke: Werbung und Image, S.15ff.

[398] HAC, 400/777, Commerzbank, Marketinganalyse 1972/73. HAC, N26/24, Nachlass Herbert Wolf, Protokoll der Gesamtvorstandssitzung vom 25.03.1969. HAC, N26/37, Nachlass Herbert Wolf, Notiz über ein Gespräch mit Willi Lucht am 27.06.1990. HADB, A 3557, Dibbern, Klaus: Bankgeschäfte mit Privaten Haushalten in Deutschland, 1999, S.20. Frost: Die Deutsche Bank und ihr Privatkundengeschäft, S.276. Gerke: Werbung und Image, S.24. HAC, Wolf: Chronik, S.682. Wolf: Das Fundament wird gelegt, S.40.

[399] HAC, N26/30, Nachlass Herbert Wolf, Schreiben von Hans-Lothar Brandt an Herbert Wolf vom 30.08.1992. HAC, Wolf: Chronik, S.684ff. Frost: Die Deutsche Bank und ihr Privatkundengeschäft, S.162.

[400] HAC, Geschäftsbericht der Commerzbank 1972.

[401] HAC, 400/348, Manuskripte der Filialleitersitzungen. HADrB, 17621-2000, Protokoll über die Zusammenkunft des Werbebeirats, Frankfurt a. M., vom 12.07.1967. Ahrens: Reform der Dresdner Bank, S.88ff. Jachmich/Pohl: Verschärfung des Wettbewerbs, S.240. Meyen: 120 Jahre Dresdner Bank, S.378f. Ramm: Organisationsstrukturen, S.6ff. HAC, Wolf: Chronik, S.726.

[402] HAC, N26/30, Nachlass Herbert Wolf, Schreiben von Hans-Lothar Brandt an Herbert Wolf vom 30.08.1992. HAC, Wolf: Chronik, S.684ff. Frost: Die Deutsche Bank und ihr Privatkundengeschäft, S.162 u. S.202ff.

gezielt um bestimmte Personengruppen zu kümmern, bei denen noch Wachstumspotenziale zu erwarten waren. Unternehmen aus der Konsumgüterindustrie praktizierten diese US-amerikanische Marketingmethode bereits seit geraumer Zeit. Mittels Marktforschung und Werbung konstruierten sie so genannte Zielgruppen.[403] Die Großbanken versuchten nun, neben den bereits erwähnten Ärzten und Freiberuflern vor allem Frauen, Jugendliche und ausländische Arbeitnehmer besser zu erreichen.

Frauen bildeten spätestens seit Juli 1958 eine potenzielle Kundengruppe im Kreditgewerbe: Durch das Gleichberechtigungsgesetz konnten Ehefrauen unabhängig von ihren Ehemännern Geldgeschäfte abschließen und eigene Konten eröffnen.[404] Damals reagierten die Großbanken aber kaum. So wandte sich die Deutsche Bank 1959 mit der Broschüre „Was jede Frau über Geld und Banken wissen sollte" noch recht belehrend an die weibliche Kundschaft. Erst Ende der 1960er Jahre erkannten die Institute, dass Frauen in den meisten Familien die „Finanzministerin" stellten, Geld- und Vermögensgeschäfte regelten und eigenständige Konsumentinnen darstellten. Überdies waren Frauen unter ihren Kunden noch deutlich unterrepräsentiert. Bei der Dresdner Bank war 1969 nur rund ein Drittel aller LG-Konteninhaber weiblichen Geschlechts. Mit speziellen Maßnahmen versuchten die Großbanken daher, mehr Kundinnen zu gewinnen. Die Filialen sollten Kontakte zu örtlichen Frauenverbänden, wie beispielsweise den Landfrauen, herstellen und Frauen ganz allgemein bevorzugt bedienen.[405] Dazu entstanden Werbebroschüren, die die „moderne Frau" in vielerlei Weise hofierten und ihr Privatkundenprodukte anpriesen.[406] In einem Commerzbank-Prospekt hieß es 1970:

> „Sie brauchen als moderne Frau nicht nur von den schönen Dingen des Lebens träumen. Sie können sie auch besitzen."[407]

Bei der Zielgruppe „Jugend" verlief die Entwicklung ähnlich. Seit den 1950er Jahren hatten die Großbanken versucht, jüngere Kunden für das Spargeschäft zu gewinnen, beispielsweise durch das Schulsparen. Gegen Ende der 1960er Jahre lenkten sie ihr Interesse nun auch auf Jugendliche und Berufsanfänger. Laut einer Studie des Allensbacher Instituts von 1969 verfügten Bundesbürger im Alter zwischen 14 und 24 Jahren über 20 Mrd. DM jährlich.[408] Außerdem belegten andere Umfragen, dass diese Gruppe den Großbanken weitaus positiver gegenüberstand als ältere Generationen. Da die Bundesbürger ihre Bankverbindung kaum wechselten, mussten Jugendliche möglichst frühzeitig mit Finanzdienstleistungen und dem eigenen Institut vertraut gemacht werden, um sie auf Lebenszeit als Kunden zu gewinnen.[409] Nebenbei konnten die Großbanken so ihr Image weiter verbessern. Sie versuchten daher einerseits, die Zielgruppe in Schulen und Jugendgruppen zu erreichen, indem sie Unterrichtsmaterialien bereitstellten und Vorträge organi-

---

[403] HAC, 400/777, Commerzbank, Marketinganalyse 1972/73. HADrB, 17613-2000, Kurzbericht über Informationsbesuche bei amerikanischen Banken vom 18.02.1971. Berghoff/Kolbow: Konsumgütermarketing, S. 145. Gasteiger: Konsument, S. 33 u. S. 162ff. Kleinschmidt: Konsumgesellschaft, S. 151. Krause: Archivalische Quellen, S. 3.
[404] Sattler: „Investmentsparen", S. 45.
[405] HAC, 400/41, Leitfaden der Commerzbank für Werbung und Öffentlichkeitsarbeit, ca. 1970.
[406] HADrB, 17622-2000, Büro für Massengeschäfte, Frankfurt a.M., L+G-Kunden im Südbereich, Umfrageergebnisse und Folgerungen einer schriftlichen Befragung von 1000 LG-Kunden im Mai 1969 vom 30.09.1969. Frost: Die Deutsche Bank und ihr Privatkundengeschäft, S. 164ff.
[407] HAC, 400/871, Kölner Stadt-Anzeiger vom 25.02.1970, Artikel „Frauen von der Bank entdeckt".
[408] HAC, 400/870, Publik vom 29.08.1969, Artikel „Hallo Partner, weck Dein Geld auf!".
[409] Büschgen: Deutsche Bank, S. 774.

sierten. Andererseits setzten sie auf gezielte Werbung, die dem Zeitgeist und der Sprache der Jugendlichen entsprechend gestaltet war. So legte die Deutsche Bank 1968 einen Börsenführer für Teenager auf, der „in anmutiger und lustiger Plauderei" über die eher trockene Materie informierte.[410] Die Commerzbank erwog, freche, bunte und „ein wenig aggressive" Anzeigen in der *Bravo* und anderen Jugendzeitschriften zu schalten.[411] Vorläufiger Höhepunkt dieser Entwicklung war die Teilnahme der Commerzbank und der Dresdner Bank an der Düsseldorfer Jugendmesse „Teenage Fair" im Juli 1969. Zwischen greller Beleuchtung und lauter Beatmusik informierten sie die Besucher über ihre Bankdienstleistungen für private Kunden. Die Commerzbank engagierte Schülerbands und Disc Jockeys und ließ eigens für die Messe Prospekte in besonders farbenfroher Aufmachung drucken.[412] Unter dem Motto „Nowadays life is swinging" wandte sie sich darin an die Jugendlichen:

> „Teens, Twens & Fans – Hey Boys und Girls! Hey Fans! Ihr versteht, wie man dufte Parties feiert. Okay. Ihr kennt die bedeutendsten Beat-, Pop- und Soulsänger. Okay. Ihr tragt entweder Mini oder seid davon begeistert. Okay. Ihr lasst Eure Piepen Junge kriegen. Auch okay. Oder etwa nicht okay? Ihr meint, das sei nicht fashionable genug? Weit gefehlt!"[413]

Die dritte Privatkunden-Zielgruppe waren ausländische Arbeitnehmer, von denen sich 1970 knapp zwei Millionen in der Bundesrepublik aufhielten. Dass sich die Großbanken und andere Kreditinstitute für die so genannten Gastarbeiter interessierten, mag auf den ersten Blick erstaunen: Als Kunden wirkten sie kaum attraktiv, da sie nur für einige Jahre im Land blieben, wenig verdienten und äußerst einfach lebten. Allerdings versuchten die Gastarbeiter, ihre Einkommen größtenteils für die Familien im Heimatland aufzubewahren. Dadurch waren sie – wenn auch nur für begrenzte Zeit – ideale Sparkunden mit einem geschätzten Potenzial von bis zu 20 Mrd. DM (1970).[414] Möglicherweise erklärt aber auch die enge Verbindung der Großbanken zur Industrie, in der die meisten Gastarbeiter beschäftigt waren, warum sich die Institute in der zweiten Hälfte der 1960er Jahre um diese Zielgruppe bemühten. Dabei mussten sie vor allem die Sprachbarriere überwinden. Zunächst warben die Großbanken mit Broschüren für das Spargeschäft, die vollständig Griechisch, Türkisch, Italienisch, Spanisch oder Serbokroatisch gehalten waren und die sie in Firmen, Wohnheimen und Fürsorgestellen verteilten. Einige Filialleiter informierten die ausländischen Arbeitnehmer dort auch persönlich über Sparbücher und LG-Kon-

---

[410] BArch, B 102/84318, Welt am Sonntag, Sonderbeilage vom 20.10.1968, Artikel „Banken im Wettbewerb mit den Sparkassen". HAC, 400/41, Leitfaden der Commerzbank für Werbung und Öffentlichkeitsarbeit, ca. 1970. HADrB, 17622-2000, Büro für Massengeschäfte, Frankfurt a. M., L+G-Kunden im Südbereich, Umfrageergebnisse und Folgerungen einer schriftlichen Befragung von 1000 LG-Kunden im Mai 1969 vom 30.09.1969. HADrB, 118015.MS, Blick durch die Wirtschaft vom 31.03.1970, Artikel „Der Marmor-Komplex". HAC, Wolf: Chronik, S. 683f. Wolf: Das Fundament wird gelegt, S. 39.
[411] HAC, N26/39, Nachlass Herbert Wolf, Konzept eines Commerzbank-Jugendbank-Zentrums in Düsseldorf, 17.10.1969.
[412] HAC, 400/870, Schweizerische Finanzzeitung vom 11.09.1969, Artikel „Teenage Fair 1969". HAC, N26/39, Nachlass Herbert Wolf, Werbebrief der Commerzbank zu Teenage Fair, Juli 1969. HADrB, 118014.MS, Volkswirtschaftliche Abteilung der Dresdner Bank. Krause: Zeitreise, S. 117. Wolf: Aufbau des Privatkundengeschäfts, S. 429.
[413] HAC, N26/39, Nachlass Herbert Wolf, Werbebroschüre der Commerzbank „Teens, Twens & Fans", Juli 1969.
[414] HAC, 400/872, Giesel-Brief vom 24.03.1971, Artikel „Umworbene Sparergruppe: Gastarbeiter". HADrB, 118018.MS, Börsen-Zeitung vom 22.10.1971, Artikel „Der ausländische Arbeitnehmer als Bankkunde".

ten.[415] Daran anknüpfend, eröffneten die Institute ab 1969 spezielle Geschäftsstellen für Gastarbeiter in Städten mit großen Industriebetrieben, wie beispielsweise im so genannten Italienerdorf in Wolfsburg. Hier setzten sie Dolmetscher und ausländische Mitarbeiter ein, die eine entsprechende Bankschulung absolviert hatten. In den folgenden Jahren stellten die Großbanken auch in anderen Filialen in Ballungsgebieten ausländische Bankkaufleute für die Gastarbeiter-Betreuung ein. Zudem engagierten sie freiberufliche Akquisiteure für Spareinlagen. Die Ergebnisse waren für die Großbanken offenbar recht zufrieden stellend – der Kundenzulauf war beachtlich. Sie entschlossen sich daher, den Gastarbeitern auch Konsumentenkredite anzubieten. Hier erwiesen sich die Gastarbeiter ebenfalls als zuverlässige Kunden.[416]

Im Rahmen der Zielgruppenorientierung besannen sich die Großbanken in der zweiten Hälfte der 1960er Jahre auch auf vermögende Privatkunden. Die Vermögensverwaltung, die die Dresdner Bank 1959 eingeführt hatte, hatte sich zwar nur wenig entwickelt. Durch den anhaltenden Wirtschaftsboom entstand offenbar jedoch eine gewisse Nachfrage, so dass der Commerzbank-Vorstand 1967 beschloss, diese Dienstleistung ebenfalls einzuführen.[417] Auch die Dresdner Bank erweiterte ihr Angebot im September 1968 um einen Vermögensaufbau-Plan als höherwertige Ergänzung zum Systemsparen. Vermögende Privatkunden erhielten dabei ab einer Anlagesumme von 3000 DM und weiteren jährlichen Einzahlungen von mindestens 2000 DM einen langfristigen Aufbauplan, der auf Sparkonten und Wertpapieren basierte. Die Bank überwachte die Anlagewerte laufend und schichtete bei Bedarf um.[418] Angesichts der quantitativen Übermacht der Massenkundschaft spielten diese Bereiche Ende der 1960er Jahre allerdings keine große Rolle im Gesamtgeschäft der Großbanken. So betreute die Vermögensverwaltung der Commerzbank 1970 weniger als 30 Mio. DM.[419]

Diese werbe- und marketingtechnischen Entwicklungen lassen sich – wie bereits erwähnt – auf den zunehmenden Wettbewerb in der Branche zurückführen. Die westdeutsche Kreditwirtschaft erlebte in den 1960er Jahren dank des anhaltenden Wirtschaftsbooms ein äußerst dynamisches Wachstum. Die addierten Bilanzsummen wuchsen um 12% und damit stärker als das BSP (7,7%) oder die Umsätze in der Industrie (7,4%).[420]

---

[415] HAC, N26/33, Nachlass Herbert Wolf, Schreiben von Siegfried Schlegel an Herbert Wolf vom 05.11.1993. HADrB, 17613-2000, Nachlass Jürgen Ponto, Massengeschäft. Herbert/Hunn: Gastarbeiter und Gastarbeiterpolitik, S. 272ff.
[416] HAC, 400/554, Commerzbank-Vorstandsvorlage, Frankfurt a.M., 08.09.1970. HAC, N26/24, Nachlass Herbert Wolf, Protokoll der Gesamtvorstandssitzung vom 15.12.1969. HAC, N26/31, Nachlass Herbert Wolf, Schreiben von Hans-Josef Hecking, Hannover, vom 10.01.1994. HAC, N26/33, Nachlass Herbert Wolf, Schreiben von Wilhelm Schlegel an Herbert Wolf vom 19.11.1993. HAC, N26/39, Nachlass Herbert Wolf, Rundschreiben Nr. 45 der Commerzbank, Zentrale Markt- und Verkaufsabteilung, vom 24.11.1970; Schreiben von Gunter Raatz (Kelkheim) an Herbert Wolf vom 29.04.1993. HADrB, 17613-2000 Notiz von Diel an Graf zu Rantzau, Düsseldorf, vom 12.10.1965. Frost: Die Deutsche Bank und ihr Privatkundengeschäft, S. 160. HAC, Wolf: Chronik, S. A717. Zur Geschichte der Gastarbeiter als Bankkunden siehe: Schübeler: Ein Konto für Mustafa.
[417] HAC, N26/24, Nachlass Herbert Wolf, Protokoll der Gesamtvorstandssitzung vom 28.09.1967. HADrB, 118006, Industriekurier vom 04.02.1967. Ambrosius: Intensives Wachstum, S. 202.
[418] HADrB, 118010.MS, Pressemeldung „Dresdner Bank bringt Vermögensaufbau-Plan als ‚Maßanzug'" vom 13.09.1968. Hunscha/Müller: Aus der Geschichte der Dresdner Bank, S. 59.
[419] HAC, 400/554, Berichte der Abteilungen für Vermögensverwaltung in Düsseldorf und Hamburg an den Vorstand vom 29.05.1970 und 15.06.1970.
[420] HADrB, 17955-2000, Analyse der Unternehmensberatung McKinsey zur Organisation der Dresdner Bank AG. Erster Zwischenbericht an den Vorstand, Oktober 1970.

Der Wettbewerb in der Branche nahm allmählich zu, blieb aber bis in die zweite Hälfte der 1960er Jahre weitgehend reguliert. Lediglich bei den Filialnetzen entbrannte, wie bereits erwähnt, nach dem Wegfall der Bedürfnisprüfung ein echter Konkurrenzkampf. Im Massengeschäft zeichneten sich ähnliche Tendenzen ab, da alle Kreditinstitute in diesen immer attraktiveren Bereich investierten. Mit zunehmender Dynamik wurde allmählich auch der Ton in der Kreditbranche schärfer. Das zeigte sich unter anderem in der heftig geführten Debatte um Wettbewerbsvorteile einzelner Institutsgruppen, die mit ihren Konfliktlinien an die Situation in den 1920er Jahren erinnerte. Insbesondere die privaten Banken wetterten parallel zur Arbeit der Enquetekommission lautstark gegen die Privilegierung der Sparkassen und deren anhaltende Expansion.[421] Im banknahen *Informationsdienst für die deutsche Wirtschaft* hieß es 1964:

> „Wenn sich die Sparkassen weiter so ausdehnen wie bisher, dann wird das private Bankgewerbe in spätestens 50 Jahren verschwunden sein."[422]

Im Laufe des Jahrzehnts veränderte sich der wettbewerbspolitische Rahmen der Branche grundlegend. Spätestens mit dem Ende der Zins- und Wettbewerbsverordnungen begann ab 1966/67 eine neue Ära der Liberalisierung und Marktorientierung. Die „Burgfriedens-Phase", die seit den 1930er Jahren gegolten hatte, war nun endgültig vorüber.[423] Der Wettbewerb wurde nun deutlich lebhafter und geradezu „eisig", wie Commerzbank-Vorstand Will Marx im November 1967 bemerkte.[424] Die zunehmende Konkurrenz machte sich – entgegen allgemeiner Erwartungen – aber nicht bei den Konditionen im Aktiv- und Passivgeschäft bemerkbar. Vielmehr trachteten die Kreditinstitute danach, ihre Dienstleistungen auszubauen und abzurunden. Das galt vor allem für das Massengeschäft, wo bei jedem neuen Produkt einer Institutsgruppe die Konkurrenz umgehend nachzog.[425] Die vergebliche Suche nach Alleinstellungsmerkmalen und Marktlücken trieb bisweilen seltsame Blüten: Um ihre Reisedienstleistungen zu erweitern, verkauften beispielsweise die Großbanken ab 1967 Benzingutscheine für südeuropäische Urlaubsländer und Eintrittsausweise für staatliche italienische Museen. Weiterhin überlegten sie, Reisebüros in Filialen zu integrieren. *Der Spiegel* sprach von „Kaufhaussortimenten".[426] Mit dem sich ausweitenden Wettbewerb und angesichts des weitgehend gleichen Angebots wurde schließlich auch die Werbung aggressiver. Die Aufwendungen in der Branche erhöhten sich ab 1968

---

[421] BArch, B 102/49827, Wirtschafts- und bankpolitische Fragen des privaten Bankgewerbes, Bd. 2, Die Welt vom 12. 10. 1963, Artikel „Die Banken gehen unters Volk". HAC, 400/344, Rede von Helmut Brands vor dem Commerzbank-Landesbeirat West vom 01. 04. 1963. HAC, 400/348, Rede von Günther Ladisch vor Leitern der Großfilialen der Gesamtbank vom 30. 08. 1963, S. 9–10. HAC, 400/409, Rede von Bolko Graf von Roedern vor dem Commerzbank-Aufsichtsrat vom 10. 12. 1963. HAC, 400/866, Rede von Will Marx auf der Commerzbank-Hauptversammlung in Hamburg vom 30. 04. 1963. HAC, N26/26, Nachlass Herbert Wolf, Rede von Hanns Deuß vor dem Commerzbank-Aufsichtsrat, November 1961; Rede von Will Marx vor dem Commerzbank-Aufsichtsrat vom 28. 03. 1963. Der Spiegel vom 23. 04. 1965, Artikel „Zum Gelde drängt …". Schulz: Sparkassen, S. 305 f. Wehber: Fritz Butschkau, S. 42 ff.
[422] Zitiert nach: Schulz: Sparkassen, S. 305 f.
[423] Ebenda, S. 253.
[424] HAC, 400/347, Rede von Will Marx vor dem Commerzbank-Aufsichtsrat vom 24. 11. 1967.
[425] BArch, B 126/48663, Wirtschafts- und bankpolitische Fragen des privaten Bankgewerbes, Bd. 8, Handelsblatt vom 29. 01. 1968, Artikel „Kreditgewerbe im Umbruch". Belvederesi/Thomes: Gesellschaftlicher Wandel, S. 32.
[426] HADrB, 118007.MS, Deutsche Sparkassenzeitung vom 12. 05. 1967, Artikel „Reisebanken?". Der Spiegel vom 08. 05. 1964, Artikel „Die vierte Großbank ist ganz anders".

erheblich. Allein bei den Sparkassen, Genossenschaftsbanken und Großbanken stiegen die jährlichen Ausgaben bis 1970 von 36,1 Mio. DM auf 61 Mio. DM.[427]

Für die Großbanken bedeuteten diese Entwicklungen mehr Konkurrenz sowohl im Massengeschäft als auch in anderen Geschäftsbereichen. Bei den Kleinkrediten waren zu Beginn der 1960er Jahre die Teilzahlungsbanken ihre größten Wettbewerber gewesen. Im Laufe des Jahrzehnts verloren diese Institute, wie bereits erwähnt, aber zunehmend an Bedeutung. Viele gingen in Konkurs oder schlossen sich mit anderen Teilzahlungsbanken zusammen. Manche gerieten durch zwischengeschaltete Kreditvermittler, die auf Provisionsbasis arbeiteten und höhere Zinsen nahmen, zunehmend in Verruf.[428] Andere Institute setzten auf Barkredite und versuchten sich mit einem erweiterten Dienstleistungsangebot zu Universalbanken zu entwickeln. Insbesondere die größte Teilzahlungsbank, die Kundenkreditbank KKB, stellte sich Ende der 1960er Jahre neu auf und richtete sich auf private Haushalte aus. Sie eröffnete neue Filialen, bot LG-Konten an und nahm Spareinlagen an.[429]

Die KKB folgte dabei der Strategie, die die BfG bereits in den 1950er Jahren eingeschlagen hatte. Das gewerkschaftseigene Institut hatte sich in den 1960er Jahren dynamisch weiterentwickelt und erreichte allmählich die Dimensionen der Großbanken. Die BfG baute ihr Filialnetz zügig aus und profitierte durch ihre engen Verbindungen zu den Arbeitnehmerorganisationen vor allem von der Umstellung auf die bargeldlose LG-Zahlung. Anhaltend steigende Einlagen von Privatpersonen und Unternehmen versetzten sie in die Lage, nun auch in anderen Bereichen, wie etwa im Industriekreditgeschäft, zu agieren. Sie beteiligte sich überdies an Bausparkassen, Hypothekenbanken und Kreditinstituten im Ausland. Im Massengeschäft bot sie Konsumentenkredite und über die gewerkschaftseigene Wohnbaugesellschaft „Neue Heimat" Baufinanzierungen an. Auch wenn diese Geschäfte in der Summe überschaubar blieben, so reifte hier ein ernsthafter Konkurrent für die Großbanken heran, der zunehmend aggressiver agierte und – wie beim Kaufscheck gesehen – auch vor Alleingängen nicht zurückschreckte. *Der Spiegel* sprach daher Mitte der 1960er Jahre bereits von der „vierten Großbank".[430]

Auch die Deutsche Bundespost stellte in steigendem Maße eine Konkurrenz für die Großbanken im Massengeschäft dar. Ihre Bankdienstleistungen waren zwar auf das Postsparbuch und den Postscheckdienst begrenzt, doch damit erreichten sie mehr Bundesbürger als alle Großbanken zusammen.[431] Ihre Spareinlagen stiegen von 1960 bis 1970 von 3,3 auf 9,8 Mrd. DM, doch angesichts geringer Durchschnittsguthaben spielte dieser

---

[427] HAC, 400/777, Commerzbank, Marketinganalyse 1972/73. HADrB, 17621-2000, Schreiben der Werbeabteilung Frankfurt a. M. an alle Niederlassungen vom 11.03.1966. HADrB, 118302.MS, Schreiben der Rechtsabteilung Düsseldorf (Radtke) an die Rechtsabteilung Frankfurt a. M. (Schäfer) vom 06.03.1968.
[428] BArch, B 102/49232, Mantelvertrag, Sollzins- und Habenzinsabkommen, Allgemeines, Bd. 6, Die Welt vom 26.11.1964, Artikel „Einheitspreis für den Barkredit?".
[429] Ebenda. HADB, SG 8/16, Wirtschaftliche Mitteilungen der Deutschen Bank, Nr. 3, September 1965, Artikel „Die Entwicklung des Konsumentenkredits im Bundesgebiet". HADB, ZA 30/2, Krämer, Willy: Konsumentenkredit der Sparkassen auf neuen Wegen, in: Sparkasse 23 (1961), S. 401. HADrB, 114672, Börsen-Zeitung vom 08.12.1973, Artikel „Amerikas Stützpunkte im bundesdeutschen Massengeschäft". Mühlhaupt: Strukturwandlungen, S. 61. Zimmermann: Kundenkreditbank, S. 117f.
[430] HAC, 400/869, Die Zeit vom 31.05.1968, Artikel „Große Banken auf Freiersfüßen". Der Spiegel vom 08.05.1964, Artikel „Die vierte Großbank ist ganz anders". Born: Geld und Banken, S. 581. Wandel: Banken und Versicherungen, S. 41ff.
[431] Kurzrock: Das westdeutsche Bankwesen, S. 60f.

Bereich keine große Rolle.[432] Die Macht der Post lag vielmehr im Zahlungsverkehr: Ihr „Filialnetz" umfasste Ende der 1960er Jahre rund 38 000 Stellen vom Postamt bis zum Landbriefträger und war damit das größte in der Bundesrepublik. Freizügige Ein- und Auszahlungen sowie Überweisungen waren selbst in abgelegenen Gegenden bei wesentlich längeren Öffnungszeiten als im übrigen Kreditgewerbe möglich. Nicht zuletzt waren der Bevölkerung Postämter vertraut und lösten im Gegensatz zu Großbankenfilialen keine Schwellenängste aus.[433] Mit ihren Bankdienstleistungen erwirtschaftete die Post aber durchweg Verluste. Der Bundesverband des privaten Bankgewerbes und die Großbanken beschwerten sich in den 1960er Jahren häufig darüber, dass die Behörde mit Gewinnen aus dem Post- und Telefonbereich ihre gebührenfreien Bankdienstleistungen subventioniere.[434] Diese Wettbewerbsverzerrung korrigierte die Enquetekommission allerdings nicht.

Die Institutsgruppe mit den höchsten Wachstumsraten in den 1960er Jahren waren die Genossenschaftsbanken. Sie strukturierten sich grundlegend neu und konnten gleichzeitig ihr Geschäftvolumen massiv ausweiten. Grundlage dafür war ein starker Konzentrationsprozess: Im Laufe des Jahrzehnts fusionierten viele Institute. Insbesondere kleine dörfliche Raiffeisenkassen gingen nun in größeren Genossenschaftsbanken auf. Gleichzeitig baute die Gruppe ihr ohnehin großes Filialnetz in den 1960er Jahren von 14 000 auf 18 500 Stellen aus.[435] Die neuen, größeren Institute waren wesentlich leistungsstärker und entwickelten sich allmählich zu einer Konkurrenz für die Großbanken. Das galt vor allem für die genossenschaftlichen Zentralkassen, die im Laufe des Jahrzehnts immer mehr in deren traditionelle Geschäftsbereiche eindrangen.[436] Gleichzeitig bauten die Genossenschaftsbanken ihr Massengeschäft weiter aus. Sie öffneten sich nun vollständig für Nichtmitglieder. Das Genossenschaftsprinzip spielte nur noch eine untergeordnete Rolle. Bei den kleinen ländlichen Instituten nahmen die Warengeschäfte mit landwirtschaftlichen Produkten ab, und die ehrenamtlichen Geschäftsführungen verschwanden. Die traditionelle Kundenstruktur der ländlichen Raiffeisenkassen und der städtischen Volksbanken veränderte sich damit erheblich: Anstelle der Landwirte, Handwerker und Kleingewerbetreibenden traten nun Angestellte, Arbeiter, Beamte und mittelständische Unternehmen.[437] Die Genossenschaftsbanken entwickelten sich im Laufe der 1960er Jahre zu mo-

---

[432] BArch, B 102/49826, Wirtschafts- und bankpolitische Fragen des privaten Bankgewerbes, Bd. 1, Bank-Betrieb 5 (1961), S. 53f. Wolf: Nachkriegsentwicklung, S. 144.

[433] BArch, B 136/7361, Wettbewerbssituation im Kreditwesen, Bd. 5–6, Bericht der Bundesregierung über die Untersuchung der Wettbewerbsverschiebungen im Kreditgewerbe und über eine Einlagensicherung, Kabinettsvorlage vom 25. 10. 1968, S. 24. HADrB, 16956-2001.MS, Memorandum von Jürgen Ponto vom 25. 05. 1960.

[434] BArch, B 102/49826, Wirtschafts- und bankpolitische Fragen des privaten Bankgewerbes, Bd. 1, Bank-Betrieb 5 (1961), S. 53f. HADrB, 118303.MS, Schreiben des Bundesverbandes deutscher Banken an die Wettbewerbskommission des Deutschen Bundestags vom 30. 12. 1970.

[435] HAC, 400/777, Commerzbank, Marketinganalyse 1972/73. HAC, N26, Nachlass Herbert Wolf, Manuskript „Bundesrepublik Deutschland. Entwicklung der Kreditwirtschaft seit 1945. Märkte und Institutionen", o. J., S. 11. Pohl: Konzentration im deutschen Bankwesen, S. 461f. Wandel: Banken und Versicherungen, S. 48.

[436] HADrB, 17618-2000, Seminarunterlagen zur Mitarbeiterschulung „Hypotheken-Darlehen. Geschäftspolitische Zielsetzungen", ca. 1969. Wandel: Banken und Versicherungen, S. 86.

[437] Ambrosius: Intensives Wachstum, S. 180ff. Jachmich/Pohl: Verschärfung des Wettbewerbs, S. 217. Pohl: Entwicklung des privaten Bankwesens nach 1945, S. 268.

dernen Universalbanken mit einem umfangreichen Massengeschäft, für das sie mit den Slogans „Bank für Jedermann" bzw. „Bank um die Ecke" warben.[438]

Der größte Konkurrent der Großbanken blieb in den 1960er Jahren die Sparkassengruppe. Sie expandierte in diesem Jahrzehnt in allen Bereichen des Bankgeschäfts dank der immensen Spareinlagenzuwächse der privaten Haushalte. Von der Umstellung auf die bargeldlose LG-Zahlung profitierte sie wie keine andere Institutsgruppe. Die Anzahl der Sparkassen nahm zwar durch Fusionen im Zuge von Kommunal- und Kreisreformen leicht ab. Das Zweigstellennetz wuchs zwischen 1960 und 1970 hingegen deutlich von rund 12 000 auf 16 200 Stellen.[439] Aus dieser Position heraus konnten die Sparkassen das Kreditgeschäft mit Industrie und gewerblichem Mittelstand vergrößern.[440] Vor allem die Girozentralen und Landesbanken traten nun in den Vordergrund. Diese entwickelten sich zu vollwertigen Geschäftsbanken und engagierten sich zunehmend im Auslands- und Emissionsgeschäft sowie im Wertpapierhandel. Die größten unter ihnen, wie etwa die 1969 aus mehreren Fusionen hervorgegangene Westdeutsche Landesbank, näherten sich den Großbanken etwa bei den Bilanzsummen immer weiter an.[441] Auch im Massengeschäft agierten die Sparkassen zunehmend offensiver. Sie legten letzte moralische Bedenken gegenüber dem Konsumentenkredit ab und wandelten sich im Laufe des Jahrzehnts zu umfassenden Finanzdienstleistern für Privatpersonen. Ende der 1960er Jahre setzten sie ebenfalls auf Marktorientierung, Zielgruppenmarketing und imagefördernde Maßnahmen. Die Sparkassen-Werbung stellte nicht mehr allein das Sparen in den Vordergrund, sondern warb mit dem Slogan „Wenn's um Geld geht – Sparkasse" für das gesamte Angebot.[442]

Zu diesen Hauptkonkurrenten der Großbanken gesellten sich im Laufe der 1960er Jahre neue Wettbewerber. Einerseits interessierten sich Bausparkassen und Versicherungsgesellschaften verstärkt für die Geldanlagen der privaten Haushalte. Andererseits drängten nun auch US-amerikanische Geschäftsbanken auf den westdeutschen Finanzmarkt.[443] Ab der zweiten Hälfte des Jahrzehnts stiegen Institute wie die Bank of America oder die

---

[438] Der Spiegel vom 23.04.1965, Artikel „Zum Gelde drängt …".
[439] BArch, B 136/7361, Wettbewerbssituation im Kreditwesen, Bd. 5–6, Bericht der Bundesregierung über die Untersuchung der Wettbewerbsverschiebungen im Kreditgewerbe und über eine Einlagensicherung, Kabinettsvorlage vom 25.10.1968. HAC, 400/777, Commerzbank, Marketinganalyse 1972/73. Ashauer: Entwicklung der Sparkassenorganisation, S. 330. Born: Geld und Banken, S. 581. Schulz: Sparkassen, S. 344ff.
[440] HAC, 400/344, Rede von Hanns Deuß vor den Commerzbank-Landesbeiräten vom 09.10.1962.
[441] HAC, 400/151, Rede von Paul Lichtenberg vor dem Commerzbank-Aufsichtsrat, Herbst 1970. HAC, 400/409, Rede von Bolko Graf von Roedern vor dem Commerzbank-Aufsichtsrat vom 10.12. 1963. HAC, 400/870, Wochendienst des Instituts für Bilanzanalysen, Gruppe 19, Banken, Nr. 8, August 1969, Artikel „Commerzbank AG". HADrB, 17618-2000, Notiz des Büros für Massengeschäfte, Frankfurt a. M., vom 19.09.1968. HADrB, 118015.MS, Unternehmenspraxis vom 17.04.1970, Artikel „Kleine Großbanken". Ashauer: Entwicklung der Sparkassenorganisation, S. 335. Jachmich/Pohl: Verschärfung des Wettbewerbs, S. 213ff. Pohl: Konzentration im deutschen Bankwesen, S. 461f. Schulz: Sparkassen, S. 315–385ff. Wandel: Banken und Versicherungen, S. 41. Wolf: Nachkriegsentwicklung, S. 85 u. S. 128ff.
[442] Ashauer: Entwicklung der Sparkassenorganisation, S. 330. Belvederesi/Thomes: Gesellschaftlicher Wandel, S. 31ff. Belvederesi-Kochs: Von der „moralischen Anstalt" zum vertriebsorientierten Finanzdienstleister, S. 192ff. Ellerbrock: Konsumentenkredit und „Soziale Marktwirtschaft", S. 124ff.
[443] HAC, 400/869, Die Zeit vom 31.05.1968, Artikel „Große Banken auf Freiersfüßen". HADrB, 117996.MS, Manager Magazin 4 (1974), Artikel „Reform an Haupt und Gliedern". Franke: Deutsche Finanzmarktregulierung, S. 68.

Citibank allmählich in das Massengeschäft ein. Sie übernahmen Teilzahlungsbanken und bauten diese zu vollwertigen Privatkundenbanken aus.[444] Mit ihren teilweise recht aggressiven Werbemethoden belebten ausländische Banken, Investmentfonds und Scheckkartengesellschaften den Wettbewerb und lösten eine lebhafte Debatte in der Kreditbranche aus. Commerzbank-Vorstand Paul Lichtenberg sprach 1970 von der „amerikanischen Herausforderung".[445] Doch nur wenige ausländische Banken konnten dauerhaft in Westdeutschland Fuß fassen und nennenswerte Marktanteile gewinnen. Ihre Filialnetze entwickelten sich sehr langsam. 1976 umfassten sie lediglich 98 Stellen und beschränkten sich auf wenige Großstädte.[446]

Insgesamt tendierten im Laufe der 1960er Jahre alle Institutsgruppen zum Universalbankmodell. Jedes Kreditinstitut versuchte, alle Geschäftsbereiche mitsamt aller Kundenkreise zu bedienen. Die Zeit der Arbeitsteilung war zu Ende. Die Institute unterschieden sich nur noch durch Schwerpunktsetzungen in der Geschäftspolitik und bei der Bedeutung, die sie einzelnen Kundengruppen zumaßen. Diese Entwicklung hatte sich in den vorangegangenen Jahrzehnten angedeutet und kam mit der Deregulierung der Branche in der zweiten Hälfte der 1960er Jahre zum Durchbruch. Der Wettbewerb um Marktanteile entbrannte nicht nur im Massengeschäft, sondern zeigte sich auch in der starken Ausweitung der Geschäftsstellennetze und bei den steigenden Kosten.[447] Infolgedessen begann bei allen Institutsgruppen eine Phase der Rationalisierung, der Modernisierung und der verstärkten Marktorientierung. Allerorten sollte sich das Image ändern: Die Großbanken wollten nicht mehr nur Institute für große Unternehmen und Reiche sein, die Sparkassen nicht mehr als Bank der armen Leute gelten; die Raiffeisenkassen versuchten, ihren agrarischen Anstrich loszuwerden, und die Volksbanken wollten nicht länger als reine Selbsthilfeeinrichtungen für Handwerk, Handel und Gewerbe betrachtet werden.[448] Der Bankier Johann Philipp von Bethmann fasste im März 1970 zusammen:

---

444 HADrB, 114668.MS, Bank of America. HADrB, 114672.MS, First National City Bank. Wolf: Nachkriegsentwicklung, S. 101. HADrB, 114672, Börsen-Zeitung vom 08.12.1973, Artikel „Amerikas Stützpunkte im bundesdeutschen Massengeschäft".
445 HAC, 400/151, Rede von Paul Lichtenberg vor dem Commerzbank-Aufsichtsrat, Herbst 1970. HAC, 400/345, Rede von Bolko Graf von Roedern vor dem Commerzbank-Landesbeirat Nord vom 10.11.1967. Jachmich/Pohl: Verschärfung des Wettbewerbs, S. 245. Wolf: Das Fundament wird gelegt, S. 35f. Wolf: Nachkriegsentwicklung, S. 101.
446 HADrB, 114668.MS, Bank of America. HADrB, 114672.MS, First National City Bank. Jachmich/Pohl: Verschärfung des Wettbewerbs, S. 245.
447 BArch, B 102/49827, Wirtschafts- und bankpolitische Fragen des privaten Bankgewerbes, Bd. 2, Die Welt vom 12.10.1963, Artikel „Die Banken gehen unters Volk". BArch, B 102/84318, Geschäftsberichte und Einzelfragen des Bundesverbandes des privaten Bankgewerbes, Bd. 2, Börsen-Zeitung vom 22.10.1968, Artikel „Banken wünschen ‚Gesellschaft von Teilhabern'". BArch, B 126/48663, Wirtschafts- und bankpolitische Fragen des privaten Bankgewerbes, Bd. 8, Sparkasse 12 (1968), Artikel „Kreditwirtschaft im Umbruch", S. 192 ff. BArch, B 126/51943, Ertragslage bei Kreditinstituten, Sparkasse 8 (1977), Artikel „Neue Tendenzen in der Geschäftsentwicklung der Großbanken", S. 266. HAC, 400/151, Rede von Paul Lichtenberg vor dem Commerzbank-Aufsichtsrat, Herbst 1970. HAC, 400/345, Rede von Paul Lichtenberg vor dem Landesbeirat West vom 25.03.1966. HADrB, 17630-2000, Ansprache des Vorsitzenden Johann Philipp Freiherr von Bethmann bei der Mitgliederversammlung des Bankenverbandes Hessen e.V. vom 13.03.1970 in Frankfurt a.M. Der Spiegel vom 23.04.1965, Artikel „Zum Gelde drängt …". Beier/Jacob: Konsumentenkredit, S. 174.
448 HAC, 400/869, Rede von Hanns Deuß auf der Commerzbank-Hauptversammlung vom 15.05.1968. Der Spiegel vom 23.04.1965, Artikel „Zum Gelde drängt …".

„In einem Satz ausgedrückt: Die Banken [...] wollen Sparkassen, die Sparkassen wollen Geschäftsbanken werden und alle zusammen wollen jeden Kunden um jeden Preis für immer an sich
ziehen."[449]

Durch diese gegenläufigen Entwicklungen blieben die Marktanteile in der Branche nahezu unverändert: Der Anteil der Sparkassen am Geschäftsvolumen aller Kreditinstitute
stieg in den 1960er Jahren von 36% auf 38,5%, derjenige der Genossenschaftsbanken von
9% auf 11,5%, während der Anteil der Großbanken von 11% auf 10% fiel.[450] Die Bankdienstleistungen der Post erreichten 1968 2%, die ausländischen Banken brachten es
1971 auf 4%.[451] In absoluten Zahlen verloren die Großbanken dagegen deutlich an Boden. Ihr Geschäftsvolumen erhöhte sich von 28,7 Mrd. DM auf 83,6 Mrd. DM, während
sich die Sparkassen von 56 Mrd. DM auf 188 Mrd. DM steigerten. Zudem erreichten die
Genossenschaften 1970 mit einem Geschäftsvolumen von 63 Mrd. DM allmählich das
Niveau der Großbanken.[452] Die Spitzenstellungen in der Kreditbranche veränderten sich
dadurch allerdings nicht: Die Sparkassen blieben führend im Massengeschäft, während
die Großbanken ihre Position im Emissions-, Börsen- und internationalen Geschäft halten
konnten. In allen Bereichen hatte der Wettbewerb aber zugenommen.

Zusammenfassend lässt sich festhalten, dass das Privatkundengeschäft der Großbanken
sich 1970 in vielerlei Hinsicht vom Massengeschäft des Jahres 1960 unterschied. Das bunt
beworbene Produktangebot hatte sich ebenso vergrößert wie die Anzahl der Privatkunden: Aus einigen Hunderttausend waren mehrere Millionen geworden, deren zahlreiche
Geschäftsvorfälle nur noch mit Hilfe elektronischer Datenverarbeitung beherrscht werden konnten. Allein die Commerzbank hatte nun 1,2 Mio. private Kunden, die 900 000
Sparbücher und 500 000 LG-Konten unterhielten.[453] Bei der Dresdner Bank waren über
90% aller Kunden Privatpersonen.[454] Die Großbanken waren 1970 die größten bundesdeutschen „Sparkassen" und Konsumentenkreditbanken.[455] Ihr Privatkundengeschäft
stand auf einer wesentlich breiteren Basis und nahm einen weitaus höheren Stellenwert
in der Geschäftspolitik und im Gesamtgeschäft ein als noch zehn Jahre zuvor. Die Großbanken hatten sich zu Universalbanken im breitesten Sinne entwickelt, und das Privatkundengeschäft hatte dabei eine, wenn nicht die treibende Rolle gespielt.

Das wesentliche Motiv für den Ausbau der einzelnen Sparten blieb in den 1960er Jahren im Großen und Ganzen unverändert: Noch immer nutzten die Großbanken jede
Möglichkeit, um ihre Spareinlagen zu erhöhen. An Kapital mangelte es zwischenzeitlich
zwar nicht mehr, doch die vorhandenen Einlagen reichten nicht aus, um der steigenden

---

[449] HADrB, 17630-2000, Kurze Ansprache des Vorsitzenden des Bankenverbandes Hessen e.V. Johann Philipp Freiherr von Bethmann anlässlich der Mitgliederversammlung in Frankfurt a. M. am
13. 03. 1970.

[450] Ahrens: Reform der Dresdner Bank, S. 75. Hansen: Stürmische Zeiten, S. 36. Wolf: Nachkriegsentwicklung, S. 166f.

[451] BArch, B 136/7361, Wettbewerbssituation im Kreditwesen, Bd. 5–6, Bericht der Bundesregierung
über die Untersuchung der Wettbewerbsverschiebungen im Kreditgewerbe und über eine Einlagensicherung, Kabinettsvorlage vom 25. 10. 1968, S. 24. Jachmich/Pohl: Verschärfung des Wettbewerbs,
S. 245.

[452] Deutsche Bundesbank (Hrsg.): Deutsches Geld- und Bankwesen, S. 254.

[453] HAC, 400/1205, Rede von Ernst Rieche zum Presse-Empfang „100 Jahre Commerzbank" vom
20. 02. 1970.

[454] HADrB, 17955-2000, Analyse der Unternehmensberatung McKinsey zur Organisation der Dres-
ner Bank AG. Erster Zwischenbericht an den Vorstand, Oktober 1970.

[455] Hooven: 20 Jahre persönliche Kredite, S. 210.

Nachfrage seitens der Wirtschaft nach längerfristigen Krediten gerecht zu werden. Daher mussten die Institute auch ihre Filialnetze vergrößern, um weitere Spareinlagen zu gewinnen. Diese Entwicklung wurde überdies durch mehrere externe Faktoren beeinflusst: Erstens vergrößerte der anhaltende Wirtschaftsboom die volkswirtschaftliche Bedeutung der Arbeitnehmer, deren Sparleistungen der Staat zusätzlich förderte. Zweitens veränderten sich mit zunehmendem Massenkonsum die finanziellen Bedürfnisse und Ansprüche der Bevölkerung. Darauf mussten die Großbanken reagieren. Drittens nahm die angelsächsische Bankenwelt nach wie vor eine Vorbildrolle ein. Die volkswirtschaftlichen Abteilungen der Institute beobachteten die dortigen Märkte aufmerksam. Auch Austauschbesuche fanden weiterhin statt.[456] Viertens vollzog sich in der Kreditbranche ein tiefgreifender Strukturwandel, der den Wettbewerb insbesondere im Massengeschäft verschärfte und zu Produktinnovationen und Rationalisierungen führte. So wurden auch die Großbanken in der zweiten Hälfte der 1960er Jahre experimentierfreudiger. Fünftens beschleunigte die fortwährende Umstellung der Industrie auf die bargeldlose LG-Zahlung den Durchbruch des Massengeschäfts bei den Großbanken. Die LG-Konten wurden zum zentralen Element eines umfassenden Privatkundengeschäfts, das alle Sparten miteinander verknüpfte.

Allerdings erfolgte der Ausbau des Massengeschäfts in den 1960er Jahren wie schon im vorhergehenden Jahrzehnt über weite Strecken ohne erkennbare Strategie. Die Großbanken reagierten – etwa bei den Anschaffungsdarlehen – spontan auf Aktionen der Konkurrenz. Eigene Maßnahmen wie die Förderung des Scheckverkehrs oder des Wertpapierbesitzes in Arbeitnehmerhand blieben langfristig erfolglos. Ihre einzige planvolle Bemühung war die Forcierung aller Dienstleistungen, die das Spargeschäft in irgendeiner Weise tangierten. Erst gegen Ende der 1960er Jahre, als das bisherige Vorgehen nicht mehr zum Erfolg führte, hielten mit der straffen Neuorganisation systematische Planungen Einzug. Nun orientierten sie sich am Kunden und setzten auf vermehrten Werbeeinsatz sowie auf Zielgruppenmarketing. Mit der Segmentierung von Kundengruppen fand sich das Privatkundengeschäft nun auch erstmals in der Organisationsstruktur der Großbanken wieder. Das Massengeschäft verursachte und beschleunigte diesen Modernisierungsprozess gleichermaßen. Insbesondere für eine Neuausrichtung des Images hatte zwar schon Ende der 1950er Jahre offenkundig Bedarf bestanden, die Großbanken führten sie aber erst mit zehnjähriger Verspätung durch.

Aus Sicht der Bevölkerung entstand in den 1960er Jahren – nicht nur bei den Großbanken – ein größeres Angebot an Bankprodukten. Dazu boten die Institute mehr Serviceleistungen, mehr Beratung und geschultes, kundenfreundliches Personal. Selbst in ländlichen Filialen gab es nun Anlageberater und Aktienanalysen. Damit trugen die Großbanken ihren Teil zur westdeutschen Wohlstandsgesellschaft bei. In gleichem Maße wie der „kleine Mann" seit den 1950er Jahren bankfähig geworden war, wurden nun auch die Großbanken „privatkundenfähig". Die *FAZ* stellte 1969 anerkennend fest:

> „So wie die Fülle des Angebots in den Supermärkten den Wettbewerb bei Verbrauchsgütern demonstriert, so ist das moderne Kreditinstitut […] heute gleichsam zum Supermarkt für Dienstleistungen sowohl für Kredit als auch für Geldanlagen geworden."[457]

---

[456] HADrB, 114664.MS, Industriekurier vom 20.12.1962, Artikel „Amerikanische Filialbanken in Deutschland". HADrB, 114669.MS, Börsen-Zeitung vom 31.12.1986, Artikel „Eine spannende Geschichte". HADrB, 114672, Börsen-Zeitung vom 08.12.1973, Artikel „Amerikas Stützpunkte im bundesdeutschen Massengeschäft".

[457] BArch, B 126/37693, Wettbewerb im Kreditwesen, Bd. 1, FAZ vom 09.04.1969, Artikel „Der Segen des Bankwettbewerbs".

Widersprüchlich war dabei aber die Tatsache, dass der geschäftliche Schwerpunkt der Großbanken trotz des propagierten (Wunsch-)Images nach wie vor außerhalb des Privatkundengeschäfts lag. In den meisten Filialen spielte Ende der 1960er Jahre das Firmenkundengeschäft die Hauptrolle.[458] Hier gab es zwar keine exorbitanten Wachstumszahlen wie zeitweise im Massengeschäft, dafür aber solide Erträge ohne hohen Kostenaufwand. Allerdings war dieser Bereich ohne die tragende Einlagensäule aus dem Privatkundengeschäft nicht mehr denkbar. Die Großbanken befanden sich daher in einer Zwitter-Situation: Sie waren längst nicht mehr die exklusiven Institute, die ihre Geschäfte mit wenigen ausgewählten Kunden tätigten, aber auch noch keine (im wahrsten Sinne des Wortes) populären Banken wie die Sparkassen. Vor diesem Hintergrund reifte Ende der 1960er Jahre offenbar die Erkenntnis, dass umfangreiche Investitionen in das Massengeschäft notwendig waren, um langfristig überhaupt bestehen zu können. Die Großbanken steckten, so Commerzbank-Vorstand Kurt Sureth 1968, in der „Übergangsphase von der Industriebank zur Jedermannbank".[459]

---

[458] HAC, Wolf: Chronik, S. 557.
[459] HAC, S1/Sureth, Vortrag von Kurt Sureth auf dem 14. Lehrgang für Angehörige des Privaten Bankgewerbes vom 19.03.1968.

IV. Historische Einordnung und Ausblick

1. Ergebnisse

Das Massengeschäft mit der Privatkundschaft veränderte die Großbanken in vielfacher Hinsicht. Kein anderer neueingeführter Geschäftsbereich brachte derart nachhaltige Veränderungen mit sich. Bis in die Gegenwart prägt dieser Umbruch, der in den 1950er und 1960er Jahren stattfand, das Bild der Institute in der öffentlichen Wahrnehmung. Doch wie lässt sich dieser Prozess abschließend erklären und in welche größeren Kontexte kann er eingeordnet werden, um das Vorgehen der Großbanken nachvollziehbar zu machen?

Das gesamte Finanzwesen hängt weit mehr als andere Branchen von einem durch Regeln bestimmten Rahmen ab. Neue Geschäftszweige, Dienstleistungen und Produkte entstehen und entwickeln sich aber nicht nur durch Veränderungen der regulatorischen Einfassung. Die Protagonisten in der Branche reagieren auch auf die Wettbewerbslage und die makroökonomischen Umweltbedingungen. Neuerungen vollziehen sich zudem nicht schlagartig und in kurzen Zeitabständen. Sie haben eher den Charakter einer trägen, langfristigen Wandlung. Dies gilt auch für den Einstieg der Großbanken in das Privatkundengeschäft, der sich als Teil zweier übergeordneter, in engem Zusammenhang stehender Prozesse der Bank- und Wirtschaftsgeschichte erklären lässt. Ob sich die Institute dieser Entwicklungen, die sich über ein Jahrhundert hinzogen, bewusst waren, darf angezweifelt werden.

Erstens kann der Großbanken-Einstieg in das Privatkundengeschäft als Teil eines langandauernden, brancheninternen Vorgangs gesehen werden. Das deutsche Kreditgewerbe in seiner gegenwärtigen Form entstand im Laufe des 19. Jahrhunderts. Jede Institutsgruppe hatte ihren Ursprung in dem finanziellen Bedürfnis eines bestimmten Kundenzirkels: Die Sparkassen kümmerten sich um die einfache Bevölkerung und die Kommunen, die Volksbanken um den gewerblichen Mittelstand in den Städten, die Raiffeisenbanken um die Landwirtschaft und die privaten Kreditinstitute (inklusive der Großbanken) um Industrie, Handel und vermögende Bevölkerungsgruppen. In diesen geschäftspolitischen Nischen bauten sich die Kreditinstitute über viele Jahrzehnte hinweg ohne Überschneidungen ihr Stammgeschäft auf. Ganz allmählich versuchten sie aber auch, andere Geschäftsbereiche zu erschließen und sich damit universeller aufzustellen. Universalbanken haben gegenüber spezialisierten Instituten kostenmäßige und organisatorische Vorteile: Sie bieten ihren Kunden sämtliche Bank- und Finanzdienstleistungen mit Ausnahme von Hypothekarkrediten, Pfandbriefen und Banknoten an. Sie sind vielseitig ausgerichtet, unabhängiger von einzelnen Wirtschafts- und Branchenentwicklungen und damit weniger anfällig für Krisen. Mit ihren diversifizierten Geschäftsbereichen können sie Risiken intern ausgleichen. Letztlich sind Universalbanken also stabiler und wachstumsstärker. Vor diesem Hintergrund trachteten alle deutschen Institutsgruppen mehr oder weniger konsequent danach, auch außerhalb ihrer angestammten Geschäftsbereiche zu agieren. Zwei gegenläufige Bewegungen lassen sich dabei seit dem ausgehenden 19. Jahrhundert erkennen: Während die Sparkassen und Genossenschaftsbanken von den Privatkunden, dem Kleingewerbe und den Landwirten der Industrie, der Börse und dem internationalen Geschäft entgegenstrebten, zielten die privaten Banken in die umgekehrte Richtung. Die Sparkassen hatten dabei den Vorteil, vom langsam, aber kontinuierlich wachsenden Wohlstand ihrer traditionellen Stammkundschaft zu profitieren (siehe zweite These). Gestützt auf die Spareinlagen der privaten Haushalte, wuchsen auch das Geschäftsvolumen und die Marktanteile der Sparkassen immer weiter an und machten sie schnell zum Branchenführer.

Dieser Prozess begann – wenn auch zunächst kaum wahrnehmbar – bereits im Deutschen Kaiserreich, als beispielsweise die Großbanken ihr Depositengeschäft aufbauten und die Sparkassen die Scheckfähigkeit erlangten. In den 1920er Jahren gewann der Prozess allmählich an Dynamik: Die Großbanken nahmen das Spargeschäft auf, und die Sparkassen interessierten sich nun zunehmend für das kurzfristige Kreditgeschäft. Bis in die Nachkriegszeit hinein blieb die Segmentierung des deutschen Kreditgewerbes aber im Wesentlichen bestehen. Doch in den 1950er und 1960er Jahren beschleunigte sich die Entwicklung erneut. Mit dem Wegfall zahlreicher Regulierungsmaßnahmen und der fortdauernden Angleichung der Geschäftstätigkeiten verschärfte sich der Wettbewerb in der Branche. Ein bedeutender Schritt in diesem Prozess war die zunehmende Betätigung der Großbanken im Massengeschäft. Alle Institutsgruppen erweiterten nun ihre Geschäftsbereiche und dehnten sich gleichzeitig immer stärker in der Fläche aus. In vielen Regionen – insbesondere im ländlichen Raum, wo Sparkassen und Genossenschaftsbanken oftmals Monopolstellungen innegehabt hatten – begann damit erst der Konkurrenzkampf.

Ihren vorläufigen Höhepunkt erreichte diese Entwicklung um 1970: Alle Institutsgruppen boten nun alle Bankdienstleistungen überall in der Bundesrepublik an. Jedes Kreditinstitut reklamierte für sich, die Bank für Jedermann zu sein. Der Begriff der Universalbank erhielt damit eine neue Bedeutung: Hatte er bislang lediglich auf das universelle Dienstleistungsangebot eines Instituts verwiesen, so beinhaltete er jetzt auch alle Kundengruppen. Die Zeit der Arbeitsteilung in der Branche war damit zu Ende. Für spezialisierte Kreditinstitute wurde es deutlich schwieriger, sich zu behaupten. Das zeigte beispielsweise der Niedergang der Teilzahlungsbanken.

Am Ende dieser Entwicklung präsentierte sich die deutsche Kreditwirtschaft so, wie sie bis in die Gegenwart besteht. Im Gegensatz zu anderen Ländern überragt keine Institutsgruppe die anderen oder dominiert den Markt. Die Branche ist ausgeglichen, die Filialnetze haben ähnliche Ausdehnungen und der Wettbewerb um den Kunden wird intensiv geführt. Der Einstieg der Großbanken in das Privatkundengeschäft hat daher erheblich zum Durchbruch des Universalbankensystems in Deutschland beigetragen.

Die zweite These verankert den Großbanken-Einstieg in das Privatkundengeschäft in einem weitaus größeren Kontext, der über den brancheninternen Blickwinkel hinausreicht. Mit der Industrialisierung (und damit bereits bevor die Großbanken entstanden) begann in Deutschland eine Entwicklung, die den einfachen Arbeitnehmer innerhalb von rund einhundert Jahren ganz allmählich in den Mittelpunkt des volkswirtschaftlichen Geschehens rückte. Mit der ständigen Zunahme der lohnabhängigen, unselbständigen Beschäftigung als dominierender Erwerbsform fand für immer größere Teile der Bevölkerung die subsistenzwirtschaftliche Existenz der vergangenen Jahrtausende ein Ende. Peu à peu stiegen die Einkommen und verbesserten sich die Lebensbedingungen in vielerlei Hinsicht. Auch staatliche Hilfeleistungen wie Sozial- und Vorsorgemaßnahmen zugunsten der Arbeiter und Angestellten ermöglichten diesen schrittweise ein auskömmlicheres Dasein. Dadurch konnten die privaten Haushalte allmählich kleine Beträge sparen und damit immer mehr zum Volkseinkommen und zur Vermögens- und Kapitalbildung in Deutschland beitragen.

Zu Beginn dieser Entwicklung ab Mitte des 19. Jahrhunderts waren die Sparsummen freilich noch bescheiden und volkswirtschaftlich eher unbedeutend. Die Kapitalbildung erfolgte in erster Linie durch Wertpapiere. In der Kreditbranche kümmerten sich daher lediglich die Sparkassen – weniger aus gewinnorientierten als aus sozialen Gründen – um die privaten Haushalte. Für die privaten Kreditinstitute (und ab 1870 auch für die Großbanken) war diese Kundengruppe dagegen uninteressant. Diese Geldhäuser refinanzierten sich fast ausschließlich mit Eigenkapital und waren kaum auf fremde Einlagen angewiesen. Ihre traditionellen Kunden, die Unternehmen aus der Industrie und dem Handel, finanzierten sich größtenteils über die Emission von Aktien und Obligationen und benötigten nur teilweise kurzfristige Bankkredite. Mit dem anhaltenden industriellen Aufschwung waren die Firmenkunden aber zunehmend auf Darlehen und die privaten Kreditinstitute damit auf fremde Gelder angewiesen. Um eine weitere Refinanzierungsquelle zu erschließen, setzten die Großbanken Ende des 19. Jahrhunderts verstärkt auf kurzfristige Sichteinlagen und bauten daher Depositenkassennetze auf. Damit erweiterten sie ihren Kundenkreis geringfügig.

In den 1920er Jahren veränderte sich die Situation merklich. Die privaten Haushalte waren nun bereits in der Lage, größere Summen zu sparen. Seitens der Wirtschaft stieg zudem die Nachfrage nach längerfristigen Krediten. Gleichzeitig lag der Wertpapierhandel am Boden und Eigenkapital spielte in der Kreditbranche eine immer kleinere Rolle als Refinanzierungsmittel. Die Großbanken versuchten mit der Aufnahme des Spargeschäfts 1928/29 erstmals, in größerem Stil Einlagen von privaten Kunden anzunehmen. Dieser Schritt erscheint allerdings weniger als Notwendigkeit, sondern vielmehr als optionale Maßnahme. Der Anteil der einfachen Arbeitnehmer an der volkswirtschaftlichen Kapitalbildung war seit 1870 nur unwesentlich gestiegen. Die Großbanken interessierten sich daher eher für Kunden aus den mittleren Einkommensschichten als für den Kleinsparer. Zugute kam den Instituten dabei ihr größer gewordenes Filialnetz, das aber aus anderen Absichten heraus entstanden war.

In den 1950er und 1960er Jahren erlebte diese Entwicklung, die bislang eher gleichmäßig und wenig spektakulär verlaufen war, eine geradezu explosionsartige Beschleunigung. Durch den Wirtschaftsboom stiegen die Masseneinkommen in einem ungekannten Maße. Bundesbürger aller Schichten legten bei den Kreditinstituten allmählich Spargelder in einem Umfang an, wie dies noch keine Generation zuvor getan hatte. Der Staat förderte diese Entwicklung zusätzlich mit Milliardenbeträgen in der Vermögenspolitik. Die Veränderung bei der Kapitalbildung, die sich in den vergangenen Jahrzehnten kaum wahrnehmbar abgezeichnet hatte, erlebte nun ihren Durchbruch und die privaten Haushalte wurden zum größten Kapitalbringer der Volkwirtschaft. Der soziale und wirtschaftliche Aufstieg der unselbständigen Arbeitnehmer erlebte einen massiven Schub. Auch in den Wirtschaftswissenschaften erkannte man allmählich diesen Wandel und stellte nicht länger die Produzenten in den Mittelpunkt des volkswirtschaftlichen Geschehens, sondern die Verbraucher, deren Massenspar- und Kaufkraft immer bedeutender wurde.

Die wirtschaftliche Situation verstärkte diesen Prozess: Bei den Unternehmen bestand angesichts des Kapitalmangels und Investitionsbedarfs nach dem Krieg erneut eine starke Nachfrage nach längerfristigen Krediten. Gleichzeitig hielten sie immer weniger Sichteinlagen bei den Großbanken. Ihres traditionellen Refinanzierungsmittels beraubt, mussten sich die Großbanken intensiv um Spareinlagen bemühen, um ihr Kerngeschäft auf eine breitere Basis zu stellen und langfristig zu sichern. Daher versuchten sie nun erstmals, einfache Arbeiter und Arbeitnehmer mit ihren eher kleinen Sparbeträgen als Kunden zu gewinnen. Dieses Vorgehen wurde den Instituten durch die schrittweise Deregulierung der Kreditbranche erleichtert. So konnten sie nun beispielsweise umfangreiche Filialnetze aufbauen. Zu einem gewissen Grad kamen den Instituten zudem gesellschaftliche Veränderungen zupass: Mit der zunehmenden Auflösung vieler gesellschaftlicher Milieus war es jetzt selbst für einen Arbeiter möglich, Kunde einer Großbank zu werden. Wenige Jahrzehnte zuvor schien dies aus ideologischen Gründen noch undenkbar.

Um aber tatsächlich mehr Kleinsparer zu gewinnen, mussten die Großbanken entgegen ihren Überzeugungen zusätzliche Bankdienstleistungen für Privatpersonen anbieten. Damit entstanden Ende der 1950er Jahre – eher improvisiert als geplant – die verschiedenen Sparten des Massengeschäfts. Diese mussten sie im folgenden Jahrzehnt ebenso ausbauen wie die Filialnetze, da die Nachfrage nach langfristigen Krediten und der Wandel der volkswirtschaftlichen Kapitalströme anhielten. Die Großbanken waren, wie es *Der Spiegel* 1965 formulierte, „zum Massengeschäft gezwungen".[1]

Am vorläufigen Ende dieses fast einhundertjährigen Prozesses hatte sich die Refinanzierungsbasis der Großbanken grundlegend verändert: Parallel zum zunehmenden Wohlstand der Bevölkerung stieg bei den Großbanken der Anteil der Spareinlagen am Gesamtvolumen von 0% (1928) über 7% (1936), 5% (1950) und 17% (1960) auf fast ein Viertel im Jahr 1970. Allein in den wachstumsdynamischen Jahren 1952 bis 1970 wuchs der Anteil der Spareinlagen an den Gesamteinlagen von 6% auf über 30% (siehe Abb. 4).[2] Die Anlageform der Arbeitnehmer war damit zur tragenden Säule des Passivgeschäfts der Großbanken geworden.

Dieser sozioökonomische Prozess lässt sich auch an der Entwicklung der privaten Spar- und Anlageformen erkennen. Jahrhundertelang hatte die Mehrheit der Bevölkerung nur zu Hause kleinste Beträge gespart. Ab dem 19. Jahrhundert entstanden neue institutionelle Sparformen: Auf das von den Sparkassen eingeführte Kontensparen folgte in den 1920er Jahren das organisierte Heimsparen. Ab den 1950er Jahren beschleunigte sich diese Entwicklung parallel zum steigenden Wohlstand der Gesellschaft und der zunehmenden Abhängigkeit der Kreditbranche von Spareinlagen. Die Institute boten den Bundesbürgern nun immer neue Möglichkeiten wie das Schulsparen, das Lehrlingssparen oder das Sparschranksparen an und schlugen mit dem Wertpapiersparen schließlich eine Brücke zu den „professionellen" investmentgebundenen Anlageformen, die ehedem de facto den vermögenden Bevölkerungsteilen vorbehalten gewesen waren.

Eine ähnliche Entwicklung lässt sich auch im Aktivgeschäft beobachten: Mit dem volkswirtschaftlichen Aufstieg der einfachen Bevölkerung ging deren zunehmende Kreditwürdigkeit einher. In den 1920er Jahren vertrauten mit den Teilzahlungsbanken erstmals spezielle Banken den Arbeitern und Angestellten als Kreditnehmern. Im Laufe der 1950er Jahre folgten die übrigen Kreditinstitute und 1959 schließlich auch die Großbanken. Mit ihrem Kleinkredit wurde das Konsumentendarlehen vom Verkäufer- zum Käuferkredit. Ihre wachsende wirtschaftliche Bedeutung machte die Verbraucher unabhängiger vom Verkäufer bzw. vom Kreditverleiher und freier in ihren Kaufentscheidungen. Der Wandel der Konsumkreditformen im Laufe des 19. und 20. Jahrhunderts vom traditionellen Anschreiben über den Teilzahlungskredit, den Kaufkredit, den Kleinkredit, das Anschaffungsdarlehen bis hin zum Überziehungs- und Baufinanzierungskredit steht spiegelbildlich für den stetig steigenden Wohlstand der Bevölkerung und das veränderte

---

[1] Der Spiegel vom 16.04.1965, Artikel „Zum Massengeschäft gezwungen".
[2] HAC/HADB/HADrB, Geschäftsberichte der Commerzbank, Deutschen Bank und Dresdner Bank.

Konsumverhalten. Es zeigt aber auch das größer werdende Vertrauen der Kreditbranche. Auf kreditnehmende Privatpersonen waren die Großbanken allerdings weit weniger angewiesen als auf sparende. Die passive Bankfähigkeit attestierten sie der Bevölkerung bereits in den 1920er Jahren mit dem Sparbuch, während die aktive erst nach über 30 Jahren mit dem Kleinkredit und dem Dispositionskredit erfolgte. Beide Ereignisse spiegeln gleichermaßen die kontinuierliche Aufwärtsentwicklung der Arbeitnehmer und deren wirtschaftliche „Entdeckung" durch die Großbanken bzw. durch die gesamte Kreditwirtschaft.

Über diese Prozessthesen hinaus gelangt man zu weiteren Ergebnissen. So trugen die Großbanken mit ihrem Einstieg in das Privatkundengeschäft entscheidend dazu bei, diesen Bereich in der gesamten Kreditbranche zu verändern und ihm zu mehr Bedeutung zu verhelfen. Bis in die 1950er Jahre hinein hatte das Massengeschäft keine große Rolle gespielt. Die einfache Bevölkerung verfügte nur über geringe finanzielle Mittel und Bedürfnisse. Selbst die Sparkassen boten außer dem Sparbuch keine weiteren Produkte für Privatpersonen an. Ganz allgemein hatte in den Kreditinstituten die zuverlässige und einwandfreie technische Abwicklung der Geschäfte entlang der Leitlinien Sicherheit, Liquidität und Rentabilität Vorrang. Auf individuelle Kundenwünsche gingen sie daher nicht ein. Wettbewerb gab es aufgrund der fest gefügten Branchensituation nicht.

In den 1950er und 1960er Jahren veränderte sich das Massengeschäft innerhalb kürzester Zeit entscheidend. Grundlegend dafür waren der Konsumentenkredit sowie das LG-Konto. Die tiefgreifend gewandelten Sozial- und Vermögensstrukturen der Bevölkerung machten eine andere Geschäftspolitik in der Kreditbranche notwendig. Den Bundesbürgern stand nun mehr Geld zur Verfügung, das sie im Aktiv- wie im Passivgeschäft zu attraktiveren Kunden machte. Gleichzeitig wurden sie kritischer und selbstbewusster. Die Kreditinstitute mussten verstärkt auf Kundenwünsche und -bedürfnisse eingehen, aktiv um Kunden werben, den Kontakt zu ihnen pflegen und sowohl ihr Angebot als auch ihre Filialnetze ausweiten. So entstand bis 1970 das dichteste Bankstellennetz der Welt. Nicht zuletzt durch den zunehmenden Wettbewerb in der Branche wurden Banken und Sparkassen nun von Geldverleihern und -sammelstellen zu Dienstleistungsunternehmen, die Lösungen für Finanzprobleme von Institutionen, Unternehmen und Privatpersonen anboten.

Auch die Großbanken trugen entscheidend zu diesem Umbruch bei, indem sie beispielsweise das Investmentsparen und den Kleinkredit einführten und sich bemühten, den Scheckverkehr in Westdeutschland zu intensivieren. Mit ihrem Engagement im Massengeschäft beflügelten sie den Wettbewerb im Privatkundengeschäft branchenweit. Sowohl die Großbanken als auch andere Kreditinstitute orientierten sich dabei insbesondere an den Entwicklungen in der englischen und US-amerikanischen Kreditbranche. Aus wirtschaftshistorischer Sichtweise fand hier im Rahmen der zunehmenden Amerikanisierung der Bundesrepublik in den 1950er und 1960er Jahren ein kreditwirtschaftlicher Technologie- und Kulturtransfer statt. Hinzu kam eine branchenspezifische Besonderheit: Im Unterschied zu anderen Wirtschaftszweigen existierte kein Patentschutz. Jede neue Dienstleistung und jedes neue Produkt wurde nach kurzer Zeit auch von der Konkurrenz angeboten. Wettbewerbsvorsprünge trugen daher nicht zwingend zu einer verbesserten Marktposition bei und ließen sich immer nur kurze Zeit nutzen. Neue Produkte wurden von den Kreditinstituten daher oftmals kollektiv eingeführt. Angesichts der zunehmenden Wettbewerbsintensität, sinkender Wachstumsraten und steigender Kosten blieb die Suche nach Innovationen, neuen Produkten und Varianten aber ebenso unabdingbar wie eine anhaltende Standardisierung und Rationalisierung des Massengeschäfts.

Mit der zunehmenden Bedeutung dieses Geschäftszweigs veränderten alle Kreditinstitute in den 1950er und 1960er Jahren ihre Einstellung gegenüber der privaten Kundschaft und überdachten ihr Selbstverständnis. Die Großbanken machten dabei trotz anfänglicher Schwierigkeiten innerhalb von 20 Jahren größere Fortschritte als etwa die Sparkassen. Die Commerzbank, die Deutsche Bank und die Dresdner Bank mussten sich auf eine ihnen gänzlich unbekannte Kundengruppe einlassen; das Geschäft mit privaten Kunden unterschied sich deutlich von ihren bisherigen Tätigkeiten. Die Unternehmen und Vermögenden hatten einen überschaubaren, bekannten Kundenkreis gebildet, bei dem es um individuelle Beratung ging und der ohne Werbung auskam. Im Massengeschäft hatten es die Institute dagegen mit einer riesigen Menge unbekannter Privatpersonen zu tun, denen sie typisierte Standardleistungen anboten und die sie mit umfangreichen Werbemaßnahmen akquirierten. Dazu mussten die Großbanken auch ihre eigenen Schwellenängste überwinden und aus ihrem sicheren Bankgehäuse heraustreten in das bisweilen grelle Licht der Öffentlichkeit. Die Sparkassen dagegen waren bereits seit über 100 Jahren im Massengeschäft tätig, hatten aber noch nach 1970 teilweise Probleme, ihre Sparphilosophie beiseitezulegen und ihren Kunden aktiv Konsumentenkredite zu verkaufen.[3] In diesem Zusammenhang trug das Privatkundengeschäft entscheidend dazu bei, dass sich alle Kreditinstitute der Branche gegen Ende der 1960er Jahre modernisierten, ihre Organisationen umstrukturierten und ihre Erscheinungsbilder grundlegend überarbeiteten. Das Vorgehen der Großbanken im Massengeschäft war daher für die gesamte Branche und deren Wandel von großer Bedeutung. Die Kreditbranche stand mit dieser Entwicklung beispielhaft für den Strukturwandel in der deutschen Wirtschaft, in der der Dienstleistungsbereich eine immer größere Rolle spielte.

Doch erwiesen sich die verstärkten Bemühungen der Großbanken um die private Kundschaft letztlich als erfolgreiches Unterfangen? Inwiefern das Privatkundengeschäft zur Gewinn- und Dividendenentwicklung in den 1950er und 1960er Jahren beitrug und wie erfolgreich der Einstieg damit letztlich war, lässt sich anhand der Bilanzen nicht bestimmen. Die Dividenden stiegen in diesem Zeitraum von 6% auf bis zu 18%, während die addierten jährlichen Bilanzgewinne von 13 Mio. DM auf 270 Mio. DM anwuchsen.[4] Die Zahlen spiegeln eher den allgemeinen Wirtschaftsboom in der Bundesrepublik wider; der Beitrag des Massengeschäfts lässt sich nicht herauslesen.

Als erfolgreich erwies sich hingegen das Hauptunterfangen der Großbanken, möglichst viele Spargelder zu gewinnen. Zwischen 1952 und 1970 vermehrten sich ihre Spareinlagen um den Faktor 40, während die Gesamteinlagen und die Bilanzsumme lediglich um das Achteinhalbfache stiegen.[5] Insgesamt konnten die Institute damit allerdings keine Marktanteile im Spargeschäft gewinnen, sondern mussten sogar einen leichten Rückgang hinnehmen. Den großen, historisch bedingten Vorsprung der Sparkassen bei den Kleinsparern konnten sie damit nur unwesentlich verkürzen.

Der eigentliche Vorteil, den die Großbanken aus dem Privatkundengeschäft zogen, war vielmehr ein indirekter: Mit den Spareinlagen der einfachen Arbeitnehmer konnten sie sich in ihrem Stammgeschäft behaupten und gleichzeitig ihre Liquidität deutlich und anhaltend verbessern. Spareinlagen waren zudem unabhängig vom Kapitalmarkt und

---

[3] Hauser: Schwert mit zwei Schneiden, S. 22.
[4] HAC/HADB/HADrB, Geschäftsberichte der Commerzbank, Deutschen Bank und Dresdner Bank 1952–1970.
[5] Ebenda.

weniger anfällig für Konjunkturschwankungen. Auf Eigenkapital waren die Großbanken um 1970 damit kaum noch angewiesen. Es diente nun lediglich dazu, als Reserve mögliche Verluste aufzufangen und der Öffentlichkeit Sicherheit zu suggerieren. Allerdings war es den Instituten nicht möglich, sich allein auf die Spareinlagen zu konzentrieren. Um die Bevölkerung zu erreichen, mussten sie auch andere Sparten einführen, die teilweise nicht rentabel arbeiteten. Die Großbanken wollten nur den Sparer als Kunden, erhielten aber auch dessen Verbraucherseite. Die Verluste dieser Sparten nahmen sie daher vorerst in Kauf und hofften auf Folgespargeschäfte und Rationalisierungseffekte durch Standardisierungen. Mit zunehmenden Wachstums- und Gewinneinbußen Ende der 1960er Jahre nahmen sie schließlich eine neue Sichtweise ein und betrachteten den Privatkunden in seiner gesamten Geschäftsverbindung. Indem sie die maßgeblichen Sparkonten, die gewinnbringenden Konsumentenkredite und die kostenintensiven LG-Konten als Einheit auffassten, wurde das Privatkundengeschäft zu einer lukrativen Gesamtangelegenheit, die durch weitere Folgegeschäfte, wie beispielsweise Baufinanzierungen, weiter gesteigert werden konnte. Damit war das Massengeschäft nicht länger nur ein notwendiges, sondern ein eigenständiges profitables Geschäftsfeld der Großbanken. Nicht zuletzt profitierten sie langfristig auch von dessen besonderen strukturellen Eigenschaften: Mit seinen kleinen Beträgen und seiner Vielzahl von Transaktionen und Geschäftsvorfällen war das Massengeschäft diversifizierter, weniger krisenanfällig und mit geringeren Risiken verbunden als das Geschäft mit den Unternehmen. Das zeigte sich erstmals in der Rezessionsphase 1966/67 und zuletzt während der Finanzkrise 2008.

Ohne das Privatkundengeschäft und mit der traditionellen Geschäfts- und Kundenstruktur hätten die Einlagen der Großbanken im Laufe der 1950er und 1960er Jahre vermutlich kaum noch ausgereicht, um den steigenden Kreditbedarf der Wirtschaft zu decken. Selbst ein Skeptiker wie der Commerzbank-Vorstand Ernst Rieche musste 1969 zugeben, dass das Massengeschäft für die Institute „lebenswichtig geworden" war.[6] Ohne diesen Bereich hätten sie auf teure Bankkredite zurückgreifen müssen, um die entstandene Finanzierungslücke zu schließen. Wachstum wäre damit langfristig immer schwieriger geworden. Eine Halbierung ihres Marktanteiles von 20% auf 10% zwischen 1950 und 1970 (gemessen an den Bilanzsummen) mussten die Großbanken dennoch hinnehmen. Ohne das Massengeschäft wäre dieser Rückgang jedoch wahrscheinlich noch höher ausgefallen. Gestützt auf die Einlagen der Privatkundschaft, konnten die Institute aber ihre führende Position im Auslands- und Wertpapiergeschäft behaupten. Der zunehmende Erfolg der Sparkassen und Kreditgenossenschaften basierte allerdings nicht auf deren umfangreichen Aktivitäten im Massengeschäft, sondern auf der zunehmenden Betätigung in den traditionellen Geschäftsbereichen der Großbanken.

Schließlich lässt sich der Einstieg der Großbanken in das Privatkundengeschäft auch aus umgekehrter Perspektive betrachten: Welche Vorteile zogen die Bundesbürger als Bankkunden daraus? Zunächst einmal veränderte sich ihr grundsätzliches Verhältnis zu den Kreditinstituten aller Branchengruppen in den 1950er und 1960er Jahren. Im Vergleich zu den vorangegangenen Jahrzehnten war dies ein geradezu radikaler Umbruch. Nicht nur die Großbanken gaben ihre Zurückhaltung gegenüber den einfachen Arbeitnehmern auf und gingen allmählich auf deren finanzielle Wünsche und Bedürfnisse ein, die sich aus dem steigenden Wohlstand und dem zunehmenden Massenkonsum ergaben.

---

[6] HAC, 400/151, Rede von Ernst Rieche zum Commerzbank-Jahresabschluss 1969.

Gleichzeitig entwickelte sich die Kreditbranche von einem Verkäufermarkt zu einem Käufermarkt mit zunehmendem Wettbewerb, von dem die Bank- und Sparkassenkunden enorm profitierten. Sie konnten nun aus einem immer größeren Angebot von immer mehr Anbietern wählen. Geschäftsstellen aller Institutsgruppen standen ihnen nahezu überall zur Verfügung. Bankdienstleistungen erlebten in diesen Jahren ebenso ihre Demokratisierung wie der allgemeine Konsum. Ähnlich wie bei vormaligen Luxuskonsumgütern sickerte die Nutzung von Finanzprodukten aus den oberen Gesellschaftsschichten in die mittleren und unteren Einkommensklassen. Dort wurden sie allmählich selbstverständlich und erhöhten so den Lebensstandard.

Insbesondere bei den Großbanken kann dieser Demokratisierungsprozess gut beobachtet werden. Dabei lassen sich drei Phasen feststellen: Ab Ende der 1950er Jahre starteten sie eine Vielzahl neuer Sparten für die private Kundschaft. In einer zweiten Phase bauten die Institute im Laufe der 1960er Jahre diese Angebote aus. Am Ende des Jahrzehnts setzten sie schließlich verstärkt auf Kundenorientierung und boten zusätzliche Serviceleistungen an. Wesentliche Neuentwicklungen kamen dabei allerdings nicht mehr hinzu. Letztlich basierten alle Privatkundenprodukte der Großbanken auf dem Sparbuch, dem Investmentfonds oder dem Kleinkredit. Dafür stellten sie nun den individuellen Beratungsanspruch umso größer heraus.

Um 1970 konnte schließlich jeder Bundesbürger unabhängig von seiner Herkunft und seinem Besitz Kunde bei einer Institutsgruppe seiner Wahl werden und dort alle Bankdienstleistungen ohne Einschränkungen erhalten. Das Massengeschäft der Kreditbranche war zum Teil der Massenkonsumgesellschaft geworden. Alle Kreditinstitute wetteiferten gleichermaßen um die Gunst der Bevölkerung mit immer neueren Angeboten und Serviceleistungen. Der Journalist Rudolf Herlt bemerkte dazu 1970 in *Der Welt*:

> „Private Banken, Sparkassen, und Kreditgenossenschaften gewerblicher und ländlicher Art tanzen vor den Augen eines interessierten Publikums die Quadrille zum ‚höheren Lob des kleinen Mannes'. […] Die Kreditinstitute riefen, und alle, alle kamen."[7]

Herlt mutmaßte außerdem, dass durch diese Entwicklung auch in Zukunft immer weitere neue Produkte, Dienstleistungen und Technologien für private Bankkunden entstehen würden. Ihm stand ein Familienvorstand im Jahre 2000 vor Augen, der über ein Heimterminal vom Wohnzimmer aus in Sekundenbruchteilen seinen Kontostand erfährt und Rechnungen begleicht, beim Einkaufen fast alles bargeldlos bezahlt und Bargeld aus Auszahlungsautomaten in einer Bankfiliale oder in einer Bahnhofsvorhalle erhält.[8] Dass diese Vision Wirklichkeit wurde, ist somit zu einem gewissen Teil auch dem Einstieg der Großbanken in das Privatkundengeschäft zu verdanken.

Im Laufe der 1950er und 1960er Jahre vergrößerte sich allerdings nicht nur das Angebot für Privatkunden. Ganz allgemein veränderte sich auch der Umgang der Bundesbürger mit Geld und mit Finanzprodukten. Die meisten von ihnen hatten vor 1950 lediglich ein Sparkonto besessen, doch mit wachsenden Einkommen, sicheren Arbeitsplätzen, sozialer Absicherung und dem Leitbild des Konsums vor Augen machten sie vom zunehmenden Angebot an Bankdienstleistungen regen Gebrauch. Dieser Wandel blieb nicht ohne Folgen. So nahm etwa in den 1950er und 1960er Jahren die Verschuldungsbereitschaft in der Bundesrepublik zu, ohne aber US-amerikanische Ausmaße zu erreichen. Im

---

[7] HAC, 400/121, Die Welt vom 18. 07. 1970, Artikel „Die bargeldlose Gesellschaft".
[8] Ebenda.

alltäglichen Zahlungsverkehr bestand bis zur Einführung des Dispositionskredits keine Möglichkeit, auf Pump zu bezahlen, wie dies etwa in den USA mit der Kreditkarte möglich war. Ab den 1970er Jahren nutzten die Bundesbürger diese Möglichkeit dafür umso stärker. Die Kreditnachfrage der privaten Haushalte wuchs nun doppelt so schnell wie die der Wirtschaft. Die Großbanken hatten hier nicht zuletzt mit dem Kleinkredit dazu beigetragen, den Konsum schrittweise zu entgrenzen.[9] Weitaus größere Veränderungen im Umgang mit Geld verursachte das LG-Konto. Obwohl es keinem originären Bedürfnis der Arbeiter und Angestellten entsprungen war, entwickelte es sich alsbald zum zentralen Element aller Bankdienstleistungen. Selbst wenn ein Bundesbürger allen Angeboten der Kreditbranche entsagte, so waren die meisten alltäglichen Geldvorgänge ohne ein solches Konto bald nicht mehr denkbar. Die Kontakte zwischen Kunden und Kreditinstituten wurden dadurch zahlreicher und die Verbindungen enger. Gleichzeitig wurde der Umgang mit Geld mit dem LG-Konto aber auch zunehmend abstrakter.

Die Bundesbürger nutzten jedoch nicht alle Angebote der Großbanken in dem Maße, wie diese es sich erhofften. Die Institute konnten der Bevölkerung weder die Wertpapieranlage noch den Gebrauch von Schecks näherbringen. Trotz aller Bemühungen und Aufklärungsversuche entstanden in diesen Bereichen keine amerikanischen Verhältnisse in der Bundesrepublik. Über das Spargeschäft hinaus konnten die Großbanken ihr Privatkunden-Passivgeschäft daher kaum erweitern. Auch Hilfskonstruktionen wie das Investmentsparen, der Scheckausweis oder die staatlich initiierten Volksaktien bewirkten hier keine nennenswerten Veränderungen. Bis in die Gegenwart ist es für Privatpersonen in Deutschland alles andere als selbstverständlich, Wertpapiere zu besitzen: Im Jahr 2010 waren nicht einmal 4% aller Bundesbürger Aktionäre und nur knapp 10% besaßen Fondsanteile.

Letztlich lässt sich nur vor dem Hintergrund der über einen großen Zeitraum hinweg veränderten Rahmenbedingungen in Wirtschaft, Kreditbranche, Politik und Gesellschaft erklären, dass die Großbanken in das Privatkundengeschäft einstiegen. Ob die Institute diese Prozesse, die sich über Jahrzehnte und Jahrhunderte hinzogen, jemals voll erfassten, ist äußert zweifelhaft. Ihr Interesse für die Bevölkerung entsprang nicht einem umfassenden und langfristig geplanten Vorgehen. Sie waren vielmehr Getriebene der Umstände und eines sich wandelnden Umfeldes. Eine Strategie lässt sich lediglich bei ihren Bemühungen ausmachen, die Spareinlagen der Arbeitnehmer zu gewinnen. Dahinter stand allerdings nicht das Interesse an der neuen Kundengruppe, sondern die Absicht, das Kreditgeschäft mit den Unternehmen und damit ihr Hauptstandbein zu erhalten und sich an die verändernden Finanzierungswünsche der Wirtschaft anzupassen. Die Großbanken handelten daher vor allem aus „Finanzmittelbeschaffungsgründen".[10] Die übrigen Produkte des Massengeschäfts waren zunächst nur notwendiges Beiwerk. Aus dieser Haltung heraus resultierte das relativ planlose Vorgehen der Institute bei den ergänzenden Sparten. Dennoch kamen sie auf diese Weise ganz allmählich in den neuen Geschäftsbereich hinein. Ab Ende der 1960er Jahre begannen die Großbanken schließlich ihr Privatkundengeschäft neu zu strukturieren und Strategien zu entwerfen. Privatpersonen sahen sie nun als vollwertige Kunden an, die den Firmenkunden gleichberechtigt gegenüberstanden, zumal beide Bereiche aufeinander angewiesen waren. Ab diesem Zeitpunkt kann

---

[9] Ellerbrock: Konsumentenkredit und „Soziale Marktwirtschaft", S. 133.
[10] Sauer: Wettbewerbsposition, S. 52.

von einem tatsächlichen Massengeschäft gesprochen werden, das alle Bevölkerungskreise umfasste.

Das Spargeschäft stand folglich immer im Mittelpunkt der Großbanken-Bemühungen. Es war die Schnittstelle mehrerer gegenläufiger Bewegungen: In gleichem Maße, in dem immer größere Teile der Bevölkerung volkswirtschaftlich bedeutsam wurden, weiteten umgekehrt die Großbanken allmählich ihre Privatkundschaft von „oben nach unten" aus. Mit diesem Vorgehen trugen die Institute gleichsam dazu bei, dass sich die Institutsgruppen der Kreditbranche geschäftspolitisch zunehmend annäherten und auch in der Fläche mit den Filialnetzen immer weiter ausdehnten.

Die Großbanken „entdeckten" den Arbeitnehmer also keineswegs „über Nacht", wie dies etwa nach dem Start des Kleinkredits 1959 in der Öffentlichkeit bisweilen aufgefasst und auch in der bankwissenschaftlichen Literatur häufig wiedergegeben wurde.[11] Stattdessen näherten sich die Institute der Bevölkerung in einem langen Prozess an, der 1870 begann, 1928/29 einen ersten Schub erhielt, sich ab dem Ende der 1950er Jahre ganz erheblich beschleunigte und um 1970 seinen vorläufigen Höhepunkt erreichte. Dabei ist es kein Zufall, dass der Durchbruch des Massengeschäfts bei den Großbanken gerade in den 1950er und 1960er Jahren erfolgte: In diesem Zeitraum erlebte der westliche Kapitalismus sein „Goldenes Zeitalter". Stabilität und Prosperität bildeten die Grundlage für viele fundamentale historische Weichenstellungen in Wirtschaft und Gesellschaft. Der Einstieg der Großbanken in das Privatkundengeschäft ist ein Beispiel dafür. Er steht darüber hinaus exemplarisch für den Aufstieg der sozialen Marktwirtschaft und der Massenkonsumgesellschaft, aber auch für die zunehmende Amerikanisierung und (wirtschaftliche) Liberalisierung der Bundesrepublik in den 1950er und 1960er Jahren.

In einem größeren Zusammenhang betrachtet, kann der Einstieg zudem als Folge einer sozialhistorischen Entwicklung gedeutet werden, die sich gut in den Passivbilanzen der Großbanken ablesen lässt. Am vorläufigen Ende dieses Prozesses war der vielzitierte „kleine Mann" zur zentralen Figur in der Volkswirtschaft und seine Ersparnisse zu einer der wichtigsten Säulen der Großbanken geworden. Er hatte ihre Einlagen- und Kundenstruktur, ihre Flächenpräsenz, ihre Organisation, ihre Produkt- und Dienstleistungspalette, ihre Werbung, ihr Erscheinungsbild, ihre Wettbewerbssituation und ihr Selbstverständnis grundlegend verändert, ihre traditionellen elitären Dünkel beseitigt und damit zur Demokratisierung der gesamten Branche beigetragen. Wie nahe sich Großbanken und Privatpersonen dabei gekommen waren, zeigte 1967 der Stoßseufzer eines Großbank-Managers:

> „Sogar in der BILD-Zeitung inserieren wir. Wenn das unsere Vorgänger wüßten, würden sie sich im Grabe herumdrehen."[12]

Die deutschen Großbanken haben sich der privaten Kundschaft in einem Prozess angenähert, der sich über einen längeren Zeitraum erstreckte. Aus den ursprünglichen Industrie- und Handelsfinanzierern waren nach rund 100 Jahren Geldinstitute für Jedermann in allen Angelegenheiten und überall in Deutschland geworden. Mit dieser Entwicklung, die im Übrigen auch ungefähr der historisch-systematischen Einteilung des 19. und 20. Jahrhunderts in eine „Industriegesellschaft" und eine darauf folgende „Konsumgesellschaft" entspricht, weiteten die Großbanken nicht nur ihre Geschäftsbereiche aus. Sie öffneten sich auch gegenüber der Gesellschaft.

---

[11] Hooven: Wandlungen im Bankgeschäft, S. 314.
[12] HADrB, 118009.MS, Mann in der Zeit, April 1968, Artikel „Warenhäuser des Geldes".

2. Entwicklung des Großbanken-Privatkundengeschäfts nach 1970

Unabhängig davon, wie man die historische Einordnung über die Anfänge des Groß-banken-Privatkundengeschäfts bewerten mag, ist es unstrittig, dass die Folgen dieser Entwicklung bis in die Gegenwart sichtbar sind. Einmal angestoßen, hielt der Annähe-rungsprozess zwischen den Kreditinstituten und der Bevölkerung auch nach 1970 an. Die folgenden Jahre waren bei den Großbanken zunächst davon geprägt, die bereits geschil-derten Reformen, Umstrukturierungen und Reorganisationen umzusetzen. Das Privat-kundengeschäft richteten sie durch die Einführung der integrierten Kundenberatung völlig neu aus. Nun hatte der Kunde bei seinen Bankgeschäften nur noch einen An-sprechpartner, der ihn bei allen Produkten und Dienstleistungen beraten konnte. Der Fokus lag dabei vor allem auf dem Aktivgeschäft: Nachdem die Zinsen freigegeben und der Wettbewerb härter geworden waren, änderten sich ab den 1970er Jahren die Priorit-ten in der Branche. Das Passivgeschäft und damit die Privatkunden-Spareinlagen verloren an Bedeutung. Ebenso spielte die Größe der Filialnetze nur noch eine untergeordnete Rolle. Aus Kostengründen schlossen die Großbanken in den folgenden Jahrzehnten viele Geschäftsstellen wieder, die in der stürmischen Neueröffnungsphase der 1960er Jahre entstanden waren. Eine größere Ausweitung erfuhren ihre Netze erst wieder in den Jah-ren nach der deutschen Wiedervereinigung, als die Institute in die neuen Bundesländer expandierten, um dort das Firmen- und Privatkundengeschäft aufzubauen. Ende der 1990er Jahre experimentierten die Großbanken schließlich erneut mit der alten Idee, Minifilialen in Einkaufszentren einzurichten. Die meisten dieser „Banking Shops" wurden aber nach wenigen erfolglosen Jahren wieder geschlossen.[13]

Neue Marktanteile im Privatkundengeschäft konnten die Institute seit den 1970er Jah-ren kaum noch erobern. Immer neue Konkurrenten aus verschiedensten Branchen küm-merten sich um die wachsenden finanziellen Bedürfnisse der Bevölkerung. Neben ande-ren Kreditinstituten, Versicherungen und Bausparkassen gründeten in den 1980er Jahren vor allem Waren- und Versandhäuser sowie Automobilhersteller eigene Banken. Um die eigenen Absätze zu steigern, boten diese Unternehmen ihren Kunden die Finanzierung ihrer Produkte selbst an. Auf diese Entwicklungen reagierten die Großbanken wiederum mit der so genannten Allfinanz-Strategie, mit der sie ihre vorhandenen Marktanteile im Privatkundengeschäft besser ausschöpfen und bestehende Kundenverbindungen intensi-vieren wollten. Der Kunde sollte in seiner Filiale „alles aus einer Hand" und damit auch andere Finanzdienstleistungen erhalten, die normale Geschäftsbanken üblicherweise nicht anboten. Dazu klärten die Großbanken einerseits die Eigentumsverhältnisse bei den Hypothekenbanken. Dadurch konnten sie nun auch langfristige Baufinanzierungen an-bieten. Andererseits vertieften die Institute ihre Kooperationen mit Versicherungen und Bausparkassen, beteiligten sich an ihnen und gründeten schließlich eigene Finanzgesell-schaften wie beispielsweise die Deutsche Bank Bauspar-AG (1987) oder die Deutsche Bank Lebensversicherungs-AG (1988).[14] Auf diese Weise entwickelten sich die Großban-

---

[13] Frost: Die Deutsche Bank und ihr Privatkundengeschäft, S. 208 ff. Wixforth: Expansionsstrategien, S. 104. HAC, Wolf: Chronik, S. 653.
[14] HADrB, 17618-2000, Notiz des Büros für Massengeschäfte, Frankfurt a. M. (Karsten), vom 26. 01. 1971. Beier/Jacob: Konsumentenkredit, S. 40 ff. Büschgen: Deutsche Bank, S. 773 u. S. 801. Ramm: Die deutschen Aktienbanken, S. 81. Redenius: Strukturwandel und Konzentrationsprozesse, S. 163 ff. u. S. 211 ff. Wandel: Banken und Versicherungen, S. 139. Weiss: Betrachtung des „Privatkun-den", S. 23 ff. Wolf: Nachkriegsentwicklung, S. 81.

ken allmählich zu Finanzkonzernen, die ein umfassendes Finanzdienstleistungsportfolio für Privatkunden anboten.

Parallel zur Erweiterung des Angebots führten die Großbanken neue Technologien im Privatkundengeschäft ein. Damit wollten sie diesen Geschäftsbereich weiter rationalisieren und zugleich mehr Serviceleistungen für die Kunden anbieten: Ab dem Ende der 1970er Jahre setzten sie dazu insbesondere auf das Electronic Banking mit Selbstbedienungselementen wie dem Geldautomat und dem Kontoauszugsdrucker. Aus vielen Geschäftsstellen wurden nun reine Selbstbedienungsfilialen. 1978 führte das deutsche Kreditgewerbe auf Betreiben der Großbanken die Eurocard als branchenweite Kreditkarte ein. Anfang der 1980er Jahre boten die Institute ihren Kunden den Bildschirmtext Btx zur Erledigung ihrer Bankgeschäfte an. Ende des Jahrzehnts folgte die aus der Scheckkarte weiterentwickelte Bankkarte mit Mikrochip, die ein elektronisch-bargeldloses Bezahlen im Handel ermöglichte. In den 1990er Jahren beschleunigte sich diese Entwicklung: Sowohl mit dem Telefon Banking als auch später mit dem Online Banking wurden die Kunden zunehmend unabhängiger von den Öffnungszeiten der Filialen. Mitte des Jahrzehnts gingen die Großbanken einen Schritt weiter und gründeten Direktbanken als Tochtergesellschaften, die ausschließlich auf die neuen Kommunikationsmöglichkeiten setzten und daher keine Filialnetze benötigten. Bei der Commerzbank war dies die Comdirect Bank, bei der Deutschen Bank die Bank 24 und bei der Dresdner Bank mit einigen Jahren Verspätung die Dresdner Direkt 24.[15]

Schließlich legten die Großbanken ab den 1970er Jahren im Privatkundengeschäft mehr Wert darauf, statt des Volumens das Ergebnis zu steigern. Die Institute unterschieden zunehmend zwischen standardisierten Leistungen für die überwiegende Mehrheit der Privatkunden und individueller Beratung für Wohlhabende. Die Kundschaft sahen sie somit immer weniger als Einheit, sondern trennten sie organisatorisch nach Vermögen und Einträglichkeit auf.[16] In den 1990er Jahren entstanden daher die Bezeichnungen Retail Banking für das standardisierte Privatkundengeschäft, das auch Selbständige und Gewerbetreibende umfasste, sowie das Private Banking für wohlhabende Privatkunden. Für besonders vermögende Kunden schufen die Großbanken Wealth-Management-Abteilungen.

Diese Umstrukturierungen fielen in eine Zeit, als der Privatkundenbereich innerhalb des Gesamtgeschäfts der Institute zunehmend an Bedeutung verlor. Im Laufe der 1980er Jahre war das internationale Finanzwesen allmählich liberalisiert und der globale Wertpapierhandel erleichtert worden. Nun entstanden viele neue Anlageprodukte, und in den 1990er Jahren begann der weltweite Siegeszug des Investment Bankings. Auch die Großbanken konzentrierten ihre Kräfte zunehmend auf diesen Bereich. Hier konnten sie mit weniger Aufwand weitaus mehr Wachstum und größere Gewinne erzielen als im kostenintensiven Massengeschäft, zumal die Institute zwischenzeitlich mehr Rücksicht auf die Interessen ihrer Aktionäre und deren Dividendenerwartungen legten.[17] Als Höhepunkt dieser Entwicklung darf 1999 der Versuch der Deutschen Bank gesehen werden, das Retail Banking vom übrigen Geschäft abzutrennen und an die Direktbank Deutsche Bank 24 abzugeben. Lediglich das einträgliche Private Banking verblieb beim Stamminstitut. Viele

---

[15] Ashauer: Entwicklung der Sparkassenorganisation, S. 342. Frost: Die Deutsche Bank und ihr Privatkundengeschäft, S. 129. Ramm: Die deutschen Aktienbanken, S. 81.
[16] HADrB, 7910-2002, Schreiben der Zentralen Privatkundenabteilung an Ponto vom 09.01.1974.
[17] Frost: Die Deutsche Bank und ihr Privatkundengeschäft, S. 133.

Kunden fühlten sich dadurch zweitklassig behandelt und protestierten, so dass die Deutsche Bank die Trennung nach drei Jahren wieder rückgängig machte.[18]

Als Folge der weltweiten Finanzkrise des Jahres 2008 und des vorübergehenden Zusammenbruchs des Investment Bankings besannen sich die Großbanken wieder auf die Qualitäten des Privatkundengeschäfts. Hier konnten sie zwar keine spektakulären Gewinne erwirtschaften, doch während der Krise erwies sich dieser Bereich als verlässlich, risikoarm und als tragende Säule der Institute. Nicht nur den Großbanken, sondern auch der gesamten Branche erschien das Privatkundengeschäft zu Beginn des 21. Jahrhunderts wieder attraktiv. Ein sichtbares Zeichen für diese Entwicklung war beispielsweise die Übernahme der Postbank mit ihren Millionen von Privatkunden durch die Deutsche Bank im Jahr 2008.

Allerdings haben die Großbanken durch ihre Fixierung auf das Investmentgeschäft und die enormen Schäden, die dieser Bereich während der Finanzkrise verursachte, viel Ansehen in der Öffentlichkeit verloren. Das seit den 1950er Jahren mit dem Einstieg in das Privatkundengeschäft mühsam über Jahrzehnte aufgebaute Vertrauensverhältnis zwischen den Instituten und der Bevölkerung erlitt damit einen großen Rückschlag. Die Klagen über die Großbanken, die Volkmar Muthesius 1970 in der Commerzbank-Festschrift zum 100-jährigen Firmenjubiläum ungewöhnlich prosaisch benannte, klingen daher auch im Jahr 2013 aktueller denn je:

> „Schwer auszurotten ist die Vorstellung, daß die Großbanken und ihre verantwortlichen Leiter eine Art von modernen, gehobenen Sklavenhaltern seien, weniger vielleicht gegenüber ihren Mitarbeitern als gegenüber den Kunden. Unklare und manchmal fast mythische oder mystische Vorstellungen von schwer in Worten zu fassenden Gewalten, die hinter den Fassaden der großen Geldinstitute säßen, machen sich immer wieder breit, […] Sagenfiguren vom Schlag der Riesen Polyphem oder des Gargantua und ähnlicher Gewaltmenschen […]."[19]

---

[18] Börsen-Zeitung vom 05.05.2009, Artikel „Als der Mob die Schalter stürmte".
[19] Muthesius: Leistungsfähige deutsche Banken, S. 15.

Abbildungen

Abb. 1) Spareinlagenbestände im Deutschen Reich 1944 (Mrd. RM)

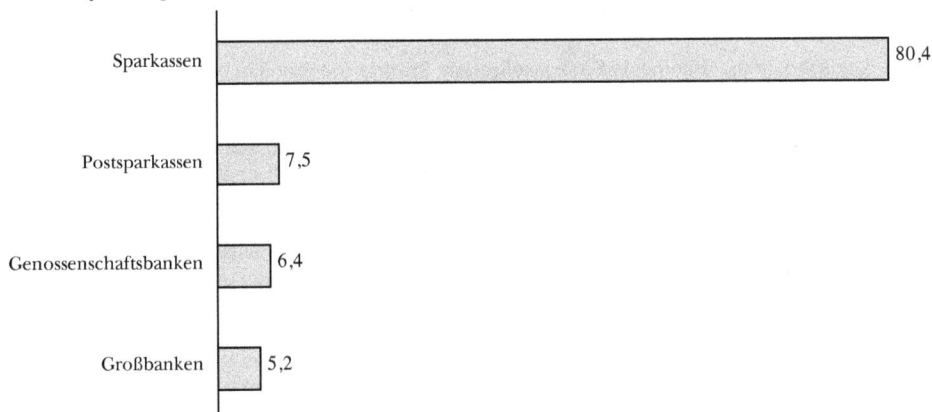

Quellen: HAC, S3/A2, Sammlung Kurzrock. HAC, Geschäftsbericht der Commerzbank 1944. Statistisches Reichsamt (Hrsg.): Statistisches Jahrbuch für das Deutsche Reich. Statistisches Bundesamt (Hrsg.): Bevölkerung und Wirtschaft. Bähr: Dresdner Bank. Deutsche Bundesbank (Hrsg.): Deutsches Geld- und Bankwesen. Pohl: Sparkassen. Pohl: Konzentration Bankwesen.

Abb. 2) Die Nachfolgeinstitute der Großbanken 1947/48 bis 1957/58

COMMERZBANK-GRUPPE

1947/48–1952

Amerikanische Zone: Bankverein für Württemberg-Baden, Stuttgart (Württemberg-Baden); Bayerische Disconto-Bank, Nürnberg (Bayern); Bremer Handelsbank, Bremen (Bremen); Mitteldeutsche Creditbank, Frankfurt a. M. (Hessen)
Britische Zone: Bankverein Westdeutschland, Düsseldorf (Nordrhein-Westfalen); Hansa-Bank, Hamburg (Hamburg); Holsten-Bank, Kiel (Schleswig-Holstein); Merkur-Bank, Hannover (Niedersachsen)
Französische Zone: Mittelrheinische Bank, Mainz (Rheinland-Pfalz)

1952–1958

Commerz- und Credit-Bank AG, Frankfurt a. M.; Commerz- und Disconto-Bank AG, Hamburg; Bankverein Westdeutschland AG, Düsseldorf (ab 1956 Commerzbank-Bankverein AG)

DEUTSCHE BANK-GRUPPE

1947/48–1952

Amerikanische Zone: Bayerische Creditbank, München (Bayern); Disconto-Bank, Bremen (Bremen); Hessische Bank, Frankfurt a. M. (Hessen); Südwestbank, Mannheim/Stuttgart (Württemberg-Baden)
Britische Zone: Norddeutsche Bank, Hamburg (Hamburg); Nordwestbank, Hannover (Niedersachsen); Rheinisch-Westfälische Bank, Düsseldorf (Nordrhein-Westfalen)

Französische Zone: Rheinische Kreditbank, Ludwigshafen (Rheinland-Pfalz); Oberrheinische Bank, Freiburg i. Br. (Baden); Württembergische Vereinsbank, Reutlingen (Württemberg-Hohenzollern)

1952–1957

Norddeutsche Bank AG, Hamburg; Rheinisch-Westfälische Bank AG, Düsseldorf; Süddeutsche Bank AG, Frankfurt a. M.

DRESDNER BANK-GRUPPE

1947/48–1952

Amerikanische Zone: Allgemeine Bankgesellschaft, Stuttgart/Mannheim (Württemberg-Baden); Bayerische Bank für Handel und Industrie, München (Bayern); Bremer Bank, Bremen (Bremen); Rhein-Main-Bank, Frankfurt a. M. (Hessen)
Britische Zone: Hamburger Kreditbank, Hamburg (Hamburg); Lübecker Bank für Handel und Industrie, Lübeck (Schleswig-Holstein); Niederdeutsche Bankgesellschaft, Hannover (Niedersachsen); Rhein-Ruhr-Bank, Düsseldorf (Nordrhein-Westfalen)
Französische Zone: Bankanstalt für Württemberg und Hohenzollern, Reutlingen (Württemberg-Hohenzollern); Industrie- und Handelsbank, Mainz (Rheinland-Pfalz); Süddeutsche Kreditanstalt, Freiburg i. Br. (Baden)

1952–1957

Hamburger Kreditbank AG, Hamburg; Rhein-Main-Bank AG, Frankfurt a. M.; Rhein-Ruhr Bank AG, Düsseldorf

Quellen: HAC/HADB/HADrB, Geschäftsberichte der Commerzbank, Deutschen Bank und Dresdner Bank.

Abb. 3) Spareinlagen der Großbanken 1952–1970 (Mrd. DM)

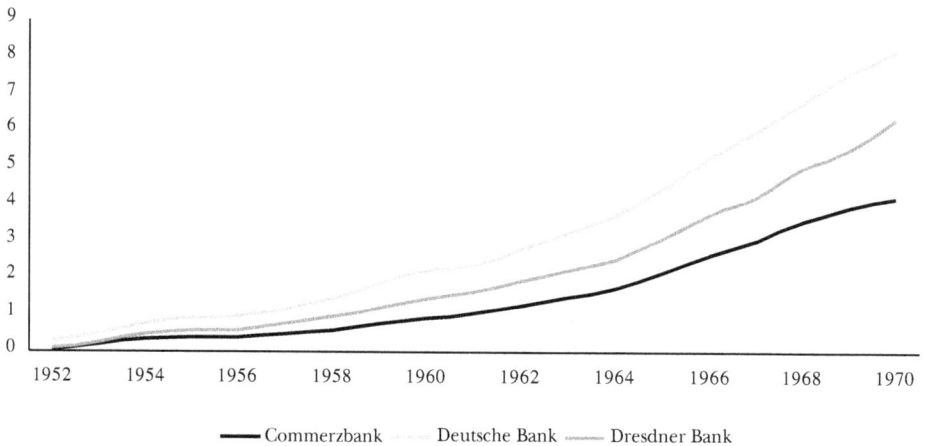

Quellen: HAC/HADB/HADrB, Geschäftsberichte der Commerzbank, Deutschen Bank und Dresdner Bank.

Abb. 4) Spareinlagenanteil an den Gesamteinlagen und Bilanzsummen der Großbanken 1952–1970 (%)

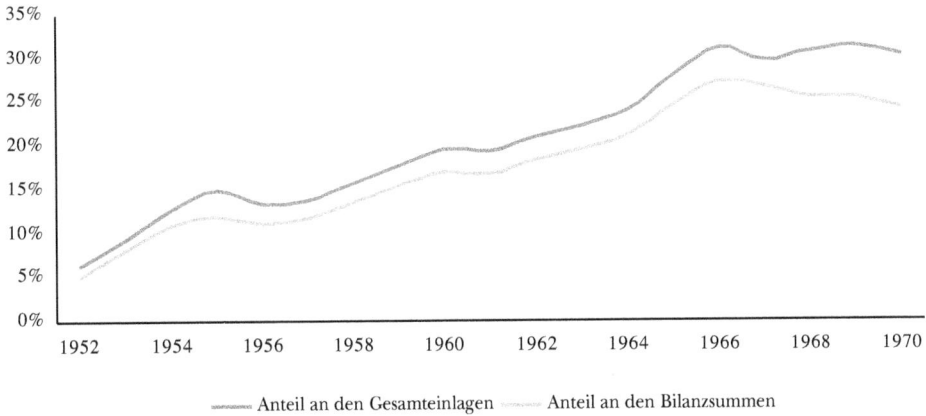

Anteil an den Gesamteinlagen ⸺ Anteil an den Bilanzsummen

Quellen: HAC/HADB/HADrB, Geschäftsberichte der Commerzbank, Deutschen Bank und Dresdner Bank.

Abb. 5) Spareinlagenbestände in der Bundesrepublik Deutschland 1952–1960 (Mrd. DM)

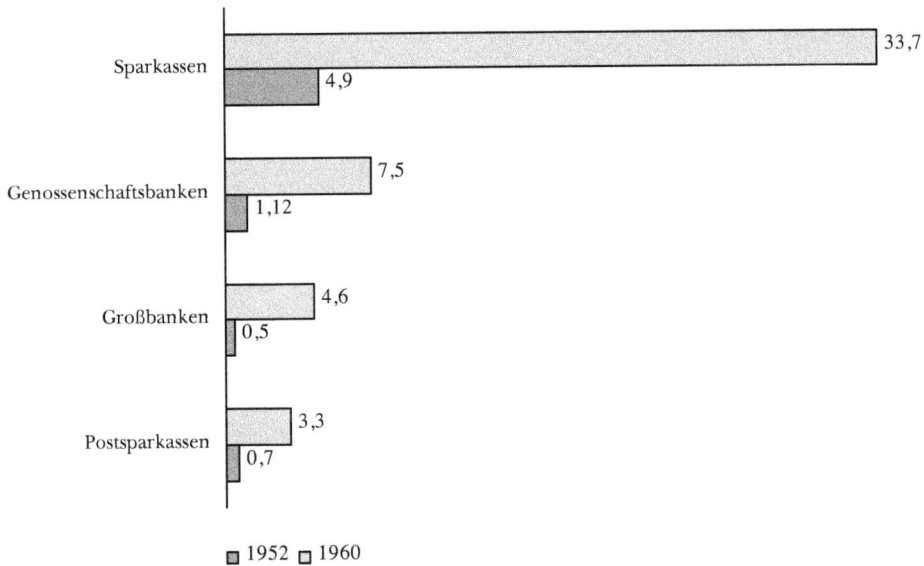

■ 1952 □ 1960

Quellen: Deutsche Bundesbank (Hrsg.): Deutsches Geld- und Bankwesen. HAC/HADB/HADrB, Geschäftsberichte der Commerzbank, Deutschen Bank und Dresdner Bank. Pohl: Konzentration Bankwesen; Statistisches Bundesamt (Hrsg.): Bevölkerung und Wirtschaft.

Abb. 6) Großbanken-Geschäftsstellen in der Bundesrepublik Deutschland 1952–1970*

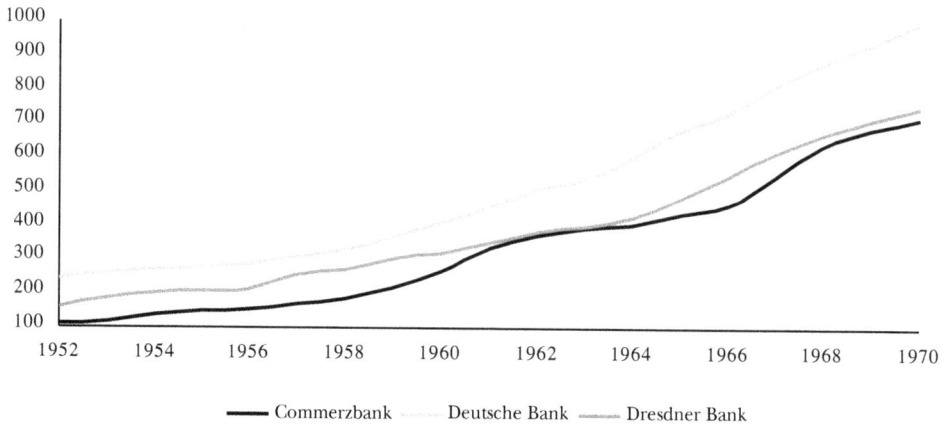

*Ohne Berliner Tochtergesellschaften, Deutsche Bank ohne Saarland.
Quellen: HAC/HADB/HADrB, Geschäftsberichte der Commerzbank, Deutschen Bank und Dresdner Bank.

Abb. 7) Spareinlagenbestände in der Bundesrepublik Deutschland 1960–1970 (Mrd. DM)

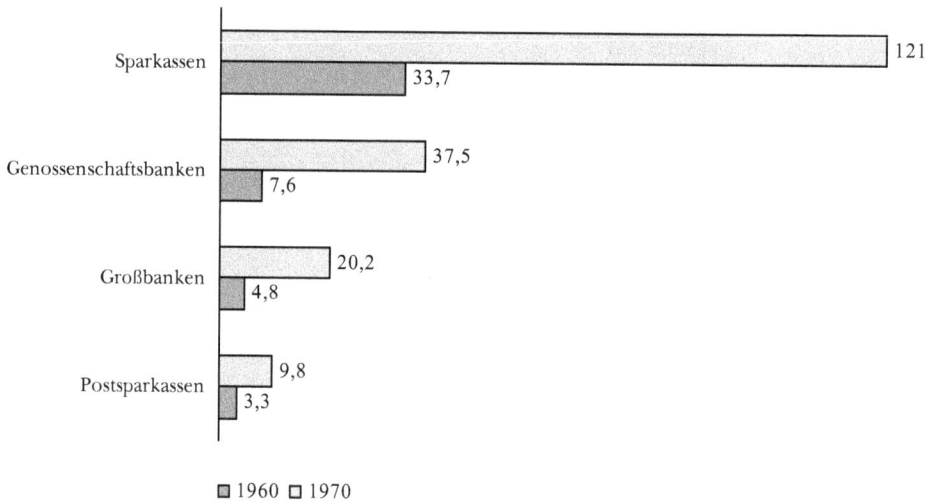

Quellen: Deutsche Bundesbank (Hrsg.): Deutsches Geld- und Bankwesen; Statistisches Bundesamt (Hrsg.):
Bevölkerung und Wirtschaft.

Abb. 8) Standortstruktur der Großbanken 1964

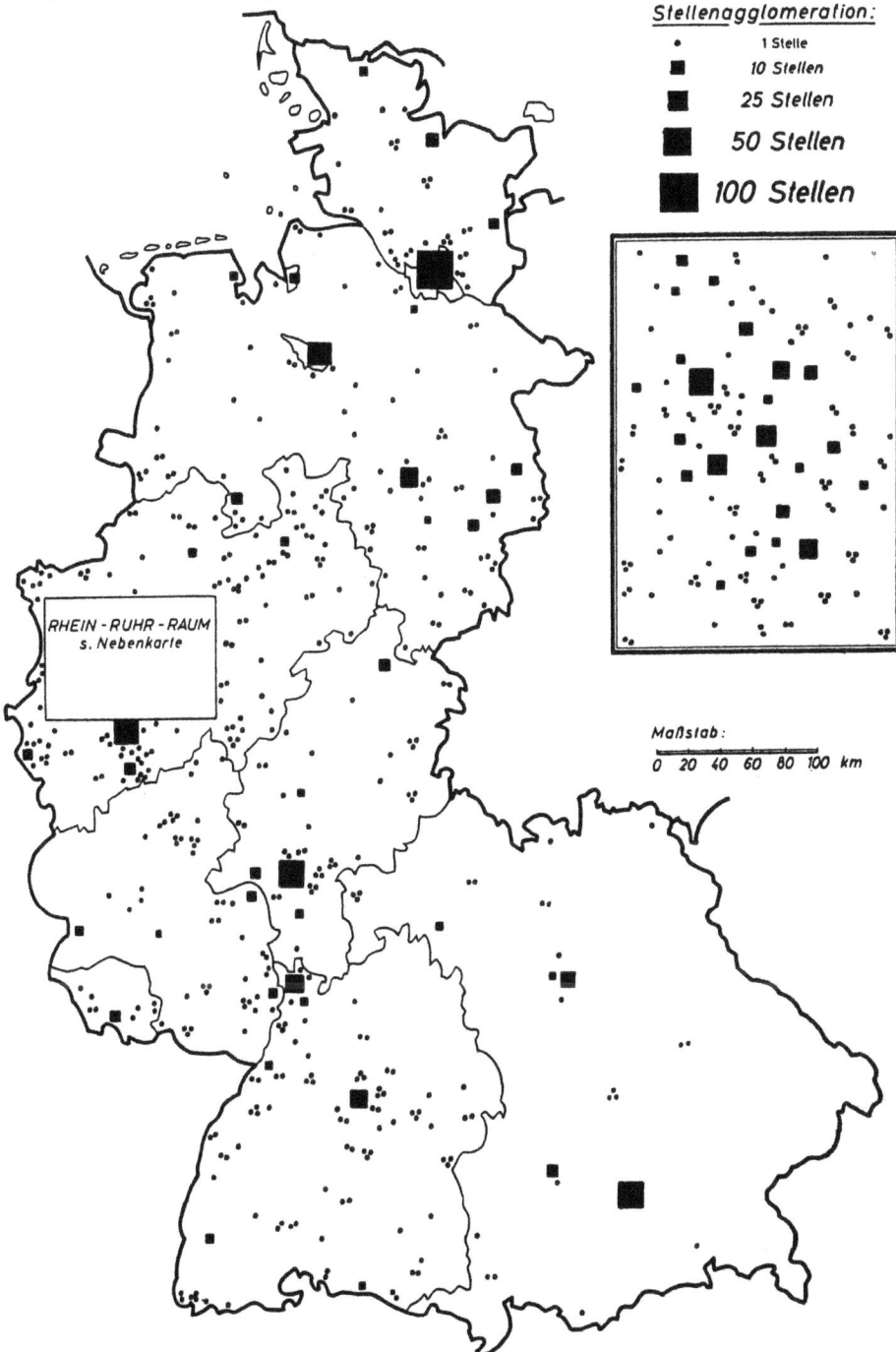

Quelle: Siepmann, Jürgen Dietrich; Die Standortfrage bei Kreditinstituten. Eine Analyse der Standortfaktoren, Standortstrukturen und Standortpolitik des westdeutschen Bankensystems. Untersuchungen über das Spar-, Giro- und Kreditwesen. Abteilung A: Wirtschaftswissenschaft, Band 40 © Berlin: Duncker & Humblot, 1. Auflage 1968, S. 95.

Abkürzungen

ADIG	Allgemeine Deutsche Investment GmbH, München
AG	Aktiengesellschaft
BArch	Bundesarchiv
BfG	Bank für Gemeinwirtschaft AG, Frankfurt a. M.
BHI	Bank für Handel und Industrie AG, Berlin (Dresdner Bank)
BMF	Bundesministerium der Finanzen
BMWi	Bundesministerium für Wirtschaft
BRD	Bundesrepublik Deutschland
BSP	Bruttosozialprodukt
BTK	Bank für Teilzahlungskredit GmbH, Düsseldorf (Commerzbank)
CCB	Commerz- und Credit-Bank AG, Frankfurt a. M. (Commerzbank)
CDU	Christlich-Demokratische Union
DDR	Deutsche Demokratische Republik
Deka	Deka Deutsche Kapitalanlagegesellschaft mbH, Düsseldorf
DG Bank	Deutsche Genossenschaftsbank AG, Frankfurt a. M.
DGZ	Deutsche Girozentrale, Düsseldorf/Frankfurt a. M.
DIT	Deutsche Investment-Trust Gesellschaft für Wertpapieranlagen mbH, Frankfurt a. M.
Divo	Deutsches Institut für Volksumfragen
DM	Deutsche Mark
DSGV	Deutscher Sparkassen- und Giroverband, Berlin/Bonn
DWS	Deutsche Gesellschaft für Wertpapiersparen mbH, Frankfurt a. M.
e. V.	eingetragener Verein
FAZ	Frankfurter Allgemeine Zeitung
GdF	Bausparkasse der Gemeinschaft der Freunde Wüstenrot (GdF), Wüstenrot
GEFA	Gesellschaft für Absatzfinanzierung mbH, Wuppertal (Deutsche Bank/Société Générale)
G.I.P.	Gesellschaft für Industrie-Publizität, Meerbusch
GmbH	Gesellschaft mit beschränkter Haftung
HABbk	Historisches Archiv der Deutschen Bundesbank, Frankfurt a. M.
HAC	Historisches Archiv der Commerzbank, Frankfurt a. M.
HADB	Historisches Archiv der Deutschen Bank, Frankfurt a. M.
HADrB	Historisches Archiv der Dresdner Bank, Frankfurt a. M.
HJ	Hitlerjugend
IFM	Institut für Motivforschung, Wien
IG	Industriegewerkschaft

Inc.	Incorporated
IOS	Investors Overseas Services
KdF	Kraft durch Freude
KGaA	Kommanditgesellschaft auf Aktien
KKB	Kunden-Kredit-Bank GmbH, Königsberg bzw. KKB Kundenkreditbank, Düsseldorf
KWG	Kreditwesengesetz/Reichsgesetz über das Kreditwesen
LG	Lohn und Gehalt
LKW	Lastkraftwagen
M	Mark
nnb	nichts Nachteiliges bekannt
NS	Nationalsozialismus
OCR	Optical Character Recognition (maschinelle Zeichenerkennung)
o.J.	ohne Jahr
o.O.	ohne Ort
p.a.	per annum
PAD	Persönliches Anschaffungsdarlehen
PDK	Persönlicher Dispositionskredit
PE	Persönliche Eigenschaften
PHD	Persönliches Hypothekendarlehen
PKK	Persönlicher Kleinkredit
PKW	Personenkraftwagen
PS	Pferdestärke
Preußag	Preußische Bergwerks- und Hütten AG, Hannover
RM	Reichsmark
SB	Selbstbedienung
Schufa	Schutzgemeinschaft für allgemeine Kreditsicherung, Berlin
SPD	Sozialdemokratische Partei Deutschlands
US/USA	United States/United States of America
v.Chr.	vor Christus
VEBA	Vereinigte Elektrizitäts- und Bergwerks AG, Düsseldorf
VW	Volkswagen
VWD	Vereinigte Wirtschaftsdienste GmbH, Frankfurt a.M.
WMF	Württembergische Metallwarenfabrik AG, Geislingen an der Steige
ZKA	Zentraler Kreditausschuss der Spitzenverbände der Kreditwirtschaft

Quellen und Literatur

1. Ungedruckte Quellen

Bundesarchiv, Koblenz (BArch)

Bestände
  B 102 Bundesministerium für Wirtschaft
  B 103 Bundesministerium des Innern
  B 126 Bundesministerium der Finanzen
  B 136 Bundeskanzleramt

Historisches Archiv der Deutschen Bundesbank, Frankfurt a. M. (HABbk)

Bestand
  B 330 Protokolle und Schriftgut des Zentralbankrats

Historisches Archiv der Commerzbank AG, Frankfurt a. M. (HAC)

Bestände
  1 Commerzbank Aktien-Gesellschaft bis 1945
  303 Hansa-Bank, Hamburg
  306 Mitteldeutsche Creditbank, Frankfurt a. M.
  310 Bankverein Westdeutschland/Commerzbank-Bankverein, Düsseldorf
  311 Commerz- und Disconto-Bank, Hamburg
  312 Commerz- und Credit-Bank, Frankfurt a. M.
  400 Commerzbank AG 1958ff.
  402 Bankhaus von der Heydt-Kersten & Söhne, Wuppertal
  N17 Nachlass Hans Kurzrock
  N26 Nachlass Herbert Wolf
  S1 Biographische Sammlung
  S3 Sammlung Kurzrock zur Geschichte der Commerzbank
  S4 Lose Blätter/Kleine Erwerbungen
  S6 Filialsammlung
Geschäftsberichte
Wolf, Herbert: Chronik der Commerzbank 1945–1976, 2 Bde., unveröffentlichtes Manuskript, Frankfurt a. M. 1996.

Historisches Archiv der Deutschen Bank AG, Frankfurt a. M. (HADB)

Bestände
  A 3557
  ZA 30
  SG 8
Geschäftsberichte
Deutsche Bank AG, Frankfurt a. M. (Hrsg.): Sonderausgabe 30 Jahre Privatkundengeschäft, Frankfurt a. M. 1989.
Deutsche Bank AG, Frankfurt a. M. (Hrsg.): Was uns bewegt, ist persönliche Initiative. 25 Jahre Privatkundengeschäft, Frankfurt a. M. 1984.

Deutsche Bank und Disconto-Gesellschaft (Hrsg.): Was Ihnen die Deutsche Bank und Disconto-Gesellschaft zu bieten vermag, o. O., o. J. [Berlin, November 1929].

G.I.P. Gesellschaft für Industrie-Publizität mbH (Hrsg.): Der neue Bankkunde. Eine Untersuchung über seine Einstellung und Verhaltensweise und Empfehlungen für seine Beeinflussung, Düsseldorf 1959.

Historisches Archiv der Dresdner Bank, Frankfurt a. M. (HADrB)[1]

Bestände
A.2 Dresdner Bank Gruppe 1946–1957
A.3 Dresdner Bank AG Frankfurt a. M., ab 1957
119 Deutscher Investment-Trust
121 Jürgen Ponto
186 Rechtsabteilung
211 Ernst Matthiensen
[ohne Signatur] Sammlung Weigand
Geschäftsberichte

2. Gedruckte Quellen

Bundesverband des privaten Bankgewerbes e.V., Köln (Hrsg.): Verhandlungen des IX. Deutschen Bankiertages zu Köln am Rhein am 9. und 10. Oktober 1958, Frankfurt a. M. 1959.

Kaiserliches Statistisches Reichsamt (Hrsg.): Statistisches Jahrbuch für das Deutsche Reich, Berlin, Jahrgang 27 (1906).

Statistisches Bundesamt (Hrsg.): Statistisches Jahrbuch für die Bundesrepublik Deutschland, Wiesbaden 1953, 1960, 1970.

Statistisches Reichsamt (Hrsg.): Statistisches Jahrbuch für das Deutsche Reich, Berlin, Jahrgang 48 (1929), Jahrgang 55 (1936).

Wirtschaftsgruppe Privates Bankgewerbe. Centralverband des Deutschen Bank- und Bankiergewerbes (Hrsg.): Arbeitsbericht 1937–1938, Berlin 1938.

3. Periodika

Bank und Markt. Zeitschrift für Retailbanking
Börsen-Zeitung
Fränkische Presse
Frankfurter Allgemeine Zeitung
Hamburger Abendblatt
Handelsblatt
Sparkasse. Zeitschrift des Deutschen Sparkassen- und Giroverbandes e.V.
Der Spiegel
Der Volkswirt

---

[1] Infolge der Übernahme der Dresdner Bank durch die Commerzbank bildet das Historische Archiv der Dresdner Bank seit 2012 einen eigenen Bestand (HAC, 500) im Historischen Archiv der Commerzbank. In der vorliegenden Arbeit sind die alten Signaturen der Dresdner Bank angegeben. Den durchlaufenden Aktennummerierungen (Aktenverzeichnung nach dem Bähr'schen Prinzip) lassen sich keine Bestandszugehörigkeiten entnehmen. In der vorliegenden Arbeit musste daher in den Anmerkungen auf die Angabe des Bestandes verzichtet werden. Die eindeutige Signatur lässt aber eine Wiederauffindbarkeit der Akten im Historischen Archiv der Commerzbank problemlos zu.

Wirtschafts- und Finanzzeitung
Die Zeit
Zeitschrift für das gesamte Kreditwesen

4. Zeitgenössische Literatur

Bankhaus Neuvians, Reuschel & Co. (Hrsg.): Der Teilzahlungskredit als Wirtschaftsfaktor in den USA und in Deutschland. Drei interessante Beiträge zu einem aktuellen Thema, München 1956.
Commerzbank AG (Hrsg.): 100 Jahre Commerzbank 1870–1970, Frankfurt a. M. 1970.
Ehlen, Karl Josef: Die Filialgroßbanken. Entwicklung und Stellung im deutschen Kreditsystem, Stuttgart 1960.
Erhard, Ludwig: Wohlstand für alle, Düsseldorf 1957.
Ferrari, Hilger: Volksaktie. Ausdruck der Zeit, Bad Godesberg 1960.
Gestrich, Hans: Kredit und Sparen, Düsseldorf 1957.
Haltmeyer, Eugen: Der Verbraucherkredit in Amerika. Bericht über eine Studienreise in die Vereinigten Staaten von Amerika, München 1955.
Harpprecht, Klaus: 100 Jahre Dresdner Bank. Chiffren einer Epoche. 100 Jahre – 100 Kontraste, Frankfurt a. M. 1972.
Hintner, Otto: Geld-, Bank- und Börsenwesen. Eine gemeinverständliche Darstellung, völlig neubearbeitete, 33. Auflage, Stuttgart 1951.
Hirche, Kurt: Das Experiment der Volksaktie, Köln 1961.
Hofmann, Walter: Blick hinter die Rentabilitätsfassade, in: Zeitschrift für das gesamte Kreditwesen 1 (1959), S. 20–22.
Hunscha, Kurt/Müller, Gerhard: Aus der Geschichte der Dresdner Bank 1872–1969, Frankfurt a. M. 1969.
Jessen, Jens (Hrsg.): Reichsgesetz über das Kreditwesen vom 5. Dezember 1934. Mit Begleitbericht, Erläuterungen und Begründung, Berlin 1934.
Kaiser, Walter/Zerwas, Arnold: Die Struktur des Sparens in der Bundesrepublik Deutschland von 1950 bis 1967. Statistisches Material und methodische Erläuterungen, Berlin 1970.
Knothe, Robert: Der neue Bankkunde. Eine Untersuchung über das Bemühen der Kreditbanken in der Bundesrepublik Deutschland und in England um den „Kleinen Mann", Univ. Diss., Mainz 1964.
Könneker, Wilhelm: Wettbewerb. In der Sicht der Notenbanken, in: Zeitschrift für das gesamte Kreditwesen 1 (1960), S. 12–14.
Krasensky, Hans: Kurzgefaßte Bankgeschichte, Stuttgart 1968.
Küppers, Bernd: Marketing bei Kreditinstituten, in: Sparkasse 3 (1970), S. 69–74.
Kurzrock, Hans: Aus der Geschichte der Commerzbank, in: Commerzbank AG (Hrsg.): 100 Jahre Commerzbank 1870–1970, Frankfurt a. M. 1970, S. 39–154.
Kurzrock, Hans: Das westdeutsche Bankwesen, in: Ders. u. a. (Hrsg.): Die Bank. Ihre Einrichtungen und Geschäfte, Brannenburg 1963, S. 15–67.
Kuske, Bruno: Die Entstehung der Kreditwirtschaft und des Kapitalverkehrs, in: Ders.: Köln, der Rhein und das Reich. Beiträge aus fünf Jahrzehnten wissenschaftlicher Forschung, Köln/Graz 1956, S. 48–137.
Lang, Johann: Die Volksbanken im Wettbewerb, in: Zeitschrift für das gesamte Kreditwesen 1 (1960), S. 28–32.
Leopold, Günter: Wandlungstendenzen in der Geschäftsstruktur der deutschen Großbanken. Bankbetriebliche Bedeutung und Problematik der Einführung von Kleinkrediten, Anschaffungsdarlehen und Lohn- und Gehaltskonten durch die deutschen Großbanken, 1966.
Lisowsky, Arthur: Probleme des Konsumkredits, Zürich 1945.
Lutz, Friedrich A.: Der Konsumentenkredit, Köln 1954.
Mann, Golo: Deutsche Geschichte des 19. und 20. Jahrhunderts, Frankfurt a. M. 1958.
Meyer, Fritz W.: Zur volkswirtschaftlichen Problematik der Konsumfinanzierung, Frankfurt a. M. 1954.
Muthesius, Volkmar: Leistungsfähige deutsche Banken, in: Commerzbank AG (Hrsg.): 100 Jahre Commerzbank 1870–1970, Frankfurt a. M. 1970, S. 9–37.
Nierschlag, Robert: Der Warenkredit an letzte Verbraucher in Deutschland, Essen 1951.

Nöldner, Klaus: Die Volksaktie, Opladen 1961.

Nöll von der Nahmer, Robert: Wie ist unter volkswirtschaftlichen Gesichtspunkten der Teilzahlungs-kredit zu beurteilen? Gutachten erstattet dem Wirtschaftsverband Teilzahlungsbanken e.V. Düssel-dorf, Düsseldorf 1954.

Ockel, Karl: Zur volkswirtschaftlichen Problematik des Teilzahlungskredites. Eine vergleichende Un-tersuchung der Verhältnisse in den USA und der BRD unter besonderer Berücksichtigung der Möglichkeiten einer Einflußnahme auf das Teilzahlungskreditgeschäft, Frankfurt a. M. 1961.

Reuschel, Heinrich: Der organisierte Teilzahlungskredit. Seine volkswirtschaftliche Aufgabe. Seine be-triebswirtschaftlichen Probleme, Berlin 1953.

Riesser, Jacob: Die deutschen Großbanken und ihre Konzentration im Zusammenhang mit der Ent-wicklung der Gesamtwirtschaft in Deutschland, vierte verbesserte und vermehrte Auflage, Neu-druck der Ausgabe Jena 1912, Glashütten im Taunus 1971.

Riva, Josef: Das Kreditgeschäft, in: Kurzrock, Hans u.a. (Hrsg.): Die Bank. Ihre Einrichtungen und Geschäfte, Brannenburg 1963, S. 159–265.

Röpke, Wilhelm: Der Borgkauf im Lichte sozialethischer Kritik, Köln/Berlin 1954.

Röpke, Wilhelm: Jenseits von Angebot und Nachfrage, Zürich 1958.

Schimanski, Siegfried: Zur Theorie des Konsumentenkredits, Tübingen 1958.

Seidenzahl, Fritz: 100 Jahre Deutsche Bank 1870–1970, Frankfurt a. M. 1970.

Siepmann, Jürgen Dietrich: Die Standortfrage bei Kreditinstituten. Eine Analyse der Standortfakto-ren, Standortstruktur und Standortpolitik des westdeutschen Bankensystems, Berlin 1968.

Thomsen, Horst: Die Kleinkredite der Großbanken an Lohn- und Gehaltsempfänger, Erlangen-Nürn-berg 1966.

Ungerer, Martin: Arten des Personalkredits. Ihre Wandlungsfähigkeit und mögliche Bedeutung beim Wiederaufbau der Bundesrepublik Deutschland, Univ. Diss., Basel 1959.

Ungerer, Martin: Der Personalkredit. Erscheinungsformen und wirtschaftliche Bedeutung, Wies-baden 1959.

Vierhub, Erich: Neue Wettbewerbsformen im Dienstleistungsgeschäft der privaten Banken, in: Zeit-schrift für das gesamte Kreditwesen 1 (1960), S. 19–21.

Weiss, Ulrich: Marktforschung der Kreditinstitute. Die Erforschung des Marktes der privaten Haus-haltungen und ihr Einfluß auf die Verhaltensweise der Institute, Berlin 1966.

Weisser, Karl: Bargeldlose Lohn- und Gehaltszahlung. Ihre Durchführung in der Praxis, Wiesbaden 1959.

Woischnik, Bernhard: Rund um die Volksaktie, Bad Godesberg 1962.

Zahn, Ernest: Soziologie der Prosperität. Wirtschaft und Gesellschaft im Zeichen des Wohlstandes, München 1964.

Zimmermann, Walter: Kundenkreditbank KGaA, Frankfurt a. M. 1963.

[ohne Autor]: Teilzahlungsfinanzierung in USA. Reisebericht einer deutschen Studiengruppe, Mün-chen 1956.

5. Literatur nach 1970

Abelshauser, Werner: Deutsche Wirtschaftsgeschichte seit 1945, München 2004.

Abelshauser, Werner: Die langen fünfziger Jahre. Wirtschaft und Gesellschaft der Bundesrepublik Deutschland 1949–1966, Düsseldorf 1987.

Abelshauser, Werner: Wirtschaftsgeschichte der Bundesrepublik Deutschland 1945–1980, Frankfurt a. M. 1983.

Ahrens, Ralf: Die Dresdner Bank 1945–1957. Konsequenzen und Kontinuitäten nach dem Ende des NS-Regimes, München 2007.

Ahrens, Ralf: Identitätsmanagement und Kontrolle. Die Reform der Dresdner Bank um 1970, in: Ahrens, Ralf/Wixforth, Harald (Hrsg.): Strukturwandel und Internationalisierung im Bankwesen seit den 1950er Jahren, Stuttgart 2010, S. 71–95.

Ahrens, Ralf/Bähr, Johannes: Jürgen Ponto 1923–1977, in: Pohl, Hans (Hrsg.): Deutsche Bankiers des 20. Jahrhunderts, Stuttgart 2008, S. 329–342.

Ahrens, Ralf/Wixforth, Harald (Hrsg.): Strukturwandel und Internationalisierung im Bankwesen seit den 1950er Jahren, Stuttgart 2010.

Ambrosius, Gerold: Intensives Wachstum (1958-1965), in: Pohl, Hans (Hrsg.): Geschichte der deutschen Kreditwirtschaft seit 1945, Frankfurt a. M. 1998, S. 149-202.

Ambrosius, Gerold: Von Kriegswirtschaft zu Kriegswirtschaft 1914-1945, in: North, Michael (Hrsg.): Deutsche Wirtschaftsgeschichte. Ein Jahrtausend im Überblick, München ²2005, S. 287-355.

Ambrosius, Gerold: Wirtschaftlicher Strukturwandel und Technikentwicklung, in: Schildt, Axel/ Sywottek, Arnold (Hrsg.): Modernisierung im Wiederaufbau. Die westdeutsche Gesellschaft der 50er Jahre, Bonn 1998, S. 107-125.

Ambrosius, Gerold/Kaelble, Hartmut: Gesellschaftliche und wirtschaftliche Folgen des Booms der 1950er und 1960er Jahre, in: Kaelble, Hartmut (Hrsg.): Der Boom 1948-1973. Gesellschaftliche und wirtschaftliche Folgen in der Bundesrepublik Deutschland und in Europa, Opladen 1992, S. 7-32.

Ambrosius, Gerold/Petzina, Dietmar/Plumpe, Werner (Hrsg.): Moderne Wirtschaftsgeschichte. Eine Einführung für Historiker und Ökonomen, 2., überarb. und erw. Auflage, München 2006.

Andersen, Arne: Der Traum vom guten Leben. Alltags- und Konsumgeschichte vom Wirtschaftswunder bis heute, Frankfurt a. M. 1997.

Anzinger, Heribert/Karach, Sebastian/Meinshausen, Steffen/Schiereck, Dirk: Aktive Minderheiten und die Rechte des Kleinaktionärs. Die Entwicklung des Aktionärsaktivismus am Beispiel Erich Nold, in: Bankhistorisches Archiv 1 (2012), S. 1-34.

Aschoff, Gunther u. a. (Hrsg.): Deutsche Bankengeschichte, Band 3: Vom Ersten Weltkrieg bis zur Gegenwart, Frankfurt a. M. 1983.

Ashauer, Günter: Betrachtung des „Privatkunden" in der Zeit vor 1959, in: Institut für Bankhistorische Forschung (Hrsg.): Der Privatkunde. 11. Symposium zur Bankengeschichte am 16. Oktober 1987 im Hause der Deutschen Genossenschaftsbank Frankfurt a. M., Frankfurt a. M. 1990, S. 11-21.

Ashauer, Günter: Die Entwicklung des Konsumentenkredits von den Anfängen bis zur Gegenwart, in: Mura, Jürgen (Hrsg.): Entwicklungslinien im Personalkreditgeschäft der Sparkassen. Sparkassenhistorisches Symposium 1988, Stuttgart 1989, S. 62-77.

Ashauer, Günter: Entwicklung der Sparkassenorganisation ab 1924, in: Aschoff, Gunther u. a. (Hrsg.): Deutsche Bankengeschichte, Band 3: Vom Ersten Weltkrieg bis zur Gegenwart, Frankfurt a. M. 1983, S. 277-348.

Ashauer, Günter: Von der Ersparungscasse zur Sparkassen-Finanzgruppe. Die deutsche Sparkassenorganisation in Geschichte und Gegenwart, Stuttgart 1991.

Bähr, Johannes: Die deutsche Bankenkrise 1931, in: Bähr, Johannes/Rudolph, Bernd: 1931 Finanzkrisen 2008, München 2011, S. 15-142.

Bähr, Johannes: Die Dresdner Bank in der Wirtschaft des Dritten Reichs, München 2006.

Bähr, Johannes: 50 Jahre dit. Aufbruch, Wachstum, Zukunft. 1955-2005, Frankfurt a. M. 2006.

Bähr, Johannes/Ahrens, Ralf: Jürgen Ponto. Bankier und Bürger. Eine Biografie, München 2013.

Bähr, Johannes/Rudolph, Bernd: 1931 Finanzkrisen 2008, München 2011.

Baehring, Bernd: Union Investment. 25 Jahre, Frankfurt a. M. 1981.

Beck, Jakob: Geschichte des Geldes, unveröffentlichte Diplomarbeit, Fakultät für Wirtschaftswissenschaften, Universität Karlsruhe (TH), 2008.

Beck, Ulrich: Risikogesellschaft. Auf dem Weg in eine andere Moderne, Frankfurt a. M. 1986.

Beckers, Thorsten: Gründung und erste Jahre der Deutschen Kapitalanlagegesellschaft mbH 1956-1970, in: Institut für Bankhistorische Forschung (Hrsg.): Die DekaBank seit 1918. Liquiditätszentrale, Kapitalanlagegesellschaft, Asset Manager, Stuttgart 2008, S. 231-322.

Beier, Joachim/Jacob, Klaus-Dieter: Der Konsumentenkredit in der Bundesrepublik Deutschland, Frankfurt a. M. 1987.

Belvederesi, Rebecca: „Von der Richtigkeit der Sparidee überzeugt". Selbstwahrnehmung und Werbestrategien der bundesdeutschen Sparkassenorganisation in den 1950er Jahren, in: Ahrens, Ralf (Hrsg.): Umbrüche und Kontinuitäten in der mitteleuropäischen Kreditwirtschaft nach dem Zweiten Weltkrieg, Stuttgart 2008, S. 169-195.

Belvederesi, Rebecca/Thomes, Paul: Gesellschaftlicher Wandel und das Privatkundengeschäft der Sparkassen seit 1945, in: Wehber, Thorsten (Hrsg.): Sparzwang oder Kaufrausch? Spar- und Konsumverhalten im Wandel. Sparkassenhistorisches Symposium 2006, Stuttgart 2007, S. 19-41.

Belvederesi-Kochs, Rebecca: Von der „moralischen Anstalt" zum vertriebsorientierten Finanzdienstleister. Der unternehmenskulturelle Wandel des Deutschen Sparkassen- und Giroverbands im Spiegel seiner Marketingstrategie, in: Zeitschrift für Unternehmensgeschichte 2 (2008), S. 192–215.

Berghoff, Hartmut: Moderne Unternehmensgeschichte. Eine themen- und theorieorientierte Einführung, Paderborn 2004.

Berghoff, Hartmut: Von der „Reklame" zur Verbrauchslenkung. Werbung im nationalsozialistischen Deutschland, in: Ders. (Hrsg.): Konsumpolitik. Die Regulierung des privaten Verbrauchs im 20. Jahrhundert, Göttingen 1999, S. 77–112.

Berghoff, Hartmut: Zwischen Kleinstadt und Weltmarkt. Hohner und die Harmonika 1857–1961. Unternehmensgeschichte als Gesellschaftsgeschichte, Paderborn ²2006.

Berghoff, Hartmut/Kolbow, Berti: Konsumgütermarketing im Rüstungsboom. Wachstumsstrategien der IG-Farben-Sparte Agfa 1933 bis 1945, in: Zeitschrift für Unternehmensgeschichte 2 (2010), S. 129–160.

Berghoff, Hartmut/Vogel, Jakob (Hrsg.): Wirtschaftsgeschichte als Kulturgeschichte. Dimensionen eines Perspektivenwechsels, Frankfurt a. M. 2004.

Borchardt, Knut: Grundriss der deutschen Wirtschaftsgeschichte, 2. verb. Auflage, Göttingen 1985.

Borchardt, Knut: Zäsuren in der wirtschaftlichen Entwicklung. Zwei, drei oder vier Perioden?, in: Broszat, Martin (Hrsg.): Zäsuren nach 1945. Essays zur Periodisierung der deutschen Nachkriegsgeschichte, München 1990, S. 21–33.

Born, Karl Erich: Geld und Banken im 19. und 20. Jahrhundert, Stuttgart, 1976.

Born, Karl Erich: Vom Beginn des Ersten Weltkriegs bis zum Ende der Weimarer Republik (1914–1933), in: Aschoff, Gunther u. a. (Hrsg.): Deutsche Bankengeschichte, Band 3: Vom Ersten Weltkrieg bis zur Gegenwart, Frankfurt a. M. 1983, S. 17–146.

Buchheim, Christoph: Deutsche Finanzmetropole von internationalem Rang 1870–1914, in: Berghoff, Hartmut/Buchheim, Christoph/Pohl, Hans (Hrsg.): Geschichte des Finanzplatzes Berlin, Frankfurt a. M. 2002, S. 103–156.

Buchheim, Christoph: Die Wiedereingliederung Westdeutschlands in die Weltwirtschaft 1945–1958, München 1990.

Büschgen, Hans E.: Die Deutsche Bank von 1957 bis zur Gegenwart, in: Gall, Lothar u. a.: Die Deutsche Bank 1870–1995, München 1995, S. 579–880.

Büschgen, Hans E.: Die Großbanken, Frankfurt a. M. 1983.

Büschgen, Hans E.: Zeitgeschichtliche Problemfelder des Bankwesens der Bundesrepublik Deutschland, in: Aschoff, Gunther u. a. (Hrsg.): Deutsche Bankengeschichte, Band 3: Vom Ersten Weltkrieg bis zur Gegenwart, Frankfurt a. M. 1983, S. 349–409.

Burhop, Carsten: Die Kreditbanken in der Gründerzeit, Stuttgart 2004.

Commerzbank AG (Hrsg.): Die Bank. Dienstleister im Wandel. 125 Jahre Commerzbank, Frankfurt a. M. 1994.

Deutsche Bundesbank (Hrsg.): Deutsches Geld- und Bankwesen in Zahlen 1876–1975, Frankfurt a. M. 1976.

Deutsches Postmuseum (Hrsg.): Das Milliardending. Zur Geschichte des Postsparens, Bühl 1992.

Dietrich, Yorck: Eigentum für jeden. Die vermögenspolitischen Initiativen der CDU und die Gesetzgebung 1950–1961, Düsseldorf 1996.

Doering-Manteuffel, Anselm: Die Bundesrepublik Deutschland in der Ära Adenauer. Außenpolitik und innere Entwicklung 1949–1963, Darmstadt 1983.

Domes, Richard: Sparkassenwandlungen. Grundzüge einer Wirtschaftsgeschichte der deutschen und österreichischen Sparkassen. Vollständiger Nachdruck der Originalausgabe von 1930 mit einer Einführung von Christian Dirninger, Stuttgart 1999.

Ehrlicher, Werner: Das Einlagengeschäft in Krieg, Inflation und Krise 1908 bis 1948, in: Mura, Jürgen (Hrsg.): Entwicklungslinien im Einlagengeschäft der Sparkassen. Sparkassenhistorisches Symposium 1987, Stuttgart 1988, S. 32–43.

Ellerbrock, Karl-Peter: Konsumentenkredit und „Soziale Marktwirtschaft". Zum Wandel des Sparkassenbildes und des geschäftspolitischen Denkens in der Sparkassenorganisation zwischen Währungsreform und dem Beginn der „Marketing-Ära" in den 1970er Jahren, in: Kleinschmidt, Christian/

Triebel, Florian (Hrsg.): Marketing. Historische Aspekte der Wettbewerbs- und Absatzpolitik, Essen 2004, S. 105–133.

Ellgering, Ingo: Expansion und Strukturwandel der Sparkassen in der jüngeren Vergangenheit ab 1958, in: Mura, Jürgen (Hrsg.): Die Entwicklung der Sparkassen zu Universalkreditinstituten. Sparkassenhistorisches Symposium 1986, Stuttgart 1987, S. 60–87.

Erker, Paul: A New Business History. Neuere Ansätze und Entwicklungen in der Unternehmensgeschichte, in: Archiv für Sozialgeschichte 42 (2002), S. 557–604.

Feldenkirchen, Wilfried: Die deutsche Wirtschaft im 20. Jahrhundert, München 1998.

Felloni, Giuseppe: Kredit und Banken in Italien. 15.–17. Jahrhundert, in: North, Michael (Hrsg.): Kredit im spätmittelalterlichen und frühneuzeitlichen Europa, Köln/Wien 1991, S. 9–23.

Ferguson, Niall: Der Aufstieg des Geldes. Die Währung der Geschichte, Berlin ²2009.

Franke, Günter: Deutsche Finanzmarktregulierung nach dem Zweiten Weltkrieg zwischen Risikoschutz und Wettbewerbssicherung, in: Bankhistorisches Archiv, Beiheft 39 (2001), S. 66–86.

Frazer, Patrick/Vittas, Dimitri: Privatkundengeschäft im internationalen Vergleich, in: Die Bank. Zeitschrift für Bankpolitik und Bankpraxis 3 (1983), S. 111–116.

Fridenson, Patrick: Business History and History, in: Jones, Geoffrey/Zeitlin, Jonathan (Hrsg.): The Oxford Handbook of Business History, Oxford 2008, S. 9–36.

Frost, Reinhard: Wünsche werden Wirklichkeit. Die Deutsche Bank und ihr Privatkundengeschäft, München 2009.

Fürst, Ansgar: Die Bonner Republik, Freiburg i. Br. 2001.

Gall, Lothar: Der Bankier. Hermann Josef Abs. Eine Biographie, München 2004.

Gall, Lothar: Die Deutsche Bank von ihrer Gründung bis zum Ersten Weltkrieg 1870–1914, in: Ders. u. a.: Die Deutsche Bank 1870–1995, München 1995, S. 1–137.

Gall, Lothar u. a.: Die Deutsche Bank 1870–1995, München 1995.

Gasteiger, Nepomuk: Der Konsument. Verbraucherbilder in Werbung, Konsumkritik und Verbraucherschutz 1945–1989, Frankfurt a. M. 2010.

Geißler, Rainer: Die Sozialstruktur Deutschlands, 3., grundlegend überarbeitete Auflage, Bonn 2002.

Gerke, Wolfgang: Werbung und Image der Banken im Wandel, in: Institut für Bankhistorische Forschung (Hrsg.): Banken und Öffentlichkeit. Neunzehntes Symposium zur Bankengeschichte am 24. Juni 1996 im Hause der DG BANK Deutsche Genossenschaftsbank, Frankfurt a. M. 1997, S. 13–39.

Glaser, Hermann: Die 50er Jahre. Deutschland zwischen 1950 und 1960, Hamburg ²2007.

Görtemaker, Manfred: Geschichte der Bundesrepublik Deutschland. Von der Gründung bis zur Gegenwart, Frankfurt a. M. 2004.

Grazia, Victoria de: Amerikanisierung und wechselnde Leitbilder der Konsum-Moderne (consumermodernity) in Europa, in: Kaelble, Hartmut/Kocka, Jürgen/Siegrist, Hannes (Hrsg.): Europäische Konsumgeschichte. Zur Gesellschafts- und Kulturgeschichte des Konsums (18. bis 20. Jahrhundert), Frankfurt a. M. 1997, S. 109–168.

Green, Edwin: The Making of a Modern Banking Group. A History of the Midland Bank since 1900, London 1979.

Hahn, Oswald: Die Geschichte der Postbankdienste, in: Bankhistorisches Archiv 1 (1979), S. 36–49.

Hahn, Oswald: Die Postbank. Ihre Stellung in der Bankwirtschaft, Wiesbaden 1978.

Hansen, Herbert: Stürmische Zeiten. Geschichte der Großbanken, in: Die Bank. Zeitschrift für Bankpolitik und Bankpraxis 1 (2006), S. 32–36.

Hardach, Gerd: Die Entstehung des Drei-Säulen-Modells in der deutschen Kreditwirtschaft 1871–1934, in: Institut für Bankhistorische Forschung (Hrsg.): Geschichte und Perspektiven des Drei-Säulen-Modells der deutschen Kreditwirtschaft. 28. Symposium des Instituts für bankhistorische Forschung e. V. am 23. Juni 2005 im Hause der Landesbank Baden-Württemberg, Stuttgart, Stuttgart 2007, S. 13–39.

Hardach, Gerd: Krise und Reform der Sozialen Marktwirtschaft. Grundzüge der wirtschaftlichen Entwicklung in der Bundesrepublik der 50er und 60er Jahre, in: Lammers, Karl Christian/Schildt, Axel/Siegfried, Detlef (Hrsg.): Dynamische Zeiten. Die 60er Jahre in den beiden deutschen Gesellschaften, Hamburg 2000, S. 197–217.

Hardach, Gerd: Die Rückkehr zum Weltmarkt 1948–1958, in: Schildt, Axel/Sywottek, Arnold (Hrsg.): Modernisierung im Wiederaufbau. Die westdeutsche Gesellschaft der 50er Jahre, Bonn 1998, S. 80–104.

Hardach, Gerd: Wirtschaftsentwicklung in der Bundesrepublik, in: Lammers, Karl Christian/Schildt, Axel/Siegfried, Detlef (Hrsg.): Dynamische Zeiten. Die 60er Jahre in den beiden deutschen Gesellschaften, Hamburg 2000, S. 197–206.

Hardach, Karl: Wirtschaftsgeschichte Deutschlands im 20. Jahrhundert 1914–1970, Göttingen 1993.

Hauser, Rüdiger: Ein Schwert mit zwei Schneiden, in: Bank und Markt. Zeitschrift für Retailbanking 5 (2009), S. 22–26.

Henke, Klaus-Dietmar (Hrsg.): Die Dresdner Bank im Dritten Reich (4 Bde.), München 2006.

Henning, Friedrich Wilhelm: Das industrialisierte Deutschland 1914 bis 1992, 8., durchgesehene und wesentlich erweiterte Auflage, Paderborn 1993.

Herbert, Ulrich (Hrsg.): Wandlungsprozesse in Westdeutschland. Belastung, Integration, Liberalisierung 1945–1980, Göttingen 2002.

Herbert, Ulrich/Hunn, Karin: Gastarbeiter und Gastarbeiterpolitik in der Bundesrepublik. Vom Beginn der offiziellen Anwerbung bis zum Anwerbestopp (1955–1973), in: Lammers, Karl Christian/Schildt, Axel/Siegfried, Detlef (Hrsg.): Dynamische Zeiten. Die 60er Jahre in den beiden deutschen Gesellschaften, Hamburg 2000, S. 273–310.

Herbst, Ludolf/Weihe, Thomas (Hrsg.): Die Commerzbank und die Juden 1933–1945, München 2004.

Hesse, Jan-Otmar/Kleinschmidt, Christian/Lauschke, Karl (Hrsg.): Kulturalismus, Neue Institutionenökonomik oder Theorienvielfalt. Eine Zwischenbilanz der Unternehmensgeschichte, Essen 2002.

Heßler, Martina: Visionen des Überflusses. Entwürfe künftiger Massenkonsumgesellschaften im 20. Jahrhundert, in: Berghoff, Hartmut/Vogel, Jakob (Hrsg.): Wirtschaftsgeschichte als Kulturgeschichte. Dimensionen eines Perspektivenwechsels, Frankfurt a. M. 2004, S. 455–480.

Hohmann, Karl (Hrsg.): Ludwig Erhard. Erbe und Auftrag. Aussagen und Zeugnisse, Düsseldorf/Wien 1977.

Hooven, Eckart van *siehe* van Hooven, Eckart.

Horstmann, Theo: Die Alliierten und die deutschen Großbanken. Bankenpolitik nach dem Zweiten Weltkrieg in Westdeutschland, Bonn 1991.

Horvath, Peter: Die Teilzahlungskredite als Begleiterscheinung des „Wirtschaftswunders" 1948–1960, in: Zeitschrift für Unternehmensgeschichte 37 (1992), S. 19–55.

Institut für Bankhistorische Forschung (Hrsg.): Investmentgesellschaften in Geschichte – Gegenwart – Zukunft. 22. Symposium zur Bankengeschichte am 10. Juni 1999 im Hotel Intercontinental Frankfurt auf Einladung der DGZ-DekaBank, Frankfurt a. M. 1999.

Institut für Bankhistorische Forschung (Hrsg.): Der Privatkunde. 11. Symposium zur Bankengeschichte am 16. Oktober 1987 im Hause der Deutschen Genossenschaftsbank Frankfurt a. M., Frankfurt a. M. 1990.

Jachmich, Gabriele/Pohl, Hans: Verschärfung des Wettbewerbs (1966–1973), in: Pohl, Hans (Hrsg.): Geschichte der deutschen Kreditwirtschaft seit 1945, Frankfurt a. M. 1998, S. 202–248.

Jaeger, Hans: Unternehmensgeschichte in Deutschland seit 1945. Schwerpunkte, Tendenzen, Ergebnisse, in: Geschichte und Gesellschaft 18 (1992), S. 107–132.

James, Harold: Die Deutsche Bank im Dritten Reich, München 2003.

Jones, Geoffrey/Zeitlin, Jonathan (Hrsg.): The Oxford Handbook of Business History, Oxford 2008.

Jüdell, Felix: Erfahrung lässt sich nicht vererben. Dresdner Bank. Ihre Entwicklung von 1872 bis 1914, Dresden 2005.

Kaelble, Hartmut (Hrsg.): Der Boom 1948–1973. Gesellschaftliche und wirtschaftliche Folgen in der Bundesrepublik Deutschland und in Europa, Opladen 1992.

Kleinschmidt, Christian: Konsumgesellschaft, Göttingen 2008.

König, Wolfgang: Geschichte der Konsumgesellschaft, Stuttgart 2000.

König, Wolfgang: Kleine Geschichte der Konsumgesellschaft. Konsum als Lebensform der Moderne, Stuttgart 2008.

Kolbeck, Rosemarie: Zur Entwicklung der Bankenaufsicht in der Bundesrepublik Deutschland, in: Feldenkirchen, Wilfried/Schönert-Röhlk, Frauke/Schulz, Günther (Hrsg.): Wirtschaft, Gesellschaft, Unternehmen. Festschrift für Hans Pohl zum 60. Geburtstag, 2. Teilband: Gesellschaft, Unternehmen, Stuttgart 1995, S. 993–1027.

Korte, Hermann: Eine Gesellschaft im Aufbruch. Die Bundesrepublik Deutschland in den sechziger Jahren, Frankfurt a. M. 1987.

Krause, Detlef: Archivalische Quellen zu den Organisationsstrukturen der Banken, Frankfurt a. M. 1998.

Krause, Detlef: Commerzbank. Eine Zeitreise 1870–2010, Frankfurt a. M. 2010.

Krause, Detlef: Die Commerz- und Disconto-Bank 1870–1920/23. Bankgeschichte als Systemgeschichte, Stuttgart 2004.

Krause, Detlef: Die Filialen und Angestellten der Commerzbank in der Sowjetischen Besatzungszone und Berlin 1945–1949, in: Ahrens, Ralf (Hrsg.): Umbrüche und Kontinuitäten in der mitteleuropäischen Kreditwirtschaft nach dem Zweiten Weltkrieg, Stuttgart 2008, S. 87–119.

Krause, Detlef: Jüdische Traditionslinien in der Commerzbank von ihrer Gründung im Jahr 1870 bis zur Mitte der Weimarer Republik, in: Herbst, Ludolf/Weihe, Thomas (Hrsg.): Die Commerzbank und die Juden 1933–1945, München 2004, S. 20–42.

Krause, Detlef: Paul Lichtenberg 1911–1995, in: Pohl, Hans (Hrsg.): Deutsche Bankiers des 20. Jahrhunderts, Stuttgart 2008, S. 241–256.

Kretschmer, Matthias: Gerhard Brinkmann 1913–1990. Werbezeichnungen für die Dresdner Bank. Begleitheft zur Ausstellung, Frankfurt a. M. 2008.

Lammers, Karl Christian/Schildt, Axel/Siegfried, Detlef (Hrsg.): Dynamische Zeiten. Die 60er Jahre in den beiden deutschen Gesellschaften, Hamburg 2000.

Lampe, Winfried: Der Bankbetrieb in Krieg und Inflation. Deutsche Großbanken in den Jahren 1914 bis 1923, Stuttgart 2012.

Lescure, Michael: Banking and Finance, in: Jones, Geoffrey/Zeitlin, Jonathan (Hrsg.): The Oxford Handbook of Business History, Oxford 2008, S. 319–346.

Lindlar, Ludger: Das mißverstandene Wirtschaftswunder. Westdeutschland und die westeuropäische Nachkriegsprosperität, Tübingen 1997.

Lippik, Marlis: Die Entstehung des Sparkassenwesens in Schleswig-Holstein 1790–1864, Neumünster 1987.

Megerle, Klaus: Die Radikalisierung blieb aus. Zur Integration gesellschaftlicher Gruppen in der Bundesrepublik Deutschland während des Nachkriegsbooms, in: Kaelble, Hartmut (Hrsg.): Der Boom 1948–1973. Gesellschaftliche und wirtschaftliche Folgen in der Bundesrepublik Deutschland und in Europa, Opladen 1992, S. 107–126.

Metz, Rainer: Säkulare Trends der deutschen Wirtschaft, in: North, Michael (Hrsg.): Deutsche Wirtschaftsgeschichte. Ein Jahrtausend im Überblick, München ²2005, S. 427–500.

Meyen, Hans G.: 120 Jahre Dresdner Bank. Unternehmens-Chronik 1872 bis 1992, Frankfurt a. M. 1992.

Mooser, Josef: Arbeiterleben in Deutschland 1900–1970. Klassenlagen, Kultur und Politik, Frankfurt a. M. 1981.

Morsey, Rudolf: Die Bundesrepublik Deutschland. Entstehung und Entwicklung bis 1969, München 2007.

Mühlhaupt, Ludwig: Strukturwandlungen im westdeutschen Bankwesen, Wiesbaden 1971.

Müller, Martin L.: Bausparen in Deutschland zwischen Inflation und Währungsreform 1924–1948. Wohnungsbaufinanzierung im Spannungsfeld zwischen Staat und privaten und öffentlichen Bausparunternehmen, München 1999.

Müller, Martin L.: DWS. Eine Erfolgsgeschichte 1956–2006, München 2006.

Mura, Jürgen: Zur Geschichte des Konsumentenkredits der deutschen Sparkassen, in: Sparkasse 1 (1986), S. 32–38.

Neumann, Lothar F./Schaper, Klaus: Die Sozialordnung der Bundesrepublik Deutschland, 4., überarbeitete Auflage, Bonn 1998.

North, Michael: Kleine Geschichte des Geldes. Vom Mittelalter bis heute, München 2009.

North, Michael: Kommunikation, Handel, Geld und Banken in der Frühen Neuzeit, München 2000.

Petrak, Kirsten/Petzina, Dietmar/Plumpe, Werner (Hrsg.): Adenauers Welt. Ein Lesebuch zur Alltags- und Sozialgeschichte der frühen Republik, Essen 2006.

Peukert, Helge: Röpke, Wilhelm, in: Neue Deutsche Biographie, Band 21, Berlin 2003, S. 734f.

Pierenkemper, Toni: Gewerbe und Industrie im 19. und 20. Jahrhundert, München 2007.

Pierenkemper, Toni: „Moderne" Unternehmensgeschichte auf vertrauten (Irr-)Wegen?, in: Zeitschrift für Unternehmensgeschichte 1 (2012), S. 70–85.

Pierenkemper, Toni: Unternehmensgeschichte. Eine Einführung in ihre Methoden und Ergebnisse, Stuttgart 2000.

Pierenkemper, Toni: Was kann eine moderne Unternehmensgeschichtsschreibung leisten? Und was sollte sie tunlichst vermeiden, in: Zeitschrift für Unternehmensgeschichte 44 (2009), S. 15–31.

Pierenkemper, Toni: Wirtschaftsgeschichte. Die Entstehung der modernen Volkswirtschaft, Berlin 2009.

Plumpe, Werner: „Wir sind wieder wer!" Konzept und Praxis der Sozialen Marktwirtschaft in der Rekonstruktionsphase der westdeutschen Wirtschaft nach dem Zweiten Weltkrieg, in: Recker, Marie-Luise/Jellonek, Burkhard/Rauls Bernd (Hrsg.): Bilanz. 50 Jahre Bundesrepublik Deutschland, St. Ingbert 2001, S. 237–278.

Plumpe, Werner: Wirtschaftskrisen. Geschichte und Gegenwart, München 2010.

Pohl, Hans: Die Institute der Sparkassenorganisation als Wettbewerber im deutschen Bankensystem, in: Ders.: Wirtschaft, Unternehmen, Kreditwesen, soziale Probleme. Ausgewählte Aufsätze, Stuttgart 2005, S. 1156–1186.

Pohl, Hans: Die Sparkassen vom Ausgang des 19. Jahrhunderts bis zum Ende des Zweiten Weltkriegs, in: Ders./Rudolph, Bernd/Schulz, Günther (Hrsg.): Wirtschafts- und Sozialgeschichte der deutschen Sparkassen im 20. Jahrhundert, Stuttgart 2005, S. 21–248.

Pohl, Hans (Hrsg.): Geschichte der deutschen Kreditwirtschaft seit 1945, Frankfurt a. M. 1998.

Pohl, Hans: Von der Spar-Casse zum Kreditinstitut. Anfänge bis 1908, in: Ders.: Wirtschaft, Unternehmen, Kreditwesen, soziale Probleme. Ausgewählte Aufsätze, Stuttgart 2005, S. 914–932.

Pohl, Manfred: Entstehung und Entwicklung des Universalbankensystems. Konzentration und Krise als wichtige Faktoren, Frankfurt a. M. 1986.

Pohl, Manfred: Die Entwicklung des privaten Bankwesens nach 1945, in: Aschoff, Gunther u. a. (Hrsg.): Deutsche Bankengeschichte, Band 3: Vom Ersten Weltkrieg bis zur Gegenwart, Frankfurt a. M. 1983, S. 207–276.

Pohl, Manfred: Konzentration im deutschen Bankwesen 1848–1980, Frankfurt a. M. 1982.

Pohl, Manfred: Von Stambul nach Bagdad. Die Geschichte einer berühmten Eisenbahn, München 1999.

Pohl, Manfred/Raab-Rebentisch, Angelika: Die Deutsche Bank in Hamburg 1872–1997, München 1997.

Ramm, Ulrich: Die deutschen Aktienbanken seit der Mitte des 19. Jahrhunderts, in: Bosbach, Franz/Pohl, Hans (Hrsg.): Das Kreditwesen in der Neuzeit. Banking System in Modern History, München 1997, S. 69–83.

Ramm, Ulrich: Organisationsstrukturen der Banken aus der Sicht eines Praktikers, Frankfurt a. M. 1998.

Reckendrees, Alfred: Die bundesdeutsche Massenkonsumgesellschaft. Einführende Bemerkungen, in: Jahrbuch für Wirtschaftsgeschichte 2007/2, S. 17–27.

Reckendrees, Alfred: Konsummuster im Wandel. Haushaltsbudgets und Privater Verbrauch in der Bundesrepublik 1952–98, in: Jahrbuch für Wirtschaftsgeschichte 2007/2, S. 29–61.

Recker, Marie-Luise: Geschichte der Bundesrepublik Deutschland, München 2002.

Redenius, Oliver: Strukturwandel und Konzentrationsprozesse im deutschen Hypothekenbankwesen, Wiesbaden 2009.

Reich, Norbert: Verbraucherkredit. Rechtliche Probleme und Perspektiven, Darmstadt 1979.

Reis, Claus: Konsum, Kredit und Überschuldung. Zur Ökonomie und Soziologie des Konsumentenkredits, Frankfurt a. M. 1992.

Rudolph, Bernd: Differenzierung und Diversifizierung im Einlagengeschäft seit der Währungsreform 1948, in: Mura, Jürgen (Hrsg.): Entwicklungslinien im Einlagengeschäft der Sparkassen. Sparkassenhistorisches Symposium 1987, Stuttgart 1988, S. 46–63.

Rücker, Matthias: Wirtschaftswerbung unter dem Nationalsozialismus. Rechtliche Ausgestaltung der Werbung und Tätigkeit des Werberats der deutschen Wirtschaft, Frankfurt a. M./Berlin 2000.

Sattler, Friederike: Ernst Matthiensen 1900–1980. Ein deutscher Bankier im 20. Jahrhundert, Dresden 2009.

Sattler, Friederike: „Investmentsparen". Ein früher Durchbruch der Geschäftsbanken zu breiteren Privatkundenkreisen?, in: Ahrens, Ralf/Wixforth, Harald (Hrsg.): Strukturwandel und Internationalisierung im Bankwesen seit den 1950er Jahren, Stuttgart 2010, S. 35–70.

Sauer, Sarolf: Wettbewerbsposition und Wettbewerbspolitik der Filialgroßbanken in der BRD, Wien 1974.

Schäfers, Bernhard: Sozialstruktur und sozialer Wandel in Deutschland, 8., völlig neu bearb. Auflage, Stuttgart 2004.

Schildt, Axel: Ankunft im Westen. Ein Essay zur Erfolgsgeschichte der Bundesrepublik, Frankfurt a. M. 1999.

Schildt, Axel: Materieller Wohlstand, pragmatische Politik, kulturelle Umbrüche. Die 60er Jahre in der Bundesrepublik, in: Lammers, Karl Christian/Schildt, Axel/Siegfried, Detlef (Hrsg.): Dynamische Zeiten. Die 60er Jahre in den beiden deutschen Gesellschaften, Hamburg 2000, S. 21–53.

Schildt, Axel: Moderne Zeiten. Freizeit, Massenmedien und „Zeitgeist" in der Bundesrepublik der 50er Jahre, Hamburg 1995.

Schildt, Axel: Die Sozialgeschichte der Bundesrepublik Deutschland bis 1989/90, München 2007.

Schildt, Axel/Sywottek, Arnold (Hrsg.): Modernisierung im Wiederaufbau. Die westdeutsche Gesellschaft der 50er Jahre, Bonn 1998.

Schildt, Axel/Sywottek, Arnold: „Wiederaufbau" und „Modernisierung". Zur westdeutschen Gesellschaftsgeschichte in den fünfziger Jahren, in: Aus Politik und Zeitgeschichte 6–7 (1989), S. 8–32.

Schlöter, Hans W.: 20 Jahre Konsumentenkredit. „Zusatzleistung" oder Wachstumsmarkt?, in: Bank und Markt. Zeitschrift für Retailbanking 3 (1979), S. 14–17.

Schlombs, Corinna: Productivity Machines. Transatlantic Transfers of Computing Technology and Culture in the Cold War, Philadephia 2010.

Schneider, Franz/Schubert, Manfred: Die Bankdienste der Post, Frankfurt a. M. 1980.

Scholtyseck, Joachim: Die Geschichte der National-Bank 1921 bis 2011, Stuttgart 2011.

Scholtyseck, Joachim: Die Wiedervereinigung der deutschen Großbanken und das Ende der Nachkriegszeit im Epochenjahr 1957, in: Bankhistorisches Archiv 2 (2006), S. 137–145.

Schröter, Harm G.: Von der Teilung zur Wiedervereinigung (1945–2000), in: North, Michael (Hrsg.): Deutsche Wirtschaftsgeschichte. Ein Jahrtausend im Überblick, München 2000, S. 351–420.

Schübeler, Meinolf: Ein Konto für Mustafa. Dienstleistungen für ausländische Mitbürger, Frankfurt a. M. 1982.

Schulz, Günther: Die Sparkassen vom Ende des Zweiten Weltkriegs bis zur Wiedervereinigung, in: Pohl, Hans/Rudolph, Bernd/Schulz, Günther. (Hrsg.): Wirtschafts- und Sozialgeschichte der deutschen Sparkassen im 20. Jahrhundert, Stuttgart 2005, S. 249–428.

Schwarz, Hans-Peter: Die Ära Adenauer 1957–1963. Epochenwechsel, Stuttgart 1994.

Statistisches Bundesamt, Wiesbaden (Hrsg.): Bevölkerung und Wirtschaft 1872–1972. Herausgegeben anläßlich des 100jährigen Bestehens der zentralen amtlichen Statistik, Stuttgart/Mainz 1972.

Steinberg, Jonathan: Die Deutsche Bank und ihre Goldtransaktionen während des Zweiten Weltkriegs, München 1999.

Stücker, Britta: (Dis-)Kreditierter Konsum. Vertrauen und Verbraucherinformation auf dem Konsumentenkreditmarkt der frühen Bundesrepublik, in: Hillen, Christian (Hrsg.): „Mit Gott". Zum Verhältnis von Vertrauen und Wirtschaftsgeschichte, Köln 2007, S. 210–220.

Stücker, Britta: Konsum auf Kredit in der Bundesrepublik, in: Jahrbuch für Wirtschaftsgeschichte 2007/2, S. 63–88.

Sturm, Beate: „wat ich schuldich war". Privatkredit im frühneuzeitlichen Hannover 1550–1750, Stuttgart 2009.

Sywottek, Arnold: Wege in die 50er Jahre, in: Schildt, Axel/Sywottek, Arnold (Hrsg.): Modernisierung im Wiederaufbau. Die westdeutsche Gesellschaft der 50er Jahre, Bonn 1998, S. 13–39.

Tacke, Helmut R.: Der Markt der deutschen Teilzahlungsbanken, in: Bank und Markt. Zeitschrift für Retailbanking 3 (1979), S. 17–20.

Tilly, Richard: Geld und Kredit, in: Ambrosius, Gerold/Petzina, Dietmar/Plumpe, Werner (Hrsg.): Moderne Wirtschaftsgeschichte. Eine Einführung für Historiker und Ökonomen, 2., überarbeitete und erweiterte Auflage, München 2006, S. 281–302.

Tilly, Richard: Geld und Kredit in der Wirtschaftsgeschichte, Stuttgart 2003.

Tooze, Adam: Ökonomie der Zerstörung. Die Geschichte der Wirtschaft im Nationalsozialismus, Bonn 2007.

van der Wee, Herman: Forschungen zur Geschichte des privaten Kredits. Ein methodologischer Überblick, in: North, Michael (Hrsg.): Kredit im spätmittelalterlichen und frühneuzeitlichen Europa, Köln/Wien 1991, S. 215–219.

van Hooven, Eckart: Anstöße und Zielsetzungen für die Aufnahme des Privatkundengeschäfts, in: Betsch, Oskar/Hooven, Eckart van/Krupp, Georg (Hrsg.): Handbuch Privatkundengeschäft. Entwicklung, State of art, Zukunftsperspektiven, Frankfurt a. M. 1998, S. 3–20.

van Hooven, Eckart: Meistbegünstigt. Bericht eines Zeitzeugen des Jahrgangs 1925, Frankfurt a. M. 2002.

van Hooven, Eckart: Wandlungen im Bankgeschäft mit der privaten Kundschaft, in: Deutsche Bank AG (Hrsg.): Beiträge zu Wirtschafts- und Währungsfragen und zur Bankgeschichte Nr. 1 bis Nr. 20, Mainz 1984, S. 311–324.

van Hooven, Eckart: 20 Jahre persönliche Kredite, in: Die Bank. Zeitschrift für Bankpolitik und Bankpraxis 5 (1979), S. 208–213.

Verbeck, Dieter: Filialnetzpolitik deutscher Kreditinstitute seit Aufhebung der Bedürfnisprüfung im Jahre 1958, in: Bankhistorisches Archiv 1 (1989), S. 21–33.

Wandel, Eckhard: Banken und Versicherungen im 19. und 20. Jahrhundert, München 1998.

Wandel, Eckhard: Das deutsche Bankwesen im Dritten Reich (1933–1945), in: Aschoff, Gunther u. a. (Hrsg.): Deutsche Bankengeschichte, Band 3: Vom Ersten Weltkrieg bis zur Gegenwart, Frankfurt a. M. 1983, S. 147–203.

Wee, Herman van der *siehe* van der Wee, Herman.

Wehber, Thorsten: Fritz Butschkau 1901–1971, in: Pohl, Hans (Hrsg.): Deutsche Bankiers des 20. Jahrhunderts, Stuttgart 2008, S. 35–52.

Wehber, Thorsten: Die historischen Archive der Sparkassen. Eine besondere Form des Mittelstands, in: Archiv und Wirtschaft 42 (2009), S. 184–190.

Wehler, Hans-Ulrich: Deutsche Gesellschaftsgeschichte, Band 1: Vom Feudalismus des Alten Reiches bis zur Defensiven Modernisierung der Reformära 1700–1815, München [3]1996.

Wehler, Hans-Ulrich: Deutsche Gesellschaftsgeschichte, Band 5: Bundesrepublik und DDR 1949–1990, München 2008.

Weihe, Thomas: Die Verdrängung jüdischer Mitarbeiter und der Wettbewerb um Kunden im Nationalsozialismus, in: Herbst, Ludolf/Weihe, Thomas (Hrsg.): Die Commerzbank und die Juden 1933–1945, München 2004, S. 43–73.

Weiss, Ulrich: Betrachtung des „Privatkunden" in der Zeit nach 1959, in: Institut für Bankhistorische Forschung (Hrsg.): Der Privatkunde. 11. Symposium zur Bankengeschichte am 16. Oktober 1987 im Hause der Deutschen Genossenschaftsbank Frankfurt a. M., Frankfurt a. M. 1990, S. 22–31.

Westphal, Uwe: Werbung im Dritten Reich, Berlin 1989.

Wildt, Michael: Am Beginn der „Konsumgesellschaft". Mangelerfahrung, Lebenshaltung, Wohlstandshoffnung in Westdeutschland in den fünfziger Jahren, Hamburg [2]1995.

Wildt, Michael: Privater Konsum in Westdeutschland in den 50er Jahren, in: Schildt, Axel/Sywottek, Arnold (Hrsg.): Modernisierung im Wiederaufbau. Die westdeutsche Gesellschaft der 50er Jahre, Bonn 1998, S. 275–289.

Wildt, Michael: Vom kleinen Wohlstand. Eine Konsumgeschichte der fünfziger Jahre, Frankfurt a. M. 1996.

Winkler, Heinrich August: Der lange Weg nach Westen, Band 2. Deutsche Geschichte vom „Dritten Reich" bis zur Wiedervereinigung, 4., durchges. Auflage, München 2002.

Wixforth, Harald: Die Banken und der Kollaps der Mark. Zur Lage des Bankwesens während der Inflation von 1918 bis 1923, in: Köhler, Manfred/Ulrich, Keith (Hrsg): Banken, Konjunktur und Politik. Beiträge zur Geschichte deutscher Banken im 19. und 20. Jahrhundert, Essen 1995, S. 55–73.

Wixforth, Harald: Einleitung. Strukturwandel und Internationalisierung der Kreditwirtschaft seit den 1950er Jahren, in: Ahrens, Ralf/Wixforth, Harald (Hrsg.): Strukturwandel und Internationalisierung im Bankwesen seit den 1950er Jahren, Stuttgart 2010, S. 5–11.

Wixforth, Harald: Die Geschichte der Dresdner Bank. Das Unternehmen von 1872 bis 1945, in: Jurk, Michael/Lege, Katrin (Hrsg.): In bester Lage. Geschichte eines Quartiers in der Berliner Behrenstraße, Dresden 2011, S. 117–139.

Wixforth, Harald: „Global Players" im „Europäischen Haus"? Die Expansionsstrategien deutscher Großbanken nach 1945, in: Ahrens, Ralf/Wixforth, Harald (Hrsg.): Strukturwandel und Internationalisierung im Bankwesen seit den 1950er Jahren, Stuttgart 2010, S. 97–120.

Wolf, Herbert: Aufbau des Privatkundengeschäfts in den sechziger Jahren, in: Die Bank. Zeitschrift für Bankpolitik und Bankpraxis 7 (1993), S. 425–429.

Wolf, Herbert: Das Fundament wird gelegt 1945–1975, in: Commerzbank AG (Hrsg.): Die Bank. Dienstleister im Wandel. 125 Jahre Commerzbank, Frankfurt a. M. 1994, S. 14–47.

Wolf, Herbert: Vom Großbankengesetz bis zur „Normalisierung" (1953–1958), in: Pohl, Hans (Hrsg.): Geschichte der deutschen Kreditwirtschaft seit 1945, Frankfurt a. M. 1998, S. 111–148.

Wolf, Herbert: 30 Jahre Nachkriegsentwicklung im deutschen Bankwesen, Mainz 1980.

Wolfrum, Edgar: Die Bundesrepublik Deutschland 1949–1990, 10., völlig neu bearb. Auflage, Stuttgart 2005.

Wolfrum, Edgar: Die geglückte Demokratie. Geschichte der Bundesrepublik Deutschland von ihren Anfängen bis zur Gegenwart, Stuttgart 2006.

Wysocki, Josef: Die „bankmäßige" Entwicklung der Sparkassen 1908 bis 1931, in: Mura, Jürgen (Hrsg.): Die Entwicklung der Sparkassen zu Universalkreditinstituten. Sparkassenhistorisches Symposium 1986, Stuttgart 1987, S. 36–46.

Wysocki, Josef: Die Spareinlage. Anfänge bis 1908, in: Mura, Jürgen (Hrsg.): Entwicklungslinien im Einlagengeschäft der Sparkassen. Sparkassenhistorisches Symposium 1987, Stuttgart 1988, S. 15–29.

Wysocki, Josef: Untersuchungen zur Wirtschafts- und Sozialgeschichte der deutschen Sparkassen im 19. Jahrhundert. Vollständiger Nachdruck der Originalausgabe von 1980 mit einer Einführung von Günther Schulz, Stuttgart 2005.

Ziegler, Dieter: Der Bauherr. Eugen Gutmann. Bankier und Großbürger, in: Jurk, Michael/Lege, Katrin (Hrsg.): In bester Lage. Geschichte eines Quartiers in der Berliner Behrenstraße, Dresden 2011, S. 95–116.

Ziegler, Dieter: Das Zeitalter der Industrialisierung 1815–1914, in: North, Michael (Hrsg.): Deutsche Wirtschaftsgeschichte. Ein Jahrtausend im Überblick, München ²2005, S. 197–286.

Zimmermann, Nicolai M.: Die veröffentlichten Bilanzen der Commerzbank 1870–1944, Berlin 2005.

Personenregister

Abs, Hermann Josef   6, 70, 75 f.
Adenauer, Konrad   69, 76, 123
Aicher, Otl   190

Bethmann, Johann Philipp von   198
Brinkmann, Gerhard   72, 144, 186
Busch, Alfred   38

Cornfeld, Bernard   145

Deuß, Hanns   76, 85, 130, 142, 155
Dollinger, Werner   149

Erhard, Ludwig   45–47, 53–55, 71, 74, 96, 123
Etzel, Franz   54

Florian, Ludwig   40
Fürstenberg, Carl   6

Goldmann, Heinz   185
Gutmann, Eugen   6

Hagenmüller, Karl Friedrich   183
Hankel, Wilhelm   135
Hauenschild, Manfred von   99, 106, 109, 164
Hecking, Hans-Josef   66
Herlt, Rudolf   210

Kaminsky, Walter   22
Keynes, John Maynard   55
Kleffel, Andreas   160
Kulenkampff, Hans-Joachim   190
Kurzrock, Hans   57

Ladisch, Günther   132
Lichtenberg, Paul   69 f., 149, 159, 198
Lindrath, Hermann   75, 77, 147

Marx, Will   194
Matthiensen, Ernst   69 f., 72
Muthesius, Volkmar   215

Nold, Erich   156

Oppenheimer, Joseph Süß   18

Pferdmenges, Robert   96
Ponto, Jürgen   160, 164, 168 f., 183

Rieche, Ernst   62 f., 81, 83, 85, 87, 98, 159, 164, 209
Rinn, Hans   158
Riva, Josef   100
Roedern, Bolko von   132
Röpke, Wilhelm   55 f.
Rothschild, Mayer Amschel   18

Schiller, Karl   122, 133
Siemens, Georg von   28
Siepmann, Jürgen   153–155
Sommer, Elke   190
Sureth, Kurt   172, 183, 201

Teewag, Carl Otto   86

Ulrich, Franz Heinrich   69–71, 85, 99

van Hooven, Eckart   2, 14, 183
Vierhub, Erich   85, 89, 99, 110, 159
Voltaire   VII, 1

Weisser, Karl   84, 86, 90, 110

Zinßer, Hugo   70

www.ingramcontent.com/pod-product-compliance
Lightning Source LLC
Chambersburg PA
CBHW061828260326
41914CB00005B/921